Rechtsfragen der Regulierung außerbörslicher derivativer Finanzinstrumente

Saarbrücker Studien
zum Privat- und Wirtschaftsrecht

Herausgegeben von Johann Paul Bauer,
Michael Martinek (geschäftsführender Herausgeber)
und Helmut Rüßmann

Band 87

PL ACADEMIC RESEARCH

Philipp J. Gergen

Rechtsfragen der Regulierung außerbörslicher derivativer Finanzinstrumente

Zur neuen Marktinfrastruktur in der Europäischen Union, den Vereinigten Staaten von Amerika und Singapur

PL ACADEMIC RESEARCH

Bibliografische Information der Deutschen Nationalbibliothek
Die Deutsche Nationalbibliothek verzeichnet diese Publikation in der Deutschen Nationalbibliografie; detaillierte bibliografische Daten sind im Internet über http://dnb.d-nb.de abrufbar.

Zugl.: Saarbrücken, Univ., Diss., 2014

D 291
ISSN 1433-8866
ISBN 978-3-631-66082-9 (Print)
E-ISBN 978-3-653-05501-6 (E-Book)
DOI 10.3726/978-3-653-05501-6

PL Academic Research ist ein Imprint der Peter Lang GmbH.

Peter Lang – Frankfurt am Main · Bern · Bruxelles · New York · Oxford · Warszawa · Wien

Diese Publikation wurde begutachtet.

www.peterlang.com

Für meine Eltern

Vorwort

Die vorliegende Studie wurde von der Rechts- und Wirtschaftswissenschaftlichen Fakultät der Universität des Saarlandes im Wintersemester 2014/2015 als Dissertation angenommen. Im Rahmen dieser Untersuchung wurden die Entwicklungen bis Dezember 2014 berücksichtigt.

Dieses Werk wäre in seiner jetzigen Form ohne die fachliche und persönliche Unterstützung weiterer Menschen nicht zu realisieren gewesen, weshalb ich an dieser Stelle eine Reihe von Danksagungen aussprechen möchte.

Zunächst möchte ich mich herzlichst bei meinem Doktorvater Herrn *Prof. Dr. Dr. Dr. h.c. mult. Michael Martinek, M.C.J. (New York)* bedanken. Seine liberale und engagierte Betreuung hat es ermöglicht, dass meine Forschungen voranschreiten und letztlich zum Erfolg führen konnten. Weiterer Dank gebührt Herrn *Prof. Dr. Rudolf Wendt* für die Übernahme und zügige Erstellung des Zweitgutachtens.

Die *Graduiertenförderung der Universität des Saarlandes* (*GradUS*) hat meine Forschung mit einem Promotionsstipendium gefördert und daher einen wesentlichen Beitrag für die Realisierung der Publikation geleistet. Den verantwortlichen Personen, namentlich Herrn *Prof. Dr. Manfred Schmitt* und Herrn *Dr. Theo Jäger*, bin ich ebenfalls zu großem Dank verpflichtet.

Der *Johanna und Fritz Buch Gedächtnis-Stiftung* möchte ich dafür danken, dass sie die Drucklegung mit einer großzügigen finanziellen Unterstützung bedacht hat.

Ich möchte außerdem Frau *Laura Bungart* danken, die für mich eine wichtige Stütze bei der Verwirklichung meiner Arbeit gewesen ist. Besonderer Dank gebührt meinen Eltern, Frau *Marie Theres Gergen* und Herrn *Hans Joachim Gergen,* die mich auf meinem bisherigen Weg beispiellos unterstützt, geprägt und immer bestärkt haben. Ihnen widme ich diese Abhandlung.

Saarbrücken, Dezember 2014. Philipp Gergen

Inhaltsübersicht

Inhaltsverzeichnis

Abkürzungsverzeichnis

In der folgenden Aufstellung werden die im Fließtext und im Fußnotenapparat verwendeten Abkürzungen in alphabetischer Reihenfolge aufgelistet. Hierbei werden sowohl Akronyme von Institutionen, Behörden und Marktteilnehmern, Kürzel für Fachtermini als auch abgekürzte Vertragswerke und Periodika berücksichtigt. Im Übrigen wird auf *Kirchner*, Abkürzungsverzeichnis der Rechtssprache, 7. Aufl., De Gruyter, Berlin 2013, verwiesen.

Abl.EU	Amtsblatt der Europäischen Union
ACH	Approved Clearing House
AcP	Archiv für die civilistische Praxis
AEUV	Vertrag über die Arbeitsweise der Europäischen Union
AIFM	Alternative Investment Fund Managers
AJP/PJA	Aktuelle Juristische Praxis/Pratique Juridique Actuelle
APuZ	Aus Politik und Zeitgeschichte
BaFin	Bundesanstalt für Finanzdienstleistungsaufsicht
BB	Betriebs-Berater
BGBl.	Bundesgesetzblatt
BIP	Bruttoinlandsprodukt
BIZ	Bank für Internationalen Zahlungsausgleich
BKR	Zeitschrift für Bank- und Kapitalmarktrecht
BMF	Bundesministerium der Finanzen
BörsG	Börsengesetz
BörsO-Eurex	Börsenordnung der Eurex Deutschland und Eurex Zürich
CA	Clearing Agency
CB-Eurex	Clearing-Bedingungen der Eurex Clearing AG
CCA	Covered Clearing Agency
CCP	Central Counterparty
CCZ	Corporate Compliance Zeitschrift
CDO	Collateralized Debt Obligation
CDS	Credit Default Swap
CEA	Commodity Exchange Act
CEP	Centrum für Europäische Politik
CF	Corporate Finance
CFR	Code of Federal Regulations

CFTC	United States Commodity Futures Trading Commission
CM	Clearingmitglied
CMLJ	Capital Markets Law Journal
CMS	Constant Maturity Swap
Colum. J. Eur. L	Columbia Journal of European Law
CPSS	Committee on Payment and Settlement Systems
CR	Computer und Recht
CRR	Capital Requirement Regulation (=Verordnung (EU) Nr.575/2013 des Europäischen Parlaments und des Rates vom 26. Juni 2013 über Aufsichtsanforderungen an Kreditinstitute und Wertpapierfirmen und zur Änderung der Verordnung (EU) Nr.646/2012)
DB	Der Betrieb
DCO	Derivatives Clearing Organization
DFA	Dodd-Frank Act (=Dodd–Frank Wall Street Reform and Consumer Protection Act)
DNotZ	Deutsche Notar-Zeitschrift
DStR	Deutsches Steuerrecht
DTCC	Depository Trust & Clearing Corporation
DVBl.	Deutsches Verwaltungsblatt
EBA	Europäische Bankenaufsichtsbehörde
EFC	Economic and Financial Committee
EFSF	Europäische Finanzstabilisierungsfazilität
EIOPA	European Insurance and Occupational Pensions Authority (=Europäische Aufsichtsbehörde für das Versicherungswesen und die betriebliche Altersversorgung)
EMIR	European Market Infrastructure Regulation (=Verordnung (EU) Nr.648/2012 des Europäischen Parlaments und des Rates vom 4. Juli 2012 über OTC-Derivate, zentrale Gegenparteien und Transaktionsregister)
Entrepreneurial Bus. L.J.	Entrepreneurial Business Law Journal
EONIA	Euro OverNight Index Average
ESM	Europäischer Stabilitätsmechanismus
ESMA	European Securities and Markets Authority (=Europäische Wertpapier- und Marktaufsichtsbehörde)
ESRB	European Systemic Risk Board (= Europäischer Ausschuss für Systemrisiken)

ESZB	Europäisches System der Zentralbanken
EuR	Zeitschrift Europarecht
EURIBOR	Euro Interbank Offered Rate
EuZW	Europäische Zeitschrift für Wirtschaftsrecht
EWS	Europäisches Wirtschafts- und Steuerrecht
EZB	Europäische Zentralbank
FASB	Financial Accounting Standards Board
FDIC	Federal Deposit Insurance Corporation
FR	Federal Register
FRA	Forward Rate Agreement
FS	Festschrift
FSB	Financial Stability Board
FSOC	Financial Stability Oversight Council
Geo. Wash. L. Rev	The George Washington Law Review
GER	German Economic Review
Harv. J.L. & Pub. Pol'y	Harvard Journal of Law & Public Policy
Harv.J.L. & Tech	Harvard Journal of Law and Technology
HBLR	Harvard Business Law Review
Hd.EUWirtR	Handbuch des EU-Wirtschaftsrecht
IFRS	International Financial Reporting Standards
IOSCO	International Organization of Securities Commissions
InvG	Investmentgesetz
ISDA	International Swaps and Derivatives Association
JEP	Journal of Economic Perspectives
JZ	Juristische Zeitung
KWG	Kreditwesengesetz
LIBOR	London Interbank Offered Rate
LMA	Loan Market Association
MAS	Monetory Authority of Singapore
MDR	Monatsschrift für Deutsches Recht
MiFID	Markets in Financial Instruments Directive (= Finanzmarktrichtlinie, Richtlinie über Märkte für Finanzinstrumente, Richtlinie 2004/39/EG des Europäischen Parlaments und des Rates vom 21. April 2004 über Märkte für Finanzinstrumente, zur Änderung der Richtlinien 85/611/EWG und 93/6/EWG des Rates und der Richtlinie 2000/12/EG des Europäischen Parlaments und des Rates und zur Aufhebung der Richtlinie 93/22/EWG des Rates)

MiFID-II	Markets in Financial Instruments Direcvtive II (=Richtlinie 2014/65/EU des Europäischen Parlaments und des Rates vom 15. Mai 2014 über Märkte für Finanzinstrumente sowie zur Änderung der Richtlinien 2002/92/EG und 2011/61/EU)
MiFIR	Markets in Financial Instruments Regulation (=Verordnung (EU) Nr.600/2014 des Europäischen Parlaments und des Rates vom 15. Mai 2014 über Märkte für Finanzinstrumente und zur Änderung der Verordnung (EU) Nr. 648/2012)
MMR	MultiMedia und Recht
MTF	Multilateral Trading Facility (=Multilaterales Handelssystem)
NBER	National Bureau of Economic Research
NJOZ	Neue Juristische Online-Zeitschrift
NJW	Neue Juristische Wochenschrift
NVwZ	Neue Zeitschrift für Verwaltungsrecht
N.Y.L. Sch. L. Rev.	New York Law School Law Review
NZG	Neue Zeitschrift für Gesellschaftsrecht
ÖBA	Österreichisches Bank-Archiv
OGAW	Organismen für gemeinsame Anlagen in Wertpapieren
OMT	Outright Monetary Transactions
OTC	Over-the-counter
PFMI	Principles for Financial Market Infrastructures (=Prinzipien für Marktinfrastrukturen)
RCH	Recognised Clearing House
RdF	Recht der Finanzinstrumente
Rev. Financ. Stud	Review of Financial Studies
RFM	Review of Futures Markets
RIW	Recht der internationalen Wirtschaft
RK	Registrierter Kunde
SchVG	Gesetz über Schuldverschreibungen aus Gesamtemissionen
SEA	Securities Exchange Act
SEC	United States Securities and Exchange Commission
SFA	Securities and Futures Act
SF(CF)R	Securities and Futures (Clearing Facilities) Regulations

SGX-DC	Singapore Exchange Derivatives Clearing Limited
SIDCO	Systemically Important Derivatives Clearing Organization
Slg.	Sammlung der Rechtsprechung des Gerichtshofes der Europäischen Union und des Gerichts Erster Instanz
Solvency-II	Solvabilität II (=Richtlinie 2009/138/EG des Europäischen Parlaments und des Rates vom 25.11.2009 betreffend die Aufnahme und Ausübung der Versicherungs- und der Rückversicherungstätigkeit)
SONIA	Sterling OverNight Index Average
SPV	Special Purpose Vehicle
Tex. Int'l L.J.	Texas International Law Journal
USC	Code of Laws of the United States of America
VVG	Versicherungsvertragsgesetz
Wash. & Lee L. Rev	Washington and Lee Law Review
WM	Wertpapier-Mitteilungen
WpHG	Wertpapierhandelsgesetz
ZaöRV	Zeitschrift für ausländisches öffentliches Recht und Völkerrecht
ZBB	Zeitschrift für Bankrecht und Bankwirtschaft
ZEuS	Zeitschrift für Europarechtliche Studien
ZGR	Zeitschrift für Unternehmens- und Gesellschaftsrecht
ZIP	Zeitschrift für Wirtschaftsrecht
ZVglRWiss	Zeitschrift für Vergleichende Rechtswissenschaft

Einführung

Die Mitglieder der G20-Gruppe trafen im Jahr 2009 auf ihrem Gipfel im US-amerikanischen *Pittsburgh* weitreichende Entscheidungen, die den weltweiten Handel mit derivativen Finanzinstrumenten „revolutionieren"[1] werden. Im Kern sollen zukünftig standardisierte Derivate nicht mehr außerbörslich (*over-the-counter, OTC*), sondern grundsätzlich über beaufsichtigte Märkte gehandelt und über zentrale Gegenparteien[2] abgewickelt werden. Zudem sollen diese Transaktionen an zentrale Register gemeldet und veröffentlicht werden. Für den Handel mit anderen Derivatkategorien, die weiterhin zwischen den Marktteilnehmern privat gehandelt und abgewickelt werden, sollen zudem höhere Sicherheiten gefordert werden.[3] Als Folge dieser Zielsetzungen entsteht derzeit eine neuartige weltweite Finanzmarktarchitektur. Die bisherige Marktinfrastruktur begünstigt das Entstehen von Fehlentwicklungen bei Derivatgeschäften, die im Zweifel das globale Finanzsystem gefährden und nicht absehbare Folgen für die Realwirtschaft haben können. Der Markt stellte sich für Außenstehende bisher intransparent dar, weil nicht ersichtlich war, wer welche Verbindlichkeiten gegenüber wem in welcher Höhe eingegangen ist. In haftungsrechtlicher Hinsicht tragen die Vertragsparteien das gegenseitige Ausfallrisiko selbst, das durch individuelle Sicherheitenunterlegung unterschiedlich gestaltet werden kann. Beim Ausfall eines Finanzakteurs kann es dann, wegen der untereinander bestehenden Verflechtungen, zu sogenannten systemischen Risiken in Form von Ansteckungseffekten kommen.[4] Die Maßnahmen des G20-Beschlusses von *Pittsburgh* sollen diese Gefahren beseitigen und sind daher von enormer volkswirtschaftlicher Relevanz sowohl für Banken, Unternehmen und Clearingstellen, als auch für die Gesamtwirtschaft. Daher ist es gewinnbringend, sie einer intensiven rechtswissenschaftlichen Untersuchung zuzuführen. Zu Beginn soll der Gegenstand dieser Untersuchung konkretisiert und anschließend die methodische Konzeption sowie der Gang der Analyse dargelegt werden.

---

1 *Geier*, Regulierung des OTC-Derivatemarktes, Handelsblatt Rechtsboard, 30.07.2012, abrufbar unter http://blog.handelsblatt.com/rechtsboard/category/gastbeitrage/bernd-geier/.

2 *Anmerkung*: In dieser Untersuchung auch als zentraler Kontrahent oder Clearingstelle bezeichnet.

3 Siehe Kapitel 2, Abschnitt 1, §2.

4 *Georg/Meinert*, Globale Finanzmarktaufsicht, APuZ 2012, 35 (36).

Abschnitt 1 – Abriss des Untersuchungsgegenstands

Der Untersuchungsgegenstand soll zunächst auf ausgewählte Elemente der neuen Marktinfrastruktur für außerbörsliche Derivate eingegrenzt werden. Die potentiellen Auswirkungen der Reformbestrebungen werden maßgeblich durch ihre Reichweite bedingt. Daher soll in einem ersten Schritt der Anwendungsbereich der jeweiligen Regelungen in persönlicher und sachlicher Hinsicht ergründet werden. Ein wichtiger Aspekt der Neuregelung ist die Verpflichtung zur zentralisierten Abwicklung standardisierter OTC-Derivate (Clearingpflicht). Aus diesem Grund soll der Frage nachgegangen werden, welche Marktteilnehmer dieser Abwicklungspflicht unterworfen werden und inwieweit sie sich auf standardisierte derivative Instrumente erstreckt. Der zentralen Gegenpartei kommt zukünftig eine bedeutende Rolle in der Marktinfrastruktur zu, weshalb ihre Regulierung in der Analyse zwingend zu berücksichtigen ist. Neben der Zulassung und Beaufsichtigung dieses finanzwirtschaftlichen Knotenpunkts bieten insbesondere die Finanzmittelausstattung, das Sicherheitenmanagement und die Investitionspolitik Anknüpfungspunkte für gewinnbringende Erkenntnisse.

Weiterhin soll sich die Untersuchung auf ausgesuchte Jurisdiktionen fokussieren. Dabei ist es geradezu unausweichlich die Vereinigten Staaten von Amerika und die Europäische Union wegen der Größe ihrer Finanzmärkte und ihrer global-wirtschaftlichen Bedeutung als Vergleichsjurisdiktionen heranzuziehen. Außerdem ist es erhellend, eine Rechtsordnung aus dem asiatischen Bereich in die Analyse einzubeziehen, um ein möglichst umfassendes Bild der Regulierungsmöglichkeiten zu erlangen. In diesem Zusammenhang bietet sich Singapur besonders an, dessen Finanzmarkt eine immer bedeutendere Rolle spielt und als Stadtstaat bereits strukturelle Differenzen zu den beiden anderen Rechtsordnungen aufweist. Daneben könnten vielversprechende Erkenntnisse aus dem Umstand gewonnen werden, dass das Land nicht Mitglied der G20-Gruppe ist, aber gleichsam zugesagt hat den Beschluss von *Pittsburgh* umzusetzen.

Im Bereich der Finanzmarktregulierung treten neben die gesetzlichen Rahmenbedingungen zunehmend Vorgaben auf behördlicher Ebene. Aus diesem Grund sollen Regulierungen, Vorarbeiten bzw. Interpretationshilfen der entsprechenden Behörden in die Analyse einfließen. Hierbei handelt es sich um *European Securities and Markets Authority (ESMA)* auf europäischer Ebene, *Commodity Futures Trading Commission (CFTC)* und *Securities and Exchange Commission (SEC)* in den Vereinigten Staaten von Amerika und *Monetary Authority of Singapore (MAS)* in Singapur. Da der Umsetzungsprozess weiterhin fortschreitet, spiegeln sich in der Untersuchung die Entwicklungen bis zum 12. Dezember 2014 wider.

Abschnitt 2 – Methodische Konzeption und Zielsetzung

Die Ausarbeitung der Untersuchung erfolgt mit Hilfe bewährter juristischer Methodik. Da es sich bei der vorliegenden Thematik um eine Schnittmengenmaterie handelt, werden neben rechtlichen Aspekten auch die wirtschafts- und finanzwissenschaftliche Perspektive in die Betrachtung einfließen. Innerhalb der Darstellung sollen zudem Verbindungen zur Praxis geknüpft werden. Der vorliegende Untersuchungsgegenstand zeichnet sich durch seine weitreichende und vielschichtige Materie aus, die sich nach wie vor im Fluss befindet. *Blaurock*[5] betont richtigerweise, dass die wirtschaftsrechtliche Rechtsvergleichung vor dem Hintergrund der jüngsten Finanzkrise besonders gefordert ist. Daher soll die juristisch-ökonomische Methodik durch eine rechtsvergleichende Komponente ergänzt werden, um aus dem einhergehenden Perspektivwechsel aufschlussreiche Erkenntnisse zu gewinnen. Im Rahmen des trilateralen Rechtsvergleichs steht dabei das Prinzip der Funktionalität im Vordergrund.[6]

Folgerichtig ist ein erstes Ziel dieser Untersuchung eine Bestandsaufnahme der bisherigen Entwicklungen in den Vergleichsjurisdiktionen für ausgewählte Bereiche zu erarbeiten. Weiterhin sollen die Gemeinsamkeiten, Unterschiede und Besonderheiten der jeweiligen Jurisdiktionen herauskristallisiert werden. Anschließend sollen die gewonnenen Erkenntnisse zunächst in eine übergreifende Bewertung vor dem Hintergrund der Ziele des G20-Beschlusses von *Pittsburgh* münden. Schließlich sollen durch die vergleichende Analyse Optimierungspotentiale auf europäischer Ebene ausfindig gemacht werden und Lösungen zur Stärkung der Finanzmarktarchitektur entwickelt werden. Hierbei bietet sich besonders an, das Augenmerk auf Verbesserungsmöglichkeiten für die Kapitalerhaltung zentraler Gegenparteien zu richten.

Abschnitt 3 – Gang der Darstellung

Im ersten Kapitel der Untersuchung sollen die thematischen Grundlagen für den späteren Rechtsvergleich gelegt werden. Zunächst wird der Begriff des Derivats näher erläutert und seine wesentlichen Merkmale herausgearbeitet. Anschließend wird die Relevanz derivativer Instrumente in der heutigen globalen Finanzmarktarchitektur thematisiert sowie ihre Chancen und Risiken betrachtet. Nachdem eine Systematisierung derivativer Instrumente vorgenommen wurde, werden ausgewählte Produktklassen in wirtschaftlicher und rechtlicher Hinsicht

5 *Blaurock*, Regelbildung und Grenzen des Rechts, JZ 2012, 226 (226).

6 Siehe hierzu: *Zweigert/Kötz*, Einführung in die Rechtsvergleichung, S.33.

analysiert. Einen weiteren Gesichtspunkt bildet die Marktinfrastruktur für Derivate, die in Handel und Abwicklung untergliedert wird. In diesem Bereich sollen die jeweiligen Besonderheiten dargestellt werden und insbesondere auf die Rolle und Funktionsweise der zentralen Gegenpartei eingegangen werden. Ein Ausblick, der auf aktuelle Entwicklungen im Bereich der Marktinfrastruktur für außerbörsliche Derivate eingeht, soll diesen Themenbereich abrunden. Schließlich soll im dritten Abschnitt der Vertragsschluss zwischen einem zentralen Kontrahenten und seinen Clearingmitgliedern in zivilrechtlicher Hinsicht analysiert werden. In diesem Bereich bieten technische Weiterentwicklungen die Chance, neue Erkenntnisse zu gewinnen.

Das zweite Kapitel widmet sich dem Rechtsvergleich ausgewählter Elemente der neuen Marktinfrastruktur in den benannten Jurisdiktionen. Einleitend wird die Genese des internationalen Regulierungsrahmens dargelegt und insbesondere die normative Umsetzung in den zu betrachtenden Ländern[7] verdeutlicht. Als erster Baustein wird die Reichweite des Anwendungsbereichs in den jeweiligen Regelungsregimen in persönlicher und sachlicher Hinsicht beleuchtet. Anschließend wird die Clearingpflicht für standardisierte außerbörsliche Derivate einem umfassenden Vergleich unterzogen. Das letzte Element bildet die Regulierung der zentralen Gegenpartei. Zunächst werden die unterschiedlichen Kategorien zentraler Kontrahenten und ihre Zulassungsvoraussetzungen in den jeweiligen Jurisdiktionen behandelt. Daraufhin werden die finanziellen Anforderungen untersucht und das Sicherheitenmanagement sowie die Investitionspolitik verglichen.

Im dritten Kapitel werden die aus dem Rechtsvergleich gewonnen Erkenntnisse in einer übergreifenden Betrachtung bewertet. Daraufhin werden mit Hilfe der Erkenntnisse des Rechtsvergleichs sowie der Analyse der rechtlichen und wirtschaftlichen Rahmenbedingungen der Europäischen Union Optimierungspotentiale für die Kapitalerhaltung europäischer zentraler Gegenparteien herausgearbeitet. Hieraus werden anschließend Umsetzungsvorschläge für die Normsetzungs- und Normdurchsetzungsebene entwickelt.

---

7 *Anmerkung*: Der Begriff „Land" wird für die betrachteten Vergleichsjurisdiktionen – trotz rechtlich-politischer Differenzen – zum erleichterten Verständnis in dieser Untersuchung einheitlich verwendet.

Kapitel 1 – Grundlagen

„Ich bin die Tulpe: Holland ist mein Vaterland,
Für meine Zwiebel zahlt der geizige Flame
Oft mehr noch als für einen Diamant,
Für ihn zählt nur mein schöner Wuchs und auch mein Name.“[8]

Honoré de Balzac, 1799–1850

In diesem Kapitel sollen die Grundlagen für die spätere Untersuchung gelegt werden. Im ersten Abschnitt sollen *Derivate* begrifflich näher konkretisiert und ihre wesentlichen Eigenschaften und Funktionen betrachtet werden. Anschließend wird im zweiten Abschnitt die *Marktinfrastruktur* für diese Produkte thematisiert, um insbesondere eine Abgrenzung zwischen börslichen und außerbörslichen *Handel* und bilateraler sowie zentraler *Abwicklung* zu erarbeiten. In diesem Zusammenhang soll auch die Rolle der *zentralen Gegenpartei* erörtert werden. Schließlich verschiebt sich der Fokus im dritten Abschnitt auf zivilrechtliche Aspekte des *Vertragsschlusses* einer zentralen Gegenpartei mit ihren Clearingmitgliedern.

Abschnitt 1 – Derivate

Im ersten Abschnitt dieses Kapitels werden die Grundlagen derivativer Instrumente behandelt. Zunächst werden allgemeine Begriffsmerkmale betrachtet und anschließend ihre Relevanz erarbeitet. Nachdem eine systematische Einordnung vorgenommen wurde, wird auf die Chancen und Risiken von Derivaten eingegangen. Abschließend werden bestimmte Produkttypen in wirtschaftlicher und rechtlicher Hinsicht genauer untersucht.

§1 Begriffsmerkmale

Der Terminus „Derivat“ erlangte in den 1980er Jahren Popularität, als vermehrt Finanzinnovationen Einzug in den Finanzmarkt hielten.[9] Heutzutage ist eine allumfassende Umgrenzung des Ausdrucks aufgrund der Vielzahl anzutreffender

---

8 zitiert nach: *Chavagneux*, Kleine Geschichte der Finanzkrisen, S.17. *„Moi, je suis la tulipe, une fleur de Hollande; Et telle est ma beauté que l'avare Flamand; Paye un de mes oignons plus cher qu'un diamant; Si mes fonds sont bien purs, si je suis droite et grande.“*, *Honoré de Balzac*, La Tulipe, des Illusions Perdues, 1836.

9 *Klinger-Schmidt*, in: Derleder/Knops/Bamberger, Handbuch zum deutschen und europäischen Bankrecht, S.1640, Rn.4: im Hinblick auf *swaps*.

Produktgruppen und der fortwährenden Entwicklung nur schwer möglich.[10] Dies wird bereits dadurch illustriert, dass ein einheitlicher Terminus fehlt und weitere Begriffe wie „derivative (Finanz)Instrumente", „Finanzderivate", „derivative Finanzgeschäfte" oder „derivatives Produkt" in der Literatur synonym verwendet werden.[11] Seinen etymologischen Ursprung findet das Wort im lateinischen Verb „*derivare*", was dem deutschen Verb „ableiten" entspricht.[12] Dies ist auf die Grundstruktur derivativer Geschäfte zurückzuführen, da sich ihr Wert von einem zugrunde liegenden Basiswert (*underlying*) ableitet.[13]

Im Folgenden sollen nunmehr gemeinsame Charakteristika derivativer Instrumente herausgearbeitet werden, die für diese Untersuchung relevant sind. Dabei werden insbesondere der Basiswert, der Termincharakter, die Eigenschaft als Finanzinstrument und ihre stochastische Bedingtheit näher thematisiert.

A. Basiswert

Die hohe Popularität derivativer Instrumente in den vergangenen Jahrzehnten hängt mit ihren flexiblen Ausgestaltungsmöglichkeiten zusammen. Neben produktspezifischen Merkmalen kommt dem Basiswert eine besondere Bedeutung zu. Der Wert eines Derivats kann sich entweder direkt oder indirekt von einem Referenzwert ableiten (vgl. §2 Abs.2 Nr.1 WpHG; §1 Abs.11 S.3 Nr.1 KWG). Eine unmittelbare Abhängigkeit ist gegeben, wenn der Basiswert selbst einen Börsen- oder Marktpreis hat und dieser den Wert des Derivats direkt beeinflusst, zum Beispiel ein bestimmtes Wertpapier. Der Wert des Derivats ist hingegen mittelbar abhängig, wenn der Wert des Referenzwerts sich selbst von einem oder mehreren Basiswerten ableitet, wie beispielsweise einem Indexderivat.[14]

In der Praxis haben sich im Laufe der Zeit mannigfaltige Arten an Basiswerten herausgebildet, die einem Derivat zugrunde gelegt werden können. Die Bandbreite reicht von Aktien, Währungen, Zinssätzen oder Indizes über Rohstoffe bis hin zu Klimavariablen, Frachtsätzen, Inflationsraten oder anderen

---

10 *Neuhaus*, in: Hellner/Steuer, BuB, Rn.7/1000.

11 *Jahn*, in: Schimansky/Bunte/Lwowski, Bankrechts-Handbuch, §114, Rn.1. In dieser Untersuchung wird ebenfalls so verfahren.

12 *Anmerkung*: Teilweise wird bereits dieser Ansatz als unvollständig erachtet, da er nicht dazu in der Lage sei, Derivate von anderen Finanzinstrumenten, wie beispielsweise Darlehen oder Aktien, abzugrenzen (vgl. *Reiner*, Derivative Finanzinstrumente im Recht, S.11).

13 *Rudolph*, Derivative Finanzinstrumente, S.5.

14 *Kumpan*, in: Schwark/Zimmer, Kapitalmarktrechts-Kommentar, §2 WpHG, Rn.36.

Derivaten.[15] Daneben können Derivate aus mehreren Basiswerten oder Kombinationen aus Elementen verschiedener Produktarten zusammengesetzt werden. Diese sogenannten Exoten werden regelmäßig von Banken für Kunden individuell strukturiert.[16]

B. Termincharakter

Derivate zeichnen sich des Weiteren dadurch aus, dass zwar durch den Vertragsschluss die gegenseitigen Leistungspflichten zu Beginn festgesetzt werden, der Erfüllungszeitpunkt jedoch hinausgeschoben wird.[17] Häufig wird darauf verwiesen, dass Derivate Termingeschäfte seien, obwohl dieser Begriff zu Missverständnissen führen kann.[18] Zwar hat der Gesetzgeber im Jahr 2007 im Rahmen des Finanzmarktrichtlinie-Umsetzungsgesetzes eine Legaldefinition des Begriffs gesetzlich verankert, wohl auch um die über ein Jahrhundert geführte, „wenig fruchtbare Diskussion“[19] zur Begriffsbestimmung zu beenden. Vor dieser Reform rekurrierte die frühere herrschende Meinung mit Hilfe der sogenannten Typuslehre, der sich der BGH[20] und noch der Gesetzgeber im Jahr 2002[21] anschlossen, auf bestimmte Merkmale, die eine Geschäftsart aufweisen müsse, um als Termingeschäft zu gelten.[22] Diese waren eine inhärente Hebelwirkung des Produkts, die Möglichkeit eines Totalverlustes und die Gefahr einer Nachschusspflicht.[23] Die Schwäche des Ansatzes lag jedoch in dessen Rechtsunsicherheit, da die Merkmale nicht zwingend alle vorliegen mussten, wobei ebenfalls unklar war, wie die einzelnen Merkmale zu gewichten waren und die Ermittlung der

---

15 *Anmerkung*: Für die deutsche Dimension vgl. §2 Abs.2 Nrn.1–5 WpHG, §1 Abs.11 S.3 Nrn.1–5 KWG; für die europäische Dimension vgl. Anhang I Abschnitt C Nr.4–10 MiFID und näher unter Kapitel 2, Abschnitt 2, §1, Unterpunkt A.

16 *Bank-Verlag*, Basisinformationen über Finanzderivate, S.9.

17 *Böhm/Bergfort*, in: Assies/Beule/Heise/Strube, Handbuch des Fachanwalts Bank- und Kapitalmarktrecht, S.1438, Rn.544.

18 *Ebenroth/Benzler*, Close-out Netting nach der neuen Insolvenzordnung, ZVglRWiss 95 (1996), 335 (337); *F. Fuchs*, Close-out Netting, Collateral und systemisches Risiko, S.10.

19 *Ekkenga*, in: Claussen, Bank- und Börsenrecht, S.415, Rn.184.

20 BGH NJW 2002, 1943 (1944).

21 BT-Drs.14/8017, S.85, insofern sei es bisher nicht gelungen, den Begriff des Termingeschäfts zu definieren.

22 *Kümpel*, Die neuen AGB für Börsentermingeschäfte, WM 1990, 449 (451); siehe auch *Dötsch/Kellner*, Aufklärungs- und Beratungspflichten der Kreditinstitute beim Vertrieb von Aktienanleihen, WM 2001, 1194 (1995).

23 *Lenenbach*, Kapitalmarktrecht, S.768, Rn.9.225.

Hebelwirkung nicht einheitlich beurteilt wurde.[24] Aus Anlegerschutzgesichtspunkten sollten im Ergebnis die früheren Vorschriften der §50 BörsG a.F. und §37d WpHG a.F. anwendbar sein.[25] Durch die damalige Reform wandelte sich dann das Finanztermingeschäft von einem Typus hin zu einem Rechtsbegriff.[26]

Nach wie vor ergeben sich jedoch Auslegungsschwierigkeiten, wenn man auf den Begriff des Termingeschäfts im Rahmen von Derivaten verweist. So sind beispielsweise finanzielle Differenzgeschäfte nach den gesetzlichen Bestimmungen des §2 Abs.2 Nr.3 WpHG bzw. §1 Abs.11 S.3 Nr.3 KWG Derivate, obwohl diese nicht notwendigerweise Termingeschäfte sein müssen. Zwar wird von Stimmen in der Literatur ein hinausgeschobener Erfüllungszeitpunkt gefordert.[27] Dieser ergibt sich aber aus dem Wortlaut und der Systematik der Norm gerade nicht. Zudem entspricht es der Praxis, dass auch kürzere Laufzeiten vereinbart werden können.[28]

Mithin empfiehlt es sich, im Zusammenhang mit Derivaten von deren Termincharakter zu sprechen.[29] Dieser dient zur Abgrenzung von Kassageschäften, die als Umsatzgeschäfte anderen wirtschaftlichen Zwecken dienen[30] und bei denen der

---

24 *Casper*, Das neue Recht der Termingeschäfte, WM 2003, 161 (162); *Rudolf*, in: Kümpel/Wittig, Bank- und Kapitalmarktrecht, S.2393, Fn.2.

25 *Anmerkung*: Die Regelungen zum Börsentermingeschäft bzw. Finanztermingeschäft waren wesentlich durch die Maxime des Anlegerschutzes geprägt. So waren Börsentermingeschäfte vor der Reform des Börsenterminrechts im Jahre 1989 für Privatleute stets unverbindlich und konnten nur rechtsverbindlich zwischen Kaufleuten geschlossen werden (Termineinwand, vgl. *Mülbert/Assmann*, in: Assmann/Schneider, WpHG, Vor.§37e, Rn.2; *Lenenbach*, Kapitalmarktrecht, S.758, Rn.9.203). Nach der Reform setzte sich der Gedanke des Anlegerschutzes in formalisierten und wiederholenden Informationspflichten des §53 BörsG a.F. fort (vgl. BT-Drs.11/4177, S.9, 19). Dementsprechend fehlte Privatleuten, die nicht ordnungsgemäß informiert wurden, die Termingeschäftsfähigkeit und das betroffene Geschäft war als Naturalobligation rechtlich unverbindlich und nicht gerichtlich durchsetzbar (vgl. BGH NJW 1989, 300 (300)). Durch das vierte Finanzmarktförderungsgesetz wurden die §§50ff. BörsG a.F. im Jahr 2002 aufgehoben und durch §§37d-37g WpHG ersetzt (BGBl. 2002, Teil 1 Nr.39, S.2010). Nach dieser Reform blieb ein Termingeschäft bei nicht ordnungsgemäßer Information zwar rechtlich verbindlich; dem Anleger wurde aber ein Schadenersatzanspruch gem. §37d WpHG a.F. eingeräumt.

26 *Lenenbach*, Kapitalmarktrecht, S.769, Rn.9.227.

27 *Müller*, in: Derleder/Knops/Bamberger, Handbuch des deutschen und europäischen Bankrechts, S.1622, Rn.15.

28 *Lenenbach*, Kapitalmarktrecht, S.771, Rn.9.233.

29 *F. Fuchs*, Close-out Netting, Collateral und systemisches Risiko, S.10.

30 *Seiffert*, in: Kümpel/Wittig, Bank- und Kapitalmarktrecht, S.392, Rn.4.354.

Kaufpreis direkt „in die Kasse fließt".[31] Der Erfüllungszeitraum beträgt, nach den jeweiligen Marktusancen bis zu zwei Arbeitstage.[32] Im Gegensatz hierzu steht der längere Erfüllungszeitraum derivativer Geschäfte, der grundsätzlich drei Werktage beträgt, bei *swaps* sich jedoch auf bis zu 30 Jahren oder mehr belaufen kann.[33] Dieser längere Erfüllungszeitpunkt ermöglicht es Marktteilnehmern, unter wirtschaftlicher Betrachtung Geschäfte abzuschließen, ohne bereits die entsprechenden Kosten tragen zu müssen.

C. *Finanzinstrument*

Derivate haben in der heutigen Markt- und Finanzwirtschaft die Funktion von Finanzinstrumenten. In diesem Zusammenhang hebt *Reiner* ihren Zweck als Finanzgeschäfte hervor, bei denen die gegenseitigen Verpflichtungen in Geldleistungen bestehen.[34] Möchte man dieser Ansicht folgen, können diese Geschäfte mit ihrer Erfüllungsmodalität aus Zahlungsströmen (*cash flows*) zu Zeitgeschäften mit Umsatzcharakter, bei denen eine Erfüllung in Natur[35] vereinbart wird, abgegrenzt werden. Letztgenannte beziehen sich auf die Lieferung vertretbarer Sachen wie Waren, Wertpapiere oder Devisen und werden wegen der physischen Lieferung des Basiswertes teilweise als „derivatähnliche Geschäfte"[36] bezeichnet. Dementsprechend kann mit *Zebregs* zwischen dem sogenannten *cash settlement* und *physical settlement* differenziert werden.[37] Diese Unterteilung ist auf der gesetzlichen Ebene im deutschen oder europäischen Recht nicht ausfindig zu

---

31 *Bank-Verlag*, Basisinformationen über Termingeschäfte, S.15.

32 *Lenenbach*, Kapitalmarktrecht, S.726, Rn.9.101.

33 *Zebregs*, Mandatory clearing of OTC derivatives in Europe, Journal of Securities Operations & Custody (2011/2012)4:1, 50 (61).

34 *Reiner*, Derivative Finanzinstrumente im Recht, S.14.

35 *Anmerkung*: In diesem Zusammenhang werden auch die Begrifflichkeiten „physische Lieferung" bzw. „Erfüllung in natura" verwendet.

36 *Anmerkung*: Dies sei der Fall, wenn sie die weiteren Voraussetzungen bezüglich des Basiswertes und der Glattstellung, die er an Derivate stellt, erfüllen (vgl. *Reiner*, Derivative Finanzinstrumente im Recht, S.14, 18). Diese Differenzierung hat auch Auswirkungen auf die Art des möglichen Basiswertes. Insofern wird argumentiert, dass nur solche *underlyings* in Frage kämen, deren Wert ständig berechenbar sei (jederzeitige Reproduzierbarkeit am Kassamarkt). Demzufolge seien beispielweise Klimavariablen keine geeigneten Basiswerte für ein Derivat (vgl. *Reiner*, Derivative Finanzinstrumente im Recht S.26). Nichtsdestotrotz findet dieser Ansatz in den gesetzlichen Vorschriften keinen Niederschlag.

37 *Zebregs*, Mandatory clearing of OTC derivatives in Europe, Journal of Securities Operations & Custody (2011/2012)4:1, 50 (61).

machen. Hier wird zwar gruppenspezifisch zwischen Barerfüllung und Erfüllung *in natura* differenziert, letztlich werden aber beide Geschäfte als Derivate verstanden. In der Praxis kommt der erstgenannten Alternative die größere Bedeutung zu, da man sich in der Regel ihre finanzielle Funktion, beispielsweise im Rahmen von Absicherungsgeschäften, zunutze macht. Aus diesem Grund soll sich die Untersuchung in diesem Kapitel auf Derivate mit Barausgleichspflicht fokussieren.

D. Stochastische Bedingtheit

Die Kehrseite des Termincharakters zeigt sich im zufallsbedingten Wertgehalt des Derivats zum Fälligkeitszeitpunkt.[38] Erst zu diesem Moment wird die exakte Höhe der zu leistenden Zahlungen für die Vertragsparteien ersichtlich. Aufgrund dieser stochastischen Unsicherheit (Bedingtheit) kann die Bandbreite der möglichen Werte – zumindest theoretisch – zwischen null und unendlich liegen.[39]

Nichtsdestotrotz muss die Aussage, dass der Wert eines Derivates *ausschließlich* vom Zufall abhänge[40], kritisch hinterfragt werden. Zwar wurden derivative Produkte im öffentlichen Diskurs bereits als reines Glücksspiel abgetan.[41] In rechtlicher Hinsicht sind sie aber gerade nicht als Glücksspiel i.S.d. §762 BGB anzusehen, wonach Gewinn und Verlust rein vom Zufall abhängen.[42] Konsequenterweise ist dieser Einwand unter den Voraussetzungen des §37e S.1 WpHG ausgeschlossen. Gleichwohl stellen Derivate Risikoverträge dar[43], bei denen zugegebenermaßen der Zufall nach wie vor eine Rolle spielt. Das prägende Merkmal für die potentielle Höhe der zu zahlenden Geldleistungen ist jedoch primär die Strukturierung des derivativen Instruments. Durch eine entsprechende Gestaltung kann der Einfluss des Zufalls eine größere oder geringere Rolle spielen. Unter diesen Voraussetzungen ist man in der Lage, aufgrund finanzmathematischer Berechnungen, eine Bandbreite möglicher Zustände aufzuzeigen.[44] Insofern können Faktoren wie die Laufzeit des Vertrages, der zugrunde liegende Basiswert, dessen Volatilität und

---

38 *Rudolf*, in: Kümpel/Wittig, Bank- und Kapitalmarktrecht, S.2395, Rn.19.19.

39 *Reiner*, Derivative Finanzinstrumente im Recht, S.19.

40 *Reiner*, Derivative Finanzinstrumente im Recht, S.12.

41 *Möbius*: *„Derivate sind nichts anderes als Glückspiel."*, zitiert in: Börsen-Guru Möbius: „Die großen Banken müssen zerschlagen werden", Spiegel-Online, 07.10.2009, abrufbar unter http://www.spiegel.de/wirtschaft/soziales/boersen-guru-moebius-die-grossen-banken-muessen-zerschlagen-werden-a-653652.html.

42 *Sprau*, in: Palandt (Begr.), BGB, §762, Rn.2.

43 *Roberts*, Vertragliche Grundlagen von Finanzderivaten, NJOZ 2010, 1717 (1718).

44 *Schindler*, Derivative Finanzinstrumente, S.27.

eine etwaige Hebelwirkung in wirtschaftlicher Hinsicht den potentiellen Wert eines Derivats maßgeblich beeinflussen. Zwar existieren nach wie vor unvorhersehbare Ereignisse, wie beispielsweise Naturkatastrophen, die sich auf den Basiswert auswirken können.[45] Gleichwohl können diese Umstände in der Strukturierung berücksichtigt werden. Legt man eine risikofreudige Struktur zugrunde, kann sich für die Vertragsparteien ein theoretisch unbegrenztes Verlustrisiko ergeben.[46] Andererseits kann bei einer strikt risikoaversen Gestaltung die Anzahl der möglichen Wertentwicklungen von unendlich auf eine überschaubare Zahl reduziert werden und eine gewisse Vorhersehbarkeit eintreten. Nur innerhalb dieser Bandbreite kommt dem Zufall dann noch eine Bedeutung zu. Je enger diese Bandbreite gestaltet wird, desto mehr bedingt die Strukturierung mithin die Höhe der am Fälligkeitstag zu zahlenden Geldleistungen.

§2 Relevanz

Längst sind Derivate aus unserer Welt- und Finanzwirtschaft nicht mehr wegzudenken. Der Ursprung dieser Produkte wird auf den Zusammenbruch des *Bretton-Woods*-Abkommens im Jahr 1973 zurückgeführt und der damit einhergehenden Abschaffung fester Wechselkurse.[47] Diese weltwirtschaftlichen Rahmenbedingungen förderten das Entstehen von Swapgeschäften, da sich Marktteilnehmer vermehrt vor Zins- und Wechselkursrisiken absichern wollten.[48]

Dennoch reichen die Wurzeln weit tiefer in die Geschichte zurück, als man es auf den ersten Blick vermutet. Bereits im 17. Jahrhundert platzte die erste Spekulationsblase in Holland unter Einsatz solcher Instrumente im Rahmen der sogenannten *Tulpenmanie*. Tulpen waren zu dieser Zeit ein Symbol von Reichtum und kosmopolitischer Geisteshaltung, was sie bei der holländischen Oberschicht sehr begehrt machte. Der Handel mit diesen Blumen erfuhr 1635 durch die Einführung von Termingeschäften eine signifikante Wendung, da nun ein Käufer nicht mehr bei Übergabe der ausgewachsenen Pflanze den Kaufpreis entrichtete, sondern sich bei Vertragsabschluss verpflichtete, einen vorher festgelegten Preis für eine bestimmte Zwiebel am Fälligkeitstag zu entrichten.[49] Dies führte zum

---

45 *Mülbert/Böhmer*, Ereignisbezogene Finanzprodukte, WM 2006, 985 (990); *Heine*, in: FS Amelung, Zum Begriff des Glückspiels aus europäischer Perspektive, 413 (417): Für die Option aus strafrechtlicher Sicht vor dem Hintergrund des §248 StGB.

46 *Bank-Verlag*, Basisinformationen über Termingeschäfte, S.24.

47 *Jahn*, in: Schimansky/Bunte/Lwowski, Bankrechts-Handbuch, §114, Rn.1.

48 *Klinger-Schmidt*, in: Derleder/Knops/Bamberger, Handbuch zum deutschen und europäischen Bankrecht, S.1640, Rn.2.

49 *Chavagneux*, Kleine Geschichte der Finanzkrisen, S.25.

sogenannten „Windhandel“, bei dem Optionsscheine – zunächst nur zwischen Züchter und Florist, dann zwischen Floristen und Kunden – ganzjährlich gehandelt wurden und mehrmals am Tag den Besitzer mit entsprechenden Preissteigerungen wechselten.[50] Die allgemeine Begeisterung befeuerte den Handel und führte zu astronomischen Preisanstiegen, sodass für eine einzige Tulpenzwiebel das Mehrfache eines Jahresgehalts gezahlt wurde.[51] So stieg der Preis für eine Zwiebel der Sorte *Semper Augustus* im Januar 1637 auf einen heutigen Wert von 102.000 EUR (10.000 Gulden). Einen Monat später konnten auf der Versteigerung von *Alkmaar* für 70 Tulpenzwiebeln sogar 920.000 EUR realisiert werden (90.000 Gulden).[52] Als das Vertrauen in den Markt jedoch schwand, stürzten die Preise ins Bodenlose, Geschäfte konnten nur noch mit Abschlägen von 95–99% vorgenommen werden und der Handel brach gänzlich zusammen[53].[54]

Trotz weiterer historischer Tiefpunkte, beispielweise im Rahmen der *to-arrive*-Verträge in Chicago um 1848[55], hat die Entwicklung bis heute zu einer nahezu unüberschaubaren Zahl unterschiedlicher Produktarten und Variationen geführt, die weiterhin fortschreitet. Seit der jüngsten Finanzkrise sind derivative Instrumente vermehrt in das Bewusstsein der Öffentlichkeit gelangt und wurden zunehmend internationalen Regulierungen unterworfen.

Die Verbreitung und damit verbundene Bedeutung für die Finanz- und Realwirtschaft werden durch ihre Marktbreite und –tiefe unterstrichen. Der Markt für Derivate ist ein Teilbereich des Finanzmarktes, der weiterhin aus dem Devisen-, Kapital- und Geldmarkt besteht.[56] Vor allem der Bereich der außerbörslich gehandelten Derivate spielt hierbei eine besondere Rolle.[57] Die aktuellen Zahlen der *Bank für Internationalen Zahlungsausgleich* (*BIZ*) von November 2014 verdeutlichen, dass das Volumen der ausstehenden außerbörslichen Derivatgeschäfte seit Dezember 2012 wieder rasant anstieg. Im Juni 2014 belief sich die Summe auf

---

50 *Chavagneux*, Kleine Geschichte der Finanzkrisen, S.25.

51 *Schüwer/Steffen*, in: Zerey, Finanzderivate, S.44, Rn.2.

52 *Chavagneux*, Kleine Geschichte der Finanzkrisen, S.21.

53 *Anmerkung*: Die Auswirkungen des Zusammenbruchs sind unter Historikern umstritten, dürften aber primär Spekulanten getroffen haben und sich nicht auf die Allgemeinheit oder die Wirtschaft insgesamt erstreckt haben (vgl. *Spremann/Gantenbein*, Finanzmärkte, S.230).

54 *Chavagneux*, Kleine Geschichte der Finanzkrisen, S.29.

55 Siehe hierzu: *Schüwer/Steffen*, in: Zerey, Finanzderivate, S.44, Rn.3.

56 *Buck-Heeb*, Kapitalmarktrecht, S.27, Rn.84.

57 Siehe zum Handel näher unten: Kapitel 1, Abschnitt 2, §1, Unterpunkt B.

nominal über 690 Mrd. US-Dollar.[58] In diesem Zusammenhang wird von *Kaya* angemerkt, dass Nominalbeträge wenig aussagekräftig seien, da die Beträge zum Beispiel bei Zinssatzderivaten so gut wie nie tatsächlich zwischen den Vertragsparteien fließen.[59] Zwar liegt der Bruttobetrag (*gross market value*) unter dieser Prämisse mit etwa 17 Mrd. US-Dollar[60] weit unter dem vorgenannten Wert, stellt aber nach wie vor eine bedeutende Größe für die weltweite Finanz- und Realwirtschaft dar. Zudem ist zu beachten, dass die Adressenausfallrisiken derivativer Geschäfte ebenfalls nicht in Höhe des Nominalwertes bestehen, sondern in dem Aufwand, der für eine Wiederbeschaffung angesetzt werden muss.[61]

Produktsystematisch bilden Zinsderivate (*single currency interest rate derivatives*) mit nominal über 560 Mrd. US-Dollar den größten Sektor.[62] Hierunter fallen beispielsweise *forward rate agreements* und *interest rate swaps,* wobei Euro und US-Dollar die häufigsten Währungen sind. Mit nominal 75 Mrd. US-Dollar[63], werden Fremdwährungsderivate (*foreign exchange derivatives*) in wesentlich geringerem Umfang abgeschlossen. Hierunter fallen zum Beispiel Fremdwährungsforwards oder *–swaps* bzw. *currency swaps.* Im Handelsvolumen schließen sich dann Kreditderivate (*credit derivatives*), wie *credit default swaps* mit nominal rund 20 Mrd. US-Dollar, Aktienderivate (*equity linked derivatives*), wie *equity forwards*, mit nominal rund 9 Mrd. US-Dollar und Rohstoffderivate (*commodity derivatives*), wie *commodity forwards* oder *commodity options*, mit nominal 2 Mrd. US-Dollar an.[64]

§3 Chancen

Derivative Instrumente bieten nicht nur für ihren Verwender zahlreiche Chancen; auch für die Welt- und Finanzwirtschaft im Allgemeinen leisten sie einen

58 *BIZ*, OTC derivatives statistics at end-June 2014, S.1, 15, abrufbar unter http://www.bis.org/publ/otc_hy1305.pdf (zuletzt am 19.11.2014).

59 *Kaya*, Reform der OTC-Derivatmärkte, S.14, abrufbar unter https://www.dbresearch.de/PROD/DBR_INTERNET_DE-PROD/PROD0000000000320442.pdf.

60 *BIZ*, OTC derivatives statistics at end-June 2014, S.1, 15, abrufbar unter http://www.bis.org/publ/otc_hy1305.pdf (zuletzt am 19.11.2014).

61 *Schäfer*, in: FS Sigloch, Außerbörsliche Derivate, systemisches Risiko und staatlicher Kontrollbedarf, 989 (994).

62 *BIZ*, OTC derivatives statistics at end-June 2014, S.3, abrufbar unter http://www.bis.org/publ/otc_hy1305.pdf (zuletzt am 19.11.2014).

63 *BIZ*, OTC derivatives statistics at end-June 2014, S.4, abrufbar unter http://www.bis.org/publ/otc_hy1305.pdf (zuletzt am 19.11.2014).

64 *BIZ*, OTC derivatives statistics at end-June 2014, S.6, abrufbar unter http://www.bis.org/publ/otc_hy1305.pdf (zuletzt am 19.11.2014).

nützlichen Dienst. Nicht umsonst betonte der ehemalige US-Notenbank Chef *Alan Greenspan* im Jahr 2003 ihre positive Risikoverlagerungsfunktion.[65] Daher sollen nun ihre wesentlichen Einsatzmöglichkeiten behandelt werden. Zunächst werden sie unter Risikomanagementaspekten betrachtet und anschließend die Erzielung von Spekulationsgewinnen thematisiert. Abschließend wird auf die Generierung sogenannter Arbitragevorteile eingegangen.

A. *Effektiveres Risikomanagement*

Trotz ihres, in der breiten Öffentlichkeit oftmals negativ besetzten Bildes, nehmen derivative Finanzinstrumente in der Finanz- und Unternehmenswelt durchaus eine nützliche Funktion ein, da sie im Risikomanagement eingesetzt werden können. So können sich Marktteilnehmer mit Hilfe von Absicherungsgeschäften (*hedging*)[66] vor Risiken aus Positionen, die im Rahmen von geplanten oder eingegangenen Grundgeschäften entstehen können, schützen.[67] Im Falle von Industrie- oder Handelsunternehmen entstehen solche Gefahren beispielsweise aus ihrer operationellen Tätigkeit[68], bei institutionellen oder privaten Anlegern aus Werten, die durch Marktschwankungen beeinträchtigt werden.[69] Solche Marktpreisrisiken stellen zum Beispiel Zins-, Rohstoffpreis-, Wechselkurs-, oder Aktienkursänderungen dar.[70] Mit Hilfe von Finanzderivaten können Positionen eingegangen werden, deren Entwicklung die negative Entwicklung des Referenzwertes kompensieren und somit Marktteilnehmer vor finanziellen Verlusten absichern.[71] Mit dieser Methodik können Risiken innerhalb des Finanzsystems besser an Adressaten übertragen werden, die in der Lage sind, das Risiko zu tragen.[72]

---

65 *Greenspan*, zitiert in: Goodman Peter, Taking Hard New Look at a Greenspan Legacy, New York Times, 08.10.2008, abrufbar unter http://www.nytimes.com/2008/10/09/business/economy/09greenspan.html?pagewanted=all&_r=0: "*What we have found over the years in the marketplace is that derivatives have been an extraordinary useful vehicle to transfer risk from those who shouldn't be taking it to those who are willing to and are capable of doing so.*"

66 *Anmerkung*: Der Begriff „hedging" lässt sich auf das englische Wort „hedge" zurückführen, das mit Hecke übersetzt werden kann bzw. auf das Verb „to hedge", was absichern oder abdecken bedeutet.

67 *Gräfer/Schiller/Rösner*, Finanzierung, S.202.

68 *O.V.*, ZBB-Dokumentation, ZBB 2000, 74 (74).

69 *Rudolf*, in: Kümpel/Wittig, Bank- und Kapitalmarktrecht, S.2399, Rn.19.34.

70 *Wieland/Weiß*, EMIR, CF law 2013, 73 (74).

71 *Schüwer/Steffen*, in: Zerey, Finanzderivate, S.49 Rn.12.

72 *Zimmermann/Bubb*, in: FS Nobel, Finanzkrisen und systemisches Risiko, 745 (758).

Durch diese *Risikoverlagerung* obliegt es dieser Vertragspartei, sich wiederum abzusichern (*re-hedging*), oder bewusst das Risiko im Rahmen einer Spekulation einzugehen, wodurch beide Bereiche in einem ambivalenten Verhältnis zueinander stehen.[73] Obwohl beim *hedging* das Derivatgeschäft gerade wegen des Grundgeschäfts abgeschlossen wird, ist es in rechtlicher Hinsicht von diesem unabhängig. Folglich kann das Derivat vorzeitig aufgelöst werden oder existiert bei Wegfall des abzusichernden Geschäfts fort.[74]

Im Hinblick auf die Risikosteuerung und -absicherung lassen sich – je nachdem ob ein einzelnes Grundgeschäft, eine Gesamtheit von Risikopositionen oder eine Gruppe von Geschäften mit gemeinsamen Risikoparametern abgesichert werden soll – mehrere Spielarten des *hedgings* unterscheiden.[75] Beim *micro-hedge* wird eine mit dem Grundgeschäft gegenläufige Terminposition eingegangen, die betrags- und fristenkongruent ist und bei der sich Chancen und Risiken vollständig kompensieren.[76] Anders verhält es sich beim *macro-hedge*, mit dessen Hilfe eine Derivatposition geschaffen wird, die sich umfassend zu einer Vielzahl von abgeschlossenen oder zukünftigen Grundgeschäften gegenläufig entwickeln soll.[77] Der Unterschied ergibt sich aus dem Korrelationsrisiko, da sich die Gewinne und Verluste bei einem *macro-hedge* nicht vollständig kompensieren.[78] Eine bereit angelegte Risikoabsicherung ergibt sich durch den *portfolio-hedge*, der bevorzugt bei Kreditinstituten eingesetzt wird und Geschäfte mit ähnlichen Charakteristika in Gruppen zusammenfasst, um sie in einem abgegrenzten Risikobereich gemeinsam steuern zu können.[79] Dieses Risikomanagement ist insofern mit einem *macro-hedge* vergleichbar, als dass es sich ebenfalls um ein unvollkommenes Sicherungsgeschäft handelt, unterscheidet sich aber dadurch, dass keine individuelle Entscheidung eines Anlegers getroffen wird, sondern bereits in organisatorischer Hinsicht durch die Einrichtung von Handelsbüchern bzw. Portfolien festgelegt ist.[80]

---

73 *F. Fuchs*, Close-out Netting, Collateral und systemisches Risiko, S.19.

74 *Rudolf*, in: Kümpel/Wittig, Bank- und Kapitalmarktrecht, S.2399, Rn.19.35.

75 *Clouth*, in: Ellenberger/Schäfer/Clouth/Lang, Praktikerhandbuch Wertpapier- und Derivatgeschäft, S.451, Rn.1149.

76 *Rudolf*, in: Kümpel/Wittig, Bank- und Kapitalmarktrecht, S.2400 Rn.19.38.

77 *Grunewald/Schlitt*, Einführung in das Kapitalmarktrecht, S.127.

78 *Clouth*, in: Ellenberger/Schäfer/Clouth/Lang, Praktikerhandbuch Wertpapier- und Derivatgeschäft, S.451, Rn.1149.

79 *Rudolph/Schäfer*, Derivative Finanzmarktinstrumente, S.30.

80 *Rudolf*, in: Kümpel/Wittig, Bank- und Kapitalmarktrecht, S.2401, Rn.19.43.

B. *Spekulationsgewinne*

Derivate bieten zudem spekulative Anwendungsmöglichkeiten, denen zwar gewisse Chancen innewohnen, die aber nicht selten in hohen Verlusten enden. Gerade dieser Aspekt rückte in der Vergangenheit immer wieder in den Fokus der Öffentlichkeit. Der Verlust der US-amerikanische Bank *JP Morgan Chase* im Jahr 2012 in Höhe von zwei Mrd. US-Dollar im Rahmen spekulativer Derivatgeschäfte[81] ist dabei nur ein populäres Beispiel.

Grundsätzlich versucht ein Marktteilnehmer beim *trading* die zukünftigen positiven oder negativen Kursentwicklungen bzw. Kursschwankungen richtig einzuschätzen und Gewinne zu generieren.[82] Die Besonderheit beim Einsatz derivativer Finanzinstrumente liegt darin, dass der Spekulant keine Basisposition auf dem Kassamarkt direkt erwerben muss.[83] Dort müsste er entweder den vollen Gegenwert der Finanzposition leisten oder ein besichertes Darlehen stellen.[84] Vielmehr kann er mithilfe eines Derivates ein gleichartiges Geschäft wesentlich kostengünstiger abschließen, da er nur das entsprechende Entgelt und eine etwaige Sicherheitsleistung entrichten muss.[85] Mithin kann auf die Entwicklung von Basiswerten spekuliert werden, obwohl gegebenenfalls nicht ausreichend finanzielle Mittel für den Direkterwerb solcher Titel zur Verfügung stehen.[86] Insofern führt dieser Hebeleffekt (*leverage effect)* bei risikogleichen Anlagen in denselben Basiswert zu einer Verringerung des Kapitaleinsatzes.[87]

---

81 *Schulz*, JP Morgan – Der Zwei-Milliarden-Dollar-Flop, Frankfurter Allgemeine Zeitung, 11.05.2012, abrufbar unter http://www.faz.net/aktuell/wirtschaft/jp-morgan-der-zwei-milliarden-dollar-flop-11747931.html.

82 *Reiner*, Derivate Finanzinstrumente, S.5.

83 *Grunewald/Schlitt*, Einführung in das Kapitalmarktrecht, S.129.

84 *Schüwer/Steffen*, in: Zerey, Finanzderivate, S.49, Rn.13; *Lenenbach*, Kapitalmarktrecht, S.776, Rn.9.248.

85 *Lenenbach*, Kapitalmarktrecht, S.776, Rn.9.248.

86 *Anmerkung*: Hierbei handelt es sich nicht um einen Leerverkauf. Zwar wird bei einem Leerverkauf wirtschaftlich der gleiche Effekt erzielt wie beim Verkauf einer Verkaufsoption. Allerdings erfüllt der Leerverkäufer zunächst seine Verpflichtung aus einem Kaufvertrag mit Wertpapieren, die er im Rahmen eines Wertpapierdarlehens erhalten hat und spekuliert anschließend auf fallende Kurse, um aus dem Darlehen einen Gewinn zu schöpfen. Mithin werden hier zwei Geschäfte auf dem Kassamarkt kombiniert (vgl. *Lenenbach*, Kapitalmarktrecht, S.776, Rn.9.248; *Schäfer*, in: Boos/Fischer/Schulte-Mattler, KWG, §1, Rn.231b).

87 *Reiner*, Derivative Finanzinstrumente, S.39.

C. Arbitragevorteile

Arbitragegeschäfte bilden einen weiteren Anwendungsbereich für Derivate. Diese zeichnen sich dadurch aus, dass vorübergehende, signifikante Angebots- und Nachfragelagen auf verschiedenen, zusammenhängenden Märkten entstehen.[88] Ein Arbitrageur möchte diese Ineffizienzen ausnutzen, um so risikolos finanzielle Vorteile aus gleichen Positionen zu erzielen (*free lunch*).[89] Hiervon abzugrenzen ist das *spreading*, das sich durch einen spekulativeren Charakter auszeichnet, indem verwandte Geschäfte auf gleichen oder unterschiedlichen Märkten simultan verkauft und gekauft werden und ein bestehender Kurszusammenhang ausgenutzt wird.[90]

Einen Hauptanwendungsbereich der Arbitrage bilden *liability swaps* im Rahmen der Kreditarbitrage, die bei einer Finanzierung zu relativen Kostenvorteilen für beide Vertragspartner führen und ihnen indirekt Zutritt zu Märkten ermöglichen, zu denen sie nur eingeschränkt oder keinen Zugang haben.[91] Arbitragegeschäften wird eine volkswirtschaftlich positive Funktion zugeschrieben. Zunächst sorgen sie für höhere Liquidität im Markt und unterstützen eine faire Marktpreisbildung.[92] Dadurch wird die bestehende Unvollkommenheit des Marktes abgeschwächt und die Funktionsfähigkeit gestärkt.[93]

In systematischer Hinsicht können verschiedene Formen der Arbitrage charakterisiert werden. Durch die *räumliche* Arbitrage können Kursdifferenzen an verschiedenen Börsenplätzen ausgenutzt werden, beispielsweise der Kurs für eine Unze Gold in London und Zürich.[94] Weiterhin kann zwischen *Intramarket*-Arbitrage und *Intermarket*-Arbitrage unterschieden werden, je nachdem ob sich das Geschäft auf die gleichen Märkte bezieht oder nicht.[95] Durch die *zeitliche* Arbitrage können Differenzen zwischen Termin- und Kassamärkten durch möglichst gleichzeitige und gegenläufige Geschäfte ausgenutzt werden (Finanzarbitrage).[96] So kann beispielsweise ein überbewerteter *future* am Kassamarkt gekauft und

---

88 *Lenenbach*, Kapitalmarktrecht, S.776, Rn.9.248.

89 *Rudolf*, in: Kümpel/Wittig, Bank- und Kapitalmarktrecht, S.2402, Rn.19.48.

90 *Rudolph/Schäfer*, Derivative Finanzmarktinstrumente, S.35: auch zu den Unterarten *intramarket spreading*, *intermarket spreading* und *intercommodity spreading*.

91 Siehe hierzu: *Clouth*, in: Ellenberger/Schäfer/Clouth/Lang, Praktikerhandbuch Wertpapier- und Derivatgeschäft, S.448, Rn.1143.

92 *Geyer/Uttner*, Praxishandbuch Börsentermingeschäfte, S.25.

93 *Rudolph/Schäfer*, Derivative Finanzmarktinstrumente, S.35.

94 Siehe hierzu: *Geyer/Uttner*, Praxishandbuch Börsentermingeschäfte, S.25.

95 *Rudolph/Schäfer*, Derivative Finanzmarktinstrumente, S.35.

96 *Günter*, Derivative Finanzinstrumente, S.5.

gleichzeitig am Terminmarkt verkauft werden (*cash and carry arbitrage*).[97] Des Weiteren können sich Vorteile aus der unterschiedlichen rechtlichen Behandlung wirtschaftlich gleichwertiger Geschäfte ergeben (Regelungs-, Steuerarbitrage).[98]

§4 Risiken

Spiegelbildlich zu den Chancen und dem Nutzen derivativer Finanzinstrumente in der heutigen Wirtschafts- und Finanzwelt sind mit ihnen diverse Risiken verbunden. Nicht ohne Grund bezeichnete sie der bekannte amerikanische Unternehmer *Warren Buffet* in seinem berühmt gewordenen Zitat aus dem Jahr 2003 als *„finanzielle Massenvernichtungswaffen"*.[99] Nachfolgend werden ausgewählte Risiken derivativer Instrumente dargestellt, die auch bei der später behandelten zentralen Abwicklung eine Rolle spielen. Hierzu zählen das Marktpreis-, Kredit- und Liquiditätsrisiko sowie die Hebelwirkung.[100]

A. Marktpreisrisiko

Derivative Produkte sind wie andere handelbare Produkte mit einem Marktpreisrisiko behaftet. Vor dem Hintergrund der Wertableitung eines Derivats entsteht dieses „klassische Risiko"[101] bei einer Veränderung des Preises des zugrunde liegenden Basiswertes. Diese Differenzen können auf eine Vielzahl preisbildender Faktoren zurückgeführt werden. So können zunächst Kurs- und Volatilitätsveränderungen des Referenzwertes einschlägig sein.[102] Für derivative Finanzinstrumente bestehen des Weiteren Zinsänderungsrisiken – auch dann, wenn der

---

97 *Grunewald/Schlitt*, Einführung in das Kapitalmarktrecht, S.128: am Beispiel der *reverse cash and carry arbitrage*.

98 *Günter*, Derivative Finanzinstrumente, S.5.

99 *Buffet*, in: Berkshire Hathaway Inc., Report, S.15, abrufbar unter http://www.berkshirehathaway.com/letters/2002pdf.pdf: *"The derivatives genie is now well out of the bottle, and these instruments will almost certainly multiply in variety and number until some event makes their toxicity clear. […] In our view, however, derivatives are financial weapons of mass destruction, carrying dangers that, while now latent, are potentially lethal."*

100 *Anmerkung*: Um den Rahmen der Untersuchung nicht zu sprengen, werden andere Faktoren wie Währungs-, Inkongruenz-, Vorleistungs-, Rechts-, Betriebs-, Länder-, Steuer-, Abwicklungs-, Bilanz- sowie sonstige Risiken nicht behandelt. Für Einzelheiten siehe: *Bank-Verlag*, Basisinformationen über Finanzderivate, S.125ff.

101 *Bank-Verlag*, Basisinformationen über Finanzderivate, S.123.

102 *Clouth*, in: Ellenberger/Schäfer/Clouth/Lang, Praktikerhandbuch Wertpapier- und Derivatgeschäft, S.458, Rn.1160.

Basiswert keinem solchen Faktor unterworfen ist –, da die Zahlungsströme während der Laufzeit auf das aktuelle Zinsniveau abdiskontiert werden.[103] In einem bereits angespannten Umfeld können zudem herdenartige Panikreatkionen den Marktpreis zusätzlich unter Druck setzen.[104] Gerade der letztgenannte Umstand macht deutlich, dass der Marktpreis von rationalen oder irrationalen Entscheidungsprozessen getrieben werden kann, je nachdem welche Überlegungen und Bewertungen einzelne Marktteilnehmer anstellen oder Nachrichten aus Politik und Wirtschaft bzw. Gerüchte interpretieren.[105]

Das Zusammenwirken der einzelnen Parameter und ihre Gewichtung sind kaum zu erfassen, was sich wiederum in der stochastischen Bedingtheit von Derivaten widerspiegelt. Gerade bei Rohstoffreferenzwerten sind Bestimmungen des Marktpreises sehr schwierig, weil diese häufig volatiler sind und die Märkte eine geringere Liquidität aufweisen, wodurch sich Nachfrage und Angebotsschwankungen signifikanter auswirken.[106] Insbesondere können einzelne Risiken nicht miteinander addiert werden, da es wegen der Komplexität der Abhängigkeit sogar zu entgegengesetzten Wertenwicklungen des Basiswerts und Derivats kommen kann.[107]

Das Marktpreisrisiko hat auch Auswirkungen auf das Risikomanagement einer zentralen Gegenpartei, da insofern Beiträge im Rahmen von Einschussforderungen erheblich ansteigen können. Bei der Abwicklung über eine zentrale Gegenpartei kann die später zu leistende *variation margin* wegen der negativen Marktentwicklung des *underlyings* wesentlich höher ausfallen als die *initial margin*, die für die anfängliche Besicherung geleistet wurde[108].[109] Insofern trägt ein zentraler Kontrahent durch das Marktpreisrisiko ein nicht zu vernachlässigendes Risiko im Hinblick auf seinen Vertragspartner während der Vertragslaufzeit eines Derivatgeschäfts.

---

103 *Bank-Verlag*, Basisinformationen über Finanzderivate, S.123.

104 *Kiehling*, Eine Einführung in die Kapitalmarkttheorie, DStR 1992, 476 (479).

105 *Bank-Verlag*, Basisinformationen über Finanzderivate, S.123.

106 *Rudolf*, in: Kümpel/Wittig, Bank- und Kapitalmarktrecht, S.2404, Rn.19.55.

107 *Bank-Verlag*, Basisinformationen über Finanzderivate, S.123.

108 Zu den einzelnen Arten von Einschussforderungen siehe Kapitel 2, Abschnitt 4, §4, Unterpunkt B.

109 *Anmerkung*: Bei einem *forward* über 100.000 EUR würde eine 1%ige *initial margin* 1.000 EUR betragen. Im Falle einer negativen Kursänderung um 5% wäre dann eine Nachschussforderung von 5.000 EUR zu begleichen (vgl. *Bank-Verlag*, Basisinformationen über Termingeschäfte, S.82).

B. Kreditrisiko

Das Kreditrisiko – in der Literatur auch als Bonitäts-, Erfüllungs-, Adressenausfall-, oder Kontrahentenrisiko bezeichnet – charakterisiert den Umstand, dass eine Vertragspartei des Derivatgeschäfts ihren vertraglichen Verpflichtungen nicht mehr nachkommen kann und ausfällt.[110] Dieses Risiko besteht unabhängig vom Marktgeschehen und kann auf finanzielle Gründe, wie beispielsweise eine Insolvenz, oder ein Moratorium, zurückzuführen sein.[111] Neben den allgemeinen Verlustrisiken für die Vertragspartner bei einer Insolvenz ergibt sich bei Absicherungsgeschäften ein finanzieller Schaden aus dem Substitutions- bzw. Wiederbeschaffungsrisiko, da sie die nunmehr offene Position im Rahmen eines Ersatzgeschäfts decken müssen, das im Zweifel schlechtere Konditionen aufweist.[112]

Während der Finanzkrise zeigte sich dieses Risiko vor allem im Bereich der außerbörslich gehandelten Derivate, da das Bonitätsrisiko der unterschiedlichen Teilnehmer nicht eindeutig beurteilt werden konnte und individuell schwankte.[113] Nach den Reformen soll nunmehr die Einschaltung einer zentralen Gegenpartei das Ausfallrisiko aus Sicht der Marktteilnehmer aufheben. Allerdings müssen hierbei hohe Anforderungen an die finanzielle Ausstattung eines zentralen Kontrahenten und dessen Risikomanagement gestellt werden.[114]

C. Liquiditätsrisiko

Wenn Positionen nicht oder nicht mehr zu einem fairen Marktpreis aufgelöst oder glattgestellt werden können, spricht man vom Liquiditätsrisiko.[115] Grundsätzlich wird diese Gefahr geringer, je breiter und tiefer sich der Markt für das Produkt darstellt.[116] Dementsprechend sind die Ursachen für dieses Risiko in fehlenden Kontrahenten, einer geringen Anzahl von Marktteilnehmern sowie

---

110 *Reiner*, ISDA Master Agreement, S.46.

111 *Bank-Verlag*, Basisinformationen über Finanzderivate, S.128.

112 *Rudolf*, in: Kümpel/Wittig, Bank- und Kapitalmarktrecht, S.2405, Rn.19.61.

113 *Anmerkung*: Eine gewisse Absicherung bieten Rahmenverträge und Rahmen-Sicherungsabreden, die jedoch nur bei standardisierten Derivatverträgen Anwendung finden (vgl. *Rudolf*, in: Kümpel/Wittig, Bank- und Kapitalmarktrecht, S.2405, Rn.19.62.).

114 Zu der finanziellen Ausstattung einer zentralen Gegenpartei siehe Kapitel 2, Abschnitt 4, §4.

115 *Bank-Verlag*, Basisinformationen über Termingeschäfte, S.75.

116 *Lenenbach*, Kapitalmarktrecht, S.775, Rn.9.246.

geringen Handelsvolumina zu sehen oder auf allgemeine Krisensituationen bzw. Marktstörungen zurückzuführen.[117]

Bei negativen Marktentwicklungen kann das Risiko eines illiquiden Marktes alle Derivatgeschäfte treffen.[118] Selbst auf Märkten mit *market-makern* kann es zu Illiquidität kommen, da diese nicht verpflichtet sind, während der gesamten Laufzeit An- und Verkaufskurse zu stellen.[119] Allerdings sind außerbörsliche Geschäfte anfälliger, da es sich hier primär um maßgeschneiderte Verträge handelt, für die sich im Zweifel nicht ohne weiteres ein Vertragspartner finden lässt. Außerdem können sich bei wenig gehandelten Produkten Probleme in der Preisfindung ergeben, die sich dann wiederum negativ auf den Liquiditätsrückfluss auswirken.[120] Produktspezifisch steigt mithin das Risiko, das Produkt in Krisenfällen nur mit hohen Preisabschlägen liquidieren zu können, mit dessen Komplexität.[121]

D. Risiko der Hebelwirkung

Spiegelbildlich zum Vorteil, den der Hebeleffekt bei Spekulationsgeschäften entfalten kann, birgt er auch das entsprechende Verlustpotential. Als Hebel bezeichnet man den Kehrwert des prozentualen Eigenkapitaleinsatzes.[122] Durch die Trennung von dinglicher Inhaberschaft und Risikotragung wirken sich negative Entwicklungen in besonderer Weise aus. Verglichen mit einer betragsmäßig gleichen Anlage in den Basiswert, führt der *leverage effect* mithin zu einer höheren Volatilität und steigenden Chancen und Risiken.[123] Verglichen zum Kapitaleinsatz können somit *überproportionale* Wertsteigerungen realisiert bzw. Verlusten erlitten werden.[124] Insofern ergibt sich ein Risikoerhöhungsmoment,

---

117 *Bank-Verlag*, Basisinformationen über Finanzderivate, S.126.

118 *Clouth*, in: Ellenberger/Schäfer/Clouth/Lang, Praktikerhandbuch Wertpapier- und Derivatgeschäft, S.463, Rn.1172.

119 *Bank-Verlag*, Basisinformationen über Termingeschäfte, S.76.

120 *Bank-Verlag*, Basisinformationen über Finanzderivate, S.126.

121 *Rudolf*, in: Kümpel/Wittig, Bank- und Kapitalmarktrecht, S.2404, Rn.19.58.

122 *Anmerkung*: Bei einem 5%igen Kapitaleinsatz beträgt der Hebel 1/0,05=20. Eine 1%ige Preisveränderung im Basiswert führt dann zu einer 20%igen Preisänderung des Derivats, sofern die sonstigen Faktoren gleich bleiben (vgl. *Bank-Verlag*, Basisinformationen über Termingeschäfte, S.74).

123 *Reiner*, Derivative Finanzinstrumente, S.39.

124 *Clouth*, in: Ellenberger/Schäfer/Clouth/Lang, Praktikerhandbuch Wertpapier- und Derivatgeschäft, S.455, Rn.1155.

da Verluste weit über den Einsatz bei Vertragsschluss hinausgehen können.[125] Produktspezifisch ist ein solches Risiko typischerweise bei der Option vorhanden.[126] Von der Hebelwirkung abzugrenzen, sind vertraglich gestaltete Risiken, die zum Totalverlust führen können. Hierunter fallen beispielsweise *knock-out*-Strukturen, die bei einem bestimmten vordefinierten Ereignis zur Wertlosigkeit des Derivats führen.[127]

§5 Systematik

Derivate lassen sich in systematischer Hinsicht nach verschiedenen Gesichtspunkten betrachten. Neben den bereits oben angesprochenen Unterscheidungsmöglichkeiten nach dem *Basiswert* und der *Erfüllungsart*, ist eine Abgrenzung nach *Produktgenerationen* möglich. Insofern können Derivate von der ersten Generation, wie beispielsweise Aktienoptionen, bis hin zur dritten Generation, wie zum Beispiel hochkomplexen Zertifikaten[128], differenziert werden.[129] In rechtsdogmatischer Hinsicht können Derivate in *bedingte* und *unbedingte* Termingeschäfte untergliedert werden. Letztere Gruppe wird auch als Festgeschäft bezeichnet und umfasst vor allem *forwards* und *swaps*.[130] Hier ist die Erfüllung an keine Bedingung geknüpft und die Vertragspflichten stehen für beide Parteien von an Anfang an „fest".[131] Demgegenüber bilden Optionen bedingte Termingeschäfte, wobei die Erfüllung von der einseitigen Ausübung eines Optionsrechts durch den Berechtigten abhängt.[132] In diesem Zusammenhang ergibt sich eine weitere Differenzierung nach dem *Risikoprofil*. Während sich Festgeschäfte durch eine symmetrische Risikostruktur auszeichnen, ist für Optionen ein asymmetrisches Risikoprofil charakteristisch.[133] Wesentlich für diese Untersuchung ist zudem der Umstand, dass Derivate nach dem *Handelsplatz* unterschieden werden

---

125 *Rudolf*, in: Kümpel/Wittig, Bank- und Kapitalmarktrecht, S.2404, Rn.19.56.

126 *Lenenbach*, Kapitalmarktrecht, S.776, Rn.9.248.

127 *Anmerkung*: Dies ist insbesondere bei den rechtlich als Inhaberschuldverschreibungen zu qualifizierenden Hebelzertifikaten ohne Stopp-Loss-Barriere der Fall (vgl. *Bank-Verlag*, Basisinformationen über Termingeschäfte, S.67).

128 *Lenenbach*, Kapitalmarktrecht, S.753, Rn.9.186.

129 Siehe hierzu: *Clouth*, in: Ellenberger/Schäfer/Clouth/Lang, Praktikerhandbuch Wertpapier- und Derivatgeschäft, S.435, Rn.1114 sowie S.443, Rn.1132.

130 *Schüwer/Steffen*, in: Zerey, Finanzderivate, S.45, Rn.5.

131 *Lenenbach*, Kapitalmarktrecht, S.769, Rn.9.228.

132 *Clouth*, in: Ellenberger/Schäfer/Clouth/Lang, Praktikerhandbuch Wertpapier- und Derivatgeschäft, S.434, Rn.1113.

133 *Rudolf*, in: Kümpel/Wittig, Bank- und Kapitalmarktrecht, S.2411, Rn.19.94.

können. So stehen börslich gehandelte Derivate, außerbörslich gehandelten Derivaten gegenüber. Vor dem Hintergrund der internationalen Regulierungen wird zudem dem unterschiedlichen *Standardisierungsgrad* von Derivaten in systematischer Hinsicht zukünftig eine größere Bedeutung zukommen. Dementsprechend können standardisierte Derivate, die in der Praxis eine größere Relevanz haben und für die in Zukunft eine Verpflichtung zur zentralisierten Abwicklung greifen kann sowie individuell strukturierte Derivate, die weiterhin bilateral abgewickelt werden, ausgemacht werden.

§6 Produkte

Nachdem nunmehr die grundlegenden Elemente betrachtet wurden, wird nun der Fokus auf konkrete Produkttypen derivater Instrumente gelegt. Die Entwicklung schreitet ständig voran, sodass immer neue Strukturierungen gewählt werden, die sich von bekannten Instrumenten unterscheiden. In diesem Teil sollen bestimmte Produkte hervorgehoben werden, worunter *forwards*, *swaps*, Optionen und Kreditderivate fallen. Zunächst werden ihre spezifischen Eigenschaften und die jeweilige Funktionsweise unter wirtschaftlichen Gesichtspunkten erläutert und anschließend eine rechtliche Qualifizierung vorgenommen.

A. *Forwards*

Im Rahmen eines *forwards* verpflichten sich zwei Parteien zu einem in der Zukunft liegenden Zeitpunkt ein bestimmtes Gut (Basiswert) zu einem vereinbarten Preis (Terminpreis, *forward*-Preis) zu kaufen bzw. zu verkaufen.[134] Es handelt sich dabei um ein Festgeschäft, das im Gegensatz zu einem *future* außerbörslich gehandelt wird und individuelle Absprachen bietet.[135] Der Anleger mit einer *long-position* profitiert von einem steigenden Kurs im Basiswert, der Inhaber einer *short-position* erfährt hingegen bei einem Kursanstieg einen finanziellen Nachteil bzw. einen Vorteil bei fallendem Kurs.[136] Je nach Art des zugrundeliegenden Basiswertes, lassen sich verschiedene Unterarten ausmachen.[137]

---

134 *Schüwer/Steffen*, in: Zerey, Finanzderivate, S.45, Rn.5.

135 *Lenenbach*, Kapitalmarkrecht, S.728, Rn.9.108.

136 *Rudolph/Schäfer*, Derivative Finanzinstrumente, S.27.

137 *Anmerkung*: In diesem Kontext herrscht wiederum Streit über die jeweilige Rechtsnatur. So wird beispielsweise das Devisentermingeschäft einerseits als atypisch-gegenseitiger Vertrag charakterisiert (vgl. *Clouth*, Rechtsfragen der außerbörslichen Finanz-Derivate, S.16.), andererseits für einen Rechtskauf gem. §453 Abs.1 BGB

Eine wichtige Produktkategorie stellt das Zinstermingeschäft (*forward rate agreement*, FRA), auch als Terminsatzgeschäft bezeichnet, dar. Hierbei vereinbaren die Parteien, einen Betrag in der Zukunft zu zahlen.[138] Dieser ergibt sich aus der Differenz zweier Zinssätze, dem vereinbarten Vertragszinssatz (FRA-Satz) und einem zukünftigen Marktzinssatz (Referenzzinssatz) bezogen auf einen fiktiven Nominalbetrag, der nicht real zwischen ihnen ausgetauscht wird.[139] In zeitlicher Hinsicht ist das Geschäft in eine Vorlaufphase und eine Sicherungsphase untergliedert.[140] Beträgt die Vorlaufphase drei Monate und die Sicherungsphase neun Monate, spricht man von einem 3–9 FRA.[141] Zwei Handelstage vor Ablauf der Vorlaufphase wird der FRA-Satz mit dem aktuellen Marktzins verglichen (*fixing*).[142] Diese bildet die Grundlage für die Ermittlung des zu zahlenden Ausgleichsbetrags am Beginn der Sicherungsperiode.[143]

Dieses Geschäft wird unter wirtschaftlichen Gesichtspunkten zum Schutz vor Zinssteigerungen eingesetzt und kann somit vor zinsreagiblen Bilanzpositionen schützen oder der Kapitalaufnahme bzw. Spekulation dienen.[144] Der Käufer profitiert dann von steigenden Marktzinsen, der Verkäufer spiegelbildlich von fallenden.[145]

Die Rechtsnatur des Zinstermingeschäfts ist umstritten. Vor dem Hintergrund einer *einmaligen* Ausgleichszahlung handelt es sich in zivilrechtlicher Sicht jedenfalls nicht um ein Dauerschuldverhältnis.[146] Außerdem ist festzuhalten, dass kein Kaufvertrag gem. §433 Abs.1 BGB im klassischen Sinne vorliegt,

---

plädiert (*vgl. Beckmann*, in: Staudinger (Begr.), BGB, §§433–453, §453, Rn.8; *Rudolf*, in: Kümpel/Wittig, Bank- und Kapitalmarktrecht, S.2427, Rn.19.171).

138 *Böhm/Bergfort,* in: Assies/Beule/Heise/Strube, Handbuch des Fachanwalts Bank- und Kapitalmarktrecht, S.1433, Rn.531.

139 *Bank-Verlag*, Basisinformationen über Finanzderivate, S.25.

140 *Neuhaus*, in: Hellner/Steuer, BuB, Rn.7/1022.

141 *Böhm/Bergfort,* in: Assies/Beule/Heise/Strube, Handbuch des Fachanwalts Bank- und Kapitalmarktrecht, S.1433, Rn.531; *Bank-Verlag*, Basisinformationen über Finanzderivate, S.26; anders *Neuhaus*, in: Hellner/Steuer, BuB, Rn.7/1022, der bei einer *sechsmonatigen* Sicherungsperiode von einem 3–9 FRA spricht.

142 *Bank-Verlag*, Basisinformationen über Finanzderivate, S.25.

143 Zur genauen Berechnung siehe: *Bank-Verlag*, Basisinformationen über Finanzderivate, S.25.

144 *Neuhaus*, in: Hellner/Steuer, BuB, Rn.7/1022.

145 *Lenenbach*, Kapitalmarkrecht, S.733, Rn.9.123.

146 *Jahn*, in: Schimansky/Bunte/Lwowski, Bankrechts-Handbuch, §114, Rn.79; *Neuhaus*, in: Hellner/Steuer, BuB, Rn.7/1023; *Rudolf*, in: Kümpel/Wittig, Bank- und Kapitalmarktrecht, S.2427, Rn.19.166.

da die Parteien keine Lieferung des zugrundeliegenden Basiswerts vereinbaren, sondern lediglich einen fiktiven Nominalbetrag als Rechnungsgröße ansetzen. Insofern ergibt sich ein Unterschied zum Zinsfuture, dem real existierende Anleihen als Basiswert unterliegen.[147] Im Gegensatz zum Devisentermingeschäft mit Barausgleich, das in der Literatur teilweise als Kaufvertrag charakterisiert wird[148], findet hier kein „Austausch von Geldbeträgen" statt. Allerdings nehmen vereinzelte, rechtswissenschaftliche Stimmen für den Fall eines Aktienindex-Futures einen Kaufvertrag im weiteren Sinne in Form eines Hoffnungskaufs (*emptio spei*) an, obwohl dort ebenfalls keine tatsächliche Erfüllung gewollt bzw. möglich ist.[149] Gegenstand des Kaufvertrages sei nach ihrer Meinung die Aussicht auf einen Gewinn, wobei die Annahme zugrunde liegt, dass beiden Vertragsparteien eine solche Gewinnchance zustehe.[150] Eine Übertragung dieser Grundsätze auf das FRA wird jedoch von anderen zu Recht abgelehnt. So überzeugt es, dass die Konstruktion des Kaufs einer wechselseitigen Gewinnchance in sich widersprüchlich sei[151] und zudem nicht dem allgemeinen Verständnis des Hoffnungskaufs entspreche[152]. Auch die Annahme eines Garantievertrags in Form einer doppelt zweiseitigen Garantie[153] vermag nicht zu überzeugen. Diese Ansicht argumentiert, die Parteien vereinbarten für das Unsicherheitsrisiko der Zinsänderung eine gegenseitige Schadloshaltung.[154] Der klassischen Garantie, als einseitig verpflichtendem Rechtsverhältnis für einen bestimmten Schadensfall, steht diese Auffassung jedoch entgegen. Außerdem wird richtigerweise

147 *Lenenbach*, Kapitalmarktrecht, S.728, Rn.9.109.

148 *Lenenbach*, Kapitalmarktrecht, S.732, Rn.9.121; so auch *Clouth*, Rechtsfragen der außerbörslichen Finanz-Derivate, S.34, der bei Devisentermingeschäften mit Barausgleich die Kaufvertragseigenschaft verneint und der Konstruktion von einem vermeintlich kaufvertraglichen Element des Austauschs von „gehandelter Währung" gegen „Kaufpreis-Währung" ablehnend gegenüber steht.

149 *Kümpel*, Börsennovelle 1989, WM 1989, 1313 (1320); *Menninger*, Börsen- und zivilrechtlicher Charakter von Financial Futures, WM 1994, 970 (973).

150 *Menninger*, Börsen- und zivilrechtlicher Charakter von Financial Futures, WM 1994, 970 (973); *Kümpel*, Börsennovelle 1989, WM 1989, 1313 (1320).

151 *Clouth*, Rechtsfragen der außerbörslichen Finanz-Derivate, S.40, 35.

152 *Pohl*, Neue Generation derivativer Finanzinstrumente, WM 1995, 957 (960).

153 *Pohl*, Innovative Finanzinstrumente im gemeinsamen Europäischen Bankenmarkt, S.59; *Jahn*, in: Schimansky/Bunte/Lwowski, Bankrechts-Handbuch, §114, Rn.79.

154 *Pohl*, Innovative Finanzinstrumente im gemeinsamen Europäischen Bankenmarkt, S.59.

darauf hingewiesen, dass eine Ausgleichspflicht unabhängig davon eintritt, ob sich eine etwaige Grundposition verlustig erweist. Zudem werden solche Geschäfte im Rahmen des *hedgings* bewusst eingegangen, um entgegengesetzte Grundpositionen abzusichern.[155] Die überwiegende Auffassung geht letztlich in überzeugender Weise davon aus, dass es sich um einen atypischen, gegenseitigen Vertrag *sui generis* gem. §§311, 320 BGB handelt.[156]

B. Swaps

Der Begriff *swap* bezieht sich auf das englische Verb „to swap", was mit „austauschen" oder „wandeln" übersetzt werden kann.[157] Bei diesem Derivattyp handelt es sich um ein Festgeschäft in Form eines Austauschvertrags, mit dessen Hilfe die Parteien in der Regel einen wiederkehrenden Austausch von Zahlungsströmen auf Nominalbasis vereinbaren (*cashflows*).[158] Die Verpflichtung zur Differenzzahlung kann auch gegen Zahlung einer Gebühr einseitig festgelegt werden.[159] Der *swap* stellt ein wichtiges Instrument des Risikomanagements dar, um risikoreiche, volatile Zahlungsströme gegen die Zahlung einer Gebühr durch konstante, planungssichere Zahlungsströme auszutauschen.[160]

In der Praxis haben sich verschiedene Spielarten von *swaps* herausgebildet, die nach der Finanzsteuerung differenziert werden können. So liegen dem *asset swap* Vermögenspositionen zugrunde, während sich ein *liability swap* auf Verbindlichkeiten bzw. ein *commodity swap* auf Waren bezieht.[161] Außerdem lassen sich unterschiedliche Erscheinungsformen ausmachen. Für den Währungsswap, eine Unterart des *asset swaps*, ist der Austausch von Kapital- und Zinsbeträgen in unterschiedlichen Währungen auf Grundlage von Nominalbeträgen

---

155 *Clouth*, Rechtsfragen der außerbörslichen Finanz-Derivate, S.35.

156 *Müller*, in: Derleder/Knops/Bamberger, Handbuch zum deutschen und europäischen Bankrecht, S.1624, Rn.23; *Köhler*, in: Schwintowski, Bankrecht, §21, Rn.99; *Lenenbach*, Kapitalmarktrecht, S.734, Rn.9.127; *Bosch*, Finanztermingeschäfte in der Insolvenz, WM 1995, 365 (373); *Neuhaus*, in: Hellner/Steuer, BuB, Rn.7/1023; *Rudolf*, in: Kümpel/Wittig, Bank- und Kapitalmarktrecht, S.2427, Rn.19.166; *Clouth*, Rechtsfragen der außerbörslichen Finanz-Derivate, S.40; *Klinger-Schmidt*, in: Derleder/Knops/Bamberger, Handbuch zum deutschen und europäischen Bankrecht, S.1645, Rn.27.

157 *Lenenbach*, Kapitalmarktrecht, S.741, Rn.9.149.

158 *Fleckner*, Finanztermingeschäfte in Devisen, ZBB 2005, 96 (101).

159 *Grunewald/Schlitt*, Einführung in das Kapitalmarktrecht, S.134.

160 *Rudolf*, in: Kümpel/Wittig, Bank- und Kapitalmarktrecht, S.2419, Rn.19.127.

161 *Neuhaus*, in: Hellner/Steuer, BuB, Rn.7/1003.

charakteristisch[162].[163] Beim reinen Zinswährungsswap (*cross currency swap*) werden gleichartige Zinssätze getauscht, also fest gegen fest oder variabel gegen variabel; beim Zinssatz- und Währungsswap feste gegen variable Zinssätze (*cross curreny interest rate swap*).[164] Darüber hinaus können die Geschäftspartner im Rahmen eines Wertpapierswaps *(equity linked swap)* gegenseitige Differenzzahlungen zwischen einem vorher festgelegten Referenzkurs eines Wertpapierinstruments vereinbaren.[165] Der *CMS-spread-ladder-swap*[166] erlangte durch die öffentliche Berichterstattung[167] und das Urteil des BGH im Jahr 2011[168], insbesondere für Beratungs- und Aufklärungspflichten, einen gewissen Bekanntheitsgrad. Bei diesem Geschäft verpflichtet sich ein Vertragspartner zur Zahlung eines partiell variablen Zinssatzes im Austausch zu einem festen Zinssatz über mehrere Perioden.[169] Die Besonderheit liegt in der speziellen Art der Berechnungsformel, aus der sich für die Partei des variablen Zinssatzes ein theoretisch unbegrenztes Verlustpotential ergeben kann.

Der in der Praxis wichtigste Fall ist der sogenannte Zinssatzswap (*plain vanilla interest rate swap*). Mit diesem Geschäft werden Zinszahlungen im Hinblick auf einen bestimmten Nominalbetrag über mehrere Zinsperioden in derselben Währung ausgetauscht. Die Zahlungsströme werden regelmäßig saldiert und nur dieser Spitzenbetrag von einer Partei gezahlt.[170] Alle Zahlungen erfolgen jeweils

---

162 *Anmerkung*: Begrifflich muss dieses Geschäft vom Devisenswap unterschieden werden, bei dem der Austausch eines Währungsbetrags zum Devisenkassakurs bei Geschäftsbeginn mit dem Rücktausch des Währungsbetrags zum Devisenterminkurs bei Vertragsende kombiniert wird. Während der Vertragslaufzeit gibt es gerade keine Zinszahlungsströme, sodass die Zinsdifferenz der beiden Währungen bereits im Vorfeld im vereinbarten Wechselkurs durch Auf- (Reports) oder Abschläge (Deports) berücksichtigt wird.

163 *Bank-Verlag*, Basisinformationen über Finanzderivate, S.43.

164 *Klinger-Schmidt*, in: Derleder/Knops/Bamberger, Handbuch zum deutschen und europäischen Bankrecht, S.1641, Rn.8.; anders: *Bank-Verlag*, Basisinformationen über Finanzderivate, S.44: auch variabel gegen fest.

165 *Fabozzi*, Handbook of Finance, S.188.

166 Siehe hierzu: *Fichtner/Hartlieb*, Unterschiede zwischen Swaps und Zertifikaten, DB 2013, 2519 (2520).

167 *O.V.*, Eine Wette auf den Zinsabstand, Frankfurter Allgemeine Zeitung, 08.02.2011, abrufbar unter http://www.faz.net/aktuell/wirtschaft/wirtschaftspolitik/spread-ladder-swaps-eine-wette-auf-den-zinsabstand-1595417.html.

168 BGH WM 2011, 682 (682).

169 *Böhm/Bergfort*, in: Assies/Beule/Heise/Strube, Handbuch des Fachanwalts Bank- und Kapitalmarktrecht, S.1428, Rn.514.

170 *Rudolf*, in: Kümpel/Wittig, Bank- und Kapitalmarktrecht, S.2420, Rn.19.133.

bargeldlos auf Konten der Vertragsparteien.[171] Grundsätzlich ist eine Laufzeit von zehn Jahren üblich, die im Einzelfall aber länger ausfallen kann.[172] Beim *Couponswap*[173] tauscht der Verkäufer des *swaps* (*fixed receiver*) einen vorher vereinbarten festen Zinssatz gegen einen variablen Zinssatz des Käufers (*floating receiver*).[174] Sollten beide Vertragsparteien jeweils variable Zinssätze – zum Beispiel drei Monats *EURIBOR*[175] (*Euro Interbank Offered Rate*) gegen sechs Monats *EURIBOR* – tauschen, spricht man von einem *Basisswap*.[176] Der feste Zinssatz (*swap rate*) entspricht den erwarteten variablen Zinszahlungen, sodass der Zinssatzswap einen Wert von null hat. Regelmäßig liegt dem variablen Zinssatz der *EURIBOR* als Referenzzinssatz zugrunde, wobei es Laufzeiten von einem, drei, sechs oder zwölf Monaten gibt.[177] Daneben können der *Euro-LIBOR* (*Euro London Interbank Offered Rate*) oder der *EONIA* (*Euro Overnight Index Average*) herangezogen werden.[178] Bei dem Letztgenannten wird die Höhe der Zahlung erst am Ende der Laufzeit, aus dem Durchschnittwert der einzelnen, täglich ermittelten Tagesgeldsätzen der Europäischen Zentralbank gebildet und zudem der Zinseszins berücksichtigt (*Geldmarktswap*).[179]

In wirtschaftlicher Hinsicht kann dieses Derivat für die Geschäftspartner zu komparativen Zins- und Kostenvorteilen führen.[180] Darüber hinaus kann es eingesetzt werden, die Zinsbindungsfrist von Verbindlichkeiten oder Geldanlagen zu verlängern oder zu verkürzen, ohne dabei das zugrundeliegende Geschäft zu verändern.[181] Insofern kann es beispielsweise vorteilhaft sein, den festen Zinssatz einer Verbindlichkeit im Rahmen eines *swaps* mit einer variablen Verzinsung

---

171 *Clouth*, in: Ellenberger/Schäfer/Clouth/Lang, Praktikerhandbuch Wertpapier- und Derivatgeschäft, S.439, Rn.1122.

172 *Bank-Verlag*, Basisinformationen über Finanzderivate, S.42.

173 *Anmerkung:* Auch als *fixed-to-floating-swap, classic swap, generic swap, plain vanilla swap* oder *straight-forward-swap* bezeichnet (vgl. *Lenenbach*, Kapitalmarktrecht, S.741, Rn.9.150).

174 *Schüwer/Steffen*, in: Zerey, Finanzderivate, S.54, Rn.24.

175 *Anmerkung*: Der *EURIBOR* ist der Zinssatz für Termingelder in Euro im Interbankengeschäft und wird täglich durch Befragung mehrerer Großbanken im Euroraum ermittelt und um 11 Uhr (ZET) auf *Reuters* veröffentlicht. Siehe hierzu: *Laser*, Geld, Kredit und Währung, S.9.

176 *Rudolf*, in: Kümpel/Wittig, Bank- und Kapitalmarktrecht, S.2420, Rn.19.135.

177 *Schüwer/Steffen*, in: Zerey, Finanzderivate, S.54 Rn.24.

178 *Jahn*, in: Schimansky/Bunte/Lwowski, Bankrechts-Handbuch, §114, Rn.3.

179 *Bank-Verlag*, Basisinformationen über Finanzderivate, S.43.

180 Siehe hierzu das Beispiel bei *Lenenbach*, Kapitalmarktrecht, S.742, Rn.9.153.

181 *Bank-Verlag*, Basisinformation über Finanzderivate, S.49.

auf *EURIBOR*-Basis zu tauschen, wenn man auf eine fallende Zinsentwicklung vertraut.

Der Zinssatzswap wird nach einhelliger und überzeugender Auffassung als atypischer, gegenseitig verpflichtender Vertrag *sui generis* gem. §§311, 320 BGB angesehen[182].[183] Eine weitere in der Literatur vertretene Auffassung sieht den Zinssatzswap als (doppelten) Tauschvertrag i.S.d. §480 BGB an, wonach Zinsverpflichtungen zwischen den Vertragspartner getauscht werden.[184] Obwohl der Wortsinn zunächst dafür streitet, ist die rechtliche Argumentation nicht konsistent. Insofern enthält der Tausch in seiner Qualität als Umsatzgeschäft die gegenseitige Verpflichtung zur Übertragung zweier Sachwerte.[185] Dies trifft hier nicht zu, weil die wechselseitige Erbringung von Zahlungsströmen vereinbart wird, die unbar, als Buchwerte, zu erfüllen sind.[186] Zudem ist das Derivatgeschäft eine vom wirtschaftlichen Grundgeschäft rechtlich unabhängige Vereinbarung.[187] In diesem

182 *Lenenbach*, Kapitalmarktrecht, S.744, Rn.9.160; *Köhler*, in: Schwintowski, Bankrecht, §21, Rn.102; *Clouth*, Rechtsfragen der außerbörslichen Finanz-Derivate, S.43; *Böhm/Bergfort*, in: Assies/Beule/Heise/Strube, Handbuch des Fachanwalts Bank- und Kapitalmarktrecht, S.1430, Rn.522; *Decker*, Zinssatz- und Währungsswaps unter rechtlichen Aspekten, WM 1990, 1001 (1015); *Pohl*, Innovative Finanzinstrumente im gemeinsamen Europäischen Bankenmarkt, S.35; *Bosch*, Finanztermingeschäfte in der Insolvenz, WM 1995, 365 (372); *Kewenig/Schneider*, Swap-Geschäfte der öffentlichen Hand in Deutschland, WM 1992, 1 (3); *Emmerich*, in: Säcker/Rixecker, MüKo-BGB, §311, Rn.25; *Maulshagen/Maulshagen*, Rechtliche und bilanzielle Behandlung von Swapgeschäften, BB 2000, 243 (245); *Jahn*, in: Schimansky/Bunte/Lwowski, Bankrechts-Handbuch, §114, Rn.75; *Rudolf*, in: Kümpel/Wittig, Bank- und Kapitalmarktrecht, S.2418, Rn.19.125; *Neuhaus*, in: Hellner/Steuer, BuB, Rn.7/1013.

183 *Anmerkung*: *Neuhaus* weist darauf hin, dass sie in ihrem Charakter den unechten Sukzessivlieferungsverträgen „am nächsten“ kämen, da es sich um langfristige Verträge mit Bezugscharakter handele, wobei die Zahlungen an den jeweiligen Bestimmungsterminen zu ermitteln seien (vgl. *Neuhaus*, in: Hellner/Steuer, BuB, Rn.7/1013).

184 *Fülbier*, Zivirlechtliche Einordnung von Zins- und Währungsswaps, ZIP 1990, 544 (544,545); *Borchers*, Swapgeschäfte in Zivil- und Steuerrecht, S.60, der insofern von einem „Sukzessivtauschverhältnis“ spricht.

185 *Westermann*, in: Säcker/Rixecker, MüKo-BGB, §480, Rn.1: diese können auch Gattungsschulden sein.

186 *Decker*, Zinssatz- und Währungsswaps unter rechtlichen Aspekten, WM 1990, 1001 (1004); *Klinger-Schmidt*, in: Derleder/Knops/Bamberger, Handbuch zum deutschen und europaischen Bankrecht, S.1642, Rn.11; *Neuhaus*, in. Hellner/Steuer, BuB, Rn.7/1009; *Schäfer*, Zinsswaps und Zinscaps als Differenzgeschäfte gem. §§762, 764 BGB, ZIP 1986, 1304 (1305).

187 *Jahn*, in: Schimansky/Bunte/Lwowski, Bankrechts-Handbuch, §114 Rn.75.

Zusammenhang wird zu Recht darauf hingewiesen, dass auch kein Kauf von Geldbeträgen stattfinde.[188] Daneben wird eine rechtliche Einordnung als Darlehensvertrag gem. §488 Abs.1 BGB, in Form des Parallelkredits (*back-to-back-loan*), bei dem gegenseitige Kapitalbeträge überlassen und aufgerechnet werden[189], ablehnt.[190] Dabei verfängt das Argument, wonach der zugrunde gelegte Nominalbetrag allein als Rechengröße diene und es sich deshalb nicht um Zinszahlungen im Sinne von §488 Abs.1 S.2 BGB, sondern lediglich um feste oder variable Geldleistungen, handele.[191] Darüber hinaus scheidet eine Schuldübernahme gem. §§414, 415 BGB aus, obwohl sich die Vertragspartner so stellen möchten, als hätte hinsichtlich der Zinsverpflichtung eine Schuldübernahme stattgefunden. Richtigerweise wird darauf verwiesen, dass es hier an dem Eintritt in die Verbindlichkeiten des anderen Vertragspartners fehle.[192] Auch liegt keine Erfüllungsübernahme gem. §329 BGB vor. In diesem Zusammenhang wird zutreffend argumentiert, dass keine Zahlung an den Gläubiger der anderen Partei erfolge, sondern jeder die eingegangene Zinsverbindlichkeit weiterhin selbst erfüllen müsse.[193] Weiterhin ist der wirtschaftliche Zweck dieser Geschäfte zu beachten, die zur Steuerung des Zinsrisikos eingesetzt werden und denen kein konkretes Drittgeschäft zugrunde liegen muss.[194] Letztlich handelt es sich auch nicht um ein versicherungsähnliches Geschäft.[195]

C. Optionen

Der Begriff „Option" stammt von dem lateinischen Wort „optio" und bedeutet „freier Wille" bzw. „das Recht zu wünschen".[196] Optionen sind *bedingte*

188 *Klinger-Schmidt*, in: Derleder/Knops/Bamberger, Handbuch zum deutschen und europäischen Bankrecht, S.1642, Rn.11; *Jahn*, in: Schimansky/Bunte/Lwowski, Bankrechts-Handbuch, §114, Rn.75.

189 Zu diesem Instrument siehe: *Moles*, The Handbook of International Financial Terms, S.32.

190 *Jahn*, in: Schimansky/Bunte/Lwowski, Bankrechts-Handbuch, §114, Rn.75.

191 *Franken*, Dauerschulden durch Swaps, BB 1989, 2301 (2302,2303); *Borchers*, Swapgeschäfte in Zivil- und Steuerrecht, S.57; *Jahn*, in: Schimansky/Bunte/Lwowski, Bankrechts-Handbuch, §114, Rn.75; *Klinger-Schmidt*, in: Derleder/Knops/Bamberger, Handbuch zum deutschen und europäischen Bankrecht, S.1642, Rn.13.

192 *Lenenbach*, Kapitalmarktrecht, S.744, Rn.9.160; *Rudolf*, in: Kümpel/Wittig, Bank- und Kapitalmarktrecht, S.2418, Rn.19.124; *Neuhaus*, in: Hellner/Steuer, BuB, Rn.7/1010.

193 *Rudolf*, in: Kümpel/Wittig, Bank- und Kapitalmarktrecht, S.2418, Rn.19.124; *Jahn*, in: Schimansky/Bunte/Lwowski, Bankrechts-Handbuch, §114, Rn.75.

194 *Jahn*, in: Schimansky/Bunte/Lwowski, Bankrechts-Handbuch, §114, Rn.75.

195 Siehe hierzu auch Kapitel 1, Abschnitt 1, §6, Unterpunkt D.

196 *Rudolf*, in: Kümpel/Wittig, Bank- und Kapitalmarktrecht, S.2410, Rn.19.89.

Termingeschäfte, bei denen der Käufer das Recht erwirbt, einen Basiswert zu einem bestimmten Betrag (*strike price*) oder zu einer bestimmten Menge zu kaufen oder zu verkaufen. Der Verkäufer, auch als Stillhalter bekannt, erhält im Gegenzug ein fest vereinbartes Entgelt, die Optionsprämie.[197] Nach Ausübung der Option kommt es in der Regel zu einem Barausgleich.[198] Dieses Derivat zeichnet sich mithin durch ein dem Käufer zustehendes Wahlrecht aus, das als eigenständiges Gestaltungsrecht ein inhaltlich bereits fixiertes Geschäft einseitig zum Entstehen bringt.[199] Nach dem Verfallsdatum kann der Optionsinhaber sein Recht nicht mehr ausüben und der Stillhalter wird von seiner Verpflichtung befreit.[200] Im Unterschied zum Festgeschäft, weist die Option ein *asymmetrisches* Risikoprofil auf.[201] Der Käufer einer Option trägt das finanzielle Risiko der Optionsprämie, kann aber theoretisch unbegrenzt gewinnen. Der Verkäufer hat spiegelbildlich ein nahezu unbegrenztes Verlustpotential, während der Gewinn auf die Optionsprämie beschränkt sein kann.[202]

Zunächst können Optionen nach dem Ausübungszeitpunkt des Wahlrechts unterschieden werden. So kann bei der Option *europäischen* Typs das Recht nur am Ende der vereinbarten Vertragslaufzeit ausgeübt werden.[203] Sollte sich das Geschäft dann positiv entwickelt haben, ist die Option „im Geld" (*in the money*).[204] *Amerikanische* Optionen zeichnen sich hingegen durch die jederzeitige Ausübbarkeit bis zum Laufzeitende aus.[205] Ein dritter Typus ist die *Bermuda*-Option, bei der der Berechtigte nur an einem von mehreren, zuvor festgelegten Terminen seine Option ziehen kann.[206] Eine Sonderform bildet die *asiatische* Option (*lookback option, average rate option*), bei der am Ausübungstag nicht ein bestimmter Referenzkurs, sondern der über die Laufzeit ermittelte durchschnittliche Kursverlauf zugrunde gelegt wird.[207]

---

197 *Neuhaus*, in: Hellner/Steuer, BuB, Rn.7/1030.

198 *Klinger-Schmidt*, in: Derleder/Knops/Bamberger, Handbuch zum deutschen und europäischen Bankrecht, S.1645, Rn.26.

199 *Lenenbach*, Kapitalmarkrecht, S.734, Rn.9.128.

200 *Bank-Verlag*, Basisinformationen über Finanzinstrumente, S.71.

201 *Rudolf*, in: Kümpel/Wittig, Bank- und Kapitalmarktrecht, S.2411, Rn.19.94.

202 *Grunewald/Schlitt*, Einführung in das Kapitalmarktrecht, S.132.

203 *Neuhaus*, in: Hellner/Steuer, BuB, Rn.7/1030.

204 *Anmerkung*: Spiegelbildlich ist die Option bei einem Verlust „aus dem Geld" (*out of the money*) bzw. bei neutraler Entwicklung „am Geld" (*at the money*) (vgl. *Bank-Verlag*, Basisinformationen über Finanzderivate, S.73).

205 *Schüwer/Steffen*, in: Zerey, Finanzderivate, S.46, Rn.8.

206 *Rudolf*, in: Kümpel/Wittig, Bank- und Kapitalmarktrecht, S.2411, Rn.19.90.

207 *Jahn*, in: Schimansky/Bunte/Lwowski, Bankrechts-Handbuch, §114 Rn.18.

In systematischer Hinsicht lassen sich Kaufoptionen (*calls*) und Verkaufsoptionen (*puts*) unterscheiden.[208] Eine Kaufoption kann sowohl gekauft (*long call*), als auch verkauft werden (*short call*), was ebenso auf die Verkaufsoptionen zutrifft (*long put, short put*)[209].[210] Unter wirtschaftlichen Gesichtspunkten setzt der Käufer eines *puts* beispielsweise auf fallende Kurse, der Verkäufer dagegen auf steigende Kurse und auf den Gewinn durch die Prämie.[211]

Vom Vertragsgegenstand her kann sich die Option auf alle möglichen Basiswerte beziehen. So kann sie zum Beispiel auf einen Swapvertrag geschlossen werden, bei dem der Käufer das Recht erwirbt, vom Optionsverkäufer den Abschluss eines *swaps* zu einem bestimmten Zeitpunkt zu verlangen (*swaption*).[212] Bei der Zinssatzoption (*interest rate guarantee*) können die Parteien ein Zinssatztermingeschäft vereinbaren.[213] Auch besteht die Möglichkeit, eine Option auf Zinsbegrenzungsgeschäfte (*cap, floor* oder *collar*) abzuschließen bzw. Aktien oder Fremdwährungen zugrunde zu legen.[214] Weitergehend kann sich das Derivat auf einen Index beziehen, beispielsweise in Form von börsengehandelten Aktien oder Warenpreisindizes, wie der Ölpreisindex, bzw. ein zusammengestellter Index (*basket*).[215]

In rechtlicher Hinsicht bestehen mehrere dogmatische Fragestellungen, die vor allem mit dem zweiteiligen Verlauf eines Optionsgeschäfts zusammenhängen. Eine ältere Auffassung in Literatur[216] und Rechtsprechung[217] spricht sich dafür aus, dass die Vertragsparteien im Rahmen einer Option zwei Kaufverträge schließen. Nach dieser Doppelvertragstheorie räume der erste Kaufvertrag als Kassageschäft das Optionsrecht gegen Zahlung einer Prämie ein, woran sich nach Ausübung des Rechts der zweite Kaufvertrag anschließe, der als Termingeschäft die Lieferung des Basiswertes gegen Kaufpreiszahlung bzw. einen Ausgleich in

---

208 *Bank-Verlag*, Basisinformationen über Termingeschäfte, S.37.

209 *Anmerkung*: Beispielsweise erwirbt der Käufer eines *puts* das Recht, den Basiswert während der Optionslaufzeit zu dem vereinbarten Basispreis zu verkaufen, woran der Verkäufer im Falle der Ausübung gebunden ist.

210 *Grunewald/Schlitt*, Einführung in das Kapitalmarktrecht, S.133.

211 *Grunewald/Schlitt*, Einführung in das Kapitalmarktrecht, S.133.

212 *Neuhaus*, in: Hellner/Steuer, BuB, Rn.7/1033.

213 *Rudolf*, in: Kümpel/Wittig, Bank- und Kapitalmarktrecht, S.2431, Rn.19.192.

214 *Jahn*, in: Schimansky/Bunte/Lwowski, Bankrechts-Handbuch, §114, Rn.19,22f.

215 *Clouth*, in: Ellenberger/Schäfer/Clouth/Lang, Praktikerhandbuch Wertpapier- und Derivatgeschäft, S.432, Rn.1111.

216 *Kümpel*, Zur Abgrenzung des Börsentermingeschäfts vom Zeitgeschäft am Beispiel der Effektenkommission für Auslandsbörsen, WM 1982, 1 (17).

217 OLG Köln WM 1983, 1072 (1072).

Geld beinhalte. Diese Theorie ist vor dem Hintergrund der §§50ff. BörsG a.F. zu sehen, wodurch der erste Kaufvertrag als Kassageschäft zu qualifizieren ist und die gezahlte Prämie somit nicht zurückgefordert werden kann.[218] Demgegenüber wird heute nach überzeugender Ansicht das Optionsgeschäft als einheitlicher Vertrag gesehen.[219] Insbesondere ist nach dem Wegfall der börsenrechtlichen Regelungen und der expliziten Verankerung in §37e S.1 WpHG die rechtliche Notwendigkeit dieser Konstruktion entfallen. Zudem überzeugt es, dass der Optionskäufer Gefahr liefe, nicht mehr gegen den Verlust der Prämie abgesichert zu sein[220] und ein einheitlicher Lebensvorgang künstlich aufgespalten wird.

Darüber hinaus ist es umstritten, wie das Ausübungsrecht des Optionskäufers rechtlich zu beurteilen ist. So wird einerseits argumentiert, es handelt sich um eine aufschiebende Bedingung i.S.d. §158 Abs.1 BGB, die dazu führe, dass das Optionsgeschäft bei Ausübung unbedingt werde und zu erfüllen sei.[221] Im Falle der Nichtausübung werde der durch die Bedingung bestehende Schwebezustand beseitigt und der Vertrag unwirksam[222], weshalb daneben die Abrede bestehe, dass der Verkäufer in diesem Fall die Prämie behalten dürfe.[223] Andererseits wird darauf hingewiesen, dass es sich um eine einseitig bindende Vertragsofferte zum Abschluss des Grundgeschäfts handeln könne.[224] Grundsätzlich verbietet sich jedoch wegen der Vielzahl möglicher Konstruktionen und Rahmenbedingungen jede schematische Lösung. Vielmehr wird richtigerweise argumentiert, die jeweilige Vertragsgestaltung sei durch Auslegung gem. §§133, 157 BGB zu ermitteln, wobei der Parteiwille das maßgebliche Kriterium bilde.[225] Nach der

---

218 *Lenenbach*, Kapitalmarktrecht, S.737, Rn.9.137.

219 BGH NJW 1985, 634 (636); *Pohl*, Innovative Finanzinstrumente im gemeinsamen europäischen Bankenmarkt, S.72; *Lenenbach*, Kapitalmarktrecht, S.737 Rn.9.139. A.A. *Köhler*, der das Optionsrecht und den Hauptvertrag bei unverbrieften Optionen als zwei selbständige Verträge ansieht (vgl. *Köhler*, in: Schwintowski, Bankrecht, §21, Rn.106).

220 BGH NJW 1985, 634 (636).

221 *Ellenberger*, in: Palandt (Begr.), BGB, Einf.v.§145, Rn.23 („in der Regel"); *Bosch*, Finanztermingeschäfte in der Insolvenz, WM 1995, 365 (370) „schwebendes Geschäft"; *Lenenbach*, Kapitalmarktrecht, S.737, Rn.9.139; BGH NJW 1985, 1556 (1557).

222 BGH NJW 1985, 1556 (1557).

223 *Lenenbach*, Kapitalmarktrecht, S.738, Rn.9.139,9.140.

224 *Neuhaus*, in: Hellner/Steuer, BuB, Rn.7/1032; *Böhm/Bergfort*, in: Assies/Beule/Heise/Strube, Handbuch des Fachanwalts Bank- und Kapitalmarktrecht, S.1437, Rn.542.

225 *Neuhaus*, in: Hellner/Steuer, BuB, Rn.7/1032; *Bork*, in: Staudinger (Begr.), BGB, §§139–169, Vor.§§145ff., Rn.72; *Böhm/Bergfort*, in: Assies/Beule/Heise/Strube, Handbuch des Fachanwalts Bank- und Kapitalmarktrecht, S.1437, Rn.542.

Ausübung des Optionsrechts kann der entstehende Vertrag, je nach Basiswert, rechtlich variieren. Daher ist es vorzugswürdig ihn nach den Vertragspflichten des abgeschlossenen Geschäfts zu bestimmen.[226] So kann beispielsweise bei einer Aktienoption ein Kaufvertrag vorliegen, auch wenn statt der Lieferung der Aktie der Differenzausgleich zwischen dem Ausübungspreis und dem Optionspreis erfolgt.[227] Auf der anderen Seite kann bei einer Indexoption[228] oder bei Zinsbegrenzungsgeschäften[229] ein atypisch synallagmatischer Vertrag vorliegen.

D. Kreditderivate

In den vergangenen Jahren lässt sich eine Abkehr vom klassischen Kreditgeschäft durch Weiterverkauf hin zu einem Transfer bzw. Handel von Kreditrisiken mit Hilfe sogenannter Kreditderivate erkennen.[230] Vor den Erfahrungen der Finanzkrise sollen diese eine weitere zu betrachtende Gruppe darstellen.

Bei diesen relativ neuartigen Finanzinstrumenten[231], handelt es sich um bilaterale Verträge, mit denen Kreditrisiken bei Verzug, Insolvenz oder Bonitätsverschlechterung eines bzw. mehrerer Kreditnehmer oder Emittenten abgesichert bzw. übertragen werden können.[232] Die Vertragspartner sind der Inhaber des Kredits – auch Schutz-, Sicherungsnehmer, Sicherungskäufer oder *credit protection*

226 *Lenenbach*, Kapitalmarktrecht, S.738, Rn.9.140.

227 *Neuhaus*, in: Hellner/Steuer, BuB, Rn.7/1032: Für Geschäfte an der *Eurex* und außerbörsliche Geschäfte unter dem Rahmenvertrag für Finanztermingeschäfte.

228 *Lenenbach*, Kapitalmarktrecht, S.738, Rn.9.140.

229 *Rudolf*, in: Kümpel/Wittig, Bank-und Kapitalmarktrecht, S.2429, Rn.19.179; ebenso *Jahn*, in: Schimansky/Bunte/Lwowski, Bankrechts-Handbuch, §114, Rn.82, der auf eine „besondere Form des *swaps*" hinweist.

230 *Schüwer/Steffen*, in: Zerey, Finanzderivate, S.58, Rn.33.

231 Diese wurden in den 80er Jahren in den Vereinigten Staaten von Amerika wegen zunehmender Insolvenzen entwickelt. Siehe hierzu eingehend: *Schüwer/Steffen*, in: Zerey, Außerbörsliche (OTC) Finanzderivate, S.48, Rn.35.

232 *Anmerkung*: Die Vertragspraxis des *Deutschen Rahmenvertrags für Finanztermingeschäfte* und des *ISDA Master Agreements* zeigen, dass es ausreicht, wenn das Derivat lediglich in Abhängigkeit zu einem kreditrisikorelevanten Ereignis steht (vgl. *Böhm/Bergfort*, in: Assies/Beule/Heise/Strube, Handbuch des Fachanwalts Bank- und Kapitalmarktrecht, S.1434, Rn.533). Insofern müssen die gesetzlichen Regelungen in §2 Abs.2 Nr.4 WpHG, §1 Abs.11 S.3 Nr.4 KWG weit ausgelegt werden, sodass ein Transfer der Kreditrisiken nicht notwendigerweise vereinbart werden muss (vgl. *Jahn*, in: Schimansky/Bunte/Lwowski, Bankrechts-Handbuch, §114, Rn.24; *Reiner/Schacht*, Credit Default Swaps und verbriefte Kreditforderungen in der Finanzmarktkrise, WM 2010, 385 (388)).

buyer genannt – und der Schutzgeber – auch als Sicherungsgeber, Sicherungsverkäufer *credit protection seller* bezeichnet.[233] Vom Schutzgeber kann eine Barsicherheit gefordert werden, sodass das Kreditderivat unterlegt ist (*funded*).[234] Dem Kreditderivat liegt ein Referenzaktivum zugrunde, dessen Wertveränderung den vereinbarten Eintritt des Kreditereignisses (*credit event*) auslöst. Dabei können Ratings, bestimmte Anleihen, Darlehen oder Indizes bzw. das Risikoaktivum selbst als Referenz in Betracht kommen.[235] Im Gegenzug erhält der Sicherungsgeber eine Prämie (*credit spread*), die üblicherweise periodisch gezahlt wird und sich danach richtet, wie wahrscheinlich der Schuldner des Grundgeschäfts ausfällt.[236] Ermittelt wird sie nach Prozentpunkten des Nominalwertes des Risikos des Referenzaktivums.[237]

Bei wirtschaftlicher Betrachtung handelt es sich bei Kreditderivaten um Kreditrisikoversicherungen.[238] Dies wird dadurch verdeutlicht, dass die Kapitalüberlassung und die Risikoübernahme mit Hilfe dieser Instrumente getrennt werden können.[239] Der Sicherungsnehmer profitiert von der Übertragung insofern, als er sein Kreditvolumen verringern kann, da die übertragenen Verbindlichkeiten mit keinem oder weniger Eigenkapital zu unterlegen sind.[240] Zudem kann eine Bank hierdurch ihr Kreditportfolio neu strukturieren und einzelne Risikopositionen auslagern.[241] Auf der anderen Seite kann es für den Schutzgeber wirtschaftliche Vorteile bringen, indem er mit synthetischen Krediten auf neuen Geschäftsfeldern auftreten kann oder durch Arbitragehandel und Spekulation versucht, Gewinne zu realisieren.[242]

Im Laufe der Zeit haben sich unterschiedliche Formen von Kreditderivaten herausgebildet. Hierunter fällt der Gesamtrisikoswap (*total return swap*), bei dem das Kreditrisiko des Referenzschuldners und zusätzlich das Risiko von Wertentwicklungen des Referenzaktivums abgesichert werden.[243] Beim

---

233 *Brandt*, Kreditderivate, BKR 2002, 243 (243).
234 *Lenenbach*, Kapitalmarktrecht, S.746, Rn.9.165.
235 *Lenenbach*, Kapitalmarktrecht, S.746, Rn.9.166.
236 *Brandt*, Kreditderivate, BKR 2002, 243 (243).
237 *Sievers*, Kreditderivate, S.66.
238 *Nordhues/Benzler*, Risikosteuerung durch Kreditderivate, WM 1999, 461 (463).
239 *Böhm/Bergfort*, in: Assies/Beule/Heise/Strube, Handbuch des Fachanwalts Bank- und Kapitalmarktrecht, S.1434, Rn.533.
240 *Lenenbach*, Kapitalmarktrecht, S.744, Rn.9.162.
241 *Neuhaus*, in: Hellner/Steuer, BuB, Rn.7/1024.
242 *Sievers*, Kreditderivate, S.200.
243 *Brandt*, Kreditderivate, BKR 2002, 243 (244).

Spannensicherungsswap (*credit spread swap*) werden Ausgleichszahlungen zwischen zwei Parteien vereinbart, die sich auf die Differenz eines risikobehafteten Zinssatzes, wie einer Unternehmensanleihe und einem Zinssatz einer erstklassischen Anleihe, beispielsweise einer Bundesanleihe beziehen, bei gleicher Laufzeit und in gleicher Währung.[244] Der Schutzkäufer möchte sich mithin vor Renditeverschlechterungen seiner Papiere schützen und zahlt im Gegenzug an den Schutzverkäufer eine Prämie.[245] Der in der Praxis relevanteste Fall ist der Kreditausfallswap (*credit default swap, CDS*), der auch als Zahlungsverzugsswap bezeichnet wird.[246] Bei diesem klassischen Kreditderivat[247] wird ein vertraglich definiertes Kreditrisiko vom Sicherungsgeber abgesichert bzw. vom Sicherungsnehmer auf den Sicherungsgeber übertragen.[248] Der Sicherungsnehmer zahlt in der Regel periodische Zahlungen in Form der Prämie, der Sicherungsgeber muss für seine Verbindlichkeiten erst bei Eintritt eines vorher festgelegten Kreditereignisses eintreten. Üblicherweise wird hier die Insolvenz, Bonitätsverschlechterung, Zahlungsverzug oder die Umschuldung des Referenzschuldners vereinbart.[249] Weitere Ereignisse können die vorzeitige Fälligkeit des Darlehens bzw. das Recht zur vorzeitigen Fälligstellung oder die Aufsage durch den Referenzschuldner bzw. die Erklärung eines Moratoriums sein.[250] Bei Eintritt des Kreditereignisses kann der Sicherungsnehmer

244 *Rudolf*, in: Kümpel/Wittig, Bank- und Kapitalmarktrecht, S.2441, Rn.19.250.

245 *Klinger-Schmidt*, in: Derleder/Knops/Bamberger, Handbuch zum deutschen und europäischen Bankrecht, S.1646, Rn.32.

246 *Heinrich*, in: Eller/Heinrich/Perrot/Reif, Handbuch Derivativer Instrumente, S.39.

247 *Anmerkung*: Es ist umstritten, ob es sich bei einem *CDS* um eine Option oder einen *swap* im System derivativer Finanzinstrumente handelt. Zwar hat sich die Bezeichnung *swap* in der Praxis durchgesetzt. Jedoch liegt der für einen *swap* charakteristische Austausch von periodischen Zahlungsströmen nicht vor (vgl. *Bank-Verlag*, Basisinformationen über Finanzderivate, S.48.) Allenfalls die Risikoprämie wird einseitig übertragen, die allerdings nicht den Hauptregelungszweck des Vertrages ausmacht. Zudem weist der *CDS* ein asymmetrisches Risikoprofil auf, das für einen *swap* untypisch ist (vgl. *Lenenbach*, Kapitalmarktrecht, S.747, Rn.9.169). Auch die *BaFin* qualifiziert in ihrem Rundschreiben 10/1999 den *CDS* überzeugend als Option (vgl. *BaFin*, Rundschreiben 10/1999 – Behandlung von Kreditderivaten im Grundsatz I gemäß §§10, 10a KWG und im Rahmen der Großkredit- und Millionenkreditvorschriften, Abschnitt II Nr.3, abrufbar unter http://www.bafin.de/SharedDocs/Veroeffentlichungen/DE/Rundschreiben/rs_9910_ba.html).

248 *Schüwer/Steffen*, in: Zerey, Außerbörsliche Finanzderivate, §1, Rn.36.

249 *Lenenbach*, Kapitalmarktrecht, S.747, Rn.9.168.

250 *Jahn*, in: Schimansky/Bunte/Lwowski, Bankrechts-Handbuch, §114, Rn.25.

vom Sicherungsgeber, je nach Erfüllungsmodalität, eine Ausgleichszahlung verlangen, die sich aus der Differenz zwischen dem Nominalbetrag des Referenzaktivums und dem tatsächlichen Restwert der Kreditforderung ergibt (*default payment*) oder die physische Lieferung des Referenzaktivums, die den vollständigen Nominalbetrag des *CDS* ausmacht, verlangen.[251] Als dritte Variante besteht die Möglichkeit, einen vorher vereinbarten festen Geldbetrag zu erhalten.[252] Kreditsicherungsswaps können sich auch auf mehrere Referenzschuldner beziehen (*portfolio-CDS*). In der Strukturierung kann dann unterschieden werden, ob die Ausgleichszahlung bereits beim Kreditereignis eines einzigen Referenzschuldners eintritt (*first-to-default-swap*), oder erst, wenn mehrere Referenzschuldner betroffen sind (*nth-to-default-swap*).[253]

In zivilrechtlicher Hinsicht ist die Rechtsnatur dieses Finanzinstruments umstritten. Einigkeit herrscht insoweit, als dass es sich nicht um eine Bürgschaft gem. §765 BGB handelt. Zwar sichere der Sicherungsgeber wirtschaftlich die Verbindlichkeiten eines Dritten ab, jedoch werde die dem Kreditderivat zugrunde liegende Position synthetisch als Referenzverbindlichkeit gebildet, sodass kein akzessorischer Bezug zu der tatsächlichen Forderung bestehe.[254] Der *CDS* stellt ebenso keine Erfüllungsübernahme gem. §329 BGB oder Schuldübernahme gem. §414 BGB dar, da durch den Sicherungsgeber keine Übernahme der Verbindlichkeit des Schuldners erfolge, sondern lediglich hieraus resultierende Risiken besichert werden.[255] Dadurch, dass regelmäßig nach dem Parteiwillen keine gesamtschuldnerische Haftung gewollt ist, liegt auch kein Schuldbeitritt vor.[256] Wegen der Risikostruktur wird der *CDS* oftmals mit einer Versicherung oder Garantie verglichen.[257] Richtigerweise liegt jedoch keine Versicherung

251 *Bank-Verlag*, Basisinformationen über Finanzderivate, S.47.

252 *Lenenbach*, Kapitalmarktrecht, S.747, Rn.9.169.

253 *Bank-Verlag*, Basisinformationen über Finanzderivate, S.48.

254 *Klinger-Schmidt*, in: Derleder/Knops/Bamberger, Handbuch zum deutschen und europäischen Bankrecht, S.1647, Rn.34; *Nordhues/Benzler*, Risikosteuerung durch Kreditderivate, WM 1999, 461 (463).

255 *Lenenbach*, Kapitalmarktrecht, S.749, Rn.9.175; *Nordhues/Benzler*, Risikosteuerung durch Kreditderivate, WM 1999, 461 (463).

256 *Klinger-Schmidt*, in: Derleder/Knops/Bamberger, Handbuch zum deutschen und europäischen Bankrecht, S.1647, Rn.35; *Nordhues/Benzler*, Risikosteuerung durch Kreditderivate, WM 1999, 461 (463).

257 *Burghof/Henke/Rudolph*, Kreditderivate als Instrument eines aktiven Kreditrisikomanagements, ZBB 1998, 277 (279). Diese weisen auch auf die Ähnlichkeit mit einem *standby letter of credit* hin. Differenzierend möchten andere nur bei einseitig-verpflichtenden Verträgen einen anstrakten Garantievertrag, andernfalls

i.S.d. VVG vor, da für die Leistungspflicht des Sicherungsgebers der Eintritt eines Schadens nicht erforderlich ist.[258] Außerdem werden die Risiken dieses Geschäfts nicht auf eine Vielzahl von Sicherungsgebern mit den gleichen Risiken verteilt.[259] Folglich wird zu Recht darauf verwiesen, dass der Kalkulation nicht das für eine Versicherung übliche Moment des „Gesetzes der großen Zahl" zugrunde gelegt wird.[260] Daher ist es überzeugend, den *CDS* – wie Kreditderivate generell – als Vertrag *sui generis* zu verstehen.[261]

§7 Zusammenfassung

Dem in dieser Untersuchung verwendeten Begriff „Derivat" liegen mehrere prägende Merkmale zugrunde. Derivate leiten sich von einem *Basiswert* ab, für den eine Vielzahl möglicher Referenzwerte in Betracht kommen kann und weisen durch ihren hinausgeschobenen Erfüllungszeitpunkt einen *Termincharakter* auf. Da sie überwiegend zu Finanzzwecken eingesetzt werden, können sie weiterhin als *Finanzinstrumente* qualifiziert werden, für die ein Barausgleich als Erfüllungsmodalität charakteristisch ist. Der Wert eines Derivats hängt einerseits maßgeblich von der jeweiligen Strukturierung, andererseits nicht zuletzt von Zufälligkeiten ab, sodass diese Produkte *stochastisch bedingt* sind.

Derivative Produkte wurden bereits im 17. Jahrhundert verwendet und nehmen in unserer heutigen Finanz- und Wirtschaftswelt eine herausragende Stellung ein. In diesem Zusammenhang ist insbesondere der *außerbörsliche Bereich* zu nennen, der ein signifikantes Volumen ausstehender Derivatgeschäftsverbindlichkeiten aufweist, wobei Zinssatzswaps die bedeutendste Produktgruppe bilden.

In systematischer Hinsicht können Derivate nach dem *Basiswert*, der *Erfüllungsart*, der *Produktgeneration* oder dem *Risikoprofil* unterschieden werden. Außerdem ist eine Differenzierung zwischen *bedingten* und *unbedingten* Geschäften sowie nach ihren *börslichen* und *außerbörslichen* Handelsplätzen möglich. Es

---

einen Vertrag eigener Art anerkennen (vgl. *Klinger-Schmidt*, in: Derleder/Knops/Bamberger, Handbuch zum deutschen und europäischen Bankrecht, S.1647, Rn.35; *Nordhues/Benzler*, Risikosteuerung durch Kreditderivate, WM 1999, 461 (463)).

258 *Jahn*, in: Schimansky/Bunte/Lwowski, Bankrechts-Handbuch, §114, Rn.86.

259 *Lenenbach*, Kapitalmarktrecht, S.749, Rn.9.176.

260 *Looschelders*, in: Langheid/Wandt, MüKo-VVG, §1, Rn.56, mit dem Hinweis, dass es jedoch nicht *notwendig* sei; *Prölss*, in: Prölss/Martin, VVG, §1, Rn.12; BVerwG VersR 1993, 1217 (1218).

261 *Haisch*, in: Haisch/Helios, Rechtshandbuch Finanzinstrumente, S.17, Rn.60; *Rudolf*, in: Kümpel/Wittig, Bank- und Kapitalmarktrecht, S.2436, Rn.19.227; *Lehmann*, Finanzinstrumente, S.139.

liegt aufgrund der internationalen rechtlichen Entwicklungen weiterhin nahe, dass der Differenzierung nach dem *Standardisierungsgrad* eine größere Bedeutung zukommen wird.

Der Einsatz derivativer Instrumente bietet für unsere Finanz- und Wirtschaftswelt eine Reihe von Chancen. So können sie als *Absicherungsgeschäfte* zu einem effektiven Risikomanagement, und als *Spekulations-* oder *Arbitragegeschäfte* zur Gewinnrealisierung beitragen. Auf der anderen Seite bestehen bei ihrer Verwendung Risiken, insbesondere in Form des *Marktpreis-*, *Kredit-* und *Liquiditätsrisikos*. Ein besonderes Risiko birgt der sogenannte *Hebeleffekt*, da mit ihm ein theoretisch unbegrenztes Verlustpotential einhergehen kann.

Die wichtigsten *Produkttypen* bilden *forwards*, *swaps*, *Optionen* und *Kreditderivate*. Eine Unterart des *forwards* ist das *Zinstermingeschäft*, bei dem die Parteien vereinbaren, einen Betrag in der Zukunft zu zahlen, der sich aus der Differenz zweier Zinssätze ergibt. In rechtlicher Hinsicht ist dieses Geschäft als atypischer Vertrag *sui generis* zu qualifizieren. Der *Zinssatzswap* zeichnet sich dadurch aus, dass Zinszahlungen über mehrere Zinsperioden in derselben Währung ausgetauscht werden. Dieser ist unter rechtlichen Gesichtspunkten ebenfalls als Vertrag eigener Art anzusehen. Im Rahmen einer *Option* erwirbt der Optionskäufer das Recht, einen Basiswert zu einem bestimmten Betrag oder zu einer bestimmten Menge zu kaufen, oder zu verkaufen. Je nach Blickwinkel können diese Geschäfte nach dem Zeitpunkt ihres Ausübungsrechts, systematisch oder nach ihrem Vertragsgegenstand unterschieden werden. Unter rechtlichen Aspekten ist die früher vertretene Doppelvertragstheorie abzulehnen, da ein *einheitlicher Vertrag* vorliegt. Für die Ausübung des Optionsrechts ist ein flexibler Ansatz im Rahmen der Auslegung zu verfolgen. Nach der Ausübung des Optionsrechts kann der Vertrag rechtlich variieren, sodass er ebenfalls durch Auslegung zu ermitteln ist. Ein bedeutendes Kreditderivat ist der *credit default swap*, bei dem der Sicherungsnehmer in der Regel periodische Prämien leistet, und der Sicherungsgeber seine Verbindlichkeit bei Eintritt eines vorher definierten Kreditereignisses erfüllen muss. In zivilrechtlicher Hinsicht ist der *CDS* als Vertrag eigener Art zu qualifizieren.

Abschnitt 2 – Marktinfrastruktur

Nachdem der Begriff des Derivats näher beleuchtet wurde, widmet sich der zweite Abschnitt der Marktinfrastruktur. Dabei soll zunächst auf den *Handel* mit Derivaten eingegangen werden, der sich auf organisierte Märkte und den außerbörslichen Bereich erstreckt. Anschließend wird die *Abwicklung* des Derivatgeschäfts genauer untersucht und insbesondere die Einschaltung einer zentralen Gegenpartei thematisiert.

§1 Handel

Der Handel mit derivativen Instrumenten beruht auf zwei Säulen. Einerseits werden derivative Instrumente über organisierte Märkte geschlossen, wobei sich dieser Bereich durch einen hohen Standardisierungsgrad der einzelnen Produkte auszeichnet.[262] Andererseits geschieht dies im außerbörslichen Bereich auf bilateraler und multilateraler Ebene. Im folgenden Paragraph sollen diese Handelsstrukturen näher untersucht und dabei die wesentlichen Charakteristika der jeweiligen Möglichkeiten verdeutlicht werden.

A. Organisierter Markt

Nach der Begriffsbestimmung des §2 Abs.5 WpHG handelt es sich bei einem organisierten Markt um ein betriebenes oder verwaltetes, durch staatliche Stellen genehmigtes, geregeltes und überwachtes multilaterales System, das die Interessen einer Vielzahl von Personen am Kauf und Verkauf von dort zum Handel zugelassenen Finanzinstrumenten und nach festgelegten Bestimmungen in einer Weise zusammenbringt oder das Zusammenbringen *fördert*, sodass es zu einem Vertrag über den Kauf dieser Finanzinstrumente führt. Die Definition entspricht dabei dem *geregelten Markt*[263] (*regulated market*)[264] i.S.d. Art.4 Abs.1 Nr.14 MiFID[265], wodurch eine Reihe wertpapierrechtlicher Vorschriften zu beachten sind.[266]

Eine Börse erfüllt regelmäßig die materiellen Voraussetzungen, die an organisierte Märkte gestellt werden. Dies gilt jedoch nicht für den Freiverkehr (*open*

---

262 *Lenenbach*, Kapitalmarkrecht, S.727, Rn.9.105.

263 Für eine Liste der aktuellen geregelten Märkte siehe: *ESMA*, regulated markets, abrufbar unter http://mifiddatabase.esma.europa.eu.

264 *Anmerkung*: Diese Begriffe müssen vom *regulierten* Markt abgegrenzt werden, bei dem es sich um Börsensegmente handelt (vgl. §32 BörsG), die jeweils einen *organisierten* Markt i.S.d. §2 Abs.5 WpHG darstellen. Denn seit 2007 werden die früher anzutreffenden börslichen Segmente des amtlichen und *geregelten* Marktes unter dem Begriff des *regulierten* Marktes zusammengefasst (vgl. *Bröcker*, in: Claussen, Bank- und Börsenrecht, S.341, Rn.44).

265 *Geier/Mirtschink*, OTC-Derivate-Regulierung aus sicht der Buy- und Sell-Side, CF biz 2013, 102 (104); *Assmann*, in: Assmann/Schneider, WpHG, §2, Rn.159.

266 *Assmann*, in: Assmann/Schneider, WpHG, §2, Rn.158; beispielsweise §§9 Abs.1 S.1, 12 S.1 WpHG i.V.m. §§14, 15a Abs.1 S.2, 20a Abs.1, 31g Abs.1, 31h Abs.1, 32, 36a, 37i WpHG.

market), der nach dem Willen des Gesetzgebers[267] und Stimmen in der Literatur[268] ein multilaterales Handelssystem[269] gem. §2 Abs.3 Nr.8 WpHG darstellt. Bereits die Legaldefinition des §2 Abs.1 BörsG[270] macht eine gewisse Überschneidung mit dem organisierten Markt deutlich. Hiernach handelt es sich bei einer Börse um eine teilrechtsfähige Anstalt des öffentlichen Rechts, die nach Maßgabe des Börsengesetzes multilaterale Systeme regelt und überwacht, die die Interessen einer Vielzahl von Personen am Kauf und Verkauf von dort zum Handel zugelassenen Wirtschaftsgütern und Rechten innerhalb des Systems nach festgelegten Bestimmungen in einer Weise zusammenbringen oder das Zusammenbringen fördern, sodass es zu einem Vertrag über den Kauf dieser Handelsobjekte führt. Um einen börsenmäßig organisierten Handel zu errichten, bedarf es einer staatlichen Erlaubnis, die dem Träger der Börse von der zuständigen obersten Landesbehörde als Börsenaufsichtsbehörde erteilt wird (vgl. §3 Abs.1 BörsG). Dementsprechend muss in Deutschland zwischen der Börse als Handelsplatz und ihrer Trägergesellschaft unterschieden werden, die insoweit die materiellen Ressourcen für den Betrieb bereithält und die Genehmigung erhält.[271] Entgegen anderer Stimmen[272] setzt sich diese Unterteilung im terminbörslichen Handel fort.[273] So bestimmt beispielsweise §2 Börsenordnung für die *Eurex Deutschland* die Trägerschaft bei der *Eurex Frankfurt AG*[274], was zudem durch die Organisationsstruktur unterstrichen wird.[275] Für die *Eurex Deutschland* bedeutet dies, dass der *Eurex Frankfurt AG* als Träger die Erlaubnis von der obersten hessischen

267 BT-Drucks.16/4028, S.42.

268 *Seiffert*, in: Kümpel/Wittig, Bank- und Kapitalmarktrecht, S.324, Rn.4.71.

269 Siehe Kapitel 1, Abschnitt 2, §1, Unterpunkt B II.

270 *Anmerkung*: Die Herausarbeitung eines legal definierten Börsenbegriffs unterlag zahlreichen in der rechtswissenschaftlichen Literatur geführten Diskussionen. Siehe hierzu: *Seiffert*, in: Kümpel/Wittig, Bank- und Kapitalmarktrecht, S.311–316, Rn.4.23–4.38.

271 *Bröcker*, in: Claussen, Bank- und Börsenrecht, S.330, Rn.21.

272 *Bröcker*, in: Claussen, Bank- und Börsenrecht, S.355, Rn.72.

273 So auch *Jobst*, Börslicher und außerbörslicher Derivathandel mittels zentraler Gegenpartei, ZBB 2010, 384 (387).

274 Börsenordnung für die Eurex Deutschland und die Eurex Zürich, Stand: 01.08.2014, abrufbar unter http://www.eurexchange.com/blob/294246/1ccc53b05c2658360cd38c25fc2c6897/data/exchange-de-pdf-ab-01-08-2014.pdf (zuletzt am 19.11.2014).

275 *Eurex*, Organisationsstruktur, abrufbar http://www.eurexchange.com/exchange-de/ueber-uns/das-unternehmen/organisationsstruktur/139888/.

Landesbehörde erteilt wurde.[276] Eine Börse unterliegt weiterhin einem Kontrahierungszwang im Hinblick auf interessierte Teilnehmer, die die Zulassungsbedingungen erfüllen (vgl. §19 Abs.4 BörsG i.V.m. §24 Abs.1 BörsO-Eurex). Ebenso müssen die an der *Eurex* gehandelten Termingeschäfte zugelassen werden. Dabei handelt es sich um Finanzinstrumente in Form von Rechten[277], für deren Zulassung die Geschäftsführung funktionell zuständig ist (vgl. §23 BörsG i.V.m. §§5 Abs.3 Nr.5, 9 Abs.3 Nr.5 BörsO-Eurex). Verstöße gegen das börsliche Regelwerk können durch den Sanktionsausschuss, einem weiteren Organ der Börse, geahndet werden (vgl. §22 Abs.1 BörsG i.V.m. §22 BörsVO-Hessen i.V.m. §7 BörsO-Eurex).

In organisatorischer Hinsicht können börsentypische Organe ausgemacht werden. So wird das tägliche Geschäft, insbesondere die Preisbildung und Handelsvolumina, von der Handelsüberwachungsstelle eigenverantwortlich überwacht (vgl. §7 Abs.1 S.1 BörsG). Eine wesentliche Funktion kommt dem Börsenrat zu, in dem unter anderem die zur Teilnahme am Börsenhandel zugelassenen Unternehmen und Anleger vertreten sein müssen (vgl. §12 Abs.1 S.1 BörsG). Diesem obliegen wichtige Personalentscheidungen im Hinblick auf die Geschäftsführer sowie der Erlass der rechtlichen Rahmenbedingungen für den Börsenhandel, wie die Börsen- oder Zulassungsordnung (§12 Abs.2 Nr.1–5 BörsG). Insoweit kommt den Teilnehmern einer Börse eine weitreichende Mitgestaltungsfunktion zu. Der Börsenrat der *Eurex Deutschland* beispielsweise besteht aus maximal 18 Mitgliedern, die sich aus drei Wählergruppen zusammensetzen.[278]

In Deutschland findet der Börsenhandel in unverbrieften Derivaten ausschließlich an der Terminbörse *Eurex Deutschland* mit Sitz in Frankfurt statt[279].[280]

---

276 *Anmerkung*: Beide *Eurex*-Börsen unterstehen der Aufsicht der jeweiligen Aufsichtsbehörden beider Länder. Sofern Aufsichtsmaßnahmen der obersten Landesbehörde des Landes Hessen im Ausland erforderlich sind und zwischenstaatliche Vereinbarungen nichts anderes vorsehen, erfolgen diese regelmäßig im Wege der Amts-bzw. Rechtshilfe und werden über die *BaFin* geleitet (vgl. §3 Abs.3 BörsO-Eurex).

277 *Anmerkung*: Insbesondere handelt es sich nicht um Wertpapiere i.S.d. BGB, da keine Urkunden ausgestellt werden (vgl. *Seiffert*, in: Kümpel/Wittig, Bank- und Kapitalmarktrecht, S.396, Rn.4.372).

278 *Anmerkung*: Zur genauen Zusammensetzung siehe: *Eurex*, Börsenrat der Eurex Deutschland, abrufbar unter http://www.eurexchange.com/exchange-de/ueber-uns/das-unternehmen/die-boerse/.

279 *Böhm*, in: Assies/Beule/Heise/Strube, Handbuch des Fachanwalts Bank- und Kapitalmarktrecht, S.105, Rn.371.

280 *Anmerkung*: Verbriefte Derivate werden an Wertpapierbörsen gehandelt, worunter vor allem das Handelssegment *Euwax* der Stuttgarter Börse zählt (vgl. *Grunewald/*

Bei dieser handelt es sich sowohl um eine Börse i.S.d. §2 Abs.1 BörsG als auch um einen *organisierten Markt* i.S.d. §2 Abs.5 WpHG.[281] Sie wurde 1998 aus dem Zusammenschluss zwischen der *Deutschen Terminbörse* (*DTB*) und der schweizerischen Terminbörse *Soffex* gebildet. Sie stellte zugleich die erste grenzüberschreitende Fusion von Finanzmärkten in Europa dar.[282] Der Handel findet über eine vollelektronische Plattform statt, die mit dem *XETRA*-System der Frankfurter Wertpapierbörse vergleichbar ist. Hierbei geben die Handelsteilnehmer ihre Aufträge und *Quotes*[283] über Terminals in einen Zentralrechner ein, der dann deckungsgleiche Angebote zu Geschäftsabschlüssen zusammenführt (*matching*[284]) (vgl. §13 BörsO-Eurex).[285] Darüber hinaus führt die Vielzahl an Anlagemöglichkeiten zu einer Marktsegmentierung. In diesem Zusammenhang hat sich eine Vielzahl an möglichen Produkten herausgebildet, wie beispielsweise Aktienindex-Futures oder Dividendenderivate, die an der *Eurex Deutschland* gehandelt werden.[286]

B. *Außerbörslich*

Von dem oben angeführten börslichen Handel ist der Bereich der in dieser Untersuchung maßgeblichen außerbörslichen Derivate abzugrenzen. Einen ersten

---

Schlitt, Einführung in das Kapitalmarktrecht, S.142). In den USA ist die *Chicago Mercantile Exchange Group* die größte Terminbörse, die aus Fusionen zwischen *Chicago Board of Trade*, *Chicago Mercantile Exchange* und *New York Mercantile Exchange* enstand (vgl. *Schüwer/Steffen*, in: Zerey, Finanzderivate, S.47, Rn.9).

281 *Kumpan*, in: Schwark/Zimmer, Kapitalmarktrechts-Kommentar, §2 WpHG, Rn.120; *Assmann*, in: Assmann/Schneider, WpHG, §2 Rn.161; *ESMA*, regulated markets, abrufbar unter http://mifiddatabase.esma.europa.eu.

282 *Eilenberger*, Bankbetriebswirtschaftslehre, S.300.

283 §32a Abs.1 WpHG definiert *Quotes* als verbindliche Kauf- und Verkaufsangebote.

284 zum Begriff siehe: *Tiedemann*, Die Stellung des zentralen Kontrahenten im deutschen und englischen Effektenhandel, S.10.

285 *Anmerkung*: Eine Besonderheit der Folge des Zusammenschlusses ist, dass Veranstalter des Handelssystems sowohl die *Eurex Deutschland*, als auch die *Eurex Zürich* sind (vgl. §1 S.2 BörsO-Eurex). Insofern wird eine gemeinsame Handelsplattform betrieben wird, wobei die Teilnehmer die Zulassung zu beiden Börsen benötigen (vgl. *Seiffert*, in: Kümpel/Wittig, Bank- und Kapitalmarktrecht, S.394, Rn.4.360; §§24 Abs.1, 32 BörsO-Eurex).

286 *Anmerkung*: Für eine genaue Auflistung der aktuellen Produktpalette siehe: *Eurex*, Produkte 2014, abrufbar unter http://www.eurexchange.com/blob/exchange-de/4390/765474/3/data/eurex_products_2014_de.pdf.pdf.

Anknüpfungspunkt bietet §25 Abs.1 DerivateV[287], wonach es sich bei OTC-Derivaten um Geschäfte handelt, die nicht an einer Börse zugelassen oder in einen organisierten Markt einbezogen sind. Im Folgenden soll nunmehr auf den bilateralen außerbörslichen Handel mit Derivaten eingegangen und seine Besonderheiten aufgezeigt werden. Anschließend widmet sich der Unterpunkt dem außerbörslichen Handel mittels multilateralen Handelsplattformen.

I. Bilateral

Der Markt für außerbörsliche Derivate war bis zu den internationalen Reformbestrebungen vor allem auf bilateraler Ebene ausgestaltet.[288] Daher sollen nun grundsätzliche Merkmale herausgearbeitet werden, die charakteristisch für diese Handelsform sind.[289] Im bilateralen Handel wird das konkrete Derivatgeschäft zunächst durch Einzelabschluss getätigt, wobei dort die wirtschaftlichen Details vereinbart werden, wie beispielsweise der Umfang, der Wert und die Laufzeit.[290] Dabei handeln die Parteien die Einzelheiten des Derivatgeschäfts nicht wie der Begriff „*over-the-counter*" suggiert an einem Verkaufstresen gegenüberstehend aus[291], sondern schließen sie in erster Linie telefonisch oder über Computer ab[292], wobei ihr Inhalt anschließend im Rahmen einer Geschäftsbestätigung dokumentiert wird.[293] In der Regel erstellt der Händler nach dem Geschäftsabschluss eine handschriftliche oder elektronische Notiz (*Ticket*), das der Abwicklungsabteilung

---

287 Verordnung über Risikomanagement und Risikomessung beim Einsatz von Derivaten, Wertpapier-Darlehen und Pensionsgeschäften in Investmentvermögen nach dem Kapitalanlagegesetzbuch (Derivateverordnung – DerivateV) vom 16.07.2013, BGBl. I, S.2463.

288 *Gstädtner*, Regulierung der Märkte für OTC-Derivate, RdF 2012, 145 (148); *Seiffert*, in: Kümpel/Wittig, Bank- und Kapitalmarktrecht, S.306, Rn.4.5.

289 *Anmerkung*: Einen weiteren Bereich des außerbörslichen, bilateralen Handels bilden Geschäfte, die von systematischen Internalisierern abgeschlossen werden (vgl. §2 Abs.10 WpHG). Diese stellen eine Sonderform dar und werden nicht behandelt. Die Besonderheit dieser Marktteilnehmer liegt im Eigenhandel, bei dem auf bilateraler Basis Order von Kunden gegen das eigene Buch ausgeführt werden. Zu Einzelheiten siehe: *Frisch*, in: Derleder/Knops/Bamberger, Handbuch zum deutschen und europäischen Bankrecht, S.1564, Rn.138; *Kumpan*, Die Regulierung außerbörslicher Handelssysteme im deutschen, europäischen und US-amerikanischen Recht, S.360f.

290 *Lenenbach*, Kapitalmarktrecht, S.799, Rn.9.314.

291 *Hartenfels*, EMIR, ZHR (178) 2014, 173 (175).

292 *Schüwer/Steffen*, in: Zerey, Außerbörsliche (OTC) Derivate, S.37, Rn.10.

293 *Klinger-Schmidt*, in: Derleder/Knops/Bamberger, Handbuch zum deutschen und europäischen Bankrecht, S.1648, Rn.40.

zur Erstellung der Geschäftsbestätigung dient. Diese wird dann an den Kunden weitergeleitet, der die Bestätigung prüfen und gegenzeichnet zurückschicken muss.[294] Bei standardisierten Derivaten werden zunehmend elektronische System zur Bestätigung eingesetzt, in die beide Parteien die Einzelheiten unabhängig voneinander einstellen und das System bei Übereinstimmung die Bestätigung erstellt.[295]

Im Gegensatz zu börslich gehandelten Derivatgeschäften, die einem hohen Standardisierungsgrad, insbesondere im Hinblick auf Basiswert, Größe, Laufzeit sowie Basispreis unterliegen, bieten OTC-Verträge den Vorteil, dass sie individuell ausgestaltet werden können.[296] Vor dem Hintergrund der oben dargelegten Chancen derivativer Produkte, können synthetische Positionen geschaffen werden, die die individuellen Interessen der Geschäftspartner bestmöglich abbilden.[297] Dennoch weisen auch außerbörslich gehandelte Derivate mitunter gewisse Standardisierungen auf. Die Dokumentation erfolgt bei diesen Derivaten in der Regel durch Rahmenverträge, die für Rechtssicherheit sorgen und eine schnelle und einheitliche Abwicklung vor dem Hintergrund hoher Transaktionszahlen ermöglichen sollen.[298] In rechtlicher Hinsicht handelt es sich bei den Rahmenverträgen um Dauerschuldverhältnisse, wobei sie mit den Einzelgeschäften einen einheitlichen Vertrag bilden.[299] Diese enthalten beispielsweise Regelungen über Kündigungsmöglichkeiten, Berechnungsmethoden sowie steuerrechtliche Fragen. Je nachdem wie die Transaktion zu qualifizieren ist, kommen unterschiedliche Rahmenverträge zur Anwendung. Auf internationaler Ebene existiert unter anderem das 1992 von der *International Swaps and Derivatives Association (ISDA)* veröffentlichte *Master Agreement*, das 2002 überarbeitet wurde. Das 1999 von der *Banking Federation of the European Union* entwickelte *European Master Agreement*[300] kann seit 2004 auf europäischer Ebene zur Dokumentation von OTC-Derivaten eingesetzt werden. Vom *Bundesverband deutscher Banken e.V.*

---

294 *Hartenfels*, EMIR, ZHR (178) 2014, 173 (177).

295 *Hartenfels*, EMIR, ZHR (178) 2014, 173 (178).

296 *Müller*, in: Derleder/Knops/Bamberger, Handbuch zum deutschen und europäischen Bankrecht, S.1620, Rn.7.

297 *Grunewald/Schlitt*, Einführung in das Kapitalmarktrecht, S.129.

298 *Klinger-Schmidt*, in: Derleder/Knops/Bamberger, Handbuch zum deutschen und europäischen Bankrecht, S.1648, Rn.41.

299 *Lenenbach*, Kapitalmarktrecht, S.799, Rn.9.315; *Klinger Schmidt*, in: Derleder/Knops/Bamberger, Handbuch zum deutschen und europäischen Bankrecht, S.1648, Rn.40.

300 *Banking Federation of the European Union*, European Master Agreement, abrufbar unter http://www.ebf-fbe.eu/european-master-agreement-ema/.

wurde 1993 der Rahmenvertrag für Finanztermingeschäfte für Inlandsverträge entwickelt, wobei es zahlreiche Anhänge und Zusatzvereinbarungen gibt.[301] Im Mai 2013 wurde von ihm zudem eine Clearing-Rahmenvereinbarung[302] veröffentlicht, die das Rechtsverhältnis zwischen Clearingmitglied und Registriertem Kunde beim Clearing von OTC-Derivaten vereinfachen soll.

II. Multilaterales Handelssystem

Multilaterale Handelssysteme (*multilateral trading facilities, MTFs*) ermöglichen einen außerbörslichen Handel zwischen einer Vielzahl von Teilnehmern. Seit der Umsetzung der Finanzmarktrichtlinie im Jahr 2007 können diese Handelsplattformen von bestimmten Unternehmen betrieben werden. Die Einführung führte vor allem im Aktienhandel zu einem erhöhten Wettbewerbsdruck für etablierte Börsen.[303] Eine für den Derivatbereich bedeutende *MTF*[304] ist die in London ansässige *Turquoise*, die 2008 von neun Investmentbanken gegründet wurde.[305]

Der Betrieb einer solchen Handelsform stellt nach §2 Abs.3 Nr.8 WpHG und §1 Abs.1a S.2 Nr.1b KWG eine Finanz- bzw. Wertpapierdienstleistung dar, wobei ausschlaggebend ist, dass es sich um ein multilaterales System handelt, das die Interessen einer Vielzahl von Personen am Kauf und Verkauf von Finanzinstrumenten innerhalb des Systems und nach festgelegten Bestimmungen in einer Weise zusammenbringt, sodass es zu einem Vertrag über den Kauf dieser Finanzinstrumente führt.[306] Insoweit wird ersichtlich, dass der Gesetzgeber eine „materielle Identität"[307] zwischen Börse und *MTF* schaffen wollte.[308] Daher unterscheidet sich ein *MTF* von dem oben dargestellten organisierten Markt nach den

---

301 *Bundesverband deutscher Banken*, Rahmenvertrag für Finanztermingeschäfte, abrufbar unter http://bankenverband.de/themen/fachinformationen/finanzmaerkte/rahmenvertraege-fuer-finanzgeschaefte/1-vertragsdokumentation-zum-deutschen-rahmenvertrag-fuer-finanzgeschaefte-drv-ft/#rahmenvertrag-drv-ft.

302 *Bundesverband deutscher Banken*, Clearing-Rahmenvereinbarung, abrufbar unter http://bankenverband.de/themen/fachinformationen/finanzmaerkte/rahmenvertraege-fuer-finanzgeschaefte/clearing-rahmenvereinbarung.

303 *Gomber/Chlistalla/Groth*, Neue Börsenlandschaft in Europa?, ZBB 2008, 2 (10).

304 Für eine Liste der aktuellen *MTFs* siehe: *ESMA*, multilateral trading facilities, abrufbar unter http://mifiddatabase.esma.europa.eu.

305 *Gabler Wirtschaftslexikon*, MTF, abrufbar unter http://wirtschaftslexikon.gabler.de/Archiv/56954/mtf-v7.html.

306 Siehe auch Art.4 Abs.1 Nr.15 MiFID.

307 *Seiffert*, in: Kümpel/Wittig, Bank- und Kapitalmarktrecht, S.317, Rn.4.40.

308 *Böhm*, in: Assies/Beule/Heise/Strube, Handbuch des Fachanwalts Bank- und Kapitalmarktrecht, S.106, Rn.373.

gesetzgeberischen Vorstellungen dadurch, dass es staatlich als solches zugelassen wurde und im Hinblick auf die Anforderungen der Finanzmarktrichtlinie an geregelte Märkte überwacht wird.[309] Zudem reicht es bei einem *MTF* nicht aus, dass das Zusammenbringen einer Vielzahl von Personen lediglich gefördert wird.[310]

Insofern ergeben sich gewisse Abgrenzungen in formaler und tatsächlicher Hinsicht. Als Wertpapier- und Finanzdienstleistung bedarf der Betrieb eines *MTF* der Genehmigung der *Bundesanstalt für Finanzdienstleistungsaufsicht* (*BaFin*), mit Sitz in Frankfurt am Main (vgl. §32 Abs.1 KWG).[311] Zudem fällt es nicht unter den Börsenbegriff des §2 Abs.1 BörsG, da es nicht als Anstalt des öffentlichen Rechts zu qualifizieren ist, sondern auf privatrechtlicher Basis fußt. Somit entscheidet der antragstellende Betreiber letztlich selbst, ob er die Anforderungen des Börsengesetzes einhalten kann bzw. möchte, oder eine Finanzdienstleistung in Form eines *MTF* erbringen möchte.[312]

In organisatorischer Hinsicht unterliegen *MTF* nicht den strengen Vorschriften einer Börse, obwohl gleichsam ein gesetzlicher Mindestrahmen vorgegeben wird (vgl. §31f Abs.1 Nr.1–11 WpHG). Der Betreiber muss konsequenterweise nicht jeden Handelsteilnehmer zulassen, sodass insoweit kein Zulassungszwang besteht.[313] Finanzinstrumente werden an *MTF* nicht im Rahmen eines strengen Verfahrens, wie bei einer Börse zugelassen, sondern lediglich von dem Betreiber in den Handel einbezogen.[314] Des Weiteren bedürfen die organisatorischen Regelungen, wie zum Beispiel für die Einbeziehung von Finanzinstrumenten, die ordnungsgemäße Durchführung des Handels und der Preisermittlung nicht der Genehmigung durch die Aufsichtsbehörde.[315] Die Überwachung erfolgt nicht durch ein weisungsunabhängiges Organ, wie der Handelsüberwachungsstelle bei der Börse.[316] Nichtsdestotrotz muss der Preis entsprechend den Vorgaben des §24 Abs.2 BörsG gebildet werden, um ein Regulationsgefälle zwischen den

---

309 BT-Drucks.16/4028, S.57.

310 *Assmann*, in: Assmann/Schneider, WpHG, §2, Rn.159.

311 *Anmerkung*: Vor der Änderung des Börsengesetzes durch das Finanzmarktrichtlinie-Umsetzungsgesetz war die Börsenaufsicht die zuständige Behörde für die Verfolgung nicht genehmigter Handelsplätze, da der Betrieb von Privatbörsen von dem präventiven Verbot mit Erlaubnisvorbehalt umfasst war (vgl. *Seiffert*, in: Kümpel/Wittig, Bank- und Kapitalmarktrecht, S.311, Rn.4.22).

312 *Seiffert*, in: Kümpel/Wittig, Bank- und Kapitalmarktrecht, S.317, Rn.4.40.

313 *Seiffert*, in: Kümpel/Wittig, Bank- und Kapitalmarktrecht, S.321, Rn.4.59.

314 *Seiffert*, in: Kümpel/Wittig, Bank- und Kapitalmarktrecht, S.360, Rn.4.221.

315 *Bröcker*, in: Claussen, Bank- und Börsenrecht, S.352 Rn.67.

316 *Seiffert*, in: Kümpel/Wittig, Bank- und Kapitalmarktrecht, S.322, Rn.4.62.

Handelsplätzen zu vermeiden.[317] Bei Verstößen von Kunden erfolgen Sanktionen im Rahmen vertraglicher Möglichkeiten, wie beispielsweise in Form von Vertragsstrafen oder Kündigungen.[318] Insofern existiert kein den Börsen vergleichbarer Sanktionsausschuss, der gerichtlich angreifbare Verwaltungsakte erlässt.

§2 Abwicklung

Nachdem die Infrastruktur für den Handel derivativer Instrumente erläutert wurde, wird nun der Schwerpunkt auf die Abwicklungsmechanismen verlagert. Neben der bilateralen Abwicklung wird das Augenmerk auf die Einschaltung einer zentralen Gegenpartei gerichtet, der in Zukunft eine herausragende Funktion zukommt.

A. Bilateral

Trotz der internationalen Bestrebungen den OTC-Handel zentral abzuwickeln, werden auch in Zukunft individuell gestaltete Derivate existieren, die sich insofern nicht zum Clearing eignen.[319] Hier obliegt es den Parteien selbst, den geschlossenen Vertrag abzuwickeln. Aufgrund ihres individuellen Charakters können sich unterschiedliche Vereinbarungen bezüglich der Erfüllung und der Stellung von Sicherheiten ergeben.

Die internationalen Reformen werden in diesen Abwicklungsprozessen jedoch unverkennbar ihre Spuren hinterlassen. Für OTC-Derivate, die weiterhin keiner Clearingpflicht unterliegen, müssen die Vertragspartner eine Reihe von Anforderungen in organisatorischer und finanzieller Hinsicht erfüllen (vgl. Art.11 Abs.1–4 EMIR).[320] Diese ähneln in Teilen den Prozessen eines zentralen Kontrahenten. Hierzu zählen die rechtzeitige Bestätigung der Bedingungen des Derivats, die tägliche Bewertung der Positionen, die Einführung von Verfahren zur Erkennung und Beilegung von Meinungsverschiedenheiten, die regelmäßige Portfolioabstimmung und eventuelle -kompressionen oder der Austausch von Sicherheiten.[321]

---

317 *Seiffert*, in: Kümpel/Wittig, Bank- und Kapitalmarktrecht, S.403, Rn.4.402.

318 *Seiffert*, in: Kümpel/Wittig, Bank- und Kapitalmarktrecht, S.361, Rn.4.224.

319 *Gstädtner*, Regulierung der Märkte für OTC-Derivate, RdF 2012, 145 (151).

320 Siehe hierzu auch: *ESMA*, Draft regulatory technical standards on risk-mitigation techniques for OTC-derivative contracts not cleared by a CCP under Article 11(15) of Regulation (EU) No.648/2012, abrufbar unter http://www.esma.europa.eu/system/files/jc_cp_2014_03_cp_on_risk_mitigation_for_otc_derivatives.pdf.

321 Siehe hierzu: *Geier/Mirtschink*, OTC-Derivate-Regulierung aus sicht der Buy- und Sell-Side, CF biz 2013, 102 (110f.).

Daher liegt der Schluss nahe, dass die Anzahl individuell ausgestalteter OTC-Derivate in Zukunft abnehmen könnte.[322]

Zudem ist zu beachten, dass der Eigenkapitalbedarf für diese Geschäfte seit 2010 durch die Eigenkapitalrichtlinie[323] gestiegen ist. So müssen Betroffene beispielsweise für das Marktrisiko bei selbst entwickelten Risikomodellen den potentiellen Risikobetrag (*value at risk, VaR*) um Perioden krisenhafter Marktentwicklungen erweitern (*stressed VaR*).[324] Diese Entwicklung hat sich im Rahmen von Basel III und der CRD-IV Reform[325] fortgesetzt und unter anderem dazu geführt, dass Institute in den Berechnungsmodellen das Markt- und Kreditrisiko umfassender bewerten müssen. Nach Schätzungen des *Baseler Bankenausschusses* könnte der Eigenkapitalbedarf für Handelsbuchpostionen um bis zu viermal höher ausfallen.[326] Insbesondere müssen sie Eigenkapitalpuffer für die Verschlechterung der Kreditqualität des Derivatpartners zur Verfügung stellen (*credit valuation adjustment*).[327] Zudem müssen die internen Berechnungen nunmehr verstärkt Situationen berücksichtigen, in denen sich eine Risikoposition vergrößert, weil sich die Kreditqualität eines Vertragspartners verschlechtert (*wrong-way-risk*).[328] Insgesamt machen diese Entwicklungen die bilaterale Abwicklung von OTC-Derivaten

---

322 So auch *Reiner*, ISDA Master Agreement, S.49, Rn.7.

323 Richtlinie 2010/76/EU des Europäischen Parlaments und des Rates zur Änderung der Richtlinien 2006/48/EG und 2006/49/EG im Hinblick auf die Eigenkapitalanforderungen für Handelsbuch und Weiterverbriefungen und im Hinblick auf die aufsichtliche Überprüfung der Vergütungspolitik vom 24.11.2010, Abl.EU vom 14.12.2010, Nr.L 329/3.

324 *Gstädtner*, Regulierung der Märkte für OTC-Derivate, RdF 2012, 145 (154).

325 Richtlinie 2013/36/EU des Europäischen Parlaments und des Rates vom 26.06.2013 über den Zugang zur Tätigkeit von Kreditinstituten und die Beaufsichtigung von Kreditinstituten und Wertpapierfirmen, zur Änderung der Richtlinie 2002/87/EG und zur Aufhebung der Richtlinien 2006/48/EG und 2006/49/EG (CRD-IV Richtlinie), Abl.EU vom 27.06.2013, Nr.L 176/338; Verordnung (EU) Nr.575/2013 des Europäischen Parlaments und des Rates vom 26.06.2013 über Aufsichtsanforderungen an Kreditinstitute und Wertpapierfirmen und zur Änderung der Verordnung (EU) Nr.646/2012 (CRD-IV Verordnung, Capital Requirements Regulation, CRR), Abl.EU vom 27.06.2013, Nr.L 176/1.

326 *Walter*, Speech at the 5th Biennial Conference on Risk Management and Supervision, Financial Stability Institute, Bank for International Settlements, Basel, 3–4 November 2010, abrufbar unter http://www.bis.org/speeches/sp101109a.htm.

327 *BaFin*, Basel III/CRD IV, abrufbar unter http://www.bafin.de/DE/Internationales/Regelungsvorhaben/Basel_CRD/basel_crd_node.html.

328 *Gstädtner*, Regulierung der Märkte für OTC-Derivate, RdF 2012, 145 (155).

unattraktiver und setzen Anreize für den Rückgriff auf standardisierte Derivate und die Einschaltung einer zentralen Gegenpartei.

B. Zentral

Im Nachfolgenden soll die Einbindung einer zentralen Gegenpartei in die Abwicklung genauer untersucht werden. Die Einschaltung einer solchen Nachhandelsstruktur[329] ist in der Praxis für bestimmte Derivatgruppen keineswegs neu, da schon im Dezember 2011 beispielsweise mehr als die Hälfte der OTC-Zinssatswaps über einen solchen Knotenpunkt abgewickelt wurden.[330] Im Folgenden werden zunächst Motive für den Einsatz einer zentralen Gegenpartei betrachtet, danach die einzelnen Akteure vorgestellt und anschließend der Prozess in seine einzelnen Phasen unterteilt und analysiert.

I. Motive

Die Einbindung eines zentralen Kontrahenten gestaltet die Marktinfrastruktur in tatsächlicher, wirtschaftlicher und rechtlicher Hinsicht komplexer. Diese „Verkomplizierung" führt bei einer wirtschaftlichen Betrachtung zu höheren Transaktionskosten für die Marktteilnehmer.[331] In rechtlicher Hinsicht wird ein bestehendes Vertragsverhältnis aufgespalten, was zusätzliche Herausforderungen birgt.[332]

Gleichwohl lassen sich mehrere gewichtige Gründe für die Einschaltung zentraler Gegenparteien anführen. Zunächst kann vor dem Hintergrund einer zentralen Abwicklung und der Erhebung aktueller Daten, wie Vertragsarten und Volumen, ein besserer Überblick über die aktuelle Marktlage gewonnen werden. Hierdurch können Panikreaktionen, Herdentriebe und irrationales Verhalten verringert werden, die von *Lastra*[333] als ein wesentlicher Katalysator in Krisenzeiten charakterisiert werden. Dieser Effekt wird durch die Einbindung von Transaktionsregistern verstärkt. Die hierdurch geschaffene Transparenz kann dazu beitragen, Außenstehenden bessere Einblicke in den Markt und die infrastrukturellen Knotenpunkte zu gewähren und gegebenenfalls negativen Entwicklungen frühzeitig entgegenzuwirken. Auf Aufsichtsebene bietet sich durch einen erhöhten Informationszufluss

---

329 *Papathanassiou*, in: Schimansky/Bunte/Lwowski, Bankrechts-Handbuch, §134, Rn.114.

330 *ISDA*, OTC Derivatives Market Analysis Year-end 2011, S.5, abrufbar unter http://www.isda2.org: 53,5%.

331 *Alfes*, Central Counterparty, S.59.

332 *Zimmer/Fuchs*, Die Bank in Krise und Insolvenz, ZGR 2010, 597 (650).

333 *Lastra*, Systemic Risk, SIFIs and financial stability, CMLJ 2011 (6), 197 (206).

die Chance, Risiken besser zu überwachen und präventiv tätig zu werden. *Funke* spricht in diesem Zusammenhang auch von einem „Frühwarnsystem“[334] für den außerbörslichen Derivatbereich. Zum anderen ist die Schaffung von Transparenz aus sich heraus nicht der entscheidende Faktor für die Verhinderung neuer Krisen. Insoweit ist *Nietsch* und *Graef* zuzustimmen, die betonen, dass die Aufsicht erst noch beweisen muss, dass aus diesen Daten frühzeitig Warnsignale erkannt und die richtigen Schlussfolgerungen gezogen werden.[335] *Griffith* weist jedoch zutreffend darauf hin, dass allein aus Transparenzgründen eine zentrale Abwicklung in der Marktinfrastruktur nicht etabliert werden muss.[336] Ein wichtiges Argument ist, dass die ursprünglichen Vertragsparteien aus ihrer Sicht kein gegenseitiges Ausfallrisiko mehr tragen, da die zentrale Gegenpartei als jeweiliger Vertragspartner zwischengeschaltet wird.[337] Durch diesen Mechanismus werden Adressausfallrisiken bei der zentralen Gegenpartei angesiedelt und durch finanzielle Mittel aller Mitglieder abgesichert, was zu einer Minderung des Systemrisikos insgesamt führen soll.[338] Gleichzeitig kann ein zentraler Kontrahent im Idealfall durch die gemeinsamen Mittel aller Teilnehmer Krisen effektiver bewältigen, als Geschäftspartner auf bilateraler Basis.[339]

Durch effizienteres *netting* können Positionen mehrerer Marktteilnehmer auf multilateraler Basis miteinander verrechnet werden, was sich bei einer rein bilateralen Abwicklung auf die Verrechnung mit der jeweiligen Vertragspartei beschränkt.[340] Hierdurch kann das reale Kreditrisiko im Markt (*gross credit exposure*) besser ermittelt werden, welches aussagekräftiger ist als lediglich der Nominalwert aller unerfüllten Geschäfte.[341] Dies verringert wiederum das Volumen an benötigten Sicherheiten, was den Prozess für die Marktteilnehmer kostengünstiger gestaltet.

---

334 *Funke/Neubauer*, Reaktionen auf die Finanzmarktkrise, CCZ 2012, 6 (9).

335 *Nietsch/Graef*, Regulierung der europäischen Märkte für außerbörsliche OTC-Derivate, BB 2010, 1361 (1364).

336 *Griffith*, Clearinghouse Hope or Hype?, HBLR 2013 (3), 160 (162).

337 *Reiner*, ISDA Master Agreement, S.50.

338 *Baseler Ausschuss für Bankenaufsicht*, Report and Recommendations of the Cross-border Bank Resolution Group, S.38 Nr.112, abrufbar unter http://www.bis.org/publ/bcbs169.pdf.

339 *Zimmer/Fuchs*, Die Bank in Krise und Insolvenz, ZGR 2010, 597 (653).

340 *Jahn*, Die Finanzkrise und ihre rechtlichen Auswirkungen auf Rahmenverträge über OTC Derivategeschäfte, BKR 2009, 25 (28); *Zimmer/Fuchs*, Die Bank in Krise und Insolvenz, ZGR 2010, 597 (651).

341 *Wieland/Weiß*, EMIR, CF law 2013, 73 (74).

Weiterhin können signifikante *Effizienzsteigerungen* erfolgen, da ein standardisiertes Risiko- und Sicherheitenmanagement angewandt wird.[342] Folglich werden Derivatgeschäfte einem einheitlichen Rahmen für diese Prozesse unterworfen, sodass es keine unterschiedlichen Ausgestaltungen gibt. Da eine zentrale Gegenpartei nur hochwertige Sicherheiten und Mittel akzeptieren darf, soll sich nach *Jörg* das Volumen, das zur Absicherung potentieller Verluste bereitstehe, erhöhen.[343]

Auch unter *Liquiditätsaspekten* kann der Einsatz einer zentralen Gegenpartei begrüßenswert sein. *Glass* betont, dass der Markt durch eine zentralisierte Abwicklung weniger Panikreaktionen ausgesetzt sei, da sich potentielle Verluste nicht auf einzelne Marktteilnehmer konzentrierten, wie es beispielsweise bei *Lehman Brothers* der Fall war.[344] Dieser Fall habe ebenso gezeigt, dass die finanziellen Mittel der Kunden nicht ausreichend gesichert waren,[345] was nunmehr durch die Einführung von Kontentrennungen (*seggregation*) und Übertragungsmöglichkeiten im Insolvenzfall eines Clearingmitglieds auf ein anderes Clearingmitglied (*portability*) gewährleistet werden soll.[346]

Darüber hinaus kann sich die Einschaltung einer zentralen Gegenpartei für die jeweiligen Marktteilnehmer positiv auf die *Eigenkapitalunterlegung* solcher Geschäfte auswirken. Im Rahmen der CRD-IV Reform werden Geschäfte mit einer nach den Vorschriften der EMIR im Heimatland zugelassenen oder in einem Mitgliedsstaat der EU anerkannten zentralen Gegenpartei privilegiert (vgl. Art.4 Abs.88 CRR). Neben der Voraussetzung einer solchen qualifizierten zentralen Gegenpartei dürfen diese Geschäfte von der zentralen Gegenpartei nicht zurückgewiesen worden sein. Als Konsequenz können beispielsweise Clearingmitglieder[347] die Forderungswerte ihrer Handelsbuchpositionen mit dem qualifizierten zentralen Kontrahenten mit einer Risikogewichtung von lediglich

---

342 *Fried*, in: Zerey, Finanzderivate, §16, Rn.1.

343 *Fried*, in: Zerey, Finanzderivate, §16, Rn.1.

344 *Glass*, The regulatory drive towards central counterparty clearing of OTC credit derivatives and the necessary limits on this, CMLJ 2009 (4), 79 (89).

345 *Baseler Ausschuss für Bankenaufsicht*, Report and Recommendations of the Cross-border Bank Resolution Group, S.38 Nr.114, abrufbar unter http://www.bis.org/publ/bcbs169.pdf.

346 Art.4 Abs.3 EMIR. Siehe hierzu: *Bächstädt/Pietrzak*, Portabilität und Separation von Sicherheiten und Derivatepositionen für börsliche und OTC-Derivategeschäfte, Kreditwesen 2014, 236 (236).

347 *Anmerkung*: Zur privilegierten Eigenkapitalunterlegung bei Kunden siehe: *Schuster/Ruschkowski*, EMIR, ZBB 2014, 123 (133).

2% versehen (vgl. Art.306 Abs.1 lit.a) CRR). Unter Handelsbuchpositionen werden alle Positionen in Finanzinstrumente und Waren verstanden, die ein Institut entweder mit Handelsabsicht oder zur Absicherung anderer mit Handelsabsicht gehaltener Positionen des Handelsbuchs hält (vgl. Art.4 Abs.1 Nr.86 CRR). Für den Fall, dass die bereitgestellten Sicherheiten insolvenzgeschützt sind, kann ein Clearingmitglied für das Gegenparteiausfallrisiko einen Risikopositionswert von 0 ansetzen (vgl. Art.306 Abs.2 CRR). Bei nicht qualifizierten zentralen Gegenparteien muss für das Kreditrisiko auf die Standardmethode zurückgegriffen werden (vgl. Art.306 Abs.1 lit.b) CRR i.V.m. Art.107 Abs.2 lit.b) CRR), die die Risikogewichtung wie gegenüber einem Unternehmen vorschreibt und somit zu höheren Eigenkapitalanforderungen führt.[348] Insofern kann es sich für Kreditinstitute und Wertpapierfirmen aus eigenkapitalrechtlicher Sicht lohnen, eine unter EMIR zugelassene zentrale Gegenpartei einzuschalten, selbst wenn das konkrete Geschäft nicht der Clearingpflicht unterliegt.[349]

II. Akteure

In diesem Abschnitt sollen die Akteure der zentralisierten Abwicklung näher charakterisiert werden. Dies soll am Beispiel der *Eurex Clearing AG* erfolgen, die einer der führenden zentralen Kontrahenten in der Europäischen Union ist. Stellenweise werden die Clearing-Bedingungen der *Eurex Clearing AG* (*CB-Eurex*)[350] in dieser Darstellung eingebunden, um die rechtliche Verankerung im Vertragswerk zu veranschaulichen. Zunächst wird auf die zentrale Gegenpartei selbst eingegangen und sodann die an sie angebundenen Marktteilnehmer behandelt. Hierunter fallen die Clearingmitglieder (*clearing member, CM*), die direkt an den zentralen Kontrahenten angebunden sind und die registrierten Kunden (*registered customer, RK*), die indirekt über die Clearingmitglieder verbunden sind. Anschließend wird auf ein Bindeglied in Form des Übermittlers eingegangen, der das zuvor bilateral geschlossene Geschäft der zentralen Gegenpartei übersendet. Zukünftig müssen auch Transaktionsregister berücksichtigt werden, an die das von dem zentralen Kontrahenten zur Abwicklung angenommene Geschäft gemeldet wird.

---

348 *Gstädtner*, Regulierung der Märkte für OTC-Derivate, RdF 2012, 145 (154).

349 *Schuster/Ruschkowski*, EMIR, ZBB 2014, 123 (133).

350 *Eurex Clearing AG*, Clearing Bedingungen, Stand: 01.12.2014, abrufbar unter http://www.eurexchange.com/exchange-de/ressourcen/regelwerke/137078/ (zuletzt am 01.12.2014).

1. Zentrale Gegenpartei

Der zentralen Gegenpartei kommt bei der Abwicklung von Derivatkontrakten eine wesentliche Rolle zu, da sie als Intermediär in die bestehenden Verträge zwischen zwei Marktsubjekten eintritt.[351] Nach dem Vertragseintritt muss der Vertrag zudem besichert und erfüllt werden.[352] In rechtlicher Hinsicht handelt es sich um eine juristische Person, die durch den Eintritt zugleich als Käufer und Verkäufer fungiert (vgl. Art.2 Nr.1 EMIR).

Eine dieser zentralen Kontrahenten ist die *Eurex Clearing AG* mit Sitz in Frankfurt, bei der es sich um eine hundertprozentige Tochter der *Eurex Frankfurt AG* handelt, die wiederrum hundertprozentige Tochter der *Deutschen Börse AG* ist.[353] Sie ist nicht nur im außerbörslichen Bereich als zentrale Abwicklungsstelle tätig, sondern auch bei börslichen Geschäften der Märkte *Eurex Exchange*, *XETRA*, *Irish Stock Exchange* und *Wiener Börse*. Im Jahr 2013 wurden über die *Eurex Clearing AG* 1,6 Mrd. Transaktionen durchgeführt und durchschnittlich monatliche Marktrisiken von nahezu brutto 16 Bio. EUR verrechnet.[354]

2. Clearingmitglied

Ein weiterer wichtiger Akteur in diesem Abwicklungssystem ist das sogenannte Clearingmitglied, das einen „funktionalen Teil der Organisation"[355] einer zentralen Gegenpartei bildet. Hierbei handelt es sich um Unternehmen, die nach den Clearing-Bedingungen der *Eurex Clearing AG* direkt am Clearing von Transaktionen teilnehmen dürfen. Voraussetzung ist, dass ihnen eine OTC-Clearing-Lizenz von der *Eurex Clearing AG* erteilt wurde (vgl. Kap.VIII Abschn.1 Ziff.1.1.1 CB-Eurex). Sie bezieht sich auf bestimmte Transaktionsarten, im Falle von außerbörslichen Derivatgeschäften auf OTC-Zinsderivat-Transaktionen.[356] Für die Erteilung einer Lizenz werden zunächst allgemeine Erfordernisse postuliert. So

---

351 *Jahn*, Die Finanzkrise und ihre rechtlichen Auswirkungen auf Rahmenverträge über OTC-Derivategeschäfte, BKR 2009, 25 (27).

352 *Jobst*, Börslicher und außerbörslicher Derivatehandel mittels zentraler Gegenpartei, ILF Working Paper Series No.120, S.8.

353 *Deutsche Börse*, Konzernstruktur, abrufbar unter http://deutsche-boerse.com/dbg/dispatch/de/kir/dbg_nav/about_us/10_Deutsche_Boerse_Group/30_Company_Structure.

354 *Eurex Clearing AG*, Fact Sheet, abrufbar unter http://deutsche-boerse.com/INTERNET/MR/mr_presse.nsf/0/EEC8A47E5C6D1204C1257CB70035A2B5/$File/1404%20ECAG_Factsheet_d.pdf?OpenElement.

355 *Köhler*, in: Schwintowski, Bankrecht, §21, Rn.257.

356 Anhang 1, Abschnitt 3 Ziff.1 Clearing-Vereinbarung; Kap.VIII Abschn.1 Ziff.1.1.2 i.V.m. Kap.I Ziff.1.1.2 Abs.6 CB-Eurex.

werden persönliche Anforderungen an das Clearingmitglied gestellt, wenn es sich um Institute innerhalb der Europäischen Union oder aus Drittstaaten handelt. Beispielweise muss ein Institut aus einem Drittstaat unter anderem von einer Aufsichtsbehörde überwacht werden, die gewisse internationale Standards erfüllt[357] bzw. eine bilaterale Anerkennungsvereinbarung mit der *BaFin* geschlossen haben (vgl. Kap.I Abschn.2 Ziff.2.1.2 Abs.2 lit.a) lit.ee) CB-Eurex). Daneben werden für jede Transaktionsart spezielle Voraussetzungen angeführt. Daher muss ein Clearingmitglied für die Erteilung einer Lizenz für außersbörsliche Zinsderivate unter anderem Teilnehmer eines Anerkannten Trade Source Systems sein (vgl. Kap.VIII Abschn.2 Ziff.2.1.3.1 lit.a) CB-Eurex). Die *Eurex Clearing AG* führt für jedes Clearingmitglied interne Transaktions-, Geld-, Entgelt- und Sicherheitenkonten (vgl. Kap.VIII Abschn.1 Ziff.1.3 Abs.2 i.V.m. Kap.I Abschn.1 Ziff.4 CB-Eurex). Für jede gehandelte Währung wird ein eigenes Geldverrechnungskonto geführt. Der täglich berechnete Saldo des auf Euro laufenden Verrechnungskontos wird dem Konto des Clearingmitglieds bei einer Filiale der *Deutschen Bundesbank* belastet oder gutgeschrieben, in ausländischen Währungen auf dem jeweiligen Konto des Clearingmitglieds bei der *Clearstream Banking AG* mit Sitz in Frankfurt, sofern es nicht als Sicherheit benötigt wird.[358] Bisher gibt es 37 Unternehmen für den OTC-Bereich bei der *Eurex Clearing AG*, die Clearingmitglieder sind.[359]

3. *Registrierter Kunde*

Für Unternehmen, die über keine Clearing-Lizenz verfügen, besteht ebenfalls die Möglichkeit, außerbörslich abgeschlossene Derivatkontrakte über eine Clearingstelle abzuwickeln.[360] Dabei wird ein mittelbarer Weg eröffnet, indem der

---

357 *Anmerkung*: Hierzu zählt beispielsweise die Unterzeichnung des Appendix A IOSCO Multilateral Memorandum of Understanding.

358 *Kieper*, Abwicklungssysteme in der Insolvenz, S.23.

359 *Eurex Clearing AG*, EurexOTC Clear Services, S.12, abrufbar unter http://www.eurexclearing.com/blob/305764/5913f4c9d5a51ed47e59d3a63f21c62b/data/eurex-otc-clear-services.pdf: Darunter unter anderem *Bank of America, Banca Sabadell, Barclays, Basler Kantonalbank, Citi Group, Commerzbank, Credit Suisse, Deutsche Bank, DZ Bank, Goldman Sachs, HSBC, JP Morgan, KAS Bank, Morgan Stanley, Newedge, Nomura, RBS, Societe Generale, UBS und Züricher Kantonalbank.*

360 *Anmerkung*: Für das Kundenclearing wird in Europa überwiegend das sogenannte *Prinzipal-Modell* angewendet, bei dem das Clearingmitglied Vertragspartner der zentralen Gegenpartei wird, sodass eine Vertragskette entsteht (Kunde-Clearingmitglied-Zentrale Gegenpartei) (vgl. *Schuster/Ruschkowski*, EMIR, ZBB 2014, 123 (124)). In den USA ist das *Futures Commission Merchant-Modell* vorherrschend,

Marktteilnehmer eine Clearing-Vereinbarung mit einem Clearingmitglied und der zentralen Gegenpartei schließt und somit als Registrierter Kunde anerkannt wird (vgl. Kap.I Abschn.1 Ziff.1.1.6 CB-Eurex). Für die Clearing-Vereinbarung gibt es unterschiedliche Modelle, die sich nach dem zugrunde gelegten Clearing-Modell richten.[361] Der mögliche Teilnehmerkreis ist von der *Eurex Clearing AG* in den Clearing-Bedingungen auf bestimmte Unternehmen eingeschränkt. So muss es sich beispielsweise um eine juristische Person, ein Sondervermögen i.S.d. InvG bzw. KAGB oder um festgelegte ausländische Gesellschaften handeln (vgl. Kap.I Abschn.1 Ziff.1.1.6 Abs.1 CB-Eurex). Daneben muss ein registrierter Kunde über die erforderliche technische Anbindung verfügen (vgl. Kap.I Abschn.1 Ziff.1.1.6 Abs.5 CB-Eurex). Bei der *Eurex Clearing AG* sind derzeit für den OTC-Bereich 43 registrierte Kunden zugelassen.[362]

4. Übermittler

Ein wesentlicher Unterschied zwischen dem börslichen und außerbörslichen Handel von Derivaten besteht in der Übermittlung der Vertragsdaten. Werden bei einem börslichen Handel die Parteien anonym zusammengeführt, so muss ein OTC-Vertrag an die zentrale Gegenpartei übersandt werden, damit diese in den Vertrag eintreten kann. Zu diesem Zweck werden elektronische Bestätigungsplattformen eingerichtet, die eine Verbindung zu zentralen Gegenparteien bereitstellen. Hierdurch können die einzelnen Parteien zeitnah die Geschäfts- und Clearingkonditionen abstimmen und bestätigen.[363] Entsprechend benennen die Parteien einen Dritten, der von der *Eurex Clearing AG* für die Weiterleitung des Transaktionsdatensatzes autorisiert wurde (vgl. Kap.VIII Abschn.1 Ziff.1.2.1 Abs.1 CB-Eurex). Bei der *Eurex Clearing AG* kommen für OTC-Zinsderivattransaktionen sogenannte *Anerkannte Trade Source Systems* in Betracht (vgl. Kap.VIII Abschn.1 Ziff.1.2.1 Abs.1, Abs.7 CB-Eurex). Beispielsweise

---

wonach der Vertrag zwischen Kunde und zentraler Gegenpartei geschlossen wird und das Clearingmitglied als Garant des Kunden gegenüber der zentralen Gegenpartei haftet (vgl. *Köhling*, Die Clearing-Rahmenvereinbarung, BKR 2013, 491 (494)).

361 *Anmerkung*: Anhang 2 für das Grund-Clearingmodell, Anhang 3 für das Individual-Clearingmodell, Anhang 8 für das Net Omnibus-Clearingmodell bzw. eine ICM-Teilnahmevereinbarung (vgl. Kap.I Abschn.1 Ziff.1.1.6 CB-Eurex).

362 *Eurex Clearing AG*, EurexOTC Clear Services, S.12, abrufbar unter http://www.eurexclearing.com/blob/clearing-de/261090/305764/26/data/eurex_otc_clear_services.pdf.

363 *Meyer/Rieger*, Umsetzungsprozess in der heißen Phase, Die Bank 4/2012, 16 (17).

ist seit dem 13.11.2012 *MarkitWire*, ein Service der *MarketSERV limited* bei OTC-Zinsderivaten zugelassen.[364]

5. Transaktionsregister

Durch die internationalen Reformen wurde ein neues Element in der Marktinfrastruktur für außerbörsliche Derivate geschaffen, das Transaktionsregister (*trade repository*). Zentrale Gegenparteien werden durch die neuen Regulierungen verpflichtet, ihre Derivatpositionen an ein solches Register zu übermitteln (vgl. Art.9 Abs.1 EMIR). Diese Datensammelstelle muss dann regelmäßig die aggregierten Positionen nach Derivatkategorien veröffentlichen (vgl. Art.81 Abs.1 EMIR). Das erste europäische Transaktionsregister ist das in Luxemburg ansässige *REGIS-TR*, das durch eine Kooperation der spanischen *Iberclear* und der deutschen *Clearstream* entstanden ist.[365] Ihre technische Kommunikationsstruktur ermöglicht eine direkte Anbindung an eine zentrale Gegenpartei, so zum Beispiel an die *Eurex Clearing AG.*[366]

III. Clearing und Settlement

Nachdem die Akteure bekannt sind, liegt nun das Augenmerk auf der konkreten Abwicklung. Anders als im Börsenhandel, wird die zentrale Gegenpartei im OTC-Handel nicht in die Handelsphase integriert.[367] Daher muss das außerbörslich geschlossene Geschäft in ihren Geschäftsprozess einbezogen und besichert werden (*clearing*), worauf sich die Erfüllung anschließt (*settlement*). Zunächst werden die einzelnen Phasen des Prozesses begrifflich und inhaltlich voneinander abgegrenzt. Danach wird der Ablauf genauer analysiert und auf einzelne Aspekte fokussiert. Dies soll am Beispiel der *Eurex Clearing AG* für einen OTC-Zinssatzswap verdeutlicht werden.

1. Abgrenzung einzelner Phasen

Dem Begriff „*clearing*" liegt in der rechtswissenschaftlichen Literatur kein einheitliches Verständnis zugrunde. Oftmals werden die Phasen der Erfüllung und

---

364 *Eurex Clearing AG*, Interest Rate Swaps, abrufbar unter http://www.eurexclearing.com/clearing-de/unsere-maerkte/eurex-otc/eurex-otc-clear/interest-rate-swaps/.

365 *REGIS-TR*, REGIS-TR, S.13, abrufbar unter http://www.clearstream.com/ci/dispatch/en/binary/ci_content_pool/attachements/003_events/Shaping_the_future/regis-tr.pdf.

366 *REGIS-TR*, REGIS-TR, S.17, abrufbar unter http://www.clearstream.com/ci/dispatch/en/binary/ci_content_pool/attachements/003_events/Shaping_the_future/regis-tr.pdf.

367 Siehe hierzu: *Kunz*, Ausgewählte Rechtsprobleme des Zentralen Kontrahenten, S.91.

der Überführungsprozess zusammengefasst. So rekurriert die *Eurex Clearing AG* auf „(...) die Aufrechnung und Abwicklung von Handelsgeschäften".[368] In der Präambel ihrer Clearing-Bedingungen legt sie in einem weitergehenden Verständnis den Abschluss von Transaktionen bis zu deren Abwicklung zugrunde.[369] Ähnlich möchte *Jobst* diesen Prozess als „Erfüllung und Besicherung der Geschäfte" verstehen.[370] Demgegenüber hat der deutsche Gesetzgeber in Umsetzung der Richtlinie 98/36/EG zwischen beiden Phasen unterschieden.[371] Auch im internationalen Vergleich wird diese Unterscheidung deutlich, da beispielsweise *ISDA* die Abwicklung der Geschäfte als eigenständige Phase des *settlements* bezeichnet, in der den Verbindlichkeiten eines Derivatvertrages durch Zahlung oder Lieferung entsprochen wird.[372] Auf europäischer Ebene wird klargestellt, dass *clearing* zur Erstellung von Positionen dient, darunter die Berechnung von Nettoverbindlichkeiten und die Gewährleistung, dass zur Absicherung des aus ihnen erwachsenden Risikos Finanzinstrumente, Bargeld oder beides zur Verfügung stehen (vgl. Art.2 Nr.3 EMIR). Diesem Ansatz liegen zwei Merkmale zugrunde, die sich auf das *netting* und die Besicherung beziehen. Insofern sind *clearing* und *settlement* wegen ihrer unterschiedlichen Funktionen nicht miteinander zu vergleichen oder einheitlich zu behandeln. Demnach ist es vorzugswürdig unter dem Begriff *„clearing"* lediglich den Prozess der Übermittlung und Besicherung zu verstehen[373].[374]

---

368 *Eurex Clearing AG*, Glossar, abrufbar unter http://www.eurexclearing.com/action/clearing-de/262146-267554/267554/search.do?query=&dateFrom=&dateTo=&sort=sTitle+asc&hitsPerPage=-1&resultView=&firstLetter=C.

369 *Eurex Clearing AG*, Clearing-Bedingungen, Präambel, S.1.

370 *Jobst*, Börslicher und außerbörslicher Derivathandel mittels zentraler Gegenpartei, ZBB 2010, 384 (394).

371 BT-Drs.14/1539, S.5: *„Die Nettoverfahren in der klassischen Ausformung zerfallen in die Clearing- und in die Saldenausgleichs- bzw. „Settlement"-Phase"*.

372 *ISDA*, Glossar, abrufbar unter http://www.isda.org/c_and_a/oper_commit-dcg-glossary.html.

373 *Hartenfels*, EMIR, ZHR (178) 2014, 173 (194); *Kieper*, Abwicklungssysteme in der Insolvenz, S.17, der von Abstimmung spricht.

374 *Anmerkung*: Weitergehend wird dieser Vorgang in der Literatur abermals unterteilt in die Bestätigung des Geschäfts (*confirmation*) und die Berechnung der gegenseitigen Verpflichtungen (*clearance*) (vgl. *The Giovannini Group*, Cross-Border Clearing and Settlement Arrangements in the European Union, S.6, abrufbar unter http://ec.europa.eu/internal_market/financial-markets/docs/clearing/first_giovannini_report_en.pdf; *Tiedemann*, Die Stellung des zentralen Kontrahenten im deutschen und englischen Effektenhandel, S.11).

2. Prozessablauf

Im Folgenden soll nun ein Überblick über den Ablauf des Prozesses gegeben werden. Dabei konzentriert sich die Betrachtung auf Geschäfte zwischen der *Eurex Clearing AG* und ihren Clearingmitgliedern. Zunächst wird der Transaktionsdatensatz des zuvor außerbörslich geschlossenen Geschäfts an die *Eurex Clearing AG* übermittelt. Falls eine Risikoprüfung positiv ausfällt, wird ein Report erstellt, der den Clearingmitgliedern in einem elektronischen Register zur Verfügung gestellt wird.[375] Nach der Einbeziehung durch die *Eurex Clearing AG* bestehen zwei Verträge, die den Clearing-Bedingungen unterstehen.[376] Der Datensatz muss zudem innerhalb eines Tages an das entsprechende Transaktionsregister gemeldet werden. Ein Kernelement des Clearingprozesses bildet das sogenannte *netting*. Dieser Begriff hat seine Wurzeln in der anglo-amerikanischen Rechtssprache und ist auf das Verb „to net" bzw. das Adjektiv „net" zurückzuführen.[377] Auf europäischer Ebene wird er insbesondere in Art.2 k) Richtlinie 98/26/EG definiert.[378] Allgemein versteht man hierunter die Verrechnung oder Saldierung gegenseitiger Verbindlichkeiten auf gesetzlicher oder vertraglicher Grundlage.[379] Hierbei werden auf schuldrechtlicher Ebene die positiven und negativen Marktwerte zwischen zwei oder mehreren Teilnehmern eines Verrechnungssystems gegeneinander aufgehoben, was zu einer einzigen Saldoforderung führt.[380] Auf Grundlage des *Angell*-Reports[381], lässt sich dieser Oberbegriff in drei verschiedene Spielarten fassen, das

---

375 Siehe Kapitel 1, Abschnitt 3, §2, Unterpunkt C.

376 *Gstädtner*, Regulierung der Märkte für OTC-Derivate, RdF 2012, 145 (149).

377 *Bosch*, Finanztermingeschäfte in der Insolvenz, WM 1995, 365 (367).

378 Art.2 k) Richtlinie 98/26/EG (Finalitätsrichtlinie), Abl.EU vom 11.06.1998, Nr.L 166/45: *„Aufrechnung" (netting) die Verrechnung von Forderungen und Verbindlichkeiten aus Zahlungs- bzw. Übertragungsaufträgen, die ein oder mehrere Teilnehmer an einen oder mehrere Teilnehmer erteilt haben oder von einem oder mehreren Teilnehmern erhalten haben, zu einer einzigen Nettoforderung bzw. -verbindlichkeit pro Teilnehmer mit der Folge, dass nur diese Nettoforderung bzw. -verbindlichkeit besteht.* Nach dem deutschen Verständnis handelt es sich, trotz Ähnlichkeit, jedoch nicht um eine Aufrechnung im rechtstechnischen Sinne (vgl. *Alfes*, Central Counterparty, S.172; *F. Fuchs*, Close-out Netting, Collateral und systemisches Risiko, S.46). Dort entstehe der Saldierungseffekt aufgrund einer einseitigen Gestaltungserklärung und nicht aufgrund Gesetz oder Vereinbarung (vgl. *Zimmer/Fuchs,* Die Bank in Krise und Insolvenz, ZGR 2010, 597 (616).

379 *Zimmer/Fuchs*, Die Bank in Krise und Insolvenz, ZGR 2010, 597 (616).

380 *F. Fuchs*, Close-out Netting, Collateral und systemisches Risiko, S.45.

381 *BIZ*, Report and Netting Schemes, S.11ff., abrufbar unter http://www.bis.org/publ/cpss02.pdf.

Zahlungsverkehrs-[382], das Novations-[383] und das Liquidationsnetting[384].[385] Durch *netting* können die gegenseitigen Verbindlichkeiten auf bilateraler Ebene verrechnet werden, was zu einer Reduzierung des Gegenparteiausfallrisikos führt. Der Einsatz einer zentralen Gegenpartei ermöglicht sogenanntes *multilaterales netting*,[386] bei dem die Salden aus bilateralen Geschäften verrechnet werden können.[387] Dies führt abermals zu einer Reduzierung des Gegenparteiausfallrisikos. Durch diesen Prozess soll außerdem ein besserer Überblick über die ausstehende Gesamtposition verschafft werden, was Transparenz und ein effektiveres Sicherheitenmanagement ermöglichen soll.

Die in die zentrale Abwicklung einbezogenen Derivatgeschäfte müssen durch die Clearingmitglieder in mehrfacher Hinsicht mittels Einschussforderungen (*margins*) besichert werden. Hierbei kommen verschiedene finanzielle Mittel wie Geld oder Wertpapiere als Sicherheitsleistungen in Frage (*collateral*).[388] Zunächst bedarf es einer Grundabsicherung durch das Clearingmitglied in Form der *initial margin*.[389] Diese kann entweder als Geldbetrag oder durch geeignete Wertpapiere erfüllt werden und richtet sich in ihrer Höhe nach dem potentiellen Ausfallrisiko der Vertragspartei in der Zukunft.[390] Bei der *Eurex Clearing AG* werden in diesem Zusammenhang Wertpapiere auf den Pfanddepots bei der

---

382 *Anmerkung*: Auch als *payment netting, position netting, account netting* oder *settlement netting* bezeichnet. Hierbei handelt es sich um eine bilaterale Positionsaufrechnung am Fälligkeitstag (vgl. *Kieper*, Abwicklungssysteme in der Insolvenz, S.46). Häufigster Fall bei Derivaten ist eine Verrechnung des jährlichen Festbetrags mit dem variablen Betrag des vierten Quartals bei einem Zinssatz-Swap (vgl. *Jahn*, in: Schimansky/Bunte/Lwowski, Bankrechts-Handbuch, §114, Rn.132).

383 *Anmerkung*: Auch *netting by novation* oder *obligation netting* genannt. Dieses betrifft nicht die einzelnen Zahlungen, sondern das gesamte Vertragsverhältnis (vgl. *Kieper*, Abwicklungssysteme in der Insolvenz, S.48).

384 *Anmerkung*: Auch als *close-out Netting* bezeichnet. Hier werden Positionen nach einer Vertragsbeendingung aller unerfüllter Forderungen und deren Saldierung (vgl. *F. Fuchs*, Close-out Netting, Collateral und systemisches Risiko, S.46).

385 *Anmerkung*: Zu den Einzelheiten siehe auch *Köhler*, in: Schwintowski, Bankrecht, §21, Rn.147ff.

386 *Zimmer/Fuchs*, Die Bank in Krise und Insolvenz, ZGR 2010, 597 (651).

387 *Ceccetti/Gynetlberg/Hollanders*, Central counterparties for over-the-counter derivatives, BIS Quarterly Review, S.45 (49), abrufbar unter http://www.bis.org/publ/qtrpdf/r_qt0909f.pdf.

388 Siehe Kapitel 2, Abschnitt 4, §5.

389 *Jahn/Fried*, in: Kirchof/Eidenmüller/Stürner, MüKo-InsO, §104, Rn.180c.

390 *Bearing Point*, OTC-Derivat-Regulierung, S.1, abrufbar unter http://www.bearingpoint.com/de-de/download/0745_PoPl_DE_CCP_11_2012_final_web.pdf.

Clearstream Banking AG hinterlegt. Nach den neuen operationellen Gegebenheiten durch *Eurex Clearing Prisma* richtet sich diese Marge nicht mehr nach dem einzelnen Produkt, sondern wird marktübergreifend für Portfolios bestimmter Liquiditätsklassen ermittelt (*portfolio margining*). Somit lassen sich börsliche und außerbörsliche Transaktionen verrechnen[391], was zu einer effizienteren Nutzung der beanspruchten Sicherheiten führen soll.[392] Ein weiterer Sicherungsmechanismus besteht in der *variation margin*.[393] Hierbei handelt es sich nach dem System der *Eurex Clearing AG* um eine variable, am täglichen Bewertungspreis orientierte, „zurückblickende" Margensicherheit (vgl. Kap.I Abschn.2 Ziff.7 CB-Eurex). Mit ihrer Hilfe werden Marktschwankungen laufender Transaktionen abgesichert.[394] Sie unterscheidet sich von anderen *margins* insofern, als es sich nicht um eine zu hinterlegende Sicherheitsleistung, sondern um einen täglichen Gewinn- und Verlustausgleich in bar handelt, der durch entsprechende Belastungen und Gutschriften erfolgt.[395]

Am letzten Handelstag des jeweiligen Geschäfts kommt es zur Erfüllung der Verbindlichkeiten (*settlement*).[396] Bei Finanzderivaten kommt bevorzugt das *cash settlement* als Erfüllungsmodalität in Betracht. Dadurch, dass die jeweiligen Abrechnungspreise durch tägliche Ausgleichszahlungen verrechnet wurden, wird lediglich eine Bewertung der Differenz aller offenen Positionen zum

---

391 Siehe hierzu: *Eurex Clearing AG*, Eurex Clearing Prisma, abrufbar unter http://www.eurexclearing.com/blob/clearing-de/47058/294792/9/data/eurex_clearing_prisma_brochure.pdf.

392 *Book*, Eurex-OTC Clear, Kreditwesen 2012, 871 (872).

393 *Anmerkung*: Daneben existiert die sogenannte *premium margin*, die vom Verkäufer einer Optionsposition zu hinterlegen ist und *price alignment interest*, das eine weitere in bar auszugleichende Marginkomponente bei Swapprodukten ist. Einzelheiten hierzu siehe: *Eurex Clearing AG*, Eurex Clearing Prisma, S.12f, abrufbar unter http://www.eurexclearing.com/blob/clearing-de/47058/294792/9/data/eurex_clearing_prisma_brochure.pdf.

394 *Bearing Point*, OTC-Derivat-Regulierung, S.1, abrufbar unter http://www.bearingpoint.com/de-de/download/0745_PoPl_DE_CCP_11_2012_final_web.pdf.

395 *Eurex Clearing AG*, Eurex Clearing Prisma, S.13, abrufbar unter http://www.eurexclearing.com/blob/clearing-de/47058/294792/9/data/eurex_clearing_prisma_brochure.pdf. Dementsprechend handelt es sich in diesem Zusammenhang nicht um eine bewusst eingegangene Übersicherung. So aber wohl *Jahn/Fried*, in: Kirchof/Eidenmüller/Stürner, MuKo-InsO, §104, Rn.180c, die von *„excess collateral"* sprechen.

396 *Kieper*, Abwicklungssysteme in der Insolvenz, S.18, der auf den Zweiten *Giovannini*-Bericht Bezug nimmt.

Schlussabrechnungspreis vorgenommen.[397] Zunächst werden im Rahmen des *settlement nettings* die gegenseitigen Verpflichtungen der unerfüllten Verträge gegeneinander verrechnet und die Anzahl der zu leistenden Zahlungen reduziert, sodass es lediglich zu einem „Spitzenausgleich" kommt.[398] Danach werden von der zentralen Gegenpartei sognannte *settlement instructions* erstellt und an die entsprechende Partnerbank geschickt (*settlement bank*).[399] Bei dieser handelt es sich um ein Zahlungssystem - in der Regel eine Zentralbank - bei dem die Clearingmitglieder Geldkonten besitzen. Daneben kommen auch andere Finanzinstitute in Betracht, die jedoch im Vergleich ein theoretisch höheres Ausfallrisiko haben. Deshalb gestattet die europäische Regulierung die Einbindung von Geschäftsbanken nur dann, wenn besonders sichere Vereinbarungen geschlossen wurden (vgl. Art.47 Abs.4 EMIR).[400] Bei der *Eurex Clearing AG* geschieht die Erfüllung über Konten bei Filialen der *Deutschen Bundesbank*, wobei Verbindlichkeiten im Rahmen von Lastschriften eingefordert und übertragen werden.[401]

§3 Ausblick

Kursorisch sei auf Änderungen hingewiesen, die den Handel mit Derivaten in der Europäischen Union weiter reformieren werden. Die bestehende MiFID wurde überarbeitet und eine neue Richtlinie (*Markets in Financial Instruments Directive, MiFID-II*)[402] sowie eine Verordnung (*Markets in Financial Instruments Regulation, MiFIR*)[403] verabschiedet, die beide ab dem 03.01.2017 Geltung beanspruchen.[404]

Mit MiFIR wird eine neuartige Handelsplattform eingefürt, das *organisierte Handelssystem* (*organised trading facility, OTF*). Ber Bergiff wird negativ zu den bisherigen Handelsplätzen abgrenzt und als ein multilaterales System bezeichnet,

---

397 *Eurex Clearing AG*, Eurex Clearing Prisma, S.13, abrufbar unter http://www.eurexclearing.com/blob/clearing-de/47058/294792/9/data/eurex_clearing_prisma_brochure.pdf.

398 *Hess*, Die zentrale Gegenpartei im Effektenhandel, AJP/PJA 2004, 687 (702).

399 *Zebregs*, Mandatory clearing of OTC derivatives in Europe, Journal of Securities Operations & Custody (2011/2012)4:1, 50 (62).

400 Siehe Kapitel 2, Abschnitt 4, §5, Unterpunkt B II.

401 *Kieper*, Abwicklungssysteme in der Insolvenz, S.26.

402 Richtlinie 2014/65/EU des Europäischen Parlaments und des Rates vom 15. Mai 2014 über Märkte für Finanzinstrumente sowie zur Änderung der Richtlinien 2002/92/EG und 2011/61/EU, Abl.EU vom 12.06.2014, Nr.L 173/349 (MiFID-II).

403 Verordnung (EU) Nr.600/2014 des Europäischen Parlaments und des Rates vom 15. Mai 2014 über Märkte für Finanzinstrumente und zur Änderung der Verordnung (EU) Nr. 648/2012, Abl.EU vom 12.06.2014, Nr.L 173/84 (MiFIR).

404 *Anmerkung*: Siehe Art.94 MiFID-II; Art.55 MiFIR.

bei dem es sich nicht um einen geregelten Markt oder ein multilaterales Handelssystem handelt. Ähnlich wie bei den etablierten Handelsplattformen müssen die Interessen einer Vielzahl Dritter am Kauf und Verkauf von Schuldverschreibungen, strukturierten Finanzprodukten, Emissionszertifikaten oder Derivaten innerhalb des Systems in einer Weise zusammenführt werden, die zu einem Vertrag gemäß den Bestimmungen des Titels II der MiFID-II führt (vgl. Art.2 Abs.1 Nr.7 MiFIR i.V.m. Art.4 Abs.1 Nr.23 MiFID-II). Hierbei besteht ein Ermessensspielraum, wie Kundenorders zusammengeführt und aus dem System entfernt werden. Dieses Merkmal dient zur Abgrenzung zu *MTFs* und geregelten Märkten[405], da hier die Interessen zusammengeführt werden, ohne dass den Parteien dabei ein Entscheidungsspielraum verbleibt, ob sie im Einzelfall das Geschäft mit einem bestimmten Vertragspartner eingehen wollen[406]. Der europäische Verordnungsgeber lässt erkennen, dass durch die weite Formulierung der Definition in Zukunft alle Arten der organisierten Ausführung und Vereinbarung von Handelsgeschäften einer Beaufsichtigung unterworfen werden (vgl. Erwägungsgrund Nr.8 Satz 2 MiFIR). In regulatorischer Hinsicht bedürfen solche Plätze, als Wertpapierdienstleistung und Anlagetätigkeit, der Zulassung und unterliegen nahezu den gleichen Organisations- sowie Vor- und Nachhandelstransparenzvorschriften sowie der Marktaufsicht.[407]

Insgesamt bezwecken MiFID-II und MiFIR den Handel mit standardisierten und liquiden Derivatkategorien weitestgehend auf regulierten und beaufsichtigten Handelsplätzen zu verlagern und anschließend einer zentralisierten Abwicklung zuzuführen. Des Weiteren sollen umfassende Transparenz- und Meldepflichten eingeführt werden, wodurch ein Regulierungsniveau geschaffen wird, das mit dem Aktienhandel verglichen werden kann.[408] Gleichzeitig sollen nicht standardisierte und nicht liquide OTC-Derivate in Zukunft operativ aufwendiger und kostenintensiver werden.[409]

---

405 *Geier/Mirtschink*, OTC-Derivate-Regulierung aus sicht der Buy- und Sell-Side, CF biz 2013, 102 (114); *Parmentier*, Die Entwicklung des europäischen Kapitalmarktrechts 2012–2013, EuZW 2014, 50 (52).

406 BT-Drucks.16/4028, S.56.

407 *Funke*, Reaktion auf die Finanzmarktkrise Teil2, CCZ 2012, 54 (55).

408 *Geier/Mirtschink*, OTC-Derivate-Regulierung aus sicht der Buy- und Sell-Side, CF biz 2013, 102 (116).

409 *Geier/Mirtschink*, OTC-Derivate-Regulierung aus sicht der Buy- und Sell-Side, CF biz 2013, 102 (116).

§4 Zusammenfassung

Unter Marktinfrastrukturgesichtspunkten können derivative Instrumente entweder auf organisierten Märkten oder außerbörslich *gehandelt* werden. Insbesondere die Börse bildet im ersten Bereich eine wichtige Handelsschnittstelle zwischen den Marktteilnehmern. Der außerbörsliche Markt vollzieht sich einerseits auf bilateraler Ebene, wo einzelne Marktsubjekte derivative Geschäfte quasi über den Tresen abschließen. Andererseits besteht die Möglichkeit mit Hilfe eines multilateralen Handelssystems eine Vielzahl von Marktteilnehmern zusammenzuführen.

Die *Abwicklung* derivativer Geschäfte kann bilateral oder zentral erfolgen. Im Zuge der internationalen Reformen werden die zwischen den einzelnen Marktteilnehmern abgewickelten Geschäfte in Zukunft mit höheren Kosten verbunden sein, da sie mit strengeren Eigenmittelanforderungen verbunden sind und finanzielle sowie organisatorische Anforderungen hinzutreten. Gleichzeitig wird der *zentralen Gegenpartei*, gerade im Hinblick auf standardisierte Derivate, größere Bedeutung zukommen. In diesem Kontext soll die zentralisierte Abwicklung das *Adressausfallrisiko* zwischen den einzelnen Marktsubjekten ausschalten, das sich vor allem während der jüngsten Finanzkrise manifestierte. Daneben soll die zentrale Abwicklung den Markt *transparenter* gestalten und mit Hilfe eines einheitlichen Sicherheits- und Risikomanagements *effizientere Abläufe* ermöglichen. Für Marktteilnehmer kann eine zentrale Abwicklung zudem mit *günstigeren Eigenkapitalunterlegungen* verbunden sein.

Mehrere *Akteure* prägen den zentralen Abwicklungsprozess maßgeblich. Beispielsweise bildet die *Eurex Clearing AG* als zentrale Gegenpartei den Knotenpunkt. An sie sind die Clearingmitglieder direkt angeschlossen, die über eine entsprechende Lizenz verfügen und bei denen es sich primär um Banken handelt. Indirekt können andere Unternehmen in Form von registrierten Kunden am Abwicklungsprozess teilnehmen. Daneben existieren Übermittler, die den zuvor bilateral geschlossenen Transaktionsdatensatz an die zentrale Gegenpartei übertragen. In der neuen Infrastruktur sind außerdem Transaktionsregister anzutreffen, die die zentral abgewickelten Geschäfte offenlegen und hierdurch zusätzliche Transparenz schaffen sollen.

Die Abwicklung mittels zentraler Gegenpartei lässt sich in die *Phasen* des *clearings* und *settlements* unterteilen. Für das *clearing* ist die Übermittlung und Abstimmung charakteristisch. Zunächst wird der Transaktionsdatensatz des zuvor außerbörslichen Geschäfts an den zentralen Kontrahenten übermittelt und in den Geschäftsprozess einbezogen. In diesem Zusammenhang bildet das *netting* ein Kernelement, bei dem eine gegenseitige Verrechnung der einzelnen Positionen stattfindet und letztlich eine Saldoposition entsteht. Einbezogene Geschäfte müssen durch die Clearingmitglieder mit Hilfe von *collateral* besichert werden. Dies geschieht primär über Einschussforderungen, wobei insbesondere die *initial margin* und die *variation margin* von Bedeutung sind. Die Erfüllung der aus dem Geschäft resultierenden Verbindlichkeit findet im Rahmen des *settlements* statt. Finanzderivate werden dabei in der Regel durch Barausgleich erfüllt.

Die Marktinfrastruktur für Derivate wird durch MiFID-II und MiFIR zukünftig weiteren Änderungen unterworfen werden. Diese Regelungen sollen letztlich dazu führen, dass standardisierte und liquide Derivate über einen regulierten und beaufsichtigten Handelsplatz gehandelt werden und einer Abwicklung über eine zentrale Gegenpartei zugeführt werden müssen.

Abschnitt 3 – Zivilrechtliche Analyse des Vertragsschlusses

Im letzten Abschnitt des ersten Kapitels soll nun die Einschaltung einer zentralen Gegenpartei in zivilrechtlicher Hinsicht analysiert und insbesondere der Vertragsschluss untersucht werden. In einem ersten Schritt sollen Vorüberlegungen den Untersuchungsgegenstand konkretisieren und die Betrachtung vom börslichen Handel abgrenzen. Danach wird der Prozess in seinen einzelnen Phasen zivilrechtlich bewertet. Die hieraus gewonnenen Erkenntnisse werden als Schlussfolgerungen zusammengefasst.

§1 Vorüberlegungen

Zu Beginn muss festgehalten werden, dass der Vertragsschluss durch verschiedene Regelwerke beeinflusst wird, die davon abhängen, welches Clearinghaus eingeschaltet wird, welches Recht gilt und welche Produkte einbezogen werden.[410] Daher wird beispielhaft der Vertragsschluss zwischen der *Eurex Clearing AG* und einem Clearingmitglied analysiert werden, wobei der Fokus auf dem Zinssatzswap liegt, da er in der Praxis die bedeutendste Produktart darstellt.

Bisher wurden in der rechtswissenschaftlichen Literatur insbesondere für den börslichen Handel verschiedene Konzepte zum Vertragsschluss erarbeitet. So schreibt *Rinker* der zentralen Gegenpartei eine passive Rolle zu, indem der Vertragsschluss über eine elektronische Handelsplattform aktiv über die Clearingmitglieder zustande komme, die als jeweiliger Stellvertreter des zentralen Kontrahenten handeln.[411] Andererseits wird in verschiedenen anderen

---

410 *Fried*, in: Zerey, Finanzderivate, §16, Rn.4.

411 *Rinker*, Vertragsschluss im börslichen elektronischen Handelssystem, S.150.

Erklärungsversuchen argumentiert, die zentrale Gegenpartei handele aktiv und nehme selbst das Angebot an. Dementsprechend bevorzugt *Alfes* ein Antizipationsmodell, wonach der zentrale Kontrahent bereits in den Clearing-Bedingungen die Annahme des Geschäfts zum *clearing* erkläre.[412] *Kunz* wiederrum spricht sich für eine automatisierte computergestützte Erklärung aus, die der Clearingstelle zuzurechnen sei, da sie antizipiert den Verarbeitungsvorgang bestimmt habe.[413] Andererseits ist *Tiedemann* der Auffassung, der zentrale Kontrahent erkläre konkludent die Annahme durch Einbuchung auf dem Kundenkonto und durch das *netting*, wobei der Zugang der Annahmeerklärung entbehrlich sei.[414]

Gleichwohl ist fragwürdig, ob sich diese Theorien auf den OTC-Bereich übertragen lassen. Denn der börsliche Handel mittels elektronischer Handelsplattformen weist Eigenarten auf, die sich nicht ohne Weiteres auf den Vertragsschluss im außerbörslichen Handel übertragen lassen. Beispielsweise sind die Handelsteilnehmer im börslichen System anonym und werden durch elektronische Matchingverfahren zusammengeführt, im OTC-Handel kennen sich die Parteien jedoch regelmäßig. Selbst wenn man argumentiert, dass im außerbörslichen Handel ebenfalls elektronische Handelsplattformen eingeschaltet werden, so ergibt sich ein wesentlicher Unterschied aus dem Umstand, dass die Parteien bereits einen Derivatvertrag abgeschlossen haben, den sie nunmehr auf die zentrale Gegenpartei überführen möchten. Diese Überführung geschieht bei der *Eurex Clearing AG* in einem ersten Schritt durch die Übermittlung eines Transaktionsdatensatzes des Geschäfts durch einen anerkannten Dritten. Sodann erfolgt eine transaktionsspezifische Analyse seitens der *Eurex Clearing AG*, wobei insbesondere geprüft wird, ob eine ausreichende Besicherung vorliegt. Bei positivem Ausgang, wird den ursprünglichen Vertragsparteien ein Bericht elektronisch zur Verfügung gestellt.[415] Im Ergebnis liegen zwei spiegelbildliche, neue Vertragsverhältnisse vor, bei denen die *Eurex Clearing AG* jeweils Vertragspartner der ursprünglichen Geschäftspartner ist. Im Folgenden sollen diese Abläufe einer zivilrechtlichen Analyse unterzogen werden.

---

412 *Alfes*, Central Counterparty, S.113.

413 *Kunz*, Ausgewählte Rechtsprobleme des Zentralen Kontrahenten, S.328.

414 *Tiedemann*, Die Stellung des zentralen Kontrahenten im deutschen und englischen Effektenhandel, S.88.

415 Siehe Kapitel 1, Abschnitt 2, §2, Unterpunkt C.

§2 Prozessanalyse

Die nachfolgende Prozessanalyse orientiert sich an dem soeben dargestellten Ablauf und beginnt mit der Behandlung der abstrakten Novation, woran sich die Erörterung des Angebots anschließt. Danach werden verschiedene, in der rechtswissenschaftlichen Literatur entwickelte Annahmekonzepte der *Eurex Clearing AG* diskutiert und deren Schwächen aufgezeigt. Anschließend wird ein eigener Lösungsweg erarbeitet, der die Annahme beim Zinssatzswap in rechtlicher Hinsicht erklärt. Als Konsequenz dieses Ansatzes stellt sich letztlich die Frage, ob der *Eurex Clearing AG* ein Beendigungsrecht zukommt.

A. Abstrakte Novation

Betrachtet man den Überführungsprozess von seinem Ergebnis her, ist bereits umstritten, wie das Vorliegen zweier spiegelbildlicher Verträge in rechtlicher Hinsicht zu bewerten ist. Zunächst wird argumentiert, es handele sich um eine Auswechslung des Vertragspartners. Begründet wird dies mit dem Argument, dass der ursprüngliche Vertrag erneut Wirkung entfalten solle, wenn die zentrale Gegenpartei den Eintritt ablehnt oder aus anderen Gründen ein Vertragsschluss nicht zustande kommt.[416] Andererseits wird sich für eine schuldersetzende bzw. schuldumschaffende Novation ausgesprochen.[417]

Bei der Novation, die im Bürgerlichen Gesetzbuch nicht ausdrücklich geregelt ist, handelt es sich um eine vertragliche Vereinbarung, wonach ein bestehendes Schuldverhältnis aufgehoben und durch ein Neues ersetzt werden soll.[418] In rechtlicher Hinsicht wird zwischen der kausalen und abstrakten Novation unterschieden. Die kausale Novation zeichnet sich dadurch aus, dass die neue Schuld nur dann entsteht, wenn die alte Schuld bestanden hat.[419] Die abstrakte Novation geht dem gegenüber weiter und verlangt den Bestand der alten Schuld gerade nicht.[420]

---

416 *Tiedemann*, Die Stellung des Zentralen Kontrahenten im deutschen und englischen Effektenhandel, S.89; *Hess*, Die Zentrale Gegenpartei im Effektenhandel, AJP/PJA 2004, 687 (695), für das schweizerische Recht.

417 *Jahn*, in: Schimansky/Bunte/Lwowski, Bankrechts-Handbuch, §114, Rn.166a; *Köhler*, Die Zulässigkeit derivativer Instrumente in Unternehmen, Banken und Kommunen, S.378; *Diekmann/Fleischmann*, Der Verordnungsentwurf der Europäischen Kommission für den OTC-Derivatemarkt, WM 2011, 1105 (1105); *Jobst*, Börslicher und außerbörslicher Derivathandel mittels zentraler Gegenpartei, ZBB 2010, 384 (393).

418 *Feldmann/Löwisch*, in: Staudinger (Begr.), BGB, §§311–312a-I, §311, Rn.81.

419 *Gehrlein*, in: Bamberger/Roth, BGB, §311, Rn.36.

420 *Grüneberg*, in: Palandt (Begr.), BGB, §311, Rn.9.

Als Rechtsfolge erlöschen die alten Verpflichtungen und werden durch die neuen Verpflichtungen ersetzt, wodurch die Identität des Schuldverhältnisses verändert wird.[421] Dementsprechend wird als einschränkendes Kriterium der eindeutig erkennbare Wille der Parteien gefordert, dass sie mittels einer Novation die bisherige vertragliche Grundlage neu definieren möchten. Dieser *animus novandi*[422] muss mittels Auslegung gem. §§133, 157 BGB ermittelt werden, wobei nach der Rechtsprechung wegen der erheblichen Rechtsfolgen im Zweifel eine Vertragsänderung vorliegt.[423]

Für das Vorliegen einer Vertragsauswechslung könnte im Falle der *Eurex Clearing AG* sprechen, dass in den Clearing-Bedingungen angeführt wird, dass sie als zentraler Kontrahent zwischen die Parteien des Geschäfts tritt (vgl. Kap.I Abschn.1 Ziff.1.2.2 Abs.2 UA 1 CB-Eurex). Andererseits verwenden die Clearing-Bedingungen den Begriff der „abstrakten Novation" ausdrücklich (vgl. Kap.VIII Abschn.1 Ziff.1.2.1 i.V.m. Kap.I Abschn.1 Ziff.1.2.2 Abs.2 UA 2 CB-Eurex). Dementsprechend ist geregelt, dass nach dem Wirksamwerden der Novation zwei Vertragsverhältnisse entstehen, wobei deren Bedingungen spiegelbildlich der jeweils anderen Transaktion entsprechen (vgl. Kap.I Abschn.1 Ziff.1.2.2 Abs.2 UA 3 CB-Eurex). Gegen die Argumentation der bloßen Auswechslung einer Vertragspartei kann weiterhin angeführt werden, dass es den Parteien obliegt, zu vereinbaren, dass das ursprüngliche Geschäft durch die Novation beendet wird (vgl. Kap.VIII Abschn.1 Ziff.1.2.1 Abs.5 CB-Eurex) oder wiederaufleben soll (vgl. Kap.VIII Abschn.1 Ziff.1.2.3 Abs.2 UA 1 CB-Eurex), sodass dieses Geschäft nicht abermals Wirkung entfalten muss. Darüber hinaus spricht die Regelung, wonach eine unwirksame Bestimmung im ursprünglichen Geschäft die Wirksamkeit und Durchsetzbarkeit der CCP-Transaktion nicht berühren soll, für eine abstrakte Novation (vgl. Kap.VIII Abschn.1 Ziff.1.2.1 Abs.6 CB-Eurex).

Von den Befürwortern einer Vertragsauswechselung wird weiterhin geltend gemacht, dass es lediglich zu einem *personellen* Wechsel komme, die inhaltlichen Verpflichtungen ansonsten gleich blieben.[424] Dem kann jedoch überzeugenderweise mit *Jobst* entgegengehalten werden, dass diese Theorie die Entstehung

---

421 *Gehrlein/Sutschet*, in: Bamberger/Roth, BeckOK BGB, §311, Rn.36 (Stand: 01.11.2014, Edition 33).

422 *Jobst*, Börslicher und außerbörslicher Derivatehandel mittels zentraler Gegenpartei, ILF Working Paper Series No.120, S.27.

423 BGH NJW 1999, 3708 (3709).

424 *Zimmer/Fuchs*, Die Bank in Krise und Insolvenz, ZGR 2010, 597 (647), Fn.246.

zweier spiegelbildlicher Vertragsverhältnisse nicht erklären könne.[425] Im Hinblick auf die Novation ist in der rechtswissenschaftlichen Literatur aber anerkannt, dass auch beide Vertragsparteien ausgetauscht werden können.[426] Daher kann auch das Ersetzen eines Schuldverhältnisses durch *zwei neue* Schuldverhältnisse dem Wesen der Novation nicht entgegenlaufen. Wenn die Vertragsmodalitäten inhaltlich gleich bleiben, muss eine spiegelbildliche Aufspaltung durch einen jeweilig einseitigen Austausch eines Vertragspartners möglich sein. Hierfür spricht zudem der Grundsatz der Privatautonomie.[427]

Letztlich müssen bestimmte Novationskriterien erfüllt werden, die auch den erforderlichen Novationswillen voraussetzen. Insofern müssen die Parteien des ursprünglichen OTC-Geschäfts im übermittelten Transaktionsdatensatz angeben, dass das *clearing* von der *Eurex Clearing AG* durchgeführt werden soll (vgl. Kap.VIII Abschn.1 Ziff.1.2.3 Abs.1 Nr.2 (i) CB-Eurex). Zwar führt das Fehlen dieser Voraussetzung nicht zur Nichtigkeit der Novation, jedoch kann diese rückwirkend beendet werden (vgl. Kap.VIII Abschn.1 Ziff.1.2.3 Abs.2 CB-Eurex). Im Ergebnis werden durch die abstrakte Novation zwei abstrakte Schuldversprechen gem. §§780, 781 BGB geschaffen, die inhaltlich spiegelbildlich ausgestaltet sind und bei denen die zentrale Gegenpartei jeweils Vertragspartner ist.[428]

B. Angebot

Nachdem nunmehr die Zwischenschaltung der zentralen Gegenpartei in rechtlicher Weise qualifiziert wurde, stellt sich die Frage, wie der Vertragsschluss anhand zivilrechtlicher Vorschriften konstruiert werden kann. Dieser beurteilt sich grundsätzlich nach den §§145ff. BGB über Angebot und Annahme. Daneben treten die Clearing-Bedingungen der *Eurex Clearing AG.*[429] Weiterhin existiert für jedes Clearingmitglied eine Clearing-Vereinbarung, die weitere Regelungen enthält.

---

425 *Jobst*, Börslicher und außerbörslicher Derivathandel mittels zentraler Gegenpartei, ZBB 2010, 384 (393).

426 *Feldmann/Löwisch*, in: Staudinger (Begr.), BGB, Buch 2, §§311–312a-I, §311, Rn.86.

427 *Jobst*, Börslicher und außerbörslicher Derivatehandel mittels zentraler Gegenpartei, ILF Working Paper Series No.120, S.26.

428 *Jobst*, Börslicher und außerbörslicher Derivatehandel mittels zentraler Gegenpartei, ILF Working Paper Series No.120, S.27, der von einem abstrakten Schuldversprechen spricht.

429 *Anmerkung*: Bei diesen handelt es sich um allgemeine Geschäftsbedingungen i.S.d. §§305ff. BGB (vgl. *Alfes*, Central Counterparty, S.89).

Mithin bedarf es zunächst eines Angebots auf Abschluss eines Vertrages. Die Übermittlung des Transaktionsdatensatzes ist als solches anzusehen. Dabei wird eine Hilfsperson in Form eines anerkannten Anbieters zur Übermittlung eingesetzt, bei der es sich im rechtlichen Sinne richtigerweise um einen Erklärungsboten handelt.[430] Zwar ist der Wortlaut der Clearing-Bedingungen nicht eindeutig, da einerseits von einer Übermittlung „im Namen der Parteien des ursprünglichen Geschäfts" gesprochen wird (vgl. Kap.VIII Abschn.1 Ziff.1.2.1 Abs.3 CB-Eurex), andererseits solle dies in deren „Auftrag" geschehen (vgl. Kap.VIII Abschn.1 Ziff.1.2.1 Abs.7 lit.a) CB-Eurex), was den Schluss auf eine entgeltliche Geschäftsbesorgung i.S.d. §675 Abs.1 BGB zulässt. Allerdings ist diese Formulierung in der Vertragsdokumentation nicht einheitlich verwendet, da beispielsweise in der Clearing-Vereinbarung davon gesprochen wird, dass die Clearingmitglieder des ursprünglichen Geschäfts den Anbieter „benennen" (vgl. Anhang I Abschn.2 Ziff.6.2 CB-Eurex). Bei der Abgrenzung kommt es nach der herrschenden Meinung vor dem Hintergrund des Offenkundigkeitsprinzips maßgeblich darauf an, wie die Hilfsperson dem Geschäftspartner gegenüber auftritt.[431] Gibt die Hilfsperson aus Sicht des Geschäftspartners eine eigene Willenserklärung ab und kann sie somit den Inhalt des Rechtsgeschäfts im Rahmen ihrer Vertretungsmacht für den Vertretenen bestimmen, handelt es sich um eine Stellvertretung. Beschränkt sich der Dritte auf die bloße Weiterleitung der Willenserklärung, fungiert er als Bote.[432]

Legt man diesen Maßstab zugrunde, so kommt dem anerkannten Anbieter aus Sicht der zentralen Gegenpartei kein Gestaltungs- oder Entscheidungsspielraum bei der Übermittlung der Transaktionsdaten zu. Im Hinblick auf die Ausführung dürfte der Anbieter außerdem über das Vertragsverhältnis mit dem Clearingmitglied gebunden sein. Zudem sind die Transaktionsdaten bereits durch das zwischen den Parteien abgeschlossene Derivatgeschäft fixiert und können dementsprechend nicht mehr von dem Anbieter einseitig abgeändert werden. Zuletzt bietet die Betrachtung der Rechtsfolgenseite Argumente für eine Botenschaft, da bei unbewusst bzw. absichtlich fehlerhafter Übermittlung nicht der anerkannte Anbieter Vertragspartner mit der *Eurex Clearing AG* werden soll.[433] Außerdem sehen die Clearing-Bedingungen keine Sicherheitsleistungen für anerkannte

---

430 So auch *Jobst*, Börslicher und außerbörslicher Derivatehandel mittels zentraler Gegenpartei, ILF Working Paper Series No.120, S.28.

431 *Schramm*, in: Säcker/Rixecker, MüKo-BGB, Vor.§§164–181, Rn.43.

432 *Schramm*, in: Säcker/Rixecker, MüKo-BGB, Vor.§§164–181, Rn.42.

433 *Jobst*, Börslicher und außerbörslicher Derivatehandel mittels zentraler Gegenpartei, ILF Working Paper Series No.120, S.28.

Anbieter vor. Wenn man mit *Hueck*[434] bei der Abgrenzung auf das Innenverhältnis abstellt, ergibt sich im Übrigen dasselbe Ergebnis, da auch nach dem Willen des Hintermanns eine Botenschaft vorliegt.

Zudem ist das Angebot an die *Eurex Clearing AG* auch hinreichend bestimmt. Zinssatzswaps stellen nach überzeugender Ansicht Verträge *sui generis* dar.[435] Vor diesem Hintergrund kommt es für die Bestimmtheit darauf an, dass das Angebot bezüglich der wesentlichen Vertragspunkte des angestrebten Vertragstypus eine objektiv verständliche Erklärung enthält.[436] Insofern enthält der Transaktionsdatensatz die *essentialia negotii*, insbesondere über Art und Umfang der Leistungspflichten und die Identität der Vertragspartner. Dieses Angebot geht der *Eurex Clearing AG* durch die elektronische Übermittlung zu.

C. Annahme

Im Folgenden soll nunmehr die Annahme durch die *Eurex Clearing AG* analysiert werden. Dabei werden die für den börslichen Handel entwickelten Ansätze jeweils an entsprechender Stelle thematisiert. Letztlich soll jedoch ein eigener Lösungsansatz für den außerbörslichen Bereich entwickelt werden. Ausgangspunkt ist Kap.VIII Abschn.1 Ziff.1.2.2 CB-Eurex, wonach die Novation grundsätzlich rechtswirksam wird, wenn die *Eurex Clearing AG* die betreffende OTC-Transaktionsart zur Einbeziehung in das *clearing* akzeptiert hat, indem sie den betreffenden Clearingmitgliedern einen *OTC-Novation Report* in ihrem System elektronisch zur Verfügung stellt. Seit August 2013 bestehen in diesem Zusammenhang für OTC-Zinsderivate, insbesondere Zinssatzswaps, technische Neuerungen. Danach wird der Report nicht mehr wie bisher stündlich für sämtliche Transkationen erstellt, sondern ereignisspezifisch, wobei vorher eine entsprechende Risikoprüfung durchgeführt wird.[437]

Hieraus ergeben sich spezifische Schlussfolgerungen, die nunmehr anhand möglicher Annahmekonstruktionen behandelt werden sollen. Zunächst wird untersucht, ob eine Annahme durch beredtes Schweigen in Betracht kommt. Anschließend wird die antizipierte und konkludente Annahme thematisiert, woraufhin die reaktive Annahme mittels automatisierter Willenserklärung in den Fokus rückt.

---

434 *Hueck*, Bote – Stellvertreter im Willen – Stellvertreter in der Erklärung, AcP 152 (1953), 432 (440).

435 Siehe Kapitel 1, Abschnitt 1, §6, Unterpunkt B.

436 *Busche*, in: Säcker/Rixecker, MüKo-BGB, §145, Rn.6.

437 Siehe Kapitel 1, Abschnitt 3, §2, Unterpunkt C IV.

I. Schweigen als Annahme

Zunächst könnte man argumentieren, dass beim Vertragsschluss von OTC-Zinssatzderivaten auf eine explizite Annahmeerklärung seitens der *Eurex Clearing AG* verzichtet werde. Folgt man dieser Argumentation, könnte die gesetzliche Fiktion des §362 Abs.1 2.HS HGB herangezogen werden, wenn ein Fall des beredten Schweigens vorliegt. Diese Vorschrift verkörpert das Erfordernis eines einseitigen Handelsgeschäfts[438], weshalb der Erklärungsempfänger die Kaufmannseigenschaft besitzen muss. Dies ist bei der *Eurex Clearing AG* wegen ihrer Rechtsform gem. §6 Abs.2 HGB i.V.m. §3 AktG der Fall.[439] Weiterhin bedarf es einer auf Dauer angelegten Geschäftsverbindung zwischen Antragendem und Empfänger, wobei objektiv erkennbar sein muss, dass die Parteien wiederholt Geschäfte durchführen möchten.[440] Dies wird durch den Abschluss der Clearing-Vereinbarung zwischen der *Eurex Clearing AG* und dem entsprechenden Clearingmitglied verdeutlicht.

Problematischer ist hingegen, ob die *Eurex Clearing AG* einen Gewerbebetrieb führt, der die Geschäftsbesorgung für andere mit sich bringt. Der Begriff der Geschäftsbesorgung ist enger als in §662 BGB und weiter als in §675 Abs.1 BGB auszulegen und umfasst in diesem Fall jede selbständige, rechtsgeschäftliche oder tatsächliche Tätigkeit wirtschaftlicher Art, für einen anderen in dessen Interesse[441] und muss zudem außerhalb eines dauernden Dienstverhältnisses liegen.[442] Zwar besteht das Geschäftsmodell der zentralen Gegenpartei für außerbörsliche Derivatgeschäfte in der Zwischenschaltung als zentrale Gegenpartei, wofür die Clearingmitglieder entsprechende Gebühren zahlen müssen. Dies ist aber gerade Gegenstand eines dauerhaften Dienstverhältnisses, sodass durchaus Zweifel am Vorliegen des letztgenannten Kriteriums bestehen.

Fragwürdig ist zudem, ob die *Eurex Clearing AG* dabei für andere tätig wird. Hierfür spricht der Wortlaut des §1 Abs.31 S.2 KWG, wonach ein Unternehmen als zentrale Gegenpartei gilt, wenn es bei Kaufverträgen innerhalb eines oder mehrerer Finanzmärkte zwischen den Käufer und den Verkäufer geschaltet wird, um als Vertragspartner für jeden der beiden zu dienen. Des Weiteren handelt es sich bei diesen Kaufverträgen in wirtschaftlicher Hinsicht um fremdbezogene Geschäfte, weil die zentrale Gegenpartei kein eigenes Interesse an diesem

438 *Eckert*, in: Ebenroth/Boujong/Joost/Strohn, HGB, §362, Rn.7.

439 *Schmidt*, in: *Schmidt*, MüKo-HGB, §6, Rn.9.

440 *Eckert*, in: Ebenroth/Boujong/Joost/Strohn, HGB, §362, Rn.14.

441 *Welter*, in: Schmidt, MüKo-HGB, §362, Rn.19.

442 *Canaris*, in: Staub (Begr.) HGB, §362, Rn.9; *Hopt*, in: Baumbach/Hopt, HGB, §362, Rn.3.

Geschäft hat.[443] Dies wird dadurch unterstrichen, dass sie bei der Übermittlung der Transaktionsdatensätze keinen Einfluss auf die Vertragsmodalitäten hat. Außerdem werden die Sicherheiten des übernommenen Geschäfts von den Clearingmitgliedern gestellt, wodurch die wirtschaftliche Absicherung nicht durch den zentralen Kontrahenten erfolgt. Durch die Zwischenschaltung soll vielmehr das Ausfallrisiko der Gegenpartei verringert werden, weshalb man mit *Kunz* argumentieren kann, dass die Clearingstelle hierdurch einen speziellen Service anbiete.[444] Insofern dürfte die *Eurex Clearing AG* durchaus für ihre Clearingmitglieder handeln.

Nicht von §362 Abs.1 2.HS HGB erfasst werden hingegen Geschäfte, die auf einen reinen Austausch von Leistungen gerichtet sind, insbesondere Liefergeschäfte, da der Erklärungsempfänger regelmäßig solche Geschäfte nicht unbegrenzt abschließen möchte.[445] In rechtlicher Hinsicht schließt die *Eurex Clearing AG* durch die Novation zwei Verträge mit den Clearingmitgliedern des ursprünglichen Vertrages ab, die zum einen den Kauf eines Derivatgeschäfts und andererseits den entsprechenden Verkauf umfassen. Insofern könnte man mit *Kunz* anführen, dass es sich um einen dem Liefergeschäft vergleichbaren Sachverhalt handele.[446] Im Gegensatz zur Tätigkeit bei Geschäften an der Frankfurter Wertpapierbörse, bei denen die zentrale Gegenpartei auch die physische Lieferung der Wertpapiere übernimmt (vgl. Kap.V Abschn.2 Ziff.2.1 Abs.2 CB-Eurex), bezieht sich die Verpflichtung bei den hier zu betrachtenden Zinssatzswaps auf einen Barausgleich. Demnach kann die Situation bei Derivatgeschäften nicht mit klassischen Wertpapiergeschäften verglichen werden. Da die Risiken einer physischen Lieferung gerade nicht vorliegen, könnte der Kontrahierungswille der zentralen Gegenpartei somit weitergehen. Hierfür könnte zudem der Sinn und Zweck des §362 Abs.1 2.HS HGB zu Hilfe genommen werden, der darauf gerichtet ist, den Verkehr zu schützen. Gerade durch die gesetzliche Fiktion der Annahme wird eine schnelle und sichere Abwicklung der Derivatgeschäfte garantiert. Jedoch muss *Jobst* beigepflichtet werden, dass dies im Lichte der Rechtssicherheit kritisch zu sehen sei.[447]

---

443 *Kunz*, Ausgewählte Rechtsprobleme des Zentralen Kontrahenten, S.475, im Hinblick auf §1 Abs.1a S2 Nr.4 KWG.

444 *Kunz*, Ausgewählte Rechtsprobleme des Zentralen Kontrahenten, S.476.

445 *Eckert*, in: Ebenroth/Boujong/Joost/Strohn, HGB, §362, Rn.13; *Canaris*, in: Staub (Begr.), HGB, §362, Rn.10; *Eberl*, in: Heidel/Schall, HGB, §362, Rn.4.

446 *Kunz*, Ausgewählte Rechtsprobleme des Zentralen Kontrahenten, S.294, für Geschäfte an der Wertpapierbörse.

447 *Jobst*, Börslicher und außerbörslicher Derivatehandel mittels zentraler Gegenpartei, ILF Working Paper Series No.120, S.14.

Vieles spricht dafür, dass die Vorschrift zwischen den Parteien abbedungen wurde oder sie sich wegen der rechtlichen Rahmenbedingungen nicht darauf berufen dürfen.[448] Jedenfalls ist sie auf den vorliegenden Fall nicht anzuwenden, denn, wie weiter unten dargelegt wird, liegt es gerade nicht im Interesse der zentralen Gegenpartei, jedes ihr angetragene Zinssatzgeschäft zu novieren.[449]

II. Antizipierte Annahme

Teilweise wird in der Fachliteratur die Auffassung präferiert, wonach die zentrale Gegenpartei die Annahme antizipiert erkläre. So vertritt *Alfes* für den börslichen Handel das sogenannte Antizipationsmodell, wonach die zentrale Gegenpartei antizipiert die Annahme aller Rechtsgeschäfte beim Abschluss der Clearing-Vereinbarungen mit dem entsprechenden Clearingmitglied erkläre.[450] Dieser Gedanke wurde durch *Jobst* auf den außerbörslichen Bereich übertragen.[451] Gegen diese rechtliche Konstruktion spricht jedoch, dass die Clearing-Vereinbarung keine ausdrücklichen Erklärungen zur Annahme von Transaktionen enthält. Zwar wird in der Clearing-Vereinbarung im Zusammenhang mit OTC-Zinsderivaten auf die Annahme durch die *Eurex Clearing AG* Bezug genommen. Hier werden aber nur die Folgen einer solchen Annahme geregelt. Eine Vereinbarung, wonach die *Eurex Clearing AG* alle Geschäfte zum Clearing antizipiert annimmt, wird hingegen nicht getroffen (vgl. Anhang I Abschn.2 Ziff.6.5.1 CB-Eurex). Zudem dürfte eine antizipierte Annahmeerklärung nicht dem Interesse der zentralen Gegenpartei entsprechen. In den Clearing-Bedingungen wird deutlich, dass das Clearingmitglied eine spezielle Clearing-Lizenz für jede Transaktionsart benötigt, um überhaupt am Clearing teilnehmen zu können (vgl. Kap.I Abschn.1 Ziff.2.1.1 Abs.1 CB-Eurex). Insofern kommt zum Ausdruck, dass nur solche Geschäfte eingebunden werden sollen, für die auch eine entsprechende Lizenz besteht. Daher möchte die *Eurex Clearing AG* nicht jedwedes Derivatgeschäft vorweg, sei es auch aufschiebend bedingt, annehmen.

Vor diesem Hintergrund könnte man argumentieren, dass zwar nicht der Abschluss der Clearing-Vereinbarung, wohl aber die Erteilung einer Clearing-Lizenz eine antizipierte Annahme für die jeweilige derivative Transaktionsart

---

448 *Kunz*, Ausgewählte Rechtsprobleme des Zentralen Kontrahenten, S.295.
449 Siehe Kapitel 1, Abschnitt 3, §2, Unterpunkt C IV.
450 *Alfes*, Central Counterparty, S.113.
451 *Jobst*, Börslicher und außerbörslicher Derivatehandel mittels zentraler Gegenpartei, ILF Working Paper Series No.120, S.29.

darstelle.[452] Gegen diese Konstruktion spricht aber, dass die *Eurex Clearing AG* die Erteilung einer entsprechenden Lizenz als Novationskriterium ansieht (vgl. Kap.VIII Abschn.1 Ziff.1.2.3 Abs.1 Nr.1 (i) CB-Eurex). Diese Kriterien stellen bei Zinssatzderivaten, entgegen der Auffassung von *Jobst* und *Alfes*[453], keine aufschiebende Bedingungen i.S.d. §158 Abs.1 BGB, sondern vertraglich eingeräumte Beendigungsgründe der Novation dar.[454] Da die Novation auch ohne Vorliegen der Novationskriterien wirksam ist (vgl. Kap.VIII Abschn.1 Ziff.1.2.3 Abs.2 CB-Eurex), kann somit in der Erteilung der Clearing-Lizenz keine konkludent erklärte, antizipierte Annahme gesehen werden.[455] Zudem spricht die neue technologische Architektur dafür, dass die zentrale Gegenpartei nur bestimmte Zinssatzderivate akzeptieren möchte.[456]

III. Konkludente Annahme

Im Hinblick auf die Annahmeerklärung möchte *Tiedemann* das für den börslichen Bereich entwickelte Übermittlungsmodell auf den OTC-Bereich übertragen.[457] Hiernach erkläre die zentrale Gegenpartei durch schlüssiges Verhalten die Annahme, indem sie den entsprechenden Datensatz verbucht, das *netting* durchführt und die Lieferinstruktionen verschickt.[458] Die vertragliche Verpflichtung solle zu dem Zeitpunkt eintreten, in dem die zentrale Gegenpartei erstmals tätig werde,

---

452 *Anmerkung*: Dennoch ist zu beachten, dass eine Clearing-Lizenz bei Abschluss einer Clearing-Vereinbarung für die entsprechende Transaktionsart in der Regel erteilt wird (vgl. Kap.I Abschn.1 Ziff.2.1.1 Abs.3 CB-Eurex).

453 *Alfes*, Central Counterparty, S.118, für das *matching* beim Börsenhandel; *Jobst*, Börslicher und außerbörslicher Derivatehandel mittels zentraler Gegenpartei, ILF Working Paper Series No.120, S.29.

454 Siehe Kapitel 1, Abschnitt 3, §2, Unterpunkt D.

455 *Anmerkung*: Eine mögliche Sichtweise wäre hingegen, dass die *Eurex Clearing AG* antizipiert die Annahme unter der Bedingung erklärt, dass die ereignisspezifische Risikoprüfung positiv ausfällt und mithin der Novationsreport dem Clearingmitglied zur Verfügung gestellt wird. Gegen diese Sichtweise spricht jedoch inbesondere, dass sich die *Eurex Clearing AG* so bereits für alle angetragenen Derivatgeschäfte vertraglich binden würde und somit auch haftungsrechtliche Gesichtspunkte zu beachten sind. Daher sprechen die besseren Argumente für die Einschaltung eines elektronischen Agenten, die in Unterpunkt C IV behandelt wird.

456 Siehe Kapitel 1, Abschnitt 3, §2, Unterpunkt C IV.

457 *Tiedemann*, Die Stellung des zentralen Kontrahenten im deutschen und englischen Effektenhandel, S.90.

458 *Tiedemann*, Die Stellung des zentralen Kontrahenten im deutschen und englischen Effektenhandel, S.85.

wobei auf den Zugang der Annahme gem. §151 BGB verzichtet werde.[459] Allerdings ist bereits fragwürdig, ob die Grundsätze des börslichen Handels und des Vertragsschlusses auf den außerbörslichen Bereich übertragen werden können. Würde man diesem Modell folgen, wird jedenfalls die Phase des Vertragsschlusses mit der anschließenden Verrechnung vermischt.[460] Es wäre nicht im Interesse der zentralen Gegenpartei, wenn die Verrechnung nicht auf den Vertragsschluss folgen würde, sondern der Vertragsschluss durch eine Verrechnung konkludent zum Ausdruck käme. Dies gilt umso mehr, als die Clearing- Bedingungen der *Eurex Clearing AG* spezielle Regelungen für diese Phasen bereitstellen.

IV. Neuer Ansatz: Reaktive Annahme mittels elektronischem Agenten

Da die bisherigen Erklärungsversuche nicht überzeugen konnten, ist nunmehr ein neuer Ansatz für die Annahmeerklärung der *Eurex Clearing AG* zu entwickeln. Anknüpfungspunkt ist dabei die Tatsache, dass die Novation nach den Clearing-Bedingungen in dem Zeitpunkt wirksam wird, indem sie dem betreffenden Clearingmitglied einen *OTC Novation Report* in ihrem System elektronisch zur Verfügung stellt und mithin die Transaktion zum *clearing* einbezieht (vgl. Kap.VIII Abschn.1 Ziff.1.2.2 CB-Eurex). Im Folgenden soll daher eine reaktive Annahme durch eine automatisierte Willenserklärung analysiert werden. Dabei wird zunächst der Frage nachgegangen, ob es sich um eine Erklärung durch einen elektronischen Agenten handelt. Anschließend werden rechtsdogmatische Problemfelder behandelt, wobei insbesondere zu untersuchen ist, ob dieser eine eigene Willenserklärung abgibt und wenn nicht, wie und ob eine Zurechnung erfolgen kann. Anschließend ist die Wirksamkeit der Erklärung zu erörtern, die die Abgabe und den Zugang bedingt.

1. Elektronischer Agent

Wie gesehen, stellt der *OTC-Novation Report* nach dem ausdrücklichen Willen der Beteiligten die rechtliche Basis für die Novation dar.[461] Insoweit liegt der Schluss nahe, dass bei OTC-Zinsderivaten die Annahmeerklärung durch die Erstellung des Novationsreports erfolgt. Hierbei könnte es sich um eine Erklärung durch einen sogenannten elektronischen Agenten handeln. Als intelligente

459 *Tiedemann*, Die Stellung des zentralen Kontrahenten im deutschen und englischen Effektenhandel, S.88.

460 *Jobst*, Börslicher und außerbörslicher Derivatehandel mittels zentraler Gegenpartei, ILF Working Paper Series No.120, S.15, in Bezug auf den börslichen Handel.

461 Vgl. *Eurex Clearing AG*, Rundschreiben Nr.066/13, S.2, abrufbar unter https://www.eurexclearing.com/blob/clearing-de/262124-267572/522026/2/data/ec13066d.pdf.

Software ist er in der Lage, Veränderungen seiner Umgebung wahrzunehmen, zu interpretieren und sich entsprechend zu verhalten. Er ist durch eine Mund-Kopf-Körper-Architektur[462] geprägt, wodurch ihm eine gewisse Interaktions- und Lernfähigkeit zukommt[463] und als autonomes Programm ohne Eingriffe von Menschen oder einem anderen System agieren kann.[464]

Legt man diese Maßstäbe zugrunde, ist fraglich, ob es sich bei dem Novationsreport um eine Erklärung handeln kann, die durch einen elektronischen Agenten erstellt und abgegeben wurde. Hiergegen spricht, dass der Novationsreport für diese Transaktionen bisher stündlich für sämtliche ursprünglichen OTC-Geschäfte erstellt wurde (vgl. Kap.VIII Abschn.3 Ziff.3.1.4.3 Abs.2 CB-Eurex i.d.F. vom 10.06.2013). Jedoch müssen die neuen technologischen Entwicklungen in die Betrachtung miteinbezogen werden. Im August 2013 wurde ein neuer Mechanismus für das *clearing* von Zinssatzswaps eingeführt, der ein sogenanntes *Real Time Clearing* ermöglichen soll (*EurexOTC Clear Release 2.1*). Nunmehr wird der Report direkt nach der Durchführung einer Risikoprüfung (*Incremental Risk Check*) ereignisgesteuert erstellt und bezieht sich auf das spezifische Geschäft.[465] Bei dieser Risikobewertung wird geprüft, ob eine etwaige zusätzlich benötigte Sicherheitsleistung vorhanden ist und somit bei Hereinnahme des Geschäfts keine Untersicherung vorliegt. Dies geschieht auf Grundlage ständig angepasster Daten, wobei immer der zuletzt verfügbare Datensatz herangezogen wird und eine Überprüfung in Echtzeit erfolgt. Insoweit wird erkennbar, dass die Software in intelligenter Weise agiert und auf Veränderungen ihres Umfelds eigenständig reagieren kann. Falls diese Prüfung negativ ausfallen sollte, erfolgt keine Zwischenschaltung der *Eurex Clearing AG*.[466] Durch den Rückgriff auf ständig angepasste Daten wird auch eine gewisse Lernfähigkeit nicht abzusprechen sein. Bei positivem Ergebnis wird der Novationsreport von der *Eurex Clearing AG* erstellt und über ein zentrales EDV-System der *Eurex Gruppe* (*Common Report Engine*) dem jeweiligen Mitglied zur Verfügung

---

462 Zu Einzelheiten siehe: *Kirn/Müller-Hengstenberg*, Intelligente (Software-)Agenten Teil 1, MMR 2014, 225 (227f.).

463 *Cornelius*, Vertragsabschluss durch autonome elektronische Agenten, MMR 2002, 353 (353); *Sester/Nitschke*, Software-Agent mit Lizenz zum…?, CR 2004, 548 (549).

464 *Sester/Nitschke*, Software-Agent mit Lizenz zum…?, CR 2004, 548 (549).

465 *Eurex Clearing AG*, Rundschreiben Nr.066/13, S.2, abrufbar unter https://www.eurexclearing.com/blob/clearing-de/262124-267572/522026/2/data/ec13066d.pdf.

466 *Eurex Clearing AG*, EurexOTC Clear for IRS, S.54, abrufbar unter http://www.eurexclearing.com/blob/305764/5913f4c9d5a51ed47e59d3a63f21c62b/data/eurex-otc-clear-services.pdf.

gestellt[467], wodurch sie auch in der Lage ist, mit Dritten zu kommunizieren. Daher sprechen überzeugende Argumente dafür, dass es sich um eine Erklärung durch einen elektronischen Agenten handelt.

2. Eigene Willenserklärung

Welche Konsequenzen dies für die rechtliche Einordnung als Willenserklärung hat, ist bisher umstritten. Im Zusammenhang mit elektronischen Agenten stellt sich zunächst die Frage, ob dieser eine *eigene* Willenserklärung stellvertretend für den Nutzer abgibt.[468] Unter rechtlichen Gesichtspunkten sind für diesen Fall in subjektiver Hinsicht eine Rechtspersönlichkeit und eine Geschäftsfähigkeit erforderlich. Obwohl die Rechtspersönlichkeit eines solchen Programms derzeit in der Literatur stark diskutiert wird[469], konnte bisher kein rechtlich-dogmatisch überzeugender Weg gefunden werden. Denn Grundlage für die eigene Willensbildung sei das Bewusstsein über die eigene Existenz[470], wozu solche Programme derzeit nicht in der Lage sind. Vielmehr ist *Fritzsche* und *Malzer*[471] beizupflichten, da das Programm inhaltlich durch die vom Nutzer gestellten Programmparameter strukturiert und gebunden ist. Mithin ist die Geschäftsfähigkeit aus den gleichen Gründen abzulehnen. Insoweit ist den Stimmen in der Literatur, die sich gegen eine eigene Willenserklärung aussprechen[472], zuzustimmen.

467 *Eurex Clearing AG*, Common Report Engine, abrufbar unter http://www.eurexclearing.com/clearing-de/transaktionsmanagement/reporting/common-report-engine/.

468 Siehe hierzu: *Bauer*, Elektronische Agenten in der virtuellen Welt, S.44ff. m.w.N.

469 *Allen/Widdison*, Can Computers Make Contracts?, 9 Harv. J.L. & Tech. 1996, 26 (35ff.); *Bauer*, Elektronische Agenten in der virtuellen Welt, S.33ff., m.w.N.

470 *Cornelius*, Vertragsschluss durch autonome elektronische Agenten, MMR 2002, 353 (354).

471 *Fritzsche/Malzer*, Ausgewählte zivilrechtliche Probleme elektronisch signierter Willenserklärungen, DNotZ 1995, 3 (7), für die Datenverarbeitungsanlage.

472 *Kitz*, in: Hoeren/Sieber/Holznagel, Handbuch Multimedia-Recht, Teil 13.1, Rn.55; *Sester/Nitschke*, Software-Agent mit Lizenz zum…?, CR 2004, 548 (549); *Sorge*, Softwareagenten, S.36; *Cornelius*, Vertragsschluss durch autonome elektronische Agenten, MMR 2002, 353 (354); *Fritzsche/Malzer*, Ausgewählte zivilrechtliche Probleme elektronisch signierter Willenserklärungen, DNotZ 1995, 3 (7), für die Datenverarbeitungsanlage; *Singer*, in: Staudinger (Begr.), BGB, §§139–169, Vor.§§116ff., Rn.57; *Bauer*, Elektronische Agenten in der virtuellen Welt, S.45; kritisch auch *Kirn/Müller-Hengstenberg*, Intelligente (Software-) Agenten Teil 2, MMR 2014, 307 (308).

3. Zurechnung

Daher stellt sich die Frage, ob und wie die Erklärung dem Nutzer des elektronischen Agenten zuzurechnen ist. Für die Zurechnung der Erklärung eines elektronischen Agenten werden in der Literatur mehrere Ansätze vertreten. Für eine *Botenschaft* spricht zunächst die fehlende Geschäftsfähigkeit des elektronischen Agenten. Allerdings ist *Sester* und *Nitschke* zuzustimmen, wonach dieser nicht eine vorgefasste Willenserklärung übermittle, sondern selbst den konkreten Erklärungsinhalt in wesentlichem Umfang mitgestalte.[473] Eine Konstruktion über eine Willenserklärung *ad incertas personas* scheidet bereits wegen der aus den konkreten Einzelfallumständen entwickelten Annahmeerklärung aus. Hierdurch wird der Vertragspartner durch das Programm individuell ausgewählt. Weiterhin wird die Parallele zur *Blanketterklärung* betont[474], die von Literatur und Rechtsprechung als rechtswirksame Willenserklärung anerkannt wird. Bei einem Blankett vervollständigt ein Dritter eine bewusst noch unvollständige Willenserklärung des Unterzeichners, der allenfalls einen geringen Einfluss auf den endgültigen Inhalt der Erklärung hat.[475] Die Anwendung auf den elektronischen Agenten hat insoweit einen gewissen Charme, als diese Grundsätze erst Recht für ihn gelten müssten. Zwar wird dieser Ansatz auch kritisch betrachtet.[476] Allerdings wird von den Befürwortern zu Recht angeführt, dass der elektronische Agent durch die Programmierung derzeit noch weitgehenderen Kontrollmöglichkeiten obliegt, als ein unabhängig handelnder Mensch.[477] Dennoch kann diese Argumentation für den vorliegenden Fall nicht überzeugen. Denn der übermittelte Transaktionsdatensatz enthält bereits die konkreten Details des späteren Vertrags mit dem Clearingmitglied und der *Eurex Clearing AG*, insbesondere den Gegenstand, die Menge, den Preis und die Laufzeit. Der elektronische Agent, der die Risikoprüfung durchführt, hat auf diese Parameter keinen Einfluss, sondern soll eine ausreichende Besicherung gewährleisten.

Insgesamt ist den rechtswissenschaftlichen Stimmen zuzustimmen, die sich für eine Zurechnung wie bei der Computererklärung aussprechen.[478] Diese wird von

---

473 *Sester/Nitschke,* Software-Agent mit Lizenz zum…?, CR 2004, 548 (550).

474 *Brehm*, in: FS Niederländer, Zur automatisierten Willenserklärung, 233 (235); *Sester/Nitschke,* Software-Agent mit Lizenz zum…?, CR 2004, 548 (550).

475 *Wolf/Neuner*, BGB-AT, §50, Rn.100.

476 *Sorge*, Softwareagenten, S.79; *Clemens*, Die elektronische Willenserklärung, NJW 1985, 1998 (2001).

477 *Sester/Nitschke,* Software-Agent mit Lizenz zum…?, CR 2004, 548 (550).

478 *Cornelius,* Vertragsschluss durch autonome elektronische Agenten, MMR 2002, 353 (355); *Sester/Nitschke,* Software-Agent mit Lizenz zum…?, CR 2004, 548 (551).

der Software selbstständig erzeugt und elektronisch übermittelt, weshalb sie auch als Überbegriff des elektronischen Agenten verstanden wird.[479] Vor einigen Jahren zweifelte man noch daran, dass eine Erklärung durch einen Automaten überhaupt eine Willenserklärung im rechtlich-materiellen Sinne darstellen kann.[480] Heutzutage wird sie aber „zweifelsfrei" als echte Willenserklärung behandelt, die dem Nutzer zuzurechnen sei.[481] Der Handlungswille des Nutzers kommt dabei durch die Aktivierung der Software zum Ausdruck.[482] Zwar liegen sein Erklärungsbewusstsein und Geschäftswille im Zeitpunkt der Erklärung nicht vor. Gleichwohl reichen für die Zurechnung ein genereller Wille und das allgemeine Erklärungsbewusstsein des Nutzers aus[483], da sich der Nutzer des Programms zur Abgabe rechtserheblicher Erklärungen und zur Beschleunigung von Geschäftsabschlüssen bedient. Dies spiegelt den arbeitsteiligen Einsatz zwischen Mensch und Maschine als „gestrecktes Verfahren" wider.[484] Andererseits könnte man argumentieren, dass ein elektronischer Agent über einen größeren Entscheidungsspielraum verfügt, der nicht mit einer Computererklärung vergleichbar sei.[485] Nichtsdestotrotz ist die Vergleichbarkeit mit der Computererklärung – zumindest noch derzeit – überzeugend, da der elektronische Agent lediglich in einer durch die Programmierung vorgegebenen Bandbreite autonome Entscheidungen trifft.[486]

Demnach ist zu untersuchen, ob die Erklärung des elektronischen Agenten dem Nutzer zugerechnet werden kann. Dies ist im vorliegenden Fall der Betreiber des EDV-Systems. Beim börslichen Handel wird eine solche Zurechnung eher

---

479 *Spindler/Anton*, in: Spindler/Schuster, Recht der elektronischen Medien, Vor.§§116ff, Rn.6.

480 *Susat/Stolzenburg*, Gedanken zur Automation, MDR 1957, 146 (146).

481 *Singer*, in: Staudinger (Begr.), BGB, §§139–169, Vor.§§116ff., Rn.57; *Hefermehl*, in: Soergel (Begr.)/Siebert (Hrsg.), BGB, Vor.§§116, Rn.30; *Arnold*, in: Erman (Begr.), BGB, Vor.§§116ff., Rn.6; *Säcker*, in: Säcker/Rixecker, MüKo-BGB, Einleitung, Rn.184; *Ellenberger*, in: Palandt (Begr.), BGB, Vor.§116, Rn.1; *Wendtland*, in: Bamberger/Roth, BGB, §133, Rn.5; *Ahrens*, in; Prütting/Wegen/Weinreich, BGB, Vor.§§116ff., Rn.23; *Brehm*, in: FS Niederländer, Zur automatisierten Willenserklärung, 233 (235).

482 *Spindler/Anton*, in: Spindler/Schuster, Recht der elektronischen Medien, Vor.§§116ff, Rn.9.

483 *Sorge*, Softwareagenten, S.27; *Spindler/Anton*, in: Spindler/Schuster, Recht der elektronischen Medien, Vor.§§116ff, Rn.6,9.

484 *Cornelius*, Vertragsschluss durch autonome elektronische Agenten, MMR 2002, 353 (355).

485 *Sester/Nitschke*, Software-Agent mit Lizenz zum…?, CR 2004, 548 (550).

486 *Cornelius*, Vertragsschluss durch autonome elektronische Agenten, MMR 2002, 353 (355).

schwer möglich sein, da die *Eurex Clearing AG* nicht Betreiber des Börsen-EDV-Systems ist.[487] Dieses Argument vermag jedoch für den außerbörslichen Handel nicht zu überzeugen. Ausweislich der Allgemeinen Geschäftsbedingungen des Anschlussvertrages wird die Clearing-EDV von der *Eurex Clearing AG* im eigenen Verantwortungsbereich betrieben.[488] Zudem entspricht dies auch dem Wortlaut der Clearing-Bedingungen, wonach die *Eurex Clearing AG* den Novationsreport *selber erstellt* (vgl. Kap.VIII Abschn.1 Ziff.1.2.1 Abs.7 lit.g) CB-Eurex).[489] Eine Zurechnung entspricht auch dem Sinn und Zweck der Tätigkeit, da die *Eurex Clearing AG* durch die Novation Vertragspartei werden soll.

4. Wirksamkeit

Für die Wirksamkeit der Willenserklärung bedarf es weiterhin ihrer Abgabe und ihres Zugangs. Eine Willenserklärung ist abgegeben, wenn der Erklärenden nach außen erkennbar seinen Rechtsbindungswillen zum Ausdruck gebracht hat.[490] Die Aktivierung des elektronischen Agenten spiegelt dabei nur den generellen Willen des Nutzers wider. Eine endgültige Abgabe erfolgt daher erst, wenn dieser Wille durch den elektronischen Agenten konkretisiert wurde und er die Erklärung auf den Weg bringt.[491]

Weiterhin stellt sich die Frage des Zugangs. Nach den Clearing-Bedingungen wird die Novation rechtswirksam, indem der Novationsreport dem entsprechenden Clearingmitglied elektronisch zur Verfügung gestellt wurde (Kap.VIII Abschn.1 Ziff.1.2.2 CB-Eurex). Insofern verdeutlicht die Regelung, dass ein tatsächlicher Zugang der Annahmeerklärung notwendig ist, der nicht ausnahmsweise durch die Vertragsparteien gem. §151 BGB abbedungen wurde. Die elektronische Übermittlung und der Zugang von Willenserklärungen finden wegen ihrer

487 *Jobst*, Börslicher und außerbörslicher Derivatehandel mittels zentraler Gegenpartei, ILF Working Paper Series No.120, S.14.

488 Abschnitt A, §2 Abs.2 Allgemeine Geschäftsbedingungen zum Vertrag über die technische Anbindung an die Clearing-EDV der Eurex Clearing AG (Eurex Clearing) (Anschlussvertrag), 26.05.2014, abrufbar unter http://forms.eurexchange.com/xfmws/binary/de/07_Markets_Services_-_Member_Services_+_Admission/Clearing/Anschlussvertrag_AGBs_Preisverzeichnis_ueber_die_technische_Anbindung_an_die_Clearing_EDV_der_Eurex_Clearing_AG_%28Anschlussvertrag%29.pdf.

489 *„(…) einen von der Eurex Clearing AG (…) erstellen Bericht (…)“.*

490 *Wolf/Neuner*, BGB-AT, §33, Rn.3.

491 *Cornelius*, Vertragsschluss durch autonome elektronische Agenten, MMR 2002, 353 (356); *Sester/Nitschke*, Software-Agent mit Lizenz zum…?, CR 2004, 548 (551).

Zeitverzögerung regelmäßig unter Abwesenden statt.[492] Dies ist auch vorliegend der Fall, da der Novationsreport in einem elektronischen Register zur Verfügung gestellt wird.[493] Elektronische Willenserklärungen werden nach der Übermittlung durch elektrische Impulse am Empfangsort gespeichert und wieder wahrnehmbar gemacht.[494] Daher handelt es sich um verkörperte Erklärungen, auf die die Empfangstheorie anwendbar ist.[495] Hiernach liegt der Zugang vor, wenn die Erklärung so in den Machtbereich des Empfängers gelangt ist, dass er die Möglichkeit der Kenntnisnahme hat.[496] Durch die *Common Report Engine* werden die Berichte zum manuellen oder automatisierten Download zur Verfügung gestellt. Dabei können die Clearingmitglieder über eine angebundene Netzwerkstandleitung oder über das Internet, mit Hilfe einer speziellen Client-Software, darauf zugreifen.[497] Dementsprechend besteht mit Einstellung des Reports auch die Möglichkeit der Kenntnisnahme, sodass ein Zugang der Annahmeerklärung vorliegt. Nach alledem ist in der Erstellung des Novationsreports die Annahmeerklärung eines elektronischen Agenten zu sehen, die der *Eurex Clearing AG* zuzurechnen ist.[498]

---

492 *Herwig*, Zugang und Zustellung in elektronischen Medien, MMR 2001, 145 (145); *Geis*, Die digitale Signatur, NJW 1997, 3000 (3000).

493 *Anmerkung*: Demnach wäre es unzutreffend, den Report als bloße Wissenserklärung in Form der Bestätigung des zuvor wirksam zustande gekommenen Geschäfts zu sehen. Im börslichen Handel kann sich dies anders darstellen (vgl. *Tiedemann*, Die Stellung des zentralen Kontrahenten im deutschen und englischen Effektenhandel, S.79, im Hinblick auf die Geschäftsbestätigung, die durch *XETRA* verschickt wird; *Jobst*, Börslicher und außerbörslicher Derivatehandel mittels zentraler Gegenpartei, ILF Working Paper Series No.120, S.13, für die automatische Benachrichtigung des *matchings* beim börslichen Handel).

494 *Spindler/Anton*, in: Spindler/Schuster, Recht der elektronischen Medien, §130, Rn.2.

495 *Spindler/Anton*, in: Spindler/Schuster, Recht der elektronischen Medien, §130, Rn.2.

496 BGH NJW 1998, 976 (977) (St. Rspr); *Einsele*, in: Säcker/Rixecker, MüKo-BGB, §130, Rn.16.

497 *Eurex Clearing AG*, Common Report Enginge, abrufbar unter http://www.eurexclearing.com/clearing-de/transaktionsmanagement/reporting/common-report-engine/.

498 *Anmerkung*: Da die zentrale Gegenpartei selbst eine Willenserklärung abgibt, erübrigt sich die Frage, ob sie sich lediglich passiv von den Clearingmitgliedern vertreten lässt. Dieses von *Rinker* postulierte Stellvertretermodell, welches im Zusammenhang mit dem börslichen Handel derivativer Produkte steht, lässt sich mit den heutigen technischen und rechtlichen Gegebenheiten im OTC-Zinsderivatbereich nicht in Einklang bringen. Siehe hierzu: *Rinker*, Vertragsschluss im börslichen elektronischen Handelssystem, S.150, Rn.339.

D. Beendigungsrecht

Der *Eurex Clearing AG* wird zudem das Recht eingeräumt, unter bestimmten Voraussetzungen[499] die Transaktion zu beenden, wenn ein in den Clearing-Vereinbarungen genanntes Novationskriterium nicht vorliegt. Dies geschieht dann durch eine Mitteilung an das Clearingmitglied bzw. die Clearingmitglieder, wobei neben der Schriftform auch die elektronische Form genügt (vgl. Kap.VIII Abschn.1 Ziff.1.2.3 Abs.2 CB-Eurex). Hierbei kann zwischen allgemeinen (vgl. Kap.VIII Abschn.1 Ziff.1.2.3 CB-Eurex) und speziellen Novationskriterien im Hinblick auf OTC-Zinsderivate (Kap.VIII Abschn.2 Ziff.2.1.4.1 CB-Eurex) unterschieden werden. In diesem Zusammenhang argumentiert *Jobst*, dass es sich bei den Novationskriterien um vertraglich vereinbarte aufschiebende Bedingungen i.S.d. §158 Abs.1 BGB in Bezug auf die Annahmeerklärung handele.[500] Eine aufschiebende Bedingung liegt vor, wenn die Beteiligten vereinbaren, dass die beabsichtigten Rechtswirkungen erst eintreten sollen, wenn sich die als Bedingung gemachten Umstände realisieren.[501] Der rechtsgeschäftliche Tatbestand wird vor dem Eintritt als vollendet betrachtet, wobei die vereinbarten Umstände die *Wirkung* des Rechtsgeschäfts in Kraft setzen, ohne dass es noch auf den Willen der Beteiligten ankäme.[502] Ob eine Bedingung vereinbart wurde, ist durch Auslegung gem. §§133, 157 BGB zu ermitteln, wobei vorausgesetzt wird, dass das zukünftige Ereignis sowohl objektiv als auch nach der Vorstellung des Erklärenden ungewiss ist.[503]

Legt man diese Maßstäbe zugrunde, so ist die rechtliche Beurteilung der Novationskriterien als aufschiebende Bedingungen – zumindest bei OTC-Zinsderivaten im Geschäftsmodell der *Eurex Clearing AG* – nicht überzeugend. Die Befürworter führen an, dass die zentrale Gegenpartei die Möglichkeit habe, die Novation abzulehnen, sofern die Kriterien nicht erfüllt seien.[504] Zwar lässt sich hierfür der

---

499 *Anmerkung*: Dies ist der Fall, sofern keine der beiden durch Novation des ursprünglichen OTC-Geschäfts begründeten CCP-Transaktionen Gegenstand einer Verrechnung oder Zusammenfassung gemäß Kap.VIII Abschn.2 Ziff.2.5 oder einer Übertragung oder Änderung gemäß Kap.VIII, Abschn.2 Ziff.2.6 war (vgl. Kap.VIII Abschn.1 Ziff.1.2.3 Abs.2 CB-Eurex).

500 *Jobst*, Börslicher und außerbörslicher Derivatehandel mittels zentraler Gegenpartei, ILF Working Paper Series No.120, S.29.

501 *Dörner*, in: Schulze/Dörner/Ebert/Eckert, BGB, §158, Rn.7.

502 *Westermann*, in: Säcker/Rixecker, MüKo-BGB, §158, Rn.8.

503 *Rövekamp*, in: Bamberger/Roth, BGB, §158, Rn.3.

504 *Jobst*, Börslicher und außerbörslicher Derivatehandel mittels zentraler Gegenpartei, ILF Working Paper Series No.120, S.29.

Wortlaut der Clearing-Bedingungen anführen, wonach die Annahme des ursprünglichen OTC-Geschäfts zur Einbeziehung in das Clearing den Novationskriterien unterliegt (vgl. Kap.VIII Abschn.1 Ziff.1.2.1 Abs.3 CB-Eurex). Gleichzeitig spricht die Vorschrift davon, dass der Transaktionsdatensatz an sich nicht durch die *Eurex Clearing AG* auf seine Richtigkeit überprüft werde. Zudem ist eindeutig geregelt, dass die Novation *wirksam* ist, selbst wenn die postulierten Kriterien nicht vorliegen sollten (vgl. Kap.VIII Abschn.1 Ziff.1.2.3 Abs.2 CB-Eurex).[505] Dies entspricht zudem den oben analysierten neuen technischen Gegebenheiten beim *clearing* und der Erstellung des Novationsreports. Entscheidendes Kriterium, ob der Report erstellt wird und mithin die Novation durchgeführt wird, ist das positive Ergebnis des *Incremental Risk Checks*. Hieraus ergibt sich für die *Eurex Clearing AG* das Recht, ein ihr angetragenes OTC-Zinsderivatgeschäft abzulehnen.[506] Folglich sprechen die besseren Argumente dafür, dass der *Eurex Clearing AG* ein vertragliches Beendigungsrecht eingeräumt wird, wobei die Novationskriterien die Beendigungsgründe bilden.[507] Da der Zinssatzswap wegen seiner periodisch zu erbringenden Leistungen in der Literatur teilweise als echtes Dauerschuldverhältnis charakterisiert wird[508], ihm jedoch zumindest ein Dauerschuldcharakter zukommt[509], ist ein Beendigungsrecht in Form der Kündigung einschlägig. Diese Konstruktion steht zudem im Einklang mit den internationalen Regulierungsbemühungen im Bereich der OTC-Derivate. Nach diesen Bestrebungen sollen grundsätzlich alle standardisierten OTC-Derivatgeschäfte über eine zentrale

505 *„Ist ein Novationskriterium nicht erfüllt, aber der entsprechende OTC Novation Report dennoch über das System der Eurex Clearing AG zur Verfügung gestellt worden und die Novation dementsprechend wirksam, so ist die Eurex Clearing AG berechtigt, die CCP-Transaktion (…) zu beenden (…).“*

506 *Anmerkung*: Allerdings kann in dieser Risikoprüfung denklogisch keine aufschiebende Bedingung der Annahme gesehen werden, da sie zeitlich vor der erklärten Annahme in Form des Novationsreports durchgeführt wird.

507 *Anmerkung*: Hierbei handelt es sich auch nicht um eine auflösende Bedingung der Novation, da diese von dem Willen der Parteien unabhängig Wirkung entfaltet. Nach dem Sinn und Zweck der Regelungen soll der *Eurex Clearing AG* allerdings ein von ihrem Willen abhängiges Ausübungsrecht eingeräumt werden.

508 *Jahn*, in: Schimansky/Bunte/Lwowski, Bankrechts-Handbuch, §114, Rn.76; *Decker*, Zinssatz- und Währungsswaps unter rechtlichen Aspekten, WM 1990, 1001 (1007).

509 *Lenenbach*, Kapitalmarktrecht, S.744, Rn.9.161; *Böhm/Bergfort*, in: Assies/Beule/Heise/Strube, Handbuch des Fachanwalts Bank- und Kapitalmarktrecht, S.1430, Rn.522; *Neuhaus*, in: Hellner/Steuer, BuB, Rn.7/1013. Diese Ansicht geht von einem unechten Dauerschuldverhältnis aus, da die Höhe der Zahlungen zu Vertragsbeginn noch nicht eindeutig bestimmt werden kann.

Gegenpartei abgewickelt werden. Insofern ist es in rechtlicher Hinsicht konsequent, wenn grundsätzlich eine unbedingte Annahme erfolgt, wobei der zentrale Kontrahent durch die vorherige Risikoprüfung vor finanziellen Risiken geschützt wird. Sollte sich jedoch im Nachhinein herausstellen, dass die postulierten Novationskriterien nicht vorgelegen haben, so kann sich die zentrale Gegenpartei dafür entscheiden, das Geschäft zu beenden.

§3 Schlussfolgerungen und Zusammenfassung

Die bisherigen rechtlichen Konstruktionen zum Vertragsschluss zwischen der *Eurex Clearing AG* und ihren Clearingmitgliedern im Hinblick auf Zinssatzswaps können nicht überzeugen. Insbesondere können die für den börslichen Bereich entwickelten Ansätze nicht ohne Weiteres auf das außerbörsliche Segment übertragen werden. Vielmehr müssen die Besonderheiten der außerbörslichen Abwicklung, die Wertungen der internationalen Reformen, und insbesondere die technischen Gegebenheiten der zentralen Gegenpartei, zu einem *neuen Ansatz* führen. Nach den gewonnen Erkenntnissen stellt sich der Vertragsschluss in zivilrechtlicher Hinsicht wie folgt dar:

Zunächst wird das ursprünglich zwischen den Parteien außerbörslich geschlossene Geschäft auf die *Eurex Clearing AG* als zentrale Gegenpartei im Wege der *abstrakten Novation* übertragen. Das Angebot wird durch einen von den Parteien zuvor bestimmten Erklärungsboten übermittelt. Daraufhin erfolgt die Annahme der *Eurex Clearing AG*. Dabei liegt weder ein Fall des beredten Schweigens noch der antizipierten oder konkludenten Annahme vor. Vielmehr erfolgt die Annahme durch einen *elektronischen Agenten*, die der *Eurex Clearing AG* zuzurechnen ist. Hierfür sprechen die seit August 2013 eingeführten technischen Neuerungen, die ein *clearing* in nahezu Echtzeit ermöglichen sollen. Vor diesem Hintergrund wird vor der Hereinnahme des Geschäfts ereignisspezifisch im Rahmen eines *Incremental Risk Checks* geprüft, ob eine ausreichende Besicherung vorhanden ist. Nur bei positivem Ergebnis wird ein *OTC-Novation Report* erstellt und die Novation nach den ausdrücklichen Vorgaben der Clearing-Bedingungen wirksam. Zwar gibt der elektronische Agent keine eigene Willenserklärung ab. Da die *Eurex Clearing AG* ausweislich der Allgemeinen Geschäftsbedingungen des Anschlussvertrags die Clearing-EDV im eigenen Verantwortungsbereich betreibt, kann die Erklärung ihr jedoch zugerechnet werden. Nach den auf diesen Fall anzuwendenden *Zurechnungsgrundsätzen der Computererklärung* liegen der generelle Wille und das allgemeine Erklärungsbewusstsein der *Eurex Clearing AG* vor. Der generelle Handlungswille kommt durch die Aktivierung der Software zum Ausdruck. Gleichzeitig ist das allgemeine Erklärungsbewusstsein gegeben, da das Programm gerade die Abgabe rechtserheblicher Erklärungen und die Beschleunigung von Geschäftsabschlüssen bezweckt. Die *Abgabe* der Annahmeerklärung erfolgt nach der Konkretisierung durch die Software, wobei sie durch die Zurverfügungstellung des *OTC-Novation Reports* über die *Common Report Engine*, auf die die jeweiligen Clearingmitglieder zugreifen können, *zugeht*. Sollte sich herausstellen, dass die in den Clearing-Bedingungen aufgeführten Novationskriterien für Zinssatzswaps nicht vorgelegen haben, kann der *Eurex Clearing AG* ein *Beendigungsrecht* in Form der Kündigung zustehen.

Kapitel 2 – Elemente der neuen internationalen Marktinfrastruktur im Vergleich

„Erfahrung nährt die Vorsicht."

Elfriede Hablé, *1934

Bisher wurden im ersten Kapitel die Grundlagen für die weitere Untersuchung gelegt. Es wurden die prägenden begrifflichen Merkmale derivativer Instrumente dargelegt, ihre Relevanz hervorgehoben und eine systematische Einordnung vorgenommen. Sowohl die Chancen als auch die Risiken dieser Finanzinstrumente wurden thematisiert und bestimmte Produktarten näher behandelt. Weiterhin wurde die Marktinfrastruktur für Derivate in Handel und Abwicklung untergliedert und deren wesentliche Merkmale herausgearbeitet. Dabei wurde insbesondere die Abwicklung über eine zentrale Gegenpartei näher beleuchtet. Letztlich wurde der Vertragsschluss zwischen dem zentralen Kontrahenten und seinen Clearingmitgliedern am Beispiel der *Eurex Clearing AG* für Zinssatzswaps in zivilrechtlicher Hinsicht analysiert und ein neuer Ansatz entwickelt.

Das zweite Kapitel soll nun auf den gewonnen Erkenntnissen aufbauen und die Reformen einzelner Jurisdiktionen im Hinblick auf den außerbörslichen Bereich für Derivate analysieren. Dabei sollen die Regelungen der Europäischen Union, der Vereinigten Staaten von Amerika und Singapur in den Fokus der Betrachtung rücken und gegenübergestellt werden. Zudem soll sich die Untersuchung in sachlicher Hinsicht auf spezielle Bestandteile der Reform konzentrieren. Zu Beginn skizziert der erste Abschnitt die Entwicklung hin zu einem internationalen Regulierungsrahmen. Sodann wird der Anwendungsbereich der jeweiligen Regelungen gegenübergestellt. Daraufhin verschiebt sich der Blickwinkel auf die Umsetzung der Clearingverpflichtung. Ein weiterer gewinnbringender Aspekt der Betrachtung ist die Regulierung der zentralen Gegenpartei. Daher soll sich der letzte Abschnitt diesem wichtigen Bindeglied in der Infrastruktur widmen und entscheidende Gesichtspunkte beleuchten.

Abschnitt 1 – Die Genese eines internationalen Regulierungsrahmens

Dieser Abschnitt widmet sich den Rahmenbedingungen der neuen Marktinfrastruktur außerbörslicher Derivate und soll einen Überblick über deren Entwicklung geben. Anknüpfungspunkt ist dabei die weltweite Finanzkrise, anschließend wird der G20-Beschluss von *Pittsburgh* erläutert. Letztlich soll auf die jeweilige normative Umsetzung in den Vergleichsjurisdiktionen eingegangen werden.

§1 Die internationale Finanzkrise als Impulsgeber

Die internationalen Reformanstrengungen wurden durch die Auswirkungen der Finanzkrise von 2007 bis 2009 angestoßen. Es wäre zu kurz gegriffen, diese Bedrohung des weltweiten Finanzsystems allein auf die Verbriefungen von Kreditrisiken zurückführen zu wollen, vielmehr lag ein multikausales Ursachengeflecht vor, das die Krise in den Vereinigten Staaten von Amerika entfachte. In diesem Zusammenhang spielte die lockere Geld- und Zinspolitik der *Federal Reserve*, die zu einer Blase am Immobilienmarkt führte (*Housing-Bubble*), ebenso eine Rolle[510] wie die massenhafte Vergabe von Hypothekenkrediten an Schuldner mit geringer Bonität (*no income, no job, no assets, NINJA-loans*).[511] Durch neue Geschäftsmodelle wurden diese *subprime-Kredite* über viele Jahre im Rahmen von *collateralized debt obligations* (*CDOs*) verbrieft und tranchiert, wodurch Kreditrisiken ausgelagert werden konnten.[512] Gleichzeitig vergaben die namhaften Ratingagenturen für einzelne Tranchen zum Teil Höchstbewertungen. Daneben wurden *CDOs* oftmals durch Kreditausfallversicherungen abgesichert[513], sodass ein Verlust, gerade bei vermeintlich hochwertigen Tranchen, als nahezu undenkbar galt.[514] Vor allem Banken, aber auch kleinere Anleger auf der ganzen Welt investierten in großem Umfang in solche Produkte, ohne sich genügend mit den Risiken auseinanderzusetzen.

Nachdem die Immobilienblase platzte und die Schuldner ihre Kredite nicht mehr bedienen konnten, verschärften die internationalen Verflechtungen und Intransparenzen im Finanzsystem den Druck auf das globale Finanzsystem. Die darauffolgende Vertrauens- und Liquiditätskrise stürzte Marktteilnehmer auf der ganzen Welt in die Insolvenz und gipfelte in den USA im Zusammenbruch der Investmentbank *Lehman Brothers* im September 2008.[515]

---

510 *Wieland*, Die Zukunft Europas – Krise als Chance, JZ 2012, 213 (214); *Heise*, in: FS Rudolph, Die Finanzkrise – Ursachen und mögliche Lösungen, 43 (44).

511 *Schüwer/Steffen*, in: Zerey, Finanzderivate, S.63, Rn.49.

512 Siehe hierzu: *Ciro*, The Global Financial Crisis, S.82ff.

513 *Litten/Schwenk*, EMIR (Teil 2), DB 2013, 918 (918).

514 *Schüwer/Steffen*, in: Zerey, Finanzderivate, S.63, Rn.48.

515 *Sauer/Wittemann*, in: Assies/Beule/Heise/Strube, Handbuch des Fachanwalts Bank- und Kapitalmarktrecht, S.15, Rn.40.

§2 Der G20-Beschluss von Pittsburgh

Die Auswirkungen der Finanzkrise spiegelten sich auch auf politischer Ebene wider. Im September 2009 trafen sich die Staats- und Regierungschefs der 20 politisch und wirtschaftlich wichtigsten Länder im US-amerikanischen *Pittsburgh*. Auf diesem G20-Gipfel wurden weitreichende Beschlüsse getroffen, die die Ursachen der Krise bekämpfen sollten. Ein Aspekt bildete dabei die Regulierung außerbörslich gehandelter Derivate. Es wurde beschlossen, für diese Derivatarten eine internationale Reform der Marktinfrastruktur zu schaffen und ihnen einen einheitlichen Rahmen zugrunde zu legen. Da die Konsequenzen so erheblich sind, wurde bereits von einer „Revolution"[516] auf dem OTC-Derivatmarkt gesprochen.

In der Abschlusserklärung der Staats- und Regierungschefs wurden insbesondere drei Bausteine dieser neuen, weltweiten Regulierung von OTC-Derivaten genannt.[517] Die Finanzkrise offenbarte, dass es durch die internationalen Verflechtungen der Marktteilnehmer zu weltweiten Ansteckungseffekten kommen kann, die ganze Volkswirtschaften bedrohen können. Als erster Baustein sollten daher die Ausfallrisiken einzelner Marktteilnehmer reduziert werden, indem eine Abwicklung über zentrale Gegenparteien erfolgt. Marktteilnehmer werden durch eine solche Regelung verpflichtet, außerbörslich gehandelte Derivate über Intermediäre abzuwickeln. Als wichtige Einschränkung soll sich diese Verpflichtung jedoch auf standardisierte Derivate beschränken.[518] Weiterhin zeigte sich, dass der Markt für OTC-Derivate sehr intransparent ist, was in Krisenzeiten zu einem erheblichen Vertrauensverlust und Zusammenbrüchen führen kann. Daher enthält die Abschlusserklärung die Verpflichtung, weltweit Register einzuführen, die die einzelnen Transaktionen aufführen, um somit vor einer Anbahnung systemischer Risiken sowie vor Marktmissbrauch und undurchsichtigen Marktstrukturen zu schützen. Als zweiter Baustein sollen Derivatverträge, die weiterhin bilateral abgewickelt werden, mit höheren finanziellen Mitteln unterlegt werden. Offensichtlich soll mit diesem Instrument einerseits der Anreiz zur zentralen Abwicklung gesteigert und andererseits das Ausfallrisiko einzelner Akteure reduziert werden.

---

516 *Geier*, Regulierung des OTC-Derivatemarktes, Handelsblatt Blog, 30.07.2012, abrufbar unter http://blog.handelsblatt.com/rechtsboard/category/gastbeitrage/bernd-geier/.

517 *The Group of Twenty*, Leaders' Statement, S.9, abrufbar unter https://www.g20.org/sites/default/files/g20_resources/library/Pittsburgh_Declaration_0.pdf.

518 *The Group of Twenty*, Leaders' Statement, S.14, abrufbar unter https://www.g20.org/sites/default/files/g20_resources/library/Pittsburgh_Declaration_0.pdf.

Da der weltweite Markt für Derivate ein erhebliches Volumen und mithin auch finanzielles Risikopotential birgt, soll in einem dritten Schritt der Handel reformiert werden. Um eine bessere Überwachung und neue Eingriffsmöglichkeiten zu gewährleisten, sollen bestimmte Derivatkategorien zukünftig über Börsen und elektronische Handelsplattformen gehandelt werden. Für diese Untersuchung soll der erste Baustein des G20-Beschlusses von *Pittsburgh* im Vordergrund stehen. Daher wird im Rahmen dieser Betrachtung nicht auf die höhere Eigenkapitalunterlegung für bilateral abgewickelte Derivate eingegangen. Auch werden die Handelsreformen, die im Rahmen des MiFID-II Pakets auf europäischer Ebene eingearbeitet wurden, nicht näher beleuchtet.

Der internationale Reformprozess soll durch das *Financial Stability Board* begleitet und bewertet werden. Dem *Financial Stability Board*, das 2009 als Nachfolgerin des *Financial Stability Forums* gegründet wurde, gehören zahlreiche Mitglieder rund um den Globus an, auf deutscher Seite die *Deutsche Bundesbank*, die *BaFin* und das *Bundesministerium für Finanzen*.[519] Im Hinblick auf die OTC-Derivatreform hat es bis dato acht Fortschrittsberichte veröffentlicht, in denen die weltweiten Regulierungsreformen beschrieben werden.[520] Daneben hat die *European Securities and Market Authority* (*ESMA*) Studien veröffentlicht, die die Äquivalenz ausländischer Regelungen mit europäischen Vorschriften beschreibt.[521]

§3 Normative Umsetzung

Seit dem G20-Beschluss von *Pittsburgh* wurden in vielen Ländern entsprechende Regulierungen entwickelt. Die Fortschritte und die erreichten Ziele wurden zuletzt auf dem G20-Gipfel in *Brisbane* im Novemeber 2014 von den Staats- und Regierungschefs ausdrücklich begrüßt.[522] In der Europäischen Union trat am

519 *FSB*, Members, abrufbar unter http://www.financialstabilityboard.org/about/fsb_members.htm.

520 Für Einzelheiten siehe: http://www.financialstabilityboard.org/.

521 *ESMA*, Technical advice - Singapore, abrufbar unter http://www.esma.europa.eu/system/files/2013-1161technical_advice_on_third_country_regulatory_equivalence_under_emir_singapore.pdf; *ESMA*, Technical advice - US, abrufbar unter http://www.esma.europa.eu/system/files/2013-1157_technical_advice_on_third_country_regulatory_equivalence_under_emir_us.pdf.

522 *The Group of Twenty*, G20 Leaders' Communiqué, S.2, https://www.g20.org/sites/default/files/g20_resources/library/brisbane_g20_leaders_summit_communique.pdf.

16.08.2012 die *European Market Infrastructure Regulation* (EMIR) in Kraft[523], die das Herzstück der europäischen OTC-Derivatregulierung darstellt und nicht umsonst als „Grundgesetz des Derivatehandels“[524] bezeichnet wird. Die Anfänge der Regulierung lassen sich bereits auf das Jahr 2009 zurückführen, wobei sich die Entstehungsgeschichte stellenweise kompliziert darstellte. So scheiterten beispielsweise die Trilog-Verhandlungen zwischen Europäischer Kommission, Europäischen Parlament und Rat im Januar 2012.[525] Derzeit werden einzelne Aspekte von EMIR im Rahmen des MiFID-II Pakets überarbeitet. Hier ist insbesondere die bereits angesprochene MiFIR zu nennen. In Deutschland ist das EMIR-Ausführungsgesetz[526] am 16.02.2013 in Kraft getreten, das sicherstellen soll, dass die Vorgaben von EMIR auf nationaler Ebene durchgeführt werden. Der Gesetzgebungsprozess lief in Deutschland im Vergleich zur Europäischen Union harmonischer ab und war vor dem Hintergrund besonderer Eilbedürftigkeit geprägt. Es vergingen lediglich knapp drei Monate von der Entwurfsvorlage bis zur Verabschiedung des Gesetzes.[527] In den Vereinigten Staaten von Amerika wurde am 21.07.2010 der *Dodd-Frank Wall Street Reform and Consumer Protection Act (Dodd-Frank Act, DFA*[528]*)* verabschiedet.[529] Bis zum Ausbruch der Finanzkrise herrschte in den USA ein äußerst liberaler Ansatz in der Finanzmarktregulierung. Der Markt für OTC-Derivate und deren Teilnehmer waren

---

523 Verordnung (EU) Nr.648/2012 des Europäischen Parlaments und des Rates über OTC-Derivate, zentrale Gegenparteien und Transaktionsregister, ABl.EU vom 27.02.2012 Nr.L 201/1.

524 *Speicher-Utsch/Harnischfeger*, Das Grundgesetz des Derivatehandels, Financial Times Deutschland vom 17.08.2012, abrufbar unter http://www.ftd.de/finanzen/derivate/:erneuertes-regelwerk-das-grundgesetz-des-derivatehandels/70077682.html (zuletzt am 03.07.2013).

525 Siehe hierzu: *CEP*, OTC-Derivate, abrufbar unter http://www.cep.eu/fileadmin/user_upload/CEP-Monitor/KOM_2010_484_Derivate/KOM_2010-_484_Trilogverhandlungen_31.01.2012.pdf.

526 Ausführungsgesetz zur Verordnung (EU) Nr. 648/2012 über OTC-Derivate, zentrale Gegenparteien und Transaktionsregister, BGBl. I 2013, S.174.

527 BT-Drs.17/11289.

528 *Anmerkung*: Der Name des Gesetzes ist auf *Christopher Dodd*, den damaligen Vorsitzenden des Ausschusses für Banken und *Barney Frank*, damaliger Vorsitzender des Ausschusses für Finanzdienstleistungen im Repräsentantenhaus, zurückzuführen (siehe hierzu: *Turner*, Dodd-Frank and International Regulatory Convergence, 57 N.Y.L. Sch. L. Rev. (2013), 391 (412)).

529 Dodd-Frank Wall Street Reform and Consumer Protection Act, abrufbar unter http://www.cftc.gov/ucm/groups/public/@swaps/documents/file/hr4173_enrolledbill.pdf.

weitestgehend unbeaufsichtigt und unreguliert. Dieser „*laissez-faire* Gedanke“[530] beruhte auf der Annahme, dass derivative Instrumente ein Motor für ökonomisches Wachstum seien. Nunmehr werden in *Title VII* des *Dodd-Frank Act* zahlreiche regulative Rahmenbedingungen postuliert. Der *Dodd-Frank Act* führte zu zahlreichen Änderungen des *Commodity Exchange Act* (CEA)[531] und *Securities Exchange Act* (SEA)[532]. Obwohl Singapur nicht Mitglied der G20-Gruppe ist, wurden dort die internationalen Reformen im Rahmen der *Securities and Futures (Amendment) Bill 2012* aufgegriffen.[533] Diese wurde am 15.11.2012 vom singapurischen Parlament verabschiedet und führte zu Änderungen des *Securities and Futures Act* (SFA)[534].

Vor allem im Bereich der Finanzmarktregulierung hat sich in den letzten Jahren ein Trend zur Normsetzung auf Aufsichtsebene herausgebildet. Der Gesetzgeber beschränkt sich in der Regel auf die Grundpfeiler sowie auf allgemeine Vorgaben und delegiert die Ausarbeitung von Details an die Aufsichtsbehörden. Diese Entwicklung kann bei der Regulierung von OTC-Derivaten in allen Vergleichsjurisdiktionen ausgemacht werden. In der Europäischen Union wurde *ESMA* für diverse Bereiche mit der Ausarbeitung technischer Regulierungsstandards betraut. Diese bildeten die Grundlage für Delegierte Verordnungen der Europäischen Kommission. In einem ersten Schritt wurden sechs Delegierte Verordnungen erlassen, die überwiegend am 15.03.2013 in Kraft getreten sind und sich unter anderem mit Einzelheiten für die zentrale Gegenpartei befassen.[535]

---

530 *Duff/Zaring*, New Paradigms and Familiar Tools in the New Derivatives Regulation, 81 Geo. Wash. L. Rev. (2013), 677 (699).

531 7 U.S.C. Chapter 1, §1 et seq.

532 15 U.S.C. Chapter 2B, §78 et seq.

533 Bill No.31/2012, Securities and Futures (Amendment) Bill 2012, abrufbar unter http://www.parliament.gov.sg/sites/default/files/Securities%20and%20Futures%20%28Amendment%29%20Bill%2031-2012.pdf.

534 Singapore Statutes Chapter 289.

535 Delegierte Verordnung (EU) Nr.149/2013 der Kommission vom 19.12.2012 zur Ergänzung der Verordnung (EU) Nr. 648/2012 des Europäischen Parlaments und des Rates im Hinblick auf technische Regulierungsstandards für indirekte Clearingvereinbarungen, die Clearing pflicht, das öffentliche Register, den Zugang zu einem Handelsplatz, nichtfinanzielle Gegenparteien und Risikominderungstechniken für nicht durch eine CCP geclearte OTC-Derivatkontrakte, bl.EU vom 23.02.2013, Nr.L 52/11; Delegierte Verordnung (EU) Nr.150/2013 der Kommission vom 19.12.2012 zur Ergänzung der Verordnung (EU) Nr. 648/2012 des Europäischen Parlaments und des Rates über OTC-Derivate, zentrale Gegenparteien und Transaktionsregister durch technische Regulierungsstandards, in denen die Einzelheiten eines

Seither wurden fünf weitere Delegierte Verordnungen erlassen, die unter anderem Regelungen über Transaktionsregister enthalten.[536] Daneben existieren drei

---

Antrags auf Registrierung als Transaktionsregister festgelegt werden, Abl.EU vom 23.02.2013, Nr.L 52/25; Delegierte Verordnung (EU) Nr.151/2013 der Kommission vom 19.12.2012 zur Ergänzung der Verordnung (EU) Nr. 648/2012 des Europäischen Parlaments und des Rates über OTC-Derivate, zentrale Gegenparteien und Transaktionsregister im Hinblick auf technische Regulierungsstandards für die von Transaktionsregistern zu veröffentlichenden und zugänglich zu machenden Daten sowie operationelle Standards für die Zusammenstellung und den Vergleich von Daten sowie den Datenzugang, Abl.EU vom 23.02.2013, Nr.L 52/33; Delegierte Verordnung (EU) Nr.152/2013 der Kommission vom 19.12.2012 zur Ergänzung der Verordnung (EU) Nr. 648/2012 des Europäischen Parlaments und des Rates im Hinblick auf technische Regulierungsstandards für die Eigenkapitalanforderungen an zentrale Gegenparteien, Abl.EU vom 23.02.2013, Nr.L 52/37; Delegierte Verordnung (EU) Nr.153/2013 der Kommission vom 19.12.2012 zur Ergänzung der Verordnung (EU) Nr. 648/2012 des Europäischen Parlaments und des Rates in Bezug auf technische Regulierungsstandards für Anforderungen an zentrale Gegenparteien, Abl.EU vom 23.02.2013, Nr.L 52/41.

536 Delegierte Verordnung (EU) Nr.1002/2013 der Kommission vom 12.07.2013 zur Änderung der Verordnung (EU) Nr. 648/2012 des Europäischen Parlaments und des Rates über OTC-Derivate, zentrale Gegenparteien und Transaktionsregister in Bezug auf die Liste der von ihrem Anwendungsbereich ausgenommenen Stelle, Abl.EU vom 19.10.2013, Nr.L 279/2; Delegierte Verordnung (EU) Nr.1003/2013 der Kommission vom 12.07.2013 zur Ergänzung der Verordnung (EU) Nr. 648/2012 des Europäischen Parlaments und des Rates in Bezug auf die Gebühren, die den Transaktionsregistern von der Europäischen Wertpapier- und Marktaufsichtsbehörde in Rechnung gestellt werden, Abl.EU vom 19.10.2013, Nr.L 279/4; Delegierte Verordnung (EU) Nr.1002/2013 der Kommission vom 28.05.2013 zur Ergänzung der Verordnung (EU) Nr. 648/2012 des Europäischen Parlaments und des Rates im Hinblick auf technische Regulierungsstandards bezüglich Kollegien für zentrale Gegenparteien, Abl.EU vom 13.09.2013, Nr.L 244/19; Delegierte Verordnung (EU) Nr.285/2014 der Kommission vom 13.02.2014 zur Ergänzung der Verordnung (EU) Nr. 648/2012 des Europäischen Parlaments und des Rates im Hinblick auf technische Regulierungsstandards in Bezug auf unmittelbare, wesentliche und vorhersehbare Auswirkungen von Kontrakten innerhalb der Union und die Verhinderung der Umgehung von Vorschriften und Pflichten, Abl.EU vom 21.03.2014, Nr.L 85/1; Delegierte Verordnung (EU) Nr.667/2014 der Komission vom 13.3.2014 zur Ergänzung der Verordnung (EU) Nr. 648/2012 des Europäischen Parlaments und des Rates im Hinblick auf Verfahrensvorschriften für von der Europäischen Wertpapier- und Marktaufsichtsbehörde (ESMA) Transaktionsregistern auferlegte Sanktionen, einschließlich Vorschriften über das Verteidigungsrecht und Fristen, Abl.EU vom 19.06.2014, Nr.L 179/31.

Durchführungsverordnungen, die technische Durchführungsstandards festlegen und am 10.01.2013 in Kraft getreten sind.[537] Darüber hinaus existieren von *ESMA* erstellte Auslegungsstandards, die eine einheitliche Anwendung und Interpretation von EMIR und der Delegierten Verordnungen und Durchführungsstandards gewährleisten soll.[538] Auch in Singapur wurden bisher drei sogenannte *regulations* erlassen, die Einzelheiten für zentrale Gegenparteien festlegen.[539] Zudem werden derzeit noch weitere Regelungsbereiche, insbesondere im Hinblick auf die Clearingpflicht entworfen. Die Vereinigten Staaten von Amerika haben von der Möglichkeit behördlicher Regulierungen in vergleichsweise großem Umfang Gebrauch gemacht. So erließen die Aufsichtsbehörden *CFTC* und *SEC* zahlreiche Konkretisierungen in den verschiedenen Bereichen.[540] Nachfolgend werden auch diese Regelungen an einschlägiger Stelle in die Untersuchung eingearbeitet, um ein umfassendes Bild der Regulierungen zu geben.

---

537 Durchführungsverordnung (EU) Nr.1247/2012 der Kommission vom 19.12.2012 zur Festlegung technischer Durchführungsstandards im Hinblick auf das Format und die Häufigkeit von Transaktionsmeldungen an Transaktionsregister gemäß der Verordnung (EU) Nr. 648/2012 des Europäischen Parlaments und des Rates über OTC-Derivate, zentrale Gegenparteien und Transaktionsregister, Abl.EU vom 21.12.2012, Nr.L 352/20; Durchführungsverordnung (EU) Nr.1248/2012 der Kommission vom 19.12.2012 zur Festlegung technischer Durchführungsstandards für das Format von Anträgen auf Registrierung von Transaktionsregistern gemäß der Verordnung (EU) Nr. 648/2012 des Europäischen Parlaments und des Rates über OTC-Derivate, zentrale Gegenparteien und Transaktionsregister, Abl.EU vom 21.12.2012, Nr.L 352/30; Durchführungsverordnung (EU) Nr.1249/2012 der Kommission vom 19.12.2012 zur Festlegung technischer Durchführungsstandards im Hinblick auf das Format der gemäß der Verordnung (EU) Nr.648/2012 des Europäischen Parlaments und des Rates über OTC-Derivate, zentrale Gegenparteien und Transaktionsregister von zentralen Gegenparteien aufzubewahrenden Aufzeichnungen, Abl.EU vom 21.12.2012, Nr.L 352/32.

538 *ESMA*, Questions and Answers Implementation of the Regulation (EU) No 648/2012 on OTC derivatives, central counterparties and trade repositories (EMIR), 24.10.2014, abrufbar unter http://www.esma.europa.eu/system/files/2014-1300_qa_xi_on_emir_implementation_october_2014.pdf.

539 Securities and Futures (Clearing Facilities) Regulations 2013; Securities and Futures (Clearing Facilities) (Savings and Transitional Provisions) Regulations 2013; Securities and Futures (Clearing Facilities) (Exemption) Regulations 2013. *Anmerkung*: Für einen Überblick siehe: http://www.mas.gov.sg/regulations-and-financial-stability/regulations-guidance-and-licensing.aspx.

540 *Anmerkung*: Für einen Überblick siehe: https://www.sec.gov/spotlight/dodd-frank/derivatives.shtml sowie http://www.cftc.gov/LawRegulation/DoddFrankAct/Dodd-FrankFinalRules/index.htm.

§4 Zusammenfassung

Die globale Finanzkrise fungierte als Impulsgeber für einen internationalen Regulierungsansatz zur Entwicklung einer neuen Marktinfrastruktur für außerbörsliche Derivate. Der Grundstein wurde durch den G20-Beschluss von *Pittsburgh* im Jahr 2009 gelegt. Seither sind in den hier zu untersuchenden Vergleichsjurisdiktionen rechtliche Grundlagen geschaffen worden, um die beabsichtigten Reformen in den jeweiligen Rechtsrahmen zu gießen, wobei internationale Standards eine Grundrichtung vorgeben. In normativer Hinsicht sind insbesondere *EMIR* auf europäischer Ebene, *Dodd-Frank Act* auf US-amerikanischer Seite und die singapurische *Securities and Futures Amendment Bill* bedeutsam. Daneben existieren zahlreiche weitere Bestimmungen, die von den jeweiligen Aufsichtsbehörden entweder erarbeitet oder selbst erlassen wurden.

Abschnitt 2 – Die Reichweite des Anwendungsbereichs

Eine Regulierung wird in hohem Maße durch ihren Anwendungsbereich geprägt. Für eine Bewertung ist es daher unerlässlich zunächst herauszuarbeiten, wie weit die jeweiligen Regelungen reichen. Daher soll dieser Abschnitt ihre Anwendbarkeit in sachlicher und persönlicher Hinsicht untersuchen.

§1 In sachliche Hinsicht

In den jeweiligen Jurisdiktionen wird der sachliche Anwendungsbereich durch einen Terminus geprägt, der derivative Instrumente zusammenfasst und nachfolgend für die jeweilige Jurisdiktion erläutert wird. Im Folgenden soll zunächst die europäische Herangehensweise dargestellt werden. Sodann werden die US-amerikanischen Vorschriften beleuchtet und anschließend die Methodik des singapurischen Gesetzgebers untersucht.

A. Derivatkontrakt

Die europäische Regulierung knüpft in ihrem sachlichen Anwendungsbereich an den Begriff des „Derivats“ bzw. „Derivatkontrakts“ an.[541] Zwar stammt der letztgenannte Begriff ursprünglich aus dem Börsenhandel[542], jedoch wird er nach dem Wortlaut der europäischen Verordnung synonym für den Ausdruck Derivat verwendet.[543] Die Verordnung definiert den Terminus allerdings nicht

541 Art.1 Abs.1 EMIR.

542 *Reiner*, Derivative Finanzinstrumente im Recht, S.3.

543 Art.2 Nr.5 EMIR.

selbst, sondern verweist auf die in der Finanzmarktrichtlinie (*Markets in Financial Instruments Directive, MiFID*)[544] genannten Finanzinstrumente, die durch eine Durchführungsverordnung[545] konkretisiert werden. Hierbei muss zwischen verschiedenen Fallgruppen differenziert werden.[546] So werden bestimmte Derivatkontrakte aufgeführt, die sich auf unterschiedliche Basiswerte beziehen. Anhand der Auflistung in Anhang I Abschnitt C MiFID lassen sich vier Gruppen möglicher Basiswerte unterscheiden, an die wiederum unterschiedliche Voraussetzungen geknüpft werden. Daneben werden Kreditderivate und finanzielle Differenzgeschäfte aufgeführt.

Zunächst beinhaltet der Begriff „Derivat" i.S.d. MiFID alle Optionen, Terminkontrakte, Swaps, Zinsausgleichsvereinbarungen sowie alle anderen Derivatkontrakte in Bezug auf Wertpapiere, Währungen, Zinssätze oder -erträge bzw. andere Derivatinstrumente, finanzielle Indizes oder Messgrößen, die effektiv geliefert oder bar abgerechnet werden können.[547]

Als zweite Gruppe werden Optionen, Terminkontrakte, Swaps und alle anderen Derivatkontrakte in Bezug auf Waren erfasst, wobei zwischen der Erfüllungsmodalität unterschieden wird. Als erstes sind Kontrakte einbezogen, die bar abgerechnet werden müssen oder auf Wunsch einer Partei, anders als wegen eines vertraglich festgelegten Beendigungsgrundes, bar abgerechnet werden können.[548] Zweitens werden die oben genannten Derivatkontrakte eingeschlossen, sofern die Waren nicht effektiv geliefert werden sollen und sie an einem geregelten Markt und bzw. oder einer *MTF* gehandelt werden.[549] Im Übrigen sind die oben genannten Geschäfte sowie Termingeschäfte in Bezug auf Waren erfasst, sofern sie effektiv geliefert werden können, nicht kommerziellen Zwecken

---

544 Richtlinie 2004/39/EG des Europäischen Parlaments und des Rates vom 21.04.2004 über Märkte für Finanzinstrumente, zur Änderung der Richtlinien 85/611/EWG und 93/6/EWG des Rates und der Richtlinie 2000/12/EG des Europäischen Parlaments und des Rates und zur Aufhebung der Richtlinie 93/22/EWG des Rates, Abl.EU vom 30.04.2004, Nr.L 145/1.

545 Verordnung (EG) Nr.1287/2006 der Kommission vom 10.08.2006 zur Durchführung der Richtlinie 2004/39/EG des Europäischen Parlaments und des Rates betreffend die Aufzeichnungspflichten für Wertpapierfirmen, die Meldung von Geschäften, die Markttransparenz, die Zulassung von Finanzinstrumenten zum Handel und bestimmte Begriffe im Sinne dieser Richtlinie, Abl.EU vom 02.09.2006, Nr.L 241/1.

546 Art.2 Nr.5 EMIR i.V.m. Anhang I Abschnitt C Nrn.4–10 MiFID i.V.m. Artt.38, 39 Verordnung (EG) Nr.1287/2006.

547 Anhang I Abschnitt C Nr.4 MiFID.

548 Anhang I Abschnitt C Nr.5 MiFID.

549 Anhang I Abschnitt C Nr.6 MiFID.

dienen oder die Merkmale anderer derivativer Finanzinstrumente aufweisen.[550] Diese auslegungsbedürftigen Begriffe wurden in der Durchführungsverordnung detaillierter ausgestaltet. So zeichnet sich ein Vertrag durch kommerzielle Merkmale aus, wenn er von einem Betreiber oder Verwalter eines Energieübertragungsnetzes, Energieausgleichssystems oder Rohrleitungsnetzes abgeschlossen wird und er zu einem bestimmten Moment unabdingbar ist, um die Energienachfrage und das -Angebot auszugleichen.[551] Außerdem muss ein Kontrakt, der kein Kassageschäft[552] sein darf, über einen gewissen Standardisierungsgrad verfügen, der sich durch mehrere Merkmale auszeichnen kann.[553] Er muss entweder über ein Handelssystem eines Drittlandes, das eine einem geregelten Markt oder *MTF* ähnliche Aufgabe wahrnimmt, gehandelt werden, für den Handel an solchen Plätzen ausdrücklich bestimmt sein, gleichwertigen Regeln unterliegen oder einem solchen Kontrakt gleichgestellt sein. Daneben reicht es aus, wenn der Vertrag über eine Clearingstelle oder eine vergleichbare Einrichtung verrechnet wird, oder Vereinbarungen für die Zahlung oder Bereitstellung von Sicherheiten bestehen. Letztlich können weitere Standardisierungsmerkmale ausschlaggebend sein, insbesondere wenn der Preis, die Handelseinheit, der Liefertermin oder andere Bedingungen durch regelmäßig veröffentlichte Informationen bestimmt werden können.

Außerdem sind Optionen, Terminkontrakte, Swaps, Termingeschäfte und alle anderen Derivatkontrakte in Bezug auf Klimavariablen, Frachtsätze, Emissionsberechtigungen, Inflationsraten und andere offizielle Wirtschaftsstatistiken, die bar abgerechnet werden müssen oder auf Wunsch einer Partei bar abgerechnet werden können, unter dem Begriff Derivat zu verstehen.

Zusätzlich sind alle anderen Derivatkontrakte in Bezug auf Vermögenswerte, Rechte, Obligationen, Indizes und Messwerte, die sonst nicht genannt sind und die Merkmale anderer derivativer Finanzinstrumente aufweisen, darunter zu vestehen. Neben den bereits oben dargestellten Bedingungen, zeichnen sich diese durch eine Barausgleichsmöglichkeit und den Handel an einem geregelten Markt oder einem *MTF* aus.[554] Weiterhin soll berücksichtigt werden, ob *clearing* und Abwicklung über anerkannte Clearingstellen erfolgen oder ob eine

550 Anhang I Abschnitt C Nr.7 MiFID: wobei unter anderem berücksichtig werden soll, ob Clearing und Abwicklung über anerkannte Clearingstellen erfolgen oder eine regelmäßige Margineinschusspflicht besteht

551 Art.38 Abs.4 Verordnung (EG) Nr.1287/2006.

552 Siehe hierzu Art.38 Abs.2 Verordnung (EG) Nr.1287/2006.

553 Art.38 Abs.1 lit.a)-c) Verordnung (EG) Nr.1287/2006.

554 Art.38 Abs.3 lit.a)-c) Verordnung (EG) Nr.1287/2006.

regelmäßige Margineinschusspflicht besteht.[555] Sollten solchen Verträgen bestimmte Basiswerte zugrunde liegen, werden diese ebenfalls vom Regelungsbereich erfasst.[556] Hierzu zählen unter anderen Telekommunikationsbandbreiten, Lager-, Transport- und Übertragungskapazitäten für Waren – sei es über Kabel, Rohrleitung oder auf sonstigem Wege – sowie geologische, umweltbedingte oder sonstige physikalische Variablen.

Letztlich werden derivative Instrumente für den Transfer von Kreditrisiken[557] und finanzielle Differenzgeschäfte[558] aufgelistet.

Durch den partiellen Verweis auf Anhang I Abschnitt C MiFID wird außerdem deutlich, dass bestimmte Finanzinstrumente nicht in den Anwendungsbereich von EMIR fallen. Dies gilt namentlich für übertragbare Wertpapiere, Geldmarktinstrumente und Anteile an Organismen für gemeinsame Anlagen. Dies gilt auch dann, wenn die durch sie begründeten Ansprüche derivativer Natur sind, wie zum Beispiel bei *asset-backed securities* oder Wandelschuldverschreibungen.[559] Somit werden überwiegend finanzielle Derivate erfasst, die sich durch einen Barausgleich auszeichnen oder bei denen Finanzinstrumente wie beispielsweise Wertpapiere oder Währungen zu liefern sind. Bis auf die oben genannten Ausnahmen sind Derivate, die die effektive Lieferung von Waren vorsehen, nicht erfasst.[560]

B. Swap

In den Vereinigten Staaten von Amerika knüpft der sachliche Anwendungsbereich an den Begriff „*swap*", der sich anhand des zugrunde liegenden Basiswertes in zwei Grundtypen untergliedern lässt, den *non-security-based swap* und den *security-based swap.* Diese Vorgehensweise eignet sich hingegen nicht für eine umfassende Differenzierung, da es Instrumente in Gestalt des *mixed swaps* gibt. Dieser weist als Mischform Merkmale beider Grundtypen auf. Deshalb betonen die Behörden, dass es für die jeweilige Kategorisierung auf die konkrete Ausgestaltung des Instruments ankomme, wobei auf den Zeitpunkt vor der Ausführung

---

555 Anhang I Abschnitt C Nr.10 MiFID.
556 Art.39 lit.a)-g) Verordnung (EG) Nr.1287/2006.
557 Anhang I Abschnitt C Nr.8 MiFID.
558 Anhang I Abschnitt C Nr.9 MiFID.
559 *Hartenfels*, EMIR, ZHR (178) 2014, 173 (189).
560 *Hartenfels*, EMIR, ZHR (178) 2014, 173 (188).

des Geschäfts abzustellen sei.[561] Dennoch weisen die USA durch diese grundsätzliche Zweiteilung im Anwendungsbereich eine Besonderheit auf, die insoweit in den anderen Jurisdiktionen nicht auszumachen ist. Im Folgenden sollen die Grundtypen behandelt werden und anschließend auf die Sonderform des *mixed swap* eingegangen werden.

I. Grundtypen

In diesem Unterpunkt sollen die grundsätzlichen Konstellationen und speziellen Ausnahmetatbestände der Grundtypen betrachtet werden. Daneben existieren bereichsübergreifende Ausnahmeregelungen, die auf beide Arten von Grundtypen anwendbar sind. Zunächst wird der *non-security-based swap* näher charakterisiert und anschließend der *security-based swap* genauer betrachtet.

1. Non-security-based Swap

Den ersten Grundtyp bildet der sogenannte *non-security-based swap*, der im Folgenden als „*swap*" bezeichnet wird. Zu Beginn werden die Kategorien dargestellt, die grundsätzlich vom Anwendungsbereich dieses Begriffs erfasst sind, anschließend werden spezielle Ausnahmen aufgezeigt.

a) Grundsatz

Anders als der Begriff nach dem deutschen Verständnis vermuten lässt, fallen unter einen *swap* nach US-amerikanischem Verständnis Optionen (*put, call*), Begrenzungsgeschäfte (*cap, floor, collar*) sowie ähnliche Kauf- oder Verkaufsgeschäfte, die sich auf einen oder mehrere Basiswerte beziehen. Diese können zum Beispiel Zinssätze (*interest rates*), Währungen (*currencies*) und börsliche Wertpapiere (*securities*) sein, weshalb beispielsweise *foreign currency options* erfasst sind.[562] Daneben können auch Schuldurkunden (*instruments of indebtness*), Indizes (*indices*), Messgrößen (*quantitative measures*), finanzielle bzw. ökonomische Belange (*financial or economic interests*), Eigentum jedweder Art (*property of any kind*) bzw. Waren oder Rohstoffe (*commodities*)[563] in Frage

561 *CFTC, SEC*, Further Definition of "Swap," "Security-Based Swap," and "Security-Based Swap Agreement"; Mixed Swaps; Security-Based Swap Agreement Recordkeeping, Final Rule, 77 FR 48262 (13.08.2012).

562 *CFTC, SEC*, Further Definition of "Swap," "Security-Based Swap," and "Security-Based Swap Agreement"; Mixed Swaps; Security-Based Swap Agreement Recordkeeping, Final Rule, 77 FR 48254 (13.08.2012).

563 *Anmerkung*: Der Begriff „*commodities*" kann mit Waren, Gütern, Grundstoffe, Rohstoffe oder Grunderzeugnisse übersetzt werden (vgl. *Dietl/Lorenz*, Wörterbuch für Recht, Wirtschaft und Politik, „commodities").

kommen.[564] Letztere Gruppe wird in den gesetzlichen Regelungen ebenfalls umfassend aufgezählt und mithin weit gefasst, worunter unter anderem Reis, Mais, Butter, Eier und viele weitere Waren zu subsumieren sind.[565] Zudem verstehen die US-amerikanischen Regelungen unter einem *swap* Geschäfte, deren Kauf-, Verkaufs-, Zahlungs- oder Lieferungsverbindlichkeit davon abhängt, ob ein Ereignis mit potentiellen ökonomischen, finanziellen bzw. kommerziellen Auswirkungen eintritt, nicht eintritt bzw. in welchem Ausmaß es eintritt (*event or contingency associated with a potential financial, economic or commercial consequence*).[566] Ausgenommen sind jedoch Zahlungen aus Dividendenpapieren (*dividend on an equity security*). Daneben werden unter dem Begriff „*swap*" Geschäfte verstanden, die zumindest einen einmaligen Austausch von festen oder variablen Zahlungsströmen beinhalten, bei denen die Entwicklung bestimmter Basiswerte zugrunde gelegt wird.[567] Insbesondere verweisen die Regelungen ausdrücklich auf Zinssatzswaps – auch in Form von Basisswaps –, Begrenzungsgeschäfte (*rate cap, rate floor, rate collar*), bestimmte Währungs- und Währungssatzswaps (*currency swaps* und *cross-currency rate swaps*), Devisenswaps (*foreign exchange swaps*), Aktien- (*equity swaps*) und Aktienindexswaps (*equity index swaps*), verschiedene Kreditderivate (*total return swaps, debt index swaps, debt swaps, credit spreads, credit default swaps, credit swaps*), aber auch Wetter-, Energie-, Metall-, Landwirtschafts-, Waren- und Emissionsswaps (*weather, energy, metal, agricultural, emmissions and commodity swaps*).[568] Darüber hinaus werden Kombinationen, Optionen oder Teile der oben genannten Geschäfte unter den Begriff „*swap*" subsumiert[569], was beispielsweise auf die *swaption*[570] zutrifft. Besonders hervorzuheben ist die Regelung, wonach Verträge, die derzeit oder zukünftig als *swap* bezeichnet werden, ebenfalls dem Anwendungsbereich unterfallen.[571] In diesem Zusammenhang haben die Aufsichtsbehörden klargestellt, dass allein der Umstand, dass die Parteien eine Vereinbarung als „*swap*" oder „*security-based swap*" bezeichnen, nicht ausschlaggebend sein solle, ob ein solcher auch vorliegt. Jedoch kann die

---

564 7 U.S.C. §1a(47)(A)(i).
565 Für eine genaue Definition und Auflistung siehe 7 U.S.C. §1a(9).
566 7 U.S.C. §1a(47)(A)(ii).
567 7 U.S.C. §1a(47)(A)(iii)(I)-(XXII).
568 7 U.S.C. §1a(47)(A)(iii).
569 7 U.S.C. §1a(47)(A)(vi).
570 *Anmerkung*: zum Begriff siehe Kapitel 1, Abschnitt 1, §6, Unterpunkt C.
571 7 U.S.C. §1a(47)(A)(iv).

Dokumentation als wichtiges Indiz bei der Gesamtbeurteilung berücksichtigt werden.[572]

Im Hinblick auf Fremdwährungsprodukte und *forward rate agreements* wurden durch die Aufsichtsbehörden in den USA besondere Regelungen erlassen, die teilweise die gesetzlichen Bestimmungen wiedergeben und zudem Klarstellungen enthalten.[573] So werden *forward rate agreements* vom Begriff „*swap*" abgedeckt. Außerdem werden Fremdwährungsforwards (*foreign exchange forwards*) und Devisenswaps (*foreign exchange swaps*) nach den US-amerikanischen Bestimmungen *grundsätzlich* als *swaps* angesehen.[574] Diesen Instrumenten ist gemeinsam, dass sie den tatsächlichen Austausch von Devisen vorsehen und sie nicht bloß als Rechengröße für die zu erfolgenden Zahlungsströme zugrunde legen.[575] Dieses Regelungskonzept wurde von den Aufsichtsbehörden nochmals bestätigt.[576] Entscheidende Bedeutung hat dieses Kriterium insofern, als dass dem Finanzminister (*Secretary of the Treasury*) die Befugnis eingeräumt wird, zu bestimmen, dass diese Geschäfte nicht unter den Begriff „*swap*" zu subsumieren sind. Hiervon hat das Finanzministerium Gebrauch gemacht und festgelegt, dass diese Instrumente nicht als „*swap*" i.S.d. *Commodity and Exchanges Act* anzusehen seien.[577] Dennoch bleiben die gesetzlichen Meldepflichten und Verhaltensregeln für Marktteilnehmer in einem solchen Fall bestehen.[578] Der Anwendungsbereich erstreckt sich nunmehr auch auf Fremdwährungsforwards *ohne physische Lieferungspflicht* (*nondeliverable forwards in foreign currency*), da insoweit der Austausch von Zahlungsströmen vereinbart werde und somit die

572 *CFTC, SEC*, Further Definition of "Swap," "Security-Based Swap," and "Security-Based Swap Agreement"; Mixed Swaps; Security-Based Swap Agreement Recordkeeping; Final Rule, 77 FR 48260f. (13.08.2012).

573 17 C.F.R. §1.3(xxx)(2)(i)-(vi); 17 C.F.R. §240.3a69–2(b)(i)-(vi).

574 7 U.S.C. §1a(47)(E)(i).

575 Vgl. 7 U.S.C. §1a(24) (*foreign exchange forward*); 7 U.S.C. §1a(25) (*foreign exchange swap*).

576 *CFTC, SEC*, Further Definition of "Swap," "Security-Based Swap," and "Security-Based Swap Agreement"; Mixed Swaps; Security-Based Swap Agreement Recordkeeping; Final Rule, 77 FR 48253 (13.08.2012).

577 *Department of the Treasury*, Determination of Foreign Exchange Swaps and Foreign Exchange forwards Under the Commodity Exchange Act, Final Determination, (b)(2)(i), 77 FR 69694 (20.11.2012).

578 7 U.S.C. §1a(47)(E)(iii),(iv), *Department of the Treasury*, Determination of Foreign Exchange Swaps and Foreign Exchange forwards Under the Commodity Exchange Act, Final Determination, (d)(1),(2), 77 FR 69694 (20.11.2012).

Regelung 7 U.S.C. §1a(47)(A)(III) einschlägig sei.[579] Darüber hinaus haben die Aufsichtsbehörden bestätigt, dass Fremdwährungsoptionen (*foreign currency options*) als „*swap*" angesehen werden, wie es bereits die gesetzlichen Regelungen in 7 U.S.C. §1a(47)(A)(i) vorsehen. Die unterschiedlichen Optionstypen werden hierbei synonym verstanden.[580] Zudem haben die US-amerikanische *CFTC* und *SEC* abermals bestätigt, dass *currency-swaps* und neuerdings auch *cross-currency swaps* von dem Terminus „*swap*" erfasst werden. Bei diesen Fallgruppen ist eine Befreiung durch den Finanzminister mangels gesetzlicher Grundlage nicht möglich. Dies wurde von den Aufsichtsbehörden unterstrichen.[581] Insofern wird in den Vorschriften ausdrücklich niedergelegt, dass es sich bei diesen Instrumenten nicht um *foreign exchange forwards* oder *foreign exchange swaps* handelt.[582]

Entsprechend den europäischen Regelungen, fallen Differenzgeschäfte (*contracts for differences, CFDs*) nach den ausdrücklichen Klarstellungen der beiden US-amerikanischen Behörden grundsätzlich in den Anwendungsbereich. Insofern werden sie entweder unter den Begriff „*swap*" oder „*security-based swap*" – je nach dem zugrunde liegenden Basiswert – subsumiert und nur im Einzelfall ausgenommen.[583]

b) Ausnahmen

Andererseits gewähren die US-amerikanischen Regelungen zahlreiche Ausnahmen, wonach bestimmte Geschäfte nicht unter den Begriff „*swap*" zu subsumieren sind. Zunächst liegt kein *swap* vor, wenn Geschäfte abgeschlossen werden, die die zukünftige Lieferung einer Ware beinhalten bzw. diesbezügliche Optionsgeschäfte

---

579 *CFTC, SEC,* Further Definition of "Swap," "Security-Based Swap," and "Security-Based Swap Agreement"; Mixed Swaps; Security-Based Swap Agreement Recordkeeping; Final Rule, 77 FR 48254 (13.08.2012).

580 *Anmerkung*: Dies betrifft die Begriffe "*foreign currency option*", "*currency option*", "*foreign exchange option*" und "*foreign exchange rate option*" (vgl. *CFTC, SEC,* Further Definition of "Swap," "Security-Based Swap," and "Security-Based Swap Agreement"; Mixed Swaps; Security-Based Swap Agreement Recordkeeping; Final Rule, 77 FR 48254, Fn.529 (13.08.2012)).

581 *CFTC, SEC,* Further Definition of "Swap," "Security-Based Swap," and "Security-Based Swap Agreement"; Mixed Swaps; Security-Based Swap Agreement Recordkeeping; Final Rule, 77 FR 48254 (13.08.2012).

582 17 C.F.R. §1.3(xxx)(3)(v)(A)-(C); 17 C.F.R. §240.3a69–2(c)(5)(i)-(iii).

583 *CFTC, SEC,* Further Definition of "Swap," "Security-Based Swap," and "Security-Based Swap Agreement"; Mixed Swaps; Security-Based Swap Agreement Recordkeeping; Final Rule, 77 FR 48260 (13.08.2012).

vereinbart werden (*contract of sale of a commodity for future delivery*).[584] Des Weiteren werden *security futures* und diesbezügliche Optionen (*security future products*) sowie *leverage contracts* ausgeschlossen.[585]

Außerdem werden Fremdwährungs- und Warengeschäfte (*retail commodity transactions*) ausgeschlossen, wenn sie *nicht* mit geeigneten Vertragsparteien (*eligible contract participants*)[586] abgeschlossen worden sind. Auch wenn die gesetzlichen Regelungen komplex und vielfältig ausgestaltet sind[587], haben beide Aufsichtsbehörden klargestellt[588], dass *swap dealer, security-based swap dealer, major swap participants und major security-based swap participants* solche adäquaten Parteien sind. Da diese Parteien im persönlichen Anwendungsbereich an späterer Stelle besonders untersucht werden, kommt der Ausnahmeregelung im Rahmen der Untersuchung wenig Relevanz zu.[589] Daneben bestehen Bereichsausnahmen für Geschäfte, die sich aus der Abgrenzung zum *security-based swap* und börsengehandelten Derivaten ergeben. Zuerst sind Optionsgeschäfte (*put, call, straddle*) und Sonderrechte (*privileges*) anzuführen. Beziehen sich diese auf Wertpapiere (*securities*), Einlagezertifikate (*certificates of deposit*)[590] und Aktiengruppen bzw. Aktienindizes, sind diese nicht als *swap* anzusehen, sofern

---

584 7 U.S.C. §1a(47)(B)(i).

585 7 U.S.C. §1a(47)(B)(i): Ein *security future* bezieht sich grundsätzlich auf einzelne Wertpapiere mit zukünftiger Lieferungsverpflichtung oder auf einen *narrow-based security index. Leverage contracts* müssen speziell gem. 7 U.C.S. §23 zugelassen worden sein.

586 *Anmerkung*: Bei Warengeschäften werden gem.7 U.S.C. §2(c)(2)(D)(i) zusätzlich noch *eligible commercial entities* genannt, die in 7 U.S.C. §1a(17) näher definiert sind.

587 7 U.S.C. §1a(18).

588 17 C.F.R. §1.3(m)(1)-(4).

589 *Anmerkung*: Wichtig ist die Unterscheidung zwischen geeigneten Vertragsparteien unter anderem insofern, als dass Unternehmen, die nicht hierunter fallen *swaps* bzw. *security-based swaps* nur an besonderen Handelsplattformen eingehen dürfen (*designated contract markets bzw. registered national securities exchanges*). Besondere Bedeutung hat dies für *commodity pools* im Rahmen von *foreign exchange transactions*, bei dem auf die Mitglieder abgestellt wird, um die Geeignetheit zu bestimmen (*look-through*); 17 C.F.R. §1.3(m)(5). Zu den Einzelheiten siehe: *CFTC*, Final Rules Regarding Further Defining „Swap Dealer", „Major Swap Participant" and „Eligible Contract Participant", Fact Sheet, S.4f.

590 *Anmerkung*: Hierbei handelt es sich um verbriefte Gläubigerrechte an kurz- und mittelfristigen Termineinlagen bei Kreditinstituten mit Laufzeiten zwischen 1–12 Monaten, die handelbar und nicht handelbar sein können. (vgl. *Dietl/Lorenz*, Wörterbuch für Recht, Wirtschaft und Politik, „Certificate of Deposit").

sie bereits anderweitig gesetzlich reguliert sind.[591] Unter den gleichen Voraussetzungen werden Geschäfte unberücksichtigt gelassen, die auf den Kauf oder Verkauf eines oder mehrerer Wertpapiere gerichtet sind.[592] Sollten sich die Optionsgeschäfte und Sonderrechte auf Fremdwährungen beziehen (zum Beispiel *foreign currency option*), sind sie ausgenommen, sofern sie an einer zugelassenen, nationalen Börse eingegangen wurden (*national securitites exchange*).[593] Darüber hinaus sind *notes, bonds* und *evidence of indebtedness* nicht inbegriffen, wenn sie *securities* i.S.v. 15 U.S.C. §77b(a)(1)[594] darstellen.[595] Zudem sind Geschäfte, die sich auf solche *securities* beziehen, ausgeschlossen, wenn sie direkt oder indirekt von einem Emittenten zum Zwecke der Kapitalbeschaffung ausgegeben wurden, es sei denn, das Geschäft wurde gerade als Absicherung dieses Vorhabens eingegangen.[596] Zudem sind Geschäfte ausgenommen bei denen die nationale Notenbank (*Federal Reserve*), die Bundesregierung (*Federal Government*) oder eine Bundesanstalt, für die der Staat bürgt (*Federal agency that is expressly backed by the full faith and credit of the United States*), Vertragspartner sind.[597] *Security-based swaps* sind grundsätzlich ebenfalls von der Ausnahme umfasst, es sei denn es handelt sich um *mixed swaps*, wodurch *CFTC* als Aufsichtsbehörde ebenfalls zuständig ist.[598] Kein *swap* stellen letztlich Verträge dar, die den Verkauf bestimmter nichtfinanzieller Produkte beinhalten, die zu einem späteren Zeitpunkt physisch geliefert werden sollen (*forward contract exclusion for nonfinancial commodities*).[599] Dabei hat *CFTC* klargestellt, dass hierunter nur Produkte fallen, die entweder vom Begriff befreit sind (*exempt commodity*[600]) oder einen Bezug zur Landwirtschaft oder Umwelt aufweisen (*agricultural*

---

591 7 U.S.C. §1a(47)(B)(iii): Dies ist für Geschäfte, die in den Anwendungsbereich des *Securities Act of 1933* (15 U.S.C. §77a) oder den *Securities Exchange Act of 1934* (15 U.S.C. §78a) fallen, einschlägig.

592 7 U.S.C. §1a(47)(B)(v)(vi).

593 *Anmerkung*: Diese muss gem. 15 U.S.C. §78f(a) zugelassen worden sein (7 U.S.C. §1a(47)(B)(iv)).

594 *Anmerkung*: Diese *securities* werden unter dem Abschnitt „*domestic securities*“ geregelt und unterscheiden sich insofern systematisch und qua Definition von *securities* gem. 15 U.S.C. §78c(a)(10).

595 7 U.S.C. §1a(47)(B)(vii).

596 7 U.S.C. §1a(47)(B)(viii).

597 7 U.S.C. §1a(47)(B)(ix).

598 7 U.S.C. §1a(47)(B)(x).

599 7 U.S.C. §1a(47)(B)(ii).

600 Definiert in 7 U.S.C. §1a(20).

bzw. environmental commodity).[601] So können bestimmte Produkte mit Umweltcharakteristika, wie zum Beispiel Verschmutzungsrechte, von der Ausnahmeregelung profitieren.[602]

CFTC hat diese gesetzliche Ausnahme konkretisiert und insbesondere Vorgaben gemacht, wann eine physische Lieferung vorliegt.[603] Die beabsichtigte physische Lieferungspflicht wird aus objektiven Umständen ermittelt. So wird verlangt, dass die Parteien in den Verträgen eine Lieferungsverpflichtung vereinbaren und sie nach den gewöhnlichen Umständen ihres Geschäftsbetriebes solche Gegenstände liefern oder empfangen. Sollte es im Nachhinein bloß zu einer gegenseitigen Verrechnung kommen und die Parteien von der tatsächlichen Lieferung absehen (*book-out*)[604], liegt kein *swap* vor. Insofern rekurriert *CFTC* auf die Grundsätze der von ihr entwickelten *Brent Interpretation*[605]. Diese Vereinbarung kann auch mündlich erfolgen, wobei sie dann zeitnah in schriftlicher oder elektronischer Form bestätigt werden muss.[606] Trotzdem ist es laut *CFTC* notwendig, dass bestimmte Verträge, die als *forwards* potentiell der Ausnahmeregelung unterfallen, anhand bestimmter Faktoren auf ihren tatsächlichen Ausnahmecharakter geprüft werden müssen.[607] So wurden in der

---

601 *CFTC*, Q&A – Final Rules and Interpretations i) Further Defining "Swap", "Security-Based Swap" and "Security-Based Swap Agreement", ii) Regarding "Mixed Swaps", and iii) Governing Books and Records for "Security-Based Swaps", S.2.

602 *Skadden, Arps, Slate, Meagher & Flom LLP*, „CFTC and SEC Adopt Rules Defining ‚Swap' and ‚Security-Based Swap'.", abrufbar unter http://www.skadden.com/insights/cftc-and-sec-adopt-rules-defining-swap-and-security-based-swap.

603 *CFTC, SEC*, Further Definition of "Swap," "Security-Based Swap," and "Security-Based Swap Agreement"; Mixed Swaps; Security-Based Swap Agreement Recordkeeping; Final Rule, 77 FR 48227f., Fn.217 (13.08.2012).

604 *CFTC, SEC*, Further Definition of "Swap," "Security-Based Swap," and "Security-Based Swap Agreement"; Mixed Swaps; Security-Based Swap Agreement Recordkeeping; Final Rule, 77 FR 48228, Fn.217 (13.08.2012), im Hinblick auf die *Brent Interpretation*.

605 *Anmerkung*: Diese Regel wurde für bestimmte Verträge über Öl entwickelt und besagt, dass sie keine *futures* darstellen. Zu den Einzelheiten siehe: *CFTC, SEC*, Further Definition of "Swap," "Security-Based Swap," and "Security-Based Swap Agreement"; Mixed Swaps; Security-Based Swap Agreement Recordkeeping, Final Rule, 77 FR 48228 (13.08.2012).

606 *CFTC, SEC*, Further Definition of "Swap," "Security-Based Swap," and "Security-Based Swap Agreement"; Mixed Swaps; Security-Based Swap Agreement Recordkeeping, Final Rule, 77 FR 48230 (13.08.2012).

607 *CFTC, SEC*, Further Definition of "Swap," "Security-Based Swap," and "Security-Based Swap Agreement"; Mixed Swaps; Security-Based Swap Agreement Recordkeeping Final Rule, 77 FR 48237 (13.08.2012).

Vergangenheit bestimmte Multifaktorentests entwickelt, die weiterhin zu berücksichtigen sind.[608]

2. *Security-based Swap*

Ein weiterer Grundtyp im sachlichen Anwendungsbereich der US-amerikanischen Regelungen bildet der *security-based swap*. Der oberen Systematik folgend, sollen zunächst Geschäfte betrachtet werden, die grundsätzlich ein solches Derivat darstellen. Daraufhin werden spezielle Ausnahmetatbestände behandelt.

a) Grundsatz

Unter einem *security-based swap* versteht man grundsätzlich solche Derivatgeschäfte, wie sie auch bereits unter Ziffer 1 analysiert wurden, allerdings werden andere Basiswerte zugrunde gelegt. So bezieht sich ein *security-based swap* zunächst auf einen bestimmten Einzelwert (*security*) oder ein Darlehen bzw. Kredit (*loan*). Die US-amerikanischen Regelungen legen den Begriff „*security*“[609] sehr weit aus, sodass eine Vielzahl möglicher Einzelwerte abgedeckt ist.[610] Beispielsweise fallen hierunter Wertpapiere, Anleihen (*bonds*), Schuldverschreibungen (*debentures*)[611] sowie Öl-, Gaslizenzen (*oil-, gas royalty or lease*) oder diesbezügliche Optionsgeschäfte. Zudem fällt auch ein Instrument, das im Geschäftsverkehr als *security-based swap* bezeichnet wird, in den Anwendungsbereich. Ein *security-based swap* kann sich auch auf ein Kreditereignis eines bestimmten Emittenten beziehen (*event that directly affects the financial statements, conditions or obligations*).[612] Letztlich besteht die Möglichkeit, dass

---

608 *Anmerkung*: Beispielsweise kann ein *forward*, der eine Warenoption enthält, unter engen Voraussetzungen von der Ausnahmeregelung erfasst sein und nicht als *swap* angesehen werden. Hierbei müssen sieben unterschiedliche Faktoren berücksichtigt werden. Zu den Einzelheiten siehe: *CFTC, SEC*, Further Definition of “Swap,” “Security-Based Swap,” and “Security-Based Swap Agreement”; Mixed Swaps; Security-Based Swap Agreement Recordkeeping, Final Rule, 77 FR 48237 (13.08.2012).

609 *Anmerkung*: Der Begriff “*securities*” kann grundsätzlich mit Effekten, Wertpapiere übersetzt werden (vgl. *Dietl/Lorenz*, Wörterbuch für Recht, Wirtschaft und Politik, „securities“).

610 Eine genaue Aufzählung enthält 15 U.S.C. §78c(a)(10).

611 *Anmerkung*: Der Begriff “*debenture*” bezeichnet im US-amerikanischen Verständnis ungesicherte, mittel- bis langfristige Schuldverschreibungen in übertragbarer Form zur Finanzierung einer Kapitalgesellschaft. Er unterscheidet sich somit von dem gleichnamigen Instrument in Großbritannien (vgl. *Dietl/Lorenz*, Wörterbuch für Recht, Wirtschaft und Politik, „debenture“).

612 15 U.S.C. §78c(a)(68)(B)(ii)(II),(III).

dem Instrument ein bestimmter Index an *securities* oder dessen Wert zugrunde gelegt wird (*narrow-based security index*).[613] Was genau unter einem solchen Index zu verstehen ist, unterliegt einer komplexen Regelungsmaterie und kann anhand mehrerer Kriterien bestimmt werden, wobei es wiederum mehrere Ausnahmen gibt. Zunächst besteht im Hinblick auf die Anzahl der Werte eine Obergrenze von neun Einzelwerten.[614] Weiterhin kann die Gewichtung der Bewertung berücksichtigt werden, wobei ausschlaggebend ist, dass ein Einzelwert über 30% bzw. die fünf höchsten Werte mehr als 60% des Gesamtindexwertes ausmachen.[615] Andererseits ergeben sich Handelsvolumenbegrenzungen für einzelne Positionen mit den geringsten Bewertungen. So ist grundsätzlich das durchschnittliche Handelsvolumen an einem Tag (*average daily trading volume*) für die geringsten Werte, die insgesamt 25% des Indexes ausmachen, auf unter 50.000.000 US-Dollar festgesetzt.[616]

Gleichwohl enthält der *Securities and Exchange Act* insgesamt sechs Ausnahmen, nach denen kein *narrow-based security index* vorliegt.[617] Spiegelbildlich zur oberen Regelung könnte man annehmen, dass ein Index mit mehr als neun Einzelwerten nicht unter den Begriff zu subsumieren ist; tatsächlich ist dies nur unter weiteren Voraussetzungen der Fall. Dementsprechend darf kein Einzelwert mehr als 30% des Gesamtindexes ausmachen. Weiterhin muss jeder Einzelwert ordnungsgemäß registriert sein[618] sowie einem der 750 Werte mit der höchsten Marktkapitalisierung (*largest market capitalization*) und einem der 675 Werte mit dem größten durchschnittlichen Handelsvolumen in US-Dollar angehören (*largest dollar value of average daily trading volume*). Beide Messgrößen sollen anhand der vorangegangenen sechs Monate ermittelt werden, wobei *CFTC* und *SEC* die Kompetenz gemeinsam zugeschrieben wird, die Methodik für die Berechnung festzulegen.[619] Daneben bestehen Sonderregelungen für indexbasierte Kreditausfallswaps, die nur unter gewissen Voraussetzungen als *narrow-based security index* angesehen werden.[620]

---

613 17 C.F.R. §240.3a68–3(a) i.V.m. 15 U.S.C. §78c(a)(68)(B)(ii)(I).
614 15 U.S.C. §78c(a)(55)(B)(i).
615 15 U.S.C. §78c(a)(55)(B)(ii),(iii).
616 15 U.S.C. §78c(a)(55)(B)(iv).
617 Vgl. 15 U.S.C. §78c(a)(55)(C)(i)-(vi).
618 *Anmerkung*: Eine Registrierung der Werte erfolgt gem. 15 U.S.C. §78l.
619 15 U.S.C. §78c(a)(55)(F)(i)(ii).
620 17 C.F.R. §1.3(aaaa).

b) Ausnahmen

Grundsätzlich besteht eine Ausnahme für Finanzinstrumente, die auf sogenannten *exempted securities* basieren.[621] Dieser Terminus wird durch eine Auflistung bestimmter Produkte konkretisiert. Darunter sind unter anderem Treuhandfonds (*common trust fund*)[622] und gewisse Anleihen der öffentlichen Hand (*government*[623] und *municipal securitites*[624]) zu verstehen.[625] Für letztere Gruppe ist die bundes- und einzelstaatliche Ebene zu unterscheiden. Auf bundesstaatlicher Ebene werden beispielsweise Finanzinstrumente aufgeführt, für die die Vereinigten Staaten von Amerika direkt haften oder für deren Verbindlichkeit sie einstehen (*direct obligation or obligations guaranteed as to principal or interest*).[626] Darüber hinaus werden Finanzinstrumente impliziert, die von der *Tennesse Valley Authority* ausgegeben wurden oder für deren Verbindlichkeit sie einsteht. Eine weitere Ausnahme existiert für Produkte von Unternehmen, an denen die USA beteiligt sind und die vom Finanzminister im öffentlichen Interesse oder zum Schutz der Investoren dieser Befreiung unterworfen wurden.[627] Auf einzelstaatlicher Ebene sind insbesondere Finanzinstrumente erfasst, für die sie oder ihre politischen Untergliederungen (*political subdivision*) selbst haften bzw. für diese Verbindlichkeit einstehen. Zudem besteht die Ausnahme auf einer unteren Ebene für einzelstaatliche Hilfsstellen (*agency or instrumentality*). Letztlich werden spezielle Instrumente genannt, wie beispielsweise Industrieentwicklungsbonds (*industrial development bonds*)[628].[629]

---

621 15 U.S.C. §78c(a)(68)(C).

622 *Anmerkung*: Hierunter werden *common trust funds*, oder vergleichbare Einrichtungen, die dem Begriff *„investment company“* gem. 15 U.S.C. §80a-3(c)3 des *Investment Company Act* von 1940 nicht unterfallen, verstanden; außerdem *single trust funds* bzw. *collective trust funds*, die von einer Bank geführt werden bzw. *pooled income funds, collective trust funds, collective investment funds*, oder vergleichbare Einrichtungen, die nicht dem Begriff *„investment company“* gem. 15 U.S.C. §80a-3(c)(10)(B) des *Investment Company Act* von 1940 unterliegen (vgl. 15 U.S.C. §78c(a)(12)(A)(iii)-(v)).

623 Definiert in 15 U.S.C. §78c(a)(42).

624 Definiert in 15 U.S.C. §78c(a)(29).

625 15 U.S.C. §78c(a)(12)(A)(i)-(vii).

626 15 U.S.C. §78c(a)(42)(A).

627 15 U.S.C. §78c(a)(42)(B).

628 *Anmerkung*: Dieses Instrument ist in der US-amerikanischen Rechtsterminologie auch als *„revenue bond“* bekannt und beschreibt Anleihen, deren Schuldendienst aus den Einkünften des durch sie finanzierten Projekts bedient wird und bei der eine staatliche bzw. kommunale Behörde oder Körperschaft nominell als Schuldner agiert (vgl. *Dietl/Lorenz*, Wörterbuch für Recht, Wirtschaft und Politik, „revenue bond“).

629 15 U.S.C. §78c(a)(29).

Ausnahmsweise werden die oben genannten Produkte dennoch als *security-based swap* angesehen, wenn Geschäfte auf solche Finanzinstrumente abgeschlossen werden, bei denen es sich um Optionsgeschäfte handelt bzw. die im geschäftlichen Verkehr gewöhnlicherweise als solche verstanden oder bezeichnet werden.[630]

3. Produktübergreifende Ausnahmen

Wegen der grundsätzlich sehr weit gefassten Definition haben die Aufsichtsbehörden der USA bestimmte Geschäfte ausgemacht, die weder als *swap* noch als *security-based swap* anzusehen sind und deshalb nicht dem Regelungsregime unterfallen. Hierunter fallen bestimmte Versicherungsprodukte, Verbraucher- und Handelsgeschäfte sowie Konsortialkredite. Diese Geschäfte könnten anhand einer engen Auslegung grundsätzlich einen Grundtyp darstellen, weswegen die Aufsichtsbehörden diese Ausnahmeregelungen zur Klarstellung definiert haben.[631] Im Folgenden sollen die einzelnen Fallgruppen einer genaueren Betrachtung unterzogen werden.

a) Versicherungsprodukte

Das US-amerikanische Regulierungskonzept enthält Vorschriften, die Produkte im Zusammenhang mit Versicherungen (*insurance*) unter bestimmten sachlichen und persönlichen Voraussetzungen vom Begriff „*swap*" und mithin von der Regulierung ausnehmen.[632] Sachlich muss der Vertrag einen vierteiligen Produkttest bestehen (*product test*).[633] Beispielsweise darf der Vertrag nicht unabhängig von dem Versicherungsinteresse an einem organisierten Markt oder außerbörslich gehandelt werden. In persönlicher Hinsicht knüpft die Ausnahme an denjenigen an, der den Vertrag vertreibt (*provider test*).[634] Exemplarisch muss es sich um ein anerkanntes, staatlich reguliertes Versicherungsunternehmen handeln. Außerdem werden Versicherungen umfasst, die auf bundes- oder einzelstaatlicher Ebene vertrieben werden.[635] Beide Aufsichtsbehörden haben enumerativ bestimmte Produkttypen aufgezählt, bei denen es sich um Versicherungsprodukte

630 15 U.S.C. §78c(a)(68)(C) letzter Halbsatz.

631 *CFTC*, Q&A – Final Rules and Interpretations i) Further Defining "Swap", "Security-Based Swap" and "Security-Based Swap Agreement", ii) Regarding "Mixed Swaps", and iii) Governing Books and Records for "Security-Based Swaps", S.1.

632 17 C.F.R. §1.3(xxx)(4).

633 Zu den einzelnen Faktoren siehe: 17 C.F.R. §1.3 (xxx)(4)(i)(A)(1)-(4).

634 Zu den einzelnen Fallgruppen siehe: 17 C.F.R. §1.3 (xxx)(4)(i)(B)(1)-(4).

635 17 C.F.R. §1.3(xxx)(4)(i)(B)(2).

handelt und die mithin nicht in den hier zu untersuchenden Anwendungsbereich fallen. Hierzu zählen unter anderem Versicherungen und Rückversicherungen in allgemeinen Lebensbereichen wie Gesundheit, Leben und Eigentum.[636]

Abzugrenzen sind diese Konstellationen von Garantien (*guarantees of swaps and security-based swaps*). *CFTC* hat insofern klargestellt, dass eine Garantie essentieller Bestandteil eines *swaps* sei und mithin keine Ausnahmeregelung eingreift. Ähnlich verhält es sich mit den Regelungen der *SEC*, die eine Garantie unter den Begriff „*security*" fassen.[637]

b) Verbraucher- und Handelsgeschäfte

Außerdem besteht für Verbraucher- und Handelsvereinbarungen eine Sonderregelung (*consumer and commercial transactions*), wonach diese weder *swaps* noch *security-based swaps* darstellen. Bei der *ersten Fallgruppe* handelt es sich um Geschäfte, die eine natürliche Person für persönliche oder familiäre Zwecke oder zur Haushaltsführung abschließt.[638] Die beiden Aufsichtsbehörden möchten in diesem Zusammenhang eine Reihe von Geschäftsarten ausdrücklich von der Ausnahmeregelung umfasst wissen.[639] Dazu zählen insbesondere Optionsgeschäfte, mit deren Hilfe ein Verbraucher Eigentum erwerben, verkaufen oder leasen kann, wie zum Beispiel das Leasen von Appartments oder der Kauf von Teppichen oder Gemälden. Außerdem sind Energiebelieferungsverträge für Heizöl (*agreements to purchase home heating fuel*) ausgenommen, in denen ein festgelegter Preis für die zukünftige Lieferung oder für einen bestimmten Zeithorizont vereinbart wurde. *Handelsvereinbarungen* bilden die zweite Fallgruppe und stellen keine regulierungsbedürftigen Finanzinstrumente dar, wenn

636 17 C.F.R. §1.3(xxx)(4)(i)(A)(4): *surety bond, fidelity bond, life insurance, health insurance, long term care insurance, title insurance, property and casualty insurance, annuity, disability insurance, insurance against default on individual residential mortgages* und diesbezügliche Rückversicherungen.

637 *CFTC*, Final Rules and Interpretations i) Further Defining „Swap", "Security-Based Swap", and "Security-Based Swap Agreement"; ii) Regarding "Mixed Swaps"; and iii) Governing Books and Records for "Security-Based Swap Agreements", Fact Sheet, S.3.

638 *CFTC, SEC*, Further Definition of "Swap", "Security-Based Swap", and "Security-Based Swap Agreement"; Mixed Swaps; Security-Based Swap Agreement Recordkeeping, Final Rule, 77 FR 48318 (13.08.2012).

639 *Anmerkung*: Für eine genaue Auflistung siehe: *CFTC*, Final Rules and Interpretations i) Further Defining „Swap", "Security-Based Swap", and "Security-Based Swap Agreement"; ii) Regarding "Mixed Swaps"; and iii) Governing Books and Records for "Security-Based Swap Agreements", Fact Sheet, S.3f.

sie gewöhnliche Geschäftsvereinbarungen darstellen (*customary business arrangements*). Auch hier haben *CFTC* und *SEC* eine konkretisierende Aufzählung vorgenommen.[640] Inbegriffen sind beispielsweise Arbeitsverträge und Altersvorsorgevereinbarungen (*retirement benefit arrangements*). Relevanter ist die Kategorie der fest oder variabel verzinsten Darlehens- oder Hypothekenverträge, die vor allem mit dem Zusammenschluss zur Vergabe von Agrarkrediten (*Farm Credit System)* oder mit einer Bundeswohnungsbaukreditbank (*Federal Home Loan Bank*) abgeschlossen wurden. Darüber hinaus ist es unschädlich, wenn solche Verträge Zinsbegrenzungsinstrumente, wie zum Beispiel *caps* oder *floors* enthalten, solange der einzige Zweck darin besteht, Zinsrisiken abzusichern. Ähnlich wie bei *credit default swaps* können diese Vertragstypen auch Optionen enthalten, die sich darauf beschränken, den Zinssatz durch spezielle Ereignisse zu steuern, wie beispielsweise eine Erhöhung nach einem Zahlungsausfall des Darlehensnehmers. Hervorzuheben ist, dass die Auflistungen keinesfalls abschließend sind, sondern vielmehr als Interpretationshilfe dienen, um weitere Geschäfte unter die Ausnahmeregelungen zu subsumieren.[641]

c) Konsortialkredite

Zuletzt haben die Aufsichtsbehörden eine Bereichsausnahme für Konsortialkredite aufgestellt (*loan participations*). Nach den US-amerikanischen Vorschriften handelt es sich hierbei um Konstellationen, in denen ein Kreditgeber einen Dritten einbindet, sodass dieser die Vor- und Nachteile aus dem Kreditverhältnis ganz oder teilweise erfahren kann.[642] In der Praxis sind heutzutage syndizierte Kredite nach dem Konzept der *Loan Market Association* (*LMA-style*) und der *Loan Syndications and Trading Association* (*LSTA-style*) weit verbreitet.[643]

---

640 *Anmerkung*: Für eine genaue Auflistung siehe: *CFTC*, Final Rules and Interpretations i) Further Defining „Swap", "Security-Based Swap", and "Security-Based Swap Agreement"; ii) Regarding "Mixed Swaps"; and iii) Governing Books and Records for "Security-Based Swap Agreements", Fact Sheet, S.4.

641 *CFTC*, Final Rules and Interpretations i) Further Defining „Swap", "Security-Based Swap", and "Security-Based Swap Agreement"; ii) Regarding "Mixed Swaps"; and iii) Governing Books and Records for "Security-Based Swap Agreements", Fact Sheet, S.4.

642 Für einen Überblick siehe: *LMA*, A Guide to Syndicated Loans & Leverage Finance Transations, S.5, abrufbar unter http://www.lma.eu.com/uploads/files/LMA%20Guide%20to%20Syndicated%20Loans%20144801-3-3472%20v0%203%20_2_.pdf.

643 Zur Abrgrenzung siehe: *CFTC, SEC*, Further Definition of "Swap", "Security-Based Swap", and "Security-Based Swap Agreement"; Mixed Swaps; Security-Based Swap Agreement Recordkeeping, Final Rule, 77 FR 48251 (13.08.2012).

Problematisch kann die Abgrenzung zu *swaps* und *security-based swaps* insofern sein, als solche Vereinbarungen unter Umständen dem *Federal securities law* unterfallen oder bestimmte Bankprodukte darstellen können (*identified banking products*), sodass Ausnahmetatbestände eingreifen.[644] Insoweit haben *CFTC* und *SEC* festgehalten, dass zur Abgrenzung eines Konsortialkredits von synthetischen *swaps* und *security-based swaps*, bezogen auf Kredite, entscheidend sei, ob eine bestimmte, inhaberähnliche Verbindung zwischen dem Dritten und dem zugrunde liegenden Kredit besteht (*current or future, direct or indirect ownership interest*).[645] Ob ein solches qualifiziertes Verhältnis vorliegt, soll anhand von vier Faktoren entschieden werden.[646] Zunächst muss der Kreditgeber des Konsortialkredits (*grantor of the loan participation*) auch Darlehensgeber des zugrunde liegenden Kredits sein. Dies dient zur Abgrenzung von synthetischen Positionen durch *swaps* und *security-based swaps*, die ohne eine solche Inhaberschaft erzeugt werden können. Weiterhin muss die Höhe des Konsortialkredits (*aggregate participation)* mit der des zugrunde liegenden Kredits kongruent sein, wohingegen bei synthetischen Finanzprodukten ein Vielfaches an Verbindlickeiten im Vergleich zum Ursprungsbetrag geschaffen werden kann. Außerdem muss der Dritte den Preis vollständig bezahlen und nicht finanzieren (*entire purchase price for the loan participation is paid in full*), um *leverage*-Effekte zu vermeiden. Letztlich muss der Dritte ebenso alle Vor- und Nachteile des Kreditengagements tragen.

---

644 *Anmerkung*: Für *securites* nach dem *Federal securities law* ergibt sich diese aus 7 U.S.C. §1a(47)(b)(v)(vi), sodass insoweit kein *swap* vorliegt. Für Bankprodukte besteht eine Ausnahme gem. 7 U.S.C. §27a(a), sodass diese dem Aufsichtsregime der *CFTC* entzogen sind und auch keine *security-based swaps* oder *security-based swap agreements* darstellen (vgl. *CFTC, SEC*, Further Definition of "Swap", "Security-Based Swap", and "Security-Based Swap Agreement"; Mixed Swaps; Security-Based Swap Agreement Recordkeeping, Final Rule, 77 FR 48251 (13.08.2012)).

645 *Anmerkung*: Insofern haben sich beide Behörden gegen die Voraussetzung einer "*true participation*" ausgeprochen, die sie noch in den Entwürfen vorschlugen. Dieses Kriterium habe der Abgrenzung nicht ausreichend Rechnung getragen und hätte zum Ausschluss bestimmter Konsortialkredite geführt (vgl. *CFTC, SEC*, Further Definition of "Swap", "Security-Based Swap", and "Security-Based Swap Agreement"; Mixed Swaps; Security-Based Swap Agreement Recordkeeping, Final Rule, 77 FR 48252 (13.08.2012)).

646 *CFTC, SEC*, Further Definition of "Swap", "Security-Based Swap", and "Security-Based Swap Agreement"; Mixed Swaps; Security-Based Swap Agreement Recordkeeping, Final Rule, 77 FR 48251 (13.08.2012).

II. Sondertyp: Mixed Swap

Einen Sondertyp im sachlichen Anwendungsbereich bildet der sogenannte *mixed swap*. Als Mischform weist er Merkmale beider oben dargestellter Derivatarten auf. Zunächst stellen sowohl der *Commodity Exchange Act* als auch der *Securities Exchange Act* klar, dass es sich primär um einen *security-based swap* handelt, der allerdings bei den potentiellen Referenzwerten Besonderheiten aufweist.[647] So darf es sich bei dem Basiswert nicht um einen Einzelwert oder *narrow-based security index* handeln. Dementsprechend muss er sich beispielsweise aus einem Index mit mehr als neun Einzelwerten zusammensetzen. Unter den Einzelwerten wird eine Reihe von Möglichkeiten aufgezählt, wozu unter anderem Zinssätze, Währungen und Indizes zählen. Daneben ist die Mischform einschlägig, wenn das Finanzinstrument so gestaltet ist, dass es Merkmale beider Derivatarten aufweist. Beispielsweise haben die Behörden für den *total return swap* klargestellt, dass es sich um einen *mixed-swap* handelt, wenn er sich auf Basiswerte eines *swaps* bezieht, wie zum Beispiel auf den Wert einer Währung.[648] Außerdem kommt nur bei einem *mixed-swap* die Möglichkeit in Betracht, den Eintritt oder Nichteintritt eines Ereignisses als Basiswert zu bestimmen, das finanzielle, wirtschaftliche oder kommerzielle Auswirkungen entfaltet. Dieses bezieht sich, anders als beim reinen *security-based swap*, nicht auf Ereignisse, die nur einen einzelnen Emittenten betreffen. Insofern ist sein Anwendungsbereich regulativ eng ausgestaltet, was wegen der überschneidenden Aufsichtsstrukturen jedoch begrüßenswert ist.

C. Derivatives Contract

Die Regulierung Singapurs knüpft, wie die europäischen Vorschriften, an einen singulären Begriff an. Der sogenannte *derivatives contract* soll nachfolgend durch grundsätzlich erfasste Geschäftsarten näher charakterisiert und anschließend von anderen Instrumenten abgegrenzt werden.

I. Grundsatz

In Singapur wurde der Anwendungsbereich des *Securities and Futures Act* im Zuge der Reformen erweitert, sodass er nunmehr auch Derivate reguliert. Dabei wird, ähnlich wie in der Europäischen Union, an den Begriff des „Derivatkontrakts“

647 7 U.S.C. §1a(47)(D); 15 U.S.C. §78c(a)(68)(D).

648 *CFTC, SEC*, Further Definition of "Swap", "Security-Based Swap", and "Security-Based Swap Agreement"; Mixed Swaps; Security-Based Swap Agreement Recordkeeping, Final Rule, 77 FR 48265 (13.08.2012).

(*derivatives contract*) angeknüpft. Ein solcher Vertrag untergliedert sich nach dem singapurischen Konzept in die Typen *forward*, Option und *swap*.[649] Darüber hinaus wird *MAS* ein Gestaltungsspielraum eingeräumt, um weitere Fälle von Verträgen dem Begriff zu unterstellen bzw. bestimmte Verträge von dem Begriff auszunehmen.[650]

Ein *forward* zeichnet sich – wie nach dem europäischen Verständnis – dadurch aus, dass eine Vertragspartei der anderen das Eigentum (*transfer title*) oder eine bestimmte Menge eines Basiswertes zu einem festgelegten, zukünftigen Zeitpunkt zu einem vereinbarten Preis, überträgt.[651] Eine Option beinhaltet das Recht einen vereinbarten Basiswert bzw. eine diesbezügliche Menge zu erwerben oder zu verkaufen.[652] Bei beiden Verträgen spielt es keine Rolle, ob die Parteien die tatsächliche Lieferung des Basiswertes beabsichtigen, sodass auch der Barausgleich als Erfüllungsmodalität einbezogen ist. Ebensowenig ist es relevant, ob Differenzunterschiede zwischen dem Wert oder Preis eines oder mehrerer Basiswerte ausgeglichen werden sollen.[653] Die singapurische Regulierung unterscheidet sich von den US-amerikanischen Regelungen in ihrem Verständnis hinsichtlich eines Swapgeschäfts, da hier lediglich Geschäfte erfasst werden, die auf den Ausgleich von Zahlungsströmen gerichtet sind. So werden finanzielle Differenzgeschäfte (*contract for differences*) angeführt, wobei daneben ausschlaggebend ist, ob der – auch nur beabsichtigte – Zweck des Geschäfts darin liegt, Gewinne zu sichern oder Verluste zu vermeiden, die sich aus Schwankungen bestimmter Werte ergeben können. Solche Geschäfte können sich auf den Wert oder Preis eines oder mehrerer bzw. einer Gruppe oder eines Index von Basiswerten beziehen.[654]

Ebenso wie die anderen Vergleichsjurisdiktionen, legt die singapurische Regulierung die in Frage kommenden *Basiswerte* fest. Als solche *underlying things* können Kredite (*credit of a person*) und Waren bzw. Rohstoffe (*commodities*) in Betracht kommen.[655] Früher wurde die letztgenannte Kategorie durch den *Commodity Trading Act* einer gesetzlichen Regelung unterworfen, die nunmehr auf den *Securities and Futures Act* übertragen wurde, um einen effektiveren und

649 Sec.2(1) "derivatives contract" SFA.
650 Sec.2(1) "derivatives contract" SFA.
651 Sec.2(1) „forward contract" SFA.
652 Sec.2(1) „option contract" SFA.
653 Sec.2(1) „forward contract", SFA; sec.2(1) „option contract" SFA.
654 Sec.2(1) „swap contract" SFA.
655 Sec.2(1)(a) „underlying thing" SFA.

einheitlichen Regulierungsrahmen zu schaffen.[656] Der Begriff „*commodity*" ist weit zu verstehen und umfasst Gold, Erzeugnisse (*any produce*), Gegenstände (*items*), Güter (*goods*), Artikel (*articles*), wobei auch diesbezügliche Rechte, Indizes und andere Rechte (*interest*) in Frage kommen.[657] Als weitere Unterart fungieren Finanzinstrumente, die sich auf Währungen, Währungsindices, Zinssätze, Zinssatzindices, Zinssatzinstrumente, Anteilsrechte in Aktien (*shares, stocks*) und diesbezügliche Indices, Schuldverschreibungen (*debentures*) oder Anleiheindices (*bond indices*) beziehen und sich aus einer oder mehrerer Gruppen dieser Instrumente zusammensetzen können.[658] Vor der Reform lag dem Terminus „Finanzinstrument" ein engeres Verständnis zugrunde, da nicht jede Art von Zinssätzen inbegriffen war und die Behörde nur durch einen förmlichen Behelf (*order*) den Anwendungsbereich erweitern konnte.[659] Nunmehr kommt *MAS* ein weiter Gestaltungs- und Ermessensspielraum zu, da sie jedweden weiteren Sachverhalt (*any other thing*) durch Verordnung[660] dem Begriff „Finanzinstrument" zuordnen kann. Ebenso verhält es sich mit der Charakterisierung des Ausdrucks „Basiswert". Vor diesem Hintergrund kann *MAS* ebenfalls durch Verordnung bestimmte Vereinbarungen, Ereignisse, Indizes, materielle oder immaterielle Güter oder Transaktionen bestimmen, die Klassen an Basiswerten bilden. Zudem kann sie in einem vereinfachten Verfahren jeglichen Sachverhalt, der kein Finanzinstrument darstellt (*such other index, right or interest of any nature*), dem Begriff „*commodity*" durch Veröffentlichung in der *Gazette* unterstellen.[661]

II. Abgrenzung

Die singapurischen gesetzlichen Regelungen machen es notwendig, einen Derivatkontrakt von anderen Geschäften wie *futures* und *securities* abzugrenzen. Bei einem *future* handelt es sich um einen Vertrag, bei dem die Parteien die Lieferung einer bestimmten Menge an Waren zu einem zukünftigen Zeitpunkt zu einem bestimmten Preis vereinbaren. Ebenso kann anstelle der Lieferung auch die Zahlung

---

656 *MAS*, Consultation Paper, Februar 2012, S.3, abrufbar unter http://www.mas.gov.sg/~/media/resource/publications/consult_papers/2012/13%20February%202012%20Proposed%20Regulation%20of%20OTC%20Derivatives.pdf.

657 Sec.2(1) „commodity" SFA.

658 Sec.2(1) „financial instrument" SFA.

659 Securities and Futures (Amendment) Bill, Bill No.31/2012, Explanatory Statement, S.204.

660 *Anmerkung*: Diese *regulations* werden im Verfahren gem. sec.341 SFA erlassen.

661 Sec.2(1) „commodity" SFA.

der Preisdifferenz zwischen dem Wert der Ware zum Vertragsschluss und zum Zeitpunkt der eigentlichen Lieferung Vertragsgegenstand sein. Wesentlich ist, dass sich die Vertragsbedingungen nach den Geschäftsregeln oder -praktiken einer Terminbörse richten (*futures market*).[662] Die Behörde kann auch hier bestimmte Geschäfte einschließen oder vom Anwendungsbereich ausnehmen.

Unter „*securities*" werden verschiedene Finanzinstrumente verstanden.[663] Zunächst fallen hierunter staatliche Schuldverschreibungen oder Anleihen (*debentures or shares*). Dies trifft ebenso auf unternehmensbezogene Instrumente zu (*debentures, stocks* und *shares*). Daneben werden diesbezügliche Optionen, Rechte oder Derivate erfasst. Ebenfalls sind finanzielle Differenzgeschäfte oder vergleichbare Verträge angeführt, die Wert- bzw. Preisschwankungen dieser Instrumente abdecken sollen, wobei sie sich auf einzelne Produkte, Gruppen oder Indizes beziehen können. Insofern besteht eine Ähnlichkeit zum *swap*, der sich jedoch auf andere Basiswerte bezieht. Auch werden Bestandteile, die der Vermögensverwaltungen zuzurechnen sind und diesbezügliche Derivate (*any unit in a business trust or any derivative thereof* bzw. *any unit in a collective investment scheme*) aufgelistet. Letztlich kann *MAS* ebenfalls weitere Instrumente bestimmen.

Nicht unter den Ausdruck „*securities*" fallen hingegen *futures*, die an einer Terminbörse gehandelt werden, Wechsel (*bill of exchange*), Schuldscheine (*promissory notes*), Einlagezertifikate (*certificate of deposit*) von in- oder ausländischen Banken oder Finanzierungsgesellschaften (*finance companies*) bzw. andere von der Behörde zu bezeichnende Instrumente.[664]

§2 In persönlicher Hinsicht

In diesem Paragraph soll nun der persönliche Anwendungsbereich der Vorschriften ermittelt werden. Zunächst wird sich der Fokus auf die Europäische Union richten, die eine Unterscheidung zwischen finanziellen und nichtfinanziellen Gegenparteien trifft. Danach rücken die Vereinigten Staaten von Amerika in den Vordergrund, die eine im Vergleich sehr detaillierte Ausgestaltung des persönlichen Anwendungsbereichs getroffen haben. Hier werden insbesondere Händler (*dealer*) und Teilnehmer (*major participants*) genauer untersucht und ihre jeweiligen Charakteristika herausgearbeitet. Anschließend werden die singapurischen Regelungen thematisiert, die, ebenso wie die europäischen Normen, eine formale Untergliederung finanzieller Parteien vorgenommen haben.

---

662 Sec.2(1)(b) "futures contract" SFA.
663 Sec.2(1)(a)-(h) „securities" SFA.
664 Sec.2(1)(h)(i)-(v) „securities" SFA.

A. Finanzielle und nichtfinanzielle Gegenparteien

In der Europäischen Union enhält EMIR im persönlichen Anwendungsbereich Regelungen für zentrale Gegenparteien (*CCPs*), finanzielle Gegenparteien und Transaktionsregister. Für nichtfinanzielle Gegenparteien und Handelsplätze greifen die Vorschriften nur, sofern dies vorgesehen ist.[665] Im Folgenden sollen die finanziellen und nichtfinanziellen Gegenparteien behandelt werden. Hierbei wird untersucht, welche Marktteilnehmer überhaupt von den Regelungen betroffen sind und für welche Stellen Ausnahmevorschriften greifen. *CCPs* werden nicht im Rahmen des Anwendungsbereichs thematisiert, sondern weiter unten umfassend untersucht.[666]

I. Finanzielle Gegenparteien

Finanzielle Gegenparteien zeichnen sich grundsätzlich durch einen hohen Grad an Professionalität aus. Der Terminus wird durch eine abschließende Aufzählung näher konkretisiert.[667] Hierunter werden Wertpapierfirmen[668], Organismen für gemeinsame Anlagen in Wertpapiere (OGAW) und gegebenenfalls deren Verwaltungsgesellschaften[669], Einrichtungen der betrieblichen Altersvorsorge[670] und alternative Investmentfonds, die von eingetragenen oder zugelassenen Personen verwaltet werden (AIFM)[671], gefasst. Zudem werden in der Europäischen

665 Art.1 Abs.2 EMIR.

666 Siehe Kapitel 2, Abschnitt 4.

667 Art.2 Nr.8 EMIR.

668 Zugelassen gem. Richtlinie 2004/39/EG des Europäischen Parlaments und des Rates vom 21.04.2004 über Märkte für Finanzinstrumente, zur Änderung der Richtlinien 85/611/EWG und 93/6/EWG des Rates und der Richtlinie 2000/12/EG des Europäischen Parlaments und des Rates und zur Aufhebung der Richtlinie 93/22/EWG des Rates, Abl.EU vom 30.04.2004, Nr.L 145/1.

669 Zugelassen gem. Richtlinie 2009/65/EG des Europäischen Parlaments und des Rates vom 13.07.2009 zur Koordinierung der Rechts- und Verwaltungsvorschriften betreffend bestimmte Organismen für gemeinsame Anlagen in Wertpapieren (OGAW), Abl.EU vom 17.11.2009, Nr.L 302/32.

670 i.S.d. Art.6 lit.a) Richtlinie 2003/41/EG des Europäischen Parlaments und des Rates vom 03.06.2003 über die Tätigkeiten und die Beaufsichtigung von Einrichtungen der betrieblichen Altersversorgung, Abl.EU vom 23.09.2003, Nr.L 235/10.

671 Zugelassen gem. Richtlinie 2011/61/EU des Europäischen Parlaments und des Rates vom 08.06.2011 über die Verwalter alternativer Investmentfonds und zur Änderung der Richtlinien 2003/41/EG und 2009/65/EG und der Verordnungen (EG) Nr.1060/2009 und (EU) Nr.1095/2010, Abl.EU vom 01.07.2011, Nr. L 174/1.

Union regulierte Kreditinstitute sowie Versicherungs- und Rückversicherungsunternehmen erfasst.[672] Insgesamt wird erkennbar, dass der Anwendungsbereich in persönlicher Hinsicht bereits durch den Begriff der „finanziellen Gegenpartei" weit ausgestaltet ist. Er umfasst in der EU regulierte Institute[673] und mithin eine Vielzahl bedeutender Marktteilnehmer.

II. Nichtfinanzielle Gegenparteien

Von den finanziellen Gegenparteien sind nichtfinanzielle Gegenparteien zu unterscheiden. In den Regelungen von EMIR wird eine negative Abgrenzung vorgenommen und klargestellt, dass hierunter keine zentrale Gegenpartei oder finanzielle Gegenpartei zu verstehen ist. Zudem muss es sich um ein in der Europäischen Union niedergelassenes Unternehmen handeln (*concept of undertaking*).[674] In diesem Zusammenhang bestand anfangs Rechtsunsicherheit über die Auslegung des Unternehmensbegriffs, da die Verordnung selbst keine Definition vorsieht. Stimmen in der Literatur sprechen sich insofern für den funktionalen Unternehmensbegriff aus dem Wettbewerbsrecht aus.[675] Diese Auffassung wird ebenso von der Europäische Kommission in ihrer Interpretationshilfe vertreten.[676] Diese Auslegung decke sich nach ihrer Auffassung mit der Rechtssprechungspraxis des *Gerichtshofs der Europäischen Union*, wonach es auf die Tätigkeit des Marktteilnehmers ankommt und eine formale Betrachtung nach

---

672 *Anmerkung*: Zu beachten ist, dass EMIR für diese Unternehmen auf nunmehr aufgehobene Richtlinien verweist. Im Hinblick auf Kreditinstitute wurde Richtlinie 2006/48/EG gem. Art.163 Richtlinie 2013/36/EU zum 01.01.2014 aufgehoben. In diesem Zusammenhang ist für die Auslegung des Begriffs Verordnung (EU) Nr.575/2013 heranzuziehen (vgl. Art.3 Abs.1 Nr.1 Richtlinie 2013/36/EU i.V.m. Art.4 Abs.1 Nr.1 Verordnung (EU) Nr.575/2013). Für Versicherungs- und Rückversicherungsunternehmen wurden Richtlinie 73/239/EWG, Richtlinie 2002/83/EG und Richtlinie 2005/68/EG gem. Art.310 Richtlinie 2009/138/EG zum 01.11.2012 aufgehoben [Richtlinie 2009/138/EG des Europäischen Parlaments und des Rates vom 25.11.2009 betreffend die Aufnahme und Ausübung der Versicherungs- und der Rückversicherungstätigkeit (Solvabilität II, Solvency II), Abl.EU vom 17.12.2009, Nr.L 335/1].

673 *Schwenk*, European Market Infrastructure Regulation, jurisPR-BKR 11/2012.

674 Art.2 Nr.9 EMIR.

675 *Hartenfels*, EMIR, ZHR (178) 2014, 173 (193); *Köhling/Adler*, Der neue europäische Regulierungsrahmen für OTC-Derivate, WM 2012, 2125 (2130).

676 *Europäische Kommission*, EMIR: Frequently Asked Questions, Ziff.14, abrufbar unter http://ec.europa.eu/internal_market/financial-markets/docs/derivatives/emir-faqs_en.pdf (zuletzt am 18.08.2014).

der Rechtsform insofern keine Rolle spielt.[677] Sollte ein Marktteilnehmer in diesem Zusammenhang eine wirtschaftliche Tätigkeit ausüben, so kann er grundsätzlich als Unternehmen angesehen werden (*economic activity*). Die Europäische Kommission betont ausdrücklich, dass diese Konzeption weiter zu verstehen sei als der Begriff „Gesellschaften" (*companies or firms*) i.S.v. Art.54 Abs.2 AEUV, der genaue Rechtsformen und einen Erwerbszweck (*profit-making*) vorschreibt.[678]

Legt man diese Maßstäbe zugrunde, bedarf es einer Einzelfallbetrachtung, ob natürliche Personen oder gemeinnützige Einrichtungen (*non-profit entities*) als Unternehmen i.S.d. EMIR gelten. Das Argument von *Teuber* und *Schöpp*, wonach solche Teilnehmer wegen ihres geringen Marktanteils zu vernachlässigen seien[679], hat sich mithin nicht durchsetzen können. Sofern diese eine wirtschaftliche Tätigkeit ausüben (*offering goods and services in the market*) sind sie als nichtfinanzielle Gegenparteien anzusehen. Dieser Ansicht schließt sich *ESMA* in ihrer Interpretationshilfe an.[680] Dies gilt insbesondere für Einzelhandelskaufleute, was sich mit der Auffassung in der Literatur[681] sowie der Einschätzung der *BaFin*[682] deckt. Allerdings können auch gemeinnützige Stiftungen bei einer wirtschaftlichen Tätigkeit als Unternehmen i.S.v. Art.2 Nr.9 EMIR klassifiziert werden. Daher wären sie ebenfalls der Clearingverpflichtung, höheren Risikomanagementprozessen für ungeclearte Derivate und Meldepflichten unterworfen. Dennoch bestehen Zweifel, ob die Abgrenzung nach der wirtschaftlichen Tätigkeit für non-profit Organisationen ein geeignetes Kriterium darstellt, da einerseits betont wird, dass kein konkreter Erwerbszweck erforderlich sei. Dieser Sichtweise ist jedoch andererseits entgegenzuhalten, dass es nur schwer vorstellbar ist, dass eine wirtschaftliche Tätigkeit keinen Erwerbszweck verfolgen soll. Insgesamt bietet die Einzellfallbetrachtung aber ein hohes Maß an Flexibilität

---

677 *EuGH*, Urteil vom 23.04.1991, Rs.C-41/90, Slg.1991, I-1979, Rn.21 (Höfner und Elser/Macroton).

678 *Europäische Kommission*, EMIR: Frequently Asked Questions, Ziff.14, abrufbar unter http://ec.europa.eu/internal_market/financial-markets/docs/derivatives/emir-faqs_en.pdf (zuletzt am 18.08.2014).

679 *Teuber/Schöpp*, Derivate-Regulierung EMIR, RdF 2013, 209 (210).

680 *ESMA*, Questions and Answers, S.9.

681 *Geier/Mirtschink*, OTC-Derivate-Regulierung aus sicht der Buy- und Sell-Side, CF biz 2013, 102 (105), Fn.42; *Köhling/Adler*, Der neue europäische Regulierungsrahmen für OTC-Derivate, WM 2012, 2125 (2130); *Wieland/Weiß*, EMIR, CF law 2013, 73 (77), die von „Privatpersonen" sprechen.

682 *BaFin*, EMIR – Anforderungen an nichtfinanzielle Gegenparteien, abrufbar unter http://www.bafin.de/DE/Aufsicht/BoersenMaerkte/EMIR/NichtfinanzielleGegenparteien/nichtfinanzielle_gegenparteien_node.html#doc3710874bodyText1.

und verhindert Missbrauchskonstruktionen, um dem Anwendungsbereich von EMIR allein durch die Rechtsform des Unternehmens zu entgehen.

Stimmen in der Literatur sprechen sich zudem dafür aus, Zweckgesellschaften, insbesondere im Rahmen von Verbriefungstransaktionen (*special purpose vehicles, SPVs*), als nichtfinanzielle Gegenpartei anzusehen.[683] Demgegenüber argumentiert die Europäische Kommission, dass eine generelle Einteilung dieser Gesellschaften mangels klarer Definition abzulehnen sei. Sollte es sich bei einem *SPV* im konkreten Einzelfall nicht um eine finanzielle Gegenpartei handeln, sei es als nichtfinanzielle Gegenpartei anzusehen.[684] Daher fallen *SPVs* grundsätzlich in den Anwendungsbereich von EMIR.

Ein weiteres Problemfeld besteht im Zusammenhang mit der Tätigkeit von öffentlich-rechtlichen Gebietskörperschaften. Stimmen in der Literatur möchten öffentliche Körperschaften per se nicht dem Unternehmensbegriff zuführen.[685] In ähnlicher Weise sprechen sich andere dafür aus, solche Stellen vom Begriff „Unternehmen" auszunehmen, sofern sie hoheitlich tätig sind.[686] Dies bestätigt die Europäische Kommission in ihrer Interpretationshilfe.[687] Gleichwohl können öffentlich-rechtliche Gebietskörperschaften nach Ansicht der Europäischen Kommission[688], der *BaFin*[689] und der Literatur[690] als nichtfinanzielle Gegenparteien i.S.v. EMIR angesehen werden, wenn sie wirtschaftlich tätig sind.

Nicht eindeutig geklärt ist bisher, wie mit anderen Arten von Sondervermögen (*compartments*) in regulatorischer Hinsicht umzugehen ist. Legt man die oben

---

683 *Henkelmann/Geier*, EMIR, Risikomanager 9/2013, 11 (12).

684 *Europäische Kommission*, EMIR: Frequently Asked Questions, Ziff.10, abrufbar unter http://ec.europa.eu/internal_market/financial-markets/docs/derivatives/emir-faqs_en.pdf (zuletzt am 18.08.2014).

685 *Wieland/Weiß*, EMIR, CF law 2013, 73 (77); *Teuber/Schöpp*, Derivate-Regulierung EMIR, RdF 2013, 209 (210).

686 *Köhling/Adler*, Der neue europäische Regulierungsrahmen für OTC-Derivate, WM 2012, 2125 (2130).

687 *Europäische Kommission*, EMIR: Frequently Asked Questions, Ziff.15, abrufbar unter http://ec.europa.eu/internal_market/financial-markets/docs/derivatives/emir-faqs_en.pdf (zuletzt am 18.08.2014).

688 *Europäische Kommission*, EMIR: Frequently Asked Questions, Ziff.15, abrufbar unter http://ec.europa.eu/internal_market/financial-markets/docs/derivatives/emir-faqs_en.pdf (zuletzt am 18.08.2014).

689 *BaFin*, EMIR – Anforderungen an nichtfinanzielle Gegenparteien, abrufbar unter http://www.bafin.de/DE/Aufsicht/BoersenMaerkte/EMIR/NichtfinanzielleGegenparteien/nichtfinanzielle_gegenparteien_node.html#doc3710874bodyText1.

690 *Hartenfels*, EMIR, ZHR (178) 2014, 173 (193).

betrachteten Prämissen an, dürfte dies ebenfalls anhand einer Einzelfallbetrachtung zu beurteilen sein. Sollten sie nicht unter OGAWs oder AIFs[691] zu subsumieren sein, sind sie im Zweifel als nichtfinanzielle Gegenparteien anzusehen.[692]

Außerdem war nach Erlass der Verordnung unklar, wie der Ort der Niederlassung zu bestimmen ist (*concept of establishment*). Stimmen in der Literatur sprechen sich vorläufig für den Ort des gesellschafsrechtlichen Sitzes aus.[693] Die Europäische Kommission orientiert sich jedoch in diesem Zusammenhang an den, von der Rechtsprechung des Gerichtshofs der Europäischen Union aufgestellten Grundsätzen, wonach es auf die „tatsächliche Ausübung einer wirtschaftlichen Tätigkeit mittels einer festen Einrichtung in einem anderen Mitgliedsstaat auf unbestimmte Zeit“[694] ankomme (vgl. Art.49 Abs.2 AEUV).[695]

III. Ausnahmen

Per se ausgenommen vom Anwendungsbereich der EMIR sind die Mitglieder des *Europäischen Systems der Zentralbanken* (ESZB), andere Stellen der Mitgliedsstaaten mit ähnlichen Aufgaben und sonstige Stellen der Union, die für die staatliche Schuldenverwaltung zuständig oder daran beteiligt sind sowie die *Bank für Internationalen Zahlungsausgleich.*[696] Zentralbanken aus Drittstaaten können ebenfalls vom Anwendungsbereich ausgenommen werden.[697] Die Europäische Kommission hat in einer Delegierten Verordnung[698] festgelegt, dass die

691 *Anmerkung*: Zur Frage, wie mit Umbrella-Konstruktionen bei Fonds umzugehen ist siehe: *ESMA*, Questions and Answers, S.9.

692 So auch: *Geier/Mirtschink*, OTC-Derivate-Regulierung aus sicht der Buy- und Sell-Side, CF biz 2013, 102 (105).

693 *Geier/Mirtschink*, OTC-Derivate-Regulierung aus sicht der Buy- und Sell-Side, CF biz 2013, 102 (105), Fn.41.

694 *EuGH*, Urteil vom 25.07.1991, Rs.C-221/89, Slg. 1991, I-3905, Rn.20 (The Queen/ Secretary of State for Transport, ex parte Factortame).

695 *Europäische Kommission*, EMIR: Frequently Asked Questions, Ziff.14, abrufbar unter http://ec.europa.eu/internal_market/financial-markets/docs/derivatives/emir-faqs_en.pdf (zuletzt am 18.08.2014).

696 Art.1 Abs.4 lit.a)-b) EMIR.

697 *Anmerkung*: Andernfalls können Zentralbanken aus Drittstaaten als nichtfinanzielle Gegenparteien angesehen werden und mithin der Clearingpflicht unterfallen (vgl. *ESMA*, Questions and Answers, S.31).

698 Delegierte Verordnung (EU) Nr.1002/2013 der Kommission vom 12.07.2013 zur Änderung der Verordnung (EU) Nr.648/2012 des Europäischen Parlaments und des Rates über OTC-Derivate, zentrale Gegenparteien und Transaktionsregister in Bezug auf die Liste der von ihrem Anwendungsbereich ausgenommenen Stellen, Abl.EU vom 19.10.2013, Nr.L 279/2.

Zentralbanken von Japan und den USA sowie staatliche Stellen, die für deren öffentliche Schuldenverwaltung zuständig oder daran beteiligt sind, vom Anwendungsbereich der EMIR ausgeschlossen sind.[699] Ein gem. Art.1 Abs.6 EMIR von der Europäischen Kommission erstellter Bericht über die Handhabung bei Zentralbanken und öffentlicher Schuldenverwaltungsstellen kommt zu dem Ergebnis, dass Japan und die Vereinigten Staaten von Amerika für die genannten öffentlichen Stellen eine Befreiung von der Clearing- und Meldeverpflichtung vorgenommen haben.[700] Daher sollten durch die Erweiterung der Ausnahmevorschriften neutrale Marktbedingungen für Transaktionen mit Zentralbanken geschaffen und damit zu einer größeren Kohärenz und Konsistenz der internationalen Regelungen beigetragen werden.[701] Dies sei insbesondere wichtig, da sich das Verhalten beider Länder auch auf die Funktionsweise der Zinsmärkte auswirke.[702]

Außerdem gilt die Verordnung, mit Ausnahme der Meldepflicht, nicht für bestimmte multilaterale Entwicklungsbanken.[703] Zudem sind bestimmte öffentliche Stellen ausgenommen.[704] Voraussetzung ist, dass sie nicht gewerbliche Verwaltungseinrichtungen sind, die von einem Zentralstaat getragen oder für sie eine einer ausdrücklichen Garantie gleichstehende Haftung seitens des jeweiligen Zentralstaates gilt. Dies trifft beispielsweise auf die *Kreditanstalt für Wiederaufbau* zu.[705] Andererseits sind Einrichtungen, die sich in der Trägerschaft von Gebietskörperschaften befinden, nicht von der Freistellung erfasst.[706] Sie könnten jedoch, wie oben beschrieben, nicht in den Anwendungsbereich fallen, wenn es sich bei ihnen um keine Unternehmen handelt. Letztlich profitieren die *Europäische Finanzstabilitätsfaszilität* (*EFSF*) und der *Europäische Stabilitätsmechanismus* (*ESM*) von der Befreiung.[707]

---

699 Art.1 Delegierte Verordnung (EU) Nr.1002/2013.

700 Bericht der Kommission an das Europäische Parlament und den Rat, Die internationale Behandlung von Zentralbanken und öffentlichen, für die staatliche Schuldenverwaltung zuständigen Stellen im Hinblick auf OTC-Derivatgeschäfte, 22.03.2013, COM/2013/0158 final, Punkt 5, abrufbar unter http://eur-lex.europa.eu/LexUriServ/LexUriServ.do?uri=CELEX:52013DC0158:DE:NOT.

701 Erwägungsgrund Nr.3 Delegierte Verordnung (EU) Nr.1002/2013.

702 Erwägungsgrund Nr.4 Delegierte Verordnung (EU) Nr.1002/2013.

703 Art.1 Nr.5 lit.a) EMIR i.V.m. Anhang VI Teil 1 Abschnitt 4.2 Richtlinie 2006/48/EG.

704 Art.1 Nr.5 lit.b) EMIR i.V.m. Art.4 Nr.18 Richtlinie 2006/48/EG.

705 *Geier/Mirtschink*, OTC-Derivate-Regulierung aus sicht der Buy- und Sell-Side, CF biz 2013, 102 (105) Fn.37.

706 *Hartenfels*, EMIR, ZHR (178) 2014, 173 (194).

707 Art.1 Abs.5 lit.c) EMIR.

B. Swap Dealer und Major Participants

In den Vereinigten Staaten von Amerika enthält der *Dodd-Frank Act* Regelungen für zahlreiche Rechtssubjekte, da er beispielsweise auch Versicherungen und Banken reguliert.[708] Dieser Unterpunkt soll sich der Darstellung derjenigen Marktteilnehmer widmen, die insbesondere von den Regelungen der Clearingverpflichtung betroffen sind (*Title VII*). Hierzu zählen finanzielle Parteien (*financial entities*)[709], die sich unter anderem in Händler (*dealer*) und Teilnehmer (*participants*) einteilen lassen. Der ersten Gruppe gehören insbesondere *swap dealer* und *security-based swap dealer* an. Daneben bilden *major swap participants* und *major security-based swap participants* die zweite Kategorie, die im Nachhinein thematisiert wird. Sowohl Händler, als auch Teilnehmer, müssen sich offiziell bei den jeweiligen Aufsichtsbehörden für einen ordnungsgenmäßen Betrieb registrieren lassen.[710]

I. Dealer

Zunächst soll die Kategorie des *dealers* näher betrachtet werden. Hierzu gehören, wie bereits gesehen, *swap dealer* und *security-based swap dealer*. Zu Beginn der Untersuchung werden allgemeine Bestimmungsfaktoren ermittelt, und insbesondere die von den Aufsichtsbehörden ausgearbeiteten Indizien behandelt, die die Eigenschaft als *dealer* begründen können. Danach werden konkrete Geschäftstätigkeiten beleuchtet, die als Händleraktivität angesehen werden.

1. Allgemeine Bestimmungskriterien

Da es in den Vereinigten Staaten von Amerika an formalen Vorgaben fehlt, ist in erster Linie entscheidend, unter welchen Umständen ein Marktteilnehmer als *dealer* angesehen wird. Dies soll nunmehr durch allgemeine Bestimmungskriterien dargelegt werden. *CFTC* und *SEC* weisen darauf hin, dass dies anhand einer Einzelfallprüfung zu entscheiden sei. Dabei sollen die Grundsätze, die in der sogenannten *dealer-trader distinction* bereits verankert wurden, als Entscheidungsgrundlage fungieren.[711] Bemerkenswert ist, dass sowohl *swap dealer* als auch *security-based swap dealer* einem einheitlichen Ansatz unterworfen werden,

---

708 Title V, VI DFA.

709 7 U.S.C. §2(h)(7)(C); 15 U.S.C. §78-3(g)(3). Weitere finanzielle Parteien im Sinne dieser Regelung sind *commodity pools*, *private funds* und *employee benefit plans*.

710 7 U.S.C. §6s(a); 15 U.S.C. §78o-10(a).

711 *CFTC, SEC*, Further Definition of „Swap Dealer", „Security-Based Swap Dealer", „Major Swap Participant", „Major Security-Based Swap Participant" and „Eligible Contract Participant", Joint Final Rule, 77 FR 30607; 30616 (23.05.2012).

obwohl sie auf unterschiedlichen Märkten aktiv sind. Gleichwohl solle den jeweiligen Besonderheiten Rechnung getragen werden. So zeichnen sich Märkte für *swaps* beispielsweise durch eine höhere Aktivität aus, als Märkte für *securities.*[712] Grundsätzlich soll ausschlaggebend sein, wie der jeweilige Marktteilnehmer mit seiner Gegenpartei interagiert (*nature of interaction with counterparties*) bzw. inwiefern er zur Marktstabilität und -transparenz beiträgt (*promote market stability and transparency*).[713]

Konkretisiert werden diese Vorgaben durch eine Reihe von Indizien.[714] Im Hinblick auf *swap dealer*[715] spricht für ihre Handelsaktivität zunächst, wenn sie Liquidität im Markt schaffen, indem sie die Nachfrage für diese Instrumente befriedigen (*providing liquidity*). Ein weiteres Kriterium ist, ob der Markt davon ausgeht, dass ein solcher Marktteilnehmer die Nachfrage befriedigen wird, sei es, indem er nach außen hin kundtut, Swapgeschäfte abschließen zu wollen (*holding onseself out as willing to enter into swaps*) oder, ob er dafür bekannt ist, die Nachfrage zu befriedigen (*being known in the industry as being available to accommodate demand for swaps*). Weiterhin kann es ausreichen, wenn ein Marktteilnehmer eine Gegenpartei dabei unterstützt, *swaps* als Absicherungsgeschäfte einzusetzen, indem er Ratschläge erteilt oder bei der Strukturierung hilft (*advising as to how to use swaps to meet hedging goals or structuring swaps on behalf of a counterparty*). Außerdem spricht ein gewisser Kreis an Stammkunden (*having a regular clientele*) und eine aktive Werbung bzw. Bewerbung von Kunden im Hinblick auf *swaps* (*actively advertising or soliciting clients in connection with swaps*) für die Annahme eines *dealers*. Darüber hinaus ist ein Kriterium für die Annahme eines *dealers*, ob derjenige beispielsweise als *market maker* an Handelsplätzen auftritt (*organized exchange* oder *trading system*) bzw. ob er den Marktpreis aktiv mitgestaltet (*helping*

712 *Anmerkung*: Zu den jeweiligen Besonderheiten im Einzelnen siehe: *CFTC, SEC*, Further Definition of „Swap Dealer", „Security-Based Swap Dealer", „Major Swap Participant", „Major Security-Based Swap Participant" and „Eligible Contract Participant", Joint Final Rule, 77 FR 30607; 30616 (23.05.2012).

713 *CFTC, SEC*, Further Definition of „Swap Dealer", „Security-Based Swap Dealer", „Major Swap Participant", „Major Security-Based Swap Participant" and „Eligible Contract Participant", Joint Final Rule, 77 FR 30608 (23.05.2012).

714 *CFTC, SEC*, Further Definition of „Swap Dealer", „Security-Based Swap Dealer", „Major Swap Participant", „Major Security-Based Swap Participant" and „Eligible Contract Participant", Joint Final Rule, 77 FR 30608 (23.05.2012).

715 *Anmerkung*: Zudem haben die Behörden Indizien für *security-based swap dealer* angeführt (vgl. *CFTC, SEC*, Further Definition of „Swap Dealer", „Security-Based Swap Dealer", „Major Swap Participant", „Major Security-Based Swap Participant" and „Eligible Contract Participant", Joint Final Rule, 77 FR 30617f. (23.05.2012)).

to set the prices offered in the market) und nicht lediglich hinnimmt. *CFTC* und *SEC* weisen gleichzeitig darauf hin, dass dieser Ansatz nicht statisch oder abschließend sei und im Laufe der Zeit weiterentwickelt werden könne.[716]

2. Konkrete Aktivitäten

Unter Berücksichtigung dieser Maßstäbe charakterisieren die US-amerikanischen Regelungen vier Aktivitäten die sowohl für *swap dealer*[717] als auch für *security-based swap dealer*[718] typisch sind. Erstes Kriterium dieses sogenannten *four statutory tests*[719] ist, ob jemand als *swap dealer* oder *security-based swap dealer* nach außen hin aufritt (*hold oneself out as a swap dealer*), was anhand bestimmter Umstände ermittelt werden kann.[720] Vergleichbar mit den bereits oben dargestellten Indizien kann es entscheidend sein, ob jemand werbend mit potentiellen Gegenparteien in Kontakt tritt (*contacting potential counterparties to solicit interest*). Weiterhin kann für eine solche Tätigkeit sprechen, wenn neue Arten von *swaps* oder *security-based swaps* entwickelt werden und potentielle Geschäftspartner hierüber sowie über die Absicht, solche Geschäfte abschließen zu wollen, informiert werden (*developing new types and informing potential counterparties of their availability and of the person's willingness to enter into the swaps or security-based swaps*). Des Weiteren entfaltet die Mitgliedschaft in einer Swapvereinigung mit dem Status eines *swap dealers* indizielle Wirkung (*membership in a swap association in a category reserved for dealers*). Dies kann beispielsweise der *primary status* der *International Swap and Derivatives Association* (*ISDA*)[721] sein, wovon derzeit über 200 Mitglieder, vor allem Banken, betroffen sind.[722] Andererseits betonen die Aufsichtsbehörden, dass es dennoch möglich sei, trotz einer solchen Mitgliedschaft von den

---

716 *CFTC, SEC*, Further Definition of „Swap Dealer", „Security-Based Swap Dealer", „Major Swap Participant", „Major Security-Based Swap Participant" and „Eligible Contract Participant", Joint Final Rule, 77 FR 30608 (23.05.2012).

717 7 U.S.C. §1a(49)(A)(i)-(iv); 17 C.F.R. §1.3(ggg)(1)(i)-(iv).

718 15 U.S.C. §78c(a)(71)(A)(i)-(iv); 17 C.F.R. §240.3a71-1(a)(1)-(4).

719 *CFTC, SEC*, Further Definition of „Swap Dealer", „Security-Based Swap Dealer", „Major Swap Participant", „Major Security-Based Swap Participant" and „Eligible Contract Participant", Joint Final Rule, 77 FR 30606; 30616 (23.05.2012).

720 *CFTC, SEC*, Further Definition of „Swap Dealer", „Security-Based Swap Dealer", „Major Swap Participant", „Major Security-Based Swap Participant" and „Eligible Contract Participant", Joint Final Rule, 77 FR 30608, Fn.167 (23.05.2012).

721 *ISDA*, By-Laws, Art.3 Membership, abrubfar unter http://www.isda.org/membership/bylaws.pdf.

722 *ISDA*, Members List – Primary, abrufbar unter http://www2.isda.org/membership/members-list/primary/.

Anforderungen an *swap dealer* über Ausnahmetatbestände befreit zu werden.[723] Zudem kann es indizielle Wirkung haben, wenn jemand Werbematerialien vertreibt, in denen *swaps* oder *security-based swaps* beschrieben werden, die derjenige abschließen möchte (*providing marketing materials describing the type of swaps or security-based swaps the party is willing to enter into*). Ein weit formuliertes Indiz bildet der Umstand, wenn ein Marktteilnehmer den generellen Willen ausdrückt, eine weitreichende Palette an Produkten bzw. Dienstleistungen anzubieten oder zu vertreiben, die zumindest auch *swaps* oder *security-based swaps* beinhalten (*generally expressing a willingness to offer or provide a range of products or services that include swaps or security-based swaps*).

Die zweite Fallgruppe bilden Marktteilnehmer, die sich so verhalten, dass man sie üblicherweise als *dealer* oder *market maker* bezeichnen würde (*engaging in any activity causing it to be commonly known in the trade as a dealer or market maker*). Für die Bestimmung des auslegungsbedürftigen Begriffs „üblicherweise" sind dieselben Faktoren anzusetzen, wie sie bereits bei der Außendarstellung beschrieben wurden[724].[725]

Als dritte Aktivität gilt nach den US-amerikanischen Regelungen, wenn jemand die Liquidität im Markt für solche Produkte aufrechterhält (*making a market*). Konkret erfordert dies, dass jemand regelmäßig bereitsteht, auf Anfrage einer Gegenpartei Swapgeschäfte einzugehen. Dabei ist nach Ansicht der Aufsichtsbehörden nicht erforderlich, dass er dies dauerhaft macht, solange es nicht bloß gelegentlich geschieht (*more frequently than occasionally*).[726] Neben anderen Faktoren[727] ist für ein Bereitstehen beispielsweise maßgeblich, ob derjenige routiniert Angebote an einer Börse einstellt (*quoting bid or offer prices, rates or*

723 *CFTC, SEC*, Further Definition of „Swap Dealer", „Security-Based Swap Dealer", „Major Swap Participant", „Major Security-Based Swap Participant" and „Eligible Contract Participant", Joint Final Rule, 77 FR 30609, Fn.169 (23.05.2012).

724 Siehe Kapitel 2, Abschnitt 2, §2, Unterpunkt B I 1.

725 *CFTC, SEC*, Further Definition of „Swap Dealer", „Security-Based Swap Dealer", „Major Swap Participant", „Major Security-Based Swap Participant" and „Eligible Contract Participant", Joint Final Rule, 77 FR 30608 (23.05.2012).

726 *CFTC, SEC*, Further Definition of „Swap Dealer", „Security-Based Swap Dealer", „Major Swap Participant", „Major Security-Based Swap Participant" and „Eligible Contract Participant", Joint Final Rule, 77 FR 30609 (23.05.2012).

727 *Anmerkung*: Zu den einzelnen Voraussetzungen siehe: *CFTC, SEC*, Further Definition of „Swap Dealer", „Security-Based Swap Dealer", „Major Swap Participant", „Major Security-Based Swap Participant" and „Eligible Contract Participant", Joint Final Rule, 77 FR 30609, II(A)(4)(c)(i)-(iv) (23.05.2012).

other financial terms for swaps on an exchange), Auftragsgrenzen vorgibt (*placing limit orders*) oder eine Entlohnung für das Auftreten als *market maker* an Handelsplattformen (*organized exchange, trading platform*) erhält.

Letztlich meint der Ausdruck „*dealer*" Marktteilnehmer, die nach ihrem gewöhnlichen Geschäftsablauf (*ordinary course of business*) regelmäßig Swapgeschäfte auf eigene Rechnung[728] mit anderen Gegenparteien abschließen. Dabei ist es nicht erforderlich, dass der Handel mit Derivaten den Hauptbestandteil des Geschäftsmodells ausmacht. Die Behörden verweisen auf mehrere Anhaltspunkte[729], wovon jeder für sich allein genommen anhand einer Einzelfallbetrachtung, ausreichen könne.[730] Für das Vorliegen spreche beispielsweise, ob jemand Swappositionen eingeht, um der Gegenpartei bei der Ausübung ihrer Geschäftstätigkeit oder ihrem Risikomanagement zu entsprechen (*satisfying the business and risk management needs*). Andererseits spreche es gegen die Dealereigenschaft, wenn die Partei Swapgeschäfte abschließt, um selbst an den Entwicklungen des Marktes zu partizipieren. Ein weiterer Faktor für die Einordnung als *dealer* ist die Einführung separater Organisations- und Abrechnungseinheiten, wie beispielsweise eine getrennte Gewinn- und Verlustrechnung (*profit and loss statement*). Außerdem kann in die Bewertung einfließen, ob finanzielle oder personelle Mittel für typische Geschäftsinstrumente im Hinblick auf das Vertrags-[731] oder

---

728 *Anmerkung*: Schließt jemand Swapgeschäft als Vertreter für Kunden ab (*agent*), so muss er sich je nach Tätigkeit als *futures commission merchant, introducing broker, commodity pool operator*, oder *commodity trading advisor* registrieren. Siehe hierzu im Einzelnen: *CFTC, SEC*, Further Definition of „Swap Dealer", „Security-Based Swap Dealer", „Major Swap Participant", „Major Security-Based Swap Participant" and „Eligible Contract Participant", Joint Final Rule, 77 FR 30610, Fn.202 (23.05.2012).

729 *CFTC, SEC*, Further Definition of „Swap Dealer", „Security-Based Swap Dealer", „Major Swap Participant", „Major Security-Based Swap Participant" and „Eligible Contract Participant", Joint Final Rule, 77 FR 30610, II(A)(4)(d)(i)-(iii) (23.05.2012).

730 *CFTC, SEC*, Further Definition of „Swap Dealer", „Security-Based Swap Dealer", „Major Swap Participant", „Major Security-Based Swap Participant" and „Eligible Contract Participant", Joint Final Rule, 77 FR 30610, Fn.206 (23.05.2012).

731 *Anmerkung*: In diesem Zusammenhang werden die folgenden Instrumente genannt: *customer onboarding, document negotiation, requests for novations and amendments, confirmation generation, covenant monitoring, reconciliation* (vgl. *CFTC, SEC*, Further Definition of „Swap Dealer", „Security-Based Swap Dealer", „Major Swap Participant", „Major Security-Based Swap Participant" and „Eligible Contract Participant", Joint Final Rule, 77 FR 30610 (23.05.2012)).

Risikomanagement[732] existieren. Dabei ist nicht ausschlaggebend, ob ein bestimmter Betrag oder ein bestimmter Anteil an Arbeitskräften diesem Bereich zur Verfügung gestellt werden, sondern es ist auf objektiver Basis anhand der konkreten Einzelfallumstände zu bestimmen, inwieweit die Ressourcen hierfür eingesetzt werden.[733]

Aus diesen Kriterien wird deutlich, dass vor allem Banken unter den Terminus „*dealer*" zu subsumieren sind. Daher gelten beispielsweise *JPMorgan Chase, Bank of America, Citibank* oder *Goldman Sachs* als *swap dealer* i.S.d. *Dodd-Frank Act*.[734]

3. *Ausnahmen*

Nach den grundsätzlichen Bestimmungsmerkmalen und konkreten Aktivitäten, werden nunmehr Ausnahmetatbestände dargelegt. Nach dem US-amerikanischen Regelungskonzept muss insofern zwischen übergreifenden Ausnahmen für *swap dealer* und *security-based swap dealer* und Sonderausnahmen differenziert werden.

a) Übergreifende Ausnahmetatbestände

Bestimmte Aktivitäten fallen nach den US-amerikanischen Vorschriften nicht unter die Tätigkeit eines *dealers*. Diese sind atypische Geschäftstätigkeiten, konzerninterne Geschäfte und Absicherungsgeschäfte. Zusätzlich existiert eine Schwellenwertregelung, die anschließend behandelt wird. Sollten diese Tatbestände nicht greifen, ist eine partielle Befreiung im Einzelfall durch die Aufsichtsbehörden dennoch möglich.

(1) Atypische Geschäftstätigkeit

Eine wichtige Ausnahmeregelung besteht für atypische Geschäftstätigkeiten. Insofern werden diejenigen, die Swapgeschäfte auf eigene Rechnung, für sich selbst oder als Treuhänder (*fiduciary capacity*) abschließen, nicht dem Regelungsregime für *dealer* unterworfen, sofern diese Aktivitäten nicht der gewöhnlichen

---

732 *Anmerkung*: Hierunter fallen beispielsweise *credit analysis, exposure monitoring and collateral calls* (vgl. *CFTC, SEC*, Further Definition of „Swap Dealer", „Security-Based Swap Dealer", „Major Swap Participant", „Major Security-Based Swap Participant" and „Eligible Contract Participant", Joint Final Rule, 77 FR 30610 (23.05.2012)).

733 *CFTC, SEC*, Further Definition of „Swap Dealer", „Security-Based Swap Dealer", „Major Swap Participant", „Major Security-Based Swap Participant" and „Eligible Contract Participant", Joint Final Rule, 77 FR 30611 (23.05.2012).

734 *Duff/Zaring*, New Paradigms and Familiar Tools in the New Derivatives Regulation, 81 Geo. Wash. L. Rev. (2013), 677 (690).

Geschäftstätigkeit zuzuordnen sind (*not as a part of a regular business*).[735] *CFTC* und *SEC* verweisen darauf, dass zur Konkretisierung dieses Merkmals auf dieselben Maßstäbe zurückgegriffen werden kann, wie sie bereits für die Bestimmung, ob ein gewöhnlicher Geschäftsbetrieb vorliegt (*ordinary course of business*), verwendet wurden[736].[737] Andererseits sei die Ausnahmeregelung jedoch nicht lediglich spiegelbildlich zur Fallgruppe des gewöhnlichen Geschäfts zu sehen, sondern übergreifend für alle der oben erläuterten vier Aktivitäten anzuwenden.[738]

(2) Konzerninterne Geschäfte

Eine weitere Ausnahmevorschrift besteht für konzerninterne Geschäfte (*inter affiliate activities*).[739] Die Aufsichtsbehörden wollen mit dieser Regelung der wirtschaftlichen Realität in Unternehmen Rechnung tragen. Dort werden derivative Geschäfte innerhalb von Konzernen abgeschlossen, um Risiken auf bestimmte Gesellschaften zu verlagern oder auf Einheiten zu transferieren, die zentrale Absicherungsstrategien verfolgen. Insofern verblieben die Risiken innerhalb des Konzerns und würden nicht auf Dritte ausgelagert werden.[740] Vor diesem Hintergrund wird ein Unternehmen nicht als *swap dealer* erachtet, wenn es Swapgeschäfte mit einer Tochtergesellschaft abschließt, an der es die Mehrheit besitzt bzw. wenn es als Dritter Mehrheitsgesellschafter beider Gegenparteien ist (*majority-owned*). Diese Mehrheitsbeteiligung (*majortiy interests*) wird anhand mehrerer Faktoren festgemacht. Hierunter fällt nach den behördlichen Vorschriften die Ausübung des Stimmrechts diesbezüglicher Mehrheitsanteile bzw. das Recht, die Ausübung des Stimmrechts anzuweisen (*right to vote or direct the vote of a majority class of voting securities*), und das Recht, die Anteile mit Stimmrechten zu verkaufen oder den Verkauf anzuordnen (*power to sell or direct the sale of a majority of a class*

---

735 7 U.S.C. §1a(49)(C) i.V.m. 17 C.F.R. §1.3(ggg)(2) (*swap dealer*); 15 U.S.C. §78c(a)(71)(C) i.V.m. 17 C.F.R. §240.3a71-1(b) (*security-based swap dealer*).

736 *CFTC, SEC*, Further Definition of „Swap Dealer“, „Security-Based Swap Dealer“, „Major Swap Participant“, „Major Security-Based Swap Participant“ and „Eligible Contract Participant“, Joint Final Rule, 77 FR 30610 (23.05.2012).

737 Siehe Kapitel 2, Abschnitt 2, §2, Unterpunkt B I 2.

738 *CFTC, SEC*, Further Definition of „Swap Dealer“, „Security-Based Swap Dealer“, „Major Swap Participant“, „Major Security-Based Swap Participant“ and „Eligible Contract Participant“, Joint Final Rule, 77 FR 30610, Fn.203 (23.05.2012).

739 17 C.F.R. §1.3(ggg)(6)(i) (*swap dealer*); 17 C.F.R. §240.3a71-1(d) (*security-based swap dealer*).

740 *CFTC, SEC*, Further Definition of „Swap Dealer“, „Security-Based Swap Dealer“, „Major Swap Participant“, „Major Security-Based Swap Participant“ and „Eligible Contract Participant“, Joint Final Rule, 77 FR 30624 (23.05.2012).

of voting securities). Im Hinblick auf Handelsgesellschaften ist ein weiterer Faktor die Partizipationsmöglichkeit am Kapital bei Auflösung der Gesellschaft oder wenn die Mehrheit des Kapitals zur Verfügung gestellt wird (*the right to receive upon dissolution or the contribution of a majority of the capital of the partnership*).

(3) Absicherungsgeschäfte

Der *Dodd-Frank Act* enthält keine Regelung, die sich explizit mit der Handhabung von Absicherungsgeschäften (*hedging*) befasst. Beide Aufsichtsbehörden sind davon überzeugt, dass Marktteilnehmer, die solche Geschäfte tätigen, grundsätzlich nicht als *dealer* anzusehen seien.[741] Diese Ansicht wird durch die *dealer-trader distinction* gestützt, wonach mehr dafür spreche, Personen, die *security-based swaps* für die Absicherung ihrer Geschäftsrisiken benutzen, nicht die Eigenschaft eines *dealers* zuzusprechen.[742]

Gleichwohl besteht Unsicherheit darüber, wie bestimmt werden soll, ob ein Swapgeschäft dieses Ziel verfolgt. Insofern hat sich *CFTC* dafür ausgesprochen, in einer vorläufigen Regelung (*interim final rule*) solche Personen von der Dealereigenschaft freizusprechen, die Swapgeschäfte für Absicherungszwecke abschließen, die sich auf gegenständliche Basiswerte beziehen (*hedging physical positions*). Bemerkenswert dabei ist, dass ein Marktteilnehmer, der solche Geschäfte ausführt, schon deshalb nicht in den persönlichen Anwendungsbereich des Regelungsregimes fällt, da er nicht als *swap dealer* angesehen wird. Eine generelle Ausnahme jeglicher Arten von Absicherungsgeschäften, wie es bei *major swap participants* der Fall ist, sei nach *CFTC* kein geeigneter Ansatz für die Bestimmung eines *swap dealers*, da sich dies nach den konkreten Einzelfallumständen richten müsse.[743] *CFTC* stellt daher strenge Bedingungen an das Derivatgeschäft.[744] Insbesondere muss das Swapgeschäft abgeschlossen worden sein, um mögliche Risiken mit der Wertveränderung eines oder mehrerer Anlagegenstände, die der Person zuzuordnen

---

741 *CFTC, SEC*, Further Definition of „Swap Dealer", „Security-Based Swap Dealer", „Major Swap Participant", „Major Security-Based Swap Participant" and „Eligible Contract Participant", Joint Final Rule, 77 FR 30611 (23.05.2012).

742 *CFTC, SEC*, Further Definition of „Swap Dealer", „Security-Based Swap Dealer", „Major Swap Participant", „Major Security-Based Swap Participant" and „Eligible Contract Participant", Joint Final Rule, 77 FR 30611, Fn.214 (23.05.2012).

743 *CFTC, SEC*, Further Definition of „Swap Dealer", „Security-Based Swap Dealer", „Major Swap Participant", „Major Security-Based Swap Participant" and „Eligible Contract Participant", Joint Final Rule, 77 FR 30613 (23.05.2012).

744 17 C.F.R. §1.3(ggg)(6)(iii)(A)-(E).

sind[745], Verbindlichkeiten oder Dienstleistungen, abzufedern. Weiterhin darf das Geschäft keinen Umgehungscharakter aufweisen, um dem Regelungsregime für *swap dealer* zu entgehen.

(4) Schwellenwertregelung

Neben den bisherigen Ausnahmen sehen die behördlichen Regulierungen in den USA eine Schwellenwertregelung vor. Hierbei handelt es sich um eine gesetzliche Vermutung, wonach Marktteilnehmer, die Swapgeschäfte unter einem gewissen Volumen abschließen und nicht als *swap dealer* registriert sind, von den Erfordernissen freigestellt werden (*de minimis exception*).[746] Je nach Produktart ergeben sich nominal unterschiedliche Grenzwerte. Im Folgenden soll analysiert werden, welche Faktoren bei der Bestimmung des Schwellenwerts berücksichtigt werden. Anschließend werden die Schwellenwerte in zahlenmäßiger Relation produktspezifisch verglichen.

Der Schwellenwert bestimmt sich nach dem festgelegten Nominalbetrag des Swapgeschäfts. Bei warenbezogenen Derivaten (*physical commodity swaps*) beispielsweise, wird der Betrag anhand des Marktwertes zum Tagespreis des Basiswertes zum Zeitpunkt des Vertragsschlusses ermittelt (*fair market value at the time of the execution*). Somit werden spätere Entwicklungen des zugrundeliegenden Wertes bei der Kalkulation nicht bewertet.[747] Grundsätzlich müssen alle Derivatpositionen für die Kalkulation des Schwellenwertes berücksichtigt werden, die unter die Handelsgeschäfte eines *swap dealers* fallen.[748] Für bestimmte Derivate und Aktivitäten bestehen jedoch Besonderheiten in der Berechnung. Diese orientieren sich an den bereits oben dargestellten Ausnahmen für Aktivitäten, die grundsätzlich keine Geschäfte von *dealern* darstellen. Bei Absicherungsgeschäften sind die konkreten Einzelfallumstände zu berücksichtigen, sodass sie den Schwellenwert nur erhöhen, wenn sie den Anwendungsbereich für *swap dealer* eröffnen, wie beispielsweise Geschäfte, die den Markt mit Liquidität versorgen sollen

745 *Anmerkung*: Als Handlungsvarianten werden genannt: *Owning, producing, manufacturing, processing, merchandising, anticipating owning, producing, manufacturing, processing or merchandising.*

746 17 C.F.R. §1.3(ggg)(4) (*swap dealer*); 17 C.F.R. §240.3a71-2 (*security-based swap dealer*).

747 *CFTC*, FAQ, S.1, abrufbar unter http://www.cftc.gov/ucm/groups/public/@newsroom/documents/file/swapentities_faq_final.pdf.

748 *CFTC*, FAQ, S.1, abrufbar unter http://www.cftc.gov/ucm/groups/public/@newsroom/documents/file/swapentities_faq_final.pdf.

(*market making*).[749] Andererseits sind Geschäfte zur Absicherung physischer Positionen hiervon nicht betroffen, sodass diese den Schwellenwert unberührt lassen. Sogenannte *back-to-back-swaps* können ebenso nach den Umständen des Einzelfalles zu einer Erhöhung des Schwellenwertes führen. Wird der *swap* beispielsweise geschlossen, um Risiken einer Tochtergesellschaft mit Mehrheitsbeteiligung (*majority-owned affiliate*) auf eine zentrale Absicherungseinheit zu transferieren und gleichzeitig die postulierten Eigenschaften eines konzerninternen Geschäfts vorliegen[750], so erhöht es den Schwellenwert nicht.[751] Sollten die Voraussetzungen des konzerninternen Geschäfts nicht gegeben sein, können gleichwohl die anderen Ausnahmetatbestände greifen, wie beispielsweise das Vorliegen einer atypischen Geschäftstätigkeit.

Sowohl *CFTC* als auch *SEC* haben jeweils konkrete Grenzwerte festgelegt. Insofern lassen sich Differenzen zwischen der jeweiligen Produktart sowie Sonderregelungen für spezielle Vertragspartner erkennen. Nach einer Einführungsphase sehen die Regelungen der *CFTC* für *swaps* einen nominellen Wert der eingegangenen Geschäfte von 3 Mrd. US-Dollar über einen Zeitraum von 12 Monaten vor (*aggregate gross notional amount*). Vor dieser Phase beträgt der Wert nominal 8 Mrd. US-Dollar.[752] Bemerkenswert ist, dass die Grenze in den Entwürfen mit 100 Mio. US-Dollar noch wesentlich geringer ausgefallen war.[753] Außerdem sollten nach dem ursprünglichen Konzept zwei weitere Hürden aufgebaut werden, um in den Genuss der Freistellung zu kommen. So sollte eine Höchstgrenze von 15 Vertragspartnern und eine Höchstanzahl von 20 Derivatgeschäften für den obigen Zeitraum von 12 Monaten etabliert werden. Diese Bedingungen wurden jedoch auf Wunsch diverser Marktteilnehmer[754] während des Entwurfsverfahrens verworfen, da die Gefahr einer Regelungsarbitrage bestünde, wenn mehrere

749 *Anmerkung*: Zu den genauen Kriterien, wann Aktivitäten in den Regelungsbereich für *swap dealer* fallen, siehe Kapitel 2, Abschnitt 2, §2, Unterpunkt B I 2.

750 *Anmerkung*: Zu den genauen Kriterien siehe Kapitel 2, Abschnitt 2, §2, Unterpunkt B I 3 a) (2).

751 *CFTC*, FAQ, S.2, abrufbar unter http://www.cftc.gov/ucm/groups/public/@newsroom/documents/file/swapentities_faq_final.pdf.

752 17 C.F.R. §1.3(ggg)(4)(i).

753 Proposed Rule 17 C.F.R §1.3(ppp)(4)(i)-(iii); proposed Rule 17 C.F.R. §240.3a71-2(a)-(c); Siehe hierzu *CFTC, SEC*, Further Definition of „Swap Dealer", „Security-Based Swap Dealer", „Major Swap Participant", „Major Security-Based Swap Participant" and „Eligible Contract Participant", Joint Proposed Rule, 75 FR 80180 (21.12.2010).

754 *Perlman*, Comments of Coalition of Physical Energy Companies (COPE), 22.02.2011, S.7f., abrufbar unter http://comments.cftc.gov.

Geschäfte mit kleineren Volumen die Ausnahmeregelung aushebeln könnten.[755] Die Einführungsphase endet automatisch fünf Jahre nachdem die ersten Transaktionsdaten an die zentralen Register gemeldet werden. Andernfalls erstellt *CFTC* zweieinhalb Jahre nachdem die ersten Datensätze übermittelt werden, eine Marktanalyse, wobei sie neun Monate nach der Veröffentlichung die Einführungsphase für beendet erklären kann oder neue Schwellenwerte bestimmt. Bei *security-based swaps* muss zwischen Kreditausfallswaps und anderen Derivaten unterschieden werden. So ist der Schwellenwert für *credit default swaps* identisch mit denen, die *CFTC* für *swaps* festgelegt hat. Für alle anderen Derivate setzt *SEC* einen geringen Betrag von nominal 400 Mio. US-Dollar an, der sich nach der Einführungsphase auf 150 Mio. US-Dollar reduziert.[756]

Ein weiterer Grenzwert ergibt sich für Geschäfte mit besonderen Gegenparteien (*special entities*).[757] Hierunter fallen beispielsweise Bundesanstalten (*Federal agencies*), Einzelstaaten oder deren Anstalten (*State, State agencies*), Städte oder Arbeitnehmervergünstigungspläne (*employee benefit plans gem. 29 U.S.C. §1002*).[758] Nach dem Wortlaut der Regelungen ist dieser Schwellenwert zusätzlich zu den oben genannten Schwellenwerten zu berücksichtigen, um von der Vermutung zu profitieren. In diesen Fällen beträgt der Schwellenwert für *swaps* und *security-based swaps* unabhängig von einer Einführungsphase nominal 25 Mio. US-Dollar über eine Periode von 12 Monaten.

(5) Partielle Befreiung im Einzelfall

Grundsätzlich werden Unternehmen, die die Voraussetzungen als *swap dealer* bzw. *security-based swap dealer* erfüllen, für all ihre Aktivitäten gesetzlich als ein solcher angesehen (*default presumption of full designation*).[759] Ausnahmsweise

---

755 *CFTC, SEC*, Further Definition of „Swap Dealer“, „Security-Based Swap Dealer“, „Major Swap Participant“, „Major Security-Based Swap Participant“ and „Eligible Contract Participant“, Joint Final Rule, 77 FR 30630 (23.05.2012).

756 17 C.F.R. §240.3a71-2(a)(1)(i),(ii).

757 17 C.F.R. §1.3(ggg)(4)(ii) (*swap dealer*); 17 C.F.R. §240.3a71-2(a)(1)(iii) (*security-based swap dealer*).

758 7 U.S.C. §6s(h)(2)(C)(i)-(v); 15 U.S.C. §78o-10(h)(2)(C)(i)-(v). Hierbei handelt es sich um Einrichtungen, nach denen Arbeitern und Angestellten bestimmte Leistungen gezahlt werden, so zum Beispiel Ruhegelder, Hinterbliebenenunterstützung oder Krankengelder (vgl. *Dietl/Lorenz*, Wörterbuch für Recht, Wirtschaft und Politik, „employee benefit plans“).

759 *CFTC, SEC*, Further Definition of „Swap Dealer“, „Security-Based Swap Dealer“, „Major Swap Participant“, „Major Security-Based Swap Participant“ and „Eligible Contract Participant“, Joint Final Rule, 77 FR 30645 (23.05.2012).

sehen die Regelungen im Einzelfall die Möglichkeit vor, unter bestimmten Voraussetzungen eine Freistellung bei der jeweiligen Behörde zu beantragen. Diese erstreckt sich nicht auf den gesamten Geschäftsbetrieb, sondern beschränkt sich auf bestimmte Typen, Klassen oder Kategorien an *swaps*.[760] Entscheidend für eine positive Bescheidung ist der Nachweis, wie der Antragsteller bei einer partiellen Befreiung die speziellen Handels- und Organisationsbedingungen, die für die anderen Derivatgeschäfte weiterhin gelten, erfüllt.[761]

B) Sonderausnahmen vom Begriff Swap Dealer

In den US-amerikanischen Regelungen finden sich auch mehrere Ausnahmen für Unternehmen, deren Aktivitäten unter bestimmten Voraussetzungen nicht als solche von *swap dealern* angesehen werden. Neben Börsenhändlern (*floor traders*)[762] sind hier insbesondere staatlich abgesicherte Einlageinstitute und Genossenschaften hervorzuheben. Diese sollen nachfolgend Gegenstand der Betrachtung sein.

(1) Staatlich abgesicherte Einlageninstitute

Finanzunternehmen mit Einlagegeschäften, die staatlich abgesichert sind (*insured depository institutions*), wie beispielsweise US-Banken über die *Federal Deposit Insurance Corporation* (FDIC), werden unter gewissen Umständen für den Bereich des *swap dealers* einer Ausnahmeregelung unterworfen.[763] In tatsächlicher Hinsicht setzt dies voraus, dass sie ein Swapgeschäft im Zusammenhang mit dem Abschluss eines Kundenkredits eingehen (*swap with a customer in connection with originating a loan with that customer*).

Vor diesem Hintergrund fordern die US-amerikanischen Regelungen eine Reihe persönlicher und sachlicher Bedingungen. In *persönlicher Hinsicht* muss der Abschluss des Kreditgeschäfts auf das entsprechende *insured depository institute* zurückzuführen zu sein.[764] Insofern besteht eine Vermutung, dass dies

760 7 U.S.C. §1a(49)(B) (*swap dealer*); 15 U.S.C. §78c(a)(71)(B) (*security-based swap dealer*).

761 *CFTC, SEC*, Further Definition of „Swap Dealer“, „Security-Based Swap Dealer“, „Major Swap Participant“, „Major Security-Based Swap Participant“ and „Eligible Contract Participant“, Joint Final Rule, 77 FR 30646 (23.05.2012). Hierzu zählen eine entsprechende Genehmigung, Dokumentationspflichten, Mechanismen für das Risikomanagement, eine ausreichende Kapitalausstattung und eine Revision.

762 17 C.F.R. §1.3(ggg)(6)(iv).

763 7 U.S.C. §1a(49)(A) letzter Halbsatz i.V.m. 17 C.F.R. §1.3(ggg)(5).

764 17 C.F.R. §1.3(ggg)(5)(i)(D).

insbesondere dann der Fall ist, wenn das Unternehmen den Geldbetrag direkt zur Verfügung gestellt hat. Bei einem Zusammenschluss von Kreditgebern (*lending syndicate*) muss es zumindest mit 10% am Kreditgeschäft beteiligt sein. Sollte dieses prozentuale Kriterium nicht erfüllt sein, darf der Nominalbetrag des *swaps* nicht höher sein als der von ihm zur Verfügung gestellte Teilbetrag.[765] Für den *sachlichen Zusammenhang* zwischen Swapgeschäft und Kredit sind folgende Kriterien wesentlich. Zunächst muss es sich um einen Kredit nach den Grundsätzen des *common law* handeln. Hierunter versteht man ein Geschäft, wonach eine Partei einen vereinbarten Geldbetrag einer anderen Partei zur Verfügung stellt und diese sich verpflichtet, den Betrag zu einem späteren Zeitpunkt zurückzuzahlen.[766] Ausgenommen sind neben Scheinkreditgeschäften (*sham loans*) auch synthetische Produkte, wie zum Beispiel *loan credit default swaps*, oder *loan total return swaps*.[767] Zusätzlich ist entscheidend, dass nicht jedes Swapgeschäft während der Laufzeit des Kredites erfasst wird, sondern nur *swaps*, die in einem direkten Zusammenhang mit dem Kredit stehen. Daher werden nur solche Derivatgeschäfte von der Ausnahmeregelung begünstigt, die sich auf die finanziellen Aspekte des konkreten Geschäfts, vor allem das Rückzahlungsrisiko, wie beispielsweise den Zinssatz beziehen. Zudem kann das Derivat auch der Absicherung von Preisentwicklungen[768] dienen, die im Zusammenhang mit dem Geschäft des Kreditnehmers stehen.[769] Andere derivative Instrumente, die generell das Geschäftsrisiko des Kreditnehmers absichern, werden hingegen nicht erfasst.[770] Zudem besteht eine *zeitliche Grenze* für einen

765 17 C.F.R. §1.3(ggg)(5)(i)(E).

766 *Anmerkung*: Die genauen Grundsätze wurden in *In re Grand Union Co. 219F. 353 (356)* (2nd circle 1914) postuliert: *"to constitute a loan there must be (i) a contract, whereby (ii) one party transfers a defined quantity of money, goods, or services to another, and (iii) the other party agrees to pay for the sum or items transferred at a later date."*

767 17 C.F.R. §1.3(ggg)(5)(iii).

768 *Anmerkung*: Abgesichert werden kann nur das Preisentwicklungsrisiko von *commodities*, die keine *excluded commodities* sind. Denn bei solchen Basiswerten (zum Beispiel Zinssätzen) muss das Swapgeschäft in Verbindung mit dem konkreten Kreditgeschäft stehen (*connected to the financial terms of the loan*) (vgl. *CFTC, SEC*, Further Definition of „Swap Dealer", „Security-Based Swap Dealer", „Major Swap Participant", „Major Security-Based Swap Participant" and „Eligible Contract Participant", Joint Final Rule, 77 FR 30622, Fn.323 (23.05.2012)).

769 17 C.F.R. §1.3(ggg)(5)(i)(B).

770 *CFTC, SEC*, Further Definition of „Swap Dealer", „Security-Based Swap Dealer", „Major Swap Participant", „Major Security-Based Swap Participant" and „Eligible Contract Participant", Joint Final Rule, 77 FR 30622 (23.05.2012).

direkten Zusammenhang mit dem Kreditgeschäft von 90 Tagen vor und 180 Tagen nach Vertragsschluss des Kredits.[771] Letztlich muss dieses Swapgeschäft an ein spezielles Register gemeldet werden (*swap data repository*), sofern es nicht von einer zentralen Gegenpartei gecleart wird.[772]

(2) Genossenschaften

Eine zusätzliche Ausnahmeregelung besteht für Genossenschaften (*cooperatives*), die mit ihren Mitgliedern Swapgeschäfte abschließen.[773] Ähnlich wie bei konzerninternen Geschäften stehe auch hier eine interne Risikoverlagerung oder -allokation im Vordergrund und es werden keine außenstehenden Dritte eingebunden.[774] Um eine solche Genossenschaft handelt es sich nach dem Regelungsverständnis entweder bei einem Zusammenschluss von Herstellern (*producer*) gem. 7 U.S.C. §1a(14), worunter auch beispielsweise Landwirtschaftsgenossenschaften (*producers of agricultural products*) fallen, oder bei einem nach bundestaatlichem Recht als Genossenschaft anerkanntem Institut, das hauptsächlich finanzielle Geschäfte gem. 12 U.S.C. §1843(k) (*Bank Holding Company Act*) abschließt.[775] In diese Gruppe fallen beispielsweise *Farm Credit System Institutions* oder *Federal Home Loan Banks*.[776] Um in den Genuss der Ausnahmevorschrift zu gelangen, müssen zudem bestimmte organisatorische Voraussetzungen erfüllt sein.[777] So muss die Genossenschaft für das Derivatgeschäft zunächst Überwachungs- und Risikomanagementinstrumente eingerichtet haben und betreiben. Darüber hinaus muss das Derivatgeschäft nach den gesetzlichen Vorgaben gemeldet werden, weil es nicht zentral abgewickelt wird.[778] Handelt es sich bei der Genossenschaft um einen Zusammenschluss

771 17 C.F.R. §1.3(ggg)(5)(i)(A).

772 17 C.F.R. §1.3(ggg)(5)(i)(F).

773 17 C.F.R. §1.3(ggg)(6)(ii).

774 *CFTC, SEC*, Further Definition of „Swap Dealer", „Security-Based Swap Dealer", „Major Swap Participant", „Major Security-Based Swap Participant" and „Eligible Contract Participant", Joint Final Rule, 77 FR 30625 (23.05.2012).

775 17 C.F.R. §1.3(ggg)(6)(ii)(B)(1)-(2).

776 *CFTC, SEC*, Further Definition of „Swap Dealer", „Security-Based Swap Dealer", „Major Swap Participant", „Major Security-Based Swap Participant" and „Eligible Contract Participant", Joint Final Rule, 77 FR 30625 (23.05.2012).

777 17 C.F.R. §1.3(ggg)(6)(ii)(A)(1)-(3).

778 7 U.S.C. §6r i.V.m. 17 C.F.R. §1.3(ggg)(6)(ii)(A)(2).

von Herstellern (*cooperative association of producers*)[779], darf sich das Derivat nur auf gewisse Basiswerte beziehen.[780]

II. Major Participant

Eine weitere wichtige Gruppe im persönlichen Anwendungsbereich der US-amerikanischen Regulierung bilden Marktteilnehmer, die in signifikanter Weise derivative Positionen am Markt eingegangen sind und sich in erheblichem Maße am Markt beteiligen (*major swap participant*, *major security-based swap participant*). Im Gegensatz zu *swap dealern*, wird hier somit keine tätigkeitsbezogene Betrachtung zugrunde gelegt. Insofern verdeutlichen die gesetzlichen Vorgaben, dass es sich gerade nicht um *swap dealer* handelt.[781] Wegen der „systemischen Bedeutung" ihrer Derivatpositionen unterliegen diese Marktteilnehmer höheren regulatorischen Anforderungen, beispielsweise einer Registrierungspflicht bei der jeweiligen Aufsichtsbehörde und besonderen organisatorischen und finanziellen Anforderungen.[782] Im Folgenden soll die grundsätzliche Konzeption analysiert werden, mit deren Hilfe diese Marktteilnehmer in den Vereinigten Staaten von Amerika identifiziert werden. Hierauf folgend, werden Ausnahmetatbestände dieser Grundsätze untersucht.

1. Grundsatz

Die Vereinigten Staaten von Amerika stellen verschiedene Kategorien auf, nach denen beurteilt wird, ob sich ein Unternehmen erheblich am Markt beteiligt. Insofern wird berücksichtigt, inwiefern es erhebliche Derivatpositionen eingegangen ist bzw. in welchem Umfang die derivativen Geschäfte Verbindlichkeiten gegenüber ihren Geschäftspartnern bilden. Für bestimmte finanzielle Parteien, die zu einem hohen Grad fremdfinanziert sind und beträchtliche Derivatpositionen abgeschlossen haben, bestehen zudem Sonderregelungen, die weiter unten erläutert werden. In regulativer Hinsicht ist zu beachten, dass die Zugehörigkeit zu einer Fallgruppe für sich genommen ausreichend ist, um als *major participant* angesehen zu werden.[783]

---

779 Definiert in 7 U.S.C. §1a(14).

780 *Anmerkung*: Als Basiswerte können nur *commodities* fungieren, bei denen es sich nicht um *excluded commodities* handelt (vgl. 17 C.F.R. §1.3(ggg)(6)(ii)(A)(3)).

781 Vgl. 7 U.S.C. §1a(33)(A) (*major swap participant*); 15 U.S.C. §78c(a)(67)(A)(i) (*major security-based swap participant*).

782 *Duff/Zaring*, New Paradigms and Familiar Tools in the New Derivatives Regulation, 81 Geo. Wash. L. Rev. (2013), 677 (691).

783 7 U.S.C. §1a(33)(A)(i)-(iii) (*major swap participant*); 15 U.S.C. §78c(a)(67)(A)(i)-(iii) (*major security-based swap participant*).

a) Erhebliche Derivatposition

Die erste Kategorie bilden Fallgruppen, in denen ein Marktteilnehmer in erheblichem Umfang derivative Finanzinstrumente eingegangen ist (*maintining a substantial position in swaps*).[784] Dieses Kriterium bezieht sich jedoch nicht auf jedes Swapgeschäft, sondern ist anhand gewisser Hauptklassen von Derivaten zu bestimmen, die von der jeweiligen Behörde festgelegt werden (*major swap categorie*).

CFTC hat hierunter vier Kategorien an *swaps* gefasst.[785] Zunächst werden Derivate aufgelistet, die sich auf Zahlungsströme zwischen festen und variablen Basiswerten beziehen (*rate swaps*). Dabei kann es sich beispielsweise um Zinssätze, Wechselkurse (*currency exchange rates*) oder Inflationsgrößen (*inflation rates*) handeln. Als zweite und dritte Kategorie werden Kredit- und Aktienswaps (*credit swaps, equity swaps*) qualifiziert. Als Auffangtatbestand gilt die vierte Kategorie, die andere Arten von Basiswerten erfasst wissen möchte (*other commodity swaps*). Daneben hat *SEC* zwei weitere Kategorien entwickelt.[786] Als Hauptfall sind derivative Instrumente genannt, die sich auf Verbindlichkeiten beziehen (*debt security-based swaps*), wobei insbesondere Kreditderivate[787] aufgezählt werden. Auch hier existiert ein Auffangtatbestand, wonach unter der zweiten Kategorie alle anderen Arten von *security-based swaps* verstanden werden, die nicht von den vorherigen Derivatarten erfasst sind.

Die gesetzlichen Bestimmungen des *Commodity Exchange Act* und des *Securities Exchange Act* delegieren die konkrete Ausgestaltung an die beiden Aufsichtsbehörden.[788] Daher obliegt es ihnen festzulegen, in welchem Umfang und unter welchen Voraussetzungen Derivatpositionen einzugehen sind. Gleichzeitig stellt das Gesetz spezielle Kriterien auf, die bei der Festlegung beachtet werden sollen. So soll das Verhältnis von zentral und bilateral abgewickelten Derivaten berücksichtigt werden (*a person's relative position in uncleared or cleared swaps*), es aber gestattet ist, den Wert und die Qualität der zugrunde gelegten Sicherheiten anzurechnen (*quality and value of collateral held against counterparty exposure*). Beide Behörden haben sich dafür ausgesprochen, zwei alternative Tests zur Bestimmung der erheblichen Derivatpositionen heranzuziehen. Der erste Test

---

784 7 U.S.C. §1a(33)(A)(i) (*major swap participant*); 15 U.S.C. §78c(a)(67)(A)(i) (*major security-based swap participant*).

785 17 C.F.R. §1.3(hhh)(iii)(1)-(4).

786 17 C.F.R. §240.3a67–2(a)-(b).

787 *Anmerkung*: Konkret werden *credit default swaps, total return swaps, debt swaps, debt index swaps* oder *credit spreads* aufgelistet (vgl. 17 C.F.R. §240.3a67–2(a)).

788 7 U.S.C. §1a(33)(B) (*major swap participant*); 15 U.S.C. §78c(a)(67)(B)(i) (*major security-based swap participant*).

stellt Faktoren für die Berücksichtigung aktueller Außenstände in derivativen Positionen ohne Sicherheitsunterlegung auf (*current uncollateralized exposures*), wohingegen der zweite Test darüber hinaus mögliche zukünftige Außenstände im Blick hat (*potential future exposures*). Beide Verfahren können für die Festlegung einer signifikanten Derivatposition alternativ auf die oben dargestellten Derivatkategorien angewendet werden.[789] Für *swaps* und *security-based swaps* bestehen mithin zwei relevante Schwellenwerte.

Im Hinblick auf die *Höhe* des nominellen Schwellenwertes haben sich *CFTC* und *SEC* für vergleichbare Orientierungsgrößen entschieden. Legt man die Höhe der aktuell unbesicherten Außenstände zugrunde, darf der tagesaktuelle Durchschnittswert für *swaps* 1 Mrd. US-Dollar bzw. 3 Mrd. US-Dollar für *rate swaps* nicht überschreiten (*daily average aggregate uncollateralized outward exposure*). Werden darüber hinaus die zukünftigen Risikopositionen herangezogen, beträgt der Schwellenwert 2 Mrd. US-Dollar, bzw. 6 Mrd. US-Dollar bei *rate swaps* (*daily average aggregate potential outward exposure*).[790] *SEC* hat für ihre Derivatkategorien entsprechende Schwellenwerte in Höhe von 1 Mrd. US-Dollar und 2 Mrd. US-Dollar festgesetzt.[791]

Bei der *Ermittlung* des Schwellenwertes werden jedoch bestimmte derivative Instrumente nicht berücksichtigt. Ein bereits bekanntes Muster stellt die Ausnahme für Derivate dar, die das Geschäftsrisiko absichern oder mindern sollen (*hedging or mitigating commercial risks*).[792] Diese Privilegierung ist nicht zu verwechseln mit der Ausnahmeregelung im Hinblick auf *swap dealer*.[793] Jedoch wird deutlich, dass beiden Vorschriften die gesetzliche Wertung innewohnt, dass solche Geschäfte nicht den Regulierungen unterworfen werden sollen. Ob ein solcher Zweck verfolgt wird, soll nach dem Verständnis der *CFTC* abermals anhand der konkreten Einzelfallumstände bei Vertragsschluss beurteilt werden.[794] Generell

789 *CFTC*, Final Rules Regarding Further Defining „Swap Dealer", „Major Swap Participant" and „Eligible Contract Participant", Fact Sheet, S.4, abrufbar unter http://www.cftc.gov/ucm/groups/public/@newsroom/documents/file/msp_ecp_factsheet_final.pdf.

790 17 C.F.R. §1.3(jjj)(1)(i)-(iv).

791 17 C.F.R. §240.3a67–3(a)(1)-(2).

792 7 U.S.C. §1a(33)(A)(i)(I) (*majority swap participant*); 15 U.S.C. §78c(a)(67)(A(ii)(I) (*major security-based swap participant*).

793 Siehe Kapitel 2, Abschnitt 2, §2, Unterpunkt B I 3 a) (3).

794 *CFTC*, Final Rules Regarding Further Defining „Swap Dealer", „Major Swap Participant" and „Eligible Contract Participant", Fact Sheet S.4, abrufbar unter http://www.cftc.gov/ucm/groups/public/@newsroom/documents/file/msp_ecp_factsheet_final.pdf.

handelt es sich um solche Geschäfte, die Betriebsrisiken eines Unternehmens reduzieren sollen. Solche Risiken können sich aus dem gewöhnlichen Geschäftsbetrieb ergeben und beziehen sich auf eine Änderung von Vermögenswerten, wie zum Beispiel im Eigentum befindliche Wirtschaftsgüter oder eingegangene Verbindlichkeiten.[795] Je nach Derivat betrifft dies die weitere Absicherung von Risiken, beispielsweise bei *swaps* die mit den Vermögenswerten verbundenen Zinssatz- oder Wechselkursänderungen.[796] Daneben werden bestimmte Derivate im Zusammenhang mit Arbeitnehmervergünstigungsplänen bei der Ermittlung nicht angerechnet.[797] Zudem haben sich *CFTC* und *SEC* dafür ausgeprochen, konzerninterne Geschäfte bei der Berechnung der Schwellenwerte unter gewissen Umständen nicht zu berücksichtigen (*inter-affiliate activities*).[798] So werden die Verbindlichkeiten eines Unternehmens aus Geschäften mit den oben genannten Derivatkategorien nicht einbezogen, wenn es sich bei der Gegenpartei um eine von ihm beherrschte Tochtergesellschaft handelt (*majority owned affiliate*).[799]

Alle diese Ausnahmetatbestände werden abermals einem regulatorischen Korrektiv unterworfen. Dementsprechend werden Derivatpositionen, die reinen Handels-, Investitions- oder Spekulationszwecken dienen (*not held for a purpose that is in the nature of sepculation, investing or trading*) bzw. die andere *swaps* oder *security-based swaps* absichern, wiederum für den Schwellenwert hinzugerechnet, sofern mit diesen Instrumenten nicht selbst Absicherungszwecke verfolgt werden.[800] Für *CFTC* ist dabei maßgeblich, dass solche Geschäfte auf eine direkte Gewinnerzielung gerichtet sind.[801]

---

795 *Anmerkung*: Absicherungsgeschäfte, die von anderen Gesetzen als solche anerkannt sind, werden bei der Schwellenwertermittlung ebenso nicht berücksichtigt. Hiervon betroffen sind das sogenannte *bona fide hedging*, oder *hedge*-Geschäfte, die zum Beispiel vom *FASB Accounting Standards Codification Topic* 815 erfasst sind. Siehe in diesem Zusammenhang: *FASB*, Accounting Standards Update, abrufbar unter http://www.fasb.org/. Für eine genaue Auflistung der Ausnahmetatbestände siehe: 17 C.F.R. §1.3(kkk)(1)(i)-(iii); 17 C.F.R. §240.3a67–4(a)(1)-(2).

796 17 C.F.R. §1.3(kkk)(1)(i)(A)-(F).

797 7 U.S.C. §1a(33)(A)(i)(II) (*major swap participant*); 15 U.S.C. §78c(a)(67)(A)(ii)(I) (*major security-based swap participant*).

798 17 C.F.R. §1.3(jjj)(5) (*major swap participant*); 17 C.F.R. §240.3a67–3(e) (*major security-based swap participant*).

799 *Anmerkung*: Hier gilt dieselbe Interpretation wie bei der Ausnahmeregelung für *swap dealer*. Siehe Kapitel 2, Abschnitt 2, §2, Unterpunkt B I 3 a) (2).

800 17 C.F.R. §1.3(kkk)(2)(i)-(ii) (*major swap participant*); 17 C.F.R. §240.3a67–4(b) (1)-(2) (*major security-based swap participant*).

801 *CFTC*, Final Rules Regarding Further Defining „Swap Dealer", „Major Swap Participant" and „Eligible Contract Participant", Fact Sheet, S.5, abrufbar unter http://www.

b) Signifikante Außenstände im Hinblick auf Vertragspartner

Als zweiter Grundsatz für die Beurteilung eines Unternehmens als *major participant* ist es nach den Regelungen ausreichend, wenn ein Marktteilnehmer so hohe Außenstände an Derivatpositionen innehat, dass dies ernsthafte Auswirkungen auf die Stabilität des US-amerikanischen Bankensystems oder die Finanzmärkte haben könnte (*outstanding swaps create substantial counterparty exposure that could have serious adverse effects on the financial stability of the United States banking system or financial markets*).[802]

Diese Vorgaben werden ebenfalls durch aufsichtsbehördliche Regelungen konkretisiert. Für die Berechnung der Außenstände wird grundsätzlich dieselbe Methodik verwendet wie zur Ermittlung einer erheblichen Derivatposition.[803] Allerdings wird jede Derivatposition in die Kalkulation einbezogen. Daher beziehen sich die Faktoren nicht nur auf die aufgezählten Derivatkategorien, sondern umfassen auch Absicherungsgeschäfte sowie Sachverhalte im Zusammenhang mit Arbeitnehmervergünstigungsplänen.[804]

Dabei ergeben sich abermals zwei unterschiedliche Schwellenwerte, die jede Behörde für ihre Derivatpositionen bestimmt hat. Für *swaps* wird von *CFTC* für den tagesaktuellen Durchschnittswert aller unbesicherten Außenstände eine Höhe von 5 Mrd. US-Dollar postuliert. Sollte der Wert geringer ausfallen, greift der zweite Schwellenwert, der die potentiellen Risikopositionen berücksichtigt und bei 8 Mrd. US-Dollar liegt.[805] *SEC* setzt die Schwellenwerte für die Außenstände im Hinblick auf *security-based swaps* mit 2 Mrd. US-Dollar bzw. 4 Mrd. US-Dollar vergleichsweise niedriger an.[806]

c) Sonderregelung für finanzielle Parteien

In besonderen Fällen werden finanzielle Parteien (*financial entities*) als *major participant* angesehen. Dies ist der Fall, wenn sie – verglichen zu ihrem Eigenkapital – in

cftc.gov/ucm/groups/public/@newsroom/documents/file/msp_ecp_factsheet_final.pdf.

802 7 U.S.C. §1a(33)(A)(ii) (*major swap participant*); 15 U.S.C. §78c(a)(67)(A)(ii)(II) (*major security-based swap participant*).

803 *CFTC*, Final Rules Regarding Further Defining „Swap Dealer", „Major Swap Participant" and „Eligible Contract Participant", Fact Sheet, S.5, abrufbar unter http://www.cftc.gov/ucm/groups/public/@newsroom/documents/file/msp_ecp_factsheet_final.pdf.

804 17 C.F.R. §1.3(lll)(2) (*major swap participant*); 17 C.F.R. §240.3a67–5(b) (*major security-based swap participant*).

805 17 C.F.R. §1.3(lll)(1)(i)(ii).

806 17 C.F.R. §240.3a67–5(a)(1)(2).

hohem Maße fremdfinanziert sind (*highly leveraged relative to the amount of capital it holds*), erhebliche Positionen an den postulierten Derivatkategorien innehaben und keinen Kapitalvorschriften der einschlägigen bundesstaatlichen Aufsichtsbehörden unterliegen (*capital requirements established by an appropriate Federal banking agency*).[807] Insofern kann beispielsweise ein *swap dealer* zusätzlich als *major participant* für *security-based swaps* angesehen werden, sodass er zwei Regulierungsregimen und Aufsichtsbehörden für die jeweilige Geschäftstätigkeit unterfällt.[808]

Im Hinblick auf den Grad der Fremdfinanzierung muss das Verhältnis von Gesamtverbindlichkeiten und Eigenkapital von 12 zu 1 überschritten werden, damit die Regelung einschlägig ist. Die Beurteilung erfolgt zum Geschäftsende des jeweilig relevanten Quartals (*ratio of an entity's total liabilities to equity in excess of 12 to 1*).[809] Auch hier wird dieselbe methodische Herangehensweise wie zur Bestimmung einer erheblichen Derivatposition genutzt.[810] Jedoch werden Absicherungsgeschäfte und Geschäfte im Hinblick auf Arbeitsnehmeraltersvorsorge bei der Berechnung des Schwellenwertes umfasst.[811] Für Letztere gelten aber für die Feststellung einer hohen Fremdfinanzierung Besonderheiten.[812]

Ob eine finanzielle Partei bestimmten Kapitalvorschriften einer Aufsichtsbehörde unterliegt, ist für den jeweiligen Einzelfall zu ermitteln. Dabei werden verschiedene Behörden in den gesetzlichen Vorschriften adressiert. Beispielsweise

---

807 7 U.S.C. §1a(33)(A)(iii) (*major swap participant*); 15 U.S.C. §78c(a)(67)(A)(ii)(III) (*major security-based swap participant*).

808 17 C.F.R. §240.3a67-6(a)(1).

809 17 C.F.R. §1.3(mmm)(2); 17 C.F.R. §240.3a67-7(a).

810 Siehe Kapitel 2, Abschnitt 2, §2, Unterpunkt B II 1 a).

811 *Anmerkung*: Insofern ergeben sich Unterschiede zur Clearingverpflichtung. Hier werden solche Geschäfte bei der Ermittlung der Schwellenwerte nicht berücksichtigt. Diese unterschiedliche Behandlung ist der Tatsache geschuldet, dass vorliegend ein hohes Maß an Fremdfinanzierung gegeben ist. Grundsätzlich berge dies ein höheres Risiko, dass die eingegangenen Verbindlichkeiten im Zweifel nicht zurückgezahlt werden können. Daher sollten diese Geschäfte bei der Ermittlung einer erheblichen Derivatposition vor dem Hintergrund ihres Ausfallrisikos für Geschäftspartner berücksichtigt werden (vgl. *CFTC, SEC*, Further Definition of „Swap Dealer", „Security-Based Swap Dealer", „Major Swap Participant", „Major Security-Based Swap Participant" and „Eligible Contract Participant", Joint Final Rule, 77 FR 30686 (23.05.2012)).

812 Siehe hierzu: 17 C.F.R. §1.3(mmm)(2); 17 C.F.R. §240.3a67-7(b).

kann im Zusammenhang mit *swaps* für Farmkreditinstitute die Farmkreditverwaltungsbehörde zuständig sein (*farm credit administration*)[813].[814]

2. *Ausnahmen*

Ein Betroffener kann sich im Hinblick auf eine oder mehrere Derivatkategorien durch die jeweilige Behörde von den Regelungen für *major participants* befreien lassen.[815] Insofern bestehen Gemeinsamkeiten zu den Befreiungsmöglichkeiten für *swap dealer* bzw. *security-based swap dealer*. Die gesetzlichen Regelungen des *Commodity Exchange Act* sehen außerdem eine Sonderausnahme für Unternehmen vor, deren hauptsächliches Geschäftsfeld Finanzierungen bilden (*providing financing*) und die Derivate nutzen, um Geschäftsrisiken abzusichern, die sich aus Zinssätzen und Fremdwährungsverbindlichkeiten (*foreign currency exposures*) ergeben können.[816]

C. *Financial Entities*

In Singapur wird der persönliche Anwendungsbereich durch die gesetzlichen Bestimmungen im Vergleich zu den bisher behandelten Anwendungsbereichen nicht so detailliert umschrieben. Gemeinsam ist den nachfolgenden Unternehmen, dass sie ebenfalls finanzielle Marktteilnehmer sind, wodurch ein gewisser Gleichklang erkennbar ist. Die *MAS* spricht insofern ausdrücklich von *financial entities*.[817] Zunächst werden Banken umfasst, die in Singapur eine Genehmigung erhalten haben.[818] Dies können einerseits Unternehmen sein, die dort gegründet wurden, oder ausländische Banken *(formed, incorporated or established)*, wenn sie in Singapur Geschäftszweige oder Büros betreiben. Zudem fällt jede Investment- bzw. Handelsbank (*merchant banks*) hierunter, die als Finanzinstitut unter

---

813 7 U.S.C. §1a(2)(C).

814 *Anmerkung*: Im Hinblick auf *security-based swaps* kann die Zuständigkeit anderer Behörden gegeben sein (vgl. 15 U.S.C. §78c(a)(72), der auf sec.3q *Federal Deposit Insurance Act* verweist). Hier werden Fälle genannt, in denen entweder *CFTC*, *Federal Deposit Insurance Corporation* oder *Board of Governors of the Federal Reserve System* zuständig sind.

815 7 U.S.C. §1a(33)(C) (*major swap participant*); 15 U.S.C. §78c(a)(67)(C) (*major security-based swap participant*).

816 7 U.S.C. §1a(33)(D).

817 *MAS*, Consultation Paper, Februar 2012, S.8, abrufbar unter http://www.mas.gov.sg/~/media/resource/publications/consult_papers/2012/13%20February%202012%20Proposed%20Regulation%20of%20OTC%20Derivatives.pdf.

818 Sec.129B „specified person" SFA.

dem *Monetary Authority of Singapore Act* genehmigt wurde. Diese Banken führen spezielle Dienstleistungen wie Vermögensverwaltung, Warentermingeschäfte oder Goldhandel aus.[819] Außerdem werden andere Finanzierungsunternehmen (*financing companies*), die eine Lizenz nach dem *Finance Companies Act* erhalten haben, angeführt. Diese tätigen Geschäfte zur Finanzierung von Vermögenswerten, allerdings hat sich ihre praktische Relevanz in den vergangenen Jahren wegen stärkerer Regulierung verringert.[820] Des Weiteren wird jedes Versicherungsunternehmen, das nach den Voraussetzungen des *Insurance Act* registriert wurde, erfasst. Daneben ist jeder, der eine Erlaubnis als Treuhänder innehat (*approved trustee*) und jeder, der die Erlaubnis besitzt, Dienstleistungen am Kapitalmarkt zu erbringen, inbegriffen (*capital markets services licence*). Es ist offensichtlich, dass in Singapur finanzielle Parteien (*financial entities*) von der Regulierung erfasst werden sollen, die von *MAS* zugelassen oder beaufsichtigt werden.

§3 Zusammenfassung

Der Anwendungsbereich der Vorschriften *variiert* in den jeweiligen Jurisdiktionen in seiner *Komplexität*. Sehr vielfältige Vorgaben werden in den Vereinigten Staaten von Amerika aufgestellt, wo zahlreiche Grundsätze, Ausnahmetatbestände und Gegenausnahmen sowie Befreiungen vorhanden sind. Dies ist insbesondere auf die behördlichen Ausgestaltungen der *CFTC* und *SEC* zurückzuführen, die die gesetzlichen Vorgaben in vielfacher Weise konkretisieren. Die Regelungen der Europäischen Union und Singapur zeichnen sich hingegen durch eine vergleichsweise geringere Regelungsdichte aus. Insbesondere existieren in beiden Jurisdiktionen weniger Ausnahmevorschriften. Auch sind die behördlichen Konkretisierungen durch *ESMA* und *MAS* im Vergleich geringfügig. Hierdurch wird der Anwendungsbereich klarer strukturiert und ist einfacher zu handhaben.

In *sachlicher Hinsicht* weisen alle betrachteten Jurisdiktionen weitreichende Regelungen auf. Während die Europäische Union und Singapur an einen *einheitlichen Begriff* anknüpfen, wird in den Vereinigten Staaten von Amerika ein *doppelter Ansatz* verfolgt. Die europäische Verordnung knüpft an den Begriff des „Derivat-„ bzw. „Derivatkontrakts“ an, definiert diesen jedoch nicht selbst. Vielmehr wird auf die im Anhang I Abschnitt C Nr.4–10 MiFID aufgelisteten Finanzinstrumente verwiesen und damit eine Konkretisierung und Beschränkung vorgenommen. Singapur hingegen trifft im *Securities and Futures Act* eine genaue Definition des *derivatives contracts*. Dieser Begriff wird in die Kategorien

819 *Schütze/Hirth*, Einführung in das Recht Singapurs, S.42.

820 *Tan*, Financial Services in Singapore, S.87.

forward, *swap* und *option* untergliedert, wobei die in Frage kommenden Basiswerte aufgelistet werden. Gleichzeitig kommt der Behörde ein weiter Beurteilungs- und Ermessensspielraum zu, um bereits regulierte Instrumente vom Anwendungsbereich zu befreien bzw. neue Produkte zu bestimmen. Nach den singapurischen Regelungen sind Derivate außerdem von *futures* und *securities* abzugrenzen. Die Vorschriften der USA differenzieren zwischen *swaps* und *security-based swaps*, wobei die Instrumente primär anhand ihrer Basiswerte unterteilt werden. Daneben weisen beide Grundtypen gewisse Überschneidungen auf, wodurch sogenannte *mixed swaps* vorliegen können. Grundsätzlich werden die Begriffe „*swap*" und „*security-based swap*" weit ausgelegt, wohingegen ein *mixed swap* nur in Ausnahmesituationen bestehen soll. Beide Grundtypen werden durch zahlreiche Vorgaben konkretisiert. Bemerkenswert ist die Vorschrift, wonach Geschäfte, die gegenwärtig oder zukünftig allgemein als *swap* oder *security-based swap* bezeichnet werden, dem Regelungsregime unterfallen. Des Weiteren werden insbesondere die Basiswerte festgeschrieben, auf die sich die jeweiligen Derivate beziehen müssen. Dabei sind bei einem *swap* beispielsweise Zinssätze einschlägig. Für den *security-based swap* besteht die Besonderheit, dass ihm nur ein im Umfang beschränkter Index in Form eines *narrow-based security index* zugrunde liegen kann, der anhand spezieller Faktoren zu ermitteln ist. Gleichzeitig existieren spezielle *Ausnahmevorschriften*. So wird zum Beispiel eine Ausnahme vom *swap* für derivative Instrumente auf bestimmte Waren und Rohstoffe postuliert, die physisch geliefert werden sollen. Zudem hat das Finanzministerium *foreign exchange swaps* und *foreign exchange forwards* befreit. Für *security-based swaps* können Ausnahmen hinsichlich sogenannter *exempted securities*, einzelstaatlicher Finanzinstrumente sowie speziellen Instrumenten, wie zum Beispiel Industrieentwicklungsbonds, eingreifen. Daneben existiert eine Vielzahl an Ausnahmetatbeständen für beide Arten der Grundtypen gelten können, insbesondere im Rahmen von *Versicherungsprodukten*, *Handels- und Verbrauchergeschäften*, sowie *Konsortialkrediten*.

Im Hinblick auf den *persönlichen Anwendungsbereich* ist der US-amerikanische Ansatz durch detaillierte Vorgaben geprägt, die sich in den anderen Vergleichsjurisdiktionen nicht ausmachen lassen. In den Vereinigten Staaten von Amerika unterteilen sich die zwei Hauptkategorien zunächst in Händler und bedeutende Teilnehmer. Je nachdem, welche derivativen Produkte einbezogen werden, lassen sich zwei Unterkategorien erkennen. So existieren einerseits *swap dealer* und *security-based swap dealer*, andererseits *major swap participants* und *major security-based swap participants*. Insgesamt werden vier Verhaltensweisen in den gesetzlichen Regelungen identifiziert, die für die Annahme einer Händlertätigkeit sprechen (*four statutory test*). Daneben haben sich die Behörden für einen einheitlichen tätigkeitsbezogenen Ansatz entschieden, um festzustellen, ob es sich bei einem Unternehmen um einen *dealer* handelt (*activity-based approach*). In diesem Zusammenhang wird in den Regelungen eine Reihe von Indizien angeführt, die bei dieser Einzelfallbetrachtung entscheidend sind. So ist beispielweise ein Anhaltspunkt, ob ein Unternehmen einen gewissen Kreis an Stammkunden besitzt und *swaps* aktiv bewirbt. Auf der anderen Seite existieren *Ausnahmetatbestände* für gewisse Geschäfte, die nicht als mögliche Händleraktivitäten gelten sollen. Dies ist zunächst der Fall, wenn es sich bei den derivativen Instrumenten um *atypische Geschäftstätigkeiten* handelt. Außerdem bestehen unter Umständen Ausnahmen bei *Konzernsachverhalten* sowie *Absicherungsgeschäften*. Eine weitere Einschränkung ergibt sich aus einer *Schwellenwertregelung*, wonach ein Unternehmen nicht als *dealer* angesehen wird, wenn es Geschäfte mit geringen Volumina abschließt (*de minimis exception*). Für die Berechnung des Wertes ergeben sich Besonderheiten, da bestimmte Geschäfte nicht berücksichtigt werden. Die Aufsichtsbehörden haben nominelle Schwellenwerte festgelegt, wobei im Falle von *security-based swaps* zwischen *CDS* und anderen Derivaten differenziert werden muss. Letztlich besteht die Möglichkeit, sich im Einzelfall von den Erfordernissen für *dealer* bei der jeweiligen Aufsichtsbehörde *partiell befreien* zu lassen. Für *swap dealer* hat *CFTC* zudem *Sonderausnahmen* entwickelt. Zunächst kann eine Ausnahme für *staatlich abgesicherte Einlageinstitute* greifen, wenn sie Swapgeschäfte im Zusammenhang mit Kundenkrediten tätigen, wobei persönliche und sachliche Voraussetzungen zu beachten sind. Daneben können *Genossenschaften*, die mit ihren Mitgliedern Geschäfte abschließen, unter bestimmten Voraussetzungen von einer Ausnahmeregelung profitieren.

Auch Unternehmen können dem Regelungsregime unterfallen, wenn sie sich in erheblichem Maße an derivativen Geschäften beteiligen (*major participants*). Dies ist einerseits der Fall, wenn sie erhebliche Derivatpositionen eingegangen sind, andererseits, wenn sie so hohe Außenstände gegenüber ihren Vertragspartner aufweisen, dass diese sich im Zweifel auf die Stabilität des US-amerikanischen Bankensystems oder die Finanzmärkte auswirken können. In engen Grenzen können hiervon auch finanzielle Parteien betroffen sein, insbesondere wenn sie in hohem Maße fremdfinanziert sind. Für die beiden erstgenannten Fälle bedeutender Marktteilnehmer (erhebliche Derivatposition; hohe Außenstände) haben die Aufsichtsbehörden grundsätzlich die gleiche *Bewertungsmethodik* entwickelt. So werden zunächst Hauptkategorien an Derivaten gebildet, die als Maßstab fungieren (*major categories*). *CFTC* hat dabei vier Gruppen, *SEC* zwei Gruppen festgeschrieben. Für jeden Typ werden sodann zwei alternative Tests angewendet, die sich auf gegenwärtige und zukünftige Risikopositionen beziehen. Allerdings werden bestimmte derivative

Geschäfte bei der Berechnung nicht berücksichtigt, was unter anderem für Absicherungsgeschäfte zutrifft. Darüber hinaus haben beide Behörden *nominelle Grenzwerte* für die jeweiligen Fälle festgelegt. Letztlich gibt es auch *Ausnahmetatbestände*, wobei insbesondere die Möglichkeit besteht, sich im Einzelfall von den Erfordernissen der Regulierung bei der Aufsichtsbehörde *befreien* zu lassen.

In der Europäischen Union werden insbesondere *finanzielle* und *nichtfinanzielle Gegenparteien* unterschieden, die sich durch einen unterschiedlichen Grad an Professionalität auszeichnen. Unter die erste Gruppe fallen beispielsweise Kreditinstitute und Versicherungsgesellschaften. Bei nichtfinanziellen Gegenparteien muss im Zweifel eine Einzelfallbetrachtung angestellt werden, ob diese dem Anwendungsbereich von EMIR unterfallen. Dies trifft beispielsweise auf *gemeinnützige Einrichtungen* und *Einzelhandelskaufleute* zu. Für *Zweckgesellschaften* im Rahmen von Verbriefungsstrukturen kann ebenfalls keine allgemeine Aussage getroffen werden. Soweit *Kommunen* hoheitlich tätig sind, findet EMIR auf sie keine Anwendung. Anderes gilt, wenn sie eine wirtschaftliche Tätigkeit ausüben. Per se vom Anwendungsbereich der Verordnung *ausgeschlossen* sind zum Beispiel das *ESZB* sowie die *BIZ*. Für andere Stellen kann lediglich die *Meldeverpflichtung* eingreifen, wie beispielsweise für bestimmte *multilaterale Entwicklungsbanken* und den *ESM*. Dies trifft ebenso unter bestimmten Voraussetzungen auf öffentliche Stellen wie die *KfW* zu.

In ähnlicher Weise wie in der Europäischen Union, knüpfen die singapurischen Gesetze im persönlichen Anwendungsbereich an *finanzielle Parteien* an. Diesem Begriff liegt ein weites Verständnis zugrunde, da er mehrere Gruppen möglicher Marktteilnehmer umfasst. So werden sowohl inländische als auch ausländische Banken mit Geschäftszweigen oder Büros in Singapur angeführt. *Merchant banks*, spezielle Finanzierungsunternehmen (*financing companies*), Versicherungsgesellschaften und anerkannte Treuhänder (*approved trustees*) sind ebenso erfasst. Letztlich sind Marktteilnehmer, die eine Erlaubnis besitzen, Dienstleistungen am Kapitalmarkt zu erbringen, von der Regulierung betroffen (*capital markets servicing licence*).

Abschnitt 3 – Die Verpflichtung zur zentralen Abwicklung

Nachdem der Anwendungsbereich herausgearbeitet wurde, soll nunmehr mit der Verpflichtung zur zentralisierten Abwicklung ein bedeutender Baustein der neuen Marktinfrastruktur beleuchtet werden. Wie im zweiten Abschnitt soll die Untersuchung in sachlicher und persönlicher Hinsicht differenziert werden, um so den Inhalt der Clearingverpflichtung strukturiert zu ermitteln.

§1 In sachlicher Hinsicht

Zu Beginn soll in diesem Paragraph die grundsätzliche Reichweite der Clearingverpflichtung untersucht werden. Dabei wird der Anknüpfungspunkt, den die einzelnen Jurisdiktionen gewählt haben, thematisiert, woraufhin abstrakte Merkmale zu dessen Bestimmung analysiert werden. Danach wird der Fokus auf verfahrensrechtliche Aspekte gelegt und anschließend auf konkrete Derivate eingegangen, die bisher der Clearingpflicht unterworfen wurden. Abschließend werden Ausnahmetatbestände beleuchtet.

A. Derivatkategorien

Allen Regulierungen ist gemeinsam, dass sich der sachliche Anwendungsbereich der Clearingverpflichtung nicht mit dem sachlichen Anwendungsbereich der Gesamtregelungen deckt. Insofern besteht nur für bestimmte Kategorien an Derivaten eine Pflicht zur zentralisierten Abwicklung. Im Folgenden soll verglichen werden, wie die einzelnen Länder diese Gruppen qualifiziert haben.

In der Europäischen Union erstreckt sich die Clearingverpflichtung in sachlicher Hinsicht auf alle OTC-Derivatkontrakte, die zu einer vorher festgelegten Derivatkategorie gehören.[821] Hierunter versteht man eine Untergruppe von Derivaten, die durch allgemeine und wesentliche Eigenschaften geprägt sind, wobei sie unterschiedliche Fälligkeiten besitzen können.[822] Der Derivatkontrakt zeichnet sich dabei durch dieselben Eigenschaften aus, wie sie bereits im sachlichen Anwendungsbereich analysiert wurden.[823] Einschränkendes Kriterium ist der Handelsort, da nur außerbörsliche Derivate von der Clearingpflicht betroffen sind. Hierzu zählen Derivate, die nicht auf einem geregelten Markt ausgeführt werden[824], sodass insofern Gemeinsamkeiten zu den bereits vorher dargestellten Marktinfrastrukturen bestehen.[825] Daher sind beispielsweise Derivate umfasst, die an *MTFs* gehandelt werden.[826] Zudem werden Märkte in Drittstaaten inbegriffen, wenn sie nicht einem geregelten Markt gleichwertig sind.[827] Bislang hat die

821 Art.4 Abs.1 EMIR.

822 Art.2 Nr.6 EMIR.

823 Siehe Kapitel 2, Abschnitt 2, §1 Unterpunkt A.

824 Art.2 Nr.7 EMIR i.V.m. Art.4 Abs.1 Nr.14 MiFID.

825 Siehe Kapitel 1, Abschnitt 2.

826 *Anmerkung*: Außerdem soll durch MiFIR eine Clearingpflicht für deritative Instrumente greifen, die an einem organisierten Markt gehandelt werden (vgl. *Geier/Mirtschink*, OTC-Derivate-Regulierung aus sicht der Buy- und Sell-Side, CF biz 2013, 102 (113)).

827 Art.2 Nr.7 EMIR i.V.m. Art.19 Abs.6 MiFID.

Europäische Kommission noch nicht festgelegt, welche ausländischen Märkte als gleichwertig angesehen werden, sodass nach den Interpretationshilfen von *ESMA* jedes an einem ausländischen Markt gehandelte Derivat als außerbörslich angesehen wird.[828] Bedeutung kann dies für nichtfinanzielle Gegenparteien haben, die vermehrt auf ausländischen Terminbörsen Derivate abschließen wie zum Beispiel Sojabohnen-Optionen an der *Chicago Mercantile Exchange* und so möglicherweise einer Clearingpflicht unterfallen.[829] Für *Block Trades,* die außerhalb regulierter Märkte abgeschlossen werden, um die Preisbildung an der Börse nicht zu beeinflussen[830], sieht *ESMA* eine Ausnahme vor.[831] Die Ausarbeitung der Derivatkategorien obliegt ebenfalls *ESMA.*[832] Diese hat bereits in einem *final report* technische Regulierungsstandards für die Kriterien erstellt, die zur Bestimmung der Derivatkategorien herangezogen werden sollen[833] und in einer Delegierten Verordnung mündeten.[834] Derzeit hat *ESMA* die geplanten Derivatkategorien in einem Diskussionspapier konkretisiert[835] sowie Konsultationen für die Festlegung konkreter Derivatprodukte durchgeführt[836].

Ein vergleichbares Vorgehen ist der singapurischen Regulierung zu entnehmen. Hier werden nur bestimmte Derivatgeschäfte (*specified derivatives contracts*)

---

828 *ESMA*, Questions and Answers, S.13.

829 *Hartenfels*, EMIR, ZHR (178) 2014, 173 (190).

830 *Hartenfels*, EMIR, ZHR (178) 2014, 173 (190).

831 Siehe hierzu: *ESMA*, Questions and Answers, S.14.

832 Art.5 Abs.2 lit.a) EMIR.

833 *ESMA*, Final Report, Ziff.27 ff., abrufbar unter http://www.esma.europa.eu/system/files/2012-600_0.pdf.

834 Delegierte Verordnung (EU) Nr.149/2013 der Komission vom 19. Dezember 2012 zur Ergänzung der Verordnung (EU) Nr. 648/2012 des Europäischen Parlaments und des Rates im Hinblick auf technische Regulierungsstandards für indirekte Clearing-Vereinbarungen, die Clearingpflicht, das öffentliche Register, den Zugang zu einem Handelsplatz, nichtfinanzielle Gegenparteien und Risikominderungstechniken für nicht durch eine CCP geclearte OTC-Derivatekontrakte, Abl.EU vom 23.02.2013, Nr. L 52/11.

835 *ESMA*, Discussion Paper, 12.07.2013, abrufbar unter http://www.esma.europa.eu/system/files/2013-925_discussion_paper_-_the_clearing_obligation_under_emir_0.pdf.

836 *ESMA*, Consultation Paper IRS, 17.07.2014, abrufbar unter http://www.esma.europa.eu/system/files/esma-2014-799_irs_-_consultation_paper_on_the_clearing_obligation_no__1____.pdf (zuletzt am 20.11.2014); *ESMA*, Consultation Paper CDS, 11.07.2014, abrufbar unter http://www.esma.europa.eu/system/files/2014-800.pdf (zuletzt am 20.11.2014).

von der Clearingpflicht erfasst.[837] Die Konkretisierung überlassen die gesetzlichen Regelungen jedoch *MAS*, die insofern festlegen soll, welche konkreten Derivate betroffen sind.[838] Bisher hat die Behörde keine abschließende Ausgestaltung vorgenommen. Berücksichtigt man aber die bisherigen Konsultationsverfahren, wird es für die Anwendung der Clearingpflicht jedenfalls ausreichend sein, wenn zumindest eine Seite der Parteien den Vertrag in Singapur gebucht hat (*one leg approach*). Zudem müssen sich beide Vertragspartner entweder in Singapur befinden oder dort wohnhaft sein (*resident or having presence in Singapore*) und der Clearingpflicht unterfallen. Es genügt ebenso, wenn eine Partei der Clearingpflicht unterfallen würde, würde sie in Singapur wohnen.[839]

Der Wortlaut der US-amerikanischen gesetzlichen Regelungen[840] ist auf den ersten Blick weiter gefasst, da hier jedwede Form von *swaps* und *security-based swaps*[841] von der Clearingpflicht betroffen sind und nicht von bestimmten Derivatkategorien gesprochen wird. Aber auch in den USA obliegt den Aufsichtsbehörden ein Ermessens- und Beurteilungsspielraum, welche genauen Derivatarten einer zentralisierten Abwicklung zugeführt werden sollen. Allerdings kann sich die Clearingverpflichtung sowohl auf einzelne Derivate, als auch Derivatkategorien beziehen. In diesem Zusammenhang hat *CFTC* Konkretisierungen vorgenommen.[842]

B. Abstrakte Merkmale der Standardisierung

Der G20-Beschluss stellt klar, dass Derivate mit einer hinreichenden Standardisierung zentral abgewickelt werden müssen und sich somit durch eine einheitliche vertragliche und operative Handhabung auszeichnen. Um diesen Vorgaben zu entsprechen, lassen sich in allen Vergleichsjurisdiktionen abstrakte Merkmale

837 Sec.129C(1) SFA.

838 Sec.129B „specified derivatives contract" SFA.

839 *MAS*, Consultation Paper, Februar 2012, S.7, abrufbar unter http://www.mas.gov.sg/~/media/resource/publications/consult_papers/2012/13%20February%202012%20Proposed%20Regulation%20of%20OTC%20Derivatives.pdf; *dies.*, Consultation Paper II, August 2012, S.1, abrufbar unter http://www.mas.gov.sg/~/media/resource/publications/consult_papers/2012/3%20August%202012%20Proposed%20Amendments%20to%20the%20Securities%20and%20Futures%20Act%20on%20Regulation%20of%20OTC%20Derivatives.pdf.

840 7 U.S.C. §2(h)(1)(A) (*swaps*); 15 U.S.C. §78c-3(a)(1) (*security-based swap*).

841 Zu den Begriffen siehe Kapitel 2, Abschnitt 2, §1, Unterpunkt B.

842 *CFTC*, Clearing Requirement Determination Under Section 2(h) of the CEA, Final Rule, 77 FR 74284 (13.12.2012).

herauskristallisieren, die für eine solche Qualifizierung herangezogen werden. Dabei können sich Unterschiede im Hinblick auf gesetzlich vorgeschriebene und von den jeweiligen Aufsichtsbehörden festgelegte Faktoren ergeben. Diese sollen nachfolgend betrachtet werden.

Auf europäischer Ebene müssen zumindest das Verhältnis zu dem zugrunde liegenden Vermögenswert, die Art des *underlyings*, und die Währung des Nominalwertes für die Beurteilung berücksichtigt werden.[843] Da laut Verordnung das übergeordnete Ziel der Regulierung in einer Reduzierung der Systemrisiken besteht, soll neben dem Volumen und der Liquidität des Derivats in Betracht gezogen werden, inwieweit die Vertragsbedingungen und operativen Prozesse standardisiert sind und ob faire, zuverlässige und allgemein akzeptierte Informationen zur Preisbildung zur Verfügung stehen.[844]

Diese Kriterien wurden durch *ESMA* spezifiziert.[845] Für die Standardisierung der Vertragsbedingungen soll ausschlaggebend sein, ob gebräuchliche Rechtsdokumente existieren, die beispielsweise Netting-Rahmenvereinbarungen enthalten. Im Hinblick auf die operativen Prozesse ist wesentlich, ob die betreffende Kategorie einer automatisierten Nachhandelsverarbeitung und Lebenszyklusereignissen unterliegt, die einheitlich gehandhabt werden. Bei den Volumina und der Liquidität soll berücksichtigt werden, ob die Margen der zentralen Gegenpartei in angemessenem Verhältnis zum Vertragsrisiko stehen sowie die Anzahl und der Wert der Geschäfte. Weiterhin soll beachtet werden, ob der Markt für die Derivatkategorie langfristig gesehen in Größe und Tiefe stabil ist und wie wahrscheinlich der Markt auch bei Ausfall eines Clearingmitglieds funktionsfähig wäre (Marktdispersion). Hinsichtlich des Erfordernisses der transparenten Informationen zur Preisbildung einer Derivatkategorie beachtet *ESMA*, ob diese für die Marktteilnehmer ohne weiteres zu handelsüblichen Bedingungen verfügbar sind bzw. nach der Einführung einer Clearingpflicht weiterhin zur Verfügung stehen.

Die US-amerikanischen Vorschriften[846] überschneiden sich hinsichtlich der einzubeziehenden Faktoren nur partiell. Gemeinsamkeiten bestehen insoweit, als dass zu berücksichtigen ist, ob ein ausreichendes Handelsvolumen und genügend Liquidität der jeweiligen Produktart vorhanden ist (*significant outstanding notional exposures and trading liquidity*) und adäquate Preisinformationen

843 Art.2 Nr.6 EMIR.

844 Art.5 Abs.4 lit.a)-c) EMIR.

845 Art.7 Abs.1 – Abs.3 Delegierte Verordnung (EU) Nr.149/2013.

846 7 U.S.C. §2(h)(2)(D)(ii)(I)-(V) (*swaps*); 15 U.S.C. §78c-3(b)(4)(B)(i)-(v) (*security-based swap*).

verfügbar sind (*adequate pricing data*). Schnittmengen bestehen ebenfalls in der Fragestellung, ob Vertragsbedingungen und operationelle Prozesse bei der Clearingstelle ausreichend vereinheitlicht sind, um den Vertrag abzuwickeln (*availability of rule framework, capacity, operational expertise and resources*). Darüber hinaus soll aber in die Bewertung einfließen, ob Finanzierungsmöglichkeiten vorhanden sind (*credit support infrastructure*). Weiterhin betonen die amerikanischen Regelungen nicht nur den Zweck der Reduzierung von Systemrisiken, sondern postulieren diesen als Faktor bei der Erstellung von Derivatkategorien (*the effect on the mitigation of systemic risk*). Hierbei wird insbesondere die Marktgröße beurteilt; die Markttiefe wird hingegen nicht angeführt. Weiterhin sollen die finanziellen Mittel, die der zentralen Gegenpartei zur Verfügung stehen, beurteilt werden. Zusätzlich sollen die Auswirkungen auf den Wettbewerb bzw. die Wettbewerbsfähigkeit berücksichtigt werden, insbesondere die Erhebung angemessener Clearinggebühren (*the effect on competition including appropriate fees and charges applied to clearing*). Letztlich ist ein Kriterium für eine clearingpflichtige Derivatkategorie, ob im Falle der Insolvenz der zentralen Gegenpartei bzw. einer oder mehrerer Clearingmitglieder, ein Regelwerk besteht, das insbesondere die Behandlung von Kundenpositionen regelt.

Die singapurischen Normen beziehen sich ebenfalls auf Faktoren, die für die Bestimmung einer clearingpflichtigen Produktart relevant sind.[847] Zunächst ergeben sich Übereinstimmungen zu den oben gezeigten Regelungen. So sollen die Liquidität der Produktart beachtet werden und ob diesen standardisierte Verträge und operationelle Prozesse zugrunde gelegt werden. Außerdem soll es eine Rolle spielen, inwieweit faire, verlässliche und allgemein anerkannte Preisbildungsquellen vorhanden sind. Zudem soll beurteilt werden, inwiefern Derivatkontrakte oder Derivatkategorien systemische Risiken hervorrufen können. Insofern unterscheiden sich die singapurischen Regelungen zu den US-amerikanischen Vorschriften in ihrer Prämisse, da nicht erheblich ist, in welchem Maße systemische Risiken durch eine zentralisierte Abwicklung einer Derivatkategorie reduziert werden, sondern welches Risiko ihnen *per se* innewohnt. Nuancen ergeben sich zur Europäischen Union und den Vereinigten Staaten von Amerika bei der Qualifizierung des Marktes, da nur die Tiefe angeführt ist (*depth of the market*). Das Volumen wird nicht *expressis verbis* genannt, wobei der Schluss nahe liegt, dass es bei der Beurteilung des systemischen Risikos bereits inbegriffen ist. Ähnlich wie in den US-amerikanischen Regelungen soll abgewogen werden, ob die Verpflichtung zur zentralen Abwicklung für eine Derivatkategorie wettbewerbshemmende

847 Sec.129G(2)(a)-(h) SFA.

Wirkungen haben könnte (*any anti-competitive effect*). Dabei soll berücksichtigt werden, inwiefern der Derivatkontrakt in anderen Jurisdiktionen von einer Clearingpflicht betroffen ist. Besonderheiten bestehen insofern, als dass in Betracht gezogen werden muss, ob entsprechende Clearinghäuser zur Verfügung stehen. Die singapurischen Regelungen zeichnen sich zudem durch einen Auffangtatbestand aus, wonach die Behörde alles andere in die Bewertung einfließen lassen kann, was sie als relevant erachtet (*any other matters that the Authority deems to be relevant*).

C. *Bestimmungsverfahren*

Im Zusammenhang mit dem Bestimmungsverfahren sollen zunächst allgemeine Regelungen untersucht werden, die sich in den Vergleichsjurisdiktionen ausmachen lassen. Hieran schließt sich die Betrachtung von Sonderregelungen. Die danach zu behandelnden Revisionsmöglichkeiten sollen die Flexibilität des Verfahrens in den jeweiligen Jurisdiktionen verdeutlichen. Letztlich wird auf Besonderheiten der singapurischen Regulierung im Hinblick auf Informations- und Weisungsrechte eingegangen.

I. Allgemeine Regelungen

In der Europäischen Union kann *ESMA* Derivatkategorien aus eigener Initiative definieren.[848] Das zweite Verfahren geht hingegen von nationaler Ebene aus, sodass eine zentrale Gegenpartei bei der national zuständigen Aufsichtsbehörde die Zulassung zum *clearing* einer Derivatkategorie beantragen kann. Bei positiver Bescheidung wird *ESMA* auf europäischer Ebene eingeschaltet und hierüber informiert[849], wobei spezielle Informationen, wie zum Beispiel Belege für den Grad der Standardisierung der Vertragsbedingungen, übermittelt werden müssen.[850] Sodann beurteilt *ESMA* nach eigenen Maßstäben, ob die Derivatkategorie clearingpflichtig sein soll. Insbesondere wird bei der Liquidität und dem Vorhandensein von Preisbildungsinformationen ein im Vergleich zur nationalen Behörde weitergehendes Verständnis zugrunde gelegt[851], um zu verhindern, dass eine zu enge Auslegung den Wettbewerb zwischen zentralen Gegenparteien gefährdet.[852]

---

848 Art.5 Abs.3 EMIR.

849 Art.5 Abs.1,2 EMIR.

850 *Anmerkung*: Für eine genaue Auflistung siehe: Art.6 Delegierte Verordnung (EU) Nr.149/2013.

851 Erwägungsgrund Nr.10 Delegierte Verordnung (EU) Nr.149/2013.

852 *Geier/Mirtschink*, OTC-Derivate-Regulierung aus sicht der Buy- und Sell-Side, CF biz 2013, 102 (104).

Sofern eine clearingpflichtige Derivatkategorie vorliegt, soll *ESMA* innerhalb von sechs Monaten nach Erhalt der Mitteilung Entwürfe technischer Regulierungsstandards erarbeiten und der Kommission zukommen lassen. Innerhalb dieses Zeitraums muss eine öffentliche Konsultation vorgenommen sowie der *Europäische Ausschuss für Systemrisiken* (*European Systemic Risk Board, ESRB)* und unter Umständen Aufsichtsbehörden aus Drittstaaten angehört werden.[853] Bis zur endgültigen Entscheidung der Kommission und der Veröffentlichung im Amtsblatt der EU können bis zu 16 Monate vergehen.[854]

Vom Grundkonzept her lassen sich die Regelungen der Europäischen Union durchaus mit dem Konzept der Vereinigten Staaten von Amerika vergleichen. So können die US-amerikanischen Aufsichtsbehörden kontinuierlich selbst festlegen, welche konkreten Derivate oder Derivatkategorien gecleart werden müssen.[855] Gleichzeitig soll jedes Clearinghaus selbst die Derivatverträge den Aufsichtsbehörden übermitteln, die sie zur zentralen Abwicklung zu akzeptieren gedenkt (*submission*).[856] Allerdings ergibt sich ein wesentlicher Unterschied im Hinblick auf die potentielle Dauer des Verfahrens. *CFTC* und *SEC* müssen eine öffentliche Konsultationsphase durchführen, die mindestens 30 Tage dauern soll.[857] Andere Stellen müssen nach den gesetzlichen Regelungen nicht eingebunden werden. Dadurch könnte es sein, dass die jeweiligen Clearingverpflichtungen schneller konkretisiert werden als auf europäischer Ebene, was einerseits die Regulierung effektiver machen würde, andererseits zu Wettbewerbsvorteilen führen könnte.

In Singapur ist ebenfalls ein zweistufiges System geplant, das sich an dem europäischen und US-amerikanischen Vorgehen orientiert. In den gesetzlichen Regelungen spiegelt sich dies jedoch nicht wieder, weil dort allein *MAS* die clearingpflichtigen Derivate bzw. Derivatklassen bestimmen soll.[858] Eine entsprechende Regulierung ist noch nicht erlassen worden. Aus den Konsultationspapieren ergibt sich aber, dass bestimmte Clearingstellen[859] einen schriftlichen Antrag bei

853 Art.5 Abs.2 EMIR.

854 *ESMA*, Discussion Paper, 12.07.2013, S.9, abrufbar unter http://www.esma.europa.eu/system/files/2013-925_discussion_paper_-_the_clearing_obligation_under_emir_0.pdf.

855 7 U.S.C. §2(h)(2)(A) (*swaps*); 15 U.S.C. §78c-3(b)(1) (*security-based swap*).

856 7 U.S.C. §2(h)(2)(B) (*swaps*); 15 U.S.C. §78c-3(b)(2) (*security-based swap*).

857 7 U.S.C. §2(h)(2)(A)(ii),(B)(iii)(III) (*swaps*); 15 U.S.C. §78c-3(b)(1)(B),(b)(2)(C)(iii) (*security-based swap*).

858 Sec.129C(1) SFA.

859 *Anmerkung*: Hierbei handelt es sich um *ACH* oder *RCHs* (zum Begriff siehe Kapitel 2, Abschnitt 4, §1 Unterpunkt A.)

MAS stellen können, um Derivatgeschäfte der Clearingverpflichtung zu unterwerfen.[860] Bei Antragstellung sollen Informationen beigefügt werden, weshalb das entsprechende Produkt zentral abgewickelt werden soll, ob es bisher auf regulierten Handelsplattformen, außerbörslich oder auf beiden Wegen gehandelt wird, über das Risikomanagement des Antragsstellers und ab wann dieser für die zentrale Abwicklung bereitsteht. *MAS* wird einen wirksamen Antrag – wie in den Vereinigten Staaten von Amerika – online bekannt machen, wobei der Öffentlichkeit die Möglichkeit gegeben werden soll, in einem Konsultationsverfahren ihre Meinung kundzutun. Ein genaues Fristenfenster ist bisher noch nicht entwickelt.

II. Sonderregelung

Die Europäische Verordnung legt in ihren Erwägungsgründen nahe, dass die Aufsichtsbehörde die Besonderheiten bestimmter Marktteilnehmer speziell berücksichtigen sollte. Dies solle insbesondere für Emittenten gedeckter Schuldverschreibungen (*covered bond issuers*) oder für Deckungspools gedeckter Schuldverschreibungen (*covered bond pools*) gelten[861], da dort nach dem Diskussionspapier der *ESMA* Besonderheiten im Hinblick auf das insolvenzfreie Vermögen bestehen. In diesem Fall ist die Schuldverschreibung durch eine Reihe von Finanzinstrumenten, vor allem derivative Instrumente zur Steuerung spezifischer Risiken, wie Zinsänderungen gesichert (*cover pool*). Bei Insolvenz des Emittenten werden die Gläubiger durch diesen Pool abgesichert und die derivativen Instrumente werden nicht beendet. Daher sei es nach Ansicht von *ESMA* wichtig, dass die zentrale Gegenpartei die Derivatverträge des Emittenten von denen des Pools unterscheiden kann, um zu vermeiden, dass alle Instrumente im Falle einer Insolvenz abgewickelt würden.[862] Insoweit erwarten Stimmen in der Literatur eine Ausnahme von der Clearingverpflichtung, wovon insbesondere

---

860 *MAS*, Consultation Paper, Februar 2012, S.4, abrufbar unter http://www.mas.gov.sg/~/media/resource/publications/consult_papers/2012/13%20February%202012%20Proposed%20Regulation%20of%20OTC%20Derivatives.pdf; *MAS*, Consultation Paper II, August 2012, S.1, abrufbar unter http://www.mas.gov.sg/~/media/resource/publications/consult_papers/2012/3%20August%202012%20Proposed%20Amendments%20to%20the%20Securities%20and%20Futures%20Act%20on%20Regulation%20of%20OTC%20Derivatives.pdf.

861 Erwägungsgrund Nr.16 EMIR.

862 *ESMA*, Discussion Paper, 12.07.2013, S.45, abrufbar unter http://www.esma.europa.eu/system/files/2013-925_discussion_paper_-_the_clearing_obligation_under_emir_0.pdf.

Hypothekenbanken betroffen wären.[863] In der Tat sprechen die Entwürfe im Konsultationsverfahren dafür, eine solche Sonderregelung unter bestimmten Voraussetzungen einzuführen.[864]

III. Revisionsmöglichkeiten

Zudem werden in den einzelnen Jurisdiktionen Mechanismen implementiert, mit deren Hilfe die Behörden regelmäßig überprüfen können, ob die Clearingpflicht weiterbestehen soll.[865] Für die Europäische Union ergeben sich insofern Besonderheiten, als dass die Verordnung nur den Fall abdeckt, in dem keine zentrale Gegenpartei mehr für die zentrale Abwicklung einer clearingpflichtigen Derivatklasse existiert.[866] Sollten sich allerdings die Kriterien für eine Derivatklasse geändert haben, sodass eine Clearingpflicht nicht mehr einschlägig ist, ist das genaue Vorgehen noch nicht abschließend geklärt. Beziehen sich die Veränderungen auf Schlüsselkriterien (*key characteristics*), die von *ESMA* in den technischen Regulierungsstandards festgelegt wurden, müssten die darauf basierenden Delegierten Verordnungen durch ein ordnungsgemäßes Verfahren geändert werden. Dies könnte dann zu zeitlichen Verzögerungen führen, bis die Clearingpflicht aufgehoben ist.[867] Denkbar wäre ein solcher Fall, wenn für einen bestimmten Index-*CDS* keine ausreichende Liquidität mehr bestünde.

IV. Informations- und Weisungsrecht

Besondere Beachtung bedarf der singapurischen Regelung, die der Aufsichtsbehörde *MAS* ein umfassendes Informationsrecht zuspricht. Dieser Informationsanspruch erstreckt sich in sachlicher Hinsicht auf Informationen, um clearinpflichtige Derivate, Marktteilnehmer und Umgehungskonstruktionen

---

863 *Geier/Mirtschink*, OTC-Derivate-Regulierung aus sicht der Buy- und Sell-Side, CF biz 2013, 102 (107).

864 Siehe hierzu: *ESMA*, Consultation Paper IRS, 17.07.2014, S.12ff., 91, abrufbar unter http://www.esma.europa.eu/system/files/esma-2014-799_irs_-_consultation_paper_on_the_clearing_obligation_no__1____.pdf (zuletzt am 20.11.2014).

865 Vereinigte Staaten von Amerika: 7 U.S.C. §2(h)(2)(A),(3)(A) (*swaps*); 15 U.S.C. §78c-3(c)(1) (*security-based swap*); Singapur: *MAS*, Consultation Paper, Februar 2012, S.6, abrufbar unter http://www.mas.gov.sg/~/media/resource/publications/consult_papers/2012/13%20February%202012%20Proposed%20Regulation%20of%20OTC%20Derivatives.pdf.

866 Art.5 Abs.6 EMIR.

867 Siehe zu dieser Problematik: *ESMA*, Discussion Paper, 12.07.2013, S.47, abrufbar unter http://www.esma.europa.eu/system/files/2013-925_discussion_paper_-_the_clearing_obligation_under_emir_0.pdf.

auszumachen. So kann *MAS* alle Informationen verlangen, die sie als notwendig erachtet, um clearingpflichtige Derivatgeschäfte zu bestimmen.[868] Daneben kann der Anspruch dazu genutzt werden, um beurteilen zu können, ob ein Marktteilnehmer in den spezifizierten persönlichen Anwendungsbereich der Vorschriften fällt.[869] Eine weitere Besonderheit der singapurischen Vorschrift liegt darin, dass *MAS* auch untersuchen kann, ob ein Vertrag, eine Vereinbarung oder eine Transaktion dazu führt oder den Zweck verfolgt, die Clearingverpflichtung direkt oder indirekt zu umgehen.[870] In persönlicher Hinsicht bezieht sich die Informationspflicht nicht nur auf den Antragsteller, sondern auch auf andere Marktteilnehmer und -infrastrukturen, wie beispielsweise Handelsplattformen oder Melderegister.[871] Zuwiderhandlungen können mit einem Höchstbetrag von 50.000 Singapur-Dollar geahndet werden bzw. für andauernde Zuwiderhandlung mit einer täglichen Strafzahlung von maximal 5.000 Singapur-Dollar ab dem Tag der Verurteilung.[872]

Von der Informationspflicht befreit sind Personen, die einer gesetzlichen Geheimhaltungspflicht unterliegen.[873] Zudem müssen bestimmte Berufsgruppen, vor allem Anwälte, Informationen oder Dokumente nicht weiterleiten, wenn sie Bestandteile der beruflichen Geheimhaltungspflicht sind (*privileged communication*).[874] Weiterhin besteht eine partielle Ausnahme für den Fall der strafrechtlichen Verfolgung.[875] In diesem Fall müssen die Informationen oder Dokumente trotzdem zur Verfügung gestellt werden, dürfen aber nicht in einem Strafverfahren - mit Ausnahme der oben beschriebenen Strafzahlungen - als Beweise verwertet werden. Ihre Verwertung in zivilrechtlichen Verfahren, die das Marktverhalten betreffen, bleibt jedoch davon unberührt (*market conduct*).

Für den Fall, dass die Behörde der Ansicht ist, bestimmte Derivatverträge seien nicht von einer Clearingeinrichtung abzuwickeln, besteht zudem ein Weisungsrecht gegenüber den Marktteilnehmern. So kann *MAS* Anweisungen in schriftlicher Form (*directions*) erlassen, die generell oder spezifisch regeln, wo

868 Sec.129D(1)(a) SFA.
869 Sec.129D(1)(b) SFA.
870 Sec.129D(1)(c) SFA.
871 *MAS*, Consultation Paper, Februar 2012, S.5, abrufbar unter http://www.mas.gov.sg/~/media/resource/publications/consult_papers/2012/13%20February%202012%20Proposed%20Regulation%20of%20OTC%20Derivatives.pdf.
872 Sec.129D(3) SFA.
873 Sec.129D(4) SFA.
874 Sec.129D(5) SFA: *advocate, solicitor or legal counsel* gem. sec.128A des *Evidence Act*.
875 Sec.129D(6)(a),(b) SFA.

diese Verträge abgewickelt werden müssen.[876] Diese Weisung wird öffentlich in der *Gazette* bekanntgegeben.[877] Sollte ein Marktteilnehmer dieser Weisung nicht folgen, können Bußgelder in Höhe von maximal 100.000 Singapur-Dollar verhängt werden, bzw. bei andauernden Verstößen ein täglicher Höchstbetrag von 10.000 Singapur-Dollar nach einer Verurteilung festgelegt werden.[878]

D. Konkrete Derivate

Nachdem der Anwendungsbereich in abstrakter Weise thematisiert wurde, sollen nunmehr konkrete Derivate behandelt werden, die der Clearingpflicht unterliegen. Schon jetzt sei angemerkt, dass bisher nur die Vereinigten Staaten von Amerika bestimmte derivative Instrumente einer Clearingpflicht zugeführt haben.

CFTC hat konkrete Derivatkategorien ausgemacht, die Zinssatzswaps, *forward rate agreements*, *overnight index swaps* und Kreditderivate umfassen. So werden Zinssatzswaps (*fixed-to-floating swaps*) und Basisswaps (*basis swaps*) auf bestimmte Währungen, wie US-Dollar, Euro, Sterling, Yen mit Laufzeiten zwischen 28 Tagen und 50 Jahren – bzw. 30 Jahren bei Yen – einer Clearingpflicht zugeführt. Als variable Zinssätze kommen für alle Produkte in EUR der *EURIBOR*, ansonsten der *LIBOR* in Frage. Zudem unterliegen *forward rate agreements* in diesen Währungen der Clearingpflicht, sofern sie Laufzeiten zwischen drei Tagen und drei Jahren aufweisen. Des Weiteren sollen auch *overnight index swaps* in US-Dollar, Euro und Sterling gecleart werden, wobei als Zinssätze *FedFunds*, *EONIA* und *SONIA* und Laufzeiten zwischen sieben Tagen bis zu zwei Jahren in Betracht kommen.[879] Zudem werden bestimmte Klassen an Kreditderivaten der Clearingpflicht zugeführt. So sollen bestimmte nordamerikanische und europäische indexbasierte Kreditausfallderivate auf Unternehmen (*untranched CDS indices*) wie der *CDX.NA.IG* und *CDS.NA.HY* bzw. der *iTraxx Europe*, *iTraxx Europe Crossover* und *iTraxx Europe HiVol* gecleart werden.[880] Diesen Kreditindizes ist gemeinsam, dass sie die Prämien von *CDS* (*spreads*) für unterschiedliche Marktsegmente abbilden.[881] *CFTC* ist der Ansicht, dass diese beiden Gruppen die höchsten Handels- und Verbindlichkeitsvolumina aufweisen und für sie zuverlässige

876 Sec.129E(1) SFA.

877 Sec.129E(6) SFA.

878 Sec.129E(5) SFA.

879 17 C.F.R. §50.4(a).

880 17 C.F.R. §50.4(b); *CFTC*, Clearing Requirement Determination Under Section 2(h) of the CEA, Final Rule, 77 FR 74337 (13.12.2012).

881 *Schäfer*, in: FS Sigloch, Außerbörsliche Derivate, systemisches Risiko und staatlicher Kontrollbedarf, 989 (999).

Preisinformationen zur Verfügung stehen.[882] Tranchierte Kreditausfallswaps bzw. *baskets* (*first- or nth to default*) sollen kein Bestandteil der Derivatkategorie sein, da sie sehr unterschiedlich strukturiert sein könten und daher anhand der abstrakten Merkmale nicht eindeutig zu bestimmen seien.[883]

In der Europäischen Union und Singapur sind bisher noch keine konkreten Derivatkategorien bzw. Derivate für die Clearingpflicht bestimmt worden. Beide Aufsichtsbehörden erarbeiten derzeit erste Standards, die sich ebenfalls mit den in den Vereinigten Staaten von Amerika adressierten Derivaten befassen.[884] *Geier* und *Mirtschink* gehen davon aus, dass sich die Clearingpflicht in der Europäischen Union zunächst auf Zinssatzswaps[885] in den geläufigen Währungen wie US-Dollar und EUR erstrecken wird. In diesem Zusammenhang ist *Sidanius* und *Wetherilt*[886] zuzustimmen, wonach sich eine Standardisierung wegen ihrer hohen Praxisrelevanz schnell festlegen lässt. Tatsächlich gehen die von *ESMA* durchgeführten Konsultationen einen Schritt weiter und versuchen einen Gleichlauf mit den US-amerikanischen Regelungen anzustreben. So sind die beabsichtigten clearingpflichtigen Derivatprodukte im Wesentlichen mit den clearingpflichtigen Derivaten in den USA vergleichbar. Deckungsgleiche Regelungen sind für *basis swaps* und *fixed-to-floating interest rate swaps* angedacht. Unterschiede in der vorgesehenen Regelungen ergeben sich bei den Währungen für *forward rate agreements*, da keine japanischen Yen angeführt sind. Für *overnight index swaps* ist eine höhere Laufzeit von drei Jahren geplant.[887] Zudem beziehen sich die indexbasierten Kreditderivate derzeit lediglich auf europäische Indices (*iTraxx Europe*

882 *CFTC*, Clearing Requirement Determination Under Section 2(h) of the CEA, Final Rule, 77 FR 74291 (13.12.2012).

883 *CFTC*, Clearing Requirement Determination Under Section 2(h) of the CEA, Final Rule, 77 FR 74292 (13.12.2012).

884 *ESMA*, Discussion Paper, 12.07.2013, abrufbar unter http://www.esma.europa.eu/system/files/2013-925_discussion_paper_-_the_clearing_obligation_under_emir_0.pdf.

885 *Geier/Mirtschink*, OTC-Derivate-Regulierung aus sicht der Buy- und Sell-Side, CF biz 2013, 102 (104).

886 *Sidanius/Wetherilt,* Thoughts on determining central clearing eligibility of OTC-derivatives, Financial Stability Paper 2012 No.14, S.12, abrufbar unter http://www.bankofengland.co.uk/publications/Documents/fsr/fs_paper14.pdf.

887 *ESMA*, Consultation Paper IRS, 17.07.2014, S.93, abrufbar unter http://www.esma.europa.eu/system/files/esma-2014-799_irs_-_consultation_paper_on_the_clearing_obligation_no__1____.pdf (zuletzt am 20.11.2014);

Main und *iTraxx Europe Crossover*).[888] Ist es nicht unwahrscheinlich, dass diese Regelungen im Laufe des Verfahrens noch angepasst werden, um eine möglichst weitreichende Harmonisierung herbeizuführen.

Ähnlich dürfte sich die Entwicklung in Singapur vollziehen. In einem Konsultationspapier ließ die *MAS* erkennen, dass sie Zinssatzswaps basierend auf US- und Singapur-Dollar sowie *forwards*, die keiner physischen Lieferungspflicht unterliegen, als konkrete clearingpflichtige Produkte ansehe.[889]

Problematischer erscheint in der Europäischen Union die Festlegung der Clearingpflicht für bestimmte Fremdwährungsderivate (*foreign exchange derivatives*). Obwohl diese in den sachlichen Anwendungsbereich von EMIR fallen, ist bisher nicht klar, ob für sie eine Clearingverpflichtung greifen wird. Nach Einschätzung des Verordnungsgebers stehe hier nicht das Abwicklungsrisiko, dem durch eine zentrale Abwicklung begegnet werde, sondern das Erfüllungsrisiko im Vordergrund (*settlement risk)*, welches aber bereits hinreichend durch andere Marktinfrastrukturen abgedeckt sei.[890] Daher greifen bisher unstrittig lediglich die Meldeverpflichtungen.[891] Andererseits werden solche Derivate in der Praxis bereits gecleart. Auf europäischer Ebene könnte es entscheidend darauf ankommen, bei welchen Fremdwährungsderivaten das Abwicklungsrisiko das dominante Charakteristikum darstellt. Dieser Schluss liegt zumindest unter Rückgriff auf das Diskussionspapier von *ESMA* nahe.[892] Auch spricht das von *ESMA* veröffentlichte Konsultationspapier dafür, dass eine Clearingpflicht für bestimmte Klassen von *non-derliverable forwards* eingreifen soll.[893] In Singapur sollen *foreign exchange* Derivate von der Clearingverpflichtung *per se* ausgeschlossen werden.[894]

888 *ESMA*, Consultation Paper CDS, 11.07.2014, S.44, abrufbar unter http://www.esma.europa.eu/system/files/2014-800.pdf (zuletzt am 20.11.2014).

889 *MAS*, Consultation Paper, Februar 2012, S.6 abrufbar unter http://www.mas.gov.sg/~/media/resource/publications/consult_papers/2012/13%20February%202012%20Proposed%20Regulation%20of%20OTC%20Derivatives.pdf.

890 Erwägungsgrund Nr.19 EMIR.

891 *ESMA*, Questions and Answers, S.65.

892 *ESMA*, Discussion Paper, 12.07.2013, S.46, abrufbar unter http://www.esma.europa.eu/system/files/2013-925_discussion_paper_-_the_clearing_obligation_under_emir_0.pdf.

893 *ESMA*, Consultation Paper FX, 10.10.2014, S.54, abrufbar unter http://www.esma.europa.eu/system/files/esma-2014-1185.pdf (zuletzt am 20.11.2014).

894 *MAS*, Consultation Paper, Februar 2012, S.7, abrufbar unter http://www.mas.gov.sg/~/media/resource/publications/consult_papers/2012/13%20February%202012%20Proposed%20Regulation%20of%20OTC%20Derivatives.pdf. Diese Erwägungen sollen aber nicht für Währungsoptionen (*currency option*), *-forwards* oder

Die Vereinigten Staaten von Amerika haben insbesondere *foreign exchange forwards* bereits nicht unter den Begriff „*swap*" subsumiert und somit von der Clearingpflicht ausgenommen.[895]

E. *Ausnahmen für Konzernsachverhalte*

Eine wichtige Ausnahme von der Clearingverpflichtung kann bei gruppeninternen Derivatgeschäften eingreifen.[896] Während die Europäische Union bereits in ihrer Verordnung eine Ausnahme für gruppeninterne Geschäfte vorsieht[897], wurde in den Vereinigten Staaten von Amerika eine genaue Ausgestaltung auf behördlicher Ebene vorgenommen. *CFTC* hat genaue Voraussetzungen für den Anwendungsbereich dieser Ausnahmevorschrift niedergelegt.[898] In Singapur ist ein solcher Ausnahmetatbestand ebenfalls vorgesehen.[899]

Der europäische Verordnungsgeber erkennt gruppeninterne Geschäfte als Instrument für eine adäquate Risikoverlagerung innerhalb eines Konzerns an, falls konzerninterne Risikomanagementprozesse bestehen, die durch eine Überführung auf einen zentralen Kontrahenten in ihrer Wirksamkeit beschränkt werden könnten.[900] Allerdings hat sich der europäische Gesetzgeber vorbehalten, zusätzliche Sicherheiten für solche ungeclearten Geschäfte zu verlangen, um den Gegenparteiausfallrisiken gerecht zu werden.[901] Gruppeninterne Geschäfte können

---

-*swaps* gelten. Insofern ist die Regelung mit denen in den Vereinigten Staaten von Amerika vergleichbar.

895 Siehe Kapitel 2, Abschnitt 2, §1, Unterpunkt B I 1 a).

896 *Anmerkung*: Die vorliegende Betrachtung beschränkt sich auf inlandsbezogene Konzernsachverhalte. Bei drittlandsbezogenen Konzernsachverhalten bedarf es in der Europäischen Union grundsätzlich der Anerkennung von Gegenparteien aus Drittstaaten durch die Kommission im Rahmen von Durchführungsrechtsakten (vgl. Art.3 Abs.2 lit.b) EMIR i.V.m. Art.2 EMIR). Auch die US-amerikanische *CFTC* hat eine *anti-evasion* Vorschrift für clearingpflichtige *swaps* bei internationalen Konzernsachverhalten erlassen (vgl. 17 C.F.R. §50.52(b)(4)). Bis zum 11.03.2014 bestanden in diesem Zusammenhang besondere Regelungen für Gegenparteien aus der Europäischen Union und Singapur (vgl. 17 C.F.R. §50.52(4)(ii)). Nunmehr gelten die allgemeinen Voraussetzungen.

897 Art.4 Abs.2 i.V.m. Art.3 EMIR.

898 17 C.F.R. §50.52.

899 *MAS*, Consultation Paper, Februar 2012, S.10, abrufbar unter http://www.mas.gov.sg/~/media/resource/publications/consult_papers/2012/13%20February%202012%20Proposed%20Regulation%20of%20OTC%20Derivatives.pdf.

900 Erwägungsgrund Nr.38 EMIR.

901 Erwägungsgrund Nr.30 EMIR.

sowohl zwischen zwei finanziellen und zwei nichtfinanziellen Gegenparteien als auch zwischen einer finanziellen und einer nichtfinanziellen Gegenpartei vorliegen. Wenn ein Derivatgeschäft im Hinblick auf eine Gegenpartei die Voraussetzungen des gruppeninternen Geschäfts erfüllt, soll es nach dem Willen des Unionsgesetzgebers auch in Bezug auf die andere Gegenpartei als solches gelten.[902] Nichtsdestotrotz müssen beide Parteien die nationale Behörde vorab schriftlich darüber informieren, dass beide die Ausnahmevorschrift anwenden möchten.[903] Übergreifende Voraussetzung ist, dass die Parteien jeweils derselben Unternehmensgruppe angehören, geeignete zentralisierte Risikobewertungs-, -mess und –kontrollverfahren existieren und sie in dieselbe Vollkonsolidierung einbezogen sind.[904] Hierunter versteht man das Verfahren, das bei der Erstellung des Konzernabschlusses zur Anwendung kommt.[905] Auf europäischer Ebene besteht in dieser Hinsicht eine Vermutung, wenn beide Gegenparteien nach allgemeinen Rechnungslegungsstandards in dieselbe Konsolidierung einbezogen sind, wozu beispielsweise die *International Financial Reporting Standards* (IFRS) oder die europäischen Grundsätze nach Richtlinie 83/349/EWG zählen.[906] Außerdem liegt eine Einbeziehung vor, wenn beide Gegenparteien auf konsolidierter Basis beaufsichtigt werden.[907] Daneben können konzerngleiche Sachverhalte vorliegen, wenn eine finanzielle Gegenpartei mit anderen beaufsichtigten Parteien Verträge abschließt.[908] Für Geschäfte zwischen Kreditinstituten reicht es in diesem Zusammenhang aus, wenn sie derselben Zentralorganisation angehören bzw. ein Kreditinstitut sie mit ihr abschließt.[909]

Die US-amerikanischen Regelungen stellen zunächst klar, dass konzerninterne Geschäfte ebenfalls von der Clearingverpflichtung befreit werden können (*exemption for swaps between affiliates*).[910] Hierbei können nur bestimmte Konzernsachverhalte von der Regelung profitieren (*eligible affiliates*), die sich dadurch

902 Erwägungsgrund Nr.38 EMIR.

903 Art.4 Abs.2 lit.a) EMIR.

904 Art.3 Abs.1; Abs.2 lit.a) iii), iv); Abs.2 lit.d) EMIR.

905 *Gabler Wirtschaftslexikon*, Vollkonsoliderung, abrufbar unter http://wirtschaftslexikon.gabler.de/Definition/vollkonsolidierung.html.

906 Art.3 Abs.3 lit.a) EMIR.

907 *Anmerkung*: Dabei kommt eine Beaufsichtigung gem. Richtlinie 2006/48/EG bzw. Richtlinie 2006/49/EG in Betracht oder durch eine anerkannte Behörde eines Drittstaates, falls das Mutterunternehmen seinen Hauptsitz im EU-Ausland hat (vgl. Art.3 Abs.2 lit.b) EMIR.)

908 Art.3 Abs.2 lit.b) EMIR.

909 Art.3 Abs.2 lit.c) EMIR.

910 17 C.F.R. §50.52.

auszeichnen, dass entweder eine Partei eine Mehrheitsbeteiligung an der anderen hält oder ein Dritter an beiden Vertragsparteien mehrheitlich beteiligt ist (*majority ownership interest*). Vergleichbar mit der europäischen Union ist eine weitere Voraussetzung, dass die jeweiligen Parteien in eine Vollkonsolidierung einbezogen sind (*financial statements on a consolidated basis*)[911], wobei hier insbesondere auch die *IFRS*-Grundsätze von *CFTC* anerkannt werden.[912] Darüber hinaus müssen weitere Bedingungen erfüllt sein, um in den Genuss der Ausnahmeregelung zu gelangen (*additional conditions*).[913] Hier bestehen insoweit Gemeinsamkeiten mit der Europäischen Union, als dass zentralisierte Risikomanagementprozesse vorhanden sein müssen, um den ungeclearten *swap* entsprechend behandeln zu können. Für *swap dealer* und *major swap participants* werden höhere Anforderungen an die Prozesse gestellt, da sie speziell festgelegten Standards entsprechen müssen.[914] Außerdem müssen sich beide Parteien ausdrücklich dafür entscheiden, von der Ausnahmeregelung zu profitieren und die Aufsichtsbehörde darüber zu informieren (*both counterparties elect not to clear the swap*).[915] In diesem Zusammenhang hat *CFTC* Stimmen, die sich für eine jährliche Benachrichtigung ausgesprochen haben, eine Absage erteilt und eine transaktionsspezifische Informationspflicht befürwortet.[916]

Marktteilnehmer, die von der Ausnahmeregelung profitieren möchten, werden mit Melde- und Dokumentationspflichten belegt, die sich so nicht in der europäischen Verordnung finden. Sollte einer der Parteien ein *swap dealer* oder *major swap participant* sein, bestehen erhöhte Anforderungen an die Dokumentation.[917] Andere Marktteilnehmer müssen grundsätzlich alle Bedingungen des Vertrags schriftlich fixieren (*all terms governing the trading relationship*).[918] *CFTC* hat sich in ihrer Endfassung gegen eine zunächst vorgeschlagene Auflistung möglicher Bestandteile gestellt und somit einen flexibleren Ansatz favorisiert. Letztlich geht sie davon aus, dass in der Regel insbesondere Vereinbarungen zur Zahlungsverpflichtung (*payment obligations*), zum *netting* (*netting of payments*)

---

911 17 C.F.R. §50.52(a).

912 *CFTC*, Clearing Exemption for Swaps Between Certain Affiliated Entities, Final Rule, 78 FR 21756 (11.04.2013); 17 C.F.R. §50.52(a)(1)(i),(ii).

913 17 C.F.R. §50.52(b).

914 17 C.F.R. §50.52(c) i.V.m. 17 C.F.R. §23.600.

915 17 C.F.R. §50.52(b)(1), (c)(1).

916 *CFTC*, Clearing Exemption for Swaps Between Certain Affiliated Entities, Final Rule, 78 FR 21769 (11.04.2013).

917 17 C.F.R. §50.52(b)(2)(i) i.V.m. 17 C.F.R. §23.504.

918 17 C.F.R. §50.52(b)(2)(ii).

oder der Konfliktlösung (*dispute resolution terms*) getroffen und dokumentiert werden.[919] Grundsätzlich müssen diese Derivatgeschäfte auch entweder an ein Transaktionsregister oder die Aufsichtsbehörde gemeldet werden.[920] Ausnahmen gestattet *CFTC* nur in engen Grenzen im Rahmen einer *no-action relief*.[921] So darf es sich beispielsweise bei keinem der Vertragsparteien um eine Tochtergesellschaft eines systemrelevanten Unternehmens handeln.

Zusätzlich formuliert das US-amerikanische Regelwerk wichtige Instrumente, die eine Umgehung der Clearingverpflichtung durch internationale Konzernsachverhalte verhindern sollen (*anti-evasion*).

In Singapur ist eine solche Ausnahme von der Clearingverpflichtung ebenfalls vorgesehen. *MAS* wies in ihrem Konsultationspapier vom Februar 2012 darauf hin, dass sie beabsichtige, konzerninterne Geschäfte, die zur zentralen Risikominderung im Konzern eingesetzt werden, von der Clearingpflicht zu befreien. Ansonsten seien die Unternehmen mit höheren Kosten für ihr Risikomanagement belastet, was zudem falsche Anreize setze.[922] Dennoch könnten solche Geschäfte ein gewisses Risiko für den Gesamtkonzern und mithin für den Markt darstellen. Deshalb wird erwogen, für solche Geschäfte höhere Sicherheitenunterlegung zu fordern. Diese Überlegungen entsprechen in ihren Grundsätzen dem europäischen Regelungskonzept.

§2 In persönlicher Hinsicht

Im Folgenden soll untersucht werden, welche Marktteilnehmer in persönlicher Hinsicht von der Clearingverpflichtung betroffen sind. Zunächst wird daher die grundsätzliche Reichweite behandelt, woraufhin spezielle Ausnahmetatbestände und Befreiungen ermittelt werden.

A. Grundsatz

Grundsätzlich kann der persönliche Anwendungsbereich der Clearingverpflichtung in finanzielle und nichtfinanzielle Gegenparteien unterteilt werden. Daher

---

919 *CFTC*, Clearing Exemption for Swaps Between Certain Affiliated Entities, Final Rule, 78 FR 21774, Fn.126 (11.04.2013).

920 17 C.F.R. §50.52(c).

921 *CFTC*, No-Action Relief, S.4f., abrufbar unter http://www.cftc.gov/ucm/groups/public/@lrlettergeneral/documents/letter/13-09.pdf.

922 *MAS*, Consultation Paper, Februar 2012, S.10 abrufbar unter http://www.mas.gov.sg/~/media/resource/publications/consult_papers/2012/13%20February%202012%20Proposed%20Regulation%20of%20OTC%20Derivatives.pdf.

sollen diese Begriffe anhand der jeweiligen Regelungen in den Jurisdiktionen näher charakterisiert werden. Anschließend wird auf Sondervorschriften für bestimmte Marktteilnehmer eingegangen.

I. Finanzielle Gegenparteien

In der Europäischen Union greift die Clearingverpflichtung im persönlichen Anwendungsbereich zunächst, wenn zwei finanzielle Gegenparteien Derivatgeschäfte abschließen.[923]

Im Gegensatz hierzu ist der persönliche Anwendungsbereich der US-amerikanischen Regelungen auf den ersten Blick weiter gestaltet, da es hier grundsätzlich jedem Marktteilnehmer verboten ist, clearingpflichtige Derivate ohne eine zentrale Gegenpartei abzuwickeln (*any person*).[924] Der verwendete Begriff „person“ meint dabei nicht nur natürliche Personen. Unter dem *Securities Exchange Act* werden darunter ebenso Unternehmen, staatliche Einrichtungen (*agency, instrumentality of a government*) und entsprechende politische Untergliederungen (*political subdivisions*) verstanden.[925] Der *Commodity Exchange Act* fasst hierunter Vereine (*associations*), Kapital- (*corporations*) und Personenhandelsgesellschaften (*partnerships*) sowie Fonds (*trusts*).[926] Jedoch wird aus dem Umkehrschluss der Ausnahmeregelung deutlich, dass die Clearingverpflichtung nur greift, wenn auf beiden Seiten des Vertrages finanzielle Gegenparteien stehen.[927] Insofern gibt es eine grundsätzliche konzeptionelle Übereinstimmung im Hinblick auf finanzielle Parteien zwischen der Europäischen Union und den Vereinigten Staaten von Amerika.

In Singapur ist eine mit der Europäischen Union vergleichbare konzeptionelle Ausgestaltung geplant. Bisher sprechen die Regelungen davon, dass nur bestimmte Marktteilnehmer in den persönlichen Anwendungsbereich der Clearingpflicht fallen (*specified persons*).[928] Sie setzen sich aus den bereits im persönlichen Anwendungsbereich behandelten Unternehmen zusammen.[929] Dementsprechend sind insbesondere Handelsbanken sowie Versicherungs- und Finanzierungsunternehmen inbegriffen. Erkennbar wird, dass hier finanzielle Parteien (*financial entities*)

923 Art.4 Abs.1 lit.a) i) EMIR.

924 7 U.S.C. §2(h)(1)(A); 15 U.S.C. §78c-3(a)(1).

925 7 U.S.C. §1a(38).

926 15 U.S.C. §7.

927 7 U.S.C. §2(h)(7)(A); 15 U.S.C. §78c-3(g)(1).

928 Sec.129B „specified person“ SFA.

929 Siehe Kapitel 2, Abschnitt 2, §2, Unterpunkt C.

erfasst werden sollen, die von *MAS* zugelassen oder beaufsichtigt werden.[930] In Singapur kann *MAS* neben den gesetzlich festgelegten Parteien weitere Kategorien an Personen durch Verordnung bestimmen (*regulation*).[931] Hierbei wird *MAS* ein weiter Beurteilungs- und Ermessensspielraum zugestanden, da insofern keine gesetzlichen Vorgaben gemacht werden. Im Gegensatz zu den europäischen Regeln erwägt Singapur eine Schwellenwertregelung für bestimmte finanzielle Parteien zu erlassen, die minimale Außenstände in Derivatgeschäften aufweisen.[932]

II. Nichtfinanzielle Gegenparteien

Nichtfinanzielle Gegenparteien, also insbesondere Unternehmen der Realwirtschaft, werden im Gegensatz zu Finanzgegenparteien nicht per se zu einer zentralen Abwicklung ihrer Derivatgeschäfte verpflichtet. In diesem Zusammenhang ergeben sich konzeptionelle Differenzen zwischen den einzelnen Ländern, die im Folgenden untersucht werden sollen. Danach wird die Schwellenwertregelung der Europäischen Union thematisiert.

1. Konzeptionelle Differenzen

In der Europäischen Union greift die Clearingverpflichtung für nichtfinanzielle Parteien erst, wenn sie einen gewissen Schwellenwert an Derivatpositionen überschreiten.[933] Somit kann es drei mögliche Konstellationen geben, bei denen eine Clearingpflicht vorliegt. Entweder schließen zwei finanzielle Gegenparteien oder zwei nichtfinanzielle Gegenparteien, die den festgelegten Schwellenwert überschreiten, oder jeweils eine der Parteien miteinander ein Derivatgeschäft ab.

In den Vereinigten Staaten von Amerika lässt sich eine Schwellenwertregelung für nichtfinanzielle Gegenparteien nicht ausfindig machen. Eine Ausnahme besteht für sie nur insofern, als das Derivatgeschäft für Absicherungs- oder Risikominderungszwecke abgeschlossen wird und die Behörde entsprechend informiert wird (*end-user exception*).[934] Diese Vorschrift ist dogmatisch gesehen eine Ausnahme von der Clearingverpflichtung, die zudem im Ermessen der

---

930 *MAS*, Consultation Paper, Februar 2012, S.8, abrufbar unter http://www.mas.gov.sg/~/media/resource/publications/consult_papers/2012/13%20February%202012%20Proposed%20Regulation%20of%20OTC%20Derivatives.pdf.

931 Sec.129B(g) SFA „specified person“ i.V.m. sec.129G SFA.

932 *MAS*, Consultation Paper, Februar 2012, S.8, abrufbar unter http://www.mas.gov.sg/~/media/resource/publications/consult_papers/2012/13%20February%202012%20Proposed%20Regulation%20of%20OTC%20Derivatives.pdf.

933 Art.4 Abs.1 lit.a) ii), iii) EMIR i.V.m. Art.10 Abs.1 lit.b) EMIR.

934 Siehe Kapitel 2, Abschnitt 3, §2, Unterpunkt B I.

privilegierten Partei steht (*option to clear*).[935] Sie orientiert sich gerade nicht an der Gesamtposition eines Marktteilnehmers, sondern privilegiert nur spezifische Geschäfte durch einen zweckgebundenen Ansatz.

Für Singapur ließ *MAS* in ihrem Konsultationspapier von Februar 2012 erkennen, dass auch *non-financial entities* der Clearingpflicht unterfallen könnten. Dies beträfe Akteure, die ihren Aufenthaltsort oder Sitz in Singapur haben (*residence or having a presence in Singapore*), wie beispielsweise Einzelkaufmänner (*sole propriertors*) oder Handelsgesellschaften (*partnerships*).[936] Vergleichbar mit den Regelungen der Europäischen Union sollen diese nur clearingpflichtig werden, wenn sie einen gewissen Schwellenwert an derivativen Positionen überschreiten. Eine abschließende Regelung steht aber bislang aus. Ähnlich wie in der Europäischen Union, sollen in Singapur grundsätzlich alle derivativen Positionen im Hinblick auf den Schwellenwert berücksichtigt werden. Absicherungsgeschäfte sollen nach dem Verständnis der *MAS* jedoch – wie in der Europäischen Union auch – nicht zu einer Erhöhung des Schwellenwertes führen. Dementsprechend sollen Firmen, die hohe Investitionen über einen längeren Zeitraum absichern müssen, wie zum Beispiel Flug-, Schiffs-, Infrastrukturgesellschaften, im Hinblick auf ihre Zinsrisiken nicht unangemessen benachteiligt werden.[937] Insoweit orientiert sich Singapur an den europäischen Vorschriften.

Insofern ergibt sich ein konzeptioneller Unterschied zwischen der Europäischen Union und Singapur einerseits sowie den Vereinigten Staaten von Amerika andererseits. Denn in den USA müssen nichtfinanzielle Gegenparteien Derivatgeschäfte, die keine Absicherungszwecke verfolgen, generell zentral abwickeln. Eine Ausnahme besteht nur für Absicherungsgeschäfte. Demgegenüber greift die Clearingverpflichtung in der Europäischen Union für nichtfinanzielle Parteien hinsichtlich Geschäfte ohne Absicherungscharakter erst bei Überschreitung des Schwellenwertes. Dann erstreckt sich die Clearingverpflichtung jedoch auch auf Derivatgeschäfte, die gerade zur Absicherung eingesetzt wurden. Dies ist in Singapur ebenso geplant.

---

935 7 U.S.C. §2(h)(7)(B); 15 U.S.C. §78c-3(g)(2).

936 *MAS*, Consultation Paper, Februar 2012, S.8, abrufbar unter http://www.mas.gov.sg/~/media/resource/publications/consult_papers/2012/13%20February%202012%20Proposed%20Regulation%20of%20OTC%20Derivatives.pdf.

937 *MAS*, Consultation Paper, Februar 2012, S.9, abrufbar unter http://www.mas.gov.sg/~/media/resource/publications/consult_papers/2012/13%20February%202012%20Proposed%20Regulation%20of%20OTC%20Derivatives.pdf.

2. *Die Schwellenwertregelung*

Die Schwellenwertregelung für nichtfinanzielle Gegenparteien innerhalb der Europäischen Union wird nun näher analysiert. Dabei wird ebenso auf Einzelheiten zur geplanten Schwellenwertregelung in Singapur eingegangen. In diesem Zusammenhang stellt sich die Frage, wie der Schwellenwert methodisch ermittelt wird. Danach wird die konkrete Höhe für bestimmte Derivatkategorien dargelegt. Abschließend wird die Überschreitung des Grenzwertes in der EU dargestellt.

a) *Ermittlung des Schwellenwertes*

In der Europäischen Union werden bei der Berechnung des Schwellenwertes grundsätzlich alle derivativen Positionen berücksichtigt, die von einer nichtfinanziellen Gegenpartei oder anderen nichtfinanziellen Einrichtungen innerhalb der Gruppe geschlossen worden sind. Dementsprechend werden auch gruppeninterne Geschäfte bei der Ermittlung des Schwellenwertes herangezogen.[938]

Eine Ausnahmeregelung besteht nur für Absicherungsgeschäfte (*hedging*). Sie werden bei der Ermittlung nicht berücksichtigt. Hierunter fallen nach dem europäischen Verständnis Geschäfte, die objektiv messbar zu einer Reduzierung der Risiken aus der Geschäftstätigkeit oder dem Liquiditäts- und Finanzmanagement führen.[939] Mittlerweile werden diese Kriterien durch eine Delegierte Verordnung der Europäischen Kommission konkretisiert. Insofern werden beispielsweise Derivatgeschäfte bei der Ermittlung des Schwellenwertes nicht berücksichtigt, wenn es sich um ein Sicherunggseschäft i.S.d. Art.3 Verordnung (EG) Nr.1606/2002 handelt.[940] Somit werden Absicherungsgeschäfte im Sinne der International Accounting Standards (IAS 39) erfasst.[941] *ESMA* stellte im *final report* klar, dass hierunter Geschäfte zu verstehen sind, die nicht zu Spekulations-, Handels- oder Investmentzwecken genutzt werden.[942] Die Delegierte Verordnung interpretiert Derivate, denen ein Absicherungscharakter zukommt noch weitergehender. Hierunter fallen sämtliche Derivatkontrakte, die für sich oder in Kombination mit anderen Derivatgeschäften direkt oder über eng korrelierte Instrumente ihre risikomindernde Wirkung entfalten.[943] In diesem Zusammenhang muss das Geschäft

938 *ESMA*, Questions and Answers, S.15.

939 Art.10 Abs.3 EMIR.

940 Art.10 Abs.1 lit.c) Delegierte Verordnung (EU) Nr.149/2013.

941 *Hartenfels*, EMIR, ZHR (178) 2014, 173 (197).

942 *ESMA*, Final Report, Ziff.60, abrufbar unter http://www.esma.europa.eu/system/files/2012-600_0.pdf.

943 Art.10 Abs.1 Delegierte Verordnung (EU) Nr.149/2013.

davor schützen, dass sich bestimmte Mittel, die der nichtfinanzielle Gegenpartei oder dem Konzern im Rahmen des normalen Geschäftsbetriebs zur Verfügung stehen, in ihrem Wert verändern. Der Vorschrift liegt ein weites Verständnis zugrunde, was sich an den in Frage kommenden Vermögenswerten und Handlungsvarianten zeigt. Vor diesem Hintergrund werden Dienstleistungen, Einsatzgüter, Produkte, Rohstoffe und Verbindlichkeiten in die Regelung einbezogen, die das Unternehmen derzeit oder zukünftig besitzt, erzeugt, herstellt, verarbeitet, erbringt, erwirbt, im Rahmen von Merchandising vermarktet, (ver)least, verkauft oder sonst eingeht. Des Weiteren ist die Ausnahmeregelung einschlägig, wenn das derivative Instrument genutzt wird, um indirekte Risiken abzudecken, die sich aus der Schwankung von Zinssätzen, Inflationsraten, Devisenkursen bzw. Kreditrisiken aus den oben angeführten Mitteln ergeben. Durch dieses weite Verständnis können auch Absicherungsgeschäfte erfasst sein, die unter Umständen kein Sicherungsgeschäft i.S.d. IAS 39 darstellen. Dies kann beispielsweise bei Portfolio-Absicherungen oder *macro-hedges* der Fall sein.[944] Außerdem ist das *proxy hedging* privilegiert, bei dem der abgesicherte Vermögensgegenstand und der Referenzwert des Derivats nicht übereinstimmen, zum Beispiel eine Schuldverschreibung und der Referenzschuldner des Kreditderivats.[945]

Eine genaue Ausgestaltung der Ermittlung des Schwellenwertes steht in Singapur noch aus. Absicherungsgeschäfte sollen jedoch wie in der Europäischen Union auch nicht zu einer Erhöhung des Schwellenwertes führen. *MAS* hat in ihrem Konsultationspapier ausdrücklich Absicherungsgeschäfte nach inländischen (*Singapore Financial Reporting Standards*) sowie internationalen Standards angeführt.[946] Eine nicht abschließende Aufzählung fasst hierunter *International Accounting Standards Board* oder *US-Financial Accounting Standards Board.* Zwar ist *IFRS* nicht ausdrücklich genannt, dürfte aber nach dieser Sichtweise ebenso hierunter fallen. Dies würde sich mit der Regelung der Delegierten Verordnung auf europäischer Ebene decken. Weitere Ausnahmetatbestände, wie sie bereits in der Europäischen Union vorliegen, sind bisher nicht ersichtlich.

944 *Litten/Schwenk*, EMIR (Teil 1), DB 2013, 857 (862); *Hartenfels*, EMIR, ZHR (178) 2014, 173 (198).

945 *Hartenfels*, EMIR, ZHR (178) 2014, 173 (198).

946 *MAS*, Consultation Paper, Februar 2012, S.9, abrufbar unter http://www.mas.gov.sg/~/media/resource/publications/consult_papers/2012/13%20February%202012%20Proposed%20Regulation%20of%20OTC%20Derivatives.pdf.

b) Höhe des Schwellenwertes

Die Höhe des Schwellenwertes wird in der Europäischen Union aus dem Bruttonennwert ermittelt und staffelt sich nach der jeweiligen Derivatkategorie. Für außerbörsliche Aktien- und Kreditderivatkontrakte beträgt er 1 Mrd. EUR, für Zins-, Devisen-, Waren- und andere OTC-Derivatgeschäfte 3 Mrd. EUR.[947] Bemerkenswert ist, dass die Clearingpflicht für alle Derivatkategorien greift, sobald der Schwellenwert einer Kategorie überschritten ist.[948] In Singapur wurden bisher keine konkreten Schwellenwerte erlassen. Die Regelungen dürften sich aber im Zuge einer internationalen Harmonisierung an denen der Europäischen Union orientieren.

c) Überschreitung des Schwellenwertes

In der Europäischen Union führt eine erstmalige Überschreitung des Schwellenwertes zu einer unverzüglichen Informationspflicht gegenüber *ESMA* und der national zuständigen Behörde.[949] Die Clearingpflicht greift in zeitlicher Hinsicht erst, wenn die nichtfinanzielle Gegenpartei die festgelegte Schwelle mit ihren gleitenden Durchschnittspositionen für mehr als 30 Tagen am Stück überschreitet.[950] Durch diese „*phase-in period*"[951] werden nichtfinanzielle Gegenparteien somit nicht direkt beim Überschreiten des Schwellenwertes zur zentralen Abwicklung verpflichtet. Der Wortlaut der deutschen Fassung der Verordnung ist insofern missverständlich, als dass in der originären Version von Arbeitstagen gesprochen wird.[952] Danach wird die Clearingpflicht wirksam und der Betroffene ist verpflichtet, innerhalb von vier Monaten alle künftigen Derivatgeschäfte einer zentralen Abwicklung zuzuführen.[953] Die Clearingpflicht greift dann umfassend, sodass sie sich auch auf Derivatgeschäfte der anderen Kategorien erstreckt, auch wenn hier der Schwellenwert noch nicht überschritten ist.[954] Zudem sind dann Derivatgeschäfte betroffen, die zu Absicherungszwecken abgeschlossen

---

947 Art.11 lit.a)-e) Delegierte Verordnung (EU) Nr.149/2013.

948 *ESMA*, Final Report, Ziff.73, abrufbar unter http://www.esma.europa.eu/system/files/2012-600_0.pdf.

949 Art.10 Abs.1 lit.a) EMIR. Für Deutschland: §19 Abs.2 WpHG.

950 Art.10 Abs.1 lit.b) EMIR.

951 *Litten/Schwenk*, EMIR (Teil 2), DB 2013, 918 (919).

952 Art.10 Abs.1 lit.b) EMIR englische Fassung: „working days".

953 Art.10 Abs.1 lit.c) EMIR; *BaFin*, EMIR – Anforderungen an nichtfinanzielle Gegenparteien, abrufbar unter http://www.bafin.de/DE/Aufsicht/BoersenMaerkte/EMIR/NichtfinanzielleGegenparteien/nichtfinanzielle_gegenparteien_node.html;jsessionid=D3CCAF0E3A1CC442BA2D14E0F303D377.1_cid390#doc3710874bodyText4.

954 Erwägungsgrund Nr.25 Delegierte Verordnung (EU) Nr.149/2013.

wurden[955] sowie verlängerte Derivatkontrakte[956]. Sollte die nichtfinanzielle Gegenpartei den Schwellenwert nicht mehr überschreiten, unterliegt sie auch nicht mehr der Clearingpflicht, wofür sie allerdings die Beweispflicht trägt.[957]

Auf praktischer Seite können sich Probleme ergeben, wenn eine nichtfinanzielle Gegenpartei den Schwellenwert überschreitet und nunmehr zur zentralen Abwicklung verpflichtet wird. EMIR enthält keine Regelungen, wie der Vertragspartner Kenntnis erhalten soll, dass das Geschäft nunmehr gecleart werden muss. Zur Lösung dieses Problems sprechen sich Stimmen in der Literatur für die Veröffentlichung der Überschreitung auf der *ESMA* Homepage aus.[958] Hierfür streitet die Tatsache, dass ein Unternehmen potentiell mit vielen Vertragspartnern Derivatgeschäfte abschließen kann und somit eine umfassende Informationsmöglichkeit geschaffen wird. Andererseits können dadurch auch Außenstehende Kenntnis erlangen, die nicht in die Geschäftsbeziehungen eingebunden sind. Insofern ist es vorzugswürdig, die Information über den Eintritt der Clearingpflicht auf das Innenverhältnis der Parteien zu beschränken. Ein vertraglich vereinbarter Auskunftsanspruch[959] würde übersehen, dass die Geltendmachung von der Kenntnis der anderen Partei abhängt. Deshalb sprechen die besseren Argumente für eine Informationspflicht[960] der clearingpflichtigen Partei gegenüber ihren Vertragspartnern.

B. Befreiungen und Ausnahmetatbestände

Der nachfolgende Unterpunkt soll spezielle Ausnahmetatbestände und Befreiungen von der Clearingverpflichtung beleuchten. Eine wesentliche Befreiung von der Clearingverpflichtung besteht in den Vereinigten Staaten von Amerika zunächst für kleinere Banken. Außerdem existiert eine wichtige Ausnahme in

---

955 *Köhling/Adler*, Der neue europäische Regulierungsrahmen für OTC-Derivate, WM 2012, 2125 (2130).

956 *Geier/Mirtschink*, OTC-Derivate-Regulierung aus sicht der Buy- und Sell-Side, CF biz 2013, 102 (106).

957 Art.10 Abs.2 EMIR. Dieser Nachweis ist mit Hilfe eines von *ESMA* zur Verfügung gestellten Formulars zu führen (vgl. *ESMA*, Notification, abrufbar unter www.esma.europa.eu).

958 *Köhling/Adler*, Der neue europäische Regulierungsrahmen für OTC-Derivate, WM 2012, 2125 (2131).

959 *Geier/Mirtschink*, OTC-Derivate-Regulierung aus sicht der Buy- und Sell-Side, CF biz 2013, 102 (106).

960 *Köhling/Adler*, Der neue europäische Regulierungsrahmen für OTC-Derivate, WM 2012, 2125 (2131).

Form der *end-user exception*, die daraufhin charakterisiert wird. Eine weitere Ausnahme besteht für öffentliche Stellen in Singapur, die im zweiten Teil dieses Unterabschnitts dargelegt werden.

I. Die US-amerikanische End-user Exception

Eine wesentliche Ausnahme von der Clearingpflicht wird in den Vereinigten Staaten von Amerika im Rahmen der *end-user exception* gestattet. Hierfür ist erforderlich, dass eine nichtfinanzielle Partei Derivatgeschäfte abschließt, um Risiken aus ihrer Geschäftstätigkeit abzusichern oder zu mindern.[961] In ihren Anwendungsbereich fallen sowohl Geschäfte im Hinblick auf *swaps*, als auch für *security-based swaps*. Während *SEC* bisher nur einen Enwurf vorgelegt hat[962], hat *CFTC* eine finale Konkretisierung vorgenommen[963], sodass auf diese näher eingegangen werden soll. Zunächst sollen ihre allgemeinen Voraussetzungen dargelegt werden. Anschließend wird auf Sonderkonstellationen bei Tochtergesellschaften, Genossenschaften und *SEC-filern* eingegangen.

1. Allgemeine Voraussetzungen

Zu Beginn sollen allgemeine Voraussetzungen in persönlicher und sachlicher Hinsicht behandelt werden. In persönlicher Hinsicht greift die Regelung für sogenannte *end-user*. Hierunter werden Marktteilnehmer verstanden, die keine finanzielle Partei sind (*financial entity*). Daher können beispielsweise Unternehmen der Realwirtschaft für die Ausnahmeregelung in Betracht kommen. Zudem kann beispielsweise ein *major participant* von der Regelung profitieren, wenn er die für ihn festgelegten Grenzwerte einhält. Die US-amerikanischen Gesetze verlangen daneben eine konkrete Zweckbindung des derivativen Instruments. Dieses muss gerade deshalb abgeschlossen worden sein, um Geschäftsrisiken abzusichern oder zu mindern (*hedging or mitigating commercial risks*). Hierfür hat *CFTC* diverse Kriterien aufgestellt, die mit den Faktoren bei *major swap participants* für die Ermittlung, ob ein Geschäft Absicherungscharakter hat, vergleichbar sind. Daher kann auf die obigen Ausführungen verwiesen werden.[964] Dennoch hat die Behörde unterstrichen, dass die Bewertungen zwar derzeit identisch sind,

---

961 7 U.S.C. §2(h)(7)(A)(i)-(iii); 15 U.S.C. §78c3(g)(1)(A)-(C).

962 *SEC*, End-User Exception to Mandatory Clearing of Security-Based Swaps, Proposed Rule, 75 FR 79992 (21.12.2010).

963 *CFTC*, End-User Exception to the Clearing Requirement for Swaps, Final Rule, 77 FR 42576 (19.07.2013).

964 Siehe Kapitel 2, Abschnitt 2, §2, Unterpunkt B II 1 a).

sich aber im Laufe der Zeit ändern könnten, da sie unterschiedlichen Zwecken dienen und daher bewusst separat und nicht durch Verweise geregelt wurden.[965]

Die *end-user exception* postuliert zusätzlich gewisse Benachrichtigungspflichten (*notification*), um einerseits Transparenz herzustellen, andererseits zeigt dieses Konzept, dass die Ausnahmeregelung nicht automatisch greift, sondern von jedem Marktteilnehmer bewusst ausgewählt und von außen überprüft wird. Für diese Zwecke muss eine Partei des Vertrags bestimmte Informationen an ein Melderegister (*registered swap data repository* bzw. *registered security-based swap data repository*) oder – für den Fall, dass ein solches noch nicht existiert – an die Behörde selbst übermitteln.[966] Die Benachrichtigungspflicht trifft in der Regel die finanzielle Partei des Vertrags. Sollten auf beiden Seiten nichtfinanzielle Geschäftspartner stehen, so muss eine interne Abstimmung erfolgen.[967] Hierin muss angegeben werden, dass von der Ausnahme Gebrauch gemacht und welche Vertragspartei privilegiert werden möchte. Daneben müssen geschäftsbezogene Informationen entweder auf jährlicher Basis (*annual filing*) oder für jedes Geschäft einzeln (*swap-by-swap basis*) übermittelt und es muss dargelegt werden, inwiefern die Voraussetzungen für die *end-user exception* vorliegen.[968] Somit muss die übermittelnde Partei beispielsweise darüber Auskunft erteilen, ob es sich bei ihr um eine finanzielle Partei handelt und wenn ja, inwiefern für sie Ausnahmeregelungen Anwendung finden. Darüber hinaus muss erklärt werden, wie die Partei normalerweise ihre finanziellen Verpflichtungen aus ungeclearten *swaps* erfüllt, beispielsweise durch den Nachweis von Garantien Dritter (*written third-party garantuee*).

2. Tochtergesellschaften

Tochtergesellschaften (*affiliates*) können sich nur unter bestimmten Voraussetzungen durch die *end-user exception* bevorzugen lassen.[969] Zunächst muss der Anwendungsbereich dieser Privilegierung eröffnet sein. Weiterhin wird der Zweck des derivativen Finanzinstruments eingegrenzt. So sollen nur Swapgeschäfte erfasst werden, die zur Absicherung oder Minderung von Geschäftsrisiken des Konzerns

---

965 *CFTC*, End-User Exception to the Clearing Requirement for Swaps, Final Rule, 77 FR 42576 (19.07.2013).

966 17 C.F.R. §39.6(b)(1).

967 *Traeger/Xistris/May/Voskanyan*, The End-User Exception to the Mandatory Clearing of Swaps, S.8, abrufbar unter http://www.omm.com/fcwsite/abc.aspx?url=newsroom%2fpenPDF.aspx%3fpub%3d1309.

968 17 C.F.R. §39.6(b)(iii)(A)-(D) mit genauen Kriterien.

969 7 U.S.C. §2(h)(7)(D); 15 U.S.C. §78c3(g)(4).

oder anderer Tochtergesellschaften, die keine finanziellen Parteien sind, dienen. Außerdem werden bestimmte Tochterunternehmen nicht befreit. Dementsprechend darf es sich bei ihnen nicht um einen *swap-* oder *security-based swap dealer, major swap* oder *major security-based swap participant* handeln.[970] Darüber hinaus werden *commodity pools*, bestimmte Investmentgesellschaften und Bankholdinggesellschaften, die über ein zusammengefasstes Vermögen von mehr als 50 Mrd. US-Dollar verfügen (*consolidated assets*), nicht privilegiert. Im Gesamtzusammenhang wird erkennbar, dass mit Hilfe dieser Ausnahmen die Gefahr von Umgehungskonstruktionen verringert werden soll. Insofern können finanzielle Parteien nicht mit Hilfe einer Konzernstruktur die für sie bestehende Clearingpflicht umgehen.

3. Genossenschaften

Eine weiterere Sonderregelung der *end-user exception* besteht für Genossenschaften (*cooperatives*). Die Besonderheit dieser Unternehmen besteht darin, dass sie für ihre Mitglieder auf dem Finanzmarkt aktiv sind und Swapgeschäfte zu ihren Gunsten abschließen. Daher können auch sie grundsätzlich zur zentralisierten Abwicklung der derivativen Geschäfte verpflichtet sein. Eine Ausnahme besteht nur, wenn das konkrete Unternehmen keine finanzielle Partei ist[971] oder von der Regelung für kleinere Finanzunternehmen profitiert.[972] Im Gegenzug werden Genossenschaften mit Vermögenswerten von mehr als 10 Mrd. US-Dollar per Bilanzjahr (*total assets on the last day of such person's most recent fiscal year*) als finanzielle Parteien angesehen und unterfallen grundsätzlich der Clearingverpflichtung. Dies ist nach Ansicht der US-amerikanischen Aufsichtsbehörde insofern nicht angemessen, als die einzelnen Mitglieder der Genossenschaft sich jeweils von dieser Verpflichtung mit Hilfe der *end-user exception* befreien lassen können.[973]

Deshalb hat *CFTC* beschlossen, Genossenschaften unter bestimmten Voraussetzungen von dieser Regelung zu befreien und von der Clearingverpflichtung auszunehmen (*exempted cooperatives*).[974] Zunächst muss es sich in formaler Hinsicht um eine Genossenschaft nach bundes- oder einzelstaatlichen Gesetzen handeln. Außerdem muss das Unternehmen gerade wegen seiner Finanzdienstleistungen eine clearingpflichtige finanzielle Partei sein. Diese Bedingung steht

---

970 7 U.S.C. §2(h)(7)(D)(ii)(I)-(VII); 15 U.S.C. §78c3(g)(4)(B)(i)-(vii).

971 7 U.S.C. §2(h)(7)(C)(i).

972 7 U.S.C. §2(h)(7)(C)(i)(VIII) i.V.m. 17 C.F.R. §50.50(d).

973 *CFTC*, Clearing Exemption for Certain Swaps Entered Into by Cooperatives, Final Rule, 78 FR 52289 (22.08.2013).

974 17 C.F.R. §50.51.

in engem Zusammenhang mit der notwendigen Mitgliederstruktur. So müssen alle ihre Mitglieder unter den Vermögensschwellenwert fallen und dürfen mithin keine finanziellen Parteien darstellen. Insoweit wird deutlich, dass nur solche Genossenschaften von der Ausnahmeregelung profitieren sollen, deren Mitglieder jeweils in den Genuss kämen. Genossenschaften können die *end-user exception* nur für bestimmte derivative Geschäfte wählen. Dies gilt für *swaps*, die im Zusammenhang mit Mitgliederkrediten abgeschlossen wurden (*swaps in connection with originating loan(s) for the member*)[975] beziehungsweise Risiken aus einem solchen Geschäft mindern oder absichern möchten (*hedging or mitigating commercial risks related to loans to members*). Diese enge Regelung zeigt, dass nur solche mitgliederbezogene Geschäfte von der Clearingverpflichtung befreit werden können, die das besondere Verhältnis der Genossenschaft zu ihren Mitgliedern widerspiegeln.[976] Sollte eine Genossenschaft sich für solche Geschäfte von der zentralen Abwicklung befreien lassen, trifft sie ebenfalls die bereits dargestellten Benachrichtigungspflichten.[977]

4. SEC-Filer

Eine Sonderregelung besteht letztlich für bei der *SEC* informationspflichtige Marktteilnehmer (*SEC filer*).[978] Für diese sieht das Gesetz gesteigerte Anforderungen für das Eingreifen eines Ausnahmetatbestands von der Clearingverpflichtung vor.[979] So muss die Entscheidung, von der *end-user exception* Gebrauch machen zu wollen, von einem internen Gremium überprüft und bestätigt werden (*board committee review and approval*). Im Hinblick auf den Entscheidungsprozess hat sich *CFTC* während des Konsultationsverfahrens für einen generellen Ansatz ausgesprochen, sodass nicht für jedes Derivatgeschäft ein expliziter Beschluss gefasst werden muss. Die Entscheidungsverfahren müssen jedoch regelmäßig,

975 *Anmerkung*: Dieser Terminus orientiert sich an der Regelung für *swap dealer* gem. 17 C.F.R. §1(ggg). *CFTC* hat dabei diese Auslegung zugrunde gelegt (vgl. *CFTC*, Clearing Exemption for Certain Swaps Entered Into by Cooperatives, Final Rule, 78 FR 52292, Fn.42 (22.08.2013). Siehe Kapitel 2, Abschnitt 2, §2, Unterpunkt B I 3 b) (1).

976 *CFTC*, Clearing Exemption for Certain Swaps Entered Into by Cooperatives, Final Rule, 78 FR 52292 (22.08.2013).

977 17 C.F.R. §50.51(c) i.V.m. 17 C.F.R. §50.50(b).

978 *Anmerkung*: Hierbei handelt es sich um gem. 7 U.S.C. §78l registrierte Emittenten von *securities* oder um Unternehmen, die verpflichtet sind, Berichte gem. 15 U.S.C. §78o(d) zu übermitteln (*reports*). Außerdem werden auch Tochterunternehmen solcher Marktteilnehmer hierunter gefasst (vgl. *CFTC*, End-User Exception to the Clearing Requirement for Swaps, Final Rule, 77 FR 42570 (19.07.2013)).

979 7 U.S.C. §2(j). Dies betrifft auch die Handelsverpflichtung über regulierte Märkte.

mindestens jährlich, überprüft werden.[980] Überprüfungspflichten können aber für besondere Situationen früher eingreifen, beispielsweise wenn neue Absicherungsstrategien verfolgt werden.[981]

II. Öffentliche Stellen

In Singapur sollen bestimmte öffentliche Stellen von der zentralen Abwicklungspflicht befreit werden (*public bodies*). Als Argument wird angeführt, dass diese Stellen wesentlich von ihrer Flexibilität, der Vertraulichkeit ihrer Geschäfte und einer hohen Kreditwürdigkeit bestimmt werden. So könne beispielsweise die Zentralbank in ihrer effektiven Geschäftsausübung beschnitten werden, wenn sie Geschäfte zentral abwickeln müsse, zumal sie selbst das Geldmonopol innehabe und bereits über ein geringes Ausfallrisiko verfüge.[982] Daher sollen Zentralbanken und andere supranationalen Organisationen und multilaterale Entwicklungsbanken (*multilateral development banks*), wie beispielsweise die *BIZ*, der *Internationale Währungsfonds* oder die *Weltbank* ausgeschlossen werden. Des Weiteren soll die Clearingpflicht nicht für staatliche Stellen greifen. Hierunter fallen Ministerien (*Singapore Government ministries*), Verwaltungsbehörden (*statutory boards*) und andere gemeinnützige, staatliche Einrichtungen, die über Garantien der singapurischen Regierung (*other non-profit state-owned bodies that have explicit guarantee arrangements provided by the Singapore Government*) verfügen. Im Ergebnis ist eine Parallelität zur Europäischen Union erkennbar. Dort werden vergleichbare Stellen bereits im Anwendunsgbereich ausgeschlossen, nur einer Meldepflicht unterworfen bzw. grundsätzlich nicht unter den Begriff „nichtfinanzielle Gegenpartei" subsumiert.[983]

Interessanterweise zeichnen sich die US-amerikanischen Regelungen durch einen dogmatischen Unterschied aus. Diese nehmen inländische öffentliche Stellen (*State or local government entities*) gerade nicht explizit von der Clearingverpflichtung aus. Es sei unangemessen, wenn diese von vornherein nicht unter den Begriff „*financial entity*" fielen, wie sich bereits aus 7 U.S.C. §2(h)(7)(C)(i)(VII) ergebe,

980 *CFTC*, End-User Exception to the Clearing Requirement for Swaps, Final Rule, 77 FR 42569 (19.07.2013).

981 *CFTC*, End-User Exception to the Clearing Requirement for Swaps, Final Rule, 77 FR 42569 (19.07.2013).

982 *MAS*, Consultation Paper, Februar 2012, S.9, abrufbar unter http://www.mas.gov.sg/~/media/resource/publications/consult_papers/2012/13%20February%202012%20Proposed%20Regulation%20of%20OTC%20Derivatives.pdf.

983 Siehe Kapitel 2, Abschnitt 2, §2, Unterpunkt A III.

der auch staatliche *employee benefit plans* erfasse.[984] So könnten beispielsweise staatliche Investmentpools (*government investment pools*) in einer ähnlichen Art und Weise auf dem Markt interagieren wie private Unternehmen, sodass sie grundsätzlich unter 7 U.S.C.§2(h)(7)(C)(i)(VIII) fielen.[985] Allerdings wird diese Sichtweise keine allzu großen praktischen Auswirkungen haben, da eine weitere Voraussetzung ist, dass sie überwiegend an Bank- oder Finanzgeschäften beteiligt sein müssen (*predominantly engaged in activities that are in the business of banking or are financial in nature*). *CFTC* geht davon aus, dass die öffentlichen Aufgaben und die Daseinsvorsorge in der Regel vorherrschend seien, sodass keine finanzielle Partei vorläge.[986] Bei dieser Lesart wäre folglich die Clearingverpflichtung bei inländischen öffentlichen Stellen nahezu unbedeutend. Für ausländische öffentliche Stellen und Zentralbanken (*foreign governments and central banks*) sowie internationale Banken (*international financial institutions*) postuliert *CFTC* eine generelle Befreiung von der Clearingverpflichtung. Diese sei zwar nicht ausdrücklich gesetzlich vorgesehen, werde aber aus Entgegenkommen eingeführt, da davon auszugehen sei, dass die anderen Jurisdiktionen ebenfalls eine solche Regelung träfen.[987]

Insgesamt dürfte der Clearingverpflichtung in allen betrachteten Jurisdiktionen für öffentliche Stellen keine große Bedeutung zukommen und bei Zentralbanken und internationalen Organisationen, wie der *BIZ*, nicht greifen.

C. Sondervorschriften

Die einzelnen Jurisdiktionen haben Sondervorschriften erlassen, die im Zusammenhang mit der Verpflichtung zur zentralisierten Abwicklung stehen. So hat die Europäische Union eine spezielle Regelung für Altersvorsorgesysteme festgelegt. In den Vereinigten Staaten von Amerika wird für bestimmte Konstellationen ein Wahlrecht für die zentralisierte Abwicklung gesetzlich verankert.

---

984 *CFTC*, End-User Exception to the Clearing Requirement for Swaps, Final Rule, 77 FR 42562 (19.07.2013).

985 *Anmerkung*: Dies gilt grundsätzlich auch für *housing finance agencies*. Entgegen einer im Konsultationsverfahren angeführten Meinung, müssten diese erst anhand einer Einzelfallprüfung ausgeschlossen werden (vgl. *CFTC*, End-User Exception to the Clearing Requirement for Swaps, Final Rule, 77 FR 42563 (19.07.2013)).

986 *CFTC*, End-User Exception to the Clearing Requirement for Swaps, Final Rule, 77 FR 42563 (19.07.2013).

987 *CFTC*, End-User Exception to the Clearing Requirement for Swaps, Final Rule, 77 FR 42589 (19.07.2013): *"a matter of comity"*.

I. Altersvorsorgesysteme

Der europäische Verordnungsgeber hat eine Übergangsregelung für Altersvorsorgesysteme[988] getroffen, die derivative Instrumente für ihren Geschäftsbetrieb einsetzen.[989] Sie werden für drei Jahre nach Inkrafttreten von EMIR, also bis zum 16.08.2015, von der Clearingverpflichtung befreit. Begründet wird dies mit dem Argument, dass solche Systeme nur über geringe Barmittelbestände verfügen, die sie für die laufenden Einschusszahlungen an eine zentrale Gegenpartei einsetzen müssten. Daher habe eine sofortige Clearingverpflichtung erhebliche Auswirkungen auf die Ruhestandseinkünfte.[990] Zwar ist es daher richtig, dass eine Übergangsregelung geschaffen wurde, um einen angemessenen Zeitraum für die Umstellung zu gewährleisten. Dies ändert allerdings nichts an der generellen Verpflichtung zur zentralisierten Abwicklung, sodass die Differenzen, die *Lüttringhaus* zu den Vereinigten Staaten von Amerika ausmachen möchte[991], in Zukunft an Bedeutung verlieren werden.

II. Die US-amerikanische Small Bank Exemption

Die gesetzlichen Rahmenbedingungen erlauben es den US-amerikanischen Aufsichtsbehörden im Rahmen der Clearingpflicht bestimmte kleinere Marktteilnehmer nicht unter den Begriff „finanzielle Partei" zu fassen. Daher werden diese kleineren Marktteilnehmer als nichtfinanzielle Gegenparteien der Clearingpflicht unterliegen, sodass für sie die erläuterte *end-user exception* greifen kann. Somit wird den Behörden ein Beurteilungs- und Ermessenspielraum eingeräumt, diese Unternehmen von der Definition auszunehmen. Betroffen hiervon sind kleinere Banken, Spargemeinschaften (*savings associations*), Farmkreditsysteme (*farm credit systems*) und Genossenschaftsbanken (*credit unions*). Das Gesetz setzt für *depository institutions, farm credit systems* und *credit unions* Vermögensgrenzwerte von 10 Mrd. US-Dollar an (*total assets*). In ihrer *final rule* übernahm *CFTC* diese

---

988 *Anmerkung*: Hierbei kann es sich um eine kapitalgedeckte betriebliche Alterversorgung i.S.d. Art.6 lit.a) Richtlinie 2003/41/EG, um Einrichtungen, die zusätzlich in die gesetzliche Rentenversicherung eingebunden sind, gem. Art.3 Richtlinie 2003/41/EG, unter bestimmten Voraussetzungen um Geschäfte der betrieblichen Altersversorgung von Lebensversicherungsunternehmen gem. Richtlinie 2002/83/EG, oder um sonstige zugelassene oder beaufsichtige Einrichtungen oder Systeme handeln, die nach innerstaatlichem Recht anerkannt sind und ihr primärer Zweck in der Bereitstellung von Altersversorgungsleistungen besteht (vgl. Art.2 Nr.10 lit.d) EMIR).

989 Art.89 Abs.1 EMIR.

990 Erwägungsgrund Nr.26 EMIR.

991 *Lüttringhaus*, Regulating Over-The-Counter Derivatives in the European Union, Colum. J. Eur. L 2012(18), 19 (29).

Schwellenwerte, wobei sie gleichzeitig den Anwendungsbereich auf Unternehmen beschränkte, die Bank- oder Finanzdienstleistungen erbringen. Mithin werden kleine Marktteilnehmer im Bank- und Finanzbereich entgegen der gesetzlichen Regelung nicht als finanzielle Partei definiert, sodass ihnen die Möglichkeit eingeräumt wird, von der *end-user exception* zu profitieren (*small bank exemption*). Diese besondere Ausnahme von der Clearingverpflichtung wird im nachfolgenden genauer behandelt werden. *SEC* erwägt dieses Vorgehen in ihren Entwürfen zur *end-user exception* ebenfalls.[992]

III. Wahlrecht

Eine Besonderheit enthält die US-amerikanische Regulierung im Hinblick auf Derivatgeschäfte, die zwischen den vier Grundtypen finanzieller Parteien (*swap dealer, security-based swap dealer, major swap participant* bzw. *security-based swap participant*) und anderen Marktteilnehmern geschlossen werden. In solchen Konstellationen werden der anderen Vertragspartei gesetzliche Wahlrechte eingeräumt, die sich danach richten, ob der Vertrag zentral abgewickelt werden muss oder nicht.[993] Sollte die Clearingpflicht bestehen, hat die andere Vertragspartei das Recht zu bestimmen, welches Clearinghaus mit der Abwicklung beauftragt werden soll. Sollten die Parteien nicht zum *clearing* verpflichtet sein, besteht ein weitergehendes Wahlrecht. Dann kann die andere Partei bestimmen, ob und über welche zentrale Gegenpartei das Geschäft laufen soll. Dies hat einerseits den Vorteil für kleinere Marktteilnehmer, dass sie das Insolvenzrisiko des Vertragspartners auf einen bestimmten zentralen Kontrahenten auslagern können. Andererseits entstehen für die verpflichtete Vertragspartei keine weiteren Kosten, da sie bereits über die entsprechende operationelle Infrastruktur verfügt.

§3 Zusammenfassung

Der *sachliche Anwendungsbereich* wird in allen Vergleichsjurisdiktionen insofern eingeschränkt, als die Clearingpflicht nur für *bestimmte Derivate* gelten soll. Alle Länder nutzen *gemeinsame abstrakte Merkmale*, um ein standardisiertes Derivat zu bestimmen. So berücksichtigen alle Vorschriften das Vorliegen einheitlicher Vertragsbedingungen und operationeller Prozesse sowie die jeweilige Marktstruktur. Unterschiede ergeben sich bei den Vereinigten Staaten von Amerika und Singapur, die gegenüber der Europäischen Union auch wettbewerbsverzerrende

---

992 *SEC*, End-User Exception to Mandatory Clearing of Security-Based Swaps, Proposed Rule, 75 FR 8000 (21.12.2010).

993 7 U.S.C. §2(h)(7)(E)(i),(ii); 15 U.S.C. §78c-3(g)(5)(A),(B).

Faktoren in die Bewertung einfließen lassen. Hinsichtlich des *Bestimmungsverfahrens* der Derivate bzw. Derivatkategorien haben die einzelnen Jurisdiktionen einen vergleichbaren Ansatz gewählt. So kann in allen Ländern die Initiative einerseits von der zentralen Gegenpartei ausgehen (*bottom-up*), andererseits besteht ein Initiativrecht auf Behördenebene (*top-down*). Differenzen ergeben sich insbesondere zwischen der Europäischen Union und den Vereinigten Staaten von Amerika in der avisierten *Dauer* des Verfahrens. Zudem zeichnen sich alle Vorschriften durch eine gewisse *Flexibilität* aus, da sie Revisionsmöglichkeiten für bestehende Clearingverpflichtungen bieten. Singapur hat darüber hinaus ein umfassendes *Informationsrecht* der *MAS* verankert, um den Anwendungsbereich der zentralisierten Abwicklung bestimmen zu können. Befreiungen von diesem Informationsanspruch bestehen nur in engen Grenzen und Verstöße können mit entsprechenden Sanktionen belegt werden. Außerdem kann *MAS Weisungen* erteilen, wo bestimmte Derivatgeschäfte zentral abgewickelt werden müssen. *Konkrete Derivate*, die der Clearingpflicht unterfallen, wurden bisher nur in den Vereinigten Staaten von Amerika festgelegt. Hierunter fallen vor allem die in der Praxis gängigen Zinssatzswaps in verbreiteten Währungen sowie indexbasierte Kreditausfallderivate auf bestimmte Unternehmen.

Eine wichtige *Ausnahme* von der Verpflichtung zur zentralisierten Abwicklung besteht für *konzerninterne Sachverhalte*. Diese ist in der Europäischen Union und den Vereinigten Staaten von Amerika bereits gesetzlich vorgesehen und in Singapur geplant. Gemeinsamkeiten bestehen insofern, als an die Privilegierung erhöhte Anforderungen gestellt werden. So müssen Unternehmen beispielsweise in dieselbe Vollkonsolidierung einbezogen sein und spezielle Risikomanagementprozesse etabliert haben. Zudem muss die entsprechende Aufsichtsbehörde darüber informiert werden.

Im *persönlichen Anwendungsbereich* weisen die betrachteten Jurisdiktionen ebenfalls grundsätzlich *strukturelle Gemeinsamkeiten* auf. So werden in der Europäischen Union und den USA grundsätzlich Marktteilnehmer erfasst, die sich durch ein hohes Maß an Professionalität auszeichnen. Eine vergleichbare Regelung für solche *finanziellen Parteien* ist in Singapur geplant. Demgegenüber unterscheiden sich die Regelungsregime der EU und den USA konzeptionell in der Einbeziehung von Derivatgeschäften *nichtfinanzieller Gegenparteien*. In der Europäischen Union wurden für die jeweiligen Derivatkategorien bestimmte *Schwellenwerte* eingeführt, die in den Vereinigten Staaten von Amerika nicht existieren. In Singapur ist eine konzeptionell vergleichbare Regelung zur europäischen Regulierung geplant. In der Europäischen Union wird die Clearingpflicht erst ausgelöst, wenn der Schwellenwert für eine festgelegte Dauer überschritten wird. Dann greift sie jedoch für alle Derivatkategorien. Demgegenüber können sich nichtfinanzielle Parteien nach den US-amerikanischen Regelungen nur für Geschäfte *befreien* lassen, mit denen Absicherungs- oder Risikominderungszwecke verfolgt werden (*end-user exception*). Bei der *Berechnung* des Schwellenwertes werden *hedging*-Geschäfte unter gewissen Voraussetzungen nicht berücksichtigt. Außerdem wurden konkrete Nominalwerte festgelegt, die zwischen 1 und 3 Mrd. EUR liegen.

Weiterhin bestehen spezielle *Ausnahmetatbestände* und *Befreiungen* von der Clearingpflicht. Eine bedeutende Ausnahmeregelung existiert in den Vereinigten Staaten von Amerika für nichtfinanzielle Parteien im Rahmen der bereits erwähnten *end-user exception*. Hierfür muss allerdings eine Reihe von sachlichen und persönlichen Bedingungen vorliegen. Beispielsweise muss das Derivat gerade abgeschlossen worden sein, um Geschäftsrisiken abzusichern oder zu mindern. Bei Konzernstrukturen können Tochtergesellschaften nur in engen Grenzen von der Regelung profitieren, um insbesondere Umgehungskonstruktionen zu verhindern. Auch *Genossenschaften* können unter gewissen Umständen in den Genuss dieser Ausnahme kommen. Zunächst besteht eine Obergrenze an Vermögenswerten von 10 Mrd. US-Dollar per Bilanzjahr. Außerdem muss der Gesamtbestand ihrer Mitglieder ebenfalls von der Regelung erfasst sein. Zudem sind nur bestimmte Derivatgeschäfte inbegriffen, die im Zusammenhang mit Mitgliederkrediten und diesbezüglichen Absicherungsgeschäften stehen. Daneben besteht eine Sonderregelung für *SEC-filer*. Für *öffentliche Stellen* ist die Bedeutung der Clearingverpflichtung in allen Vergleichsjurisdiktionen eher zu vernachlässigen. Wie bereits oben gesehen, unterliegt auf europäischer Ebene ein Großteil öffentlicher Stellen bereits nicht dem Anwendungsbereich der Verordnung. In Singapur soll für öffentliche Stellen ebenfalls die Verpflichtung zur zentralisierten Abwicklung entfallen. In den Vereinigten Staaten von Amerika wird dieses Konzept für öffentliche Stellen zwar grundsätzlich nicht verfolgt. Nichtsdestotrotz wird faktisch dasselbe Ergebnis erzielt, da die Clearingpflicht nur eingreift, sofern überwiegend Bank- und Finanzdienstleistungen erbracht werden, was in der Regel im Bereich öffentlicher Aufgabenwahrnehmung und Daseinsvorsorge nicht der Fall sein wird. In gleicher Weise werden übergreifend *internationale Organisationen* wie die *BIZ* und *Zentralbanken* von der Clearingverpflichtung ausgenommen.

Sonderregelungen existieren in der Europäischen Union für *Altersvorsorgesysteme*, die jedoch einer Übergangsregelung unterliegen. In den Vereinigten Staaten von Amerika besteht eine besondere Regelung insbesondere für *kleinere Banken* (*small bank exemption*). Diese werden nicht als finanzielle Gegenparteien angesehen, sodass sie zwar der Clearingpflicht als nichtfinanzielle Gegenparteien unterfallen. Für sie kann aber die *end-user exception* greifen. Zudem bestehen in den USA *Wahlrechte*, ob und wie eine zentrale Abwicklung vonstattengehen soll.

Abschnitt 4 – Die Regulierung der zentralen Gegenpartei

In diesem Abschnitt soll untersucht werden, wie die einzelnen Jurisdiktionen die zentrale Gegenpartei reglementieren. Da diesem Bindeglied in der neuen Marktinfrastruktur eine entscheidende Rolle zukommt, ist dies für die Beurteilung der Regulierung insgesamt wichtig. Zunächst soll ein Überblick über die möglichen Formen eines zentralen Kontrahenten gegeben und damit eine Kategorisierung vorgenommen werden. Daraufhin verlagert sich der Fokus auf das Zulassungserfordernis und insbesondere auf verfahrensrechtliche Fragen. Von wesentlicher Bedeutung ist die anschließende Betrachtung der finanziellen Ausstattung. Danach soll erörtert werden, welche Charakteristika das Sicherheitenmanagement einer zentralen Gegenpartei aufweisen muss. Letztlich soll ermittelt werden, ob und wie ein zentraler Kontrahent die finanziellen Mittel investieren darf.

§1 Kategorisierung

Dieser Parapraph widmet sich der Kategorisierung zentraler Gegenparteien. In diesem Zusammenhang haben alle Jurisdiktionen bestimmte Grundtypen entwickelt, in die Unternehmen, die eine Tätigkeit als zentraler Kontrahent ausüben, eingeteilt werden können. Die Differenzierung äußert sich in mehrfacher Hinsicht, da unterschiedliche Regelungsregime eingreifen und bestimmte Aufsichtsbehörden zuständig sein können. Nachdem diese Arten thematisiert und ihre Charakteristika herausgearbeitet wurden, wird auf spezielle Formen der zentralen Gegenpartei eingegangen, die in den Vereinigten Staaten von Amerika auszumachen sind.

A. Grundtypen

Auf europäischer Ebene knüpft EMIR an den Begriff der zentralen Gegenpartei an, die im folgenden als *central counterparty* oder kurz *CCP* bezeichnet werden. Nach dem europäischen Verständnis handelt es sich bei einer *CCP* um eine juristische Person, die zwischen Verträge tritt, die auf einem oder mehreren Märkten gehandelt werden, sodass sie als Käufer für jeden Verkäufer und als Verkäufer für jeden Käufer fungiert.[994]

Ein differenzierterer Ansatz wird in den Vereinigten Staaten von Amerika vorgenommen, wonach grundsätzlich zwei Grundtypen von zentralen Kontrahenten aufgestellt werden. Für das *clearing* von *swaps* wird an den Begriff *„derivatives*

994 Art.2 Nr.1 EMIR.

clearing organization" (*DCO*) angeknüpft, für *security-based swaps* an „*clearing agency*" (*CA*). Die Grundformen zentraler Gegenparteien werden sowohl nach dem *Commodity Exchange Act*, als auch nach dem *Securities Exchange Act* einem funktionalen Ansatz unterworfen[995], der zunächst weit ausgelegt wird. Unter *DCOs* werden alle Unternehmen (*clearinghouses, clearing associations, clearing corporations*) oder ähnliche Einrichtungen verstanden, die jeder Partei einer Vereinbarung erlauben, ihre Verbindlichkeit (*credit*) im Wege der Novation oder auf andere Art durch Verbindlichkeiten der *DCO*, zu ersetzen. Ein weiterer Fall bildet das Anbieten von Dienstleistungen auf einer multilateralen Basis, die das *netting* und *settlement* der Verbindlichkeiten ermöglicht. Letztlich fallen hierunter auch sonstige Clearingdienstleistungen oder Vereinbarungen, die Kreditrisiken unter den Teilnehmern der *DCO* vergemeinschaften oder übertragen. Eine *CA* kann zunächst jeder sein, der als Intermediär für Zahlungen bzw. Lieferungen bei Transaktionen fungiert oder Dienstleistungen anbietet, um die Anzahl von Abwicklungen oder Verbindlichkeiten aus der Abwicklung von *securities* zu reduzieren.[996] Andererseits werden unter *CAs* auch Verwahrstellen (*securities depository*) begriffen, sodass dem US-amerikanischen Verständnis eine weitere Auslegung zugrunde liegt, als in der Europäischen Union unter EMIR.

Gleichzeitig werden in der US-amerikanischen Regulierung diverse Tätigkeitsausnahmen für *DCOs* und *CAs* postuliert.[997] So handelt es sich bei einem Unternehmen nicht um eine *DCO*, wenn es die Novation sowie das *netting* und *settlement* nur auf einer bilateralen Basis ermöglicht. Ebensowenig sind solche Aktivitäten für Warenverkäufe am Kassamarkt vorgesehen. Auch fallen *netting* und *settlement* von Barzahlungen in einem Interbankenzahlungssystem (*interbank payment system*) nicht unter die Tätigkeit einer zentralen Gegenpartei. Im Hinblick auf *CAs* werden in diesem Zusammenhang beispielsweise bestimmte Bundesbanken (*Federal reserve bank, Federal home loan bank, Federal land bank*) ausgenommen.

Die singapurische Regelung spricht zunächst von Einrichtungen für Clearingdienste (*clearing facilities*), worunter auch[998] zentrale Gegenparteien fallen.[999]

---

995 7 U.S.C. §1a(15)(A)(i)-(iii).

996 15 U.S.C. §78c(a)(23)(A).

997 7 U.S.C. §1a(15)(B)(i)-(iii); 15 U.S.C. §78c(a)(23)(B)(i)-(vi).

998 *Anmerkung*: Zudem sind beispielsweise auch *Securities Settlement Systems* erfasst (vgl. *MAS*, Supervision of Financial Market Infrastructure in Singapore, S.5, abrufbar unter http://www.mas.gov.sg/~/media/MAS/About%20MAS/Monographs%20and%20information%20papers/MASMonograph_Supervision_of_Financial_Market_Infrastructures_in_Singapore.pdf).

999 Sec.2 "clearing facility" SFA i.V.m. sec.4 Part II Frist Schedule SFA.

Dabei werden mit *approved clearing house* (*ACH*) und *recognised clearing house* (*RCH*) zwei Arten von zentralen Kontrahenten unterschieden. Im Gegensatz zu den bisherigen Regelungen enthält der *Securities and Futures Act* keine genauen funktionalen Vorgaben, die ausgeübt werden müssen, um dem Anwendungsbereich zu unterfallen. Vielmehr wird die Eigenschaft zunächst davon abhängig gemacht, welche Zulassung die zuständige Aufsichtsbehörde erteilt.[1000] Hierbei wird ihr ein weiter Beurteilungs- und Ermessensspielraum eingeräumt, welche Kriterien sie zur Differenzierung heranziehen kann.[1001] Der Unterschied zwischen den beiden Kategorien besteht in ihrer Bedeutung für den Kapitalmarkt und das inländische Finanzsystem.[1002] So spricht beispielsweise die Tatsache, dass eine Störung des Geschäftsbetriebs zu einer Zerrüttung der oben genannten Bereiche führen könnte, für die Annahme ein *ACH*. Des Weiteren ist relevant, ob das Vertrauen der Öffentlichkeit in den Kapitalmarkt, Finanzinstitutionen oder das inländische Finanzsystem beeinträchtigt werden könnte. Daneben kann ein *ACH* angenommen werden, wenn ein Unternehmen einen entsprechenden Antrag als Clearingstelle gestellt hat und die Aufsichtsbehörde davon ausgeht, dass es die vorausgesetzten Anforderungen erfüllen wird.[1003] Unternehmen können dagegen nur als *RCHs* zugelassen werden, wenn keine der beiden vorgenannten Voraussetzungen erfüllt ist.[1004] Außerdem können ausländische Unternehmen nur als *RCHs* zugelassen werden.[1005] Es werden weiterhin verschiedene Faktoren angeführt, die bei der Beurteilung einer *ACH* berücksichtigt werden können.[1006] Offensichtlich spielen die Größe und Struktur des zentralen Kontrahenten sowie die Personen, die bei einer Beeinträchtigung betroffen wären, eine wichtige Rolle. Zusätzlich können die Eigenschaften der Derivatverträge, die abgewickelt werden sollen sowie öffentliche Interessen, in die Beurteilung einfließen. Als Auffangtatbestand dient die Möglichkeit der Aufsichtsbehörde, jedweden Umstand heranzuziehen, den sie bei der Beurteilung, welcher Typ des zentralen Kontrahenten anzusetzen ist, als relevant erachtet.

1000 Sec.2 „approved clearing house" SFA, sec.2 „recognised clearing house" SFA.

1001 Sec.52(1)(a) SFA.

1002 Regulation 8(1)(a)(i)(ii) SF(CF)R 2013.

1003 Regulation 8(1)(b)(i)(ii) SF(CF)R 2013.

1004 Regulation 8(2) SF(CF)R 2013.

1005 *MAS*, Supervision of Financial Market Infrastructure in Singapore, S.6, abrufbar unter http://www.mas.gov.sg/~/media/MAS/About%20MAS/Monographs%20and%20information%20papers/MASMonograph_Supervision_of_Financial_Market_Infrastructures_in_Singapore%20Final.pdf.

1006 Regulation 8(3)(a)-(h) SF(CF)R 2013.

B. Besondere Typen

Eine Besonderheit besteht auf US-amerikanischer Seite in der Kategorisierung besonderer Typen zentraler Kontrahenten. So werden einerseits systemrelevante zentrale Gegenparteien festgelegt (*systemically important derivatives clearing organizations, SIDCOs*). Andererseits besteht die Möglichkeit, dass sich *DCOs* freiwillig wie systemrelevante Clearinghäuser behandeln lassen können (*Opt-In DCOs* bzw. *Subpart C DCOs*).

Systemrelevante *DCOs* werden vom *Financial Stability Oversight Council* (*FSOC*) als solche temporär bestimmt[1007].[1008] Bei diesem Gremium handelt es sich um einen durch den *Dodd-Frank Act* geschaffenen Rat[1009], der Risiken für die US-Volkswirtschaft aus dem Finanzbereich ausmachen soll.[1010] Das Verfahren, um unter anderem *SIDCOs* zu bestimmen, wurde im *Federal Register* veröffentlicht[1011] und gesetzlich verankert.[1012] Mitte 2012 beschloss der Rat acht Marktteilnehmer als systemrelevant anzusehen:[1013] *Clearing House Payments Company L.L.C., CLS Bank International, Chicago Mercantile Exchange, Inc., Depository Trust Company, Fixed Income Clearing Corporation, ICE Clear Credit LLC, National Securities Clearing Corporation* und *Options Clearing Corporation.*[1014] Für systemrelevante zentrale Kontrahenten ergeben sich besondere und strengere Anforderungen, die im Unterabschnitt C der behördlichen Regulierung angeführt werden.[1015]

1007 *Anmerkung*: In den Entwürfen war das Kriterium einer temporären Bestimmung nicht vorgesehen. *„(…) a DCO (…) which has been [currently] designated by the Council to be systemically important.“* (vgl. Proposed Rule 17 C.F.R. §39.2).

1008 17 C.F.R. §39.2, systemically important derivatives clearing organization'.

1009 Sec.804 DFA.

1010 Siehe hierzu: *Backhaus*, Aktuelle Entwicklungen im Wirtschaftsrecht, NZG 2011, 416 (422).

1011 *FSOC*, Authority to designate Financial Market Utilities as Systemically Important, Final Rule, 76 FR 44763 (27.05.2011).

1012 Insbesondere 12 C.F.R. §1320.13.

1013 *FSOC*, Designations, abrufbar unter http://www.treasury.gov/initiatives/fsoc/designations/Pages/default.aspx.

1014 *Anmerkung*: Am 08.07.2013 hat *FSOC* zudem *American International Group Inc.* und *General Electric Capital Corporation Inc.* als systemrelevante Unternehmen angesehen, bei denen es sich nicht um Banken handelt (*nonbank financial companies*).

1015 *CFTC*, Enhanced Risk Management Standards for Systemically Important Derivatives Clearing Organizations, 78 FR 49664 (15.08.2013); *CFTC*, Derivatives Clearing Organization and International Standards, Final Rule, 78 FR 72476 (02.12.2013).

Eine weitere Besonderheit besteht insoweit, als dass sich *DCOs* durch einen Antrag bei der Behörde[1016] freiwillig den Anforderungen an systemrelevante zentrale Kontrahenten unterwerfen können (*Opt-In DCOs, Subpart C DCOs*).[1017] Dieser Mechanismus ist vor dem Hintergrund anderer internationaler Regelungen zu sehen, die sich auf Banken beziehen, die Geschäfte mit zentralen Gegenparteien abwickeln.[1018] Diese Vorschriften regeln im Kern, dass Transaktionen über qualifizierte zentrale Kontrahenten, kostengünstiger ausfallen, da sie mit weniger Kapital unterlegt werden müssen. Insoweit werden finanzielle Anreize gesetzt, dass OTC-Derivatgeschäfte über solche Clearingstellen abgewickelt werden sollen, die die internationalen Standards umgesetzt haben.[1019] Dadurch können *DCOs* Wettbewerbsnachteile entstehen, wenn ihre internen Prozesse nicht in vollem Umfang diesen Vorschriften entsprechen. Daher wurde ein freiwilliges Verfahrens eingeführt, wonach *DCOs* sich den Anforderungen an systemrelevante *DCOs* unterwerfen können. Hierdurch sei nach Auffassung der Aufsichtsbehörde ein Regelungsregime anwendbar, das in seiner Gesamtheit den internationalen Standards entspreche.[1020]

Außerdem ist die Einführung einer besonderen Kategorie von *CAs* geplant (*covered clearing agencies, CCAs*).[1021] Hierunter sollen insbesondere solche *CAs* fallen, die Tätigkeiten mit einem höheren Risikoprofil ausüben, wozu beispielsweise die Abwicklung von *security-based swaps* zählen soll.[1022] An diese werden, ähnlich wie unter den Regelungen der *CFTC*, höhere Anforderungen gestellt.

C. Zusammenfassung

In den einzelnen Jurisdiktionen lassen sich *unterschiedliche Kategorien* zentraler Gegenparteien ausmachen. Während in der Europäischen Union mit der *CCP*

1016 17 C.F.R. §39.31.

1017 17 C.F.R. §39.2 ‚Subpart C derivatives clearing organization'.

1018 *Baseler Ausschuss für Bankenaufsicht,* Capital Requirements for Bank Exposures to Central Counterparties, S.1, abrufbar unter http://www.bis.org/publ/bcbs227.pdf.

1019 *Anmerkung*: Dabei handelt es sich um *qualified CCPs*, die die PFMIs umgesetzt haben.

1020 *CFTC*, Derivatives Clearing Organizations and International Standards, Proposed Rule, 78 FR 50267 (16.08.2013); *CFTC*, Derivatives Clearing Organizations and International Standards, Final Rule, 78 FR 72479 (02.12.2013).

1021 *SEC*, Standards for Covered Clearing Agencies, Proposed Rule, 79 FR 16866 (26.03.2014).

1022 *SEC*, SEC Proposes Rules for Systemically Important and Security-Based Swap Clearing Agencies, Press Release, 12.03.2014, abrufbar unter http://www.sec.gov/News/PressRelease/Detail/PressRelease/1370541113410#.U0-TepzW6Xo.

nur eine Form existiert, lässt sich in den Vereinigten Staaten von Amerika und Singapur eine *Zweiteilung* erkennen. So wird in den USA zwischen *DCOs* und *CAs*, in Singapur zwischen *ACHs* und *RCHs* unterschieden. Als Besonderheit haben die Vereinigten Staaten von Amerika *Sondertypen* eingeführt. So können *DCOs* von einem Gremium als systemrelevante *SIDCOs* erachtet werden. Daneben haben Unternehmen der *DCO*-Kategorie die Möglichkeit, sich freiwillig als sogenannte *Opt-in DCOs* registrieren zu lassen. *SEC* plant mit der Einführung sogenannter *covered clearing agencies* einen ähnlichen Ansatz. Hierunter fallen *CAs*, die von diesem Gremium als systemrelevant erachtet wurden, aber auch solche, die beispielsweise *security-based swaps* abwickeln. Als Konsequenz unterliegen diese Sondertypen höheren Anforderungen in organisatorischer und finanzieller Hinsicht.

§2 Aufsicht

In diesem Paragraph soll die Aufsicht der zentralen Gegenpartei behandelt werden. In einem ersten Schritt wird die Aufsichtsstruktur der einzelnen Jurisdiktionen gegenübergestellt. Anschließend wird untersucht, ob und inwiefern Unterschiede im jeweiligen Regulierungsansatz bestehen.

A. Struktur

In der Europäischen Union ist die national zuständige Behörde mit der Zulassung und Beaufsichtigung zentraler Gegenparteien betraut.[1023] In Deutschland weisen die gesetzlichen Vorgaben diese Kompetenzen der *BaFin* zu.[1024] Gleichzeitig soll eine enge Zusammenarbeit insbesondere mit *ESMA* stattfinden.[1025] Deshalb ist sie beispielsweise im Zulassungsverfahren Mitglied des *Kollegiums*[1026], wodurch ihr eine aktive Funktion eingeräumt wird. Auf dieses spezielle Gremium wird weiter unten näher eingegangen.[1027] Gleichzeitig kann *ESMA* technische Regulierungs- und Durchführungsstandards erarbeiten und somit den Regulierungsrahmen für europäische zentrale Gegenparteien maßgeblich mitbestimmen. Insgesamt ergibt sich auf europäischer Ebene deshalb ein vertikaler, kooperativer

---

1023 Art.14 Abs.1, Art.22 Abs.1 EMIR. Dies gilt ebenso für die Genehmigung von Interoperabilitätsvereinbarungen zwischen einzelnen zentralen Gegenparteien (vgl. Art.54 EMIR).

1024 §6 Abs.1a KWG.

1025 Art.23 Abs.1 EMIR.

1026 Art.18 Abs.2 lit.a) EMIR.

1027 Siehe Kapitel 2, Abschnitt 4, §3, Unterpunkt C 2.

Ansatz (*dual-approach*[1028]). In diesem Zusammenhang ist zu beachten, dass die auf europäischer Ebene angesiedelte Bankenunion das beschriebene Zuständigkeitsgefüge unberührt lässt. Insbesondere wurde im Rahmen der einheitlichen Bankenaufsicht (*single supervisory mechanism, SSM*)[1029] der *Europäischen Zentralbank* (*EZB*) nicht die generelle Aufsicht über zentrale Gegenparteien übertragen, sondern nur für bestimmte Kreditinstitute.[1030] Grundsätzlich wird die Tätigkeit als zentrale Gegenpartei in Deutschland nach den Regelungen des KWG als Bankgeschäft und mithin eine *CCP* als Kreditinstitut qualifiziert.[1031] Daher hat beispielsweise die *Eurex Clearing AG* eine Banklizenz in Form eines Einlagenkreditinstituts.[1032] Gleichsam hat die *EZB* sie nicht dem *SSM* unterworfen[1033], sodass die Aufsicht auf nationaler Ebene mithin bei der *BaFin* verbleibt.

In den Vereinigten Staaten von Amerika wurde durch die Liberalisierung des Marktes im Jahre 2000 der Handel mit Derivaten nicht mehr beaufsichtigt.[1034] Die Erfahrungen im Rahmen der Finanzkrise führten jedoch zu einer politischen Kehrtwende. Im Zuge des *Dodd-Frank Act* wurde die Aufsicht für zentrale Gegenparteien in die bestehende Aufsichtsstruktur inkorporiert. So ist einerseits *CFTC* und andererseits *SEC* zuständig, die beide ihren Sitz in Washington haben. *SEC* wurde im Jahre 1934 gegründet, um Investoren neues Vertrauen in die Börsen nach den Erfahrungen des „Schwarzen Freitags" im Jahr 1929 zu geben.[1035] *CFTC* wurde hingegen erst 1974 als Nachfolgerin der *Commodity Exchange Authority* gegründet.[1036] Das ausschlaggebende Kriterium für die zweigeteilte Aufsicht ist

---

1028 *Scherer*, EMIR-Einführung begrenzt alte und schafft neue Risiken, Börsen-Zeitung vom 06.04.2013.

1029 Siehe hierzu: *Kämmerer*, Bahn frei für die Bankenunion?, NVwZ 2013, 830 (832).

1030 Art.4 Abs.1 Verordnung (EU) Nr.1024/2013 des Rates vom 15.10.2013 zur Übertragung besonderer Aufgaben im Zusammenhang mit der Aufsicht über Kreditinstitute auf die Europäische Zentralbank, Abl.EU vom 29.10.2013, Nr.L 287/74.

1031 §1 Abs.1 S.2 Nr.12, Abs.31 KWG i.V.m. Art.2 Nr.1 EMIR.

1032 *BaFin*, Liste der zugelassenen Kreditinstitute, abrufbar unter http://www.bafin.de/SharedDocs/Downloads/DE/Liste/Unternehmensdatenbank/dl_li_ki_gesamt.html?nn=2696482.

1033 *EZB*, Decision of the ECB, abrufbar unter https://www.ecb.europa.eu/pub/pdf/other/en_dec_2014_03_fen.pdf?21d953cb19106056a509a22888c646a8.

1034 *Heppe/Tielmann*, Die Neuerungen des Dodd-Frank Wall Street Reform and Consumer Protection Act, WM 2011, 1883 (1888).

1035 *SEC*, The Investor's Advocate, abrufbar unter http://www.sec.gov/about/whatwedo.shtml.

1036 *CFTC*, History, abrufbar unter http://www.cftc.gov/About/HistoryoftheCFTC/history_1970s.

die derivative Produktart. Für zentrale Gegenparteien bedeutet dies, dass *DCOs*, *SIDCOs* und *Opt-in DCOs* der Aufsicht durch *CFTC* unterliegen. Andererseits werden *CAs* und *CCAs* durch die *SEC* beaufsichtigt.[1037]

Daher kann festgehalten werden, dass die Aufsichtsstruktur in den Vereinigten Staaten von Amerika horizontal zweigliedrig ist und sich daher von der Europäischen Union unterscheidet.

Demgegenüber besteht in Singapur eine einheitliche, konzentrierte Aufsichtsstruktur, die bei *MAS* angesiedelt ist. Gesetzlich verankert im *Monetary Authority Act*[1038] und gegründet im Jahr 1971, kommt ihr eine zentrale Rolle im finanz- und wirtschaftlichen System Singapurs zu. So ist sie als Notenbank Singapurs mit der Aufgabe der Finanzstabilität betraut und fungiert zudem als „Bankier"[1039] des Staates. Seit dem Zusammenschluss mit dem *Board of the Commissions of Currency* im Jahr 2002 ist es ihr außerdem gestattet, die Währung auszugeben.[1040] Zudem ist sie für die Zulassung und Beaufsichtigung von Banken, *merchant banks, finance companies* und Versicherungsgesellschaften zuständig.[1041] Im Zuge der internationalen Reformen bildete sich in Singapur ein weiterer Schwerpunkt in der Beaufsichtigung von sogenannten Finanzmarktinfrastrukturen (*financial market infrastructures*), worunter unter anderem zentrale Gegenparteien fallen.[1042] Daher ist Singapur von einer einheitlichen Aufsicht für *ACHs* und *RCHs* geprägt, die *MAS* obliegt.

Die im Anhang angeführte Darstellung fasst die hier analysierte Aufsichtsstruktur zur erleichterten Orientierung schematisch zusammen.[1043]

B. Regulierungsmethodik

Grundsätzlich wird die Regulierung einer zentralen Gegenpartei auch durch internationale Standards beeinflusst. Eine wichtige Rolle spielen dabei die *International*

1037 *Anmerkung*: Außerdem ist *CFTC* für *swap dealer* und *major swap participants*, *SEC* hingegen für *security swap dealer* und *major security-based swap participants* zuständig.

1038 *MAS*, Chapter 186.

1039 *Kilgus/Busching*, Finanz- und Kapitalmarktrecht in Singapur, RIW 1999, 681 (692).

1040 *MAS*, Overview, abrufbar unter http://www.mas.gov.sg/About-MAS/Overview-of-MAS.aspx.

1041 *Kilgus/Busching*, Finanz- und Kapitalmarktrecht in Singapur, RIW 1999, 681 (692).

1042 *MAS*, Supervision of Financial Market Structure in Singapore, S.2. abrufbar unter http://www.mas.gov.sg/~/media/MAS/About%20MAS/Monographs%20and%20information%20papers/MASMonograph_Supervision_of_Financial_Market_Infrastructures_in_Singapore%202.pdf.

1043 Siehe Anhang – Abbildung.

Organization of Securities Commissions (*IOSCO*) und das *Committee on Payment and Settlement Systems* (*CPSS*).[1044] Von ihnen wurden *Prinzipien für die Finanzmarktinfrastruktur* (*PFMI*)[1045] erarbeitet, die insbesondere für zentrale Gegenparteien wichtige Regelungen enthalten.[1046] Im Regulierungsansatz lassen sich insoweit Gemeinsamkeiten zwischen der Europäischen Union und den Vereinigten Staaten von Amerika erkennen. In beiden Ländern orientieren sich die erlassenen Vorschriften an diesen internationalen Standards und werden somit „von oben" automatisch einer zentralen Gegenpartei auferlegt.[1047]

Beide Vergleichsjurisdiktionen geben durch ihre Gesetze einen normativen Rahmen vor, den eine zentrale Gegenpartei einzuhalten hat. Dabei werden detaillierte Festlegungen in verschiedenen Bereichen getroffen, die zu beachten sind und anhand derer eine Beaufsichtigung stattfindet. Wie gesehen, kommt den Aufsichtsbehörden in beiden Jurisdiktionen eine herausragende Rolle bei der Erarbeitung dieses Rechtsrahmens zu. So hat *ESMA* in der Europäischen Union technische Regulierungsstandards für den Betrieb einer zentralen Gegenpartei erarbeitet, die als Grundlage für Delegierte Verordnungen der Europäischen Kommission dienten. In den Vereinigten Staaten von Amerika haben *CFTC* und *SEC* zahlreiche Vorschriften für zentrale Kontrahenten erlassen.

In Singapur wird hingegen ein anderer Regulierungsansatz verfolgt. Zwar werden allgemeine Vorgaben durch den *Securities and Futures Act* sowie die behördlichen Regelungen gemacht, allerdings obliegt es einer Clearingstelle selbst, die Konformität mit den internationalen Standards zu gewährleisten.[1048] Deshalb

---

1044 *Anmerkung*: *IOSCO* wurde 1983 gegründet und bildet einen internationalen Zusammenschluss von heute mehr als 120 Regulierungsbehörden und 80 anderen Marktteilnehmern (vgl. *IOSCO*, General Information, abrufbar unter http://www.iosco.org/about/). Bei *CPSS* handelt es sich um eine bei der *Bank für Internationalen Zahlungsausgleich* angesiedelte Einheit, der 25 Zentralbanken angehören (vgl. *CPSS*, History, abrufbar unter http://www.bis.org/cpss/cpssinfo01.htm).

1045 *CPSS/IOSCO*, Principles for financial market infrastructures, abrufbar unter http://www.bis.org/publ/cpss101a.pdf.

1046 *Deutsche Bundesbank*, Die neuen CPSS-IOSCO-Prinzipien für Finanzmarktinfrastrukturen, S.44, abrufbar unter http://www.bundesbank.de/Redaktion/DE/Downloads/Veroeffentlichungen/Monatsberichtsaufsaetze/2012/2012_07_cpss_iosco.pdf?__blob=publicationFile.

1047 *Anmerkung*: Siehe für die europäische Dimension: *ESMA*, Leitlinien und Empfehlungen, 04.09.2014, S.6, abrufbar unter http://www.esma.europa.eu/system/files/2014-1133_de.pdf (zuletzt am 21.11.2014).

1048 *MAS*, FAQ, S.3, abrufbar unter http://www.mas.gov.sg/~/media/MAS/Regulations%20and%20Financial%20Stability/Regulations%20Guidance%20and%20

muss eine zentrale Gegenpartei ihre Organisation, finanziellen Ressourcen und Betrieb so strukturieren, dass sie mit diesen Vorgaben in Einklang steht. Einerseits wird somit auf eine detaillierte Regulierung verzichtet, andererseits kann ein höheres Maß an Flexibilität für die einzelnen Marktteilnehmer gewährleistet werden. Für den Rechtsvergleich bedeutet dies, dass der Fokus von der gesetzlichen bzw. behördlichen Regulierungsebene auf die individuelle Ebene der zentralen Gegenpartei selbst zu verlagern ist. Daher werden in der nachfolgenden Untersuchung nicht nur die singapurischen Vorschriften betrachtet. Vielmehr soll auch die konkrete Umsetzung der internationalen Standards durch den singapurischen zentralen Kontrahenten *Singapore Exchange Derivatives Clearing* (*SGX-DC*) mit in die Betrachtung einfließen. So können im Rahmen des Rechtsvergleichs fundierte Aussagen getroffen werden, ob zentrale Gegenparteien in den einzelnen Jurisdiktionen einem vergleichbaren Regelungsregime unterliegen. Insoweit können sich neue Erkenntnisse ergeben, die bei einer bloßen Fokussierung auf die gesetzlichen oder behörlidchen Vorschriften in Singapur nicht zu Tage treten würden.

C. Zusammenfassung

Die einzelnen Vergleichsjurisdiktionen zeichnen sich durch *unterschiedliche Aufsichtsstrukturen* für eine zentrale Gegenpartei aus. Während man in der Europäischen Union von einer *vertikalen, kooperativen Aufsichtsstruktur* ausgehen kann, haben die Vereinigten Staaten von Amerika eine *horizontal zweigeteilte Aufsicht* installiert. In Singapur wiederum ist eine *Konzentration* auf eine Aufsichtsbehörde festzustellen. Außerdem ergeben sich *Differenzen im Regulierungsansatz.* Während die Europäische Union und die Vereinigten Staaten von Amerika die Umsetzung internationaler Standards durch gesetzliche und behördliche Konkretisierungen „von oben" festlegen, überlässt es Singapur einer zentralen Gegenpartei grundsätzlich selbst, eine Konformität herzustellen.

§3 Zulassung

Den einzelnen Jurisdiktionen ist gemeinsam, dass der Betrieb einer zentralen Gegenpartei der Erlaubnis durch die jeweiligen Aufsichtsbehörden bedarf. Daher soll sich dieser Parapraph auf die Zulassung eines zentralen Kontrahenten konzentrieren. Zu Beginn wird allgemein auf das Zulassungserfordernis in den

Licensing/Securities%20Futures%20and%20Fund%20Management/IID%20FAQs/FAQs%20on%20Compliance%20with%20PFMI.pdf.

einzelnen Ländern eingegangen, woraufhin die konkreten Anforderungen gegenübergestellt werden. Anschließend werden verfahrenstechnische Einzelheiten untersucht und es wird auf Maßnahmen bei Verstößen der zentralen Gegenpartei gegen gesetzliche oder behördliche Vorschriften eingegangen.

In der Europäischen Union sind bis dato 14 Unternehmen als autorisierte zentrale Gegenpartei nach EMIR anerkannt worden. Hierzu zählen beispielsweise *European Central Counterparty N.V., Nasdaq OMX Clearing AB, Cassa di Compensazione e Garanzia S.p.A., Eurex Clearing AG,* und *Clearing LCH.Clearnet Ltd.* Diese werden in einem Onlineverzeichnis auf der Homepage von *ESMA* mit den jeweiligen Produktkategorien veröffentlicht.[1049] In den Vereinigten Staaten von Amerika wurden bisher verschiedene Clearinghäuser als *DCO* zugelassen. Hierunter fallen *London Clearinghouse (LCH), Chicago Mercantile Exchange (CME)* sowie *Intercontinental Exchange (ICE).*[1050] Eine unter *SEC* registrierte *CA* ist beispielsweise *The Options Clearing Corporation (OCC).*[1051] In Singapur sind bisher drei Unternehmen als *ACH* registriert worden, wozu unter anderem die *Singapore Exchange Derivatives Clearing Ltd.* zählt. Eine Zulassung als *RCH* wurde noch keinem Unternehmen erteilt.[1052]

A. Erfordernis

Allen zu betrachtenden Jurisdiktionen ist gemeinsam, dass ein Unternehmen eine Zulassung erhalten muss, um Dienstleistungen als zentraler Kontrahent anbieten zu können. Im Folgenden soll dieser Grundsatz genauer behandelt werden und anschließend spezielle Ausnahmetatbestände erläutert werden.

I. Grundsatz

In der Europäischen Union bedürfen Unternehmen, die Clearingdienstleistungen als zentrale Gegenpartei erbringen wollen, einer Zulassung.[1053] Diese wird nicht allgemein erteilt, sondern ist auf spezielle Bereiche zugeschnitten, wobei dort

---

1049 Art.88 Abs.1 EMIR. Siehe hierzu: *ESMA*, List of Central Counterparties authorised to offer services and activities in the Union, abrufbar unter http://www.esma.europa.eu/system/files/ccps_authorised_under_emir.pdf.

1050 *Wallin/Clingan*, An overview of Dodd-Frank as it relates to OTC derivatives reform, Journal of Securities Operations & Custody (2012/2013)5:4, 312 (314).

1051 *SEC*, Clearing Agencies, abrufbar unter http://www.sec.gov/divisions/marketreg/mrclearing.shtml.

1052 Siehe für eine genaue Auflistung: *MAS*, Number of Financial Institutions and Relevant Organisations in Singapore, abrufbar unter https://secure.mas.gov.sg/FID/.

1053 Art.14 Abs.1 EMIR.

angegeben werden muss, auf welche konkreten Dienstleistungen, Tätigkeiten und welche Kategorien von Finanzinstrumenten sie sich bezieht.[1054] Die gesetzlichen Regelungen in Deutschland unterwerfen die Tätigkeit als zentrale Gegenpartei dem erlaubnispflichtigen Bankgeschäft.[1055] Die *BaFin* hat in einem Merkblatt zum Zulassungsverfahren dabei klargestellt, dass dieser Erlaubnistatbestand erfüllt ist, wenn ein Unternehmen als juristische Person bezüglich auf einem Markt oder mehreren Märkten gehandelter Kontrakte zwischen die Gegenparteien tritt und somit als Käufer für jeden Verkäufer bzw. Verkäufer für jeden Käufer fungiert.[1056] Eine national erteilte Zulassung erstreckt sich durch eine gesetzliche Fiktion auf das gesamte Gebiet der Europäischen Union.[1057] Außerdem müssen zentrale Gegenparteien die Ausweitung ihrer Dienstleistungen oder Tätigkeiten, wozu insbesondere Clearingdienstleistungen zählen, die noch nicht durch die Zulassung abgedeckt sind, im Rahmen eines Erweiterungsantrags von der nationalen Aufsichtsbehörde genehmigen lassen.[1058] Sollte ein zentraler Kontrahent seine Tätigkeit in andere Länder ausweiten, muss die Behörde, in dem er seine Niederlassung hat, dies der anderen Behörde unverzüglich mitteilen.[1059]

Die US-amerikanischen Regelungen verbieten es einem Unternehmen unter anderem, Funktionen einer *DCO* im Hinblick auf *swaps*[1060], bzw. Funktionen einer *CA* im Hinblick auf *security-based swaps* durchzuführen.[1061] Daneben besteht die Möglichkeit, dass sich Unternehmen auf freiwilliger Basis als *DCO* oder *CA* registrieren lassen (*voluntary registration*).[1062]

Nach singapurischem Recht darf niemand einen Clearingbetrieb aufnehmen oder betreiben, ohne vorher als *ACH* oder *RCH* zugelassen worden zu sein.[1063] Ebenso ist es verboten, als solches im Rechtsverkehr aufzutreten (*hold out as an ACH/RCH*).

1054 Art.14 Abs.3 EMIR.

1055 §32 Abs.1 KWG i.V.m. §1 Abs.1 S.2 Nr.12 KWG i.V.m. §1 Abs.31 KWG.

1056 *BaFin*, Merkblatt zentrale Gegenpartei, abrufbar unter http://www.bafin.de/SharedDocs/Veroeffentlichungen/DE/Merkblatt/mb_130812_tatbestand_zentrale_gegenpartei.html.

1057 Art.14 Abs.2 EMIR.

1058 Art.15 Abs.1 EMIR.

1059 Art.15 Abs.2 EMIR.

1060 7 U.S.C. §7a-1(a)(1)(B).

1061 15 U.S.C. §78q-1(g); 17 C.F.R. §240.17Ab2-1.

1062 7 U.S.C. §7a-1(b); 15 U.S.C. §78q-1(h).

1063 Sec.49(1)(2) SFA.

II. Besondere Ausnahmen und Befreiungen

In den Vereinigten Staaten von Amerika und Singapur existieren besondere Ausnahmen und Befreiungen von der Registrierungspflicht. Unternehmen, die *swaps* abwickeln, können von *CFTC* partiell oder ganz von der Registrierungspflicht als *DCO* befreit werden (*exemption*).[1064] Voraussetzung ist, dass die Behörde der Ansicht ist, dass sie vergleichbaren Regelungen und einer vergleichbaren Aufsicht bei *SEC* oder anderen Aufsichtsbehörden im Heimatland unterliegt. In diesem Zusammenhang werden *CFTC* weite Überprüfungsbefugnisse zugestanden. So kann sie Untersuchungen durchführen (*inspections*) und alle Informationen verlangen, die sie für notwendig erachtet. Diese Möglichkeit korrespondiert mit den Ausnahmeregelungen für *CAs* unter dem *Securities Exchange Act*.[1065] Des Weiteren besteht für bestimmte Marktteilnehmer eine gesetzliche Vermutung für die Registrierung (*deemed registered provision*). So wird ein Unternehmen von der Registrierungspflicht als *DCO* befreit, sofern es bereits bei *SEC* als *CA* registriert ist.[1066] Insofern wird eine gesetzliche Vermutung aufgestellt, wonach es als bei *CFTC* registriert angesehen wird, sofern es vor dem 21.07.2010 *swaps* abgewickelt hat. Spiegelbildlich existiert eine Vermutung, wonach ein Unternehmen, das eine Zulassung als *DCO* von *CFTC* erhalten hat, als eine durch *SEC* registrierte *CA* für die Abwicklung von *security-based swaps* angesehen wird. So hat *SEC* beispielsweise am 16.07.2011 die *ICE Clear Credit LLC, ICE Clear Europe Ltd.* und die *Chicago Mercantile Exchange Inc.* als *CA* für *security-based swaps* angesehen.[1067]

Nach singapurischem Gesetz ist es der Aufsichtsbehörde gestattet, einzelne Marktteilnehmer oder Gruppen von der Zulassungsverpflichtung auszunehmen. So kann sie eine Ausnahme (*exemption by regulation*) für Unternehmen oder Gruppen von Unternehmen (*class of corporations*) erlassen und dort gewisse Bedingungen oder Einschränkungen festsetzen.[1068] Diese müssen von den betroffenen Marktteilnehmern alle eingehalten und umgesetzt werden.[1069] Weiterhin können Unternehmen einzeln von dem Erfordernis einer Zulassung befreit werden (*exemption by notice in writing*), wenn dies mit den postulierten gesetzgeberischen Zielen in Einklang steht.[1070] Hierzu zählen die Förderung sicherer und

1064 7 U.S.C. §7a-1(h).
1065 15 U.S.C. §78q-1(k).
1066 7 U.S.C. §7a-1(g).
1067 *SEC*, Clearing Agency Standards, Final Rule, 77 FR 66222, Fn.24 (02.11.2012).
1068 Sec.49(6) SFA i.V.m. sec.81Q SFA.
1069 Sec.49(10) SFA.
1070 Sec.49(7) SFA.

effizienter Clearingbetriebe und die Reduzierung systemischer Risiken.[1071] In diesem Zusammenhang kann die Aufsichtsbehörde jederzeit weitere Bedingungen und Einschränkungen hinzufügen bzw. bestehende abändern oder wegfallen lassen.[1072] Diese Ausnahmeregelung muss nach dem ausdrücklichen Willen des Gesetzgebers nicht in der *Gazette* publiziert werden.[1073]

B. Anforderungen

Nachdem das Zulassungserfordernis in allgemeiner Hinsicht dargestellt wurde, sollen nunmehr die konkreten Anforderungen in den jeweiligen Ländern thematisiert werden. Dementsprechend werden die jeweiligen grundsätzlichen Voraussetzungen behandelt, gefolgt von spezifischen Ausnahme- und Befreiungstatbeständen.

I. Grundsatz

Auf europäischer Ebene werden die Anforderungen an eine Zulassung recht allgemein formuliert. So muss der Antragsteller als System[1074] gemeldet sein und hinreichend nachweisen, dass er die Anforderungen der EMIR erfüllt.[1075] Der deutsche Gesetzgeber hat in diesem Zusammenhang den Inhalt des Zulassungsantrags katalogartig konkretisiert.[1076] Zunächst muss die Art der abgerechneten Produkte aufgelistet werden. Daneben werden zahlreiche Vorgaben an den Nachweis der finanziellen Sicherheit einer *CCP* gestellt. So muss das Unternehmen die Modelle und Parameter zur Berechnung der Einschussforderungen darlegen, die Einrichtung eines Ausfallfonds nachweisen und deren Ausgestaltung näher beschreiben sowie anführen, welche Vorkehrungen getroffen wurden, um sonstige Finanzmittel bereitzuhalten. Darüber hinaus muss belegt werden, wie Liquiditätsrisiken kontrolliert, welche Anforderungen an die Sicherheiten der Gegenparteien gestellt und Angaben zur Anlagepolitik gemacht werden. Daneben müssen die Verfahren dargestellt werden, die beim Ausfall eines Clearingmitglieds greifen und für die Überprüfung der Prozesse angewendet werden.[1077]

1071 Sec.47 lit.a),b) SFA.

1072 Sec.49(9) lit.a),b) SFA.

1073 Sec.49(8) SFA.

1074 Siehe hierzu Definition in Art.2 lit.a) Richtlinie 98/26/EG.

1075 Art.17 Abs.1 EMIR.

1076 §53m Abs.1 Nr.1–10 KWG.

1077 *Anmerkung*: Weitere Angaben, die sich aus den allgemeinen Vorschriften zur Zulassung zum Geschäftsbetrieb ergeben, werden durch den deutschen Gesetzgeber

Für Clearingstellen, die in einem *Drittstaat* außerhalb der Europäischen Union ansässig sind, werden in einer Delegierten Verordnung spezielle Anforderungen festgelegt.[1078] Hierunter fallen beispielsweise Angaben zur Kategorie der geclearten Finanzinstrumente aber auch zur Identität der Aktionäre oder Gesellschafter mit qualifizierter Beteiligung. *ESMA* hat eine Liste mit 38 Unternehmen aus Drittstaaten veröffentlicht, die sich für eine Anerkennung als *CCP* nach dem Verfahren gem. Art.25 EMIR beworben haben.[1079] Während des Betriebes muss die *CCP* zu jedem Zeitpunkt die geforderten Zulassungsbedingungen erfüllen und ist bei allen wesentlichen Änderungen zur Unterrichtung gegenüber der Aufsichtsbehörde verpflichtet.[1080]

In den Vereinigten Staaten von Amerika verlangen die gesetzlichen Vorgaben des *Commodity Exchange Act*, dass Unternehmen für die Zulassung als *DCO* in erster Linie bestimmte Grundprinzipien einführen und einhalten müssen (*core principles*).[1081] Hierbei werden in 18 Bereichen Standards postuliert, die für ihren Betrieb zu beachten sind. Diese betreffen unter anderem die finanzielle Ausstattung, das Risikomanagement, Regeln für den Ausfall eines Mitglieds und Mitteilungs- und Aufbewahrungspflichten.[1082] Daneben verfügt *CFTC* durch die gesetzlichen Regelungen über einen weiten Ermessensspielraum, eigene weitere Voraussetzungen aufzustellen.

Ebenso verlangt *SEC* gewisse allgemein formulierte Voraussetzungen, die unter anderem die Organisation, Zugangsmöglichkeiten von und Disziplinarmaßnahmen gegenüber Clearingmitgliedern beinhalten.[1083] Dementsprechend muss

---

für die reine Tätigkeit als zentrale Gegenpartei ausdrücklich ausgeschlossen (vgl. §2 Abs.9a KWG).

1078 Art.2 lit.a)-o) Delegierte Verordnung (EU) Nr.153/2013 der Kommission vom 19.12.2012 zur Ergänzung der Verordnung (EU) Nr. 648/2012 des Europäischen Parlaments und des Rates in Bezug auf technische Regulierungsstandards für Anforderungen an zentrale Gegenparteien, Abl.EU vom 23.02.2013, Nr.L 52/41.

1079 *ESMA*, List of central counterparties (CCPs) established in non-EEA countries, abrufbar unter http://www.esma.europa.eu/system/files/list_of_applicants_tc-ccps_version_11_august_2014.pdf (zuletzt am 21.11.2014).

1080 Art.14 Abs.4 EMIR.

1081 7 U.S.C. §7a-1(c)(2)(A)-(R).

1082 Im Einzelnen: *Compliance (A); Financial resources (B); Participant and product eligibility (C); Risk management (D); Settlement procedures (E); Treatment of funds (F); Default rules and procedures (G); Rule enforcement (H); System safeguards (I); Reporting (J); Recordkeeping (K); Public information (L); Information-sharing (M); Antitrust considerations (N); Governance fitness standards (O); Conflicts of interest (P); Composition of governing boards (Q); Legal risk (R).*

1083 15 U.S.C. §78q-1(a)(3)(A)-(I).

ein zentraler Kontrahent unter anderem so organisiert sein, dass er beispielsweise Derivatkontrakte schnell und zuverlässig abwickeln kann (*prompt and accurate*) sowie ihm zur Verfügung gestellte Vermögenswerte und Sicherheiten schützt. Generell soll das Regelwerk einer *CA* so ausgestaltet sein, dass es Investoren und die Öffentlichkeit schützt. Zudem muss eine *CA* Regelungen bereitstellen, um gewissen Marktteilnehmern den Zugang zu ihrem Abwicklungssystem zu gewährleisten[1084], wobei das Zulassungsverfahren diskriminierungsfrei ausgestaltet sein muss. Die Kostenstruktur der Clearingstelle (*fees, dues, other charges*) ist ebenfalls gewissen Vorgaben unterworfen, wonach die Gebühren angemessen sein und unter den Teilnehmern gerecht zugewiesen sein müssen (*equitable allocation*). Zudem müssen die Gesellschafter (*shareholder*) und Teilnehmer bei der Auswahl der Geschäftsführer (*directors*) und in der Verwaltung fair repräsentiert sein. Intern muss gewährleistet sein, dass Teilnehmer angemessen bestraft werden, falls sie die Vorschriften der *CA* nicht einhalten, wobei verschiedene Mittel aufgelistet werden. Hierzu zählen der Ausschluss (*expulsion*), die Suspendierung (*suspension*), Einschränkungen (*limitation of activities, functions and operations*), Strafzahlungen (*fines*), Verweise (*censures*) oder andere adäquate Maßnahmen. Für bereits registrierte *CAs* werden in einer konkretisierenden Verordnung bestimmte Mindestvoraussetzungen (*minimum standards*) postuliert[1085], die im Laufe der Zeit an aktuelle Entwicklungen und neuere Erkenntnisse angepasst werden können.[1086] Diese enthält nähere Vorgaben zu den allgemein formulierten Anforderungen, aber darüber hinaus weitere Themengebiete, wie das Risikomanagement und Verfahren beim Ausfall eines Clearingmitglieds.[1087] Sie überschneiden sich in ihrem Anwendungsbereich partiell mit den Grundprinzipien der *CFTC*.

Um eine Zulassung als *ACH* oder *RCH* in Singapur zu erhalten, müssen die bewerbenden Unternehmen eine Vielzahl von Anforderungen erfüllen. Vor diesem

---

1084 *Anmerkung*: Hierunter fallen *registered broker* oder *dealer, other registered CA, registered Investment companies, banks, insurance companies* oder andere Marktteilnehmer, bzw. Klassen von Marktteilnehmern, die von der Aufsichtsbehörde für ein solches System (*national system*) als angemessen bestimmt wurden.

1085 17 C.F.R. §240.17Ad-22(d)(1)-(15).

1086 *SEC*, Clearing Agency Standards, Final Rule, 77 FR 66229 (02.11.2012).

1087 Im Einzelnen: *Transparent and enforceable rules and procedures; participation requirements; custody of assets and investment risk; identification and mitigation of operational risk; cost-effectiveness; links; governance; information on services; immobilization and dematerialization of securities certificates; default procedures; timing of settlement finality; delivery versus payment; risk controls to address participants' failure to settle; physical delivery risks.*

Hintergrund wird *MAS* ein weiter Beurteilungs- und Ermessensspielraum zugestanden, wonach sie allgemeine oder spezielle Voraussetzungen aufstellen kann, die insbesondere Mindestanforderungen an die finanzielle Ausstattung umfassen (*minimum financial requirements*).[1088] Dabei muss zum Beispiel ein inländisches *ACH* über ein Mindestkapital von 10 Mio. Singapur-Dollar, ein *RCH* über 5 Mio. Singapur-Dollar verfügen (*minimum base capital*).[1089] Die Besonderheit im singapurischen Aufsichtssystem spiegelt sich auch im Zulassungsverfahren wider. Hiernach müssen Unternehmen nachweisen, dass sie jedes einzelne Prinzip der *PFMIs* umgesetzt haben. Für Unternehmen mit Sitz in Singapur werden außerdem Anforderungen katalogartig postuliert, die zu einer Versagung der Zulassung führen. Diese beziehen sich insbesondere auf Informationsdefizite im Zulassungsverfahren, die Zahlungsfähigkeit des Unternehmens oder seiner Gesellschafter und persönliche Anforderungen an das Unternehmen, seine Angestellten und Gesellschafter.[1090] Des Weiteren müssen alle von der *MAS* geforderten Informationen im Hinblick auf das Unternehmen, seine Angestellten und Umstände, die den Geschäftsbetrieb beeinflussen können, bereitgestellt worden sein. Klarstellend führen falsche oder irreführende Dokumente zur Verweigerung der Zulassung. Wegen der zu gewährleistenden finanziellen Sicherheit werden mehrere Anforderungen aufgestellt. So erfolgt keine Zulassung, wenn das Unternehmen oder ein bedeutender Gesellschafter abgewickelt wird (*in the course of being wound up*) bzw. ein vom Gericht festgestellter Anspruch ganz oder teilweise nicht befriedigt wurde (*judgement debt*). In diesem Zusammenhang besteht auch ein Versagungsgrund, wenn Verwalter in Singapur oder im Ausland für das Vermögen des Unternehmens oder eines bedeutenden Gesellschafters bestellt wurden (*receiver* oder *judicial manager*[1091]). Ebenso verhält es sich, wenn das Unternehmen oder bedeutende Gesellschafter Tilgungsvereinbarungen mit Gläubigern geschlossen haben (*compromise or scheme of arrangements with creditors*). Zusätzlich werden besondere Anforderungen an die zentrale Gegenpartei, ihre Angestellten sowie

---

1088 Sec.51(7) SFA.

1089 Regulation 7(1)(b),(2)(b) SF(CF)R; siehe Kapitel 2, Abschnitt 4, §4, Unterpunkt A I 1 a).

1090 Sec.51(8) lit.a)-p) SFA.

1091 *Anmerkung*: Das singapurische Insolvenzrecht orientiert sich an Instrumenten aus dem englischen Rechtssystem. Unter *judicial management* versteht man einen gerichtlich beaufsichtigten Rettungsmechanismus. *Receivership* ist ein Instrument, um außergerichtlich Forderungen besonders gesicherter Gläubiger (*secured creditors*) durchzusetzen (vgl. *Standard&Poors*, Debt Recovery For Creditors And The Law Of Insolvency In Singapore, abrufbar unter http://www.standardandpoors.com/ratings/articles/en/us/?assetID=1245173573897).

bedeutende Gesellschafter gestellt. So müssen ihre Angestellten (*officers, employees*) über die von der Aufsichtsbehörde geforderte berufliche Ausbildung und Erfahrung verfügen (*educational or other qualification or experience*). Dementsprechend muss die Behörde überzeugt sein, dass das Unternehmen, all seine Angestellten und bedeutenden Gesellschafter passend und geeignet sind (*fit and proper*). Insbesondere muss *MAS* der Überzeugung sein, dass ihre Reputation, finanzielle Integrität und Zuverlässigkeit dafür sprechen, dass sie im besten Interesse ihrer Kunden und Investoren handeln. Daher kann die Zulassung insbesondere versagt werden, wenn leitende Angestellte (*officers*) oder ein bedeutender Gesellschafter, beispielsweise wegen geschäftsspezifischen Delikten (*fraud, dishonesty*), verurteilt wurden. Darüber hinaus reicht es aus, wenn die Behörde der Ansicht ist, dass die genannten Personengruppen keinen sicheren und effektiven Clearingbetrieb führen werden (*safe and efficient clearing facility*). Als Auffangtatbestand wird gefordert, dass keine sonstigen Umstände voraussichtlich zu unzuverlässigen Geschäftspraktiken führen (*likely lead to improper conduct of business*). Letztlich dürfen der Zulassung keine öffentlichen Interessen entgegenstehen.[1092]

II. Befreiungen / Erweiterungen

Neben diesen allgemeinen Anforderungen sehen die Vergleichsjurisdiktionen gewisse Korrektive vor. In der Europäischen Union darf ein Mitgliedsstaat weitere Anforderungen an die in seinem Hoheitsgebiet ansässigen *CCPs* stellen[1093].[1094] Im Vergleich zur EU sind die Spielräume der US-amerikanischen *CFTC* weitläufiger gehalten. Diese kann einem Unternehmen für die Zulassung als *DCO* Bedingungen stellen, die jedoch nicht näher erläutert werden (*register as a DCO subject to conditions*).[1095] Für Antragsteller besteht bei *SEC* die Möglichkeit, sich im Zulassungsverfahren von einer oder mehrerer der grundsätzlichen Anforderungen befreien zu lassen.[1096] Dies ist jedoch in zeitlicher Hinsicht auf 18 Monate ab der Registrierung befristet. Spätestens nach neun Monaten muss *SEC* prüfen, ob sie eine Vollzulassung erteilen kann oder nach Ablauf der Frist eine Versagung aussprechen muss.[1097]

1092 Sec.51(8)(p) SFA i.V.m. sec.56(1)(f) SFA.

1093 Art.14 Abs.5 EMIR.

1094 *Anmerkung*: Gem. Erwägungsgrund Nr.50 EMIR hat *ESMA* die Aufgabe, bis zum 30.09.2014 einen Bericht über die Auswirkungen unterschiedlicher nationaler Anforderungen zu erstellen. Dieser konnte jedoch bis dato nicht abgerufen werden.

1095 17 C.F.R. §39.3(a).

1096 17 C.F.R. §240.17Ad-22(c)(1).

1097 17 C.F.R. §240.17Ad-22(c)(2).

Die singapurische Regulierung räumt der Aufsichtsbehörde einen weiten Ermessensspielraum ein, um weitere Anforderungen zu stellen.[1098] So kann die Behörde eine Zulassung von zusätzlichen Bedingungen oder Einschränkungen abhängig machen, die sie für angemessen erachtet (*conditions or restrictions by notice in writing*). Diese können sich allgemein oder speziell auf die beabsichtigten Geschäftstätigkeiten einer zentralen Gegenpartei, die Produkte, die abgewickelt werden sollen, oder auf die Investoren und Teilnehmer des Clearingsystems beziehen. Die zusätzlichen Anfordernisse können jederzeit durch *MAS* so geändert oder erweitert werden, wie sie es für geeignet hält. Verstöße der zentralen Gegenpartei gegen solche Vorgaben können mit bis zu 150.000 Singapur-Dollar geahndet werden.[1099]

C. *Verfahren*

Dieser Unterpunkt widmet sich dem Zulassungsverfahren einer zentralen Gegenpartei. Zu Beginn wird das Verfahren in den jeweiligen Ländern allgemein behandelt. Hieran schließt sich die Untersuchung an, inwiefern andere Stellen in den Prozess eingebunden werden.

I. Prozedere

In der Europäischen Union obliegt das Zulassungsverfahren den Mitgliedsstaaten. Dementsprechend muss ein Unternehmen zu Beginn des Verfahrens einen Antrag bei der Behörde des Mitgliedsstaates stellen, in dem es niedergelassen ist.[1100] Für Deutschland ist die *BaFin* die zuständige Behörde.[1101] Um ein zeitnahes und kontinuierliches Verfahren zu gewährleisten, muss sie innerhalb von 30 Arbeitstagen prüfen, ob ein vollständiger Antrag eingereicht wurde, und setzt gegebenenfalls eine Frist für Ergänzungen und Nachreichungen. Sollte ein vollständiger Antrag vorliegen, muss sie den Antragsteller, das *Kollegium*[1102] und *ESMA* darüber informieren.[1103] Eine Entscheidung über die Zulassung muss innerhalb von sechs Monaten nach Einreichung eines vollständigen Antrags getroffen werden.[1104]

In den Vereinigten Staaten von Amerika muss ein Unternehmen *CFTC* für die Zulassung als *DCO* auf elektronischem Weg ein Antragsformular übermitteln

1098 Sec.51(4) SFA.
1099 Sec.51(13) SFA.
1100 Art.17 Abs.1 EMIR.
1101 §6 Abs.1a KWG.
1102 Siehe Kapitel 2, Abschnitt 4, §3, Unterpunkt C II.
1103 Art.17 Abs.3 EMIR.
1104 Art.17 Abs.7 EMIR.

(*Form DCO*)[1105], aus dem ersichtlich wird, dass die vorgegebenen Grundprinzipien umgesetzt wurden.[1106] Der Aufsichtsbehörde werden grundsätzlich 180 Tage zugestanden, um den Antrag zu prüfen (*180-day timeframe*). Sollte der Antrag unvollständig sein und die Behörde weitere Informationen benötigen, so werden ihr jedoch mindestens 60 Tage für die Prüfung des nachgereichten vollständigen Antrags zur Verfügung gestellt.[1107] Ebenso verhält es sich bei der Aufsichtsbehörde *SEC*. Auch hier muss ein Unternehmen ein bestimmtes Antragsformular übermitteln (*Form CA-1*)[1108]. Der Zulassungsprozess wird bei *SEC* jedoch detaillierter dokumentiert, da die Behörde innerhalb von 90 Tagen ab Veröffentlichung der Information über die Zulassung entscheiden soll, wobei die Frist mit Zustimmung des Antragstellers geändert werden kann.[1109] Dabei prüft *SEC*, ob das Unternehmen den Anforderungen entspricht. Sollte sie dem Antrag nicht stattgeben, muss sie zunächst die Gründe für eine Versagung darlegen und die Möglichkeit zur Stellungnahme einräumen. Daraufhin kann sie entweder die Zulassung erteilen oder ablehnen. Grundsätzlich darf das Zulassungsverfahren bei *SEC* 180 Tage ebenfalls nicht überschreiten. Gleichwohl wird hier in Ausnahmefällen eine Verlängerung um 90 Tage ausdrücklich gestattet.

Singapur bietet ein zweigleisiges Zulassungsverfahren, bei dem man sich als *ACH* zulassen oder als *RCH* anerkennen lassen kann (*application for approval or recognition*).[1110] Die gesetzlichen Vorgaben für beide Verfahren sind relativ allgemein gehalten. So muss ein entsprechender Antrag gestellt werden und ein nichterstattungsfähiger Geldbetrag (*fee*) gezahlt werden, der sich auf 4.000 Singapur-Dollar beläuft.[1111] Insbesondere müssen drei Formulare eingereicht werden[1112], die den Antrag als solchen beinhalten[1113] sowie geforderte

1105 *CFTC*, Derivatives Clearing Organization Application for Registration, abrufbar unter http://www.cftc.gov/ucm/groups/public/@clearingintermediary/documents/file/formdco-pdf.pdf.

1106 7 U.S.C. §7a-1(c)(1).

1107 7 U.S.C. sec.8(a).

1108 Abrufbar unter http://www.sec.gov/about/forms/formca-1.pdf.

1109 7 U.S.C. §78s(a)(1).

1110 Sec.50 SFA.

1111 Second Schedule (*Fees*) Nr.1 SF(CF)R.

1112 Regulation 6 SF(CF)R.

1113 *MAS*, Form 1 – Application for Approval as an Approved Clearing House or as an Recognized Clearing House, abrufbar unter http://www.mas.gov.sg/~/media/MAS/Regulations%20and%20Financial%20Stability/Regulations%20Guidance%20and%20Licensing/Securities%20Futures%20and%20Fund%20Management/IID%20Forms/7CCP%20%20Form%201_1Aug2013.pdf.

Informationen über Personen der Führungsebene (*chief executive officer and directors*)[1114] und über Gesellschafter bzw. Tochtergesellschaften (*shareholders and subsidiaries*)[1115] bereitstellen. Spezielle Regelungen für die Dauer des Verfahrens sind nicht festgeschrieben.

II. Einbindung anderer Stellen

Die Europäische Union und die Vereinigten Staaten von Amerika binden weitere Stellen in den Zulassungsprozess ein. Allerdings ergeben sich im Vergleich Unterschiede in der Vorgehensweise. Auf europäischer Ebene werden mit *ESMA* und dem sogenannten *Kollegium* weitere Stellen eingebunden. Dies ist nicht zuletzt der besonderen Struktur der Europäischen Union als Mehrebenensystem geschuldet. Der europäische Verordnungsgeber stellt zwar klar, dass im Falle der Insolvenz einer *CCP* die finanzpolitische Verantwortung vorwiegend bei dem Land liege, in dem diese ansässig ist. Allerdings sei die Einbindung weiterer Stellen für die Zulassung und Beaufsichtigung insofern notwendig, als dass die Insolvenz einer zentralen Gegenpartei sich ebenso auf ihre Clearingmitglieder auswirken könne, die sich in unterschiedlichen Ländern befinden können.[1116] Dem *Kollegium* kommt allgemein die *Funktion* zu, die Durchführung verschiedener Aufgaben, die von EMIR gefordert werden, zu erleichtern.[1117] Im Zulassungsverfahren prüft es im Rahmen einer Stellungnahme, ob das antragende Unternehmen alle Voraussetzungen einer zentralen Gegenpartei erfüllt.[1118] Die *Zusammensetzung*[1119] dieses Gremiums spiegelt den Willen des europäischen Verordnungsgebers wider, möglichst viele Stellen einzubinden, die Felder beaufsichtigen, die mit dem Geschäftsbetrieb eines zentralen Kontrahenten verbunden bzw. von ihm betroffen sind.[1120] So sind einerseits *ESMA* und andererseits die für die zentrale Vertragspartei, ihre Clearingmitglieder sowie die von ihr bedienten Handelsplätze

---

1114 *MAS*, Form 2 – Information on Chief Executive Officer and Directors, abrufbar unter http://www.mas.gov.sg/~/media/MAS/Regulations%20and%20Financial%20Stability/Regulations%20Guidance%20and%20Licensing/Securities%20Futures%20and%20Fund%20Management/IID%20Forms/4TRForm%2021Aug2013.pdf.

1115 *MAS*, Form 3 – Information on Shareholders and Subsidiaries, abrufbar unter http://www.mas.gov.sg/~/media/MAS/Regulations%20and%20Financial%20Stability/Regulations%20Guidance%20and%20Licensing/Securities%20Futures%20and%20Fund%20Management/IID%20Forms/4TRForm%2031Aug2013.pdf.

1116 Erwägungsgrund Nr.52 EMIR.

1117 Art.18 Abs.1 EMRI i.V.m. Artt.15, 17, 49, 51, 54 EMIR.

1118 Art.18 Abs.4 lit.a EMIR i.V.m. Art.19 EMIR.

1119 Art.18 Abs.2 lit.a)-h) EMIR.

1120 Erwägungsgrund Nr.53 EMIR.

zuständigen Aufsichtsbehörden anwesend. Im Falle von Interoperabilitätsvereinbarungen ist zudem die beaufsichtigende Behörde der anderen zentralen Gegenpartei beteiligt. Außerdem sind die Aufsichtsbehörden vertreten, die zentrale Wertpapierbewahrstellen beaufsichtigen, mit denen die *CCP* verbunden ist. Daneben sind die Mitglieder des *ESZB* und die Zentralbanken eingebunden, die die wichtigsten Unionswährungen der abgerechneten Finanzinstrumente emittieren. Das *Gewicht der Repräsentation* der genannten Mitglieder richtet sich danach, in welchem Umfang die zentrale Gegenpartei ihr Geschäftsfeld insgesamt in der jeweiligen Währung ausübt, wobei der Anteil einer relevanten Währung mindestens 10% betragen muss.[1121] Das *Kollegium* wird innerhalb von 30 Kalendertagen nach Eingang eines vollständigen Antrags von der für die *CCP* zuständigen Aufsichtsbehörde eingerichtet, wobei sie auch den Vorsitz des Gremiums und dessen Management übernimmt.[1122] Ab demselben Zeitpunkt muss die nationale Aufsichtsbehörde eine Risikobewertung der zukünftigen zentralen Gegenpartei durchführen und dem *Kollegium* einen Bericht innerhalb von vier Monaten vorlegen.[1123] Danach muss das Gremium innerhalb von 30 Kalendertagen eine gemeinsame Stellungnahme erstellen, in der dargelegt wird, ob die Anforderungen von EMIR erfüllt werden. Besonderheiten existieren hierbei in der *Ausgestaltung des Stimmrechts*.[1124] Sollte sich das *Kollegium* aus bis zu 12 Mitgliedern zusammensetzen, sind höchstens zwei Mitglieder aus demselben Mitgliedsstaat mit jeweils einer Stimme stimmberechtigt. Dementsprechend sind die *Deutsche Bundesbank* und die *BaFin*, soweit sie im *Kollegium* vertreten sind, jeweils stimmberechtigt.[1125] Sollten die Mitgliederanzahl von 12 überschritten werden, kommt ein stimmberechtigtes Mitglied aus dem jeweiligen Mitgliedsstaat hinzu. Nach den deutschen Regelungen rücken dann die Aufsichtsbehörden der Handelsplätze nach, gestaffelt nach dem Volumen der gehandelten Finanzinstrumente des Kalendervorjahres, die über die betreffende Gegenpartei abgewickelt wurden.[1126] Dies gilt auch für den Fall, in dem die *BaFin* und die *Deutsche Bundesbank* nicht im *Kollegium* vertreten sind.[1127] *ESMA* hat bei der Verabschiedung der Stellungnahme, ob eine

---

1121 *ESMA*, Final Report, Ziff.129, abrufbar unter abrufbar unter http://www.esma.europa.eu/system/files/2012-600_0.pdf.

1122 Art.18 Abs.1 EMIR.

1123 Art.19 Abs.1 EMIR.

1124 Art.19 Abs.3 EMIR.

1125 §53f Abs.1 KWG.

1126 §53f Abs.2 KWG: Dies gilt auch für den Fall, in dem entweder die *BaFin* oder die *Deutsche Bundesbank* im Gremium vertreten ist.

1127 §53f Abs.2 KWG.

EMIR-Konformität vorliegt, kein Stimmrecht. Die *Stellungnahme* des *Kollegiums* ist zwar für die nationale Aufsichtsbehörde nicht bindend und gewährleistet daher ein souveränes nationales Zulassungsverfahren und den behördlichen Ermessensspielraum. Dennoch erfordert es einen gesteigerten Begründungsaufwand, sollte die nationale Aufsichtsbehörde von einer *befürwortenden Stellungnahme* abweichen und die Zulassung verweigern. Anders verhält es sich bei gemeinsamen Stellungnahmen, wonach *keine Zulassung* erteilt werden soll und nur die nationale Aufsichtsbehörde anderer Auffassung ist. In diesem Fall kann sie sich nicht über die Erklärung hinwegsetzen.[1128] Als Konsequenz verbleibt die Möglichkeit, *ESMA* im Rahmen des Verfahrens zur Beilegung von Meinungsverschiedenheiten zwischen zuständigen Aufsichtsbehörden bei grenzübergreifenden Fällen[1129] anzurufen.[1130] Für den Fall, dass eine ablehnende Stellungnahme mit nur ⅔ der Stimmen innerhalb des *Kollegiums* erreicht wurde, kann jede der betroffenen zuständigen nationalen Aufsichtsbehörden innerhalb von 30 Tagen *ESMA* in der Sache anrufen, die dann einen Beschluss über die Zulassung erlässt.[1131]

Ein anderer Ansatz lässt sich in den Vereinigten Staaten von Amerika ausmachen. Im Gegensatz zum europäischen Modell, wonach eine Vielzahl von Aufsichtsbehörden im Zulassungsverfahren auf europäischer Ebene integriert wird, wird die Einbindung der Öffentlichkeit betont. So werden bestimmte Teile eines Zulassungsantrags von *CFTC* veröffentlicht, um einen transparenten Vorgang zu gewährleisten.[1132] Dazu zählen beispielsweise Dokumente, die die Unternehmensstruktur erläutern und solche, für die nicht ausdrücklich ein Antrag zur vertrauenswürdigen Behandlung gestellt wurde (*request for confidential treatment*). Im Vergleich hierzu bindet *SEC* die Öffentlichkeit im Zulassungsverfahren sogar aktiv ein, informiert über Zulassungsanträge (*publish notice of a filing*) und räumt die Möglichkeit zur Stellungnahme ein (*written data, views, arguments*).[1133] Eine vergleichbare Regelung ist in der europäischen Verordnung nicht zu finden. In Deutschland sind die Angestellten der *BaFin* und der *Deutschen Bundesbank*

1128 Art.17 Abs.4 UA3 EMIR.

1129 Art.19 Verordnung (EU) Nr.1095/2010 des Europäischen Parlaments und des Rates vom 24.11.2010 zur Errichtung einer Europäischen Aufsichtsbehörde (Europäische Wertpapier- und Marktaufsichtsbehörde), zur Änderung des Beschlusses Nr.716/2009/EG und zur Aufhebung des Beschlusses 2009/77/EG der Kommission, Abl.EU vom 15.12.2010, Nr.L 331/84 (ESMA-Verordnung).

1130 Art.17 Abs.4 UA6 EMIR.

1131 Art.17 Abs.4 UA4, UA5 EMIR.

1132 17 C.F.R. §39.3(a)(5).

1133 7 U.S.C. §78s(a)(1).

grundsätzlich hinsichtlich aller Angaben zur Verschwiegenheit verpflichtet.[1134] Daher wird lediglich die Erteilung der Erlaubnis im Bundesanzeiger bekannt gemacht und ein elektronisches Register über zugelassene Institute geführt.[1135]

D. Maßnahmen bei Verstößen

Sollte eine zentrale Gegenpartei gegen bestimmte Vorschriften verstoßen, kommen in den einzelnen Ländern Maßnahmen in Betracht, die im Folgenden veranschaulicht werden sollen. Zunächst werden die jeweiligen Instrumente gegenübergestellt und anschließend deren Voraussetzungen behandelt.

I. Instrumente

Die Zulassung kann in der Europäischen Union von der national zuständigen Aufsichtsbehörde entzogen werden. Die Entscheidung entfaltet dann für das gesamte Gebiet der Europäischen Union ihre Wirkung.[1136] Außer in dringend gebotenen Fällen soll die nationale Behörde die Mitglieder des *Kollegiums* bezüglich der Notwendigkeit der Entziehung konsultieren.[1137] Auf Rechtsfolgenseite besteht ein flexibler Lösungsansatz, da sich die Behörde anstelle einer vollständigen Entziehung auf eine bestimmte Dienstleistung, Tätigkeit oder Kategorie von Finanzinstrumenten beschränken kann.[1138] In Deutschland verfügt die *BaFin* neben der Entziehung über weitere Instrumente, die sich auf die Ebene der Geschäftsleitung konzentrieren. So kann sie die Abberufung der verantwortlichen Geschäftsführer verlangen und ihnen die Ausübung ihrer Tätigkeit bei anderen juristischen Personen untersagen.[1139] Zudem ist es möglich, gegen die zentrale Gegenpartei selbst einzuschreiten, sollte der Geschäftsbetrieb weiterhin ohne Zulassung erfolgen.[1140] Insofern kann die *BaFin* die sofortige Einstellung des Geschäftsbetriebes und die unverzügliche Abwicklung der Geschäfte gegenüber der *CCP* und den Mitgliedern ihrer Organe anordnen. Vor diesem Hintergrund kann die *BaFin* entweder selbst Weisungen erlassen oder einen geeigneten Abwickler bestellen, der von ihr eine angemessene Vergütung erhält.[1141]

1134 §9 Abs.1 KWG.
1135 §32 Abs.4, Abs.5 KWG.
1136 Art.20 Abs.1, Abs.7 EMIR.
1137 Art.20 Abs.3 EMIR.
1138 Art.20 Abs.5 EMIR.
1139 §36 Abs.1a KWG.
1140 §37 Abs.1 KWG.
1141 §37 Abs.3 KWG.

In den Vereinigten Staaten von Amerika sind ebenso Entzugsmöglichkeiten gesetzlich verankert. Sollte eine registrierte *DCO* nicht mehr die Voraussetzungen erfüllen, wozu insbesondere die vorgeschriebenen Grundprinzipien gehören, kann die Zulassung von *CFTC* entzogen (*revocation*) oder für maximal 180 Tage ausgesetzt werden (*suspension*).[1142] *SEC* hat ebenfalls die Möglichkeit, erteilte Zulassungen auszusetzen oder zu entziehen.[1143] Dabei besteht insoweit ein Unterschied zur *CFTC*, als dass die Aussetzung 12 Monate betragen kann. Als weiteres Instrument können Beschränkungen auferlegt werden (*impose limitations upon the activities, functions and operations*). Im Falle der Aussetzung oder Entziehung kann nach beiden Aufsichtsregimen ein Treuhänder (*trustee*) eingesetzt werden. Dieser wird im Gegensatz zum deutschen Modell des Abwicklers nach einem Antrag der entsprechenden Behörde vom Gericht am Sitz der zentralen Gegenpartei bestellt (*United States District Court*[1144]).[1145] Als mögliche Treuhänder können die Aufsichtsbehörde selbst oder eine Person, die von ihr bestimmt wurde, in Frage kommen. Grundsätzlich hat er die Aufgabe, die Geschäfte der zentralen Gegenpartei weiterzuführen oder zu beenden und dabei die Interessen der Teilnehmer und Investoren zu schützen. Zugleich ist er in seiner Ausübung an die vom Gericht aufgestellten Grundsätze gebunden.[1146]

Auch in Singapur ist die Aufsichtsbehörde *MAS* berechtigt, die erteilte Zulassung wieder zu entziehen. Im Gegensatz zu den anderen Jurisdiktionen beschränken sich die gesetzlichen Vorgaben auf dieses Instrument.[1147]

II. Voraussetzungen

Ein weiterer Gesichtspunkt sind die Voraussetzungen einer solchen Entziehung. Auf europäischer Ebene werden in EMIR verschiedene Entzugsgründe aufgeführt.[1148] Zunächst besteht ein Entzugsgrund bei Untätigkeit oder ausdrücklichem Verzicht der *CCP*, innerhalb eines Zeitraums von 12 Monaten von der Zulassung keinen Gebrauch zu machen oder wenn sie in den vorangegangenen sechs Monaten keine Dienstleistungen oder Tätigkeiten ausgeübt hat. Darüber hinaus existiert eine Entzugsmöglichkeit für den Fall, dass die Zulassung durch

1142 7 U.S.C. §7b.
1143 15 U.S.C. §78s(h)(1).
1144 15 U.S.C. §78u(d)(1); bei *CAs* ergibt sich eine weitere Zuständigkeitsvorschrift aus 15 U.S.C. §78aa.
1145 7 U.S.C. §7a-1(e)(1); 15 U.S.C. §78s(i).
1146 15 U.S.C. §78s(i).
1147 Sec.56(1) SFA.
1148 Art.20 Abs.1 lit.a)-d) EMIR.

falsche Angaben oder auf andere rechtswidrige Weise erlangt wurde. Sie kann ebenfalls entzogen werden, wenn die betroffene *CCP* nicht mehr die Voraussetzungen für die Erteilung erfüllt und entsprechenden Abhilfemaßnahmen durch die Behörde innerhalb einer gesetzten Frist nicht nachgekommen ist. Dabei kann jedes Mitglied des *Kollegiums* die nationale Aufsichtsbehörde jederzeit um eine entsprechende Überprüfung ersuchen.[1149] Die Behörde hat außerdem die Möglichkeit, die Zulassung zu entziehen, wenn Gesellschafter oder Aktionäre mit qualifizierter Beteiligung auf die *CCP* einen Einfluss ausüben, der sich voraussichtlich nachteilig auf ein solides und umsichtiges Management auswirkt.[1150] In engen Grenzen kommt weiterhin eine Entziehung in Frage, wenn in schwerwiegender Weise und systematisch gegen eine Anforderung von EMIR verstoßen wurde. Wenn die Behörde davon ausgeht, dass ein solcher Sachverhalt gegeben ist, ist sie dazu verpflichtet, innerhalb von fünf Arbeitstagen *ESMA* und die Mitglieder des *Kollegiums* darüber zu informieren.[1151]

In den Vereinigten Staaten von Amerika sind die Voraussetzungen für eine Entziehung der Zulassung vergleichsweise allgemein formuliert. So verzichtet der *Commodity Exchange Act* auf eine genaue Auflistung von Gründen. Vielmehr wird allgemein formuliert, dass es zu einem Entzug oder einer Aussetzung der Zulassung kommen kann, wenn das Unternehmen nicht die gesetzlichen oder behördlichen Regelungen (*regulation or order*) befolgt.[1152] Dabei wird der Verstoß im Gegensatz zur europäischen Verordnung nicht spezifiziert und muss insbesondere nicht in schwerwiegender oder systematischer Weise erfolgen. Zu demselben Ergebnis führen die Maßgaben für ein Einschreiten der *SEC*, wonach eine Aussetzung oder Entziehung der Zulassung nach ihrer Ansicht im öffentlichen Interesse liegen, dem Schutz von Investoren oder dem Zweck der Regelungen dienen muss. Dies ist insbesondere der Fall, wenn die zentrale Gegenpartei die an sie adressierten Bedingungen nicht befolgt.

Im Gegensatz zu den US-amerikanischen Regelungen enthalten die singapurischen Vorschriften eine Vielzahl von Entzugsgründen.[1153] Zunächst liegt ein Grund im Verstoß gegen gesetzliche Vorschriften des *Securities and Futures Act*, gegen auf Grundlage dieses Gesetzes erlassene Anweisungen der Aufsichtsbehörde (*directions*) oder Bedingungen und Einschränkungen der Zulassung.

1149 Art.20 Abs.4 EMIR.

1150 Art.30 Abs.4 EMIR. Neben dem Entzug können aber auch andere Maßnahmen getroffen werden, daher sollte der Entzug als *ultima ratio* gelten.

1151 Art.20 Abs.2 EMIR.

1152 7 U.S.C. sec.7b.

1153 Sec.56(1) lit.a)-f) SFA.

Außerdem kann die Zulassung entzogen werden, wenn ein Unternehmen den Betrieb nicht innerhalb von 12 Monaten nach der Zulassung aufgenommen oder danach eingestellt hat. Hierbei besteht eine gesetzliche Vermutung, wann eine solche Einstellung vorliegt. Diese ist erfüllt, wenn eine zentrale Gegenpartei den Clearingbetrieb ohne eine entsprechende behördliche Erlaubnis für 30 Tage eingestellt hat oder eine entsprechende behördliche Anweisung gem. sec.81R *Securities and Futures Act* erfolgt ist. Eine *Besonderheit* der singapurischen Regulierung besteht in der Ausgestaltung des Anhörungsrechts. Grundsätzlich soll eine vorherige Anhörung vor dem Entzug einer Zulassung stattfinden.[1154] Hiervon kann allerdings insbesondere dann abgesehen werden, wenn das Unternehmen in Singapur oder im Ausland abgewickelt wird (*in the course of being wound up or otherwise dissolved*) oder ein oben beschriebener Verwalter bestellt wurde.[1155]

E. Zusammenfassung

Zentrale Gegenparteien bedürfen in allen untersuchten Ländern einer *behördlichen Zulassung*. Den Besonderheiten der EU ist es geschuldet, dass die Erlaubnis zunächst auf nationaler Ebene erteilt wird und sich danach auf das gesamte Gebiet der Europäischen Union erstreckt. In den Vereinigten Staaten von Amerika sind bestimmte Ausnahmetatbestände auf die zweigeteilte Aufsichtsstruktur zurückzuführen. In Singapur besteht die Möglichkeit, dass bestimmte Unternehmen oder einzelne Marktteilnehmer von der Zulassungsverpflichtung befreit werden können. Im Einzelnen weisen die untersuchten Regelungsregime eine *Vielzahl an Anforderungen* auf, die von dem Antragsteller zu erfüllen sind. Dies spiegelt die besondere Relevanz einer zentralen Gegenpartei für das nationale und internationale Finanzsystem wider. Eine *Besonderheit* auf europäischer Ebene stellt die Einbindung des *Kollegiums* dar, in dem unter anderem verschiedene nationale Aufsichtsbehörden vertreten sind. Dieses Gremium verfasst eine Stellungnahme über die Zulassung eines Unternehmens als zentrale Gegenpartei, wobei die Letztentscheidungsbefugnis grundsätzlich bei der national zuständigen Aufsichtsbehörde verbleibt. In den Vereinigten Staaten von Amerika bindet *SEC* die Öffentlichkeit zur Schaffung von Transparenz in besonderem Maße ein, was in diesem Umfang in den anderen Regulierungen nicht auszumachen ist.

1154 Sec.56(2) SFA.
1155 Sec.56(3) SFA.

Sollte ein Unternehmen die speziellen Voraussetzungen für den Betrieb eines zentralen Kontrahenten nicht mehr erfüllen, sehen alle Länder den *Entzug* der Zulassung vor. Während in der Europäischen Union und in Singapur explizite Entzugsgründe aufgelistet werden, sind die Voraussetzungen in den Vereinigten Staaten von Amerika allgemeiner formuliert. Dort wird lediglich an die Nichtbefolgung gesetzlicher oder behördlicher Regelungen angeknüpft. Auf deutscher Ebene und in den Vereinigten Staaten von Amerika besteht in diesem Zusammenhang die Möglichkeit, in den noch laufenden Geschäftsbetrieb der zentralen Gegenpartei einzugreifen. So kann insbesondere ein Abwickler oder *trustee* zum Zuge kommen, wobei zwischen den Jurisdiktionen allerdings verfahrensrechtliche Differenzen bestehen.

§4 Finanzielle Anforderungen

Da der zentralen Gegenpartei in Zukunft eine bedeutende Funktion innerhalb des nationalen und weltweiten Finanzsystems zukommen wird, stellt sich die Frage nach ihrer finanziellen Ausstattung. Daher soll dieser Paragraph untersuchen, welche Anforderungen die jeweiligen Jurisdiktionen an die finanziellen Ressourcen stellen. Zunächst werden allgemeine Grundsätze erarbeitet, die den Rahmen für die Finanzausstattung bilden. Danach werden zwei wichtige Finanzquellen in Form der Einschussforderungen und Beiträge zum Ausfallfonds untersucht und die jeweiligen Regelungen gegenübergestellt. Anschließend werden sonstige Finanzmittel thematisiert. Letztlich soll ermittelt werden, in welcher Reihenfolge einzelne Mittel im Ernstfall verwertet werden.

A. Allgemeine Regelungen

In diesem Unterabschnitt sollen zunächst allgemeine Regelungen untersucht werden, die die einzelnen Jurisdiktionen für die finanzielle Ausstattung der zentralen Gegenpartei erarbeitet haben. Anschließend wird kurz auf spezielle Vorschriften zum Eigenkapital eingegangen.

I. Finanzmittel

Es lassen sich verschiedene finanziellen Mittel ausmachen, die einer zentralen Gegenpartei zur Verfügung stehen können. Zudem ist es erhellend, die Höhe und Ermittlung der Finanzausstattung zu vergleichen.

Zentrale Kontrahenten in der Europäischen Union verfügen über verschiedene finanzielle Quellen. EMIR konkretisiert diese Mittel in Eigenkapital, Einschussforderungen, Beiträge zum Ausfallfonds und sonstige Finanzmittel. Daneben besteht die Möglichkeit, von nichtausfallenden Clearingmitgliedern zusätzliche Mittel zu fordern, um den Ausfall eines anderen Mitglieds zu kompensieren.[1156] Die Regulierung der *CFTC* in den USA weist in diesem Zusammenhang einen hohen Deckungsgrad möglicher Kategorien von Finanzmitteln mit der Europäischen Union auf. So zählen zu den finanziellen Ressourcen einer *DCO* ebenfalls Einschusszahlungen (*margins*) sowie Beiträge der Clearingmitglieder zum Ausfallfonds (*guaranty fund deposits*), potentielle weitere Beiträge (*additional guaranty fund contributions*) und eigenes Kapital. Daneben werden aber auch explizit Ausfallversicherungen (*default insurance*) und sonstige von der Aufsichtsbehörde gestattete Mittel genannt[1157], auf die nicht explizit in der europäischen Verordnung hingewiesen wird. *Letters of credit* werden beispielsweise grundsätzlich nicht als sonstige Mittel erfasst, wobei eine Entscheidung der Behörde im konkreten Einzelfall anders ausfallen kann.[1158] Eine solche Aufzählung ist dem Ansatz der US-amerikanischen *SEC* nicht zu entnehmen, denn hier werden die finanziellen Quellen einer *CA* nicht kategorisiert. Gleichwohl setzt das Regelungskonzept Mittel voraus, was insbesondere auf Einschussforderungen zutrifft, die explizit geregelt werden.[1159] In der singapurischen Regelung ist ebenfalls keine Kategorisierung von Finanzmitteln zu erkennen. Dennoch werden bestimmte Anforderungen an eigenes Kapital, Einschussforderungen und Beiträge zum Ausfallfonds gestellt.

Insofern ist festzuhalten, dass alle Regelungen in den Vergleichsjurisdiktionen eigenes Kapital, Einschussforderungen und Beiträge zu einem Ausfallfonds als wesentliche finanzielle Ressourcen einer zentralen Gegenpartei verstehen.

1. Höhe

Im Folgenden soll die Höhe der finanziellen Mittel einer zentralen Gegenpartei ermittelt werden. Dabei wird zwischen Anfangskapital und speziellen Vorgaben zur Risikoabdeckung unterschieden.

a) Anfangskapital

In der Europäischen Union wird vorausgesetzt, dass eine zentrale Gegenpartei ein ständiges und verfügbares Anfangskapital von mindestens 7,5 Mio. EUR besitzt.[1160] Da in Deutschland bislang für zentrale Kontrahenten ein Anfangskapital

---

1156 Art.43 Abs.3 EMIR.

1157 17 C.F.R. §39.11(b)(i)-(vi).

1158 *CFTC*, Derivatives Clearing Organization General Provisions and Core Principles, Final Rule, 76 FR 69346 (08.11.2011).

1159 17 C.F.R. §240.17Ad-22(b)(2).

1160 Art.16 Abs.1 EMIR.

von 5 Mio. EUR galt[1161], wurden nunmehr die strengeren Anforderungen implementiert. Der Wert schwankte während des Gesetzgebungsverfahrens von anfangs 5 Mio. EUR[1162] bis 10 Mio. EUR.[1163] Daher stellt der in EMIR verankerte Betrag eine Kompromisslösung dar. In gleicher Weise verlangt der singapurische Gesetzgeber zunächst allgemein, dass ein zentraler Kontrahent im Zulassungsverfahren über eine bestimmte Mindestkapitalausstattung verfügen muss.[1164] Diesen Betrag hat die zuständige Aufsichtsbehörde für *ACHs* auf 10 Mio. Singapur-Dollar, für *RCHs* auf die Hälfte festgesetzt.[1165] Im Gegensatz zur Europäischen Union und Singapur hat sich *CFTC* in den Vereinigten Staaten von Amerika ausdrücklich gegen Anfangs- oder Mindestkapitalvorgaben für das Anfangskapital ausgesprochen, obwohl zahlreiche Kommentare während des Verfahrens eingereicht wurden, die sich hierfür aussprachen.[1166] Auch bei den geplanten Regelungen der *SEC* sind keine Mindestkapitalvorgaben in nominellen Beträgen zu erkennen.

b) Spezielle Vorgaben zur Risikoabdeckung

Nach der europäischen Verordnung muss eine *CCP* über finanzielle Mittel verfügen, die jederzeit ausreichen, um eine geordnete Abwicklung oder Restrukturierung ihrer Geschäftstätigkeit über einen angemessenen Zeitpunkt zu ermöglichen und einen ausreichenden Schutz vor Kredit-, Gegenpartei-, Markt-, Betriebs-, Rechts- und Geschäftsrisiken sicherzustellen.[1167] Weiterhin müssen die Beiträge zum Ausfallfonds und die sonstigen Finanzmittel ausreichen[1168], um mindestens einen jederzeitigen Ausfall der beiden Clearingmitglieder, gegenüber denen die

1161 §33 Abs.1 Satz 1 Nr.1d KWG a.F.; *BaFin,* Merkblatt über die Erteilung einer Erlaubnis zum Betreiben von Bankgeschäften, abrufbar unter http://www.bafin.de/SharedDocs/Downloads/DE/Merkblatt/BA/dl_080609_bankerlaubnis_ba.pdf?__blob=publicationFile&v=8.

1162 Art.12 Abs.1 EMIR-E, KOM(2010)484, 15.09.2010, abrufbar unter http://eur-lex.europa.eu/LexUriServ/LexUriServ.do?uri=COM:2010:0484:FIN:DE:PDF.

1163 Art.12 Abs.1 EMIR-E, Abl.EU vom 05.02.2013, Nr.C 33 E/233.

1164 Sec.51(7) SFA.

1165 Regulation 7(1)(b) SF(CF)R; regulation 7(2)(b) SF(CF)R.

1166 *CFTC*, Clearing Derivatives Organization General Provisions and Core Principles, Final Rule, 76 FR 69347 (08.11.2011).

1167 Art.16 Abs.2 EMIR.

1168 *Anmerkung*: Hierin liegt der Unterschied zur Höhe des Ausfallfonds gem. Art.42 Abs.3 EMIR. Dessen Mittel müssen ausreichen, um den Ausfall des Clearingmitglieds mit der höchsten Risikoposition, oder falls der Betrag größer ist, der Clearingmitglieder denen gegenüber die zweit- und drittgrößtem Positionen bestehen, abzudecken. Siehe Kapitel 2, Abschnitt 4, §4, Unterpunkt C III.

CCP die höchsten Risikopositionen hält, unter extremen, aber plausiblen Marktbedingungen, zu kompensieren.[1169] Zur Höhe des Ausfallfonds alleine werden ebenso spezielle Vorgaben gemacht.[1170]

Die Vorschriften der US-amerikanischen *CFTC* stellen zunächst allgemein fest, dass eine *DCO* adäquate finanzielle Ressourcen bereithalten muss, um ihre Verbindlichkeiten begleichen zu können.[1171] Diese sehr weit gefasste Vorgabe wird insofern konkretisiert, als dass eine zentrale Gegenpartei zumindest bestimmte Ausfälle ihrer Mitglieder und Geschäftsrisiken abfangen muss. Dies hat zur Folge, dass ein zentraler Kontrahent zumindest über so hohe finanzielle Mittel verfügen muss, um seine operationellen Kosten für ein Jahr abzudecken.[1172] Zusätzlich muss er zumindest über eine so hohe Finanzausstattung verfügen, um den Ausfall des Clearingmitglieds mit der höchsten Verbindlichkeit unter extremen, aber plausiblen Marktbedingungen abfangen zu können.[1173] Für *SIDCOs* und *Opt-in DCOs* ergeben sich höhere finanzielle Anforderungen. Diese müssen über so hohe finanzielle Ressourcen verfügen, um den Ausfall der beiden Mitglieder mit den größten finanziellen Risiken unter extremen, aber plausiblen Marktbedingungen zu verkraften. Voraussetzung für diese Vorgaben ist, dass die zentrale Gegenpartei in mehreren Jurisdiktionen systemrelevant ist oder über ein komplexeres Risikoprofil verfügt.[1174] Letzteres ist entweder gegeben, wenn sie Geschäfte mit *CDS*, *credit default futures* oder Derivaten, die sich auf diese Instrumente beziehen, abwickelt oder Geschäfte, die die Aufsichtsbehörde als solche erachtet, betreibt[1175].[1176]

SEC fokussiert sich in ihren Entwürfen zunächst auf die Kreditrisiken einer zentralen Gegenpartei (*credit exposure*) und verlangt allgemein, dass eine *CCA* ausreichend finanzielle Mittel bereithalten soll, um diese Risiken zu jedem ihrer

---

1169 Art.43 Abs.2 EMIR.

1170 Siehe Kapitel 2, Abschnitt 4, §4, Unterpunkt C III.

1171 7 U.S.C.§7a-1(c)(B).

1172 17 C.F.R. §39.11(a)(2).

1173 *Anmerkung*: Bei Konzernsachverhalten werden dabei Tochtergesellschaften des entsprechenden Clearingmitglieds als eine Einheit betrachtet (vgl. 17 C.F.R. §39.11(a)(1)).

1174 17 C.F.R. §39.33(a)(1).

1175 17 C.F.R. §39.2 "*activity with a more complex risk profile*".

1176 *Anmerkung*: Dabei werden Gesellschaften auf Konzernebene abermals als Einheit betrachtet (vgl. 17 C.F.R. §39.33(a)(4)). Des Weiteren ist besonders zu beachten, dass spezielle finanzielle Mittel für den Ausfallfonds (*assessments for additional guaranty fund contributions*) nicht bei der Ermittlung ausreichender Mittel berücksichtigt werden dürfen (vgl. 17 C.F.R. §39.33(b)).

Teilnehmer mit einem hohen Grad an Sicherheit abzudecken.[1177] Konkretisiert werden diese Vorgaben insofern, als dass eine *CCA* insbesondere den Ausfall der beiden Mitglieder mit dem höchsten Kreditrisiko unter extremen, aber plausiblen Marktbedingungen absichern muss[1178].[1179]

Die singapurischen Regelungen fordern allgemein, dass zentrale Kontrahenten – sowohl *ACHs* als auch *RCHs* – ausreichend finanzielle Mittel bereithalten müssen, um ihre Geschäfte sicher und effizient auszuführen, sich für Notfälle (*contingencies*) und Ausfälle (*disasters*) zu wappnen und angemessene Sicherheitsvereinbarungen zu bieten.[1180] Durch die Betonung von Störungen von automatischen, technischen Systemen[1181] wird im Vergleich zu den anderen Regulierungen ein besonderer Akzent gesetzt.[1182]

2. *Extreme, aber plausible Marktbedingungen*

Wie bereits angedeutet, referieren die jeweiligen Regulierungen auf den Begriff „extreme, aber plausible Marktbedingungen." Daher soll im Folgenden untersucht werden, wie die einzelnen Jurisdiktionen diesen Terminus ausgelegt haben.

Der europäische Verordnungsgeber räumt dem zentralen Kontrahenten bei der Auslegung des Begriffs einen weiten Beurteilungs- und Ermessenspielraum ein. Dementsprechend muss eine *CCP* einen Strategierahmen entwickeln, in dem dargelegt wird, wie sie extreme, aber plausible Marktbedingungen ermittelt.[1183] Die Wichtigkeit dieses Papiers wird dadurch unterstrichen, dass es vollständig zu dokumentieren und aufzubewahren ist.[1184] Zusätzlich wird vom europäischen Verordnungsgeber ein interner Entwicklungs- und Kontrollmechanismus etabliert, da der Strategierahmen vor dem Risikoausschuss einer *CCP* erörtert wird,

---

1177 Proposed Rule 17 C.F.R. §240.17Ad-22(e)(4)(i).

1178 Proposed Rule 17 C.F.R. §240.17Ad-22(e)(4)(ii).

1179 *Anmerkung*: In diesem Zusammenhang wird der Begriff der „*participant family*" verwendet, der von seinem Wortsinn weiter geht, als der Begriff „*clearing member*" bei *CFTC*.

1180 Sec.57(1)(g)(i)-(iii) SFA; sec.75(1)(g)(i)-(iii) SFA.

1181 Sec.57(5) SFA; sec.75(5) SFA.

1182 *Anmerkung*: Konkrete Vorgaben zur Höhe der finanziellen Mittel ließen sich, entgegen der von *ESMA* in ihrem Äquivalenzbericht niedergelegten Auffassung, nicht erkennen (vgl. *ESMA*, Technical advice - Singapore, S.58). Da singapurische zentrale Kontrahenten aber verpflichtet sind, die internationalen Standards umzusetzen, dürfte eine Konformität, insbesondere mit den Vereinigten Staaten von Amerika, sichergestellt werden.

1183 Art.29 Abs.1, 2 Delegierte Verordnung (EU) Nr.153/2013.

1184 Art.29 Abs.2 Delegierte Verordnung (EU) Nr.153/2013.

von ihrem Leitungsorgan zu genehmigen ist und einer jährlichen Überprüfung standhalten muss.[1185] Andererseits wird der Gestaltungsspielraum durch zahlreiche allgemeine und spezielle Vorgaben zu einem gewissen Maße eingeschränkt. Allgemein sollen mit diesem Instrument alle Marktrisiken ermittelt werden, denen eine zentrale Gegenpartei bei Ausfall eines oder mehrerer Clearingmitglieder ausgesetzt wäre. Hierzu zählen eine geringe Marktliquidität der abgewickelten Finanzinstrumente und ein geringerer Liquidationswert der gestellten Sicherheiten. Zudem sollen unternehmensübergreifende Konzernrisiken berücksichtigt werden, die bei gleichzeitigem Zusammenbruch mehrerer Unternehmen derselben Gruppe entstehen können.[1186] Umfangreicher stellen sich die Vorgaben für spezielle Faktoren dar. So muss ein zentraler Kontrahent für jeden Markt, in dem er bei Ausfall eines Clearingmitglieds Risiken ausgesetzt wäre, das Risiko ermitteln und bestimmte Mindestfaktoren einbeziehen. Vor diesem Hintergrund müssen mehrere historische Szenarien, die in den letzten 30 Jahren aufgetreten sind und die die größten finanziellen Risiken darstellen würden, berücksichtigt werden. Diese strengen Vorgaben werden jedoch wiederum relativiert, da ein geringerer Betrachtungszeitraum angesetzt werden kann, sollten keine zuverlässigen Daten für die gesamte Zeit verfügbar sein. Dies kann insbesondere bei Derivaten der Fall sein, die sich auf jüngere Basiswerte beziehen. Zudem muss eine *CCP* historische, extreme Preisbewegungen nicht beachten, wenn sie es nicht für plausibel hält, dass diese wieder auftreten. In einem solchen Fall besteht jedoch eine Begründungspflicht gegenüber der Aufsichtsbehörde.[1187] Außerdem müssen dem Strategierahmen verschiedene potentielle künftige Szenarien und das Entstehen solcher Bedingungen auf mehreren Märkten gleichzeitig zugrunde gelegt werden.[1188]

Weitaus freizügiger sind die Ansätze der amerikanischen Aufsichtsbehörden. *CFTC* gewährt den Clearingstellen ausdrücklich einen angemessenen Ausgestaltungsspielraum bei der Methodik[1189] sowohl für die Kredit- als auch für die Geschäftsrisiken (*reasonable discretion*) und postuliert nur wenige Rahmenbedingungen. Diese beschränken sich auf die Verwendung von historischen

---

1185 Art.29 Abs.3 Delegierte Verordnung (EU) Nr.153/2013.

1186 Art.30 Abs.1 Delegierte Verordnung (EU) Nr.153/2013.

1187 Art.30 Abs.2 lit.a) Delegierte Verordnung (EU) Nr.153/2013.

1188 Art.30 Abs.2 lit.b), Abs.3 Delegierte Verordnung (EU) Nr.153/2013.

1189 *Anmerkung*: Diese finden im Rahmen sogenannter *stress tests* statt (vgl. 17 C.F.R. §39.2). In diesem Fall handelt es sich um die Überprüfung der gesamten finanziellen Risiken einer *DCO*; andererseits gibt es auch Testverfahren, die konkrete, auf bestimmte Marktteilnehmer bezogene Risiken beleuchten sollen (vgl. 17 C.F.R. §39.13(h)(3)).

Datensätzen sowie auf potentielle zukünftige Szenarien, ohne diese jedoch weiter zu konkretisieren. Allerdings behält sie sich eine Überprüfung und entsprechende Änderungen vor.[1190]

SEC umschreibt den Begriff zunächst als Sonderkonstellationen (*tail event conditions*), die die finanziellen Vorkehrungen einer *CA* überschreiten. Allerdings spricht sie lediglich davon, dass diese Umstände die historisch stärksten Preisschwankungen eines abgewickelten Finanzinstruments über einen bestimmten Zeitraum umfassen oder überschreiten können, verlangt aber nicht die Einbeziehung dieser Szenarien. Gleichzeitig spricht sie sich dafür aus, individuelle Regelungen durch die Marktteilnehmer entwickeln zu lassen. Um eine einheitliche Handhabung zu gewährleisten, behält sie sich eine Überprüfung und Veröffentlichung für Kommentare jedoch vor.[1191]

Obwohl die singapurische Regulierung nicht explizit von der Berücksichtigung extremer, aber plausibler Marktbedingungen spricht, entfalten die umzusetzenden internationalen Standards dennoch indirekte Wirkung. Hiernach muss eine zentrale Gegenpartei prüfen, ob sie ausreichende finanziellen Ressourcen im Falle eines oder mehrerer Ausfälle unter solchen Gegebenheiten aufweisen kann.[1192] Dabei sollen einerseits Szenarien berücksichtigt werden, die die größten einschlägigen, historischen Preisschwankungen (*relevant peak historic price colatilities*), Änderungen anderer Marktfaktoren (*shifts in other market factors*), mehrere Ausfälle über unterschiedliche Zeiträume und andererseits diverse zukünftige Konstellationen erfasst werden.[1193] Dementsprechend berücksichtigt *SGX-DC* nach eigenen Angaben diverse historische Krisenfälle. Im Gegensatz zu den europäischen Vorgaben beschränken sich diese jedoch auf die letzten 20 Jahre, worunter beispielsweise die Asienkrise (1997–1998), der Anschlag auf das *World Trade Center* (2001), die *Lehman*-Pleite (2008) oder die Abwertung der USA bzw. die Euro-Schuldenkrise (2011) fallen. Daneben werden zukünftige Szenarien entworfen, sodass insgesamt über 200 Konstellationen modellhaft entwickelt werden.[1194]

1190 17 C.F.R. §39.11(c)(1),(2).

1191 *SEC*, Clearing Agency Standards, Final Rule, 77 FR 66236 (02.11.2012).

1192 *CPSS/IOSCO*, Principles for financial market infrastructures, Principle 4, Key Consideration 5.

1193 *CPSS/IOSCO*, Principles for financial market infrastructures, Principle 4, Key Consideration 6.

1194 *SGX-DC*, Making SGX-Derivatives Clearing Transparent for Market Participants, S.43.

II. Eigenkapital

Die europäischen Regelungen heben sich gegenüber den anderen betrachteten Jurisdiktionen aufgrund besonderer Eigenkapitalvorgaben hervor. Grundsätzlich wird nach der europäischen Regulierung unter Eigenkapital gezeichnetes Kapital verstanden, sofern es eingezahlt wurde und es im Konkurs- oder Liquidationsfall gegenüber allen anderen Forderungen nachrangig ist.[1195] Dieses muss einschließlich der Gewinn- und sonstigen Rücklagen in einem ausgewogenen Verhältnis zu dem Tätigkeitsrisiko der *CCP* stehen. Wie bereits oben angesprochen[1196], muss jederzeit ausreichend Eigenkapital vorhanden sein, um das Geschäftsfeld neu auszurichten und vor diversen Risiken schützen zu können, falls diese nicht bereits durch besondere Finanzmittel gedeckt sind.[1197] Die genauen Voraussetzungen werden in einer Delegierten Verordnung festgelegt.[1198] Dort werden konkrete Eigenkapitalanforderungen für bestimmte Risikobereiche, wie zum Beispiel das Betriebsrisiko, festgeschrieben. Die Berechnung unterliegt im Detail komplexen Regelungen, die den Rahmen der Untersuchung sprengen würden.

B. Margins

Die primäre Sicherheitsvorkehrung des zentralen Kontrahenten vor Kreditrisiken sind die Einschusszahlungen (*margins*), die von den Clearingmitgliedern geleistet werden. Auf diese wichtige finanzielle Quelle soll nun eingegangen werden. Dabei wird in einem ersten Schritt verglichen, wie die Einschussforderungen jeweils konzipiert wurden. Danach werden Sondervorschriften im Zusammenhang mit Portfolios betrachtet. Letztlich stellt sich die Frage nach Mechanismen, um die Angemessenheit der Ermittlung von Einschussforderungen zu kontrollieren.

In allen Regulierungen ist es dem zentralen Kontrahenten gestattet bzw. vorgeschrieben, *margins* zu fordern. So muss eine europäische *CCP* Einschusszahlungen verlangen, um ausgehende Kreditrisiken von Clearingmitgliedern und interoperablen zentralen Gegenparteien zu begrenzen.[1199] Ein vergleichbarer Gedanke ist den US-amerikanischen Vorschriften zu entnehmen. Im Hinblick auf *DCOs* sollen diese Mittel sicherstellen, dass das operative Geschäft nicht

---

1195 Art.2 Nr.25 EMIR i.V.m. Art.22 Richtlinie 86/635/EWG.

1196 Siehe Kapitel 2, Abschnitt 4, §4, Unterpunkt A I 1 b).

1197 Art.16 Abs.2 EMIR.

1198 Art.1 Delegierte Verordnung (EU) Nr.152/2013, der Kommission vom 19.12.2012 zur Ergänzung der Verordnung (EU) Nr.648/2012 des Europäischen Parlaments und des Rates im Hinblick auf technische Regulierungsstandards für die Eigenkapitalanforderungen an zentrale Gegenparteien, Abl.EU vom 23.02.2013, Nr.L 52/37.

1199 Art.41 Abs.1 EMIR.

beeinträchtigt wird und Mitglieder nicht von Verlusten ausfallender Mitglieder getroffen werden, da sie diese nicht beeinflussen oder vorhersehen können.[1200] Grundsätzlich ist die Regulierung für *CAs* allgemeiner gehalten, da sie *margins* einsetzen sollen, um Verbindlichkeiten gegenüber ihren Teilnehmern abzusichern.[1201] Für *CCAs* plant *SEC* weitere Vorgaben.[1202] In Singapur kann eine anerkannte Clearingstelle ebenfalls Einschusszahlungen verlangen, was allerdings erst indirekt aus der behördlichen Regulierung hervorgeht, denn ein zentraler Kontrahent muss Änderungen an seinen Einschussforderungen zuvor von *MAS* genehmigen lassen.[1203]

I. Konzeption

Eine zentrale Frage ist, wie die Einschussforderungen überhaupt konzipiert sind, um als finanzielle Absicherung dienen zu können. In diesem Zusammenhang werden zu Beginn allgemeine Erwägungen getroffen. Sodann werden wesentliche Elemente thematisiert, worunter das Konfidenzintervall, die Liquidationsspanne sowie die historische Volatilität zählen.

1. Allgemeines

Vergleicht man die Regelungen zu den Einschussforderungen zentraler Kontrahenten, lassen sich unterschiedliche Ansätze und Detailgrade ausmachen. Die Europäische Union zeichnet sich durch eine relativ breite Regulierung aus. Diese ist in den Grundzügen mit den regulatorischen Maßgaben der *CFTC* in den Vereinigten Staaten von Amerika vergleichbar, da eine spezifische Konzeption zur Steuerung von Risiken festgeschrieben wird. Den Vorgaben beider Aufsichtsregime ist gemeinsam, dass sich die Höhe der Einschussforderungen zunächst nach einem Prozentsatz richtet, der durch verschiedene Faktoren beeinflusst wird. Bestimmte Risiken eingegangener Positionen müssen bis zu ihrer geschätzten Liquidation abgedeckt werden. Neben dieser zeitlichen Komponente bei der Ermittlung des Prozentsatzes existiert ein forderungsspezifisches Element, das die immanente Volatilität einzelner Positionen berücksichtigt.

Auf der anderen Seite schlägt *SEC* in den USA für die Regulierung von *CAs* einen anderen Weg ein. Die Behörde ist der Ansicht, dass die zentralen Gegenparteien selbst darüber befinden sollen, welche Standards und Methoden sie zur Berechnung der Einschussforderungen anlegen. Weder für Konfidenzintervalle,

1200 7 U.S.C. §7a-1(c)(2)(D)(iii).
1201 17 C.F.R. §240.17Ad-22(b)(2).
1202 Proposed Rule §240.17Ad-22(e)(6).
1203 Regulation 12(1)(a) SF(CF)R.

noch für die Liquidationszeiträume oder Faktoren werden bestimmte Voraussetzungen verlangt. Damit solle ein höheres Maß an Flexibilität gewährleistet werden, indem jede zentrale Gegenpartei ihre eigene Methodik für ihre individuell abgewickelten Produkte anlegen darf.[1204] Dieser Ansatz setzt sich in den geplanten Regelungen für *CCAs* fort, wonach lediglich ein risikobasiertes System mit Mindestvorgaben etabliert werden soll, ohne jedoch konkrete Vorgaben zu beabsichtigen.[1205]

In Singapur wird auf regulatorische Einzelheiten verzichtet. Indem die singapurischen zentralen Kontrahenten jedoch zur Umsetzung der *PFMIs* verpflichtet werden, wird gleichsam ein regulativer Rahmen für Einschussforderungen geschaffen. Deshalb wird im Folgenden die Implementierung für Ersteinschussforderungen durch *SGX-DC* in die Betrachtung einbezogen. *SGX-DC* unterscheidet allgemein zwischen außerbörslichen Derivaten auf Rohstoffe (*OTC commodities*), beispielsweise Rohstoffswaps, und außerbörslichen Finanzderivaten (*OTC financial derivatives*), wie zum Beispiel Zinssatzswaps.[1206]

Zum Teil weisen die Regelungsregime auch spezifische Besonderheiten auf. So sind europäische *CCPs* beim Überschreiten bestimmter Schwellenwerte verpflichtet, auch untertägig Einschussforderungen von ihren Mitgliedern zu verlangen.[1207] Des Weiteren enthalten die Regelungen der *CFTC* spezielle Vorgaben für *margins* im Hinblick auf Kunden.[1208] Dies betrifft insbesondere Personen, die in *commodities* und *swaps* investieren.[1209]

2. Prozentuale Forderungsveränderung

Grundsätzlich wird die Höhe der Einschussforderungen für zentrale Gegenparteien durch ein sogenanntes Konfidenzintervall bestimmt. In der Europäischen Union wird hierunter ein Prozentsatz verstanden, der sich aus der Forderungsveränderung des jeweiligen Finanzinstruments in einem bestimmten Zeitintervall ergibt. Diese Wertveränderung wird aus einem vergangenen Zeitraum abgeleitet und muss durch die *CCP* bis zur Liquidation der Position abgedeckt werden.[1210] Die europäische Verordnung legt hierbei ein Konfidenzintervall von

---

1204 *SEC*, Clearing Agencies Standards, Final Rule, 77 FR 66233 (01.11.2012).

1205 Porposed Rule 17. C.F.R. §240.17Ad-22(e)(6).

1206 *SGX-DC*, Making SGX-Derivatives Clearing Transparent for Market Participants, S.49.

1207 Art.41 Abs.3 EMIR.

1208 17 C.F.R. §39.13(g)(8).

1209 17 C.F.R. §39.2 ‚customer'.

1210 Art.1 Nr.2 Delegierte Verordnung (EU) Nr.153/2013.

mindestens 99% zugrunde.[1211] In der Delegierten Verordnung wird es bei OTC-Derivaten auf mindestens 99,5% angehoben.[1212] Jedoch ergibt sich eine Ausnahme im Hinblick auf OTC-Derivate, die dieselben Risikomerkmale aufweisen wie auf geregelten Märkten oder auf äquivalenten Drittlandsmärkten gehandelte Derivate. Dann kann das Konfidenzintervall auf 99% gesenkt werden, wenn eine umfassende Betrachtung zu einer angemessenen Risikoverringerung führt.[1213]

Genereller ist die Vorgehensweise der *CFTC* in den USA, die den Wert des Konfidenzintervalls auf mindestens 99% festschreibt.[1214] So wird zwar bei der Mindestgrenze der Konfidenzintervalle nicht zwischen OTC-Derivaten und anderen Finanzinstrumenten differenziert, sodass ein einheitlicher Mindestwert festgeschrieben ist. Gleichwohl wird gefordert, dass dieser Wert für jedes Produkt, *spread*, Konto von Clearingmitgliedern und Kunden sowie Portfolien berechnet werden muss. Obwohl *SEC* keine Konfidenzintervalle vorschreibt, scheint sie von einem gleichen Wert auszugehen. Insoweit argumentiert sie, dass derzeit ein Konfidenzintervall von 99% als Mindeststandard anzusehen sei[1215] und bei ihr registrierte Mitglieder diesen Wert einzuhalten haben[1216]. Außerdem plant sie, dass *CCAs* ihre Risiken ebenfalls für jedes Produkt und Portfolio sowie für jeden Markt berechnen müssen.[1217]

In Singapur hat *SGX-DC* ebenfalls Grenzwerte festgelegt. Diese betragen bei beiden Arten von Produkten mindestens 99%[1218] und sind daher mit den Standards in der Europäischen Union und den Vereinigten Staaten von Amerika vergleichbar.

3. *Liquidationsspanne*

Da einzelne Positionen in der Regel nicht sofort liquidiert werden können, müssen die Einschusszahlungen eine gewisse Zeitspanne abdecken, bis sie regelmäßig veräußert werden können. In allen Jurisdiktionen lassen sich insoweit Regelungen ausmachen. Unter EMIR müssen die Einschusszahlungen ausreichen, um die potentiellen Risiken bis zur Liquidierung der Positionen zu decken.[1219] In ähnlicher

1211 Art.41 Abs.1 EMIR.

1212 Art.24 Abs.1 lit.a) Delegierte Verordnung (EU) Nr.153/2013.

1213 Art.24 Abs.4 Delegierte Verordnung (EU) Nr.153/2013.

1214 17 C.F.R. §39.13(g)(2)(iii).

1215 *SEC*, Clearing Agencies Standards, Final Rule, 77 FR 66226 (01.11.2012).

1216 *SEC*, Clearing Agencies Standards, Final Rule, 77 FR 66267 (01.11.2012).

1217 Proposed Rule 17 C.F.R. §240.17Ad-22(e)(6)(i).

1218 *SGX-DC*, Making SGX-Derivatives Clearing Transparent for Market Participants, S.51.

1219 Art.41 Abs.1 EMIR.

Weise müssen zentrale Gegenparteien in den Vereinigten Staaten Einschusszahlungen vornehmen. Auch *SGX-DC* in Singapur hat einen solchen Mechanismus eingeführt.

Bemerkenswert ist jedoch, dass den zentralen Kontrahenten in den untersuchten Jurisdiktionen unterschiedliche Spielräume bei der Beurteilung eingeräumt werden, wie hoch dieser Liquidationszeitraum ausfällt. Einen sehr weiten Beurteilungsspielraum gewährt *SEC*, die für *CAs* keine Vorgaben über den Liquidationszeitraum oder etwaige zu berücksichtigende Faktoren vorgibt. Auch für *CCAs* sind derzeit keine konkreten Zeitspannen vorgesehen.[1220] Konträr schreiben *ESMA* und *CFTC* produktspezifische Mindestzeiträume vor.[1221] So beträgt die Liquidationsperiode für OTC-Derivate auf europäischer Ebene mindestens fünf Geschäftstage. Ausnahmsweise kann eine kürzere Periode von mindestens zwei Geschäftstagen angesetzt werden, wenn die abgewickelten OTC-Derivate über eine höhere Liquidität verfügen, indem sie dieselben Merkmale aufweisen müssen, als würden sie an geregelten Märkten oder auf einem äquivalenten Drittlandsmarkt gehandelt.[1222] In diesem Fall muss die betroffene *CCP* gegenüber *ESMA* nachweisen, dass dieser kürzere Zeithorizont für die Liquidation angemessener ist. Für andere Finanzinstrumente wird ein Mindestzeitraum von zwei Geschäftstagen gefordert. Ein differenzierter Ansatz liegt der Regelung der *CFTC* zugrunde, da zwischen bestimmten Produktkategorien unterschieden wird. Für *futures*, Optionen und *swaps*, denen landwirtschaftliche Werte, Energiegrößen oder Metall zugrunde liegen, beträgt der Mindesthorizont ein Tag, wobei hier wohl Geschäftstage gemeint sind. Alle anderen *swaps* sind mit einer Liquidationsperiode von mindestens fünf Tagen zu behandeln. Eine Besonderheit besteht in der Möglichkeit der Aufsichtsbehörde, für bestimmte Produkte oder Portfolios kürzere oder längere Zeiträume zu bestimmen (*order*).[1223] Anders verhält es sich mit der singapurischen Regulierung, die zentralen Gegenparteien die Freiheit lässt, angemessene Systeme zum Liquidationszeitraum selbst zu entwickeln. Durch den Rahmen, der durch die internationalen Standards vorgegeben wird, lassen sich dennoch durchaus Gemeinsamkeiten zu den anderen Regulierungen herausarbeiten. So legt *SGX-DC* ebenfalls einen

---

1220 Proposed Rule 17 C.F.R. §240.17Ad-22(e)(6).

1221 Art.26 Abs.1 lit.a)-b) Delegierte Verordnung (EU) Nr.153/2013; 17 C.F.R. §39.13(g)(2)(ii)(A)-(D).

1222 Art.26 Abs.4 lit.b) Delegierte Verordnung (EU) Nr.153/2013.

1223 17 C.F.R. §39.13(g)(2)(ii) letzter Halbsatz.

differenzierten Ansatz zugrunde.[1224] Für *OTC-commodities* werden spezifische Zeiträume zwischen ein bis drei Tagen angesetzt, die sich nach der jeweiligen Liquidität des Produkts richten. Für OTC-Finanzderivate werden per se fünf Tage veranschlagt. Daher lässt sich in allen Jurisdiktionen eine grundsätzliche Schnittmenge erkennen. Diese beträgt beispielsweise bei einem Zinssatzswap fünf Liquidationstage.

4. Historische Volatilität

Die Höhe der Einschussforderungen wird außerdem durch die sogenannte historische Volatilität des betreffenden Finanzinstruments bestimmt. Insoweit ist den Vereinigten Staaten von Amerika und der Europäischen Union gemeinsam, dass sie beide auf dieses Element zurückgreifen, um einen zweiten Sicherheitsfaktor bei der Berechnung der *margins* zu erhalten. Jedoch ergeben sich im Einzelnen Unterschiede in der Höhe der Absicherung, des Zeitraums und der Faktoren, die bei der Berechnung hinzugezogen werden müssen.

Für den angesetzten Zeitraum, aus dem sich die möglichen Wertänderungen ergeben können (historische Volatilität), lassen sich auf europäischer Seite konkrete Vorgaben ausmachen. *CCPs* müssen mindestens Daten der letzten zwölf Monate zugrunde legen.[1225] In engen Grenzen ermöglicht die europäische Regulierung auch von den festgelegten Zeiträumen abzuweichen. Vor dem Hintergrund einer Risikobetrachtung ist es nur möglich, wenn dies zu mindestens genauso hohen Einschussforderungen führt, wie bei Verwendung des Zwölfsmonatshorizonts. Sollten für bestimmte Finanzinstrumente keine Marktdaten vorhanden sein, aus denen sich eine historische Volatilität errechnen lässt, so müssen für die Forderungsveränderung konservative Annahmen getroffen werden. Welche Faktoren hierbei genau eine solche Betrachtung prägen, lässt die Delegierte Verordnung jedoch offen. In den USA ergibt sich für *DCOs* ein liberaler Ansatz, da insoweit kein genauer Zeitraum festgelegt wird, sondern dieser lediglich angemessen sein soll.[1226] In Singapur werden ebenfalls keine konkreten Vorschriften festgelegt. Allerdings hat sich *SGX-DC* für bestimmte Betrachtungszeiträume ausgesprochen. Diese betragen bei *OTC-commodities* ein bis zwölf Monate und bei OTC-Finanzderivaten fünf Jahre.[1227]

1224 *SGX-DC*, Making SGX-Derivatives Clearing Transparent for Market Participants, S.51.

1225 Art.25 Abs.1–3 Delegierte Verordnung (EU) Nr.153/2013.

1226 17 C.F.R. §39.13(g)(2)(iii).

1227 *SGX-DC*, Making SGX-Derivatives Clearing Transparent for Market Participants, S.51.

II. Sonderregelung für Portfolios

Portfolios sind dadurch charakterisiert, dass sie mehrere Einzelwerte beinhalten. Unter Umständen kann sich hierdurch eine Reduzierung der Einschussforderung ergeben, wenn ein Zusammenhang zwischen den einzelnen Produkten besteht. Daher stellt sich die Frage, ob die Vergleichsjurisdiktionen Vorschriften erlassen haben, die im Zusammenhang mit Portfolios die Höhe der Einschussforderungen modifizieren.

ESMA hat insoweit festgelegt, dass Einschussforderungen miteinander verrechnet oder verringert werden dürfen, wenn Preisrisiken von Finanzinstrumenten wesentlich und zuverlässig korrelieren oder eine, auf Grundlage von statistischen Parametern einschlägige Abhängigkeit aufweisen.[1228] Da diese Möglichkeit eine Ausnahme von der grundsätzlichen Einschussregelung darstellt, muss eine *CCP* ihre Methodik entsprechend dokumentieren. Unter Risikogesichtspunkten muss sie außerdem sicherstellen, dass sich der gewählte Ansatz als zuverlässig erweist und auch unter Stressbedingungen belastbar ist. Zudem muss sie nachweisen, dass die preislichen Zusammenhänge ökonomisch begründet werden können.[1229] Weiterhin hat *ESMA* vorgegeben, um welchen Wert die portfoliobezogenen Einschussforderungen bei mehreren Finanzinstrumenten reduziert werden dürfen. Diese ermittelt sich aus der Differenz zwischen dem berechneten Preisrisiko des Gesamtportfolios und der Summe der Einschusszahlungen für jedes einzelne Finanzinstrument und beträgt 80%. Sollten durch die Verrechnung keine potentiellen Risiken für die zentrale Gegenpartei entstehen, darf sie die Einschusszahlungen bis zum Betrag des Gesamtportfolios verringern.[1230]

In den USA und Singapur existieren solche Höchstgrenzen hingegen nicht.

Einen im Grundsatz vergleichbaren Weg beschreitet *CFTC* in den Vereinigten Staaten von Amerika, indem sie *DOCs* gestattet, Ersteinschusszahlungen zu reduzieren, wenn die Preisrisiken von Positionen signifikant und zuverlässig korrelieren.[1231] Dies erfordert im Gegensatz zur europäischen Regelung eine theoretische und statistische Grundlage, wobei in detaillierter Weise Faktoren angeführt werden, die bei der Korrelation berücksichtigt werden sollen.[1232] Diese nicht abschließende Aufzählung umfasst beispielsweise, ob eine Position Produkte enthält, die eine gegenläufige oder ersetzende Funktion haben, oder ob die Preise dieser Produkte durch gemeinsame externe Faktoren beeinflusst werden.

1228 Art.27 Abs.1 Delegierte Verordnung (EU) Nr.153/2013.

1229 Art.27 Abs.2 Delegierte Verordnung (EU) Nr.153/2013.

1230 Art.27 Abs.4 Delegierte Verordnung (EU) Nr.153/2013.

1231 17 C.F.R. §39.13(g)(4)(i).

1232 17 C.F.R. §39.13(g)(4)(i)(A)-(D).

Allgemeiner gehalten ist die einschlägige Regelung der *SEC*, die keine expliziten Vorgaben zur Behandlung von Einschussforderungen für Portfolios enthält. Gleichwohl erkennt die Aufsichtsbehörde an, dass die Einschussforderungen durch Korrelationen der Produktpreise in einem Portfolio beeinflusst werden.[1233] Daher beabsichtigt die Behörde auch für *CCAs* Regelungen, wonach eine adäquate Methodik verwendet werden soll, um Portfolioeffekte bei der Berechnung von Kreditrisiken zu berücksichtigen.[1234] Zudem können die Behörden in Einzelfällen Sonderregelungen für *portfolio margining* erlassen, wie sie es für *Ice Clear Credit LLC* getan haben.[1235]

Zwar hat der singapurische Gesetzgeber keine spezielle Vorschrift für Portfolios festgelegt. *SGX-DC* wendet dennoch unter bestimmten Voraussetzungen eine solche Methodik an.[1236] Insbesondere wird verlangt, dass eine Korrelation vorliegt und dass die Werte in einem bedeutsamen ökonomischen Zusammenhang stehen (*meaningful economic relationship*).

C. *Ausfallfonds*

Der Ausfallfonds bildet eine weitere wichtige finanzielle Sicherheit und soll die zentrale Gegenpartei beim Ausfall eines Clearingmitglieds vor Verlusten schützen. Gespeist wird er mit Mitteln der Clearingmitglieder. Auch wenn kein einheitlicher Begriff verwendet wird, ist er in allen Jurisdiktionen anzutreffen und unterliegt gewissen Regelungen.

Dieser Unterabschnitt widmet sich der konkreten Ausgestaltung dieses Fonds. Zunächst sollen abermals allgemeine Regelungen der einzelnen Länder gegenübergestellt werden. Danach verschiebt sich der Fokus auf die Beitragsarten, woraufhin die Beitragshöhe und deren Ermittlung betrachtet wird.

1233 *SEC*, Clearing Agency Standards, Final Rule, 77 FR 66267 (02.11.2012).

1234 Proposed Rule 17 C.F.R. §240.17Ad-22(e)(6)(iv).

1235 *Anmerkung*: Dem Unternehmen wurde durch beide Aufsichtsbehörden gestattet, *CDS* und *security-based CDS* in einem Kundenkonto zu führen und die Einschussforderungen auf Grundlage dieses Portfolios zu berechnen. Siehe im Einzelnen: *CFTC*, CFTC Grants Order to ICE Clear Credit Permitting Portfolio Margining of Swaps and Security-Based Swaps in a Cleared Swaps Customer Account, abrufbar unter http://www.cftc.gov/PressRoom/PressReleases/pr6495-13; *CFTC*, Order, abrufbar unter http://www.cftc.gov/ucm/groups/public/@newsroom/documents/file/icecreditclearorder011413.pdf.

1236 *SGX-DC*, Making SGX-Derivatives Clearing Transparent for Market Participants, S.53.

I. Allgemeines

Der europäische Verordnungsgeber spricht bei einem Ausfallfonds von vorfinanzierten Mitteln, um Verluste aus dem Ausfall ein oder mehrerer Mitglieder abzufangen, die die zur Verfügung gestellten Einschussforderungen übersteigen.[1237] Dies deckt sich mit dem Verständnis der US-amerikanischen Aufsichtsbehörden[1238], wobei *CFTC* lediglich den Ausfall eines Clearingmitglieds betont.[1239]

Trotz dieser grundsätzlichen Gemeinsamkeiten, ist das Instrument regulatorisch unterschiedlich verankert. Die Europäische Union und die US-amerikanische *CFTC* haben bestimmte Regelungen aufgestellt, die sich jedoch untereinander von ihrem Regelungsgehalt unterscheiden. Demgegenüber setzen *SEC* und die singapurische *MAS* die Existenz eines solchen Instruments voraus, nehmen aber von einer detaillierten Regulierung Abstand. Obwohl der Begriff „Ausfallfonds" in den Regelungen der *SEC* nicht explizit erwähnt wird, bezieht sich die Behörde in ihrer Kommentierung an zahlreichen Stellen auf einen solchen Fonds (*guaranty fund*).[1240] Die singapurische *MAS* führt in ihren Regularien einen Ausfallfonds an (*clearing fund*).[1241] Die Inkorporation erfolgt jedoch auch hier über die umzusetzenden internationalen Standards. Diese besagen, dass eine zentrale Gegenpartei unter anderem vorfinanzierte, finanzielle Ressourcen bereitstellen muss, um gegenwärtige oder zukünftige Außenstände für jeden ihrer Teilnehmer (*exposures*) mit einem Höchstmaß an Sicherheit abzudecken.[1242] Dementsprechend verfügt *SGX-DC* in Singapur über einen solchen *clearing fund*.[1243]

Generell ist es einer europäischen *CCP* gestattet, mehr als einen Ausfallfonds für die verschiedenen von ihr abgewickelten Instrumente einzurichten.[1244] Dieser Gedanke einer rechtlichen Trennung von Fonds ist bei der US-amerikanischen *SEC* nicht explizit geregelt. Allerdings führt die Behörde in ihrer Kommentierung aus, dass die Möglichkeit bestehen solle, separate Fonds zu bilden und sie zudem in einer rechtlich unabhängigen Einheit zu installieren.[1245] Eine Trennung

---

1237 Art.42 Abs.1 EMIR.

1238 *SEC*, Clearing Agency Standards, Final Rule, 77 FR 66267 (02.11.2012).

1239 *CFTC*, Derivatives Clearing Organization General Provisions and Core Principles, Final Rule, 76 FR 69409 (08.11.2011).

1240 *SEC*, Clearing Agency Standards, Final Rule, 77 FR 66267 (02.11.2012).

1241 Regulation 7(3)(d) SF(CF)R.

1242 *CPSS/IOSCO*, Principles for financial market infrastructures, Principle 4, Key Consideration 4.

1243 *SGX-DC*, Clearing Rule 7A.06.

1244 Art.42 Abs.4 EMIR.

1245 17 C.F.R. §240.17ad-22(b)(3); *SEC*, Clearing Agency Standards, Final Rule, 77 FR 66267 (02.11.2012).

nach Produkten oder Produktklassen ist auch für *CCAs* geplant.[1246] In Singapur sind solche Erwägungen aus den regulatorischen Vorgaben nicht zu entnehmen. *SGX-DC* hat diesen Weg ebenfalls nicht verfolgt, da sie nach eigenen Angaben einen Fonds für alle Arten abgewickelter Geschäfte unterhält, also auch solche, die über Börsen gehandelt werden.[1247]

II. Beitragsarten

Allen Jurisdiktionen ist gemeinsam, dass eine zentrale Gegenpartei nicht jede Form von Beiträgen für den Ausfallfonds annehmen darf. Vielmehr wird der Kreis möglicher finanzieller Mittel übergreifend eingeschränkt.

Auf europäischer Ebene müssen entweder finanzielle Mittel in bar oder in Form hochliquider Finanzinstrumente – vor allem bestimmte Schuldtitel[1248] – bereitgestellt werden.[1249] Für diese gelten die allgemeinen Anlagebestimmungen, die weiter unten ausführlich behandelt werden.[1250] Grundsätzlich sollen sie aber ein minimales Markt- und Kreditrisiko aufweisen und zudem schnell sowie mit minimalem, negativen Preiseffekt liquidierbar sein.

Die US-amerikanische *CFTC* unterteilt die Beiträge des Ausfallfonds ausdrücklich in vorfinanzierte Mittel (*guaranty fund deposits*) und nachträgliche Forderungen (*potential assessments for additional guaranty fund contributions*), die allerdings in den jeweiligen Clearing-Bedingungen vorgesehen sein müssen.[1251] Grundsätzlich sind die Arten der Beiträge mit denen der Europäischen Union vergleichbar, da sie Bargeld und Vermögenswerte (*assets*) umfassen. Als Besonderheit besteht hier ein ausdrückliches Verbot von Akkreditiven (*letters of credit*).[1252] Die Vorschriften der *SEC* stehen hierzu im Gegensatz, da sie keine genauen Vorgaben bezüglich der Art der Mittel machen. Dennoch werden auch hier nicht alle finanziellen Instrumente zugelassen, sondern nur liquide Mittel akzeptiert (*liquid assets*).[1253]

1246 *SEC*, Standards for Covered Clearing Agencies, Proposed Rule, 79 FR 16884 (26.03.2014).

1247 *SGX-DC*, Making SGX-Derivatives Clearing Transparent for Market Participants, S.40.

1248 Art.43 i.V.m. Anhang II Delegierte Verordnung (EU) Nr.153/2013.

1249 Art.47 Abs.1 EMIR.

1250 Siehe Kapitel 2, Abschnitt 4, §6.

1251 17 C.F.R. §39.11(b)(iii),(vi).

1252 17 C.F.R. §39.11(d)(3).

1253 *SEC*, Clearing Agency Standards, Final Rule, 77 FR 66267 (02.11.2012).

Die Regelungen in Singapur lassen ebenfalls eine Konkretisierung möglicher Finanzmittel vermissen. Allerdings akzeptiert *SGX-DC* nach eigenen Angaben nur Bargeld und ausgewählte Staatsanleihen (*high quality government securities*).[1254] Als Besonderheit werden hier keine Aktien akzeptiert (*SGX stocks*).[1255] Eine solche Ausnahme ist in den anderen Jurisdiktionen nicht auszumachen.

III. Beitragshöhe und Bewertung

Alle untersuchten Jurisdiktionen gewähren ihren zentralen Kontrahenten bei der Ausgestaltung des Fonds einen relativ weiten Beurteilungs- und Ermessensspielraum, der jedoch durch diverse regulatorische Vorgaben eingeschränkt wird. Insofern kann zwischen dem Gesamtbetrag des Ausfallfonds und zwischen der Ermittlung individueller Beiträge der Clearingmitglieder unterschieden werden.

1. Gesamtbetrag

In der Europäischen Union muss eine *CCP* für den gesamten Fonds einen Mindestwert festlegen, der nicht unterschritten werden darf, wobei kein fester Betrag vorgegeben wird.[1256] Als genereller Maßstab für die Höhe des Fonds gilt, dass er unter extremen, aber plausiblen Marktbedingungen[1257] den Ausfall des Clearingmitglieds mit den höchsten Risikopositionen decken muss. Sollten in der Summe die Risiken der Clearingmitglieder mit den zweit- und dritthöchsten Positionen höher sein, sind diese ausschlaggebend. Für die genaue Berechnung muss die *CCP* den bereits oben beschriebenen Strategierahmen umsetzten und sich an den dargelegten Vorgaben orientierten.[1258]

Das Kriterium einer Mindesthöhe für den Ausfallfonds wird in den US-amerikanischen Regelungen nicht ausdrücklich festgeschrieben. Vielmehr wird die Höhe indirekt durch die allgemeinen Kapitalmindestvorgaben beeinflusst. Dennoch soll an dieser Stelle zur Veranschaulichung der Differenzen zur EU auf die Regelungen eingegangen werden. Die Mittel des Fonds einer *DCO* müssen neben anderen finanziellen Ressourcen, ausreichen um den Ausfall des

1254 *SGX-DC*, Making SGX-Derivatives Clearing Transparent for Market Participants, S.41.

1255 *SGX-DC*, Making SGX-Derivatives Clearing Transparent for Market Participants, S.58; *Anmerkung*: Im Sicherheitenmanagement werden allerdings Aktien akzeptiert, siehe Kapitel 2, Abschnitt 4, §5 Unterpunkt B.

1256 Art.42 Abs.1 EMIR.

1257 Zum Begriff „extremer aber plausibler Marktbedingungen" siehe Kapitel 2, Abschnitt 4, §4, Unterpunkt A I 2.

1258 Artt.29–31 Delegierte Verordnung (EU) Nr.153/2013.

Clearingmitglieds mit der größten Risikoposition unter extremen, aber plausiblen Marktbedingungen abzufangen.[1259] Für *SIDCOs* und *Opt-In DCOs* gilt entsprechend den oben gezeigten Maßstäben ein *cover-two-standard*.[1260] Nach dem Regelungskonzept der *SEC* wird die Höhe der Mittel durch die Art der abgewickelten Finanzinstrumente beeinflusst. Für *security-based-swaps* wird der oben dargestellte *cover-two-standard*[1261] angelegt und somit höhere finanzielle Mittel gefordert, um Ausfallrisiken bedeutender Marktteilnehmer unter extremen, aber plausiblen Marktbedingungen abzufangen.[1262] Für die Abwicklung anderer Finanzinstrumente wird der *cover-one-standard* postuliert. Die geplanten Regelungen für CCAs greifen ebenfalls auf den *cover-two-standard* zurück.[1263]

In Singapur hat sich *SGX-DC* für einen anderen Weg entschieden. Nach ihren Angaben ist der Fonds so ausgestaltet, dass er den Ausfall des Mitglieds mit der höchsten Verbindlichkeit und gleichzeitig die beiden finanziell schwächsten Mitglieder abdeckt. Dieser Lösungsansatz soll dazu dienen, Ansteckungseffekten im Markt entgegenzuwirken.[1264] Wie diese Clearingmitglieder ermittelt werden, wird allerdings nicht dargelegt. Ende 2012 umfasste der Fonds der *SGX-DC* Mittel in Höhe von 479 Mio. Singapur-Dollar.[1265]

2. *Individuelle Beiträge*

Einer europäischen *CCP* wird die Möglichkeit eingeräumt, selbst die Mindesthöhe ihrer Beiträge zum Fonds festzulegen. Darüber hinaus kann sie individuelle Beiträge ihrer Clearingmitglieder vorschreiben, wobei das von ihnen ausgehende Risiko angemessen beachten werden muss.[1266]

Die Vorgaben der *CFTC* sind mit den europäischen Vorschriften zunächst durchaus vergleichbar, da sie der zentralen Gegenpartei ein hohes Maß an Freiheit gewähren. Als Besonderheit bestehen aber strengere Vorgaben bezüglich nachträglicher Beiträge, die so in den anderen Regelungsregimen nicht anzutreffen

---

1259 17 C.F.R. §39.11(a)(1).

1260 Siehe Kapitel 2, Abschnitt 4, §4, Unterpunkt A I 1 b).

1261 Siehe Kapitel 2, Abschnitt 4, §4, Unterpunkt A I 1 b).

1262 *SEC*, Clearing Agency Standards, Final Rule, 77 FR 66267 (02.11.2012).

1263 Proposed Rule 17 C.F.R. §240.17Ad-22(e)(ii). *Anmerkung*: *SEC* weist zutreffend darauf hin, dass sich für *CAs*, die bereits *security-based swaps* abwickeln, keine Neuerungen ergeben, da für sie bereits der *cover-two standard* gilt (vgl. *SEC*, Standards for Covererd Clearing Agencies, Proposed Rule, 79 FR 16884 (26.03.2014)).

1264 *SGX-DC*, Making SGX-Derivatives Clearing Transparent for Market Participants, S.40.

1265 *SGX-DC*, Making SGX-Derivatives Clearing Transparent for Market Participants, S.9.

1266 Art.42 Abs.2 EMIR.

sind.[1267] So müssen die Regelungen einer *DCO* sicherstellen, dass ihre Clearingmitglieder den nachträglichen Forderungen innerhalb einer tagesbasierten Abwicklungsperiode nachkommen können (*end-of-day variation settlement cycle*). Außerdem muss die *DCO* kontrollieren, ob ihre Mitglieder entsprechende potentielle Beiträge zahlen können. Sicherheitshalber müssen Abschläge in Höhe von 30% erhoben werden und insbesondere berücksichtigt werden, inwieweit ihre Clearingmitglieder Verbindlichkeiten bei anderen *DCOs* eingegangen sind, sofern solche Daten verfügbar sind. Dies beruht auf der Überlegung, dass die Bewertungen einer *DCO* unvollkommen sind und daher als letztes Mittel für das Risikomanagement fungieren sollen.[1268]

In Singapur sind im Gegensatz zur Europäischen Union und den Vereinigten Staaten von Amerika keine expliziten gesetzlichen Vorschriften zu erkennen. Allerdings bestehen in der Praxis Konzepte zur Berechnung der individuellen Beiträge. *SGX-DC* hat in Umsetzung internationaler Vorgaben eine entsprechende Methodik gewählt. Der Beitrag eines Clearingmitglieds macht 3% seiner Risikomarge aus (*risk margin*) und beträgt bei außerbörslichen Finanzderivaten mindestens 5 Mio. Singapur-Dollar, bei allen anderen Geschäftsarten 1 Mio. Singapur-Dollar.[1269]

D. Sonstige Finanzmittel

In der europäischen Verordnung werden zudem besondere Anforderungen an sonstige Finanzmittel einer zentralen Vertragspartei gestellt.[1270] Diese sind in den anderen Jurisdiktionen in dieser Form nicht wiederzufinden. In den Vereinigten Staaten von Amerika und Singapur werden diese Finanzquellen lediglich im Zusammenhang mit der Finanzausstattung einer zentralen Gegenpartei insgesamt angesprochen[1271], ohne jedoch besondere Vorschriften zu deren Regelung zu integrieren.

Nach dem europäischen Regelungskonzept werden sonstige finanzielle Mittel benötigt, um Verluste auszugleichen, die über die Einschussforderungen und Beiträge zum Ausfallfonds hinausgehen. Dabei muss es sich um vorfinanzierte

---

1267 17 C.F.R. §39.11(d)(2)(i)-(iv).

1268 *CFTC*, Derivatives Organization General Provisions and Core Principles, Final Rule, 76 FR 69348 (08.11.2011).

1269 *SGX-DC*, Making SGX-Derivatives Clearing Transparent for Market Participants, S.41.

1270 Art.43 Abs.1 EMIR.

1271 Siehe Kapitel 2, Abschnitt 4, §4, Unterpunkt A.

Mittel handeln (*prefunded financial resources*), die für die *CCP* frei verfügbar sind. Insbesondere verbietet der europäische Verordnungsgeber, dass diese Mittel zur Deckung der Eigenkapitalanforderungen der *CCP* benutzt werden dürfen.

E. Verwertungsreihenfolge

Sollte ein Clearingmitglied tatsächlich ausfallen[1272], müssen die betrachteten finanziellen Ressourcen einer zentralen Gegenpartei aktiviert werden. Dabei kann es sinnvoll sein, eine bestimmte Reihenfolge vorzuschreiben, in der die Finanzmittel verwertet werden müssen. Dieser Abschnitt möchte daher untersuchen, ob ein solcher Ablauf in den einzelnen Ländern anzutreffen ist.

Der europäische Verordnungsgeber gibt mit dem sogenannten *Wasserfallprinzip* eine genaue Reihenfolge vor, nach der die finanziellen Mittel bei Ausfall eines Clearingmitglieds verwendet werden sollen.[1273] Zunächst soll auf die Einschusszahlungen des ausgefallenen Teilnehmers zur Verlustdeckung zurückgegriffen werden. Insoweit besteht die Besonderheit, dass die *margins* nicht für den Ausfall anderer Clearingmitglieder aktiviert werden dürfen.[1274] Sollten diese Mittel nicht genügen, werden die jeweiligen Beiträge zum Ausfallfonds genutzt. Erst danach darf auf sonstige finanzielle Mittel des zentralen Kontrahenten sowie auf die Beiträge der anderen Clearingmitglieder zum Ausfallfonds zugegriffen werden. In diesem Zusammenhang wird der zentralen Gegenpartei ein Eigenmittelbetrag vorgeschrieben und dessen Zusammensetzung, Mindesthöhe und Berechnungsmethodik bestimmt. Zunächst muss sich der Anteil aus Eigenkapital einschließlich Gewinnrücklagen und sonstigen Rücklagen zusammensetzen. Zudem muss er mindestens 25% des Mindesteigenkapitals der *CCP* betragen und ist gesondert in der Bilanz auszuweisen.[1275] Nach den Vorstellungen des europäischen Verordnungsgebers soll dies eine einheitliche Handhabung gewährleisten und Aufsichtsarbitragen verhindern.[1276] Sollte eine *CCP* mehrere Ausfallfonds einrichten, muss sie den Betrag anteilmäßig aufteilen und bilanziell gesondert ausweisen. Für den Ausfall eines Clearingmitglieds darf dann nur der Betrag verwendet werden, der für das bestimmte Marktsegment vorgesehen wurde. Ferner beinhaltet die europäische Regulierung Vorschriften zur Erhaltung dieses Eigenmittelbetrags.

1272 *Anmerkung*: Siehe zur deutschen Dimension und zur Einführung des Art.102b EGInsO: *Holzer*, Die Insolvenz von Clearingmitgliedern, DB 2013, 443 (443).

1273 Art.45 EMIR.

1274 Art.45 Abs.4 EMIR.

1275 Art.35 Abs.1, 2 Delegierte Verordnung (EU) Nr.153/2013.

1276 Erwägungsgrund Nr.34 Delegierte Verordnung (EU) Nr.153/2013.

Im Falle einer Unterschreitung muss die zentrale Gegenpartei umgehend die Aufsichtsbehörde, beispielsweise die *BaFin*, informieren, die Gründe und einen Plan für die Wiederauffüllung darlegen. Die *CCP* muss die finanzielle Lücke spätestens innerhalb eines Monats ab dieser Meldung schließen. Bemerkenswert ist, dass bei Ausfall eines oder mehrerer Clearingmitglieder nur noch der Restbetrag des Ausfallfonds verwendet werden darf, um die finanziellen Belastungen der *CCP* im Rettungsprozess zu begrenzen.[1277]

Im Vergleich hierzu, sind die Vorschriften der US-amerikanischen *CFTC* weitaus offener ausgestaltet. Diese enthalten weder Regelungen zu einer genauen Verwertungsreihenfolge noch wird ein konkreter Eigenmittelbetrag gefordert bzw. in seiner Zusammensetzung, Höhe, Methodik und Erhaltung festgelegt. Die Aufsichtsbehörde fordert lediglich, dass eine zentrale Gegenpartei über Regelungen verfügen muss, die festlegen, in welcher Reihenfolge (*sequence*) die Vermögenswerte des ausgefallenen Clearingmitglieds und dessen Kunden sowie die Mittel der zentralen Gegenpartei verwertet werden sollen.[1278] Hieraus wird ersichtlich, dass *CFTC* zwar von einem Wasserfallprinzip ausgeht. Jedoch räumt sie ihren regulierten Clearinghäusern einen weiten Beurteilungs- und Ermessensspielraum bei dessen Ausgestaltung ein. Zwar stieß dieser Ansatz im Konsultationsverfahren auf Kritik.[1279] Die Behörde ließ jedoch erkennen, dass grundsätzlich zunächst die Beiträge des ausgefallenen Mitglieds, dann die Mittel der zentralen Gegenpartei und schließlich die Beiträge der anderen Clearingmitglieder zum Ausfallfonds aktiviert werden sollen.[1280] Legt man diese Maßstäbe zugrunde, geht *CFTC* von einer Verwertungsreihenfolge aus, die zumindest mit der europäischen Regulierung vergleichbar, wenn auch nicht identisch ist. Sicherheiten von nichtausfallenden Kunden werden durch eine besondere Regulierung geschützt.[1281] Dieser Umstand trägt dem Gedanken Rechnung, dass zunächst Mittel des ausfallenden Mitglieds und der zentralen Gegenpartei verwendet werden und erst danach

---

1277 Art.36 Abs.2 Delegierte Verordnung (EU) Nr.153/2013.

1278 17 C.F.R. §39.16(iv).

1279 *Freddie Mac*, in: *CFTC*, Derivatives Clearing Organization General Provisions and Core Principles, Final Rule, 76 FR 69396 (08.11.2011).

1280 *CFTC*, Protection of Cleared Swaps Customer Contracts and Collateral; Conforming Amendments to the Commodity Broker Bankruptcy Provisions, Final Rule, 77 FR 6338 (07.02.2012).

1281 17 C.F.R. §22.15; *CFTC*, Protection of Cleared Swaps Customer Contracts and Collateral; Conforming Amendments to the Commodity Broker Bankruptcy Provisions, Final Rule, 77 FR 6336 (07.02.2012).

Drittmittel herangezogen werden sollen. Auch diesem Punkt sind die Vorschriften der *CFTC* mit denen der europäischen Regulierung vergleichbar.

In Singapur schreibt die Aufsichtsbehörde vor, dass eine *ACH* Regelungen vorsehen muss, wie sie insbesondere den Ausfall von Clearingmitgliedern handhabt.[1282] Diese Vorgaben decken sich zweifelsfrei mit den internationalen Standards.[1283] Eine Verwertungsreihenfolge, wie sie in der Europäischen Union postuliert wird, ist hingegen nicht explizit regulatorisch verankert. Gleichwohl hat der singapurische zentrale Kontrahent *SGX-DC* in Umsetzung der internationalen Standards einen solchen Verwertungswasserfall etabliert.[1284] Insofern werden zuerst die Sicherheiten, die das ausgefallene Clearingmitglied zur Verfügung gestellt hat, verwertet.[1285] Danach wird die zentrale Gegenpartei herangezogen (*clearing house contribution*), wobei ein differenzierter Ansatz gewählt wird.[1286] Entweder richtet sich die Höhe der zu leistenden Mittel relativ zum Umfang des Ausfallfonds und beträgt 15% (*minimum aggregate clearing house contribution*[1287]) oder beläuft sich auf 136 Mio. Singapur-Dollar. Ausschlaggebend ist der höhere Betrag.[1288] Anschließend müssen andere Clearingmitglieder Mittel beisteuern, die Geschäfte in derselben Vertragsklasse abgeschlossen haben (*contract class*), wie das ausgefallene Mitglied. Insgesamt unterscheidet *SGX-DC* drei verschiedene Kategorien.[1289] Hierunter fallen Werte, die an einer Börse oder bestimmten Märkten gehandelt werden (*relevant market*), worunter beispielsweise *futures*, *options* und *stocks* fallen.[1290] Weitere Klassen bilden Instrumente, die an anderen Märkten gehandelt werden (*non-relevant market*) und außerbörsliche Finanzderivate (*OTCF*). Bevor dann die Beiträge von Clearingmitgliedern anderer Vertragsklassen einbezogen werden, werden Mittel aktiviert, die die zentrale Gegenpartei für diese Vertragsklasse zusätzlich zur Verfügung gestellt hat. Erst am Schluss werden die sonstigen, noch verbliebenen Mittel des Ausfallfonds liquidiert.[1291] Trotz der

---

1282 Regulation 29(f) SF(CF)R.

1283 *CPSS/IOSCO*, Principles for financial market infrastructures, Principle 13.

1284 *SGX-DC*, Clearing Rule 7A.01A.2 lit.a)-f).

1285 *SGX-DC*, Clearing Rule 7A.01A.2 i.V.m. Clearing Rule 7A.05.1.

1286 *SGX-DC*, Clearing Rule 9.01.1 'clearing house contribution'.

1287 *SGX-DC*, Clearing Rule 7A.06.4.1 lit.b) i.V.m. Clearing Rule 9.01.1 'minimum aggregate clearing house contribution'.

1288 *SGX-DC*, Clearing Rule 7A.06.4.1.

1289 *SGX-DC*, Clearing Rule 9.01.1 'contract class' i.V.m. Clearing Rule 7A.01A.5.

1290 *SGX-DC*, Clearing Rule 9.01.1 'relevant market.'

1291 *SGX-DC*, Making SGX-Derivatives Clearing Transparent for Market Participants, S.71.

Besonderheiten des differenzierten Ansatzes ist die grundsätzliche Verwertungsreihenfolge der *SGX-DC* mit den regulatorischen Vorgaben in der EU und auf Ebene der *CFTC* vergleichbar.

F. Zusammenfassung

Die Vergleichsjurisdiktionen haben hinsichtlich der Finanzausstattung einer zentralen Gegenpartei sowohl *gemeinsame Konzepte* als auch *unterschiedliche Ansätze* sowie *Besonderheiten* in ihre Rechtsordnungen implementiert. Allgemein weisen die Regelungen in der Europäischen Union einen hohen Detailgrad auf, so beispielsweise bei den Eigenkapitalvorgaben. Im Vergleich freizügiger gehalten sind die Vorschriften der Vereinigten Staaten von Amerika, die den zentralen Gegenparteien insoweit einen größeren Gestaltungsspielraum einräumen. Singapur gewährt seinen zentralen Kontrahenten einen noch weiteren Ausgestaltungsspielraum. Da diese sich jedoch an den internationalen Standards orientieren müssen, wird gleichsam auf indirektem Weg ein Regulierungsrahmen etabliert.

Zunächst bezeichnen alle Jurisdiktionen, auf direktem oder indirektem Weg, bestimmte finanzielle Mittel als *Standardrepertoire* einer zentralen Gegenpartei. Besonders hervorzuheben sind hier Einschussforderungen sowie die Mittel zum Ausfallfonds. Zudem stellen die jeweiligen Finanzregime Anforderungen zur *Höhe* der finanziellen Ressourcen auf. In den genauen Vorgaben unterscheiden sie sich jedoch. Während die Europäische Union und Singapur nominelle Mindestvorgaben hinsichtlich des *Anfangskapitals* fordern, hält sich die US-amerikanische Regulierung hierzu bedeckt. Die Finanzmittel eines zentralen Kontrahenten müssen ausreichen, um die Gefahren aus seiner Geschäftstätigkeit abzusichern. Daher haben alle Länder spezielle Vorgaben zur Abdeckung dieser Risiken aufgestellt. Insbesondere beim *Ausfallrisiko* der Clearingmitglieder lassen sich jedoch Differenzen im Hinblick auf den gewählten Ansatz erkennen. So sind *CCPs* in der Europäischen Union strengeren Kapitalvorschriften unterworfen, da sie den Ausfall der beiden Clearingmitglieder mit den höchsten Risikopositionen kompensieren müssen (*cover-two standard*). In den Vereinigten Staaten von Amerika sind die Vorgaben sowohl für *DCOs* als auch *CAs* grundsätzlich niedriger, da nur der Ausfall des Clearingmitglieds mit der höchsten Risikoposition abzudecken ist (*cover-one standard*). Für zentrale Gegenparteien, die in mehreren Ländern Systemrelevanz besitzen oder ein höheres Risikoprofil aufweisen, gleichen sich die Vorschriften jedoch der Europäischen Union an. Unter die letzte Gruppe fallen beispielsweise *DCOs*, die *credit default swaps*, oder *CAs*, die *security-based swaps*, abwickeln. Konträr zur EU und den USA konnten in Singapur keine speziellen Vorgaben ausfindig gemacht werden. Außerdem vereint alle Vergleichsjurisdiktionen, dass die finanziellen Mittel anhand *extremer, aber plausibler Marktbedingungen* ermittelt werden müssen. Insoweit wird den zentralen Gegenparteien ein Beurteilungs- und Gestaltungsspielraum eingeräumt. Dies geschieht auf Ebene der Europäischen Union und der Vereinigten Staaten von Amerika direkt über regulatorische Anreize, in Singapur indirekt über die Umsetzung internationaler Standards. Eine europäische *CCP* muss einen Strategierahmen entwickeln, in dem die Ermittlung extremer, aber plausibler Marktbedingungen der Aufsichtsbehörde dazulegen ist. Hierbei werden zahlreiche konkrete Vorgaben gemacht, die von der *CCP* zu berücksichtigen sind, beispielsweise soweit Datenmaterial vorhanden ist, Krisensituationen der letzten 30 Jahre. Demgegenüber geben die US-amerikanischen Behörden nur einen sehr offen gehaltenen Rahmen vor. So müssen beispielsweise auch historische Datensätze verwendet werden, ohne dabei jedoch genaue Vorgaben zu machen. Trotz fehlender gesetzlicher Regelungen, weist die Praxis in Singapur eine mit den anderen Ländern vergleichbare Handhabung auf. Die singapurische *SGX-DC* zieht ebenfalls extreme, aber plausible Marktbedingungen zur Ermittlung ihrer finanziellen Mittel heran. Wie in den anderen Jurisdiktionen berücksichtigt sie auch historische Krisenfälle. Im Unterschied zur Europäischen Union wird aber der Betrachtungszeitraum auf die letzten 20 Jahre beschränkt.

Gemeinsam ist den untersuchten Jurisdiktionen, dass sie Regelungen im Hinblick auf *Einschussforderungen* (*margins*) enthalten. Allerdings variiert die *Regulierungstiefe* durchaus. Während auf europäischer Ebene und durch die US-amerikanische *CFTC* detaillierte Ausgestaltungen vorgenommen wurden, ist die singapurische Konzeption und die der US-amerikanischen *SEC* weitaus allgemeiner gehalten. In Singapur hat aber *SGX-DC* in Umsetzung internationaler Standards zumindest in den Grundzügen vergleichbare Regelungen erlassen. Die *Höhe* der Einschusszahlung richtet sich übergreifend danach, wie sich der zugrundeliegende Wert in Zukunft verändern könnte und wie lange man zu dessen Liquidation benötigt. Dies muss übergreifend mit einem Konfidenzintervall von mindestens 99% belegt werden. Für Portfolios haben *ESMA* und *CFTC Sonderregelungen* erlassen. Eine ähnliche Regelung wurde durch den singapurischen zentralen Kontrahenten aufgegriffen. Dementsprechend ist bei Portfolios eine Reduzierung der Einschussforderungen möglich.

Als weitere wichtige finanzielle Stütze existiert in allen Ländern ein bei der zentralen Gegenpartei angesiedelter *Ausfallfonds*. Dieser soll die Clearingstelle vor finanziellen Verlusten schützen, die durch den Ausfall eines Clearingmitglieds entstehen können. Die *regulatorischen Rahmenbedingungen* variieren zwischen den einzelnen Vergleichsjurisdiktionen. So zeichnen sich die europäischen Vorgaben durch eine hohe Regelungsdichte aus, die in diesem Maße in den Vereinigten Staaten von Amerika nicht vorliegt. In Singapur überlässt man die Ausgestaltung der jeweiligen zentralen Gegenpartei, die jedoch durch die internationalen Standards gebunden wird. Im Hinblick auf die zulässigen *Beitragsarten* wird in allen Jurisdiktionen Bargeld akzeptiert. Bei Finanzinstrumenten weisen die europäischen Regelungen genaue Vorgaben auf, die in den Vereinigten Staaten von Amerika und Singapur nicht gegeben sind. Allerdings verbietet *CFTC letters of credit* ausdrücklich und in Singapur untersagt *SGX-DC* explizit Beiträge in Form von Aktien (*SGX stocks*). Unterschiede ergeben sich insbesondere aus der *Höhe* des Fonds. Im Gegensatz zu den anderen Ländern enthalten die europäischen Vorschriften genaue Vorgaben zu dessen Mindesthöhe. Dieser soll ausreichen, um den Ausfall des Clearingmitglieds mit dem größten Außenstand abzufangen (*cover-one standard*). Sollten die zweit- und drittgrößten Verbindlichkeiten der Clearingmitglieder höher sein, ist auf diese abzustellen. In den Vereinigten Staaten von Amerika ergibt sich die Mindesthöhe des Ausfallfonds nur indirekt aus den allgemeinen finanziellen Anforderungen an eine zentrale Gegenpartei. *SGX-DC* in Singapur beschreitet einen Sonderweg, da die Mittel sowohl das Clearingmitglied mit den größten Verbindlichkeiten als auch die beiden finanziell schwächsten Clearingmitglieder abdecken sollen. Des Weiteren lassen sich in der Europäischen Union Vorschriften zur *Berechnung* der individuellen Beiträge der einzelnen Clearingmitglieder feststellen. In den Vereinigten Staaten von Amerika herrscht eine zweiteilige Regulierung, da solche spezielle Regelungen nur bei *CFTC* ausfindig gemacht werden konnten, bei *SEC* hingegen nicht. In Singapur hat *SGX-DC* ebenfalls Rahmenbedingungen zur Berechnung der individuellen Beitragshöhe erlassen.

Im Hinblick auf die *Verwertungsreihenfolge* sind ebenfalls Diskrepanzen zwischen den einzelnen Regimen zu konstatieren. So schreibt die Europäische Union eine bestimmte Reihenfolge für die Verwertung der Finanzmittel im Rahmen des Wasserfallprinzips vor. Dabei wird ein regulatorisch sehr detaillierter Weg beschritten, der so in den anderen Vergleichsjurisdiktionen nicht anzutreffen ist. In den Vereinigten Staaten von Amerika spricht sich nur *CFTC* dafür aus, dass *DCOs* Regelungen über eine Verwertungsreihenfolge erstellen müssen, ohne jedoch konkretere Vorgaben zu machen. *SEC* hält sich insofern bedeckt. Auch der singapurische Gesetzgeber greift ein solches Wasserfallprinzip nicht auf. Gleichwohl besteht durch die Umsetzung internationaler Standards auf Ebene des singapurischen zentralen Kontrahenten ein solcher Mechanismus, der in den Grundzügen durchaus mit dem europäischen Ansatz vergleichbar ist. Allerdings etabliert *SGX-DC* ein differenzierteres System, da zwischen Clearingmitgliedern einer bestimmten Vertragsklasse unterschieden wird.

§5 Sicherheitenmanagement

Der folgende Paragraph befasst sich mit dem Sicherheitenmanagement einer zentralen Gegenpartei. Dieser Bereich bildet einen weiteren wesentlichen Baustein in der Regulierung einer Clearingstelle und mithin für die Umsetzung der internationalen Reformen. Im Folgenden soll untersucht werden, welche Vorgaben die einzelnen Jurisdiktionen für die Sicherheitenpolitik einer zentralen Gegenpartei eingeführt haben. Dabei wird zunächst die jeweilige Konzeption allgemein behandelt, um die Charakteristika zu verdeutlichen. Daraufhin soll ermittelt werden, wie konkrete Vermögenswerte, die ein zentraler Kontrahent als Sicherheiten von seinen Mitgliedern akzeptieren darf, reguliert werden. Da diese Sicherheiten im Zweifel nicht vollständig realisiert werden können, befasst sich der anschließende Teil mit Abschlägen. Ein weiterer Aspekt im Sicherheitenmanagement sind Konzentrationsgrenzen, die eine ausreichende Diversifizierung gewährleisten sollen. Auf diese Schwellenwerte wird zuletzt eingegangen.

A. Konzeption

Dieser Unterpunkt behandelt die allgemeine Konzeption des Sicherheitenmanagements. Dabei sollen die prägenden Charakteristika der jeweiligen Regelungen in den Vergleichsjurisdiktionen erfasst und gegenübergestellt werden.

In der Europäischen Union darf eine *CCP* allgemein nur hochliquide Sicherheiten akzeptieren, die über ein minimales Kredit- und Marktrisiko verfügen. Dies gilt sowohl für anfängliche Sicherheiten als auch für Risikopositionen, die sich im Laufe ihres Geschäftsbetriebs ergeben.[1292]

Insofern ist die US-amerikanische Regelung vom Ansatz her übereinstimmend, wonach eine *DCO* nur Vermögenswerte akzeptieren darf, die minimale Liquiditäts-, Markt- und Kreditrisiken aufweisen.[1293] Ein wesentlicher Unterschied zur europäischen Regulierung besteht aber in der Reichweite der Vorschrift, die sich nur auf die Deckung anfänglicher Risiken durch Ersteinschusszahlungen bezieht. Allgemein sind *CAs* unter dem *Securities Exchange Act* angehalten, finanzielle Mittel, die sie in Verwahrung halten, kontrollieren oder für die sie verantwortlich sind, zu schützen.[1294] In der Absicht diese Regelung zu stärken, hat *SEC* festgelegt, dass eine *CA* Vermögenswerte halten soll, die das Verlustrisiko minimieren und einen schnellen Zugriff gewährleisten.[1295] Insofern ist diese Vorschrift vom Sinn

1292 Art.46 Abs.1 EMIR.
1293 17 C.F.R. §39.13(g)(10).
1294 15 U.S.C. §78q-1(b)(3)(F).
1295 17 C.F.R. §240.17Ad-22(d)(3).

und Zweck her mit den Ansätzen der EU und *CFTC* vergleichbar, wenn auch nicht explizit die einzelnen Risikoarten aufgelistet werden. Homogener fallen die geplanten Regelungen für *CCAs* aus, die auf die speziellen Gefahren hinweisen. So beabsichtigt *SEC*, dass diese zentralen Gegenparteien nur Vermögenswerte mit geringem Kredit-, Liquiditäts-, und Marktrisiko akzeptieren dürfen.[1296] Ähnlich verhält es sich im Bereich der *SIDCOs* und *Opt-In DCOs*, die Sicherheiten mit geringem Kredit-, Liquiditäts- und Marktrisiko halten sollen. Dabei soll es sich um Sicherheiten handeln, die typischerweise von Zentralbanken akzeptiert werden, wobei die Regelung dies in das Ermessen des Unternehmens stellt und daher nicht bindend ist.[1297]

Eine solche funktionale Einbettung lässt sich in der singapurischen Regulierung nicht finden. Hier wird lediglich festgeschrieben, dass eine *ACH* Änderungen im Hinblick auf die Arten und Bewertungsmethodik der akzeptierten Sicherheiten zuvor durch *MAS* genehmigen lassen muss.[1298] Allerdings hat *SGX-DC* vor dem Hintergrund internationaler Standards[1299] ein allgemeines Konzept erarbeitet, das insbesondere mit den US-amerikanischen Regelungen Schnittmengen aufweist. So akzeptiert diese ebenfalls nur Sicherheiten mit einem geringem Markt-, Kredit- und Liquiditätsrisiko.

Zudem variiert die Bewertungsmethodik der Sicherheiten zwischen den einzelnen Jurisdiktionen in zeitlicher Hinsicht. Während in der Europäischen Union[1300] die Überwachung der Werte in Nahe-Echtzeit vonstattengehen soll, legen *CFTC*[1301] und *SGX-DC* in Singapur[1302] einen tagesbasierten Ansatz zugrunde. Insofern unterscheiden sich die US-amerikanischen Regelungen auch untereinander, da *SEC* insoweit keine Anforderungen stellt.

1296 Proposed Rule 17 C.F.R. §240.17Ad-22(e)(5).

1297 17 C.F.R. §39.33(c)(4).

1298 Regulation 12(1)(a) SF(CF)R.

1299 *CPSS/IOSCO*, Principles for financial market infrastructures, Principle 5.

1300 Art.40 Abs.1 Delegierte Verordnung (EU) Nr.153/2013.

1301 17 C.F.R. §39.13(g)(11).

1302 *Anmekung*: *Government securities* werden einmal täglich anhand der von *Bloomberg* veröffentlichten Preisdaten bewertet (*Bloomberg-quoted bond prices*), für Aktien wird der Wert zum jeweiligen Ende des Handelstages herangezogen (*closing price of the day*) (vgl. *SGX-DC*, Making SGX-Derivatives Clearing Transparent for Market Participants, S.46).

B. Arten möglicher Sicherheiten

Nachdem die allgemeine Konzeption thematisiert wurde, soll nunmehr auf die möglichen Arten an Sicherheiten eingegangen werden. Hierbei soll der Fokus auf den europäischen Regelungen liegen, die durch ihren Detailreichtum eine Besonderheit darstellen. Lediglich *SGX-DC* in Singapur hat ebenfalls allgemeine Merkmale für Sicherheiten angeführt, die jedoch weitaus oberflächlicher sind. Anschließend sollen Sonderregelungen, die die Europäischen Union und die Vereinigten Staaten von Amerika für bestimmte Sicherheiten auferlegt haben, verdeutlicht werden.

I. Allgemeine Regelungen

Die europäische Regulierung beschreitet einen breit angelegten Weg und bezeichnet in einer Delegierten Verordnung verschiedene Kategorien von Sicherheiten, die als hochliquide angesehen werden können. Dabei wird im Rahmen eines typenorientierten Konzepts zwischen Barmitteln, Finanzinstrumenten und Gold unterschieden. Im Hinblick auf *Barmittel* ergeben sich Einschränkungen bei den in Betracht kommenden Währungen.[1303] Hier gelten nur solche als hochliquide, für die die *CCP* bei der Aufsichtsbehörde nachweisen kann, dass sie das Risiko angemessen steuern kann. Außerdem sind nur solche Barmittel in den Währungen erfasst, in der die *CCP* Transaktionen cleart.

Daneben wird *Gold* unter bestimmten Voraussetzungen als hochliquide Sicherheit angesehen.[1304] In qualitativer Hinsicht muss es sich um einzelverwahrtes Barrengold nach dem *Good-Delivery-Standard*[1305] handeln. Des Weiteren muss es entweder von der zentralen Gegenpartei direkt gehalten oder bei Dritten verwahrt werden. Hier kommen zunächst die Zentralbanken des Europäischen Wirtschaftsraumes in Frage. Um die Liquidität zu gewährleisten, müssen angemessene Vereinbarungen bestehen, die die Eigentumsrechte der Clearingmitglieder oder der Kunden beachten und der *CCP* bei Bedarf einen umgehenden Zugriff gewährleisten. Unter den gleichen Bedingungen kann für die Hinterlegung von Gold ein Kreditinstitut i.S.d. Richtlinie 2006/48/EG[1306] in Frage kommen, wobei die zentrale

---

1303 Art.38 lit.a)-b) Delegierte Verordnung (EU) Nr.153/2013.

1304 Anhang I Abschnitt 3 lit.a)-d) Delegierte Verordnung (EU) Nr.153/2013.

1305 *Anmerkung*: Siehe hierzu zum Beispiel den von der *London Bullion Market Association* entwickelten und international anerkannten Standard, *LBMA, Good Delivery Rules for Gold and Silver Bars*, abrufbar unter http://www.lbma.org.uk/assets/GD_Rules_12.pdf. Dieser enthält Vorschriften zu Gewicht, Abmessung, Feingehalt und Markierungen.

1306 *Anmerkung*: Nunmehr Richtlinie 2013/36/EU.

Gegenpartei bei der Aufsichtsbehörde anhand interner Bewertungen nachweisen muss, dass es mit einem geringen Kreditrisiko behaftet ist. Hierbei werden die vorzunehmenden Analysen in der Delegierten Verordnung ebenfalls spezifiziert, da eine objektive und definierte Methodik angewandt werden muss, die nicht vollständig auf externen Stellungnahmen basieren darf und die das Risiko berücksichtigen muss, das sich aus dem Sitz des Kreditinstituts in einem bestimmten Land ergibt. Letztlich kann Gold auch bei Kreditinstituten in Drittstaaten verwahrt werden, jedoch greifen dann strengere Voraussetzungen. Um die Gleichwertigkeit mit europäischen Kreditinstituten zu garantieren, muss das Unternehmen zusätzlich zu den oben gezeigten Anforderungen einem Rechtsrahmen unterstellt sein, der mindestens so streng sein muss wie in der Europäischen Union und über solide Verfahren für die Rechnungslegung, Verwahrung und internen Kontrolle verfügt.

Als dritte Möglichkeit darf eine zentrale Gegenpartei *Finanzinstrumente* als Sicherheiten akzeptieren. Die Anforderungen an diese Kategorie von Sicherheiten sind jedoch vergleichsweise vielfältig, um sie als hochliquide ansehen zu können.[1307] Insofern legt die Delegierte Verordnung fest, dass zunächst übertragbare Wertpapiere und Geldmarktinstrumente in Betracht kommen, die eine Reihe von Bedingungen erfüllen müssen.[1308] Unter Risikogesichtspunkten muss die *CCP* bei der Aufsichtsbehörde nachweisen, dass sie von einem Emittenten mit geringem Kreditrisiko ausgegeben wurden und sie mit einem geringen Marktrisiko behaftet sind. Daneben darf es sich bei dem Emittenten beispielsweise nicht um eine *CCP* oder ein Unternehmen aus demselben Konzern handeln, dem die zentrale Gegenpartei angehört. Im Hinblick auf die möglichen Währungen bestehen dieselben Einschränkungen wie bei Barmitteln. Darüber hinaus müssen sie auf einem aktiven Markt für direkte Verkäufe oder Pensionsgeschäfte mit einer großen Zahl unterschiedlicher Marktteilnehmer, zu dem die *CCP* einen ausreichenden Zugang hat, auch bei angespannten Marktbedingungen handelbar sein. Gleichzeitig müssen sie frei übertragbar sein, wobei keine Forderungen Dritter bestehen dürfen. Zusätzlich müssen regelmäßig zuverlässige Preisdaten veröffentlicht werden und kein anderweitiges, wesentliches Korrelationsrisiko bestehen.

Letztlich kann eine *CCP Schuldtitel* als hochliquide Sicherheiten entgegennehmen.[1309] Auch hier werden im Rahmen der Delegierten Verordnung diverse Bedingungen aufgestellt, die bei der Bewertung zu beachten sind. Diese sind

1307 Art.39 i.V.m. Anhang I Delegierte Verordnung (EU) Nr.153/2013.

1308 Anhang I Abschnitt 1 lit.a)-h) Delegierte Verordnung (EU) Nr.153/2013.

1309 Anhang I Abschnitt 1 i.V.m. Anhang II Abs.1 lit.a)-g) Delegierte Verordnung (EU) Nr.153/2013.

insofern mit den Voraussetzungen für die oben behandelten Finanzinstrumente vergleichbar, als dieselben Bedingungen an die Währung, ihre Handelbarkeit und Übertragbarkeit gestellt werden und außerdem für sie regelmäßig zuverlässige Preisdaten veröffentlicht werden müssen. Daneben darf die durchschnittliche Restlaufzeit des Portfolios der *CCP* für Schuldtitel zwei Jahre nicht übersteigen. Besonderes Augenmerk gilt den möglichen Emittenten und Garanten dieser Schuldverschreibungen. So können neben Regierungen, Zentralbanken und multilateralen Entwicklungsbanken[1310] auch *EFSF* bzw. *ESM* als Schuldner fungieren. Um eine gewisse Einschränkung vorzunehmen, muss der zentrale Kontrahent bei der Aufsichtsbehörde nachweisen, dass diese Titel nur ein geringes Kredit- und Marktrisiko aufweisen. Dies muss ebenfalls anhand einer definierten und objektiven Methodik erfolgen, die nicht vollständig auf externen Stellungnahmen basieren darf und die das Risiko berücksichtigen muss, das sich aus dem Sitz des Emittenten in einem bestimmten Land ergibt.

Die dargestellte diversifizierte und detaillierte Regulierung in der Europäischen Union ist in den anderen Ländern nicht ausfindig zu machen und stellt insoweit eine Besonderheit dar. Allerdings werden in Singapur auf Ebene der *SGX-DC* die akzeptierten Sicherheiten durch bestimmte Merkmale qualitativ näher beschrieben. Sie akzeptiert nach eigenen Angaben nur drei Arten von Sicherheiten. Hierbei handelt es sich um Bargeld (*cash*) in liquiden Währungen, namentlich Singapur-Dollar, US-Dollar, Japanische Yen und Euro.[1311] Daneben werden Staatsanleihen gestattet (*government securities*), sofern es sich entweder um inländische Schuldtitel oder um Länder mit guter Bonität handelt, wie zum Beispiel die Vereinigten Staaten von Amerika, Deutschland, Japan und Frankreich. Letztlich werden bestimmte Aktien (*stocks*) akzeptiert, worunter beispielsweise Werte aus *MSCI Singapore Free Index* oder *FTSE Straits Times Index* zählen.[1312]

1310 *Anmerkung*: Diese sind *Internationale Bank für Wiederaufbau und Entwicklung, Internationale Finanz-Corporation, Interamerikanische Entwicklungsbank, Asiatische Entwicklungsbank, Afrikanische Entwicklungsbank, Rat der Europäischen Entwicklungsbank, Nordische Investitionsbank, Karibische Entwicklungsbank, Europäische Bank für Wiederaufbau und Entwicklung, Europäische Investitionsbank, Europäischer Investitionsfonds und die Multilaterale Investitions-Garantie-Agentur* (vgl. Anhang VI Teil 1 Abschnitt 4.2 Richtlinie 2006/48/EG).

1311 *SGX-DC*, Making SGX-Derivatives Clearing Transparent for Market Participants, S.45.

1312 *SGX-DC*, Making SGX-Derivatives Clearing Transparent for Market Participants, S.58, Fn.2.

II. Spezielle Regelungen

Einen weiteren Aspekt bilden spezielle Regelungen für besondere Sicherheiten, die sich in der Europäischen Union und in den Vereinigten Staaten von Amerika ausfindig machen lassen. So werden Bankgarantien auf europäischer Ebene Sonderregelungen unterworfen, während die Vereinigten Staaten von Amerika besondere Anforderungen an Akkreditive (*letters of credit*) stellen.

Die europäischen Vorschriften gestatten einer *CCP* bei nichtfinanziellen Gegenparteien unter engen Grenzen auch *Bankgarantien* als Sicherheiten entgegenzunehmen.[1313] Dies soll nach Vorstellung des Verordnungsgebers dann möglich sein, wenn auf einem Markt eine hohe Konzentration an Geschäftsbanken vorliegt, die solche Garantien bereitwillig ausstellen.[1314] Falls die betreffende Bank zugleich Clearingmitglied ist, werden sie als Bestandteil ihrer Risikoposition berücksichtigt.[1315] Die europäische Regulierung unterteilt die möglichen Garantiegeber in Geschäftsbanken und Zentralbanken und postuliert insofern unterschiedliche Voraussetzungen und Bedingungen. Im Hinblick auf *Geschäftsbanken* werden in der Delegierten Verordnung verschiedene Erfordernisse festgeschrieben.[1316] So darf der Garantiegeber nur mit einem geringen Kreditrisiko behaftet sein, was von der *CCP* in gleicher Weise gegenüber der zuständigen Aufsichtsbehörde nachgewiesen werden muss, wie im Falle von als Sicherheit akzeptierten Finanzinstrumenten.[1317] Zweitens wird eine Reihe von Voraussetzungen an die Garantie selbst gestellt. Um eine Verflechtung zwischen einzelnen Banken zu vermeiden, darf eine Geschäftsbank eine Garantie zunächst nur gegenüber einem nichtfinanziellen Clearingmitglied ausgeben. Außerdem muss sie unwiderruflich und unbedingt abgegeben werden und innerhalb der Liquidationsperiode des ausfallenden Clearingmitglieds in Anspruch genommen werden können, sodass die Auszahlung sichergestellt ist. Des Weiteren darf für sie, wie bei anderen Sicherheiten, kein wesentliches Korrelationsrisiko bestehen. Als Besonderheit muss sie durch eine vollständige Sicherheit gedeckt sein, die ebenfalls nicht korrelationsanfällig ist und insolvenzgeschützt ist, sofern das Clearingmitglied und der Garantiegeber gleichzeitig ausfallen sollten. Ebenso bestehen dieselben bereits oben betrachteten Einschränkungen für in Frage kommende Währungen.[1318] An *Zentralbanken*, als zweite Gruppe möglicher Garantiegeber, werden weniger Bedingungen

---

1313 Art.46 Abs.1 EMIR.

1314 Erwägungsgrund Nr.38 Delegierte Verordnung (EU) Nr.153/2013.

1315 Art.46 Abs.1 EMIR.

1316 Anhang I Abschnitt 2 Nr.1 lit.a)-i) Delegierte Verordnung (EU) Nr.153/2013.

1317 Siehe Kapitel 2, Abschnitt 4, §5, Unterpunkt B I.

1318 Siehe Kapitel 2, Abschnitt 4, §5, Unterpunkt B I.

gestellt.[1319] Die Garantien müssen auf bestimmte Währungen abgeschlossen worden sein, wobei an die Unwiderruflichkeit, Unbedingtheit und Liquidationsfähigkeit dieselben Voraussetzungen wie bei Geschäftsbanken gestellt werden.

Ebenso hat die US-amerikanische *CFTC* eine spezielle Regelung zum Sicherheitsmanagement erlassen. Im Gegensatz zur Europäischen Union reglementiert sie nicht die Sicherheiten von nichtfinanziellen Gegenparteien, sondern schränkt das Sicherheitenspektrum generell ein. So ist es einer *DCO* verboten, *letters of credit* in Bezug auf *swaps* zu akzeptieren.[1320] Andererseits sind solche Sicherheiten im Hinblick auf *futures* und diesbezügliche Optionen zulässig. In der früheren Fassung der Regulierung wurde eine solche Abgrenzung noch nicht vorgenommen und Akkreditive wurden per se ausgeschlossen[1321], da sie lediglich ein Auszahlungsversprechen der Bank beinhalten, das in Krisensituationen im Zweifel nicht zeitnah erfüllt werde.[1322] Letztlich entschied sich die Behörde jedoch für den differenzierteren Schritt, da es ihrer Ansicht nach in Bezug auf *futures* und diesbezügliche Optionen eine lange Erfolgsgeschichte gebe (*strong track record*) und *swaps* ein höheres Risikoprofil aufwiesen.[1323]

C. Abschläge

Ein weiteres Element im Sicherheitenmanagement eines zentralen Kontrahenten ist die Möglichkeit, Abschläge auf akzeptierte Sicherheiten zu tätigen (*haircuts*). Dies ist unter Risikogesichtspunkten bedeutsam, da so präventiv negative Wertentwicklungen der gestellten Sicherheit berücksichtigt werden können. In einem ersten Schritt soll daher untersucht werden, inwiefern Abschlagskonzepte in den jeweiligen Ländern anzutreffen sind. Anschließend wird auf die jeweiligen Überprüfungsmechanismen eingegangen, mit deren Hilfe eine adäquate Handhabung gewährleistet werden soll.

I. Konzeption

Im Folgenden werden die verschiedenen Abschlagskonzepte in der Europäischen Union, den Vereinigten Staaten von Amerika und Singapur behandelt, wobei die jeweiligen Merkmale herausgearbeitet und verglichen werden.

1319 Anhang I Abschnitt 2 Nr.2 lit.a)-d) Delegierte Verordnung (EU) Nr.153/2013.

1320 17 C.F.R. §39.13(g)(10).

1321 Proposed Rule 17 C.F.R. §39.15(c)(1).

1322 *CFTC*, Derivatives Clearing Organization General Provisions and Core Principles, Final Rule, 76 FR 69346 (08.11.2011): Im Hinblick auf die Akzeptanz als finanzielle Sicherheit einer *DCO*.

1323 *CFTC* Derivatives Clearing Organization General Provisions and Core Principles, Final Rule, 76 FR 69393 (08.11.2011).

Die europäische Verordnung sieht vor, dass Sicherheitsabschläge auf Vermögenswerte anzusetzen sind, die bis zur Veräußerung einer gewissen Wertminderung unterliegen können.[1324] In den Vereinigten Staaten von Amerika wurde eine vom Ausgangspunkt vergleichbare Regelung erst auf aufsichtsbehördlicher Ebene der *CFTC* etabliert.[1325] So muss eine *DCO* die Bewertung von Vermögenswerten in angemessener Weise reduzieren. Eine vergleichbare Regelung plant *SEC* für *CCAs*, wonach angemessene Abschläge auf Sicherheiten erfolgen sollen.[1326] Gemeinsam ist den Regulierungen in der Europäischen Union und den Vereinigten Staaten von Amerika, dass sie keine Mindesthöhe oder genauen Abschlagswerte vorgeben. Somit wird den zentralen Kontrahenten nach ihren Vorschriften ein gewisser Beurteilungs- und Ermessensspielraum eingeräumt. Auf der anderen Seite lassen sich gewisse Einschränkungen für die Methodik erkennen. So verlangen die europäischen Normen und geplanten Regelungen der *SEC* ein konservatives Modell. Zusätzlich soll die Methodik in der Europäischen Union risikoavers ausgestaltet sein.

Im Gegensatz zur geplanten Vorschrift der *SEC*, geben sowohl der europäische Verordnungsgeber als auch *CFTC* in den USA konkrete Faktoren vor, die bei der *Berechnung* der Abschläge berücksichtigt werden müssen. In diesem Zusammenhang ergeben sich – wenn auch nicht signifikante – Ungleichgewichte in der Regelungstiefe. Dementsprechend wurde in der Europäischen Union im Rahmen der Delegierten Verordnung ein Katalog an Merkmalen herausgearbeitet[1327], während *CFTC* sich auf einige wenige Faktoren beschränkt. Zunächst muss auf europäischer Ebene die Art des Vermögenswertes und die Höhe des mit dem Finanzinstrument verbundenen Kreditrisikos aufgrund einer internen Bewertung ermittelt werden. Daneben müssen die Laufzeit, die historische bzw. hypothetisch künftige Preisvolatilität unter angespannten Marktbedingungen sowie die Liquidität des Marktes einschließlich der Geld-Brief-Spannen berücksichtigt werden. Letztlich muss sowohl eventuellen Wechselkurs- als auch Korrelationsrisiken, Rechnung getragen werden. *CFTC* hingegen verlangt, dass bei der Berechnung Kredit-, Markt-, und Liquiditätsrisiken einkalkuliert werden müssen.[1328] Insoweit bestehen Schnittmengen zwischen der US-amerikanischen Regelung und den europäischen Vorschriften. Die europäische Delegierte Verordnung postuliert jedoch einen detaillierteren Ansatz, wonach weitere Faktoren dargestellt werden müssen. Zudem

1324 Art.46 Abs.1 EMIR.

1325 17 C.F.R. §39.13(g)(12).

1326 Proposed Rule 17 C.F.R. §240.17Ad-22(e)(5).

1327 Art.41 Abs.2 lit.a)-f) Delegierte Verordnung (EU) Nr.153/2013.

1328 17 C.F.R. §39.13(g)(12).

müssen sowohl nach den europäischen als auch nach den Maßgaben der *CFTC* angespannte Marktbedingungen bei der Berechnung der Sicherheitsabschläge zugrunde gelegt werden. Besonderheiten ergeben sich auf europäischer Ebene insoweit, als zusätzlich der Zeitraum für die Liquidierung beachtet wird sowie prozyklische Effekte begrenzt werden müssen.

In Singapur enthalten die gesetzlichen Vorgaben keine Regelungen über *haircuts*. Allerdings bildet sich auf Ebene der *SGX-DC* eine auf den ersten Blick vergleichbare Vorgehensweise heraus. Wie in der Europäischen Union und in den Vereinigten Staaten von Amerika werden auch hier Abschläge auf gestellte Sicherheiten vorgenommen. Dabei richtet sich die Höhe nach potentiellen, extremen Preisschwankungen unter angespannten Marktbedingungen. Zudem werden, wie in der Europäischen Union, prozyklische Effekte berücksichtigt.[1329] Als Besonderheit münden diese Maßgaben jedoch in ein typenspezifisches Abschlagskonzept, wobei zwischen Aktien und Staatsanleihen unterschieden wird.[1330] Bei Aktien erfolgt per se ein Abschlag von 30%. Dieser muss darüber hinaus ausreichen, um einen potentiellen Preisverlust abzudecken, der bei einer zweitägigen Haltefrist entstehen kann. Für diesen potentiellen Preisverlust werden historische Daten der letzten 10 Jahre herangezogen und mit einem Sicherheitswert von mindestens 99,9% versehen. Bei Staatsanleihen wird kein grundsätzlicher Abschlag von 30% vorgenommen, sondern nur die letztgenannte Methodik zur Berechnung der Höhe angewendet.[1331]

II. Überprüfung

Eine wichtige Korrektur erfahren die von einer zentralen Gegenpartei eingeführten Abschlagsmethoden durch Überprüfungsmechanismen. Deshalb soll nunmehr untersucht werden, ob und wie die einzelnen Jurisdiktionen solche Kontrollen vorsehen. Die Europäische Union verlangt, dass eine *CCP* die Angemessenheit der Abschläge regelmäßig überwachen und mindestens jährlich bzw. bei wesentlichen Änderungen, die sich auf ihre Risikopositionen auswirken, überprüfen und einer unabhängigen Bewertung unterziehen muss.[1332] Etwas

1329 *SGX-DC*, Making SGX-Derivatives Clearing Transparent for Market Participants, S.47.

1330 *SGX-DC*, Making SGX-Derivatives Clearing Transparent for Market Participants, S.46.

1331 *Anmerkung*: Daneben werden Abschläge bei Fremdwährungen vorgenommen (*cross-currency haircuts*) (vgl. *SGX-DC*, Making SGX-Derivatives Clearing Transparent for Market Participants, S.46).

1332 Art.41 Abs.3 Delegierte Verordnung (EU) Nr.153/2013.

allgemeiner gehalten sind die Bestimmungen in den Vereinigten Staaten von Amerika. *SEC* beabsichtigt, dass *CCAs* mindestens jährlich überprüfen müssen, ob die vorgenommenen Abschläge ausreichend sind, ohne jedoch konkrete Vorgaben zu machen.[1333] In ähnlicher Weise schreibt *CFTC* eine Angemessenheitsprüfung der Abschläge vor. Trotz dieses allgemeinen Wortlauts ist ihre Regelung dennoch strenger, weil der Überprüfungszeitraum mindestens quartalsweise erfolgen muss. Dies deckt sich mit dem regulatorischen Zustand in Singapur. Zwar sind solche Vorgaben nicht den gesetzlichen Regelungen zu entnehmen, allerdings unterzieht sich *SGX-DC* ebenfalls einer quartalsweisen Überprüfung der Adäquanz ihrer Abschläge.[1334]

D. Konzentrationsgrenzen

Eine weitere Einschränkung im Sicherheitenmanagement kann sich für einen zentralen Kontrahenten aus sogenannten Konzentrationsgrenzen ergeben (*concentration limits*). Allgemein soll hierdurch eine Anhäufung gleichartiger, risikobehafteter Sicherheiten vermieden werden, um eine zeitnahe Liquidierung im Ernstfall zu ermöglichen. Auch in diesem Bereich soll zunächst die Konzeption erarbeitet und verglichen werden, um anschließend auf Überprüfungsregelungen einzugehen.

I. Konzeption

Dem europäischen Verständnis liegt die Prämisse zugrunde, dass eine *CCP* zur Deckung ihrer anfänglichen und laufenden Risikopositionen gegenüber ihren Clearingmitgliedern nur hochliquide Sicherheiten akzeptieren darf. Da jedoch konzentrierte Sicherheiten nach den Vorstellungen des Verordnungsgebers nicht als liquide gelten[1335], ergeben sich Grenzen für die Sicherheitenpolitik. Insofern verlangt die Delegierte Verordnung, dass eine zentrale Gegenpartei Grundsätze und Verfahren einführen muss, um sicherzustellen, dass die Sicherheiten ausreichend diversifiziert sind.[1336] Somit soll gewährleistet werden, dass sie innerhalb eines definierten Haltezeitraums ohne wesentliche Verluste auf dem Markt liquidiert werden können.

Solche Erwägungen lassen sich auch in den US-amerikanischen Vorschriften finden. Eine *DCO* ist verpflichtet, angemessene Konzentrationsgrenzen für

1333 Proposed Rule 17 C.F.R. §240.17Ad-22(e)(5).

1334 *SGX-DC*, Making SGX-Derivatives Clearing Transparent for Market Participants, S.46.

1335 Erwägungsgrund Nr.41 Delegierte Verordnung (EU) Nr.153/2013.

1336 Art.42 Abs.1 Delegierte Verordnung (EU) Nr.153/2013.

Vermögenswerte aufzustellen, um diese zeitnah, ohne signifikante Verluste (*minimal adverse price effect*) liquidieren zu können.[1337] Diese Vorgaben erstrecken sich aber im Unterschied zur Europäischen Union abermals nur auf die Ersteinschussforderungen. Eine Besonderheit besteht darin, dass die Regelungen der *CFTC* ein Wahlmodell zwischen Konzentrationsgrenzen und der Erhebung zusätzlicher Gebühren für solche Vermögenswerte bieten (*concentration charges*). Ein solches Konzept existiert in der Europäischen Union nicht. Obwohl diese Option im Entwurf der Regelung noch nicht vorgesehen war[1338], ist *CFTC* der Überzeugung, dass solche zusätzlichen Kosten unter bestimmten Umständen ein angemesseneres Mittel zur Risikobegrenzung seien und zudem internationalen Standards entsprächen.[1339] *SEC* plant für *CCAs* die Einführung von Konzentrationsgrenzen, wobei keine konkreten Vorgaben gemacht werden.[1340] Auch *SGX-DC* in Singapur hat bestimmte Schwellenwerte für die Konzentration von Sicherheiten eingeführt.[1341]

Im Hinblick auf die konkrete Modellierung dieser allgemein gehaltenen Bestimmung beschreitet die Europäische Union einen Sonderweg, indem sie detaillierte Voraussetzungen aufstellt. Diese beziehen sich sowohl auf Faktoren zur Festlegung[1342] und Berechnung der Grenzen[1343] als auch auf genaue Schwellenwerte.[1344] So muss eine *CCP* Konzentrationsgrenzen für einzelne Emittenten und Gruppen an Emittenten, für Arten von Sicherheiten, für jedes einzelne Clearingmitglied und für alle Clearingmitglieder zusammen aufstellen. Für die Berechnung gegenüber Emittenten werden darüber hinaus besondere Bedingungen vorgeschrieben. Die Ermittlung der gesamten Risikoposition hinsichtlich des jeweiligen Emittenten ist verpflichtend, worunter Kreditlinien, Einlagenzertifikate, Termineinlagen, Sparkonten, Einlagenkonten, Girokonten, Geldmarktinstrumente und genutzte Fazilitäten für Pensionsgeschäfte verstanden werden. Allerdings werden diese hohen Anforderungen auf Sicherheiten für Ersteinschusszahlungen, Beiträge zum Ausfallfonds und sonstige Finanzmittel begrenzt. Zudem müssen

---

1337 17 C.F.R. §39.13(g)(13).

1338 Proposed Rule 17 C.F.R. §39.15(c)(4).

1339 *CFTC*, Derivatives Clearing Organization General Provisions and Core Principles, Final Rule, 76 FR 69394 (08.11.2011).

1340 Proposed Rule 17 C.F.R. §240.17Ad-22(e)(5).

1341 *SGX-DC*, Making SGX-Derivatives Clearing Transparent for Market Participants, S.47.

1342 Art.42 Abs.2 lit.a)-e), Abs.5,6 Delegierte Verordnung (EU) Nr.153/2013.

1343 Art.42 Abs.3 lit.a)-c) Delegierte Verordnung (EU) Nr.153/2013.

1344 Art.42 Abs.4 Delegierte Verordnung (EU) Nr.153/2013.

die Schwellenwerte aufgrund einer konservativen Methodik ermittelt werden, wobei die Delegierte Verordnung drei Bedingungen anführt. Zunächst muss bei Finanzinstrumenten berücksichtigt werden, ob sie von Emittenten des gleichen Wirtschaftszweiges, der gleichen Tätigkeit oder gleicher geografischer Region ausgegeben wurden. Daneben muss die Liquidität, Preisvolatilität und Höhe des Kreditrisikos des Finanzinstruments sowie des Emittenten der Berechnung zugrunde gelegt werden.

Konkrete Werte werden auf europäischer Ebene nur für Garantien vorgegeben. Dementsprechend dürfen nicht mehr als 10% der Sicherheiten von demselben Kreditinstitut garantiert werden. Hierzu zählen auch äquivalente Finanzinstitute in einem Drittstaat oder Töchter dieser Unternehmen. Für Garantien von Geschäftsbanken kann der Wert bis auf 25% erhöht werden, wenn sie mehr als 50% der Sicherheiten insgesamt ausmachen.[1345] Trotz kritischer Stimmen wurde dies damit begründet, dass es insbesondere für nichtfinanzielle Gegenparteien schwer sein könne, unterschiedliche Banken für eine Finanzierung zu finden.[1346] Vergleichbare Überlegungen lassen sich lediglich auf Ebene der *SGX-DC* in Singapur ausmachen, die ebenfalls konkrete Werte vorsieht. Beispielsweise akzeptiert die Clearingstelle bei Staatsanleihen nur 10% einer jeweiligen Emission als Sicherheit.[1347]

II. Überprüfung

Ähnlich wie bei den Abschlägen müssen Konzentrationsgrenzen in der Europäischen Union und in den Vereinigten Staaten von Amerika kontrolliert werden. Die Europäische Union schreibt solche Überprüfungen für zentrale Gegenparteien vor. Dabei wählt sie einen zweiteiligen Ansatz, demzufolge eine *CCP* mindestens jährlich die Grundsätze und Verfahren zur Ermittlung der Konzentrationsgrenzen überprüfen muss. Daneben existiert eine ereignisbezogene Kontrollpflicht bei einer wesentlichen Änderung, die sich auf ihre Risikopositionen auswirkt.[1348] Die US-amerikanischen Regelungen beschränken sich hingegen auf die Festlegung eines starren Untersuchungszeitraums, wobei behördenspezifische Unterschiede bestehen. So schreibt *CFTC* vor, dass die Angemessenheit

---

1345 Art.42 Abs.4 S.2 Delegierte Verordnung (EU) Nr.153/2013.

1346 *ESMA*, Final Report, Ziff.238 lit.a), abrufbar unter http://www.esma.europa.eu/system/files/2012-600_0.pdf.

1347 *SGX-DC*, Making SGX-Derivatives Clearing Transparent for Market Participants, S.47.

1348 Art.42 Abs.7 Delegierte Verordnung (EU) Nr.153/2013.

der Konzentrationsgrenzen mindestens monatlich überprüft werden muss.[1349] Demgegenüber beabsichtigt *SEC* eine mindestens jährliche Überprüfung für *CCAs* einzuführen.[1350] In Singapur konnte ein solcher Überprüfungsmechanismus weder in den gesetzlichen Regelungen noch auf Ebene der *SGX-DC* ausfindig gemacht werden.

E. Zusammenfassung

Alle untersuchten Jurisdiktionen stellen spezielle Regelungen hinsichtlich des Sicherheitenmanagements einer zentralen Gegenpartei auf. Während die Europäische Union in einer Delegierten Verordnung Vorgaben macht, die in ihrer Tiefe als besonders detailliert zu qualifizieren sind, sind die Ansätze der US-amerikanischen und singapurischen Regulierungen weniger weitreichend. Erst auf Ebene der singapurischen zentralen Gegenpartei *SGX-DC* ergibt sich eine Regulierungstiefe, die teilweise mit den europäischen gesetzlichen Vorschriften vergleichbar ist. Schon die *allgemeinen Regelungen* zum Sicherheitenmanagement weisen teilweise Differenzen auf. So darf eine europäische *CCP* nur Vermögenswerte als Sicherheiten akzeptieren, die mit einem minimalen Markt-, Kredit- und Liquiditätsrisiko behaftet sind. Eine solche Eingrenzung ist in den Vereinigten Staaten von Amerika grundsätzlich nicht anzutreffen. Erst die Vorschriften für *SIDCOs* und *Opt-In DCOs* sowie die geplanten Normen für *CCAs* rekurrieren auf diese speziellen Risiken, wobei jedoch ein großzügiger Maßstab gewählt wird. Im Gegensatz zur Europäischen Union, die auf *minimale* Risiken abstellt, dürfen die Vermögenswerte unter der US-amerikanischen Regulierung mit *geringen* Risiken verbunden sein. *SGX-DC* in Singapur bewertet ihre Sicherheiten in gleicher Weise wie in den USA.

Bemerkenswert ist, dass signifikante Ungleichheiten zwischen den einzelnen Jurisdiktionen im Rahmen der Regulierung möglicher *Sicherheitsarten* bestehen. Die USA legen dabei ein sehr liberales Konzept zugrunde und überlassen es den zentralen Kontrahenten festzulegen, welche Arten von Sicherheiten sie im Rahmen der allgemeinen Vorgaben akzeptieren.[1351] Die Europäische Union hingegen setzt sich ausführlich mit dieser Thematik auseinander und differenziert zwischen Barmitteln, Gold, Finanzinstrumenten und Schuldtiteln. Für jede dieser Sicherheit werden spezielle Konditionen festgeschrieben. Singapur wiederum

1349 17 C.F.R. §39.13(g)(13).

1350 Proposed Rule 17 C.F.R. §240.17Ad-22(e)(5).

1351 *CFTC*, Risk Management Requirements for Derivatives Clearing Organizations, Proposed Rules, 76 FR 3710 (13.01.2011).

verzichtet gänzlich auf regulative Einschränkungen. Allerdings ergeben sich aus den internationalen Standards Vorgaben, die von der singapurischen *SGX-DC* in die Praxis umgesetzt wurden. Garantien von Geschäftsbanken werden in der Europäischen Union nur unter engen Grenzen als Sicherheit für nichtfinanzielle Gegenparteien gestattet. In den Vereinigten Staaten von Amerika sieht *CFTC* ein generelles Verbot von *letters of credit* als Sicherheit für *swaps* vor.

In allen Ländern werden *Abschläge* auf gestellte Sicherheiten vorgenommen (*haircuts*). Grundsätzlich wird dem zentralen Kontrahenten ein weiter Beurteilungs- und Ermessensspielraum zugestanden. Allerdings wird dieser Grundsatz insbesondere durch die europäischen Vorgaben und auf Ebene der *CFTC* eingeschränkt. In Singapur hat *SGX-DC* ein typenspezifisches Abschlagskonzept entwickelt, das zwischen Aktien und Staatsanleihen differenziert. In allen drei Jurisdiktionen lassen sich außerdem *Überprüfungsmechanismen* für die erstellen Abschläge vorfinden, die in zeitlicher Hinsicht variieren. So schreibt die europäische Delegierte Verordnung eine mindestens jährlich durchzuführende Kontrolle vor, die sich mit den geplanten Regelungen der *SEC* deckt. Nach den Vorschriften der *CFTC* muss diese mindestens quartalsweise erfolgen, was mit dem etablierten Mechanismus von *SGX-DC* in Singapur im Einklang steht.

Letztlich können in allen Ländern *Konzentrationsgrenzen* für Sicherheiten ausgemacht werden. Während auf europäischer und US-amerikanischer Ebene bestimmte Vorschriften eingeführt wurden, überlässt Singapur die Ausgestaltung der jeweiligen zentralen Gegenpartei. Die europäischen Regelungen zeichnen sich durch eine hohe Regelungsdichte aus, die für die Ermittlung der Schwellenwerte genaue Rahmenbedingungen aufstellen. Die US-amerikanischen Vorschriften sind demgegenüber allgemeiner gehalten. Als Besonderheit hat sich *CFTC* für ein alternatives Modell in Form von erhöhten Gebühren entschieden (*concentration charges*). Daneben weisen die europäischen Normen konkrete Schwellenwerte für Garantien auf. In Singapur schreibt *SGX-DC* solche Grenzwerte beispielsweise für Emissionen von Staatsanleihen vor. Eine *Überprüfung* der Konzentrationsgrenzen sehen die europäischen und US-amerikanischen Regelungen vor, wobei strukturelle Unterschiede bestehen. Während die Europäische Union einen zweigeteilten Ansatz verfolgt, beschränken sich die Vereinigten Staaten von Amerika auf die Festlegung eines starren Überprüfungszeitraums. Daneben bestehen Differenzen in den vorgesehenen *Revisionszyklen*. Diese reichen von einer mindestens jährlich durchzuführenden Untersuchung nach den europäischen Vorgaben und den geplanten Regelungen der *SEC*, bis hin zu einer monatlichen Kontrolle unter den Vorschriften der *CFTC*. In Singapur konnte ein solcher Überprüfungsmechanismus hingegen nicht ausfindig gemacht werden.

§6 Investitionen

Nachdem nunmehr ermittelt wurde, welche Sicherheiten eine zentrale Gegenpartei akzeptieren darf, thematisiert dieser Paragraph die Anlagepolitik. Ebenso wichtig wie die finanzielle Ausstattung einer zentralen Gegenpartei und ihr Sicherheitenmanagement ist die Frage, wie die vorhandenen Mittel investiert werden dürfen. Zunächst werden Regelungen allgemeinen Charakters in den einzelnen Ländern gegenübergestellt. Daraufhin werden einzelne Investitionsarten betrachtet und anschließend die konkreten Anlagebedingungen thematisiert. Letztlich wird auf besondere Investitionsgrenzen eingegangen.

A. Allgemeine Regelungen / Schutzcharakter

Generell verfolgen die Vergleichsjurisdiktionen gemeinsame Ziele bei der Regulierung der Anlagepolitik. So soll der zentrale Kontrahent nur Investitionen abschließen, mit denen Risiken minimiert werden und gleichzeitig der Erhalt seiner Mittel sichergestellt wird. In diesem Zusammenhang muss eine *CCP* in der Europäischen Union ihre Finanzmittel ausschließlich in bar oder in hochliquide Finanzinstrumente anlegen, die mit einem minimalen Markt- und Kreditrisiko versehen sind.[1352] Dementsprechend verfolgt die europäische Regulierung das Ziel, das Kapital einer Clearingstelle zu erhalten und gleichzeitig ein höchstmögliches Maß an Liquidität zu gewährleisten.[1353] Die Anlagepolitik wird ferner durch ein besonderes Sicherheitskonzept geprägt. Hiernach müssen Anlagen auf „besonders sicheren Vereinbarungen“[1354] beruhen, wobei insbesondere spezielle Bedingungen an Empfänger und Anlageart gestellt werden.

Die Zielsetzungen in den Vereinigten Staaten von Amerika sind nur partiell äquivalent. So schreibt *CFTC* ebenfalls vor, dass Investitionen hochliquide sein müssen (*highly liquid*), was der Fall ist, wenn sie innerhalb eines Werktages ohne größere Verluste liquidiert werden können. Insoweit unterstreicht die Aufsichtsbehörde im Einklang mit der europäischen Regelung, dass Anlagen hoch liquide sein müssen, schreibt aber gleichsam ein konkretes Zeitfenster vor. Im Gegensatz zu früheren Regelungen sollen nun keine Bewertungen von Agenturen (*ratings*) als alleiniges Entscheidungskriterium mehr herangezogen werden.[1355] Die Vermögenswerte der Kunden und Clearingmitglieder (*funds and assets*) werden ausdrücklich

---

1352 Art.47 Abs.1 EMIR.

1353 Erwägungsgrund Nr.45 Delegierte Verordnung (EU) Nr.153/2013.

1354 Art.47 Abs.3, 4 EMIR.

1355 *CFTC*, Investment of Customer Funds and Funds Held in an Account for Foreign Futures and Foreign Options Transactions, Final Rule, 76 FR 78784 (19.12.2011).

geschützt, da eine *DCO* diese in Instrumente mit minimalem Kredit-, Markt, und Liquiditätsrisiko investieren muss.[1356] Das Konzept verengt sich in Bezug auf Vermögenswerte der Kunden, indem diese nur in bestimmte Instrumente investiert werden dürfen. Hierzu hat *CFTC* detaillierte Regelungen aufgestellt, die zuletzt 2011 überarbeitet wurden.[1357] Die Reform beabsichtigt, den Anwendungsbereich erlaubter Investments zu begrenzen, gewisse Investitionsstandards anzuheben und Sicherheit durch Diversifikation zu gewährleisten.[1358] Die Behörde weist allerdings darauf hin, dass an die Sicherheiten, die eine *DCO* akzeptieren darf, nicht solch strenge Anforderungen gestellt werden wie sie für Instrumente innerhalb dieses Investitionsrechts nach der Reform gelten.[1359]

Die Voraussetzungen der *SEC* sind allgemeiner gehalten, da keine konkreten Eingrenzungen vorgenommen werden. Kongruent zu den Regelungen der *CFTC*, sollen Vermögenswerte einer *CA* ebenfalls nur in Instrumente mit minimalem Markt-, Kredit-, und Liquiditätsrisiko investiert werden.[1360] Eine gleiche Norm ist für *CCAs* geplant.[1361] Für *SIDCOs* und *Opt-In DCOs* ergibt sich eine Besonderheit, da die Investmentpolitik strenger ausgestaltet ist. Insofern erweitert *CFTC* die dargestellten Investitionsgrundsätze für Mittel von Clearingmitgliedern auf die *eigenen* Vermögenswerte des zentralen Kontrahenten.[1362] Diesen zentralen Kontrahenten ist es nur gestattet, in Instrumente mit minimalem Kredit-, Markt- und Liquiditätsrisiko zu investieren.

Die singapurischen Vorschriften bieten der Aufsichtsbehörde *MAS* einen weiten Ausgestaltungsspielraum, wonach sie bestimmen soll, inwiefern *ACHs* und *RCHs* finanzielle Mittel investieren dürfen.[1363] Hier wird besonders hervorgehoben, dass die Anlagepolitik einer zentralen Gegenpartei die Interessen der Vertretenen beachten (*principles of preserving principal*) und genügend Liquidität gewährleisten muss, um Verbindlichkeiten gegenüber den Kunden zu erfüllen.[1364]

1356 17 C.F.R. §39.15(e).

1357 17 C.F.R. §1.25.

1358 *CFTC*, Q&A – Regulation 1.25, abrufbar unter http://www.cftc.gov/ucm/groups/public/@newsroom/documents/file/125_qa_final.pdf.

1359 *CFTC*, Derivatives Clearing Organization General Provisions and Core Principles, Final Rule, 76 FR 69393 (08.11.2011).

1360 17 C.F.R. §240.17Ad-22(d)(3); sec.17a(b)(3)(F) SEA.

1361 Proposed Rule 17 C.F.R. §240.17Ad-22(e)(16).

1362 17 C.F.R. 39.36(f) i.V.m. 17 C.F.R. §39.15(e) i.V.m. 17 C.F.R. §1.25; *CFTC*, Derivatives Clearing Organizations and International Standards, Proposed Rule, 78 FR 50279 (16.08.2013).

1363 Sec.60(1)(c) SFA; sec.77(1)(c) SFA.

1364 Regulation 25(3)(a) SF(CF)R; regulation 46(3)(a) SF(CF)R.

Insgesamt ist es das Ziel aller Jurisdiktionen sicherzustellen, dass die Investmentpolitik der zentralen Gegenparteien das Liquiditätsrisiko in besonderem Maße berücksichtigt. Dies spiegelt die Erfahrungen der Finanzkrise wider und ist grundsätzlich zu begrüßen. Daneben betonen die Europäische Union und die Vereinigten Staaten von Amerika die dargestellten weiteren Schutzrichtungen vor Kredit- und Marktrisiken, die in Singapur nicht explizit genannt werden. Konvergenzen bestehen in der Akzentuierung des Schutzes. So möchten die Europäische Union und *SEC* einen umfassenden Schutz gewährleisten, indem alle Investitionen des zentralen Kontrahenten einer Regulierung unterworfen werden. *CFTC* und die singapurische Regulierung heben die Interessen der Kunden besonders hervor.

B. Investitionsarten

Im Folgenden sollen die möglichen Investitionsarten einer zentralen Gegenpartei untersucht werden, die in Barmittel und Finanzinstrumente untergliedert werden können. In diesem Zusammenhang hat die Europäische Union ebenfalls profunde Regelungen erlassen, die Bedingungen an die jeweilige Anlageform stellen. Hierbei hat man sich an den internationalen Standards orientiert.[1365] Einen regulativ ebenso weitreichenden Ansatz verfolgt die US-amerikanische *CFTC*, die in einer Positivliste nur bestimmte Finanzinstrumente zulässt (*permitted investments*).[1366] Im Gegensatz hierzu steht die allgemein gehaltene Regelung der *SEC*, die insofern keine positiven Bestimmungen enthält.[1367] Singapur beschreitet einen Mittelweg, wonach lediglich für *securities* besondere Voraussetzungen an die Art der Anlage postuliert werden.[1368]

I. Barmittel

In allen Vergleichsjurisdiktionen kann eine zentrale Gegenpartei ihre Finanzmittel zunächst in Geld anlegen. Allerdings werden in der Europäischen Union Barmittel, die nicht bei Zentralbanken hinterlegt werden, nur in bestimmten Währungen gestattet.[1369] Für diese muss die *CCP* mit großer Zuverlässigkeit nachweisen, dass sie das betreffende Risiko steuern kann oder in dieser Währung Transaktionen abwickelt und Sicherheiten erhält. Eine liberalere Ansicht ist der US-amerikanischen

---

1365 Erwägungsgrund Nr.46 Delegierte Verordnung (EU) Nr.153/2013.
1366 17 C.F.R. §39.15(e) i.V.m. 17 C.F.R. §1.25(a).
1367 17 C.F.R. §240.17Ad-22(d)(3).
1368 Regulation 25(1) SF(CF)R; regulation 46(1) SF(CF)R.
1369 Art.45 Abs.1 lit.a) Delegierte Verordnung (EU) Nr.153/2013.

SEC zu entnehmen, die sich ebenfalls für die Anlageform in Barmitteln ausspricht, allerdings keine bestimmten Anforderungen stellt.[1370] Die singapurische Regelung legt lediglich ausdrücklich fest, in welche Arten von Wertpapieren investiert werden darf und enthält insoweit keine Bestimmungen für Barmittelgeschäfte. Allerdings ist diese Anlagemöglichkeit in Singapur gängige Praxis. Insoweit beschränkt sich *SGX-DC* nach eigenen Angaben darauf, das Geld und die Vermögenswerte ihrer Teilnehmer (*participants collateral*) hauptsächlich auf Konten regulierter Banken in Singapur anzulegen.[1371]

II. Finanzinstrumente

Vermögenswerte können außerdem unter allen Jurisdiktionen in Finanzinstrumente investiert werden. Allerdings wird die mögliche Bandbreite der Anlagemöglichkeiten durch die einzelnen Regulierungen eingeschränkt.

Der europäische Verordnungsgeber sieht zunächst Schuldtitel als mögliche Anlage vor. Um die erforderliche hohe Liquidität und ein geringes Markt- und Kreditrisiko zu gewährleisten, werden besondere Bedingungen postuliert.[1372] In diesem Zusammenhang sind dieselben Voraussetzungen anzuführen, die bereits beim Sicherheitenmanagement thematisiert wurden.[1373] Eine *CCP* kann hiernach beispielsweise in Schuldtitel, die von Staaten emittiert oder garantiert werden, sowie in *ESM*-Anleihen investieren.

Die regulativen Vorgaben der US-amerikanischen *CFTC* sind mit dem Geist der europäischen Regulierungen vergleichbar, obwohl sie sich auf die Investition von Kundengeldern beschränken, denn entsprechend den europäischen Vorschriften sind Anlagen inbegriffen, die von staatlicher Seite garantiert oder emittiert werden.[1374] So werden insbesondere US-Staatsanleihen (*U.S. government securities*) bzw. Anleihen der einzelnen Bundestaaten (*municipal securities*) sowie Einlagezertifikate bestimmter Banken[1375] (*certificate of deposit*) angeführt. Zudem gestattet die Aufsichtsbehörde staatlich abgesicherte (*fully guaranteed as to principal and*

1370 *SEC*, Clearing Agency Standards, Final Rule, 77 FR 66282 (02.11.2012).

1371 *SGX-DC*, Making SGX-Derivatives Clearing Transparent for Market Participants, S.84.

1372 Art.43 Delegierte Verordnung (EU) Nr.153/2013 i.V.m. Anhang II Abs.1 lit.a)-g), Abs.2 lit.a)-b) Delegierte Verordnung (EU) Nr.153/2013.

1373 Siehe Kapitel 2, Abschnitt 3, §5, Unterpunkt B.

1374 17 C.F.R. §1.25(a)(1)(i)-(vii).

1375 *Anmerkung*: Hierzu zählen beispielsweise Banken, die amerikanischem Recht unterliegen, oder ein Mitglied des Federal Reserve Systems sind (15 U.S.C. §78c(a)(6)(A),(B)).

interest by the U.S.) Geldmarktpapiere (*commercial papers*), Unternehmensbeteiligungen (*corporate notes or bonds*) sowie Beteiligungsrechte an Geldmarktfonds (*interests in money market mutual funds*). Ebenso sind Schuldverschreibungen der *Federal National Mortgage Association*[1376] und der *Federal Home Loan Mortgage Association* erlaubt, solange sie unter der Beaufsichtigung der *Federal Housing Finance Authority* und entsprechender staatlicher Unterstützung stehen.[1377] Besonders hervorzuheben ist die Tatsache, dass ausländische, staatliche Schuldinstrumente (*foreign sovereign debt*) von *CFTC* explizit ausgeschlossen werden.[1378]

SEC gestaltet das Konzept möglicher Investitionsarten im Vergleich zu den beiden anderen Regulierungen auf den ersten Blick disparat. Anstelle einer Positivliste legt die Behörde allgemeine Formulierungen zugrunde. Dennoch ergibt der Sinn und Zweck der Regelung, dass sie ebenso der Ansicht ist, eine zentrale Gegenpartei solle die Vermögenswerte ihrer Kunden primär in Staatsanleihen (*U.S. treasury securities, securities issued by a U.S. government agency*) investieren, da diese ein hohes Maß an Sicherheit und Liquidität gewährleisten. Auch wenn diese Sichtweise nicht aus dem Wortlaut der allgemeingehaltenen Vorschrift zu erkennen ist, streitet die Begründung aus den Materialien hierfür.[1379]

Einen anderen Weg beschreitet Singapur. Analog der europäischen und US-amerikanischen Regelung der *CFTC* führt die Aufsichtsbehörde *MAS* zunächst eine Positivliste an, die sich im US-amerikanischen Verständnis auf den Umgang mit Kundengeldern konzentriert.[1380] Im Einklang mit den bisher dargestellten Regulierungen werden zunächst inländische Staatsanleihen (*government securities*) angeführt. Im Unterschied zu den Vereinigten Staaten von Amerika werden ausländische Staatsanleihen gestattet, sofern Geld in dieser Währung in den Clearingprozess floss. Aus den Regelungen ist jedoch nicht ersichtlich, dass bei Geldmarktfonds (*money market funds*) und handelbaren Einlagezertifikaten (*negotiable certificates of deposit*) der Staat als Garant fungieren muss.

1376 *Anmerkung*: Die Bundes-Hypotheken-Vereinigung, kauft Hypotheken von Banken und anderen Geldgebern auf und wandelt sie in marktfähige Obligationen (*FNMA Certificates*) um (vgl. *Dietl/Lorenz*, Wörterbuch für Recht, Wirtschaft und Politik, „Federal National Mortgage Association").

1377 17 C.F.R. §1.25(a)(3).

1378 *CFTC*, Investment of Customer Funds and Funds Held in an Account for Foreign Futures and Foreign Options Transactions, Final Rule, 76 FR 78781 (19.12.2011).

1379 *SEC*, Clearing Agency Standards, Final Rule, 77 FR 66282 (02.11.2012).

1380 Regulation 25(1)(a)-(d) SF(CF)R; regulation 46(1)(a)-(d) SF(CF)R.

Eine besondere Regelung besteht auf europäischer Ebene im Hinblick auf Derivate.[1381] Der Verordnungsgeber möchte sicherstellen, dass solche Investitionen nur in engen Grenzen genutzt werden, da sich eine *CCP* hierdurch zusätzlichen Markt- und Kreditrisiken aussetze.[1382] Durch die Einführung eines zweckgesteuerten Systems soll eine zentrale Gegenpartei derivative Instrumente nur abschließen dürfen, um Portfoliorisiken eines Clearingmitglieds während des Ausfallverfahrens oder Währungsrisiken im Zusammenhang mit ihrem Liquiditätsmanagement abzusichern. Dem Risiko empfangener Sicherheiten solle hingegen in der Regel durch Abschläge Rechnung getragen werden.[1383] Zusätzlich darf ein zentraler Kontrahent nur in solche Finanzinstrumente investieren, für die regelmäßig zuverlässige Preisdaten veröffentlicht werden. Zuvor muss allerdings der interne Risikoausschuss konsultiert und eine Genehmigung des Leitungsorgans der *CCP* erteilt worden sein.

C. Anlagebedingungen

Ein weiterer Aspekt in der Investitionspolitik einer zentralen Gegenpartei sind die Anlagebedingungen. Zunächst werden allgemeine Erfordernisse behandelt, die die Rahmenbedingungen einer Investition regeln. Anschließend werden besondere Vorgaben für spezielle Investitionen in den Vereinigten Staaten von Amerika thematisiert und schließlich Konzentrationsgrenzen für Investitionen untersucht.

I. Allgemeine Anforderungen an die Investition

Die allgemeinen Anforderungen an die Investitionsbedingungen sollen einen Rahmen vorgeben, in dem Investitionen getätigt werden können. Diese zielen darauf ab, den Kreis möglicher Anlageempfänger zu konkretisieren und mithin einzugrenzen. Gleichzeitig können spezielle Vorgaben an die Investition gemacht werden. Vor diesem Hintergrund bedient sich der europäische Verordnungsgeber eines gestaffelten Systems für die Anforderungen an die Investitionsbedingungen. Für die jeweilige Anlageart werden Marktteilnehmer genannt, die primär herangezogen werden sollen. Erst danach soll auf andere Unternehmen zurückgegriffen werden, wobei jeweils genaue Bedingungen angeführt werden. Dementsprechend werden nach der europäischen Regulierung Akteure unterschiedlich bewertet.

1381 Art.43 i.V.m. Anhang II Abs.2 Delegierte Verordnung (EU) Nr.153/2013.
1382 Erwägungsgrund Nr.47 Delegierte Verordnung (EU) Nr.153/2013.
1383 Erwägungsgrund Nr.47 Delegierte Verordnung (EU) Nr.153/2013.

Finanzinstrumente, die als Einschusszahlungen, Beiträge zum Ausfallfonds und als sonstige Finanzmittel gestellt wurden, sollen – soweit möglich – primär bei Betreibern von Wertpapierliefer- und –abrechnungssystemen angelegt werden, die einen umfassenden Schutz gewährleisten.[1384] Erst auf zweiter Stufe sollen bestimmte Finanzinstitute herangezogen werden, wenn „besonders sichere Vereinbarungen"[1385] geschlossen werden. Hierunter fallen Zentralbanken, die der zentralen Gegenpartei umgehend Zugang zu den Finanzinstrumenten sowie einen umfassenden Schutz gewährleisten. Auch inländische Kreditinstitute i.S.d. der Richtlinie 2006/48/EG[1386] können in Frage kommen, wenn sie eine vollständige Trennung der Positionen und Schutz garantieren. Allerdings müssen sie nach einer internen Bewertung des zentralen Kontrahenten über ein geringes Kreditrisiko verfügen, damit die Ausfallwahrscheinlichkeit gemindert wird. Letztlich können Finanzinstitute aus Drittstaaten herangezogen werden, die jedoch weitere Voraussetzungen erfüllen müssen. So müssen sie mindestens so strengen Vorschriften unterworfen sein wie inländische Kreditinstitute und über solide Regeln für die Rechnungslegung, Verwahrung und interne Kontrolle verfügen. Bei in- und ausländischen Kreditinstituten sollen die Anlagen zudem auf Vereinbarungen beruhen, deren Modalitäten Verlusten durch Ausfälle und Insolvenzen vorbeugen.[1387] Außerdem werden Vereinbarungen als besonders sicher erachtet, wenn die *CCP* die Finanzinstrumente nach der Investition nur in engen Grenzen wieder verwenden kann. Der Zweck der erneuten Verwendung ist hierbei auf die Vornahme von Zahlungen, der Steuerung des Ausfalls eines Clearingmitglieds oder der Durchführung einer interoperablen Vereinbarung begrenzt.[1388]

Barmittel sollen bevorzugt bei Zentralbanken angelegt werden. Insoweit verlangt EMIR, dass Geldanlagen insbesondere bei der ständigen Einlagefazilität der Zentralbanken hinterlegt werden sollen.[1389] Auf zweiter Ebene kommen wiederum bestimmte inländische und drittstaatliche Kreditinstitute in Betracht, sofern „besonders sichere Vereinbarungen" zur Erhaltung der Einlage bestehen.[1390] Zunächst muss die Einlage auf eine Währung lauten, für die der zentrale Kontrahent mit großer Zuverlässigkeit nachweisen kann, dass er das damit verbundene Risiko

1384 Art.47 Abs.3 EMIR.
1385 Art.44 Abs.1 lit.a)-c) Delegierte Verordnung (EU) Nr.153/2013.
1386 *Anmerkung*: Nunmehr Richtlinie 2013/36/EU.
1387 Art.44 Abs.2 Delegierte Verordnung (EU) Nr.153/2013.
1388 Art.44 Abs.3 Delegierte Verordnung (EU) Nr.153/2013 i.V.m. Art.39 Abs.8 EMIR.
1389 Art.47 Abs.4 EMIR.
1390 Art.45 Abs.1 lit.b) Delegierte Verordnung (EU) Nr.153/2013.

steuern kann.[1391] Sowohl an inländische als auch an ausländische Kreditinstitute werden, im Vergleich zu den dargelegten Grundsätzen bei Finanzinstrumenten, andere Anforderungen gestellt. Einerseits wird keine vollständige Positionstrennung oder ein umgehender Zugang zu den Mitteln gefordert, andererseits muss ein solches Institut ein geringes Kreditrisiko aufweisen. Inländische Kreditinstitute müssen außerdem über ein geringes Marktrisiko verfügen.

In den Vereinigten Staaten von Amerika postuliert *CFTC* für gewisse Finanzmittel eine bestimmte Ausgestaltung der Anlageform (*cleared swaps customer collateral*). Hierunter fallen Barmittel, Wertpapiere (*securities*) oder andere Arten von Eigentum (*property*) die von Kunden einer *DCO* für bestimmte Zwecke des Abwicklungsgeschäfts gestellt werden. Dabei können sie entweder als Einschusszahlung bzw. Absicherung für einen *swap* dienen oder den Wert einer Option abbilden (*settlement value of such option*). Eine *DCO* kann diese Mittel unter gewissen Bedingungen selbst anlegen[1392] oder eine anerkannte Wertpapierverwahrstelle hinzuziehen (*permitted depository*).[1393] Allerdings muss das letztere Unternehmen bestimmte Voraussetzungen erfüllen.[1394] So muss es sich entweder um eine Bank oder Treuhandgesellschaft (*trust company*), jeweils mit Sitz in den Vereinigten Staaten von Amerika, oder insbesondere um ein bei der *CFTC* registrierten *Collecting Futures Commission Merchant* handeln. Daneben muss die zentrale Gegenpartei eine schriftliche Vereinbarung mit der Hinterlegungsstelle schließen, an die sehr detaillierte Voraussetzungen gestellt werden (*acknowledgment letter*).[1395] Im Kern geht es darum, die Konten der einzelnen Kunden zu individualisieren und zu trennen. Dieser Ansatz trägt einer vollständigen rechtlichen Trennung einzelner Positionen Rechnung und verfolgt vor allem insolvenzrechtliche Ziele, indem bei Ausfall eines bestimmten Mitglieds ein Rückgriff auf andere Mitglieder vermieden werden soll (*complete legal segregation, LSOC*).[1396] Legt man den Sinn und Zweck dieser Vorschrift zugrunde, kann sie durchaus mit der europäischen Regulierung verglichen werden. Insoweit sollen Vermögenswerte rechtlich getrennt werden, wenn sie bei anderen

---

1391 Art.45 Abs.1 lit.a)-b) Delegierte Verordnung (EU) Nr.153/2013 („Besonders sichere Vereinbarungen zur Erhaltung von Barmitteln").

1392 17 C.F.R. §22.3(b)(2).

1393 17 C.F.R. §22.3(b).

1394 17 C.F.R. §22.4(a).

1395 17 C.F.R. §22.5(a) i.V.m. 17 C.F.R. §1.20, §1.26.

1396 *CFTC*, Q&A – Final Rule on the Protection of Cleared Swaps Customer Contracts and Collateral, Conforming Amendments to the Commodity Broker Bankruptcy Provisions, S.1.

Unternehmen angelegt werden. Differenzen bestehen jedoch im Hinblick auf die Staffelung der Anlageempfänger, die bei *CFTC* nicht zu erkennen ist.

Im Gegensatz hierzu stehen die Vorschriften der *SEC*, die zentralen Gegenparteien einen weitaus größeren Spielraum ermöglichen.[1397] Anlageempfänger sollen lediglich ein hohes Maß an Liquidität und Sicherheit gewährleisten. Eine Staffelung oder Trennung von Positionen wird insoweit nicht verlangt.

In Singapur werden keine konkreten Voraussetzungen an den Anlageempfänger gestellt und insbesondere kein Abstufungssystem wie in der Europäischen Union etabliert. Dies könnte dem Umstand geschuldet sein, dass zentrale Gegenparteien ihre Investmentstrategie zuvor behördlich genehmigen lassen müssen.[1398] Die internationalen Grundsätze verpflichten einen zentralen Kontrahenten dazu, seine Vermögenswerte und die seiner Teilnehmer bei beaufsichtigten und regulierten Unternehmen zu hinterlegen, die über eine solide Buchführung sowie Sicherheits- und interne Kontrollmechanismen verfügen.[1399] *SGX-DC* beschränkt sich dementsprechend darauf, die finanziellen Mittel ihrer Mitglieder bei inländischen Banken zu hinterlegen, die über eine Lizenz der *MAS* verfügen. Ausländische Banken werden nur herangezogen, wenn sie einem vergleichbaren Regelungsregime unterworfen sind.[1400] Des Weiteren wird bei der Beurteilung des Anlageempfängers auf Ratings zurückgegriffen. Vor diesem Hintergrund müssen die Institute mindestens ein *Moody's* Rating von C (*bank financial strenght rating*) bzw. A (*long-term debt rating*) aufweisen.[1401]

II. Vorgaben an spezielle Investitionen

In den Vereinigten Staaten von Amerika werden neben den allgemeinen Anforderungen Vorgaben an spezifische Anlageformen gestellt.[1402] Insofern ist der Ansatz der *CFTC* zu einem gewissen Grad detaillierter. Denn im Gegensatz zur europäischen Regelung beschränkt er sich nicht auf Schuldtitel und Derivatkontrakte, sondern stellt an diverse Anlagemöglichkeiten unterschiedliche Beschränkungen

1397 17 C.F.R. §240.17Ad-22(3)(d).

1398 Regulation 25(2) SF(CF)R; regulation 46(2) SF(CF)R.

1399 *CPSS/IOSCO*, Principles for financial market infrastructures, Principle 16, Key Consideration 1.

1400 *SGX-DC*, Making SGX-Derivatives Clearing Transparent for Market Participants, S.83.

1401 *SGX-DC*, Making SGX-Derivatives Clearing Transparent for Market Participants, S.83.

1402 17 C.F.R. §1.25(b)(1).

(*restrictions*).[1403] Zunächst ist der Einsatz derivativer Instrumente als Bestandteil gewisser Anlagen begrenzt (*embedded derivatives*). Mit Ausnahme von Geldmarktfonds dürfen grundsätzlich keine anderen Investitionen solche Elemente enthalten.[1404] Außerdem darf kein Instrument reine Zinszahlungsmechanismen (*interest-only payment features*) sowie Zahlungen, die mit Waren (*commodities*), Währungen, Indizes oder Benchmarks verknüpft sind, aufweisen. Daneben ist die Investition in bestimmte Wertpapiere nur in engen Grenzen gestattet (*adjustable rate securities*[1405]).[1406] Einlagezertifikate müssen innerhalb eines Geschäftstages bei der emittierenden Bank liquidiert werden können, wobei eine etwaige Vertragsstrafe begrenzt sein muss.[1407] *Commercial papers* und Unternehmensanleihen (*corporate notes, bonds*) müssen Teil einer Emission sein, die einen Wert von mehr als 1 Mrd. US-Dollar hat, auf US-Dollar lauten und für ihre gesamte Laufzeit staatlich garantiert sein.[1408] Des Weiteren hat die Aufsichtsbehörde gewisse Spezialregelungen für Geldmarktfonds (*money market mutual funds*) sowie Pensionsgeschäfte und umgekehrte Pensionsgeschäfte (*repurchase agreements und reverse repurchase agreements*) erlassen.[1409]

III. Konzentrationsgrenzen

Entsprechend den bereits betrachteten Konzentrationsgrenzen im Sicherheitenmanagement, kann eine zentrale Gegenpartei dazu angehalten werden, auch bei ihrer Anlagepolitik Grenzwerte einzuhalten.

Konzentrationsgrenzen finden in der europäischen Verordnung hinsichtlich der Anlagepolitik keine Erwähnung. Gleichwohl wurden bestimmte Regelungen in einer Delegierten Verordnung festgeschrieben.[1410] Eine *CCP* muss dabei durch Verfahren und Grundsätze sicherstellen, dass eine ausreichende Diversifizierung ihrer investierten Finanzinstrumente gegeben ist. In diesem Zusammenhang gewährt der europäische Verordnungsgeber der zentralen Gegenpartei einen gewissen Beurteilungsspielraum, indem er auf die Festlegung bestimmter

---

1403 17 C.F.R. §1.25(b)(2)(i)-(vi).

1404 *Anmerkung*: Ausnahmen bestehen in gewissen Fällen für Call-Optionen, oder Zinsbegrenzungsgeschäfte bei *adjustable rate securities* (*cap, floor, collar*) (vgl.17 C.F.R. §1.25(b)(2)(i)(A),(B)).

1405 Zur Definition siehe: 17 C.F.R. §1.25(b)(2)(iv)(B).

1406 17 C.F.R. §1.25(b)(2)(iv)(A)(1)-(4).

1407 17 C.F.R. §1.25(b)(2)(v).

1408 17 C.F.R. §1.25(b)(2)(vi).

1409 17 C.F.R. §1.25(c)(d).

1410 Art.45 Delegierte Verordnung (EU) Nr.153/2013 ("Konzentrationsgrenzen").

Schwellenwerte verzichtet und ihr gestattet, selbst Konzentrationsgrenzen festzulegen und Überwachungsmechanismen einzuführen. Dabei müssen verschiedene Rahmenbedingungen beachtet werden.[1411] So muss die Konzentration im Hinblick auf jeden einzelnen Emittenten sowie für interoperable Gegenparteien berücksichtigt werden. Bei der Art der Emittenten müssen insbesondere ihre geographische Verteilung und wechselseitige Abhängigkeiten, die Höhe des Kreditrisikos und die Risikopositionen gegenüber dem Emittenten einbezogen werden.[1412] In organisatorischer Hinsicht muss die *CCP* ihre Grundsätze und Verfahren regelmäßig überwachen und mindestens jährlich überprüfen.[1413] Verstöße müssen der Aufsichtsbehörde mitgeteilt und so rasch wie möglich abgestellt werden.[1414] Insoweit besteht eine Diskrepanz zum US-amerikanischen System.

Zunächst liegt dem Regelungskonzept der *CFTC*, verglichen mit der europäischen Verordnung, ein anderer Ansatz zugrunde, indem genaue Schwellenwerte vorgegeben werden. Diese beziehen sich sowohl auf Anlagearten als auch auf Emittentengruppen. In nationaler Hinsicht bestehen außerdem Divergenzen zu den Vorschriften der *SEC*, die insoweit auf explizite Konzentrationsgrenzen verzichtet[1415] und auch für *CCAs* keine solchen Schwellenwerte beabsichtigt. Die Schwellenwerte der *CFTC* werden zunächst anhand der Anlagearten gestaffelt.[1416] Diese liegen für Anleihen von Staatsunternehmen (*U.S. agency obligations*) bei 50% eines separierten Anlagevermögens. Für andere Finanzinstrumente (*certificates of deposit, commercial papers, corporate bonds und notes*) wird ein Grenzwert von 25% postuliert, gefolgt von einem Wert von 10% für Anleihen von Bundestaaten (*municipal securities*). Geldmarktfonds (*money market mutual funds*) dürfen grundsätzlich bis zu 50% eines Portfolios ausmachen. Im Entwurf sah *CFTC* noch einen Schwellenwert von 10% vor, da sich einige Geldmarktfonds während der Finanzkrise 2008 als unsicher erwiesen haben und es zu einem hohen Wertverlust dieser Fonds kam.[1417] Allerdings ließ sich

1411 Art.45 Abs.2 lit.a)-e) Delegierte Verordnung (EU) Nr.153/2013 ("Konzentrationsgrenzen").

1412 Art.45 Abs.3 lit.a)-d) Delegierte Verordnung (EU) Nr.153/2013 ("Konzentrationsgrenzen").

1413 Art.45 Abs.6 Delegierte Verordnung (EU) Nr.153/2013 ("Konzentrationsgrenzen").

1414 Art.45 Abs.7 Delegierte Verordnung (EU) Nr.153/2013 ("Konzentrationsgrenzen").

1415 17 C.F.R. §240.17Ad-22(d)(3); *SEC*, Clearing Agency Standards, Final Rule, 77 FR 66248 (02.11.2012).

1416 17 C.F.R. §1.25(b)(3)(i)(A)-(G).

1417 *Anmerkung*: Besondere Bedeutung wurde der Tatsache eingeräumt, dass der Wert der Anteilsscheine eines bestimmten Fonds unter einen US-Dollar fiel (*breaking the*

die Behörde während des Konsultationsverfahrens davon überzeugen, dass diese Anlagen genauso nicht risikoreicher seien, als andere gestattete Investitionen und hob den Wert auf letztlich 50% an, um Anlageoptionen und die Diversifikation eines Portfolios zu gewährleisten. Lediglich für kleine Geldmarktfonds mit einem Volumen von unter 1 Mrd. US-Dollar wurde eine Grenze von 10% beibehalten, da hier wegen der geringeren finanziellen Ressourcen ein höheres Risiko in Krisenfällen bestehe.[1418] Bemerkenswerterweise werden Bundesanleihen (*U.S. government securities*) und entsprechende Geldmarktfonds ausdrücklich uneingeschränkt zugelassen.[1419]

Eine Staffelung lässt sich auch bei den Emittentengrenzen feststellen.[1420] Emittenten von Anleihen bezogen auf Staatsunternehmen (*any single issuer of U.S. agency obligations*) dürfen nur ein Viertel des Portfolios ausmachen. Mit einem Wert von 5% fallen die Schwellenwerte bei Emittenten von Anleihen von Bundestaaten und anderen Finanzinstrumenten (*any single issuer of municipal securities, certificates of deposit, commercial paper, or corporate notes or bonds*) wesentlich geringer aus. Für Geldmarktfonds werden Grenzwerte von 25% und 10% postuliert.

In der einschlägigen singapurischen Regulierung werden wiederum keine Konzentrationsgrenzen vorgeschrieben. Im Einklang mit den internationalen Standards[1421], legt *SGX-DC* bei ihrer Anlagepolitik Konzentrationsgrenzen zugrunde, um eine Akkumulation von Risiken bei einer einzigen Bank zu vermeiden. Allerdings werden keine genauen Angaben zur Berechnung oder Höhe der Schwellenwerte gemacht.[1422]

D. *Spezielle Grenzen der Investitionspolitik*

Abschließend sollen spezielle Grenzen der Investitionspolitik behandelt werden. Diese lassen sich besonders in der Europäischen Union und auf Ebene der *CFTC* in den Vereinigten Staaten von Amerika ausfindig machen. In beiden

---

buck) (vgl. *CFTC*, Investment of Customer Funds and Funds Held in an Account for Foreign Futures and Foreign Options Transactions, Final Rule, 76 FR 78787 (19.12.2011)).

1418 *CFTC*, Investment of Customer Funds and Funds Held in an Account for Foreign Futures and Foreign Options Transactions, Final Rule, 76 FR 78787 (19.12.2011).

1419 17 C.F.R. §1.25(b)(3)(i)(A),(E).

1420 17 C.F.R. §1.25(b)(3)(ii)(A)-(E).

1421 *CPSS/IOSCO*, Principles for financial market infrastructures, Principle 16, Punkt 3.16.3.

1422 *SGX-DC*, Making SGX-Derivatives Clearing Transparent for Market Participants, S.83.

Regelungsregimen werden Konzernsachverhalte besonders adressiert. Entsprechende Regelungen konnten in der singapurischen Regulierung und bei *SEC* nicht ausgemacht werden. In der Europäischen Union besteht zudem eine besondere Vorschrift für Investitionen im Hinblick auf das Eigenkapital einer *CCP*.

Zunächst ergibt sich eine Grenze der Anlagepolitik insoweit, als eine *CCP* nach dem europäischen Leitbild ihr Kapital, worunter auch beispielsweise Einschussforderungen und Beiträge zum Ausfallfonds gehören, nicht in eigene Wertpapiere oder solche auf Konzernebene (Mutter-, Tochtergesellschaften) investieren darf.[1423] Dieser Grundgedanke lässt sich in abgewandelter Form in den Regelungen der US-amerikanischen *CFTC* wiederfinden.[1424] Hiernach darf eine *DCO* die Vermögenswerte ihrer Kunden nicht in Schuldtitel (*obligations*) eines verbundenen Unternehmens (*affiliate*) investieren. Hierzu zählen Mutter- (*parent company*), Untergesellschaften (*subsidiaries to the lowest level*) und gemeinsame Unternehmen (*companies under common ownership*). Im Gegensatz zur europäischen Regelung ist die Investition in verbundene Fonds jedoch ausdrücklich gestattet. Außerdem verbietet die Vorschrift ihrem Wortlaut nach nicht die Investition in eigene Finanzinstrumente.

Besonders hervorzuheben ist der Umstand, dass in der Europäischen Union eine Sonderregelung zur Investition von Eigenkapital aufgestellt wird. Sollte es nicht in hochliquide Finanzinstrumente mit minimalem Markt- und Kreditrisiko bzw. bar angelegt werden, wird es in bestimmten Konstellationen nicht als Eigenkapital berücksichtigt. Dies betrifft einerseits die Ermittlung ausreichenden Eigenkapitals für Restrukturierungs- oder Absicherungszwecke gem. Art.16 Abs.2 EMIR und andererseits die zugeordneten Eigenmittel bei der Verwertung ihrer finanziellen Mittel im Rahmen des Wasserfallprinzips gem. Art.45 Abs.4 EMIR.[1425] Dementsprechend werden hier regulatorische Anreize gesetzt, damit eine *CCP* ihr Eigenkapital in die vorgegebenen risikoarmen und hochliquiden Anlagemöglichkeiten investiert.

E. Zusammenfassung

Die Investitionspolitik einer zentralen Gegenpartei unterliegt, wegen potentieller Kredit- und Liquiditätsrisiken, in allen Vergleichsjurisdiktionen expliziten Regelungen. Gemeinsam ist allen Vorschriften, dass sie die Investitionsmöglichkeiten des zentralen Kontrahenten *begrenzen* möchten. Sie unterscheiden sich jedoch

---

1423 Art.47 Abs.6 EMIR.
1424 17 C.F.R. §1.25(b)(5)(i)-(ii).
1425 Art.47 Abs.2 EMIR.

gleichzeitig in ihrer Regulierungsdichte. Während die Europäische Union und *CFTC* auf US-amerikanischer Seite sehr detaillierte Anforderungen erlassen haben, sind die Regelungen der *SEC* wiederum großzügiger gehalten. Singapur postuliert ebenfalls relativ enge Bedingungen für die Investitionspolitik einer zentralen Gegenpartei. Gemeinsamkeiten sind in allen Ländern insofern festzuhalten, als ein zentraler Kontrahent seine finanziellen Mittel in möglichst liquide Instrumente investieren soll.

Außerdem ergeben sich bei den *Anlageformen* strukturelle Gemeinsamkeiten. So teilen die Vergleichsjurisdiktionen die Investitionen in *Barmittel* und *Finanzinstrumente* auf und führen jeweils spezielle Voraussetzungen an. Die europäischen Regelungen sind hierbei besonders profund, da sie Bedingungen an die jeweilige Anlageform stellen. In ähnlicher Weise gestattet *CFTC* in den USA anhand einer Positivliste nur bestimmte Anlagearten. Demgegenüber steht die relativ allgemein gehaltene Regelung der *SEC*. Singapur wiederum beschreitet einen Mittelweg, wonach lediglich für Wertpapiere besondere Voraussetzungen an die Art der Anlage postuliert werden. Alle Jurisdiktionen privilegieren insbesondere *staatliche Schuldtitel*, wobei auf Ebene der Europäischen Union zusätzlich Schuldtitel des *ESM* zu nennen sind. *CFTC* kommt in diesem Zusammenhang eine Sonderstellung zu, da explizit Schuldtitel ausländischer Staaten als Investitionsmöglichkeit verboten werden. Eine weitere *Besonderheit* ergibt sich auf Ebene der Europäischen Union, die Investitionen in *Derivate* nur in engen Grenzen gestattet.

Die europäischen Vorschriften zeichnen sich durch ein abgestuftes System möglicher *Anlageempfänger* aus. So sollen Finanzinstrumente primär bei Betreibern von Wertpapierliefer- und -abrechnungssystemen hinterlegt, Barmittel vorrangig bei Zentralbanken angelegt werden. Für die Hinterlegung bei anderen Marktteilnehmern werden andere besonders sichere Vereinbarungen vorausgesetzt, die sich durch diverse Charakteristika auszeichnen. Die Regelungen der US-amerikanischen *CFTC* weisen für Anlageempfänger in Form von Wertpapierverwahrstellen besondere Regelungen auf. Hier muss insbesondere die rechtliche Trennung der einzelnen Anlagepositionen gewährleistet sein. Demgegenüber beinhalten die Vorschriften der US-amerikanischen *SEC* und der singapurischen *MAS* keine solchen Anforderungen. Gleichwohl legt die zentrale Gegenpartei *SGX-DC* ihre Finanzmittel nach eigenen Angaben nur bei in Singapur lizenzierten Kreditinstituten an.

Die Europäischen Union und die Vereinigten Staaten von Amerika sehen zudem *Konzentrationsgrenzen* für die Investitionspolitik einer zentralen Gegenpartei vor, wobei die Ausgestaltung differiert. Während die europäischen Vorschriften allgemein gehalten sind und Rahmenbedingungen vorgeben, die eine *CCP* bei der Festlegung der Konzentrationsgrenzen zu berücksichtigen hat, legt die US-amerikanische *CFTC* genaue Schwellenwerte für die Anlageprodukte und Emittenten fest. Andererseits lassen sich auf Ebene der US-amerikanischen *SEC* und in Singapur keine konkreten Vorgaben finden. *SGX-DC* verweist allerdings darauf, dass sie Konzentrationsgrenzen eingeführt habe, ohne jedoch konkrete Schwellenwerte zu nennen.

Letztlich unterliegt die Investitionspolitik einer zentralen Gegenpartei in den einzelnen Jurisdiktionen *speziellen Grenzen*. Der europäische Verordnungsgeber und die US-amerikanische *CFTC* sehen insbesondere für Investitionen in Instrumente auf Konzernebene des zentralen Kontrahenten Anlagebeschränkungen vor. Darüber hinaus ergibt sich eine Besonderheit für europäische *CCPs*, wenn Eigenkapital nicht in die vorgesehenen Anlageformen investiert wird.

§7 Zusammenfassung

Die Regulierung der zentralen Gegenpartei ist ein wesentlicher Baustein der internationalen Reformen. Umso erstaunlicher ist es, dass die Vergleichsjurisdiktionen keine einheitliche *Kategorisierung* vornehmen. Während gewisse Grundformen in allen Ländern, wenn auch mit unterschiedlichen Begrifflichkeiten, auszumachen sind, sind die Regelungen in den Vereinigten Staaten von Amerika durch Sondertypen geprägt. Im Rahmen der *Aufsicht* bestehen zudem strukturelle Unterschiede zwischen den einzelnen Jurisdiktionen. Zusätzlich sind Differenzen im *Regulierungsansatz* zwischen der Europäischen Union und Vereinigten Staaten von Amerika sowie Singapur zu konstatieren. Der Betrieb einer zentralen Gegenpartei bedarf in allen Jurisdiktionen grundsätzlich der *Zulassung* der jeweils zuständigen Aufsichtsbehörde. Weiterhin sehen alle Länder Instrumente vor, sollte eine zentrale Gegenpartei sich nicht regelkonform verhalten.

Die *finanzielle Ausstattung* einer zentralen Gegenpartei ist in allen untersuchten Systemen einem umfassenden Regulierungsmechanismus unterworfen. Dies ist nicht weiter verwunderlich, hat die finanzielle Stabilität eines zentralen Kontrahenten doch einen gravierenden Einfluss auf die Stabilität des Weltfinanzsystems. Dennoch variiert die *Regelungsdichte und -weite* zwischen den einzelnen Jurisdiktionen, selbst zwischen *CFTC* und *SEC* auf US-amerikanischer Ebene. Der Regulationsansatz ist zudem durch *unterschiedliche Leitbilder* geprägt. Während die Europäische Union und die Vereinigten Staaten von Amerika dabei einen aktiv regulatorischen Weg beschreiten und zahlreiche behördliche Regelungen zu beachten sind, gewährt Singapur der zentralen Gegenpartei einen weitreichenden Spielraum zur Umsetzung der insoweit verbindlichen internationalen Standards. In diesem Kontext hat der singapurische zentrale Kontrahent *SGX-DC* Standards erlassen, die in den Grundzügen mit der Europäischen

Union und den Vereinigten Staaten von Amerika vergleichbar sind. Übergreifend können finanzielle *Grundmittel* identifiziert werden. Auf der anderen Seite ergeben sich Unterschiede im erforderlichen *Anfangskapital* und insbesondere im Hinblick auf die *generelle Höhe* der finanziellen Ressourcen und deren *Ermittlung*. Die wesentliche finanzielle Absicherung wird in allen Jurisdiktionen von den Clearingteilnehmern in Form von Einschussforderungen (*margins*) und Beiträgen zum Ausfallfonds geleistet. Dabei offenbaren sich insbesondere Unterschiede in der Höhe des Fonds. Sollte ein Clearingmitglied ausfallen, schreiben alle Länder eine *Verwertungsreihenfolge* der vorhandenen Mittel vor, wobei insbesondere die Europäische Union detaillierte Vorgaben im Rahmen des Wasserfallprinzips vorsieht.

Auch bei den *Sicherheiten*, die eine zentrale Gegenpartei akzeptieren darf, können Gemeinsamkeiten und Unterschiede im Hinblick auf die *allgemeinen Anforderungen* und *Sicherheitsarten* identifiziert werden. Gerade die Europäische Union fällt dabei durch detaillierte Vorgaben auf. Bei den *Abschlagskonzepten* und *Konzentrationsgrenzen* beschreitet *CFTC* in den Vereinigten Staaten von Amerika einen Sonderweg, indem eine zentrale Gegenpartei anstelle von Konzentrationsgrenzen von ihren Mitgliedern höhere Gebühren für die Annahme der Sicherheiten verlangen kann (*concentration charges*). Hinsichtlich der *Überprüfungsmechanismen* bestehen insbesondere Unterschiede bezüglich der angesetzten Zeiträume.

Hinsichtlich der *Investitionspolitik* einer zentralen Gegenpartei ist allen untersuchten Jurisdiktionen gemeinsam, dass sie staatliche Schuldtitel als *Anlageform* betonen. Besonders hervorzuheben ist die Regelung der *CFTC*, wonach eine US-amerikanische *DCO* nicht in Schuldtitel ausländischer Staaten investieren darf (*foreign sovereign debt*). Die *Anlagebedingungen* werden in den einzelnen Ländern durch Vorgaben im Hinblick auf die *Anlageempfänger* und die Ausgestaltung der Investition konkretisiert. Für die europäischen Regelungen ist insbesondere ein abgestuftes System bei den Anlageempfängern zu erkennen, das in den anderen Jurisdiktionen nicht anzutreffen ist. Außerdem haben die US-amerikanische *CFTC* und die Europäische Union, im Gegensatz zur US-amerikanischen *SEC* und Singapur, spezielle Regelungen für *Konzentrationsgrenzen* erlassen. Jedoch unterscheiden sich die Vorgaben insofern, als *CFTC* konkrete Schwellenwerte festgelegt hat.

Kapitel 3 – Konsequenzen und Optimierungspotentiale

„Ewig wird es unmöglich sein, Grad und Werk einer Krisis und besonders ihre Verbreitungsfähigkeit beim Beginn richtig zu schätzen."

Jacob Burckhardt, 1818–1897

Nachdem im zweiten Kapitel die Regelungen der einzelnen Vergleichsjurisdiktionen detailliert analysiert wurden, sollen nun im letzten Kapitel dieser Untersuchung die gewonnenen Erkenntnisse einer übergreifenden Bewertung zugeführt werden. Anschließend wird im zweiten Abschnitt untersucht, inwiefern aus den Regelungen der betrachteten außereuropäischen Jurisdiktionen Optimierungspotentiale für die Kapitalerhaltung europäischer zentraler Gegenparteien geschöpft werden können. Schließlich werden diese Erkenntnisse im dritten und vierten Abschnitt auf die europäische Normsetzungs- und Normdurchsetzungsebene überführt und konkrete Vorschläge erarbeitet, wie die Kapitalerhaltung europäischer zentraler Gegenparteien verbessert werden kann.

Abschnitt 1 – Bewertung

Im Folgenden sollen die aus dem Rechtsvergleich gewonnenen Erkenntnisse vor dem Hintergrund der internationalen Reformbestrebungen bewertet werden. Dabei soll sich die Analyse von den Details und Einzelheiten lösen und sich auf die übergeordneten Strukturen fokussieren.[1426] Zunächst wird untersucht, wie die Umsetzung des G20-Beschlusses von *Pittsburgh* in den betrachteten Jurisdiktionen zu beurteilen ist. Sodann wird die Regulierungsdichte der jeweiligen Rechtsordnungen analysiert und bewertet. Darauf folgt die Untersuchung der strukturellen Differenzen zwischen den Vergleichsjurisdiktionen auf Aufsichtsebene. Anschließend wird die Umsetzung der Clearingpflicht bewertet und danach die Einbindung der zentralen Gegenpartei als zukünftiger Knotenpunkt in der Marktinfrastruktur außerbörslicher standardisierter Derivate analysiert.

§1 Allgemeines

Zu Beginn kann festgehalten werden, dass die einzelnen Jurisdiktionen bei der Umsetzung des G20-Beschlusses von *Pittsburgh* bislang viel erreicht haben. Die

1426 *Anmerkung*: Zu den Einzelheiten des Rechtsvergleichs wird im Übrigen auf die Zusammenfassungen der jeweiligen Paragraphen im zweiten Kapitel verwiesen.

Reformen für OTC-Derivate sind in den untersuchten Rechtsordnungen in Übereinstimmung mit den Einschätzungen des *Financial Stability Board*[1427], weit vorangeschritten. In allen untersuchten Ländern wurden Vorschriften erlassen, die sich mit der zentralisierten Abwicklung standardisierter Derivate befassen. Konkrete Ausgestaltungen werden derzeit noch in der Europäischen Union und Singapur erarbeitet. Zudem ist es zu begrüßen, dass sich alle Länder bei der Regulierung zentraler Gegenparteien an den internationalen Standards orientieren. Zentrale Kontrahenten als wichtige Knotenpunkte im globalen Finanzsystem werden reguliert, behördlich beaufsichtigt und übergreifend Anforderungen an ihre Organisation und finanzielle Ausstattung gestellt. Daneben sei angemerkt, dass sich die Reform auf weitere Bereiche erstreckt, die in diese Untersuchung nicht einfließen konnten. Hier sind die Einführung von Transaktionsregistern und höhere Risikominderungstechniken für nicht zentral abgewickelte Derivate zu nennen, die in den jeweiligen Ländern Anwendung finden bzw. erarbeitet werden.

Insgesamt wurde im Rechtsvergleich deutlich, dass zwischen den betrachteten Ländern grundsätzlich viele Gemeinsamkeiten in der Umsetzung des Beschlusses bestehen, im Detail ergaben sich allerdings Unterschiede und Besonderheiten. Es ist eine komplexe und vielschichtige Regelungsmaterie entstanden, die für betroffene Marktteilnehmer und Aufseher gleichermaßen eine Herausforderung bildet. In diesem Zusammenhang wurde in der Fachliteratur angemerkt, dass sich in der Praxis eine eigene „Regulierungsindustrie" etabliert habe.[1428] Insofern ist es nicht verwunderlich, dass Marktteilnehmer mit hohen Reorganisationsaufwendungen und Abwicklungskosten konfrontiert werden,[1429] die zu den Kosten weiterer Reformen im Bank- und Kapitalmarktbereich hinzukommen. Aus regulatorischer Sicht ist zu schlussfolgern, dass es nur mit einem erheblichen Aufwand möglich zu sein scheint, einen Kompromiss zu entwickeln, der die wichtige volkswirtschaftliche Funktion derivativer Instrumente berücksichtigt und andererseits ihre Risiken in einem adäquaten Verhältnis steuert.

Summa summarum haben die Reformen einen Beitrag geleistet, den Markt für Derivate transparenter zu machen. Auch steht das Finanzsystem dadurch auf

---

1427 Siehe hierzu: *FSB*, Eighth Progress Report on Implementation, S.1, 7, abrufbar unter http://www.financialstabilityboard.org/wp-content/uploads/r_141107.pdf (zuletzt am 21.11.2014).

1428 *Litten/Schwenk*, EMIR (Teil 2), DB 2013, 918 (922).

1429 *Hartmann/Syring*, Das Jahr 2014 – Zeitenwende für die europäische Aufsichtspraxis, Kreditwesen 2014, 121 (123); *Bosch/Ertogrul*, Regulierung von OTC-Derivaten und deren Liquiditätswirkung, Kreditwesen 2013, 190 (192).

nationaler und internationaler Ebene auf einem stärkeren Fundament. Auf der anderen Seite sind neue Spannungsfelder und Risiken zu erkennen. So können unter systemischen Aspekten neue Risiken entstehen, wenn die Abwicklung auf eine zentrale Stelle konzentriert wird. Auf diesen Aspekt wird weiter unten eingegangen.[1430]

§2 Gefälle in der Regulierungsdichte

Die Umsetzung der internationalen Reformen ist in allen betrachteten Jurisdiktionen mit zahlreichen Regelungen verbunden. Zudem haben die jeweiligen Behörden in allen untersuchten Jurisdiktionen von der Möglichkeit Gebrauch gemacht, Regulierungen zu erarbeiten. In vielen Teilgebieten der Reform werden die gesetzlichen Vorgaben somit von behördlichen Konkretisierungen flankiert. Im Kontext dieser Untersuchung ist insbesondere die Erstellung der Standards für zentrale Gegenparteien oder die genaue Ausarbeitung der Clearingpflicht hervorzuheben.

Der Rechtsvergleich offenbarte in diesem Zusammenhang ein Gefälle in der Regulierungsdichte von den Vereinigten Staaten von Amerika über die Europäische Union, hin zu Singapur. Die Vorschriften der Vereinigten Staaten von Amerika sind geprägt durch eine hohe Regelungsdichte. Die von ihrem Grundsatz her weit gefassten Vorschriften werden durch zahlreiche Ausnahmeregelungen, Befreiungen und Sondervorschriften flankiert. Daneben können im Einzelfall Gegenausnahmen eingreifen. Zudem wird die Komplexität der Gesamtregulierung durch die oben beschriebene Regulierungsstruktur gesteigert. *CFTC* und *SEC* haben in vielfacher Weise von der Möglichkeit Gebrauch gemacht, die gesetzlichen Vorgaben durch behördliche Konkretisierungen zu ergänzen. Daher kommt beiden Behörden in der Implementierung des *Dodd-Frank Act* eine bedeutende Rolle zu. Auf den ersten Blick können diese, getrieben von den Erfahrungen der jüngsten Finanzkrise, den Eindruck einer Überregulierung erwecken. Gerade für Unternehmen der Realwirtschaft, die nicht in professionellem Maße Derivate einsetzen, könnte es mithin schwierig sein, dieses komplizierte „Regelungsdickicht“ zu durchdringen. Auch der Uniongsgesetzgeber hat komplexe und vielfältige Regelungen erlassen. Diese werden durch diverse Delegierte Verordnungen ergänzt und ausgearbeitet. Allerdings fällt der Umfang dieser Konkretisierungen im Vergleich zum US-amerikanischen Ansatz geringer aus. Da mit *ESMA* in der Europäischen Union nur eine Behörde mit der Erarbeitung von Regulierungsentwürfen betraut ist, kann außerdem eine einheitliche und harmonische Konkretisierung

1430 Siehe Kapitel 3, Abschnitt 1, §5, Unterpunkt A.

erfolgen. Dies ist insbesondere im Bereich der Regulierung der zentralen Gegenparteien ein wesentlicher Unterschied zu den Vereinigten Staaten von Amerika. Der singapurische Ansatz weist die geringste Regulierungsdichte auf. *MAS* hat insbesondere für die Regulierung der zentralen Gegenpartei *regulations* erlassen, die nur einen Rahmen festlegen.

Die Besonderheit in Singapur besteht darin, dass der zentralen Gegenpartei ein erhebliches Maß an Freiheit und Eigenverantwortung eingeräumt wird, die an sie gerichteten internationalen Standards umzusetzen. Auf der einen Seite besteht hierdurch die Gefahr, dass eine einheitliche Umsetzung der internationalen Standards erschwert wird. Da jede zentrale Gegenpartei eigene Regelungen erlässt, muss *MAS* eine umfassende Prüfung vornehmen, um die Konformität mit den internationalen Standards festzustellen, was mit einer größeren Aufsichtsverantwortung verbunden ist. Folglich sind sowohl an die organisatorischen Bedingungen der Behörde als auch an die fachlichen Voraussetzungen der Aufseher hohe Anforderungen zu stellen. Andererseits hat dieser Weg durchaus seinen Charme und dokumentiert eine liberale Auffassung, indem den einzelnen Unternehmen innerhalb des Regulierungsrahmens ein größtmögliches Ermessen zugestanden wird. Dies erzeugt eine höhere Flexibilität und Diversifikation. Dementsprechend ist es möglich, den individuellen Gegebenheiten und Zielvorstellungen in größtmöglichen Umfang Rechnung zu tragen.

Insbesondere seit der jüngsten Finanzkrise offenbart sich im Bereich des Bank- und Kapitalmarktrechts auf internationaler Ebene eine zunehmende Regulierung durch Behörden. Grundsätzlich ist dieser Trend positiv, da die Behörden über spezifische Fachkenntnisse und praktische Erfahrung auf diesem Gebiet verfügen. Auf der anderen Seite ist es möglich, dass durch die Vielzahl an Konkretisierungen der Charakter einer gesetzlichen Regelung maßgeblich mitbeeinflusst wird. Nicht umsonst wurde bereits in der Literatur hervorgehoben, dass eine „bisher nicht dagewesene Machtfülle“[1431] auf europäischer Aufsichtsebene entstanden ist. Dabei muss allerdings beachtet werden, dass die von *ESMA* erarbeiteten Entwürfe der Europäischen Kommission lediglich als Grundlage für den Erlass einer Delegierten Verordnung dienen, sodass der Behörde keine endgültige Entscheidung zukommt. Diese Vorgehensweise kann zudem mit regulatorischen Schwierigkeiten verbunden sein. In den Vereinigten Staaten von Amerika können mit *CFTC* und *SEC* zwei Behörden Regelungen erlassen, sodass die Gefahr unterschiedlicher Regulierungen besteht. Positiv ist, dass beide Behörden die Möglichkeit haben,

---

1431 *Heppe/Tielmann*, Die Neuerungen des Dodd-Frank Wall Street Reform and Consumer Protection Act, WM 2011, 1883 (1883).

sich bei der Erarbeitung von Vorschriften abzustimmen, um eine einheitliche Regulierung zu gewährleisten. So wurden für den persönlichen und sachlichen Anwendungsbereich von den Behörden gemeinsame Regelungen erlassen. Auf der anderen Seite konnte der Rechtsvergleich bei der Regulierung zentraler Gegenparteien Divergenzen aufzeigen. Hier haben *CFTC* und *SEC* Regelungen erlassen, die von ihren Anforderungen und ihrem Detailgrad als nicht einheitlich zu beurteilen sind. Während die Vorschriften der *CFTC* sich durch einen hohen Detailgrad auszeichnen und vergleichsweise eng ausgestaltet sind, sind die Regelungen der *SEC* liberaler und offener gehalten sowie mit weniger Vorgaben verbunden.[1432] Diese Zweiteilung in der Regulierungsstruktur kann daher die harmonische innernationale Umsetzung erschweren.

§3 Strukturelle Differenzen

Aus dem Vergleich der einzelnen Jurisdiktionen ergaben sich strukturelle Divergenzen in der Umsetzung des G20-Beschlusses von *Pittsburgh*, die sich insbesondere auf die behördliche Regulierungs- und Aufsichtsebene erstrecken.

In der Europäischen Union konnte eine vertikal verlaufende, kooperative Struktur herausgearbeitet werden. Auf europäischer Ebene ist *ESMA* insbesondere im regulatorischen Bereich zuständig. So kann die Behörde Entwürfe technischer Regulierungs- oder Durchführungsstandards zu wichtigen Fragen der EMIR-Verordnung erarbeiten, die dann in einem Erlass Delegierter Verordnungen durch die Europäische Kommission münden können.

Die Zulassung und Aufsicht der zentralen Gegenparteien ist hingegen auf der nationalen Ebene angesiedelt. Jeder Mitgliedsstaat kann die zuständige Behörde bestimmen, wobei in Deutschland die *BaFin* mit der Aufgabe betraut wurde. Vor allem im Zulassungsverfahren zeigte sich der kooperative Charakter der europäischen Aufsichtsstruktur. Sollte es zu Meinungsverschiedenheiten während des Zulassungsverfahrens innerhalb des *Kollegiums* kommen, kann *ESMA* zur deren Beilegung angerufen werden. Unzweifelhaft ist diese Struktur auf das Gebilde der Europäischen Union als Mehrebenensystem zurückzuführen. Auf regulatorischer Ebene können so einheitliche Standards für alle der EU zugehörigen Staaten erarbeitet werden. Ein einheitlicher Regulierungsrahmen ist gerade im Bereich der Finanzmarktregulierung zu begrüßen. Die Aufsicht mit entsprechenden Eingriffsbefugnissen verbleibt jedoch grundsätzlich auf nationaler Ebene. Diese Anerkennung mitgliedsstaatlicher Souveränität ist im Gefüge der Europäischen Union von zentraler Bedeutung. Allerdings könnten Krisensituationen auf dem

1432 *Anmerkung*: Für die Einzelheiten wird auf Kapitel 2 verwiesen.

europäischen bzw. globalen Finanzmarkt in Ausnahmefällen durch ein einheitliches Vorgehen auf europäischer Ebene effektiver begegnet werden als durch eine Vielzahl national agierender Behörden.

Demgegenüber werden in den Vereinigten Staaten von Amerika mit *CFTC* und *SEC* zwei Behörden auf gleicher Ebene in die Aufsicht eingebunden. Diese horizontale Zweiteilung führt zu einem komplexeren und durch die unterschiedliche Handhabung zu einem komplizierteren Regulierungs- und Aufsichtsgefüge als in der Europäischen Union und Singapur. So besteht im Anwendungsbereich der Regelungen eine Parallelstruktur zwischen derivativen Instrumenten und Marktteilnehmern. Gleiches kann für den Bereich der zentralen Gegenparteien konstatiert werden. Neben der grundsätzlichen Zweiteilung in *DCOs* und *CAs* legen die Vereinigten Staaten von Amerika weitere Unterarten zentraler Gegenparteien fest. Dies steht im Gegensatz zur Vorgehensweise in der Europäischen Union und Singapur, die von einer solchen Unterteilung absehen. Vor allem unter Wettbewerbsgesichtspunkten kann diese Unterscheidung Bedeutung erlangen[1433] und kann nicht ohne Weiteres durch die derzeitigen internationalen Harmonisierungsmaßnahmen beseitigt werden. Gleichzeitig können sich Abgrenzungsschwierigkeiten zwischen den jeweiligen Zuständigkeiten der Behörden ergeben. Durch diesen höheren Abstimmungsbedarf kann einerseits eine effektive Aufsicht beeinträchtigt werden, andererseits besteht ein erhöhter Beratungsbedarf bei betroffenen Marktteilnehmern mit einhergehenden höheren Kosten.

In Singapur ist sowohl die Regulierungs- als auch die Aufsichtsebene klar strukturiert. *MAS* kann Regulierungen erlassen, die die gesetzlichen Vorgaben konkretisieren und ist für die Aufsicht der zentralen Gegenparteien zuständig. Da es sich bei Singapur um einen Stadtstaat handelt, ist diese Vorgehensweise bereits aus dieser Perspektive verständlich. Durch diese Konzentration wird eine einheitliche Aufsicht geschaffen, die effektiv ausgeübt werden kann. Außerdem kann durch die Vermeidung von Parallelstrukturen ein einheitlicher Regulierungsrahmen gewährleistet werden, der keine Abgrenzungsschwierigkeiten wie in den Vereinigten Staaten von Amerika hervorruft.

§4 Die Umsetzung der Clearingverpflichtung

Ein wesentliches Ziel der internationalen Reformbemühungen ist es, zukünftig alle standardisierten außerbörslichen Derivate über eine zentrale Gegenpartei abzuwickeln. Daher soll nunmehr bewertet werden, ob sich diese Vorgabe in den untersuchten Jurisdiktionen widerspiegelt. Aus dieser Perspektive ist es zunächst

---

1433 Siehe Kapitel 3, Abschnitt 1, §4, Unterpunkt B.

begrüßenswert, dass alle Vergleichsjurisdiktionen eine Clearingverpflichtung für standardisierte außerbörsliche Derivate vorsehen. Allerdings müssen die aus dem Vergleich des Anwendungsbereichs gewonnenen Erkenntnisse ebenso einfließen, um eine umfassendes Bild zu erhalten. In diesem Zusammenhang untergliedert sich die Bewertung hinsichtlich der derivativen Produkte und der betroffenen Marktteilnehmer. Anschließend werden bedeutende und übergreifende Ausnahmen sowie Berfreiungen analysiert.

A. Hinsichtlich derivativer Produkte

In diesem Unterpunkt werden die einer Clearingpflicht zugeführten Derivate bewertet. Zunächst wird auf die Auslegung des standardisierten Derivatbegriffs eingegangen und anschließend deren Ermittlungsparameter bewertet. Danach werden die konkreten Produktklassen analysiert, die bisher zentral abgewickelt werden müssen.

I. Übergreifend weite Auslegung

In allen Jurisdiktionen konnten grundsätzlich weitreichende Vorschriften ausfindig gemacht werden. Die Europäische Union, die Vereinigten Staaten von Amerika und Singapur knüpfen in ihrem sachlichen Anwendungsbereich an Derivatbegriffe an, die in einem weitenreichenden Verständnis interpretiert werden. Diese Feststellung ist unter Berücksichtigung der internationalen Reformziele ein wichtiger Ausgangspunkt. Die Clearingpflicht wird in allen Jurisdiktionen sodann auf bestimmte Derivatkategorien konkretisiert. Dies führt zwar zu einer Einengung der Reichweite, ist aber durch die internationalen Reformziele gedeckt, da nur standardisierte außerbörsliche Derivate zentral abgewickelt werden sollen. Insofern stellt sich die Frage, ob die Ermittlungsparamter für ein standardsiertes Derivat kongruent und adäquat sind.

II. Ermittlungsparameter

In allen Rechtsordnungen werden die Derivatkategorien durch *abstrakte Merkmale* konkretisiert. *ESMA* kommt zu dem Ergebnis, dass insbesondere die Europäische Union und die Vereinigten Staaten von Amerika gleiche Bestimmungsfaktoren festgelegt hätten.[1434]

1434 *ESMA*, Technical advice – US, S.232, abrufbar unter http://www.esma.europa.eu/system/files/2013-1157_technical_advice_on_third_country_regulatory_equivalence_under_emir_us.pdf.

Der Rechtsvergleich ergab indessen, dass zwar der Großteil der Faktoren durchaus vergleichbar ist, so werden bei der Ermittlung des Standardisierungsgrads beispielsweise operationelle Gegebenheiten, einheitliche Vertragsbedingungen und die Marktstruktur berücksichtigt. Andererseits bewerten die Vereinigten Staaten von Amerika und Singapur auch, inwieweit sich eine zentrale Abwicklung auf den Wettbewerb auswirkt. Dieses Merkmal konnte in der Europäischen Union nicht ausgemacht werden. Während die erstgenannten Kriterien für die Kategorisierung eines standardisierten Derivats durchaus sinnvoll und begrüßenswert sind, muss zumindest kritisch hinterfragt werden, wenn in den Vereinigten Staaten von Amerika und Singapur auch die Auswirkungen einer zentralen Abwicklung auf den Wettbewerb bewertet werden. Theoretisch könnte aus Wettbewerbsgesichtspunkten von der Einführung einer zentralisierten Abwicklung für ein bestimmtes Derivat abgesehen werden, wenn dies beispielsweise zu Nachteilen für inländische Unternehmen führen würde. So könnte entweder von einer Clearingpflicht für ein derivatives Produkt Abstand genommen werden, wenn dies im internationalen Vergleich mit zu hohen Kosten für die betroffenen Marktteilnehmer verbunden wäre. Ebenso könnte von einer zentralen Abwicklung abgesehen werden, wenn das Derivat in anderen Jurisdiktionen keiner Clearingpflicht unterliegt, obwohl es prinzipiell die Bedingungen einer ausreichenden Standardisierung erfüllt. Vieles spricht deshalb dafür, dass dieses Merkmal in den USA und Singapur mehr als wettbewerbspolitischer Faktor denn als Element eines standardisierten Derivats zu qualifizieren ist. Insoweit würde eine zu enge Interpretation dieses Merkmals letztlich die international einheitliche Anwendung der Clearingverpflichtung erschweren.

III. Produktklassen

Die Vereinigten Staaten von Amerika haben bislang als einzige der untersuchten Vergleichsjurisdiktionen konkrete Derivate einer Clearingpflicht zugeführt. Hierunter fallen insbesondere bestimmte Zinsderivate in den gängigen Währungen und indexbasierte Kreditausfallderivate auf Unternehmen. Es ist zu erwarten, dass die Europäische Union und Singapur eine vergleichbare Produktpalette festlegen werden, um so eine internationale Harmonisierung anzustreben.

Wie bereits im ersten Kapitel gesehen, bilden Zins- und Kreditderivate die größten Gruppen außerbörslicher derivativer Produkte.[1435] Daher ist davon auszugehen, dass ein Großteil der standardisierten außerbörslichen Derivatproduktarten von der Clearingpflicht erfasst wird. Nach aktuellen Schätzungen des

---

1435 Siehe Kapitel 1, Abschnitt 1, §2.

Financial Stability Board kann die Mehrzahl der Zinsderivate potentiell einer zentralen Abwicklung zugeführt werden. Dennoch werden bestimmte Unterarten und andere Derivatkategorien, beispielsweise *floors, caps* oder *swaption* bislang nicht berücksichtigt.[1436] Auch bei Kreditderivaten fällt die Anzahl zentral abgewickelter Derivate geringer aus.[1437] Insoweit lassen sich bereits erste Erfolge der internationalen Reformen erkennen, wenngleich nach wie vor Anstrengungen unternommen werden müssen, eine entsprechende Marktinfrastruktur zu schaffen.

B. *Hinsichtlich der Marktteilnehmer*

Für das Erreichen der Reformziele ist es förderlich, dass der Clearingpflicht in allen Jurisdiktionen grundsätzlich ein weites Verständnis in persönlicher Hinsicht zugrunde gelegt wird. Übereinstimmend zeigte sich in allen Ländern, dass vor allem Marktteilnehmer betroffen sind, die in großem Umfang und professionellem Maße außerbörsliche Derivatgeschäfte abschließen. Diese finanziellen Gegenparteien sind zudem einer Aufsicht durch entsprechende Aufsichtsbehörden unterworfen. Diese Konformität in den untersuchten Jurisdiktionen ermöglicht es, dass die bedeutenden Teilnehmer des außerbörslichen Derivatmarktes zukünftig erfasst werden.

Ein differenzierteres Bild ergibt sich hingegen für nichtfinanzielle Gegenparteien, worunter insbesondere Unternehmen der Realwirtschaft fallen. Hier zeigte der Rechtsvergleich – in Übereinstimmung mit der Einschätzung von *ESMA*[1438] – konzeptionelle Unterschiede zwischen den Regelungen der Europäischen Union sowie den Vereinigten Staaten von Amerika. Diese Diskrepanz der europäischen Vorschriften zum US-amerikanischen Ansatz konnte im Rahmen des Rechtsvergleichs zudem für die geplanten Vorschriften in Singapur konstatiert werden. In der Europäischen Union wurde für bestimmte Derivatkategorien ein Schwellenwert eingeführt, sodass nichtfinanzielle Gegenparteien erst von der Clearingpflicht betroffen sind, wenn sie den Grenzwert überschreiten. Bei der Ermittlung

---

1436 *FSB*, Eighth Progress Report on Implementation, S.18, abrufbar unter http://www.financialstabilityboard.org/wp-content/uploads/r_141107.pdf (zuletzt am 21.11.2014).

1437 *FSB*, Eighth Progress Report on Implementation, S.19, abrufbar unter http://www.financialstabilityboard.org/wp-content/uploads/r_141107.pdf (zuletzt am 21.11.2014).

1438 *ESMA*, Technical advice – US, S.239, abrufbar unter http://www.esma.europa.eu/system/files/2013-1157_technical_advice_on_third_country_regulatory_equivalence_under_emir_us.pdf.

werden Absicherungsgeschäfte nicht hinzugerechnet. Bei einer Überschreitung des Wertes greift die Clearingverpflichtung für alle Derivatgeschäfte, also auch solche mit Absicherungscharakter. Zwar forderten *Diekmann* und *Fleischmann* bevor die genauen Schwellenwerte feststanden ein milderes Abwicklungsregime für nichtfinanzielle Gegenparteien, ohne gleichsam genaue Vorgaben zu nennen.[1439] Dennoch ist eine „Annäherung"[1440] von nichtfinanziellen Gegenparteien zu finanziellen Gegenparteien bei hohen Derivatvolumina vor dem Hintergrund der Ziele des G20-Beschlusses von *Pittsburgh* naheliegend. In den Vereinigten Staaten von Amerika werden nichtfinanzielle Parteien hingegen grundsätzlich zur zentralisierten Abwicklung verpflichtet. Im Rahmen der *end-user exception* können sie sich jedoch für Derivatgeschäfte mit Absicherungscharakter befreien lassen.

Aus diesen divergierenden Konzepten lassen sich mehrere Erkenntnisse für eine Beurteilung gewinnen. Zunächst lassen sich Unterschiede zwischen den Vereinigten Staaten von Amerika und der Europäischen Union in der *Anreizstruktur* und *Bewertung* von Derivatgeschäften ohne Absicherungscharakter erkennen. Die Regelung in den USA hat insoweit einen gewissen Charme, als nur Geschäfte mit Absicherungscharakter privilegiert werden und somit der Anreiz für den Einsatz anderer Geschäftszwecke, beispielsweise im Rahmen der Spekulation, abgeschwächt werden. Ein solcher Anreiz ist bei einer Schwellenwertregelung wie in der Europäischen Union grundsätzlich nicht auszumachen. Dies ist nicht unproblematisch, sollten doch spekulative Geschäfte mit Derivaten eher restriktiv gehandhabt werden. Hier kann allenfalls durch die Überschreitung des Schwellenwerts ein sanktionierender Effekt eintreten, da in einem solchen Fall auch Absicherungsgeschäfte zentral abgewickelt werden müssen. Dies wird jedoch wegen der zeitlichen Komponente der Überschreitungsdauer und durch die hoch angesetzten Schwellenwerte nur in geringem Umfang der Fall sein.

Weiterhin privilegiert eine Schwellenwertregelung wie in der Europäischen Union grundsätzlich Unternehmen der Realwirtschaft, da sie nicht jedes Derivatgeschäft ohne Absicherungscharakter zentral abwickeln müssen. Dies stellt insoweit einen Wettbewerbsvorteil dar, als eine Anbindung an eine zentrale Abwicklung mit hohen Implementierungskosten, einem hohen organisatorischen Aufwand und Einschusszahlungen verbunden ist. Demgegenüber werden nichtfinanzielle Gegenparteien in den USA per se einer Clearingpflicht unterworfen.

1439 *Diekmann/Fleischmann*, Der Verordnungsentwurf der Europäischen Kommission für den OTC-Derivatmarkt, WM 2011, 1105 (1109).

1440 *Teuber/Schöpp*, Derivate-Regulierung EMIR, RdF 2013, 209 (212).

Allerdings besteht für sie der wesentliche Vorteil in der Befreiungsmöglichkeit für Absicherungsgeschäfte, wodurch lediglich Benachrichtigungspflichten bestehen. Diese Möglichkeit ist Unternehmen auf europäischer Ebene verwehrt, sofern sie einen festgelegten Schwellenwert überschritten haben, weil dann eine umfassende Pflicht zur zentralen Abwicklung greift. Auf der anderen Seite wurden die Schwellenwerte für die jeweilige Derivatkategorie vergleichsweise hoch angesetzt, sodass nur ein geringer Teil nichtfinanzieller Gegenparteien von einer zentralen Abwicklung erfasst sein dürfte. Dies wird durch Schätzungen von *ESMA* untermauert, wonach lediglich ca. 150 nichtfinanzielle Gegenparteien in der Europäischen Union der Clearingpflicht unterliegen dürften.[1441]

Insgesamt kann die unterschiedliche Behandlung nichtfinanzieller Gegenparteien daher in zweifacher Hinsicht zu Wettbewerbsverzerrungen führen. Für US-amerikanische Unternehmen können Wettbewerbsnachteile entstehen, wenn sie in kleinem und mittlerem Umfang Derivatgeschäfte ohne Absicherungscharakter im Rahmen ihrer Geschäftstätigkeit abschließen. Für europäische Unternehmen können sich Nachteile ergeben, wenn sie in großem Umfang Derivatgeschäfte ohne Absicherungscharakter abschließen.

C. Zahlreiche Ausnahmen und Befreiungen

Konträr zu der grundsätzlich weit gefassten Clearingpflicht offenbarte der Rechtsvergleich, dass die Regelungsregime eine Vielzahl an Ausnahmetatbeständen und Befreiungen vorsehen.[1442] Während die Europäische Union und Singapur konkrete Ausnahmen von der Clearingverpflichtung selbst vorsehen, bestehen in den Vereinigten Staaten von Amerika bereits im Anwendungsbereich vielfältige Ausnahmen. Darüber hinaus haben *CFTC* und *SEC* zahlreiche Ausnahmetatbestände erlassen, die die Reichweite der Regulierung zusätzlich einschränken. Ob die internationalen Reformziele dadurch erschwert werden, soll nun anhand ausgewählter Ausnahmen beurteilt werden.

In der Europäischen Union und den Vereinigten Staaten von Amerika werden Derivatgeschäfte privilegiert, wenn sie *konzerninterne Sachverhalte* betreffen. Die singapurischen Entwürfe sehen eine solche Privilegierung ebenfalls vor. Insofern ist übergreifend festzustellen, dass solche Geschäfte nicht von einer Clearingpflicht erfasst werden sollen. Die Risiken solcher gruppeninterner Geschäfte können sich nach außen hin für den Markt neutral darstellen und nur den Konzern selbst betreffen. Vor diesem Hintergrund müssen potentielle Ansteckungseffekte,

---

1441 *Litten/Schwenk*, EMIR (Teil 2), DB 2013, 918 (922).

1442 Siehe Kapitel 2, Abschnitt 2 und Abschnitt 3.

die durch Ausfälle Dritter hervorgerufen werden, nicht durch eine zentrale Abwicklung beseitigt werden. Zudem werden in der Europäischen Union und den Vereinigten Staaten von Amerika diverse Voraussetzungen für eine Konzernstruktur postuliert, um eine Umgehung der Clearingpflicht zu verhindern. Insgesamt ist eine solche Ausnahmeregelung daher begrüßenswert und behindert die Reformziele nicht.

Außerdem werden derivative Geschäfte zu *Absicherungszwecken* in allen Jurisdiktionen privilegiert. So werden sie in der Europäischen Union bei der Berechnung des Schwellenwertes von nichtfinanziellen Gegenparteien nicht berücksichtigt. Auch die singapurischen Entwürfe möchten *hedge*-Geschäfte bevorzugen. In den Vereinigten Staaten von Amerika besteht die Möglichkeit für nichtfinanzielle Gegenparteien, sich von der zentralen Abwicklung für solche Geschäfte befreien zu lassen. Bei der Ermittlung, ob ein *major participant* vorliegt, werden Geschäfte mit Absicherungscharakter nicht berücksichtigt. Zudem werden Marktteilnehmer unter engen Voraussetzungen nicht als *dealer* angesehen, wenn sie bestimmte Absicherungsgeschäfte abschließen.

Aus den Darlegungen des ersten Kapitels wurde ersichtlich, dass ein wesentlicher Zweck derivativer Geschäfte in der Absicherung von Risiken liegt.[1443] Auch Unternehmen der Realwirtschaft nutzen solche *hedge*-Geschäfte, um sich vor operationellen Risiken aus ihrer Geschäftstätigkeit abzusichern. Durch die Privilegierungen wird somit die Effektivität der Reform in einem nicht unerheblichen Maße gemindert. Auf der anderen Seite haben diese Geschäfte eine volkswirtschaftlich wichtige Funktion und zeichnen sich gerade nicht durch einen spekulativen Charakter aus. Daher ist es verständlich, dass Unternehmen nicht für jedes außerbörsliche Derivatgeschäft mit den Kosten und organisatorischem Aufwand einer zentralen Abwicklung konfrontiert werden sollen. Von daher ist eine Schwellenwertregelung oder Befreiung für diese Geschäfte durchaus nachvollziehbar und sinnvoll.

In allen Jurisdiktionen werden außerdem Stellen von der Clearingpflicht ausgenommen, die in Verbindung zum Staat stehen. Übergreifend werden *öffentliche Stellen* von einer zentralen Abwicklung befreit, sofern der Staat in rechtlicher Hinsicht für sie haftet. Außerdem nehmen alle Jurisdiktionen ihre Zentralbanken von der Clearingpflicht aus. Daneben werden multilaterale Entwicklungsbanken, wie die *Bank für Internationalen Zahlungsausgleich* nicht verpflichtet, außerbörsliche derivative Geschäfte zentral abzuwickeln. In der Europäischen Union werden zudem *ESM* und *ESFS* keiner zentralen Abwicklungspflicht unterworfen. Alle diese

1443 Siehe Kapitel 1, Abschnitt 1, §4, Unterpunkt A.

Ausnahmen weichen die internationalen Ziele einer zentralen Abwicklung für alle standardisierten Derivate auf. Außerdem werden die oben genannten Stellen nicht mit den Kosten einer verpflichtenden zentralen Abwicklung belastet, wohingegen weite Teile der Finanzwirtschaft diese tragen müssen. Allerdings ist zu beachten, dass ein wesentliches Argument für die Einschaltung einer zentralen Gegenpartei in der Minimierung des Adressausfallrisikos besteht. Für derivative Geschäfte mit den oben genannten Stellen könnte man insofern argumentieren, dass das Risiko eines Ausfalls wesentlich geringer ist als bei anderen Marktteilnehmern. Ob diese Auffassung jedoch insbesondere für staatliche Stellen vor dem Hintergrund diverser nationaler Staatsschuldenkrisen weiterhin über jeden Zweifel erhaben ist, ist fragwürdig.

Besonders die US-amerikanische Sonderregelung, wonach sich insbesondere Banken mit einem Vermögen von unter 10 Mrd. US-Dollar für die Befreiung von der Clearingpflicht im Rahmen der *end-user exception* qualifizieren können, ist im Vergleich zu den anderen untersuchten Jurisdiktionen bedenklich. *ESMA*[1444] betont zu Recht, dass insofern eine Lücke zu den Vorschriften der Europäischen Union bestehe.[1445] Des Weiteren ist der Auffassung von *Rajarshi*[1446] beizupflichten, wonach eine solche Regelung zu Wettbewerbsnachteilen auf europäischer Ebene führen kann. Einerseits ist es verständlich, wenn *Simpson*[1447] in diesem Kontext kleinere Marktteilnehmer grundsätzlich nicht mit den hohen Kosten und organisatorischem Aufwand einer zentralisierten Abwicklung belasten möchte, andererseits erscheint die festgelegte Vermögensgrenze von 10 Mrd. US-Dollar für eine solche Argumentation nicht geeignet. Es ist nicht einleuchtend, weshalb Marktteilnehmer unter dieser Grenze aus finanziellen Gründen nicht zugemutet werden kann, eine zentrale Abwicklung ihrer derivativen Geschäfte vorzunehmen. Weiterhin ist es kritisch zu bewerten, dass kein Zusammenhang zum Umfang derivativer Geschäfte geschaffen wird, sondern auf die Vermögenssumme des Marktteilnehmers abgestellt wird. Zudem besteht

---

1444 *ESMA*, Technical advice - US, S.229, abrufbar unter http://www.esma.europa.eu/system/files/2013-1157_technical_advice_on_third_country_regulatory_equivalence_under_emir_us.pdf.

1445 *Anmerkung*: Je nachdem, ob und wie die in Singapur erwogene Schwellenwertregelung für finanzielle Parteien umgesetzt wird (vgl. Kapitel 2, Abschitt 3, §2, Unterpunkt A), könnte sich ebenso eine Regulierungsarbitrage zur Europäischen Union ergeben.

1446 *Rajarshi*, OTC Derivatives, RFM 2013 (21), 31 (46).

1447 *Simpson*, Do End-Users Get the Best of Both worlds?, 69 Wash. & Lee L. Rev. (2012), 1759 (1790).

ein Wettbewerbsnachteil zu vergleichbaren europäischen Unternehmen dieser Größe, für die eine solche Befreiungsmöglichkeit nicht existiert. Daneben kann die Frage nach der Legitimation dieser Ausnahmevorschrift aufgeworfen werden. Der Clearingverpflichtung sollte vor dem Hintergrund der jüngsten Finanzkrise gerade im Bankensektor eine Stabilisierungsfunktion zukommen und Adressausfallrisiken mindern. Diese Wirkung wird durch eine Befreiung für kleinere Banken abgeschwächt, auch wenn sich diese zugegebenermaßen nur auf Absicherungsgeschäfte bezieht.

Zusammenfassend ergibt sich daher für die betrachteten Ausnahmevorschriften und Befreiungen ein differenziertes Bild. Während einige durchaus nachvollziehbar sind und die internationalen Reformziele nicht behindern, müssen andere Regelungen kritisch bewertet werden.

§5 Zentrale Gegenpartei als zukünftiger Knotenpunkt

Im Folgenden soll der Fokus auf die zentrale Gegenpartei als Knotenpunkt der neuen Marktinfrastruktur für außerbörsliche standardisierte Derivate gesetzt werden. Im Rahmen der Analyse soll zunächst auf systemische Risiken eingegangen werden, die mit einer solchen Vorgehensweise verbunden sind. Anschließend werden die Erkenntnisse des Rechtsvergleichs hinsichtlich der finanziellen Ressourcen und der Kapitalaustattung bewertet.

A. Systemische Risiken

Die Einbindung eines zentralen Knotenpunkts in die Marktinfrastruktur für die Abwicklung außerbörslichen standardisierter Derivate birgt unter systemischen Aspekten Risiken. Im vorliegenden Fall kann mit *Hartenfels*[1448] unter dem Terminus „Systemrisiko“ ein Risiko verstanden werden, das die Funktionsfähigkeit oder den Fortbestand des Finanzsystems gefährden kann.

Zunächst könnte man mit *Seiffert*[1449] der Ansicht sein, dass sich ein zentraler Kontrahent nicht in der typischen Rolle der Marktgegenseite befindet, die sich auf eigene Rechnung oder für Rechnung eines anderen im Terminmarkt engagiert. Verfehlt wäre es hingegen hieraus den Schluss zu ziehen, es handele sich lediglich um eine Verrechnungsstelle, bei der gegenseitige Positionen neutralisiert werden und der daher keine eigenen Risiken innewohnen. Zwar führt *Köhling*[1450] zutreffend an, dass sich die zentrale Gegenpartei in wirtschaftlicher Hinsicht

---

1448 *Hartenfels*, EMIR, ZHR (178) 2014, 173 (178).

1449 *Seiffert*, in: Kümpel/Wittig, Bank- und Kapitalmarktrecht, S.396, Rn.4.370.

1450 *Köhling*, Die Clearing-Rahmenvereinbarung, BKR 2013, 491 (493).

nicht an den Geschäften beteiligt. Andererseits stehen sich beim Ausfall eines Clearingmitglieds auf Ebene der zentralen Gegenpartei keine deckungsgleichen Positionen mehr gegenüber.[1451] Daher wird richtigerweise geschlussfolgert, dass der Einsatz zentraler Gegenparteien nicht aus sich selbst heraus zu einer Reduzierung des Kreditrisikos führt.[1452] Dennoch könnte man mit *Scott*[1453] argumentieren, dass eine zentrale Gegenpartei die gegenseitigen Verflechtungen innerhalb des Marktes auflösen und mithin das systemische Risiko im Markt verringert. Auch nach *Nietsch* und *Graef* liege es nahe, dass die Gefahr systemischer Risiken durch die Regulierung verringert werde.[1454] Dem ist grundsätzlich zuzustimmen, da im Fall der standardisierten clearingpflichtigen Derivate das Ausfallrisiko zwischen den einzelnen Marktteilnehmern verringert bzw. sogar aufgehoben wird. Durch den Abbau von Verflechtungen zwischen Unternehmen kann somit ein Flächenbrand in Krisenzeiten nur erschwert entstehen.

Auf der anderen Seite kann nicht bestritten werden, dass durch diese zentrale Architektur neue systemische Risiken entstehen. So liegt es auf der Hand, dass durch die Ausweitung der Tätigkeiten eines zentralen Kontrahenten Risiken gebündelt werden und daher ein *„single-point-of failure* im Marktgefüge“[1455] etabliert wird. Je nach Geschäftsumfang, Anzahl der Clearingmitglieder und abgewickelter Derivatkategorien wird zwar das Risiko unterschiedlich ausfallen, dennoch werden zentrale Gegenparteien aufgrund ihrer eigenen *Größe* als systemisch relevant erachtet werden müssen. Deshalb charakterisieren Stimmen in der Literatur die zentrale Gegenpartei zutreffend als klassischen Fall des *too-big to fail.*[1456] Darüber hinaus kommt ihr eine systemische Relevanz aufgrund ihrer *Funktion* im Marktgefüge zu. Als Nachhandelsstruktur ist sie durch die jetzigen Reformen existentiell für die Abwicklung außerbörslicher standardisierter Derivate. Folglich ist das Wirtschafts- und Finanzsystem von ihrer ordnungsgemäßen

---

1451 *Deutsche Bundesbank*, Außerbörsliche Derivatmärkte: systemische Risiken begrenzen, S.97.

1452 *Hills/Rule/Parkinson/Young*, Central counterparty clearing houses and financial stability, Financial Stability Review 1999, 122 (126).

1453 *Scott*, The Reduction of Systemtic Risk in The United States Financial System, Harv. J.L. & Pub. Pol'y 33(2), 671 (687).

1454 *Nietsch/Graef*, Regulierung der europäischen Märkte für außerbörsliche OTC-Derivate, BB 2010, 1361 (1364).

1455 *Bosch/Ertogrul*, Regulierung von OTC-Derivaten und deren Liquiditätswirkung, Kreditwesen 2013, 190 (190).

1456 So auch: *P. Fuchs*, EMIR, ÖBA 2012, 520 (522) Fn.19; *Köhler*, in: Schwintowski, Bankrecht, §21, Rn.259.

Funktionsweise abhängig, sodass Komplikationen oder sogar Ausfälle katastrophale Folgen für das Finanzsystem als Ganzes hätten. Sollte eine zentrale Gegenpartei ins Wanken geraten, werden die angeschlossenen Clearingmitglieder ebenfalls Verluste erleiden. Insoweit ist *Pirrong*[1457] beizupflichten, wonach die Einschaltung einer zentralen Gegenpartei nur zu einer Neuausrichtung der Verflechtungen führt, da nunmehr große Finanzinstitutionen über den zentralen Kontrahenten miteinander verbunden sind.[1458] Aus alledem wird erkennbar, dass unter systemischen Gesichtspunkten mit der neuen Marktinfrastruktur zunächst ein *Wandel* systemischer Risiken verbunden ist. Dadurch wird das vor der Reform bestehende Verflechtungsrisiko zwischen den einzelnen Marktteilnehmern im Bereich der standardisierten außerbörslichen Derivate zu einem Konzentrationsrisiko bei der zentralen Gegenpartei transformiert, das sich in zweierlei Hinsicht äußert. Gleichzeitig besteht für den Fall des Ausfalls der zentralen Gegenpartei das Verflechtungsrisiko auf Ebene der Clearingmitglieder indirekt fort.

Ob unter Berücksichtigung dieser Aspekte eine Eindämmung von Risiken *tatsächlich* gelungen ist, ist in der Wissenschaft bisher nicht eindeutig geklärt und bleibt abzuwarten. Zu Recht weist *Scherer* deshalb darauf hin, dass eine „neue Generation unbekannter Marktteilnehmer" geboren wurde.[1459] Insofern fehlen noch aussagekräftige und verlässliche Analysen und Studien, insbesondere lassen sich die Erfahrungen mit dieser Abwicklungsstrategie im börslichen Bereich nicht ohne Weiteres auf das Feld außerbörslicher Derivate übertragen. Zwar übernimmt der zentrale Kontrahent im außerbörslichen standardisierten Feld nunmehr eine vergleichbare Funktion, jedoch werden neue Produktklassen und Märkte in bisher nicht dagewesener Weise einer zentralen Abwicklung zugeführt.

Was aber geschieht, wenn dieser „Wellenbrecher"[1460] während neuer stürmischer Zeiten im Finanzsystem selbst zerbricht? Dies ist keinesfalls bloße Utopie, wie die Erfahrungen der Vergangenheit zeigen. So geriet die französische Clearingstelle *Caisse de Liquidation* 1974 in Insolvenz, nachdem ein bedeutendes

1457 *Pirrong*, The Economics of Central Clearing, ISDA Discussion Papers Series 2011 No.1, S.35.

1458 *Anmerkung*: Außerdem können den zentralen Kontrahenten in Krisenzeiten Risiken von außen durch seine Clearingmitglieder treffen (vgl. *Köhler*, in: Schwintowski, Bankrecht, §21, Rn.259).

1459 *Scherer*, Emir-Einführung begrenzt alte und schafft neue Risiken, Börsen-Zeitung vom 06.04.2013.

1460 *Scott*, The Reduction of Systemtic Risk in The United States Financial System, Harv. J.L. & Pub. Pol'y 33(2), 671 (687).

Clearingmitglied seine Zahlungsverbindlichkeiten nicht mehr erfüllen konnte[1461].[1462] Als 1983 der Markt für börsliche Palmölverträge an der *Kuala Lumpur Commodity Exchange* in Turbulenzen geriet und *futures* auf Palmöl an Wert verloren, wurde *Kuala Lumpur Commodity Clearing House* in die Zahlungsunfähigkeit getrieben, nachdem sechs ihrer Clearingmitglieder mit Positionen von insgesamt 70 Mio. Dollar ausfielen.[1463] Ein weiteres Beispiel ist der Rettungsakt im Jahr 1987, um den Zusammenbruch des *Hong Kong Futures Exchange Clearing House* zu verhindern.[1464] In solchen Fällen könnte selbst eine Versicherung

---

1461 *Anmerkung*: Im Jahr 1974 verdoppelte sich der Preis für weißen Zucker von September bis November auf dem pariser Markt nahezu. Teilweise wird der Grund hierfür bei spekulativen Investoren gesucht, wobei insbesondere die Mitglieder der *Caisse de Liquidation* – dem damaligen zentralen Kontrahenten – Geschäfte ohne die vorherige Erlaubnis ihrer Kunden eingingen (vgl. *Rehlon/Nixon*, Central counterparties: what are they, why do they matter and how does the Bank supervise them?, Bank of England Quarterly Bulletin, S.5, abrufbar unter http://www.bankofengland.co.uk/publications/Documents/quarterlybulletin/2013/qb1302ccpsbs.pdf). Nach einer Marktkorrektur konnten einige Clearingmitglieder die Einschussforderungen der zentralen Gegenpartei nicht mehr bedienen, was vor allem auf *Nataf Trading House* zutraf, das zu dieser Zeit einen Großteil an *futures* für weißen Zucker hielt. Die Auswirkungen waren so verheerend, dass der Handel staatlich ausgesetzt wurde. Im Ergebnis wurden die Verluste weder durch das Clearingmitglied, noch durch vermeintlich haftende Garantiegeber kompensiert und das Clearinghaus, das in rechtlicher Hinsicht für die Verträge einstehen musste, geriet in die Insolvenz. Erst 1976 wurde der Markt unter neuen Clearingregeln wiedereröffnet. (vgl. *Hills/Rule/Parkinson/Young*, Central counterparty clearing houses and financial stability, Financial Stability Review 1999, 122 (129)).

1462 *Tucker*, Clearing houses as system risk managers, BIS Central Bankers' Speeches, 01.06.2011, S.2, abrufbar unter http://www.bis.org/review/r110608g.pdf; *Hills/Rule/Parkinson/Young*, Central counterparty clearing houses and financial stability, Financial Stability Review 1999, 122 (129).

1463 *Hills/Rule/Parkinson/Young*, Central counterparty clearing houses and financial stability, Financial Stability Review 1999, 122 (129).

1464 *Anmerkung*: Die Auswirkungen des Börsencrashs vom 19.10.1987 (*Schwarzer Montag*) in den Vereinigten Staaten von Amerika waren an internationalen Börsen rund um den Globus zu spüren, auch in Hong Kong. Vor diesem Hintergrund wurde sowohl der Börsenhandel mit Aktien- als auch mit *futures* für vier Tage ausgesetzt. Insbesondere bestand die Sorge, dass die Kaufpositionen von Aktienfutures auf den *Hang Seng* dramatisch an Wert verlören, wenn die Börsen wieder öffneten und Nachschussforderungen nicht mehr bedient werden könnten. Diese Bedenken waren begründet, da an diesem Tag 28% aller Nachschussforderungen offenblieben (vgl. *Davison*, The Operation and Regulation of the Hong Kong Securities

nur theoretisch den Ausfall einer zentralen Gegenpartei verhindern. *Bernanke*[1465] verweist darauf, dass eine Versicherung faktisch nicht alle Verluste abdecken würde oder der Abschluss zu kostenintensiv sei. Es ist aber naheliegend, dass der Staat eine solch bedeutende Schnittstelle bei Ausfallgefahr nicht sich selbst überlassen wird.[1466] Ob das von *Zimmer* und *Fuchs* angeführte Argument der „systemischen Grundverantwortung“[1467] hierbei überzeugen kann, ist fraglich. Nach den Erfahrungen der europäischen Finanz- und Staatsschuldenkrise ist es problematisch, wenn der Staat bereits im Vorfeld als letzter Rettungsanker hinter eine zentrale Gegenpartei geschaltet wird. Konsequenterweise würde sich dann das im Bankensektor viel diskutierte Problem des *moral hazard* im Bereich der Marktinfrastrukturen mit den bekannten Fehlanreizen fortsetzen.

Daher sind neben reaktiven Konzepten[1468] vor allem präventive Gesichtspunkte relevant. Im Idealfall können so potentielle systemische Probleme, die von der zentralen Gegenpartei ausgehen können, eingedämmt oder verhindert werden. Ein bedeutender Aspekt ist dabei, wie der zentrale Kontrahent in finanzieller Hinsicht konzipiert ist.

B. Finanzielle Ressourcen und Kapitalausstattung

Zunächst ist positiv hervorzuheben, dass eine zentrale Gegenpartei in allen Vergleichsjurisdiktionen mit diversen finanziellen Ressourcen ausgestattet ist. So kann sie zunächst von ihren Mitgliedern Einschusszahlungen verlangen, um

---

Industry, S.350, Fn.3, abrufbar unter http://www.fstb.gov.hk/fsb/ppr/report/doc/DAVISON_E.PDF). Die ausstehende Summe konnte insbesondere nicht von dem separat von dem Clearinghaus bestehenden Garantiefonds (*Hong Kong Futures Guarantee Corporation)* aufgefangen werden. Nachdem die Handelsplätze wieder öffneten und erhebliche Verluste erlitten, konnte *Hong Kong Futures Exchange Clearing House* nur durch massive Finanzspritzen des Staates und privater Banken in den Garantiefonds gerettet werden (vgl. *Hills/Rule/Parkinson/Young*, Central counterparty clearing houses and financial stability, Financial Stability Review 1999, 122 (129)).

1465 *Bernanke*, Clearing and Settlement, Rev. Financ. Stud. (1990), 3 (1), 133 (143f.).

1466 *Scott*, The Reduction of Systemtic Risk in The United States Financial System, Harv. J.L. & Pub. Pol'y. 33(2), 671 (688); *Zimmer/Fuchs*, Die Bank in Krise und Insolvenz, ZGR 2010, 597 (658).

1467 *Zimmer/Fuchs*, Die Bank in Krise und Insolvenz, ZGR 2010, 597 (658).

1468 *Anmerkung*: Zur Lösung dieses Problems werden derzeit Vorschläge erarbeitet und diskutiert (vgl. beispielsweise *CPSS/ IOSCO*, Recovery and resolution of financial market infrastructure, abrufbar unter http://www.bis.org/cpmi/publ/d121.pdf (zuletzt am 22.11.2014)).

eine grundlegende Absicherung der abzuwickelnden Geschäfte zu erreichen. Darüber hinaus werden Beiträge zum Ausfallfonds einer zentralen Gegenpartei erhoben. Hierdurch wird ein zusätzlicher Sicherheitsmechanismus geschaffen, der seine Stärke in der „Sozialisierung von Ausfallrisiken"[1469] entfaltet. Weiterhin zeigte der Rechtsvergleich, dass zentrale Kontrahenten ein effektives Sicherheitenmanagement einrichten müssen. Dies ist keine Selbstverständlichkeit, da noch im Jahr 2009 für 32% aller OTC-Derivate überhaupt keine Sicherheiten ausgetauscht wurden.[1470] Es ist begrüßenswert, dass eine zentrale Gegenpartei übergreifend nur bestimmte höherwertige Sicherheiten akzeptieren darf. Zudem sind umfassend Abschlagskonzepte, Konzentrationsgrenzen und Überprüfungsmechanismen eingeführt worden. Mögen im Detail Unterschiede existieren, werden in allen betrachteten Jurisdiktionen die finanziellen Risiken einer zentralen Gegenpartei verringert und das System als Ganzes gestärkt.

Im Hinblick auf die generelle Kapitalausstattung kritisiert jedoch beispielsweise *Shadab,* eine zentrale Gegenpartei unterliege dem Anreiz zur Unterkapitalisierung, da sie ihre Dienstleistungen möglichst kostengünstig den Mitgliedern zur Verfügung stelle.[1471] Diese These wird jedoch durch die Regulierungen der betrachteten Jurisdiktionen nicht bestätigt. Es bestehen übergreifend Mindestkapitalvorgaben, die jederzeit eingehalten werden müssen. Auf der anderen Seite konnte der Rechtsvergleich grundsätzliche Unterschiede in der Regulierung der Kapitalausstattung einer zentralen Gegenpartei herauskristallisieren.

Hinsichtlich des Anfangskapitals zeigte sich, dass zentrale Kontrahenten in Singapur geringeren Anforderungen unterworfen sind als in der Europäischen Union. Mit einer Differenz von etwa 1,5 Mio. EUR ist dieser Betrag allerdings im Verhältnis zur finanziellen Gesamtausstattung einer zentralen Gegenpartei insgesamt marginal. Daher ist es unwahrscheinlich, dass diese finanziellen Anreize zu einer Wettbewerbsverzerrung führen könnten. Ähnliches gilt für die Regelungen in den Vereinigten Staaten von Amerika. Hier wird zwar kein Anfangskapital vorgeschrieben, sodass grundsätzlich ein größerer Anreiz für Unternehmen zu einer Zulassung auf dem US-amerikanischen Markt besteht. Gleichzeitig darf nicht vernachlässigt werden, dass die Kapitalanforderungen im Laufe des Geschäftsbetriebes naturgemäß höher ausfallen werden und sich der anfängliche Vorteil im Zulassungsverfahren relativieren kann.

1469 *Pirrong*, The Clearinghouse Cure, Regulation Winter 2008–2009, 44 (51).

1470 *Zebregs*, Mandatory clearing of OTC derivatives in Europe, Journal of Securities Operations & Custody (2011/2012)4:1, 50 (52).

1471 *Shadab*, Guilty by Association?, Entrepreneurial Bus. L.J. (2010) 4:2, 407 (455).

Kritischer sind die Kapitalvorgaben für potentielle Ausfälle der Clearingmitglieder in den Vergleichsjurisdiktionen zu bewerten. Der Rechtsvergleich offenbarte in diesem Zusammenhang grundsätzliche Differenzen zwischen den einzelnen Ländern. In der Europäischen Union wurde ein genereller *cover-two-standard* etabliert, um den Ausfall der Clearingmitglieder mit den beiden höchsten Positionen abzudecken. Auf Ebene der singapurischen *SGX-DC* wurde im Hinblick auf den Ausfallfonds ein anderer Weg beschritten, indem genügend finanzielle Mittel vorhanden sein müssen, um das Mitglied mit der höchsten Verbindlichkeit und gleichzeitig die beiden finanziell schwächsten Mitglieder abzufangen. Die Vereinigten Staaten von Amerika haben mit einem *cover-one-standard* grundsätzlich die niedrigsten Kapitalvorgaben.[1472] Sollte die zentrale Gegenpartei in mehreren Ländern Systemrelevanz besitzen oder über ein höheres Risikoprofil verfügen, erhöhen sich die Kapitalvorgaben zu einem *cover-two standard.* Hiervon sind insbesondere zentrale Gegenparteien betroffen, die *security-based swaps* oder *credit default swaps* abwickeln. Insofern hat *SEC* eine Konformität mit den europäischen Regeln hergestellt. Lediglich im Regelungsbereich der *CFTC* bestehen weiterhin Differenzen, insbesondere bezüglich Zinssatzswaps. Diese Differenzen könnten durch die Befugnis der *CFTC*, den Anwendungsbereich zu erweitern, ausgeglichen werden. Voraussetzung wäre jedoch, dass die Abwicklung von Zinssatzswaps für eine Clearingstelle ein höheres Risikoprofil aufweisen müsste. Dies erfordert einen größeren Begründungsaufwand als bei *credit default swaps.* Im Ergebnis werden daher die Unterschiede zwischen Europäischer Union und USA abgeschwächt. Dennoch bestehen grundsätzlich beachtliche Wettbewerbsvorteile für US-amerikanische zentrale Gegenparteien, die keine *credit default swaps* oder *security-based swaps* abwickeln. Dem kann man jedoch zutreffend entgegenhalten, dass die Vorgehensweise der Vereinigten Staaten von Amerika mit den internationalen Standards in Einklang steht, die eine solche Kategorisierung zentraler Gegenparteien vorsehen.[1473]

Unabhängig hiervon, ist die Höhe der Kapitalvorgaben in den betrachteten Jurisdiktionen aus Risikogesichtspunkten für das Finanzsystem nicht unproblematisch. Wie gesehen, kann eine Clearingstelle über eine erhebliche Anzahl an Mitgliedern verfügen. Ob die in den Ländern eingeführten Kapitalvorgaben während einer schweren Krise ausreichen, bleibt abzuwarten. Die Erfahrungen

---

1472 *Anmerkung*: So auch *ESMA*, Technical advice – US, S.126, abrufbar unter http://www.esma.europa.eu/system/files/2013-1157_technical_advice_on_third_country_regulatory_equivalence_under_emir_us.pdf.

1473 *CPSS/IOSCO*, Principles for financial market infrastructures, Principle 4.

der Vergangenheit geben Anlass zu berechtigten Zweifeln. Einerseits hätten die Vorgaben im Fall der insolventen *Caisse de Liquidation* ausreichen können, da hier nur ein Clearingmitglied ausfiel. In Kuala Lumpur waren hingegen sechs Clearingmitglieder betroffen. Von daher wäre es wünschenswert, wenn die Kapitalvorgaben für den Ausfall von Clearingmitgliedern grundsätzlich höher gestaltet würden, um Systemrisiken entgegenzuwirken.

Außerdem ist die Ermittlung der Höhe der finanziellen Mittel in methodischer Hinsicht mit Schwierigkeiten verbunden. So dienen „extreme aber plausiblen Marktbedingungen" in allen Vergleichsjurisdiktionen als Maßstab. Ob dieser auslegungsbedürftige Begriff als wirksames Regulierungskriterium dienen kann, ist fragwürdig. Schon der Wortsinn relativiert sich durch den darin enthaltenen Kompromiss selbst. Wie sich aus dem Rechtsvergleich ergab, räumen alle Jurisdiktionen den zentralen Gegenparteien einen Spielraum bei der Auslegung des Begriffs ein. Begrüßenswert ist jedoch, dass historische und zukünftige Stressszenarien bei der Beurteilung der Risiken in allen Ländern zugrunde gelegt werden müssen. Somit muss ein solides Risikomanagement etabliert werden, das vergangene und potentielle Krisen berücksichtigt. Der Vorteil dieses flexiblen Ansatzes spiegelt aber gleichzeitig seine Schwächen wider. Insoweit können die jeweiligen Modelle durch die unterschiedlichen regulatorischen Rahmenbedingungen variieren. Diese regulatorischen Arbitragen könnten dann eingesetzt werden, um ein kostengünstigeres Risikomodell zu erstellen. Beispielsweise stellte sich im Zuge des Rechtsvergleichs heraus, dass europäische *CCPs* den Zeitraum der letzten 30 Jahre betrachten sollen, die singapurische *SGX-DC* aber erst zehn Jahre später ansetzt.

Weiterhin ist fraglich, ob die jeweiligen Unternehmen „extreme aber plausible Marktbedingungen" richtig modellieren werden, da eine hohe Risikobetrachtung mit erheblichen Kosten verbunden ist. Die Grenze für risikobehaftete Zukunftsszenarien liegt dann dort, wo eine zu hohe Kostenstruktur zu einem Nachteil gegenüber den Wettbewerbern in anderen Ländern führen wird. *Zeitler*[1474] betont richtigerweise, dass es in der Natur des Menschen liege, Risiken mit geringer Eintrittswahrscheinlichkeit zu unterschätzen. Bis zum Ausbruch der Finanzkrise waren die verheerenden Folgen für einzelne Marktteilnehmer und das weltwirtschaftliche Gesamtsystem keinesfalls offensichtlich und einleuchtend. Daher ist die Relativierung der Bewertungsmethodik durch eine Plausibilitätsprüfung zwar verständlich, aber ebenso kritisch zu sehen.

1474 *Zeitler*, Vergessene Ursachen der Banken- und Finanzkrise, WM 2012, 673 (673).

§6 Zusammenfassung

Betrachtet man die Erkenntnisse des Rechtsvergleichs aus dem zweiten Kapitel wird deutlich, dass durch die bisherigen Regulierungsschritte grundsätzlich ein Beitrag geleistet wurde, den Markt außerbörslicher Derivate transparenter und robuster zu gestalten. Vor dem Hintergrund der internationalen Reformziele des G20-Beschlusses von *Pittsburgh* haben die untersuchten Vergleichsjurisdiktionen daher bereits viel erreicht. Gleichwohl beschreiten die ausgewählten Jurisdiktionen einen jeweils eigenen Weg. Insoweit besteht ein *Gefälle in der Regulierungsdichte*, das von den Vereinigten Staaten von Amerika, über die Europäische Union hin zu Singapur verläuft. Vor allem in den Vereinigten Staaten von Amerika wird erkennbar, dass die vermehrte Konkretisierung von Gesetzen durch behördliche Regulierungen nicht unproblematisch ist. Die jeweilige *Struktur der Behördenebene* hat in den Vergleichsjurisdiktionen unterschiedliche Auswirkungen. In der Europäischen Union kann die vertikal zweigeteilte Lösung dazu führen, dass Krisensituationen zentraler Gegenparteien durch die nationalen Behörden nicht so effektiv begegnet werden können, wie es auf europäischer Ebene möglich wäre. Der horizontal zweigeteilte Ansatz kann in den Vereinigten Staaten von Amerika zu Abgrenzungsschwierigkeiten im Zuständigkeitsbereich zwischen *CFTC* und *SEC* führen, jedenfalls macht er die Regelungsmaterie komplexer und komplizierter. Außerdem werden hierdurch unterschiedliche Regulierungsansätze verfolgt, da sich der Detailgrad der Regelungen und die Anforderungen für Marktteilnehmer durchaus unterscheiden. Solche Fragestellungen können bei der singapurischen Aufsichts- und Regulierungskonzentration nur schwerlich auftreten.

Die Umsetzung der *Clearingverpflichtung* für standarisierte außerbörsliche Derivate ist aus der Perspektive der internationalen Reformziele grundsätzlich zu begrüßen. Allerdings ist die *Ermittlung der Standardisierung* eines Derivats in den Vereinigten Staaten von Amerika und Singapur nicht unproblematisch und kann zu Wettbewerbsverzerrungen gegenüber der Europäischen Union führen. Es ist positiv, dass in den Vergleichsjurisdiktionen *finanzielle Gegenparteien* von der Clearingpflicht betroffen sind. Andererseits unterliegen derivative Geschäfte *nichtfinanzieller Gegenparteien* wegen der konzeptionellen Differenzen einer *unterschiedlichen Anreizstruktur*, was unter Wettbewerbsgesichtspunkten nicht unproblematisch ist. Zahlreiche *Ausnahmen* und *Befreiungen* verringern in allen untersuchten Ländern die Reichweite der Clearingpflicht. Dabei sind die betrachteten Privilegierungen unterschiedlich zu bewerten. Die Ausnahmeregelung für *gruppeninterne Geschäfte* und *Absicherungsgeschäfte* ist unter wirtschaftlichen Gesichtspunkten verständlich. Ebenso ist die Ausnahmeregelung insbesondere für *Zentralbanken* nachvollziehbar. Kritisch muss hingegen die Befreiungsmöglichkeit von *kleineren Banken* in den Vereinigten Staaten von Amerika bewertet werden, die in einem Spannungsfeld zu den Vorschriften der Europäischen Union und Singapur steht.

Die *Einbindung zentraler Gegenparteien* in die Marktinfrastruktur für außerbörsliche standardisierte Derivate führt zu einem *Wandel des systemischen Risikos.* Das vormalige Verflechtungsrisiko zwischen den einzelnen Marktteilnehmern besteht weiterhin indirekt fort, wobei der zentrale Kontrahent wegen seiner bedeutenden Stellung im Finanzsystem und seiner Größe selbst ein Systemrisiko aufweist. Daher ist es begrüßenswert, dass die betrachteten Jurisdiktionen Regelungen aufgestellt haben, die die *finanziellen Ressourcen* und die *Kapitalausstattung* des zentralen Kontrahenten regeln. Zwischen den Vereinigten Staaten von Amerika einerseits und der Europäischen Union und Singapur andererseits, ergeben sich für die zu fordernden Finanzmittel einer zentralen Gegenpartei grundsätzliche Differenzen. Obwohl die gewählten Ansätze zur *Finanzmittelausstattung* in den Vergleichsjurisdiktionen internationalen Standards entsprechen, sollten sie vor dem Hintergrund historischer Erfahrungen kritisch betrachtet werden.

Abschnitt 2 – Verbesserungsmöglichkeiten zur Kapitalerhaltung einer *CCP*

Durch die neue Marktinfrastruktur für Derivate können neue systemische Risiken auf Ebene der zentralen Gegenpartei entstehen. Dem präventiven Element kommt dabei eine bedeutende Funktion zu, um einen zentralen Kontrahenten in Krisenzeiten auf ein robusteres Fundament zu stellen. Dabei bieten sich insbesondere Maßnahmen zur Kapitalerhaltung an. In diesem Abschnitt soll daher zunächst untersucht werden, ob aus dem Rechtsvergleich Erkenntnisse gewonnen werden können, die für die Regulierung in der Europäischen Union fruchtbar gemacht werden können. Falls dies der Fall ist, sollten vor einer Umsetzung die rechtlichen und wirtschaftlichen Rahmenbedingungen der Europäischen Union analysiert werden. Hieraus ergeben sich Schlussfolgerungen für eine Implementierung auf europäischer Ebene.

§1 Erkenntnisse des Rechtsvergleichs

Die rechtsvergleichende Analyse verdeutlichte, dass die einzelnen Jurisdiktionen einen unterschiedlichen Ansatz in der *Investitionspolitik* einer zentralen Gegenpartei verfolgen. Es zeigte sich, dass die europäische Verordnung zentrale Gegenparteien dazu anhält, ihre finanziellen Mittel ausschließlich in Geld oder in hochliquiden Finanzinstrumenten mit minimalem Markt- und Kreditrisiko anzulegen. Die Untersuchung der konkreten Ausgestaltung der Delegierten

Verordnung Nr.153/2013 und die darauf basierenden Entwürfe der *ESMA* ergaben, dass auch Staatsanleihen die dargestellten Anforderungen als Anlageform erfüllen.

In der Behandlung von öffentlichen Schuldinstrumenten wurde deutlich, dass unter Risikogesichtspunkten ein wesentlicher Unterschied auf US-amerikanischer Seite in der Anlagepolitik besteht. *CFTC* sieht für die von ihr regulierten zentralen Kontrahenten vor, dass Kundenmittel nur in ausdrücklich gestattete Instrumente investiert werden dürfen. Schon vor der Finanzkrise hatte sie in diesem Zusammenhang eine Positivliste an erlaubten Investments aufgestellt. Bemerkenswert ist, dass sich die Investitionsregelungen in den vergangenen Jahren signifikant geändert haben. Zwischen 2000 und 2005 wurde von *CFTC* ein großzügiger Ansatz verfolgt und die Liste der möglichen Anlagegegenstände ausgeweitet. Dementsprechend durfte in diesem Zeitraum insbesondere in Schuldtitel ausländischer Staaten investiert werden. Die Behörde betont in ihrer Begründung aus dem Jahr 2000, dass Investitionen in europäische Staatsanleihen insbesondere dann erlaubt seien, wenn das ausgebende Land qualifizierte Anforderungen erfülle.[1475] Es wurde für diese Staatstitel die höchste Bonitätsstufe von mindestens einer inländisch zugelassenen Ratingagentur verlangt (*sovereign debt is rated in the highest category by at least one nationally recognized statistical rating organization*).[1476]

Nach Ausbruch der Finanzkrise und ihren verheerenden Konsequenzen erfolgte ein Umdenken seitens der Aufsichtsbehörde, sodass die Investitionsmöglichkeiten beschränkt wurden. Seither sind Investitionen in ausländische Staatsanleihen von der Liste erlaubter Anlagen gestrichen und somit per se verboten. *CFTC* verwies in den Entwürfen dieser Regelung zunächst darauf, dass diese Investitionsmöglichkeit von *futures commisison merchants* nur selten genutzt wurde und somit eine Vereinfachung der Vorschriften angestrebt werde. Daneben unterstreicht sie die jüngsten Erfahrungen im Rahmen der Finanzkrise, wonach die Verschuldung gewisser ausländischer Staaten ein vertretbares Risiko überschreiten könne.[1477]

1475 *CFTC*, Rules Relating to Intermediaries of Commodity Interest Transactions, Final Rule, 65 FR 78003 (13.12.2000): *"The Commission notes that foreign sovereign debt that is denominated in the Euro will qualify as a permitted investment under this rule, provided the country that issued the debt qualifies as a permitted country under the rule, the obligation is a general obligation of the country, and the balances owed to the customers (…) are Euro-denominated."*

1476 17 C.F.R. §1.25(a)(vii) a.F. vom 13.12.2000; 17 C.F.R. §1.25(a)(vii) a.F. vom 10.02.2004; 17 C.F.R. §1.25(a)(vii),(b)(2)(D) a.F. vom 17.05.2005.

1477 *CFTC*, Investment of Customer Funds and Funds Held in an Account for Foreign Futures and Foreign Options Transactions, Proposed Rule, 75 FR 67645 (03.11.2010):

Insofern ist davon auszugehen, dass die Aufsichtsbehörde das Kreditrisiko bestimmter Staaten als zu hoch erachtet hat. Obwohl die Behörde nicht explizit einzelne Länder benennt, liegt der Schluss nahe, dass die Entwicklungen innerhalb der Europäischen Union und der Eurozone im Besonderen in den Überlegungen und Entscheidungen eine gewichtige Rolle gespielt haben. Zwar beruft sich *CFTC* darauf, dass beide Argumente zur Reform der Regulierung geführt haben, allein aus dem Umstand einer geringen Investitionsrealität kann sich allerdings noch keine Notwendigkeit für eine derart beschränkende Regelung ergeben. Denn wenn die Investitionen in außeramerikanische öffentliche Schuldtitel so niedrig ausfielen, ergäbe sich auch kein hohes Risikopotential und entsprechender Regulierungsbedarf. Außerdem thematisiert *CFTC* die Investitionslandschaft von Clearinghäusern überhaupt nicht, erlässt aber trotzdem hierfür Vorschriften. Somit ist davon auszugehen, dass das hohe Risikopotential ausländischer Staatsanleihen das ausschlaggebende Argument für das Investitionsverbot ist. Dieser Einschätzung könnte entgegengehalten werden, dass Staatsanleihen der Vereinigten Staaten von Amerika ebenfalls ein höheres Risiko aufweisen, als es noch in der Vergangenheit der Fall war. So beläuft sich beispielsweise die öffentliche Verschuldung der USA derzeit auf über 18 Bio. US-Dollar, was einer Schuldenstandquote von über 100% des BIP entspricht.[1478] Allerdings überzeugt in diesem Fall das Gegenargument, wonach die Staatsverschuldung ausschließlich in der heimischen Währung denominiert sei und die amerikanische Notenbank im Ernstfall unbegrenzt Staatsanleihen ankaufe, sodass insofern weder ein Insolvenzrisiko noch ein signifikanter Marktdruck bestehe.[1479] Es lässt sich somit folgern, dass in den USA in ausländischen Staatsanleihen – also auch europäischer Staaten – ein so hohes Risikopotential gesehen wird, dass die Investitionspolitik zentraler Gegenparteien insofern beschränkt wird.

Nach dieser Bewertung stellt sich die Frage, ob und wie der US-amerikanische Grundgedanke, wonach ausländische öffentliche Schuldtitel als Anlageform kritisch betrachtet werden sollten, auf die europäische Ebene übertragen werden kann. Insoweit ist es sinnvoll, die rechtlichen und wirtschaftlichen Rahmenbedingungen in der Europäischen Union zu analysieren.

"*(…) the financial crisis has highlighted the fact that certain countries' debt can exceed an acceptable level of risk.*"

1478 *Patton*, in: Forbes, The U.S. Debt: Why It Will Continue To Rise, abrufbar unter http://www.forbes.com/sites/mikepatton/2014/09/18/the-u-s-debt-why-it-will-continue-to-rise/ (zuletzt am 21.11.2014).

1479 *Sachverständigenrat*, Jahresgutachten 2013/2014, S.165.

§2 Analyse der rechtlichen und wirtschaftlichen Rahmenbedingungen

Zunächst soll der bestehende rechtliche Rahmen für öffentliche Schuldtitel auf europäischer Ebene analysiert werden. In diesem Zusammenhang sollen die Regelungen von EMIR und anderen wichtige Bereiche, wie der Banken- und Versicherungssektor sowie Systeme der betrieblichen Altersversorge, betrachtet werden. Anschließend soll untersucht werden, ob die rechtliche Behandlung dieser Schuldtitel durch die derzeitigen tatsächlichen und ökonomischen Gegebenheiten innerhalb der Europäischen Union begründet werden kann. Aus diesen Untersuchungen ergeben sich letztlich Schlussfolgerungen für Verbesserungsmöglichkeiten für die Anlagepolitik europäischer zentraler Gegenparteien.

A. Analyse der rechtlichen Rahmenbedingungen

Zu Beginn kann festgehalten werden, dass öffentliche Schuldtitel in der Europäischen Union in rechtlicher Hinsicht privilegiert werden. Diese regulatorische Privilegierung von staatlichen Schuldtiteln manifestiert sich in der Europäischen Union auf mehreren Ebenen. Zunächst werden die Vorschriften von EMIR insbesondere im Hinblick auf die Anlagepolitik zentraler Gegenparteien untersucht. Es folgt die Analyse in weiteren wichtigen wirtschaftlichen und volkswirtschaftlichen Bereichen, wie dem Banken- und Versicherungssektor sowie bei System zur betrieblichen Altervorsorge.

I. EMIR

In der *Anlagepolitik* verlangt Art.47 Abs.1 EMIR, dass Finanzmittel ausschließlich in bar oder in hochliquide Finanzinstrumente mit minimalem Markt- und Kreditrisiko angelegt werden dürfen. Art.43 Delegierte Verordnung (EU) Nr.153/2013 i.V.m. Anhang II Ziff.1 Delegierte Verordnung (EU) Nr.153/2013 legt fest, dass Schuldtitel als solche Finanzinstrumente angesehen werden können, wenn sie eine Reihe von Bedingungen erfüllen.

Grundsätzlich gilt für das *Sicherheitenmanagement* einer *CCP* ein vergleichbarer Maßstab, da eine zentrale Gegenpartei nach Art.46 Abs.1 EMIR nur hochliquide Sicherheiten mit einem minimalem Markt- und Kreditrisiko akzeptieren darf. Die Delegierte Verordnung soll gem. Art.46 Abs.3 lit.a) EMIR für Sicherheiten Merkmale festlegen, die die hohe Liquidität näher ausgestalten. Demzufolge lässt sich argumentieren, dass die Voraussetzungen für Sicherheiten der Delegierten Verordnung (EU) Nr.153/2013 primär im Zusammenhang mit der geforderten

Liquidität stehen. Dies wird durch die Erwägungen von *ESMA* im Diskussionspapier unterstrichen.[1480]

Vergleicht man die Voraussetzungen für Sicherheiten in Form von Wertpapieren und Geldmarktinstrumenten mit denen für Investitionen in öffentliche Schuldtittel, ergibt sich eine große Schnittmenge. So sind die Anforderungen für Geldmarktinstrumente und Wertpapiere als Sicherheiten gem. Anhang I Abschnitt 1 lit.a)-lit.f) Delegierte Verordnung (EU) Nr.153/2013 auch für Investitionen in öffentliche Schuldtitel gem. Anhang II Ziff.1 lit.b, lit.d)-lit.g) Delegierte Verordnung (EU) Nr.153/2013 zu finden. Besonderheiten ergeben sich für Staatsanleihen lediglich hinsichtlich der durchschnittlichen Restlaufzeit eines Portfolios gem. Anhang II Ziff.1 lit.c) Delegierte Verordnung (EU) Nr.153/2013 und insofern, dass für sie die Berücksichtigung eines Korrelationsrisikos nicht explizit gefordert wird (vgl. Anhang I Abschnitt 1 lit.h) Delegierte Verordnung (EU) Nr.153/2013). Die Voraussetzungen in Anhang I Abschnitt 1 Delegierte Verordnung (EU) Nr.153/2013 konkretisieren lediglich die Anforderungen an die Liquidität der Sicherheiten, nicht hingegen, wie ein minimales Markt- und Kreditrisiko zu bewerten ist. Insoweit kann geschlussfolgert werden, dass diese vergleichbaren Voraussetzungen für Investitionen sich primär darauf beziehen, wann öffentliche Schuldtitel als *hochliquide* angesehen werden können.

Allerdings muss *ESMA* gem. Art.47 Abs.8 EMIR auch Vorgaben festlegen, wann Investitionen ein *minimales Markt- und Kreditrisiko* aufweisen. Kriterien in Anhang II Delegierte Verordnung (EU) Nr.153/2013 beziehen sich primär auf das Merkmal der hohen Liquidität. Anhang II Ziff.1 lit.a) Delegierte Verordnung (EU) Nr.153/2013 knüpft hingegen in erster Linie an das Kriterium des *minimalen Markt- und Kreditrisikos* an. Dies wird durch die Ausführungen im Diskussionspapier untermauert, wonach die Anforderungen an die Investitionspolitik enger sein sollten als beim Sicherheitenmanagement und insbesondere der Emittent des Instruments berücksichtigt werden sollte.[1481] Hier wird der Emittenten- bzw. Garantenkreis auf Regierungen, Zentralbanken, multilaterale Entwicklungsbanken, den *EFSF* und den *ESM* beschränkt. Somit beinhaltet diese Regelung die Wertung, dass Finanzinstrumente ein minimales Markt- und Kreditrisiko aufweisen

---

1480 *ESMA*, Discussion Paper, 16.02.2012, S.32. "*Under the RTS for collateral, ESMA is required to define the type of collateral that can be considered highly liquid. (…) EMSA's preliminary thinking is that a criteria based could envisage taking into account (…) the credit and market risk (…).*"

1481 *ESMA*, Discussion Paper, 16.02.2012, S.36. "*In particular, ESMA's preliminary thinking is that it is necessary to prescribe a restrictive standard concerning the issuer of the financial instrument (…).*"

können, wenn sie insbesondere als Schuldtitel von Regierungen emittiert oder explizit garantiert werden.

Diese Grundannahme muss jedoch angezweifelt werden. Zwar ist es richtig, dass insbesondere staatliche Schuldtitel ein geringeres Markt- und Kreditrisiko aufweisen können als beispielsweise Unternehmensanleihen. Eine allgemeine Annahme, wonach Schuldtitel von Regierungen als mit einem minimalem Markt- und Kreditrisiko angesehen werden können, ist vor dem Hintergrund der noch näher zu beleuchtenden Rahmenbedingungen[1482] schwer zu begründen.

II. Andere regulatorische Bereiche

Vorschriften in anderen wesentlichen Bereichen der Volkswirtschaften in der Europäischen Union weisen ebenfalls eine Bevorzugung öffentlicher Schuldtitel auf. Für den Bankensektor soll dies anhand der Regelungen im Rahmen des CRD-IV-Pakets verdeutlicht werden. Anschließend werden Regelungen unter Solvency-II und deren Auswirkungen auf den Versicherungssektor aufgezeigt. Letztlich wird auf die geplante EbAV-Richtlinie eingegangen, die Privilegierungen öffentlicher Schuldtitel für Systeme der betrieblichen Altersvorsorge enthält.

1. CRD-IV-Paket: Bankensektor

Die Privilegierung öffentlicher Schuldtitel findet sich zunächst im Bankensektor wieder. Diese bestehen bereits seit vielen Jahren, wurden jedoch auch nach der Finanz- und Staatsschuldenkrise 2008 beibehalten. Ende 2010 veröffentliche der *Baseler Ausschuss für Bankenaufsicht* das derzeitige internationale Rahmenwerk für aufsichtsrechtliche Vorschriften, die unter anderem neue Anforderungen an das Eigenkapital und die Liquidität von Banken stellen (*Basel III*).[1483] Dieser Regulierungsrahmen wurde auf europäischer Ebene im Jahr 2013 durch die CRD-IV Verordnung und die CRD-IV Richtlinie umgesetzt. Zwar führt Basel III grundsätzlich zu höheren Eigenkapitalanforderungen, da diese von 8% auf bis zu 10,5% erhöht werden. Gleichwohl spiegeln sich die Erfahrungen der Finanzkrise nicht in den Risikogewichten für Staatsanleihen hinsichtlich des Eigenkapitals von Banken wider. Für Staaten mit hohen Ratings von AAA bis AA- wird weiterhin ein Risikofaktor von 0% angelegt, sodass diese als risikolos erachtet werden (vgl. Art.114 Abs.3 Nr.3, Abs.4 CRR).

1482 Siehe Kapitel 3, Abschnitt 2, §2, Unterpunkt B.

1483 *Baseler Ausschuss für Bankenaufsicht*, Basel III, S.1, abrufbar unter http://www.bundesbank.de/Redaktion/DE/Downloads/Kerngeschaeftsfelder/Bankenaufsicht/Basel/2010_12_basel3_ein_globaler_regulierungsrahmen_fuer_widerstandsfaehigere_banken_und_bankensysteme.pdf?__blob=publicationFile.

In vergleichbarer Weise werden Großkredite gegenüber Staaten privilegiert. Ein solches großes Engagement liegt vor, wenn es den Wert von 10% der anrechenbaren Eigenmittel eines Instituts erreicht oder übersteigt (vgl. Art.392 CRR). Aus Risikogesichtspunkten besteht grundsätzlich eine Obergrenze für solche Positionen gegenüber Kunden, die bei 25% der anrechenbaren Eigenmittel liegt (vgl. Art.395 Abs.1 CRR). Dennoch ist in Art.400 Abs.1 lit.a) CRR eine Ausnahme für nullrisikogewichtete Staatsanleihen enthalten, für die insoweit keine Obergrenze vorgesehen ist. Dementsprechend argumentieren *Pockrandt* und *Radde*[1484] richtigerweise, dass diese Regelungen signifikante Außenstände einzelner Banken, insbesondere gegenüber ihren Heimatstaaten (*home bias*), ermöglichen. Diese Faktoren sind umso erheblicher, als dass diese Regelungen zum ersten Mal unmittelbar in allen Mitgliedsstaaten Wirkung entfalten. Insofern müssen dieser Verordnung entgegenstehende oder konkurrierende Gesetze in den jeweiligen Ländern bereinigt werden.[1485]

Banken werden zudem unter dem neuen Regelungsregime verpflichtet, über ausreichend liquide Ressourcen zu verfügen. Insofern werden sie angehalten, einen Liquiditätspuffer bereitzuhalten, der Ungleichgewichte von Zu- und Abflüssen über 30 Tage unter Stressbedingungen ausgleichen kann (Liquiditätsdeckungsanforderung, *liquidity coverage ratio*) (vgl. Art.412 Abs.1 CRR). Dies soll durch liquide Aktiva sichergestellt werden, worunter insbesondere Forderungen gegenüber der Zentralregierung eines Mitgliedsstaates fallen[1486], wenn das Institut dort ein Liquiditätsrisiko eingegangen ist und die Forderung zu dessen Abdeckung nutzt (vgl. Art.416 Abs.1 lit.c) i) CRR). Zwar wird gem. Art.417 lit.a) S.2 CRR grundsätzlich vorgeschrieben, dass solche Liquiditätspuffer angemessen diversifiziert sein müssen, um Risiken zu minimieren, dies ist jedoch nicht für die beschriebenen Forderungen erforderlich. Folglich werden in diesem Sektor ebenfalls erhebliche Anreize zum Halten und Kaufen von Staatsanleihen gesetzt.

1484 *Pockrandt/Radde*, Reformbedarf in der EU-Bankenregulierung, DIW Wochenbericht Nr.42/2012, S.8.

1485 *Anmerkung*: In Deutschland betrifft dies das KWG, die SolvV und die Groß- und Millionenkreditverordnung (vgl. *BaFin*, Umsetzung der CRD IV, abrufbar unter http://www.bafin.de/SharedDocs/Veroeffentlichungen/DE/Jahresbericht/2012/jb_2012_V_1.1_umsetzung_der_crd4.html).

1486 *Anmerkung*: Aber auch Forderungen gegenüber Zentralbanken in der Landeswährung der Zentralbank oder gegenüber dem *ESM*.

2. Solvency II: Versicherungssektor

Versicherungen zählen zu den größten institutionellen Anlegern auf den europäischen Kapitalmärkten und halten neben Unternehmens- auch Staatssanleihen von insgesamt über 3 Bill. EUR.[1487] Die aufsichtsrechtlichen Vorgaben an Versicherungs- und Rückversicherungsunternehmen sind auf europäischer Ebene im Jahr 2009 durch die Solvabilitätsrichtlinie geändert worden (*Solvency II*)[1488]. Dieser rechtliche Rahmen enthält unter anderem Vorgaben, in welcher Höhe die entsprechenden Versicherungsunternehmen Kapital für ihre Aktivitäten bereithalten müssen. Die Solvenzkapitalanforderungen werden anhand einer Standardformel errechnet, wobei verschiedene Felder einfließen müssen (vgl. Art.103 Solvency II). Hiervon ist die Basissolvenzkapitalausstattung erfasst, die neben versicherungsspezifischen Faktoren auch das Marktrisiko berücksichtigt (vgl. Art.104 Solvency II). Dieses beinhaltet wiederum sogenannte Untermodule (vgl. Anhang IV Nr.4 Solvency II i.V.m. Art.105 Solvency II).

Legt man eine vereinfachte Betrachtung zugrunde, werden für das Marktrisiko die mit den Außenständen verbundenen Risiken, wie beispielsweise Marktschwankungs- und Ausfallrisiken, einem Stressfaktor unterworfen.[1489] Dieser wird dann für vier verschiedene Kreditklassen speziell bewertet, worunter eine durch Staatsanleihen repräsentiert wird. Im Rahmen des Entwurfs- und Umsetzungsprozesses der Richtlinie wurden insgesamt fünf sogenannte Quantitative Auswirkungsstudien und Folgenabschätzungen (*quantitative impact studies, QIS*) in den betreffenden Mitgliedsstaaten unter Federführung der europäischen Aufsichtsbehörde *EIOPA* durchgeführt. Dabei gab die Europäische Kommission technische Spezifikationen vor, die zu beachten waren. Beispielsweise wurde in den technischen Spezifikationen zu QIS 5 festgelegt, dass unter anderem Staatsanleihen des Europäischen Wirtschaftsraumes (EWR) keinem Stressfaktor unterworfen werden müssen.[1490] Für sie muss hinsichtlich des Spreadrisikos oder eines Klumpenrisikos somit kein Eigenkapital bereitgehalten

1487 *DB-Research*, Solvency II und Basel III, S.3, abrufbar unter http://www.dbresearch.de/PROD/DBR_INTERNET_DE-PROD/PROD0000000000277345.PDF.

1488 Siehe Kapitel 2, Abschnitt 2, §2, Unterpunkt A.

1489 *Anmerkung*: Zur genauen Berechnung des *Spread* Risikos bei Anleihen siehe: *LBBW*, Solvency II, S.19, abrufbar unter http://www.forum-kapitalmarkt.de/kmf2010/SolvencyII_Kapforum_2010.pdf.

1490 *Europäische Kommission*, QIS 5 Technical Specifications, SCR.588, abrufbar unter http://ec.europa.eu/internal_market/insurance/docs/solvency/qis5/201007/technical_specifications_en.pdf.

werden.[1491] Insofern wird bereits in der rechtswissenschaftlichen Literatur zu Recht davon gesprochen, dass Staatsanleihen im aufsichtsrechtlichen Regime des Versicherungssektors übergreifend als risikolos angesehen werden.[1492]

3. Geplante Überarbeitung der EbAV-Richtlinie: Einrichtungen der betrieblichen Altersvorsorge

Vergleichbare Entwicklungen lassen sich bei den Einrichtungen zur betrieblichen Altersvorsorge erkennen. Derzeit plant die Europäische Kommission eine Überarbeitung[1493] der EbAV-Richtlinie[1494], wovon in Deutschland vor allem Pensionskassen und -fonds[1495] betroffen sein werden. Art.18 20 Abs.1 S.1 lit.e) des Richtlinienentwurfs sieht in vor, dass Mitgliedsstaaten vorschreiben müssen, Anlagen in angemessener Weise zu streuen, sodass ein übermäßiger Rückgriff auf einen bestimmten Vermögenswert oder Emittenten oder auf eine bestimmte Unternehmensgruppe und größere Risikoballungen in dem Portfolio insgesamt vermieden werden. Allerdings soll es möglich sein, für Anlagen in öffentliche Schuldverschreibungen von der Diversifikation abzusehen. Gleiches soll für Konzentrationsgrenzen in Anlagen in ein Trägerunternehmen gem. Art.18 20 Abs.1 S.1 lit.f) Richtlinienentwurf gelten (vgl. Art.18 20 Abs.1 S.3 Richtlinienentwurf). Auch in diesem Bereich werden öffentliche Schuldtitel durch den europäischen Richtliniengeber mithin in besonderer Weise privilegiert.

B. Analyse der wirtschaftlichen Rahmenbedingungen

Nachdem die regulatorischen Privilegierungen öffentlicher Schuldtitel verdeutlicht wurden, sollen nunmehr die wirtschaftlichen Rahmenbedingungen innerhalb der

---

1491 *DB-Research*, Solvency II und Basel III, S.8, abrufbar unter http://www.dbresearch.de/PROD/DBR_INTERNET_DE-PROD/PROD0000000000277345.PDF.

1492 *Lüttringhaus*, Die risikolose Welt der Staatsanleihen unter Solvency II und Basel III, EuZW 2012, 321 (321); *Conrad*, Reformen zur Stabilisierung der Finanzmärkte, Orientierungen 2013, 52 (54).

1493 Vorschlag für eine Richtlinie des Europäischen Parlaments und des Rates über die Tätigkeiten und die Beaufsichtigung von Einrichtungen der betrieblichen Altersversorgung (Neufassung), COM/2014/0167 final - 2014/0091 (COD); *Barnier Michael*, Towards a real single market for occupational pensions offering greater choice and better protection for pensioners, Speech, 01.03.2012, abrufbar unter http://ec.europa.eu/internal_market/pensions/docs/iorp/opening_en.pdf.

1494 Richtlinie 2003/41/EG des Europäischen Parlaments und des Rates vom 03.06.2003 über die Tätigkeiten und die Beaufsichtigung von Einrichtungen der betrieblichen Altersversorgung, Abl.EU vom 23.09.2003, Nr.L 235/10.

1495 *Anmerkung*: Hierbei handelt es sich um solche gem. §§118a, 112 VAG.

Europäischen Union untersucht werden. Dies soll als Überblick über die bisherigen Entwicklungen seit Ausbruch der Finanz- und Staatsschuldenkrise dienen und einen Eindruck über die aktuelle ökonomische Lage verschaffen. Weiterhin sollen Problemfelder aufgezeigt werden, die nach wie vor Risiken für öffentliche Schuldtitel bergen.

Zunächst muss festgehalten werden, dass Staatsanleihen keinesfalls (mehr) einen „sicheren Hafen" als Anlagemöglichkeit darstellen. Etliche Beispiele der Geschichte verdeutlichen, dass Staaten ihren Zahlungsverpflichtungen nicht mehr nachkommen konnten.[1496] Beispielsweise kam es dieses Jahr in Argentinien, nach einem verlorenen Rechtsstreit gegen Hedgefonds vor dem US-amerikanischen *Supreme Court* zu einem Zahlungsausfall für mehrere Gläubiger, sodass in der Presse von der achten Staatspleite des Landes gesprochen wurde.[1497] Nicht umsonst überdenkt der *IWF* außerdem ein Insolvenzregime für Staaten.[1498] In der jüngeren Vergangenheit offenbarten die Auswirkungen der Finanzkrise in der Europäischen Union das Gefahrenpotential von Staatsanleihen, das viele Jahre lang latent vor sich hin schwelte. Isoliert betrachtet, kann die Finanzkrise die enormen Probleme innerhalb der Eurozone jedoch nicht erklären. Die gegenwärtigen Schuldenstandquoten wurden über Jahrzehnte stetig aufgebaut, was auf eine politische Mentalität kontinuierlich wachsender Verschuldung schließen lässt.

Gleichzeitig bestehen strukturelle Unterschiede innerhalb der Eurozone, die sich auf die Leistungs- und Wettbewerbsfähigkeit einzelner Mitgliedsstaaten auswirken. Die Finanzkrise befeuerte die Staatsschuldenkrise und zeigte, dass ein singuläres Ereignis eine Vielzahl von Mitgliedsstaaten existenziell bedrohen kann. Bekanntermaßen gerieten Portugal, Irland, Spanien, Zypern und insbesondere

---

1496 Siehe hierzu: *Kämmerer*, Der Staatsbankrott aus völkerrechtlicher Sicht, ZaöRV 2005, 651 (652).

1497 *Diekmann*, Folgen der Staatspleite: So geht es weiter mit Argentinien, Spiegel Online, 01.08.2014, abrufbar unter http://www.spiegel.de/wirtschaft/soziales/staatspleite-argentinien-folgen-der-zahlungsunfaehigkeit-a-984047.html (zuletzt am 22.11.2014); *o. V.*, Umgehung des Auszahlungsverbots, Argentinischer Senat stimmt Kirchner-Plan zu, Handelsblatt, 04.09.2014, abrufbar unter http://www.handelsblatt.com/politik/international/umgehung-des-auszahlungsverbots-argentinischer-senat-stimmt-kirchner-plan-zu/10652024.html (zuletzt am 22.11.2014); zur rechtlichen Dimension der vorgegangenen Verfahren siehe: *Zamour*, NML v. Argentina and the Ratable Payment Interpretation of the Pari Passu Clause, 38 Yale J. Int'l L. 2013, 55 (55), abrufbar unter http://www.yjil.org/docs/pub/o-38-zamour-nml-v-argentina.pdf.

1498 Siehe hierzu: *Salmon*, The IMF revisits sovereign bankruptcy, CMLJ 2014(9), 10 (10f.).

Griechenland in große finanzielle Schwierigkeiten. Sie mussten mit kostspieligen umfangreichen Hilfspaketen unterstützt werden, um einen nationalen wirtschaftlichen Zusammenbruch zu verhindern und die anderen europäischen Mitgliedsstaaten sowie das globale Finanzsystem insgesamt vor gravierenden Folgen zu schützen.[1499] Mittlerweile sind Portugal[1500] und Griechenland[1501] „an den Kapitalmarkt zurückkehrt" und haben neue Staatsanleihen emmitiert, die mehrfach überzeichnet waren. Trotz allem ist es bisher nicht gelungen, eine nachhaltige ökonomische Kehrtwende oder einen signifikanten Rückgang der Staatsverschuldung einzuleiten. Beispielsweise wurde nach längeren Überlegungen[1502] kürzlich ein weiteres Hilfsprogramm für Griechenland beschlossen.[1503]

Die bisher durchgeführten Reformen sind vielfältig und erstrecken sich auf die europäische und nationale Ebene. Ob sie allerdings in der Lage sind, diesen „Teufelskreis"[1504] aus makroökonomischen Ungleichgewichten, sektoralen

---

1499 *Anmerkung*: Irland musste mit über 67 Mrd. EUR und Portugal mit fast 80 Mrd. EUR unterstüzt werden. Zur Stützung des Bankensektors erhielt Spanien seit 2012 insgesamt 41,4 Mrd. EUR. Für Zypern wurde 2013 ein Finanzprogramm in Höhe von 10 Mrd. EUR beschlossen. Im Rahmen der ersten Finanzhilfen wurden Griechenland 2010 insgesamt 107 Mrd. EUR zur Verfügung gestellt. Ein Jahr später schloss sich das zweite Griechenlandpaket in Höhe von über 163 Mrd. EUR mit einer massiven Beteiligung privater Gläubiger im Rahmen eines Schuldenschnitts an. Siehe hierzu: *BMF*, Europäische Finanzhilfen im Überblick, abrufbar unter http://www.bundesfinanzministerium.de/Content/DE/Standardartikel/Themen/Europa/Stabilisierung_des_Euro/Zahlen_und_Fakten/europaeische-finanzhilfen-im-ueberblick-pdf.pdf?__blob=publicationFile&v=44.

1500 *Hennersdorf*, Raus aus dem Krisenfrust, aber immer noch am Tropf, WirtschaftsWoche, 23.04.2014, abrufbar unter http://www.wiwo.de/politik/konjunktur/geld-fuer-portugal-raus-aus-dem-krisenfrust-aber-immer-noch-am-tropf/9796876.html.

1501 *O.V.*, Neue Anleihen – Investoren lieben Griechenland, Handelsblatt, 10.04.2014, abrufbar unter http://www.handelsblatt.com/finanzen/boerse-maerkte/anleihen/neue-anleihen-investoren-lieben-griechenland/9744106.html.

1502 *Höhler*, Noch nicht am Ziel, WirtschaftsWoche, 19.04.2014, S.38; *o.V.*, Drittes Hilfspaket? – Griechenland facht die Schuldenkrise wieder an, Focus Money Online, 17.10.2014, abrufbar unter http://www.focus.de/finanzen/news/staatsverschuldung/drittes-hilfspaket-griechenland-facht-die-schuldenkrise-wieder-an_id_4209846.html (zuletzt am 22.11.2014).

1503 *O.V.*, Rettungsschirm ESM: Griechenland bekommt neue Milliarden-Hilfe, Spiegel Online, 30.11.2014, abrufbar unter http://www.spiegel.de/wirtschaft/soziales/hilfspaket-griechenland kriegt-weitere-zehn-milliarden-euro-a-1005820.html (zuletzt am 30.11.2014).

1504 *Sachverständigenrat*, Jahresgutachten 2012/2013, S.63.

Problembereichen wie dem Bankensektor und den Staatsschulden für die Zukunft zu durchbrechen, ist fragwürdig. Die *EZB* intervenierte in der Vergangenheit massiv durch eine Niedrigzinspolitik und Anleihekaufprogramme. In diesem Zusammenhang ist insbesondere das *OMT*-Programm *(Outright Monetary Transactions)* anzuführen, wonach die *EZB* im Zweifel unbegrenzt Staasanleihen krisengeschüttelter Länder aufkaufen kann.[1505] Unabhängig von juristischen Fragestellungen, die durchaus Zweifel an der Rechtsmäßigkeit der Maßnahme zulassen[1506], gingen die Zinsspreads, insbesondere von Spanien und Italien, nach der *Ankündigung* der *EZB* deutlich zurück.[1507] Auch wird über weitere Ankaufprogramme europäischer Staatsanleihen nachgedacht, um nach offiziellen Angaben einer drohenden Deflation entgegenzuwirken.[1508]

An den grundlegenden Problemen innerhalb der Europäischen Union und der Eurozone ändert dies alles jedoch nichts. Im Jahr 2013 stieg der öffentliche Schuldenstand im Euroraum im Durchschnitt auf beträchtliche 92,7% des BIP an.[1509] Die Schuldenstandquoten einzelner Mitgliedsstaaten sind vor allem signifikant. Dies betrifft nicht nur diejenigen Staaten, die auf europäische Hilfspakete angewiesen sind, sondern ist auch bei anderen Ländern zu erkennen. So wächst beispielsweise die öffentliche Verschuldung Italiens kontinuerlich an und liegt derzeit weit über der 100%-Grenze. Die Wachtsums- bzw. Defizitquoten weisen in vergleichbarer Weise erhebliche Differenzen zwischen den einzelnen

1505 *EZB*, Technical features of Outright Monetary Transactions, abrufbar unter http://www.ecb.europa.eu/press/pr/date/2012/html/pr120906_1.en.html.

1506 *Anmerkung*: Die Rechtmäßigkeit des *OMT*-Programms wird unter Juristen kontrovers diskutiert. Insbesondere wird die Frage der Europarechtskonformität aufgeworfen. Das Bundesverfassungsgericht, das mit der Fage betraut wurde, hat in einem aktuellen Beschluss die Rechtmäßigkeit, insbesondere im Lichte des Art.123 Abs.1 AEUV angezweifelt und die Vorlage an den Gerichtshof der Europäischen Union beschlossen. Siehe hierzu: BVerfG, Beschluss vom 14.01.2014, 2 BvR 2728/13, abrufbar unter https://www.bundesverfassungsgericht.de/entscheidungen/rs20140114_2bvr272813.html; kritisch hierzu: *Heun*, Eine verfassungswidrige Verfassungsgerichtsentscheidung, JZ 2014, 331 (331).

1507 *Anmerkung*: Ob dies kausal auf die Ankündigung oder auf inländische haushalts- und strukturelle Reformen zurückzuführen ist, wird in der Wissenschaft nicht eindeutig beantwortet (vgl. *Sachverständigenrat*, Jahresgutachten 2013/2014, S.114).

1508 *Finkenzeller/Sauer*, Schuss nach hinten, WirtschaftsWoche, 19.04.2014, S.37.

1509 *Eurostat*, Öffentlicher Schuldenstand stieg im Euroraum auf 92,7% des BIP und in der EU28 auf 87,0% des BIP, Pressemitteilung, 23.10.2014, S.1, abrufbar unter http://epp.eurostat.ec.europa.eu/cache/ITY_PUBLIC/2-23102014-AP/DE/2-23102014-AP-DE.PDF (zuletzt am 22.11.2014).

Mitgliedsstaaten auf. Im Schnitt lag das Defizit in der Europäischen Union für das Jahr 2013 bei -3,2% des BIP und mithin über den Kriterien des Stabilitäts- und Wachstumspakts.[1510] Die Eurozone konnte, nach einer neuen Berechnungsmethode von *Eurostat*, die Kriterien mit -2,9% des BIP knapp einhalten. Bei genauerer Betrachtung weisen alle Mitgliedsstaaten – bis auf Luxemburg und Deutschland – defizitäre Haushalte auf, wobei diese von -14,2% des BIP für Slowenien bzw. -12,2% des BIP für Griechenland bis -0,5% des BIP für Estland reichen.[1511] Gleichzeitig sind die Anreize zu einer sparsamen und soliden Haushaltspolitik für die Staaten auf europäischer Ebene weiterhin gering. Die überarbeiteten europäischen Kontrollmechanismen müssen sich erst noch im Ernstfall beweisen, was insbesondere auf den im Jahr 2011 reformierten Stabilitäts- und Wachstumspakt zutrifft. Ob die durch den Fiskalvertrag etabilierten nationalen Schuldenbremsen zu einem nachhaltigen Sparkurs führen, ist ebenfalls fragwürdig. Somit kann man der Behauptung von *Gal* und *Sehrbrock*, wonach sich das Angebot an Staatsanleihen mittelfristig verknappen werde[1512], durchaus skeptisch gegenüberstehen.

Im Hinblick auf Staaten, die bereits in die Krise geraten sind, begünstigt die *EZB* durch ihre Ankaufprogramme ihre Refinanzierungsmöglichkeiten faktisch in künstlicher Weise. Demzufolge werden auch hier Fehlanreize gesetzt, da die Zinsaufschläge für bestimmte Staatsanleihen sinken und somit der Druck zu Konsolidierungen und strukturellen Reformen in den betroffenen Ländern für eine Disziplinierung durch den Markt genommen wird.[1513] Das dadurch geschaffene Zeitfenster wird zwar durch Reformprogramme gefüllt, was andererseits zu inländischen Problemen, wie einer höheren Arbeitslosigkeit und einem Abflachen der Binnennachfrage, führen kann.

1510 *Eurostat*, Öffentliche Defizite im Euroraum und in der EU29 bei 2,9% bzw. 3,2% des BIP, Pressemitteilung, 21.10.2014, S.1, abrufbar unter http://epp.eurostat.ec.europa.eu/cache/ITY_PUBLIC/2-21102014-AP/DE/2-21102014-AP-DE.PDF (zuletzt am 22.11.2014).

1511 *Eurostat*, Öffentliche Defizite im Euroraum und in der EU29 bei 2,9% bzw. 3,2% des BIP, Pressemitteilung, 21.10.2014, S.4ff, abrufbar unter http://epp.eurostat.ec.europa.eu/cache/ITY_PUBLIC/2-21102014-AP/DE/2-21102014-AP-DE.PDF (zuletzt am 22.11.2014).

1512 *Gal/Sehrbrock*, in: Förderkreis für die Versicherungslehre an der J.W. Goethe-Universität Frankfurt am Main e.V./Wandt/Gründl, Die Umsetzung der Solvency II-Richtlinie durch die 10. VAG-Novelle, S.32.

1513 *Sachverständigenrat*, Jahresgutachten 2013/2014, S.102.

Wichtige wirtschaftliche Sektoren sind durch die regulatorische Privilegierung öffentlicher Schuldtitel weiterhin eng mit dem Staat verflochten, was in Krisenzeiten sich verschärfende Wechselwirkungen bedingen kann. Insofern bilden Staaten auf der einen Seite sowie Banken und Versicherungen auf der anderen Seite ein „symbiotisches Paar"[1514]. Dieser Gedanke kann auch auf die betriebliche Altersvorsorge übertragen werden. Von Fachleuten wird kritisiert, dass Banken Anleihen ihrer Heimatländer halten, was beispielsweise in Italien und Spanien der Fall sei.[1515] Hier betrage der Anteil an Staatsanleihen ihres Heimatlandes durchschnittlich 10% der Bilanzsumme.[1516] Diese sogenannte *home bias*[1517] sei auf vielerei Gründe zurückzuführen, wobei Renditeerwartungen, nationaler politischer Druck (*home suasion*) und Stabilisierungsbemühungen sicherlich eine Rolle spielen.[1518] Der *Sachverständigenrat zur Begutachtung der gesamtwirtschaftlichen Entwicklung* hat wiederholt darauf hingewiesen, dass die Privilegierung von Staatsanleihen notwendigerweise abgeschafft werden müsse, um Risiken von Banken und Staaten besser trennen zu können.[1519] Hiervon betroffen ist aber – wie dargestellt – auch der Versicherungssektor und möglicherweise die betriebliche Altersvorsorge, wo Schieflagen gleichsam fatale Auswirkungen auf die Realwirtschaft entfalten können. Der Auffassung von *Zeranski* und *Thießen*, wonach Staatsverschuldung ein *systemisches Risiko* darstelle[1520], ist daher zuzustimmen. Hinzu kommt, dass Marktteilnehmer in ganz Europa gleichen Anreizstrukturen ausgesetzt sind, wodurch sich das Systemrisiko verstärken kann.[1521]

1514 *Thießen/Zeranski*, Damoklesschwert der Staatsverschuldung und die Folgen für die Bankensteuerung, Kreditwesen 2011, 120 (126).

1515 *Dombret*, Das Streben nach Stabilität – Regeln und Märkte im Spiegel der Krise, Rede vom 27.01.2014, abrufbar unter http://www.bundesbank.de/Redaktion/DE/Reden/2014/2014_01_27_dombret.html.

1516 *Sachverständigenrat*, Jahresgutachten 2013/2014, S.210.

1517 *Pockrandt/Radde*, Reformbedarf in der EU-Bankenregulierung, DIW Wochenbericht Nr.42/2012, S.8.

1518 *Weidmann*, Invenstitionen in Staatsanleihen nicht länger regulatorisch begünstigen, Financial Times, 01.10.2013, abrufbar unter http://www.bundesbank.de/Redaktion/DE/Standardartikel/Presse/Gastbeitraege/2013_10_01_weidmann_ft.html.

1519 *Sachverständigenrat*, Jahresgutachten 2013/2014, S.243; *Sachverständigenrat*, Jahresgutachten 2014/2015, S.37f.

1520 *Thießen/Zeranski*, Damoklesschwert der Staatsverschuldung und die Folgen für die Bankensteuerung, Kreditwesen 2011, 120 (120).

1521 So auch: *Union Investment*, Solvency II, S.8, abrufbar unter http://institutional.union-investment.de/docme/risikomanagement/risikomanagementordner/7ad460da7618c28d1225e442c2fcf640.0.0/4-2_Solvency_II.pdf.

C. *Schlussfolgerungen*

Die aufgezeigten wirtschaftlichen Rahmenbedingungen innerhalb der Europäischen Union und der Eurozone stellen die übergreifende rechtliche Privilegierung von Staatsanleihen in Frage. Besonders kritisch muss gesehen werden, dass öffentliche Schuldtitel innerhalb der Europäischen Union *nicht differenziert* behandelt werden. Insoweit besteht nur eine Regulierung, die emittentenunabhängig regulatorische Privilegierungen schafft, ohne den spezifischen Umständen Rechnung zu tragen. Interessanterweise bestand eine in den Grundzügen ähnliche Entwicklung vor Ausbruch der Subprime-Krise in den Vereinigten Staaten von Amerika. Dort wurden Forderungen gegenüber Schuldnern mit unzureichender Bonität Bestandteil hochwertiger Anlageklassen. Zwar sind Forderungen gegenüber einem Staat unter Ausfallgesichtspunkten grundsätzlich nicht mit Forderungen gegenüber Privatpersonen vergleichbar, dennoch wird hierdurch ersichtlich, dass eine einheitliche Behandlung unterschiedlicher Risikoklassen gepaart mit den entsprechenden rechtlichen Rahmenbedingungen enorme Risiken bergen kann. Verstärkt wird dieser Effekt, wenn es zu einer Bevorzugung innerhalb der Regulierung gegenüber anderen Anlagearten kommt, wie es bei öffentlichen Schuldtiteln der Fall ist.

Die Wissenschaft sieht diesen Problembereich zwar, konzentriert sich jedoch bisher insbesondere auf den Versicherungs- und Bankensektor.[1522] Gleichwohl zeigte die Untersuchung, dass die grundlegende Besserstellung öffentlicher Schuldtitel ebenso in der Anlage- und Sicherheitenpolitik der zentralen Gegenparteien unter EMIR zu erkennen ist. Dieser Umstand ist umso bedenklicher, als diesen Marktinfrastrukturen in mehrfacher Hinsicht systemische Relevanz zukommt. Ein regulatives Investitionsverbot für ausländische Staatsanleihen, wie in den Vereinigten Staaten von Amerika, lässt sich insoweit in der Europäischen Union nicht ausfindig machen. Somit müssen Lösungsansätze gefunden werden, um die derzeitigen Regelungen der Investitionspolitik für zentrale Gegenparteien zu stärken. Insbesondere stellt sich für den Bereich der Marktinfrastruktur die Herausforderung, wie entsprechende Anforderungen und Schlussfolgerungen für zentrale Gegenparteien gezogen werden können. Anknüpfungspunkte bietet zunächst die *Normsetzungsebene*, um einheitliche Standards sicherzustellen. Diese

---

1522 *Rudolph*, Vergebliche Regulierungsmüh?, BB 2011 I, (I); *Thießen/Zeranski*, Damoklesschwert der Staatsverschuldung und die Folgen für die Bankensteuerung, Kreditwesen 2011, 120 (122); *Lüttringhaus*, Die risikolose Welt der Staatsanleihen unter Solvency II und Basel III, EuZW 2012, 321 (322); *Kerstin*, Combating the Financial Crisis, Tex. Int'l L.J. 48:2 (2013), 270 (312).

beziehen sich insbesondere auf die Delegierte Verordnung (EU) Nr.153/2013, die die Anlagepolitik einer zentralen Gegenpartei unter EMIR konkretisiert. Andererseits ist es vielversprechend, auf Ebene der *Normdurchsetzung* ein Instrument zu entwickeln, mit dessen Hilfe in Ausnahmesituationen die Investitionspolitik zentraler Kontrahenten in öffentliche Schuldtitel gesteuert werden kann.

§3 Zusammenfassung

Die rechtsvergleichende Analyse offenbart eine *Diskrepanz* zwischen den US-amerikanischen Vorschriften und dem Regelungsregime der Europäischen Union. Während die US-amerikanische *CFTC* zentralen Kontrahenten die Investition in ausländische öffentliche Schuldtitel verbietet, lässt sich eine solche Regelung auf europäischer Ebene unter EMIR nicht ausfindig machen. Vielmehr werden dort öffentliche Schuldtitel als Anlageform bevorzugt. Dementsprechend können insbesondere Titel, die von einer Regierung emittiert oder garantiert werden, als mit einem minimalem Markt- und Kreditrisiko angesehen werden. Auch im *Banken-* und *Versicherungssektor* werden Staatsanleihen auf zahlreiche Art privilegiert. Ebenso soll im Bereich der *betrieblichen Altersvorsorge* eine Besserstellung vorgenommen werden. Folglich werden wichtige volkswirtschaftliche Bereiche mit dem Staat *verflochten*.

Hierdurch wird ein regulatorisches Umfeld geschaffen, das mit den *tatsächlichen ökonomischen Rahmenbedingungen* innerhalb der Europäischen Union und der Eurozone nicht in Einklang steht. Nach wie vor sind die *Schuldenstandquoten* einzelner Mitgliedsstaaten der Europäischen Union signifikant über den Richtwerten des Stabilitäts- und Wachstumspakts. Nahezu alle Mitgliedsstaaten wiesen im letzten Jahr *Defizite* in ihren Haushalten auf, die im Durchschnitt über den Maastrichtkriterien liegen. Allerdings fällt die Höhe der Defizitquoten der Staaten durchaus unterschiedlich aus. Zudem sind die Anreize zu einer soliden und nachhaltigen *Haushaltspolitik* gering, wozu unter anderem die Intervention der *EZB* auf den Kapitalmärkten beiträgt. Trotz der Anstrengungen im Zusammenhang mit der Finanz- und Staatsschuldenkrise bestehen *signifikante volkswirtschaftliche Unterschiede* und *strukturelle Probleme* innerhalb der Europäischen Union nach wie vor fort. Eine Vereinheitlichung unterschiedlich hoher Risiken birgt jedoch, wie bereits die Finanzkrise offenbarte, ein *erhebliches Gefahrpotential*.

Die Wissenschaft erkennt den grundsätzlichen Handlungsbedarf, lässt dem Banken- und Versicherungssektor jedoch die größte Aufmerksamkeit zu Teil werden. Für *zentrale Gegenparteien* müssen allerdings gleichsam Lösungsansätze gefunden werden. Dies ist umso wichtiger, als sie in mehrfacher Hinsicht *systemrelevant* sind und ihrer *Kapitalerhaltung* daher besondere Bedeutung zukommt. Als Anknüpfungspunkt bietet sich die *Investitionspolitik* einer zentralen Gegenpartei an, wobei die gewonnenen *Erkenntnisse aus dem Rechtsvergleich* einfließen sollen. Optimierungspotentiale ergeben sich zunächst auf *Normsetzungsebene*. Zusätzlich sollte auf *Normdurchsetzungsebene* ein Instrument angestrebt werden, das die Investition einer zentralen Gegenpartei in öffentliche Schuldtitel steuern kann. Beide Aspekte werden in den folgenden Abschnitten näher analysiert.

Abschnitt 3 – Normsetzungsebene

In diesem Abschnitt sollen Möglichkeiten untersucht werden, wie die gegenwärtigen Regelungen der Investitionspolitik einer zentralen Gegenpartei gestärkt werden können. Dies bertifft in erster Linie die Delegierte Verordnung (EU) Nr.153/2013, die diesbezügliche Vorschriften enthält. Vor dem Hintergrund der gewonnen Erkenntnisse aus dem vorherigen Abschnitt soll zunächst auf die Notwendigkeit der *Differenzierung* zwischen einzelnen *Emittenten* öffentlicher Schuldtitel eingegangen werden. Diese Unterscheidung konzentriert sich auf die Mitgliedsstaaten der Eurozone. Daneben werden Kriterien angeführt, die vom europäischen Verordnungsgeber zur Unterscheidung dieser Emittenten vorgegeben werden sollten, um einen einheitlichen Mindestrahmen zu gewährleisten. Anschließend wird unter *produktspezifischen Aspekten* die in der Delegierten Verordnung (EU) Nr.153/2013 enthaltene Laufzeitenregelung von Portfolios an öffentlichen Schuldtiteln untersucht.

§1 Differenzierung zwischen Emittenten

In diesem Teil steht die Regelung in Anhang II Ziff.1 lit.a) Delegierte Verordnung (EU) Nr.153/2013 im Vordergrund. Zunächst sollen grundsätzliche Erwägungen angeführt werden, die die derzeitige Ausgestaltung kritisch hinterfragen, woraufhin sich die Untersuchung der Vorgaben und des Maßstabs einer potentiellen Unterscheidung anschließt. Daraufhin werden in den angesprochenen Bereichen Verbesserungsvorschläge ausgearbeitet.

A. Grundsätzliches

Zu Beginn muss dem Umstand Rechnung getragen werden, dass der Kapitalmarkt die Risiken einzelner Länder und insbesondere Staaten der Eurozone seit Ausbruch der Krise verstärkt und unterschiedlich bewertet. Besonders deutlich wird dies unter Heranziehung der Renditedifferenzen längerfristiger Staatsanleihen für den Euroraum. Nach der Einführung des Euro näherten sich diese stark an, sodass die Differenz zwischen deutschen und anderen Schuldtiteln – mit Ausnahme Griechenlands – lediglich 25 Basispunkte betrug.[1523] Seit dem Ausbruch der Finanzkrise und dem Übergehen zu einer Staatschuldenkrise schlugen die Renditedifferenzen jedoch bis 2011 deutlich aus. Grundsätzlich erhöhen sich die Renditedifferenzen für Staatsanleihen, wenn das Vertrauen der Kapitalmärkte in die Anlage sinkt und ein höheres Risiko eingepreist wird. Bei der Analyse der Renditen der Staatsanleihen der Eurozone kann die Erkenntnis gewonnen werden, dass die Differenzen erst seit dem Übergang in nationale Staatsschuldenkrisen und den damit verbundenen besonderen Herausforderungen innerhalb der Eurozone in deutlichem Maße zugenommen haben. Daher wird in der Wissenschaft zu Recht darauf verwiesen, dass das Kreditrisiko eines Landes seitdem in gesteigerter Weise berücksichtigt wird.[1524]

Obwohl die Renditedifferenzen in jüngerer Zeit abnahmen, bestehen die eigentlichen Ursachen weiterhin fort, sodass es in Zukunft nicht ausgeschlossen ist, dass es zu abermaligen Anspannungen bei den Renditen für Staatsanleihen kommen wird. Insbesondere der Schuldenschnitt in Griechenland und die neuen Vertragsklauseln für Staatsanleihen des Euroraumes[1525] legen den Schluss nahe, dass das Kreditrisiko in Krisenzeiten abermals an Bedeutung gewinnen wird. Folglich muss eine möglichst adäquate Bewertung erfolgen, um ein minimales Markt- und Kreditrisiko des Emittenten zu ermitteln.

I. Die Einbindung der CCP in den Bewertungsprozess

Da Anhang II Ziff.1 lit.a) Delegierte Verordnung (EU) Nr.153/2013 in seiner Wertung öffentliche Schuldtitel generell als mit einem minimalen Markt- und Kreditrisiko behaftet ansieht[1526], ist es zwingend erforderlich, dass eine emittentenspezifische Differenzierung erfolgt. Sofern die Ansicht vertreten wird, dass eine solche Unterscheidung bereits in Anhang II Ziff.1 lit.b) Delegierte Verordnung (EU) Nr.153/2013 festgeschrieben wird, da die *CCP* nachweisen muss, dass ein Finanzinstrument ein geringes Markt- und Kreditirisko aufweist, so muss diese Übertragung der Bewertungsbefugnis dennoch kritisch beleuchtet werden. Aus regulatorischer Sicht ist es grundsätzlich problematisch, wenn systemrelevante Marktteilnehmer zunächst selbst entscheiden, ob eine Anlage über ein geringes Markt- und Kreditrisiko verfügt. Insoweit sprechen gewichtige Gründe dafür, dass

1523 *Sachverständigenrat*, Jahresgutachten 2012/2013, S.67.

1524 *Deutsche Bundesbank*, Renditedifferenzen von Staatsanleihen im Euro-Raum, S.29.

1525 Siehe Kapitel 3, Abschnitt 3, §2.

1526 Siehe Kapitel 3, Abschnitt 2, §2, Unterpunkt A.

der europäische Verordnungsgeber vorgeben sollte, welche konkreten Finanzinstrumente mit einem minimalen Kreditrisiko behaftet sind. Art.47 Abs.8 EMIR verlangt, dass *ESMA* Entwürfe für technische Regulierungsstandards erarbeitet, in denen die Einzelheiten *festgelegt* werden, die Finanzinstrumente als hochliquide kennzeichnen und als mit einem minimalen Markt- und Kreditrisiko behaftet charakterisieren, um eine *einheitliche* Anwendung des Artikels zu gewährleisten. In den Entwürfen der technischen Regulierungsstandards hat sich *ESMA* dafür entschieden, eine Nachweispflicht bei den einzelnen zentralen Kontrahenten anzusiedeln. Dies kann zu unterschiedlichen Beurteilungen führen, was die einheitliche Anwendung der Vorgaben der Verordnung in Frage stellt. Außerdem ist eine *CCP* in der Bewertungsmethodik grundsätzlich frei. Zwar verfügen die etablierten zentralen Gegenparteien bereits über Erfahrung und ausgefeilte Risikobewertungsmechanismen und sie investieren außerdem nach eigenen Angaben nur in hochliquide Finanzinstrumente mit einem geringen Markt- und Kreditrisiko.[1527] Andererseits könnte die bestehende Wettbewerbssituation zwischen den zentralen Knotenpunkten Anreize setzen, eine begünstigende Berechnung anzustellen, die im Zweifel der Nachweispflicht genügte. Für die Investitionspolitik der *CCPs* könnte dieses Vorgehen zu ertrags-, wenngleich risikoreicheren Anlagen führen. Insoweit sprechen gewichtige Argumente dafür, dass der europäische Verordnungsgeber selbst hätte eine Differenzierung vornehmen sollen.

II. Oberflächliche Vorgaben, niedriger Maßstab

Anhang II Ziff.1 lit.b) Delegierte Verordnung (EU) Nr.153/2013 schreibt außerdem vor, dass die *CCP* bei der Bewertung für das geringe Markt- und Kreditrisiko des öffentlichen Schuldtitels eine definierte und objektive Methodik verwenden muss, die nicht vollständig auf externen Stellungnahmen basieren darf.

Diese oberflächlichen Anforderungen sind jedoch nicht unproblematisch. Bereits in der Konsultationsphase lösten die allgemein gehaltenen Anforderungen unter den Marktteilnehmern vereinzelt Unsicherheit aus. Insbesondere wurde darauf hingewiesen, dass das Kriterium des geringen Kreditrisikos zu vage sei und daher ein Rückgriff auf ein Investmentgrade von mindestens einer internationalen Ratingagentur zu bevorzugen sei.[1528] Selbst Empfehlungen zu Vorgaben

---

1527 *Anmerkung*: Dies gilt beispielsweise für die *Eurex Clearing AG* (vgl. *Eurex Clearing AG*, Anlagepolitik, abrufbar unter http://www.eurexclearing.com/clearing-de/sicherheitenmanagement/anlagepolitik/).

1528 *Siemens*, ESMA Discussion Paper 2012/95 on OTC Derivatives – Feedback of Siemens AG, 19.03.2012, S.8, abrufbar unter http://www.esma.europa.eu/system/files/2012_03_19_siemens_feedback_on_esma_otc_dp.pdf.

an einen Mindestrahmen für die Kreditqualität wurde durch *ESMA* eine Absage erteilt, unter Hinweis, es sei eine angemessene Balance zwischen Spezifizierungen und Flexibilität gewählt worden.[1529] Dieser Auffassung kann jedoch aus den vorher dargelegten Gründen nicht zugestimmt werden.

Anhang II Ziff.1 lit.b) Delegierte Verordnung (EU) Nr.153/2013 gestattet der zentralen Gegenpartei für die Bewertung der Investitionen zudem den Rückgriff auf externe Stellungnahmen, worunter auch Ratings fallen dürften. Nach wie vor verlassen sich zentrale Kontrahenten auf die Urteile von Ratingagenturen. Zwar soll die interne Bewertungsmethodik nicht vollständig auf diesen Einschätzungen beruhen, aus diesem Umstand kann jedoch nicht gefolgert werden, dass Ratings zukünftig keine herausragende Rolle spielen werden. Aus den Erfahrungen der Finanzkrise sollte sich aber richtigerweise ein geringeres Vertrauen in diese Ratings etablieren.[1530] Außerdem stellen sich nach wie vor Fragen nach der Legitimation und Kontrolle dieser Agenturen.[1531] Darüberhinaus hat das *Financial Stability Board* im Jahr 2010 Grundsätze erlassen, wonach diesen Bewertungen insbesondere in Regulierungen auf dem Kapitalmarkt und in der Wirtschaft weniger Gewicht zukommen solle.[1532] Auf europäischer Ebene wurden hier bereits erste Schritte ergriffen.[1533] Durch den Rückgriff auf externe Stellungnahmen im Rahmen von EMIR werden somit die diesbezüglichen internationalen Reformbestrebungen erschwert.

Letztlich sind die methodischen Anforderungen für die Bewertung einer Investition im Vergleich zum Sicherheitenmanagement geringer. Im Gegensatz zu Anhang I Abschnitt 1 lit.a) Delegierte Verordnung (EU) Nr.153/2013 muss eine *CCP* gem. Anhang II Ziff.1 lit.b) Delegierte Verordnung (EU) Nr.153/2013 keine *angemessene* interne Bewertung ihrer Investitionen vornehmen, denn in den

---

1529 *ESMA*, Final Report, Ziff.244, abrufbar unter http://www.esma.europa.eu/system/files/2012-600_0.pdf.

1530 *Gaillard*, What Is the Value of Sovereign Ratings?, GER 15 (1), 208 (223); *Heun*, Finanzaufsicht im Wandel, JZ 2012, 235 (242).

1531 *Siehe hierzu: Heun*, Finanzaufsicht im Wandel, JZ 2012, 235 (242).

1532 *FSB*, Principles for Reducing Reliance on CRA Ratings, abrufbar unter http://www.financialstabilityboard.org/publications/r_101027.pdf.

1533 Richtlinie 2013/14/EU des Europäischen Parlaments und des Rates vom 21.05.2013 zur Änderung der Richtlinie 2003/41/EG über die Tätigkeiten und die Beaufsichtigung von Einrichtungen der betrieblichen Altersvorsorge, der Richtlinie 2009/65/EG zur Koordinierung der Rechts- und Verwaltungsvorschriften betreffend bestimmte Organismen für gemeinsame Anlagen in Wertpapieren (OGAW) und der Richtlinie 2011/61/EU über die Verwalter alternativer Investmentfonds im Hinblick auf übermäßigen Rückgriff auf Ratings, Abl. EU vom 31.05.2013, Nr.L 145/1.

ersten Entwürfen wurde noch von einem *hohen Grad an Sicherheit* gesprochen (*high degrees of confidence*), mit der diese Analysen zu erfolgen haben und es wurde im Diskussionspapier noch ein direkter Bezug zu dem Emittenten hergestellt. In der finalen Version sind diese Bedingungen allerdings nicht mehr vorhanden.[1534] Durch die Streichung dieser Vorgaben wurde daher die Qualität der Rahmenbedingungen herabgesetzt. Dies verstärkt den Effekt einer möglichen unterschiedlichen Bewertung der Markt- und Kreditrisiken durch die zenrale Gegenpartei und arbeitet einer effektiven Kontrolle entgegen.

B. Schlussfolgerungen

Aus den oben genannten Gründen ist Anhang II Ziff.1 Delegierte Verordnung (EU) Nr.153/2013 in mehrfacher Hinsicht zu reformieren. Dies betrifft zunächst die Anforderungen an die Qualität der Nachweispflicht. Im Hinblick auf öffentliche Schuldtitel sollte der europäische Verordnungsgeber ein Portfolio an Fundamentalfaktoren für die Differenzierung zwischen Emittenten der Eurozone vorgeben, um einen einheitlichen Mindestrahmen sicherzustellen.

I. Erhöhung der Qualität der Nachweispflicht

Zunächst muss die bereits oben darglegte Grundannahme der Delegierten Verordnung hinterfragt werden, wonach insbesondere Schuldtitel öffentlicher Emittenten mit einem minimalem Markt- und Kreditirisko versehen seien. Vielmehr musss eine Differenzierung zwischen einzelnen Emittenten angestrebt werden, die sich nicht auf die Beurteilung eines geringen Markt- und Kreditrisikos beschränken sollte.

Möchte man die grundsätzliche Bewertungshoheit einer zentralen Gegenpartei trotz der angeführten Kritik nicht antasten, so ergeben sich nachfolgende regulatorische Konsequenzen. Zuerst ist es vorzugswürdig, auf den im Diskussionspapier bereits angedachten Beurteilungsmaßstab zurückzugreifen. Folglich sollte eine zentrale Gegenpartei mit einem *hohen Maß an Sicherheit* die minimale Kreditqualität des Emittenten nachweisen. Hierdurch würde zumindest eine voreilige oder oberflächliche Bewertung vermieden werden. Des Weiteren sollte im Einklang mit dem Sicherheitenmanagement einer *CCP* klargestellt werden, dass dies aufgrund einer *angemessenen* Methodik zu erfolgen habe. Durch beide Anforderungen kann die Nachweispflicht in qualitativer Hinsicht aufgewertet werden.

1534 *ESMA*, Discussion Paper, 16.02.2012, S.37: *"(...) (vii) have been issued or are explicitly guaranteed by: a) a government of a country that the CCP can demonstrate with a high degree of confidence that it has a low credit risk; (...)".*

II. Mindestrahmen an Fundamentalfaktoren zur Differenzierung

Es ist empfehlenswert, zumindest eine Reihe *objektiver Faktoren* in Anhang II Ziff.1 Delegierte Verordnung (EU) Nr.153/2013 *vorzugeben*, die bei der Beurteilung öffentlicher Schuldtitel des Euroraums als Investitionsmöglichkeit von der zentralen Gegenpartei zu berücksichtigen sind. In regulatorischer Hinsicht wird so die Nachweispflicht der *CCP* in einen *Mindestrahmen* eingebettet, der für alle Beteiligten zu mehr Rechtsklarheit führt. Oberflächliche Vorgaben können dadurch ebenfalls verringert werden und insoweit eine in den Grundfaktoren europaweit einheitliche, interne Bewertung geschaffen werden. Als weitere Konsequenz würde der Einfluss von Ratings abnehmen, was mit den internationalen Bestrebungen in Einklang steht. Gleichzeitig wären die jeweiligen zentralen Gegenparteien insoweit frei, als sie weitere Faktoren hinzuziehen können, die sie für relevant erachten. Diese sollten dann *ESMA* aufgezeigt und durch die *CCP* begründet werden.

In diesem Zusammenhang ist der Frage nachzugehen, welche Faktoren im Rahmen der internen Bewertung vorgeben werden sollten, um eine Unterscheidung öffentlicher Emittenten der Eurozone vornehmen zu können. Den Ausgangspunkt für die Differenzierung einzelner staatlicher Emittenten bildet die Frage, wie sich die „*Tragfähigkeit*“[1535] ihrer öffentlichen Schulden in einem Gesamtbild darstellt und zu bewerten ist. Hieraus folgt, dass auf ein Portfolio an *Fundamentalfaktoren* zurückgegriffen und in der Regulierung verankert werden sollte. Die Regulierung über Basisfaktoren hat den Vorteil, dass objektive Bewertungsmaßstäbe zugrunde gelegt und somit eine willkürliche Interpretation vermieden werden kann. Stimmen in der volkswirtschaftlichen Literatur betonen, dass der Einfluss dieser Daten bei der Bewertung von Risiken einzelner Länder seit der Krise stark zugenommen hat.[1536] Dies wird zudem durch neuere empirische Untersuchungen, beispielsweise von *Bernoth* und *Erdogan*[1537], unterstützt. Ein Vergleich mit anderen regulierungsbedürftigen Bereichen zeigt, dass auch hier der Rückgriff auf Fundamentaldaten an Bedeutung gewinnt. So stellt *Rudolph* beispielsweise in der Diskussion einer stärkeren Eigenkapitalunterlegung

1535 *Sachverständigenrat*, Jahresgutachten 2013/2014, S.126.

1536 *Deutsche Bundesbank*, Renditedifferenzen von Staatsanleihen im Euro-Raum, S.43; *Sachverständigenrat*, Jahresgutachten 2013/2014, S.119.

1537 *Bernoth/Erdogan*, Sovereign Bond Yield Spreads, J Int Money Financ. 31 (2012), 639 (657), abrufbar unter https://www.diw.de/documents/publikationen/73/diw_01.c.363931.de/dp1078.pdf: “*Thus, only after the outbreak of the crisis did financial markets begin to perceive budget deficits and to punish national financial loosening.*”

bei Banken im Zusammenhang mit Staatsanleihen allgemein auf „fundamentale Daten“ ab.[1538]

Zwingend sollten die jeweiligen öffentlichen Schuldenstandquoten sowie das jährliche Haushaltsdefizit als Basisfaktoren herangezogen werden, da diese wesentliche Elemente für die Beurteilung des Kreditrisikos eines Emittenten bilden. Außerdem sollten die jährlichen Wachstumsraten des BIP und die aktuelle Erwerbstätigenquote in die Bewertung einfließen, da hieraus wertvolle Erkenntnisse über die Entwicklung der Wirtschaftsleistung eines Landes gewonnen werden können. Des Weiteren sollten die Daten der jeweiligen Leistungsbilanzen und die Höhe der Lohnstückkosten berücksichtigt werden, weil diese Indikatoren für die Wettbewerbsfähigkeit eines Landes darstellen. Dem erstgenannten Faktor wird innerhalb der Eurozone auf regulatorischer Ebene insofern eine größere Bedeutung zukommen, als fortbestehende makroökonomische Ungleichgewichte – sowohl positive als auch negative – nunmehr sanktioniert werden können.[1539] Zudem sollten die jeweiligen Inflationserwartungen beachtet werden.[1540] Nicht zu vernachlässigen sind zudem Faktoren, die die finanzielle Stabilität eines Staates in Zukunft vermehrt herausfordern werden. In der Eurozone gilt dies insbesondere für den demographischen Wandel.[1541] So sollten beispielsweise die Projektionen für die Verpflichtungen der Renten- und Pensionsausgaben in die Bewertung einfließen.

1538 *Rudolph*, Vergebliche Regulierungsmüh? BB 2011, I (I).

1539 Verordnung (EU) Nr.1176/2011 des Europäischen Parlaments und des Rates vom 16.11.2011 über die Vermeidung und Korrektur makroökonomischer Ungleichgewichte, Abl.EU vom 23.11.2011, Nr.L 306/25; Verordnung (EU) Nr.1174/2011 des Europäischen Parlaments und des Rates vom 16.11.2011 über Durchsetzungsmaßnahmen zur Korrektur übermäßiger makroökonomischer Ungleichgewichte im Euro-Währungsgebiet, Abl.EU vom 23.11.2011, Nr.L 306/8.

1540 *Anmerkung*: Im Diskussionspapier zu den Entwürfen der technischen Regulierungsstandards war vorgesehen, dass eine *CCP* das Inflationsrisiko einer Investition nachweisen müsse (vgl. *ESMA*, Discussion Paper, 16.02.2012, S.36). Anschließend strich *ESMA* jedoch dieses Kriterium, da dieses Risiko für eine zentrale Gegenpartei schwer zu messen sei und die Werthaltigkeit des Schuldtitels durch Überwachung des Marktrisikos und der Volatilität abgedeckt werde (vgl. *ESMA*, Final Report, Ziff.247, abrufbar unter http://www.esma.europa.eu/system/files/2012-600_0.pdf).

1541 *Anmerkung*: Für die deutsche Dimension der Tragfähigkeit im Hinblick auf den demographischen Wandel siehe zum Beispiel: *Sachverständigenrat*, Jahresgutachten 2014/2015, S.299f.

§2 Durchschnittliche Restlaufzeit des Portfolios

Lohnenswert ist auch die Untersuchung der Regelung in Anhang II Ziff.1 lit.c) Delegierte Verordnung (EU) Nr.153/2013, die sich mit der Laufzeit der Investitionen auseinandersetzt. Hiernach darf die durchschnittliche Restlaufzeit des Portfolios einer *CCP* zwei Jahre nicht übersteigen. Das primäre Ziel dieser regulatorischen Festlegung ist gem. Erwägungsgrund Nr.45 Delegierte Verordnung (EU) Nr.153/2013 in der *Kapitalerhaltung* und *Liquiditätsmaximierung* zu sehen. Die vorgegebene Grenze von zwei Jahren birgt jedoch Risiken für die formulierten Ziele, die in Krisenzeiten zu weiteren Verlusten bei einer zentralen Gegenpartei führen können.

Unter Kapitalerhaltungsgesichtspunkten birgt eine durchschnittliche Restlaufzeit von zwei Jahren das Risiko, das vermehrt in längerfristige Schuldtitel investiert wird. Mit steigenden Laufzeiten gestaltet sich die Vorhersage der beabsichtigten Rendite und der Entwicklung des Wertes grundsätzlich schwieriger. Insofern könnten nicht vorhersehbare Schwierigkeiten beim Emittenten entstehen, die sich negativ auf das finanzielle Engagement der zentralen Gegenpartei auswirken können.

Zudem weisen längerfristige öffentliche Schuldtitel der Eurozone neuerdings spezielle vertragliche Elemente in Form von Umschuldungsklauseln auf, die im Ernstfall zu finanziellen Verlusten bei Gläubigern führen können. Noch 2009 waren Umschuldungsklauseln in Deutschland für Staatsanleihen des Bundes, eines Sondervermögens des Bundes oder einer Gemeinde per Gesetz explizit ausgeschlossen worden.[1542] Dies wurde vom deutschen Gesetzgeber damit begründet, dass die Änderung der Anleihebedingungen während der Laufzeit nicht geändert werden müssten, da die Emittenten nicht insolvenzfähig seien.[1543] Gleiches galt für die von der öffentlichen Hand garantierten Schuldverschreibungen wie beispielsweise solche des *EFSF*. Seit 2013 enthalten emittierte Staatsschuldentitel des Euro-Währungsgebietes mit einer Laufzeit über einem Jahr sogenannte *Collective Action Clauses* (Art.12 Abs.3 ESM-Vertrag). Diese Umschuldungsklauseln wurden bemerkenswerterweise durch den *ESM*-Vertrag[1544] eingeführt und nicht durch andere gesetzliche Grundlagen, um ein „*level playing*

1542 §1 Abs.2 SchVG a.F.

1543 BT-Drs.16/12814, S.16.

1544 *Anmerkung*: Siehe hierzu: ESM-Vertrag, abrufbar unter http://www.bundesfinanzministerium.de/Content/DE/Standardartikel/Themen/Europa/Stabilisierung_des_Euro/Finanzhilfemechanismen/2012-01-27-esm-anl.pdf?__blob=publicationFile&.

field"[1545] für Staatsanleihen in der Eurozone zu errichten. Zweck dieses Instrument ist es, den Restrukturierungsprozess von Anleihen zu begünstigen und finanzielle Konditionen zu ändern. Um sogenannten *Hold-Outs* und Trittbrettfahrern zu begegnen, werden Klagemöglichkeiten eingeschränkt und Abstimmungen innerhalb der Gläubiger durch Mehrheitsbeschlüsse erleichtert. Eine bindende Mehrheit könnte zudem über eine Anleiheemission hinaus durch sogenannte Aggregationsklauseln (*Super Collective Action Clauses*) geschehen, um ein „schlankes und flexibles Umschuldungs- und Insolvenzregime auf vertraglicher Basis" zu garantieren.[1546] Theoretisch könnte daher eine zentrale Gegenpartei, die in betroffene Instrumente investiert hat, gegen ihren Willen einem Schuldenschnitt unterworfen werden, der zu finanziellen Verlusten führt. Solche Risiken sollte eine *CCP* minimieren, indem sie möglichst in kurzfristige Anleihen mit einer Laufzeit unter einem Jahr investiert.

Auch unter Liquiditätsgesichtspunkten ist es nicht nachzuvollziehen, dass Instrumente mit einer Laufzeit von zwei Jahren einem geringeren Risiko unterworfen sein sollen. Insofern ist der Argumentation zuzustimmen, wonach auch Instrumente mit Zweijahreslaufzeiten illiquide sein können.[1547] Andererseits wurde während der Konsultationsphase argumentiert, dass die Mehrheit der ausgegebenen Schuldtitel eine höhere Laufzeit als zwei Jahre besäße.[1548] Dies deckt sich mit den Bestrebungen des Europäischen Rates, wonach die EU-Mitgliedsstaaten mittelfristig das Gewicht auf längere Laufzeiten richten sollen, um somit eine Refinanzierung in Stressphasen zu erleichtern[1549], denn durch längere Laufzeiten sinke die Gefahr, große Volumina während einer Finanzmarktkrise refinanzieren

---

1545 *Sester*, Beteiligung von privaten Investoren an der Umschuldung von Staatsanleihen im Rahmen des European Stability Mechanism (ESM), WM 2011, 1057 (1064).

1546 *Sester*, Beteiligung von privaten Investoren an der Umschuldung von Staatsanleihen im Rahmen des European Stability Mechanism (ESM), WM 2011, 1057 (1064).

1547 *International Swaps and Derivatives Association, Association for Financial Markets in Europe, British Bankers' Association, Assossim*, Response to ESMA Consultation Paper and Draft Technical Standards for the Regulation on OTC-Derivatives, CCPs and Trade Repositories, 05.08.2012, S.70, abrufbar unter http://www.esma.europa.eu/system/files/isdaafmebbaassosim_to_esma_emir_otcccptrs_final_5_august_0.pdf.

1548 *European Association of CCP Clearing Houses*, Stellungnahme vom 05.08.2012, S.21 abrufbar unter http://www.esma.europa.eu/system/files/each_response_to_esma_cp379_1.pdf.

1549 Europäischer Rat, EUCO30/1/10, 25.01.2011, S.9, abrufbar unter http://www.consilium.europa.eu/uedocs/cms_data/docs/pressdata/de/ec/118604.pdf.

zu müssen.[1550] Sollte das Angebot an kurzfristigen Schuldverschreibungen wirklich derart sinken, könnte sich die Marktiefe und -breite möglicherweise verringern. Dies ist jedoch bisher nicht zu erkennen.

Vieles spricht deshalb gerade unter Kapitalerhaltungsgesichtspunkten dafür, die durchschnittliche Restlaufzeit für Portfolios öffentlicher Schuldtitel der Eurozone *herabzusetzen*. Es empfiehlt sich aus den oben dargestellten überzeugenden Gründen, diese auf ein Jahr zu halbieren. Auch hierdurch würde eine europäisch einheitliche Regelung festgeschrieben, die eine zentrale Gegenpartei anhält, bevorzugt in sichere Finanzinstrumente mit kürzeren Laufzeiten zu investieren, wodurch ihre Kapitalerhaltung und Liquiditätsplanung gestärkt werden würde. Dies deckt sich mit Stimmen während des Konsultationsverfahrens, die ähnliche Anregungen gaben.[1551] Dem könnte entgegengehalten werden, dass die zentrale Gegenpartei ein Wirtschaftsunternehmen darstelle, das auch zur Erzielung einer gewissen Rendite angehalten sei.[1552] Da die *CCP* zudem Gewinne aus ihrer Investitionspolitik teilweise an ihre Mitglieder auskehrt, könnte die hier vorgeschlagene Reform den Interessen aller Beteiligten zuwiderlaufen. Dies würde im Gegensatz zu Erwägungsgrund Nr.45 Verordnung (EU) Nr.153/2013 stehen, wonach die Anlagepolitik gewährleisten sollte, nicht den Geschäftsinteressen der *CCP* zuwiderzulaufen. Allerdings vermag diese Ansicht nicht zu überzeugen, da die Anlagepolitik einer zentralen Gegenpartei nicht als Geschäftsfeld fungieren und einen etwaigen Gewinn maximieren soll. Dieser Gedanke entspricht ursprünglichen Entwürfen der technischen Regulierungsstandards von *ESMA*, wonach Instrumente nicht als hochliquide gelten sollten, obwohl sie die grundsätzlichen Voraussetzungen erfüllen, wenn sie mit dem primären Ziel der Gewinnsteigerung oder Profitmaximierung abgeschlossen wurden.[1553] Während des Konsultationsverfahrens stieß diese

---

1550 *EFC*, Collective Action Clauses, S.1, abrufbar unter http://europa.eu/efc/sub_committee/pdf/explanatory_note_draft_on_the_model_cac_-_26_july.pdf.

1551 *International Swaps and Derivatives Association, Association for Financial Markets in Europe, British Bankers' Association, Assossim*, Response to ESMA Consultation Paper and Draft Technical Standards for the Regulation on OTC-Derivatives, CCPs and Trade Repositories, 05.08.2012, S.70, abrufbar unter http://www.esma.europa.eu/system/files/isdaafmebbaassosim_to_esma_emir_otcccptrs_final_5_august_0.pdf.

1552 *European Association of CCP Clearing Houses*, Stellungnahme vom 05.08.2012, S.21 abrufbar unter http://www.esma.europa.eu/system/files/each_response_to_esma_cp379_1.pdf.

1553 *ESMA*, Consultation Paper, 25.06.2012, S.116: "*Notwithstanding paragraph 1 financial instruments shall not be considered highly liquid, bearing minimal credit and market risk for the purpose of Article 47(1) of Regulation (EU) No xx/xxxx [EMIR], if a CCP invests in them with the primary aim of increasing return or maximise profit.*"

Passage jedoch auf heftige Kritik seitens der Unternehmen und wurde am Ende gelöscht. Sicherlich war die Argumentation der Gegner insofern schlüssig, als die beabsichtigte Profitmaximierung eines zentralen Kontrahenten nichts darüber aussagt, ob ein Instrument hochliquide sei.[1554] Dennoch verdeutlicht Erwägungsgrund Nr.45 Delegierte Verordnung (EU) Nr.153/2013, dass der Verordnungsgeber die Geschäftsinteressen einer zentralen Gegepartei im Vergleich zur Kapitalerhaltung und Liquiditätsmaximierung als nachrangig ansieht. Abgesehen davon bliebe es beim vorgeschlagenen Ansatz der zentralen Gegenpartei unbenommen, in Instrumente mit längerer Laufzeit zu investieren, sofern der Durchschnittswert der Restlaufzeit des Anlageportfolios von einem Jahr nicht überschritten würde. Somit wäre durch die vorgeschlagene Regelung einer Herabsetzung der durchschnittlichen Restlaufzeit eines Portfolios ein angemessener Ausgleich zwischen den Renditeinteressen einer *CCP* und dem allgemeinen Interesse einer soliden Kapitalerhaltung gefunden.

§3 Zusammenfassung

Die Normsetzungsebene bietet verschiedene Ankäpfungspunkte, um die Kapitalerhaltung einer zentralen Gegenpartei zu optimieren. Vor diesem Hintergrund können die derzeitigen Regelungen zur Investitionspolitik in öffentliche Schuldtitel der Eurozone in mehrfacher Hinsicht verbessert werden. Der Unionsgesetzgeber sollte zunächst in Anhang II Ziff.1 lit.a) Delegierte Verordnung (EU) Nr.153/2013 einen *Mindestrahmen an Fundamentalfaktoren* vorgeben, den eine zentrale Gegenpartei zur *Differenzierung* von Emittenten öffentlicher Schuldtitel der Eurozone heranziehen muss. Der Maßstab sollte sich danach richten, wie die „Tragfähigkeit" der öffentlichen Schuldenlast zu beurteilen ist, sodass insbesondere die *öffentliche Schuldenstandquote* und das *jährliche Haushaltsdefizit* Berücksichtigung finden sollten. Ebenso sinnvoll ist es, zukünftig wichtiger werdende Faktoren wie beispielsweise Projektionen für die Verpflichtungen der *Renten- und Pensionsausgaben* anzuführen. Zudem ist es empfehlenswert, die *Qualität der Nachweispflicht* regulatorisch zu *erhöhen*. In Anhang II Ziff.1 lit.c) Delegierte Verordnung (EU) Nr.153/2013 sollte die *durchschnittliche Restlaufzeit eines Portfolios* für öffentliche Schuldtitel der Eurozone *herabgesetzt* werden. So

1554 *International Swaps and Derivatives Association, Association for Financial Markets in Europe, British Bankers' Association, Assossim*, Response to ESMA Consultation Paper and Draft Technical Standards for the Regulation on OTC-Derivatives, CCPs and Trade Repositories, 05.08.2012, S.71, abrufbar unter http://www.esma.europa.eu/system/files/isdaafmebbaassosim_to_esma_emir_otcccptrs_final_5_august_0.pdf.

kann dem Umstand Rechnung getragen werden, dass öffentliche Schuldtitel mit einer Laufzeit über einem Jahr zukünftig erhebliche neue Risiken bergen und das primäre Ziel einer zentralen Gegenpartei nach den Grundsätzen der Delegierten Verordnung (EU) Nr.153/2013 in der Kapitalerhaltung und Liquiditätsmaximierung liegen muss.

Abschnitt 4 – Normduchsetzungsebene

Die Reformvorschläge auf der Normsetzungsebene sollten durch instrumentelle Weiterentwicklungen auf der Normdurchsetzungsebene flankiert werden. Daher soll in diesem Abschnitt untersucht werden, ob und wie ein Instrument für die Steuerung von Investitionen zentraler Gegenparteien in öffentliche Schuldtitel entwickelt werden kann. Am Anfang sollen Vorüberlegungen das zu entwickelnde Instrument von dem Investitionsverbot einer zentralen Gegenpartei in ausländische öffentliche Schuldtitel, das aus dem Rechtsvergleich der US-amerikanischen Regelungen erkannt wurde, abgrenzen und konkretisieren. Hierbei soll den Besonderheiten der Europäischen Union Rechnung getragen werden. Anschließend werden die Grundpfeiler eines solchen Instrumentariums herausgearbeitet. Zudem stellen sich rechtliche Umsetzungsfragen, bei denen insbesondere auf die möglichen rechtlichen Grenzen bei der Implementierung eingegangen wird. Letztlich müssen auch die politischen Hürden der Umsetzung beachtet werden.

§1 Vorüberlegungen

Zu Beginn soll das zu entwickelnde Instrumentarium durch Überlegungen hinsichtlich seines Anwendungsbereichs und –zwecks eingegrenzt und konkretisiert werden. In diesem Zusammenhang sollen dem Investitionsinstrument eventuell andere Prämissen zugrunde gelegt werden, als sie aus dem Rechtsvergleich des US-amerikanischen Konzepts erkennbar wurden.

Ein Investitionsinstrument steht zunächst in einem *regulatorischen Spannungsverhältnis.* Einerseits werden zentrale Gegenparteien in ihrer Markttätigkeit eingeschränkt, wobei ein Verbot wie in den Vereinigten Staaten von Amerika einen vergleichsweise intensiven Eingriff darstellt, andererseits muss ihre bedeutende Rolle innerhalb der Finanzwirtschaft und Marktinfrastruktur, aber auch innerhalb der der nationalen und europäischen Volkswirtschaft gesehen werden. Die systemrelevante Stellung einer zentralen Gegenpartei gebietet es, ihre Investitionspolitik strengen Anforderungen zu unterwerfen, damit ihre finanziellen Mittel keinen unverhältnismäßig hohen Risiken ausgesetzt sind. Daher empfiehlt es sich, einen Ausgleich zwischen der eventuellen Investitionsnotwendigkeit einer *CCP* in Staatsanleihen und der potentiellen und zukünftig möglicherweise steigenden

Anfälligkeit dieser Anlageform Rechnung zu tragen. Insofern muss von einem *generellen Investitionsverbot* in diese Titel *Abstand genommen* werden.

Angemessen hingegen ist es, die Risiken der Investitionspolitik von zentralen Gegenparteien mit Hilfe von Konzentrationsgrenzen zu steuern. Obwohl die Delegierte Verordnung (EU) Nr.153/2013 Maßgaben für Konzentrationsgrenzen enthält, können europäische zentrale Kontrahenten entsprechende Einzelheiten festlegen und insbesondere konkrete Grenzwerte selbst bestimmen. Für ein Investitionsinstrument ist es daher erfolgsversprechend, wenn zentralen Gegenparteien *Konzentrationsgrenzen für die Anlage in risikoreiche Staatsanleihen verbindlich vorgegeben* werden, um somit die Anzahl der Positionen zu verringern. Hierin spiegelt sich der *präventive Charakter* des Instruments wider, indem eine europäische zentrale Gegenpartei vor finanziellen Verlusten besser geschützt werden soll.

Das US-amerikanische Investitionsverbot für nationale zentrale Gegenparteien bezog sich auf ausländische Staatsanleihen. Obwohl auch ausländische öffentliche Schuldtitel erhebliche Risiken bergen können, bietet es sich für die Europäische Union vor dem Hintergrund der Erfahrungen der Finanz- und Staatschuldenkrise an, an europäische Staatsanleihen, insbesondere solche der Eurozone, anzuknüpfen. Im Folgenden wird der Fokus daher auf *öffentlichen Schuldtiteln* von *Mitgliedern der Eurozone* liegen.

Sofern es nicht bereits eine entsprechende Eingriffsbefugnis in den europäischen Normen gibt, sollte der *Unionsgesetzgeber* im Rahmen einer *Verordnung* eine neue Eingriffsbefugnis schaffen. Dabei sollte ihm ein weiter Ermessensspielraum eingeräumt werden, um möglichst detaillierte und objektive Vorgaben treffen zu können.

Wie bereits gesehen, bestehen unterschiedliche ökonomische Gegebenheiten zwischen den einzelnen Mitgliedsstaaten der Eurozone und mithin unterschiedlich hohe Risiken für ihre ausgegebenen Schuldtitel. Daher ist es erforderlich eine *emittentenspezifische Differenzierung*[1555] vorzunehmen, um das Instrument möglichst effektiv zu gestalten. Da Staatsanleihen in diesem Kontext als Anlageform fungieren, müssen in erster Linie Risiken betrachtet werden, denen sie auf dem Kapitalmarkt ausgesetzt sind. Dabei wird angenommen, dass sich insbesondere das *Markt- und Kreditrisiko* sowie das *Liquiditätsrisiko* als wesentliche Konfliktfelder erweisen. Um die Höhe der einzelnen Risiken im Hinblick auf den jeweiligen Emittenten zu bestimmen ist es zwingend notwendig, auf *objektive Kriterien* zurückzugreifen. Neben *Fundamentalfaktoren* einzelner Emittenten

---

1555 *Anmerkung*: Produktbezogenen Risiken wurde bereits auf Normsetzungsebene Rechnung getragen. Daher soll hier der Fokus auf dem Emittenten liegen.

sollten *Wechselwirkungen* mit anderen Einflussfaktoren beachtet und bewertet werden. Die Kriterien müssen weiterhin zueinander durch den Unionsgesetzgeber nach ihrem Risiko für die Anlage *gewichtet* werden. Gleichzeitig muss das Instrument ausreichend *flexibel* ausgestaltet sein, um neuen Erkenntnissen und Faktoren, die zukünftig an Bedeutung gewinnen können, adäquat Rechnung tragen zu können.

Wegen der Intensität des Eingriffs sollte eine Investitionsbeschränkung in Form der Festlegung von Konzentrationsgrenzen nur in *Ausnahmesituationen* in Betracht kommen. Deshalb sollte der Unionsgesetzgeber klar festlegen, unter welchen *Voraussetzungen* eine Gefahrenlage vorliegt, die die Anwendung des Investitionsinstruments begründet. Zudem ist es wichtig, das Instrument *zeitlich zu begrenzen.* Außerdem sollte erwogen werden, andere Betroffene oder Gremien vor einer solchen Entscheidung *anzuhören* oder zu *konsultieren.* Letztlich sollten die erlassenen Investitionsbeschränkungen *in regelmäßigen Abständen überprüft* werden.

Die mit der Festlegung von Konzentrationsgrenzen verbundene Eingriffsbefugnis muss *im europäischen Mehrebenensystem verortet* werden. Sie sollte bei einer *unabhängigen, aus Experten bestehenden, Einrichtung* angesiedelt werden. Diese sollte dann verbindliche Konzentrations*höchst*grenzen[1556] festlegen können, wobei es der national zuständigen Behörde unbelassen bleiben sollte, im Rahmen ihrer rechtlichen und tatsächlichen Möglichkeiten strengere Grenzwerte anzusetzen.

§2 Grundpfeiler

In diesem Teil werden die wichtigsten Elemente des zu entwickelnden Investitionsinstruments im Hinblick auf die Anlagepolitik zentraler Gegenparteien in öffentliche Schuldtitel der Eurozone herausgearbeitet. Zunächst ist der Frage nachzugehen, wer dazu befugt sein sollte, Konzentrationsgrenzen für gewisse Staatsanleihen der Eurozone in Ausnahmefällen vorzuschreiben. Hierbei muss grundsätzlich erwogen werden, ob dies auf nationaler oder europäischer Ebene geschehen soll und welche konkrete Einrichtung hierfür betraut werden sollte. Anschließend werden die Rahmenbedingungen einer für das Instrument notwendigen Ausnahmesituation untersucht und die wesentlichen Entscheidungskriterien für eine derartige Investitionsbeschränkung näher betrachtet. Schließlich werden Anforderungen an die Flexibilität und zeitliche Begrenzung des Instruments gestellt.

1556 *Anmerkung*: Wenn im Folgenden auf Konzentrationsgrenzen rekurriert wird, sind damit Konzentrationshöchstgrenzen gemeint.

A. *Ansiedlung auf europäischer Ebene*

Die oben genannten Gründe stellen eine Bewertungshoheit, die bei der zentralen Gegenpartei liegt, grundsätzlich in Frage. Es ist notwendig, dass die Beurteilung der Anlageform von den regulierten Marktteilnehmern abgetrennt und einer noch zu bestimmenden Einrichtung zugeordnet wird. Da das Instrument an Staatsanleihen der Eurozone anknüpft, kann eine Investitionsbeschränkung nicht auf rein nationaler Ebene angesiedelt werden. Insoweit muss sie – zumindest auch – auf europäischer Ebene verankert werden, um im Zweifel eine flächendeckende, einheitliche und kongruente Handhabung zu ermöglichen.

B. *Bestimmung der konkreten Einrichtung*

Für die Bestimmung der konkreten Einrichtung muss beachtet werden, dass eine von politischen Einflüssen unabhängige Entscheidung getroffen werden sollte. Dies gilt hier umso mehr, da einerseits Konzentrationsgrenzen für Staatsanleihen der Eurozone festgelegt und andererseits nationale zentrale Gegenparteien betroffen sein können, sodass ein Interessenkonflikt auf politischer Ebene unterstellt werden muss. Dieser könnte im Zweifel eine effektive Bewältigung der Gefahrenlage behindern. Sinnvollerweise sollte dieses Instrument in die bestehenden Aufsichts- und Regulierungsstrukturen im Rahmen des Europäischen Finanzaufsichtssystems integriert werden.

Zunächst käme hierfür das *ESRB* in Frage, dessen Kernaufgabe im makroprudenziellen Bereich liegt und die Abwendung und Eindämmung von systemischen Risiken beinhaltet (vgl. Art.3 Abs.1 ESRB-Verordnung[1557]). Der Vorteil bestünde in einer gebündelten Informationsbeschaffung, da es auf Statistiken des Europäischen Statistischen Systems und des Europäischen Systems der Zentralbanken zurückgreift.[1558] Somit könnten die relevanten Fundamentaldaten und anderen Wechselwirkungen umfassend in einer Stelle zusammengefasst und ein umfassendes Bild geliefert werden. Daneben verfügt das *ESRB* in organisatorischer Hinsicht über eine weitreichende Expertise. Dies zeigt sich beispielsweise in dem beratenden Wissenschaftlichen Ausschuss, der sich insbesondere aus 15 Sachverständigen zusammensetzt (vgl. Art.12 Abs.1 ESRB-Verordnung). So könnten

1557 Verordnung (EU) Nr.1092/2010 des Europäischen Parlaments und des Rates vom 24.11.2010 über die Finanzaufsicht der Europäischen Union auf Makroebene und zur Errichtung eines Europäischen Ausschusses für Systemrisiken, Abl.EU vom 15.12.2010, Nr.L 331/1 (ESRB-Verordnung).

1558 *Hartig*, Die Befugnisse von EZB und ESRB auf dem Gebiet der Finanzsystemstabilität, EuZW 2012, 775 (776); Art.15 Abs.4 ESRB-Verordnung.

die Informationen durch unabhängige und wissenschaftlich fundierte Ansichten ausgewertet und das Instrumentarium insoweit gesteuert werden. Dennoch sollte bedacht werden, dass dem Ausschuss nur eine beratende Funktion innerhalb des *ESRB* zukommt. Zudem beschränkt sich die Befugnis des *ESRB* auf den Erlass von Empfehlungen und Warnungen (vgl. Art.16 ESRB-Verordnung). Eine verbindliche Regelung kann es als „moralische Autorität“[1559] weder gegenüber Behörden, noch gegenüber Marktteilnehmern erlassen. Daher ist äußerst fraglich, ob ein solcher „*comply-or-explain*-Mechanismus“[1560] in diesem sensiblen Bereich eine genügende Akzeptanz für die Befolgung dieser Ratschläge hätte. Die besseren Argumente sprechen folglich dafür, das Instrument nicht auf Ebene des *ESRB* zu verankern, seine Vorteile im Rahmen der Informationsbeschaffung aber gleichwohl zu nutzen.

Überzeugend ist es, das vorgeschlagene Instrument bei *ESMA* anzusiedeln. Zunächst besitzt die Behörde in organisatorischer Hinsicht bereits eine angemessene Infrastruktur, in der unter anderem die Finanzmärkte analysiert und die Finanzstabilität überwacht wird. Außerdem kann *ESMA* im Rahmen ihrer Befugnisse Informationen zu Marktteilnehmern von den nationalen Behörden anfordern (vgl. Art.35 ESMA-Verordnung). Dies geschieht durch unabhängige und fachkundige Experten, was eine adäquate Einschätzung der Entwicklungen sicherstellen dürfte. Die organisatorische Struktur der *ESMA* regelt in diesem Zusammenhang ausdrücklich, dass die stimmberechtigen Mitglieder des Rates der Aufseher unabhängig handeln und insbesondere von Regierungen keine Weisungen entgegennehmen oder anfordern dürfen (vgl. Art.42 ESMA-Verordnung). Genau dies ist für das vorliegende Instrument zwingend erforderlich, da eine politische Einflussnahme verhindert werden muss. Außerdem ist *ESMA* gem. Art.22 Abs.1 EMIR bereits in die Aufsicht zentraler Gegenparteien integriert. Zwar sind hier grundsätzlich die nationalen Behörden betraut, allerdings wird *ESMA* in mehrfacher Weise in diese Aufsichtsstruktur eingebunden und dadurch ihre Koordinierungsfunktion im Rahmen des europäischen Aufsichtssystems untermauert. So soll die national zuständige Behörde unter anderem *ESMA* unverzüglich über Krisensituationen einer *CCP* informieren, wozu auch Entwicklungen auf den Finanzmärkten zählen, die sich negativ auf die Marktliquidität oder die Stabilität des Finanzsystems auswirken können (vgl. Art.23 Abs.1 EMIR). Daher besteht ein enger sachlicher

1559 *Lehman/Manger-Nestler*, Die Vorschläge zur neuen Architektur der europäischen Finanzaufsicht, EuZW 2010, 87 (91).

1560 *Deutsche Bundesbank*, Der Europäische Ausschuss für Systemrisiken, S.37.

Zusammenhang zwischen dem Regelungsbereich des Instruments und dem von EMIR festgelegten Kooperationsbereich der Behörde. Letztlich werden ihr in rechtlicher Hinsicht Regulierungs- und Eingriffsbefugnisse zugestanden, sodass grundsätzlich eine verbindliche Anwendung des Instruments sichergestellt werden könnte.

Dennoch sollte *ESMA* nicht im Alleingang Konzentrationsgrenzen gegenüber zentralen Gegenparteien für risikohafte Staatsanleihen der Eurozone anordnen dürfen. In Übereinstimmung mit anderen Eingriffsbefugnissen[1561] sollten andere Stellen in den Prozess eingebunden werden, wobei *ESMA* danach eine Maßnahme trifft. Zunächst sollten die betroffenen, national zuständigen Behörden von dem Vorhaben zeitnah unterrichtet werden, um die grundsätzliche Aufsichtsstruktur für zentrale Gegenparteien beizubehalten. In gleicher Weise sollte das *ESRB* vor einer Entscheidung durch *ESMA* konsultiert werden, um Informationsasymmetrien abzubauen.

C. Konkretisierung der Ausnahmesituation

Da die Investitionsbeschränkung nur in Ausnahmesituationen eingreifen soll, sind die erforderlichen Rahmenbedingungen zu erörtern. Der Zweck des vorgeschlagenen Instruments liegt in der Verbesserung der Kapitalerhaltung einer europäischen *CCP*, da ihr in mehrfacher Hinsicht systemische Relevanz für das nationale und europäische Finanzsystem zukommt. Deshalb sollte sie vor hohen finanziellen Verlusten geschützt werden. Solche können vor dem Hintergrund des zu betrachteten Instruments entstehen, wenn eine *CCP* in erheblichem Maße in risikohafte öffentliche Schuldtitel eines oder mehrerer Emittenten der Eurozone investiert hat.[1562] In diesem Fall können mit Hilfe des Investitionsinstruments verbindliche Konzentrationsgrenzen für betroffene *CCPs* festgelegt werden und mithin das Risiko ihrer Gesamtposition verringert werden. Für die weitere Untersuchung ist folglich herauszuarbeiten, aufgrund welcher Faktoren beurteilt werden soll, inwiefern ein öffentlicher Schuldtitel der Eurozone mit Investitionsrisiken behaftet ist.

1561 *Anmerkung*: So zum Beispiel in Art.28 Abs.4,5 Verordnung (EU) Nr.236/2012 des Europäischen Parlaments und des Rates vom 14.03.2012 über Leerverkäufe und bestimmte Aspekte von Credit Default Swaps, Abl.EU vom 24.03.2012, Nr.L 86/1 (Leerverkaufsverordnung).

1562 Zum Vorliegen einer Gefahrenlage siehe näher Kapitel 3, Abschnitt 4, §3, Unterpunkt B I.

D. Kriterien für die Beurteilung des Investitionsgegenstands

In diesem Unterpunkt werden die Kriterien analysiert, die zur Bewertung des Risikogehalts des Investitionsgegenstands herangezogen werden sollten. Hierbei bietet es sich im Einklang mit den bereits oben getroffenen Überlegungen auf Normsetzungsebene an, primär auf bestimmte Fundamentalfaktoren eines Emittenten abzustellen. Anschließend wird auf bestimmte Wechselwirkungen rekurriert, die für eine Investitionsbeschränkung ebenfalls berücksichtigt werden sollten.

I. Fundamentalfaktoren

Zunächst sollten als Entscheidungsgrundlage Fundamentalfaktoren herangezogen werden. Wie bereits oben verdeutlicht, stellt sich insoweit die Frage, wie sich die „*Tragfähigkeit*"[1563] der Staaten hinsichtlich ihrer jeweiligen öffentlichen Schulden darstellt und zu bewerten ist. Deshalb sollte insbesondere der Schuldenstandquote und Haushaltslage des jeweiligen Emittenten besonderes Augenmerk geschenkt werden. Dieser Einschätzung tragen die Kapitalmärkte seit Ausbruch der Finanzkrise verstärkt Rechnung, wie aus einschlägigen wissenschaftlichen Untersuchungen hervorgeht. So sind die Turbulenzen bestimmter europäischer Staatsanleihen auf den Kapitalmärkten nach Einschätzung des *Sachverständigenrates zur Begutachtung der gesamtwirtschaftlichen Entwicklung* in wesentlichem Maße auf eine erheblich höhere Beachtung dieser Risiken zurückzuführen.[1564] Daher prägen diese das Markt-, Kredit- und Liquiditätsrisiko einer Anleihe maßgeblich und mithin auch die Beurteilung für eine Investitionsbeschränkung für die Anlagepolitik einer *CCP*.

Idealerweise sollten als Maßstab für die Bewertung dieser Merkmale die Maastricht-Kriterien im Rahmen des Stabilitäts- und Wachstumspakts herangezogen werden. Diese postulieren eine Schuldenstandquote von 60% des BIP und ein maximales Haushaltsdefizit von 3% des BIP. Dieser Ansatz hätte indirekt positive Anreizeffekte zur Folge, indem die Mitgliedsstaaten der Eurozone zu einer soliden Haushaltspolitik angeregt werden könnten. Eine weitere Konsequenz wäre, dass der Stabilitäts- und Wachstumspakt, der in der Vergangenheit wegen der politischen Realitäten keine signifikante Wirkung entfalten konnte, indirekt unterstützt würde. Zugegebenermaßen würde eine etwaige disziplinierende Wirkung durch eine Investitionsbeschränkung der *CCPs* in Staatsanleihen der Eurozone nicht ausreichen, um die Neuverschuldung zu begrenzen und die Haushaltsdisziplin zu verbessern. Dementsprechend weist *Weber* zu Recht

1563 *Sachverständigenrat*, Jahresgutachten 2013/2014, S.126.
1564 *Sachverständigenrat*, Jahresgutachten 2012/2013, S.68.

darauf hin, dass gesetzliche Sanktionsmechanismen für diese Mitgliedsstaaten weiterhin bestehen bleiben müssen.[1565] Dies soll auch nicht mit einem solchen Instrument angestrebt werden und darf auch nicht dessen Zweck sein. Gleichwohl könnte indirekt ein *Beitrag* dazu geleistet werden, die Stabilität der Mitgliedsstaaten der Eurozone durch Anreizeffekte insgesamt zu verbessern.

Die negativen Erfahrungen mit der Einhaltung und Durchsetzung der Maastrichtkriterien sowie die volkswirtschaftliche Realität innerhalb der Eurozone erfordern einen flexibleren Ansatz für das vorgeschlagene Instrument. Zwar sollte eine Defizitgrenze von 3% des BIP auch im Rahmen des vorgeschlagenen Instruments Anwendung finden, um Fehlanreize zu verhindern, allerdings sollte die Schuldenstandquote des Stabilitäts- und Wachstumspakts von 60% des BIP für das hier zu betrachtende Instrument einem Korrektiv unterworfen werden, um einerseits die Anwendung einer Investitionsbeschränkung zu legitimieren und andererseits der wirtschaftlichen Realität der Mitgliedsstaaten der Eurozone Rechnung zu tragen.

Es sollte dabei berücksichtigt werden, dass aus ökonomischer Perspektive ein Zusammenhang zwischen hohen Schuldenstandquoten und einer geringen Wachstumsrate des BIP gesehen wird.[1566] Dieser Zusammenhang wird in der volkswirtschaftlichen Empirie bestätigt, auch wenn die einzelnen Studien zu unterschiedlichen Ergebnissen kommen.[1567] Die Untersuchungen besagen, dass ein Wachstum des BIP bei einer Schuldenstandquote zwischen 84%–100% des BIP noch angenommen werden kann, auch wenn dieses bei derart hohen Quoten

---

1565 *Weber*, Konsequenzen einer (zu) hohen Staatsverschuldung, Kreditwesen 2009, 1195 (1198).

1566 *Sachverständigenrat*, Jahresgutachten 2013/2014, S.125; *Reinhart/Reinhart/Rogoff*, Public Debt Overhangs, JEP 26(2), 69 (84); *Nickel/Tudyka*, Fiscal Stimulus in Time of High Debt, ECB Working Paper Series No.1513, S.17, abrufbar unter http://www.ecb.europa.eu/pub/pdf/scpwps/ecbwp1513.pdf.

1567 *Anmerkung*: Außerdem wird nach umstrittener Auffassung ein Zusammenhang zwischen hohen Schuldenstandquoten und Zinsaufschlägen gesehen. So zeigen *Baum*, *Checherita-Westphal* und *Rother* in empirischen Untersuchungen, dass hohe öffentliche Schuldenstände zu höheren Zinsaufschlägen führen, wobei sie den Schwellenwert bereits bei rund 74% des BIP ermittelten (vgl. *Baum/Checherita-Westphal/Rother*, Debt and Growth, S.17, abrufbar unter http://www.ecb.europa.eu/pub/pdf/scpwps/ecbwp1450.pdf). Dem werden jedoch andere Studien entgegengehalten, wonach Nationen, die zwischen 1800 und 2011 über fünf Jahre hintereinander eine öffentliche Verschuldung von 90% des BIP aufwiesen. Im Ergebnis konnten Zinssteigerungen nur bei 11 der 26 untersuchten Nationen beobachtet werden (vgl. *Reinhart/Reinhart/Rogoff*, Public Debt Overhangs, JEP 26(2), 69 (84)).

als gering anzusehen ist. Hieraus kann gefolgert werden, dass ein Wachstum ab einer Schuldenstandquote von über 100% des BIP mit hoher Wahrscheinlichkeit nicht mehr möglich ist. *Cecchetti, Mohanty* und *Zampolli* argumentieren in ihrer Studie, dass der kritische Punkt öffentlicher Verschuldung bei 84% des BIP liege. Insbesondere wenn dieser Schwellenwert mehr als 10% überschritten werde, habe dies erhebliche negative Effekte auf das Wachstum.[1568] *Reinhart* und *Rogoff* weisen in ihrer Studie über einen langen Betrachtungszeitraum auf geringere Wachstumsraten von entwickelten Nationen hin, die eine öffentliche Verschuldung über 90% des BIP aufweisen.[1569] Diese These konnte sich in der Studie von *Egert* nicht bestätigen, der auf individuelle Schwellenwerte einzelner Länder verweist. Interessanterweise könne ein niedrigeres Wachstum schon zwischen 30% und 70% öffentlicher Verschuldung in Relation zum BIP einsetzen.[1570] *Baum, Checherita-Westphal* und *Rother* untersuchten die Auswirkungen zusätzlicher öffentlicher Schulden oberhalb der 95% Grenze innerhalb der Eurozone und kamen ebenfalls zu negativen Wirtschaftseffekten.[1571]

Zwar ist es richtig, dass hieraus noch kein Kausalzusammenhang zwischen einer bestimmten Schuldenstandquote und einer bestimmten Abnahme der Wachstumsrate gesehen werden kann[1572], jedoch sollten die Ergebnisse dieser wissenschaftlichen Studien zumindest insoweit Berücksichtigung finden, als eine öffentliche Verschuldung von ca. 90%–100% des BIP als ein wesentliches Kriterium für eine mögliche Anlagebeschränkung in Staatsanleihen der Eurozone in Ausnahmesituationen innerhalb des Instruments fungieren sollte. Die genaue Festlegung der Werte der Fundamentalfaktoren sollte durch fachkundige Experten vorgenommen werden.

II. Weitere Faktoren

Neben der Basis aus Fundamentaldaten dürfen weitere Zusammenhänge nicht übersehen werden. Zunächst sollten Länderratings der bekannten Agenturen

---

1568 *Cecchetti/Mohanty/Zampolli*, The Real Effects of Debt, BIS Working Paper No.352, S.17, abrufbar unter http://papers.ssrn.com/sol3/papers.cfm?abstract_id=1946170.

1569 *Reinhart/Rogoff*, Growth in a time of debt, NBER Working Paper No.15639, S.11, abrufbar unter http://www.nber.org/papers/w15639.

1570 *Egert*, The 90% Public Debt Treshold, OECD Economics Department Working Papers No.1055, S.15, abrufbar unter http://www.oecd-ilibrary.org/docserver/download/5k452kln1s6l.pdf?expires=1391849942&id=id&accname=guest&checksum=92A5F8111E23329E3045F65B7330321B.

1571 *Baum/Checherita-Westphal/Rother*, Debt and Growth, S.17, abrufbar unter http://www.ecb.europa.eu/pub/pdf/scpwps/ecbwp1450.pdf.

1572 *Sachverständigenrat*, Jahresgutachten 2013/2014, S.126.

in den Bewertungsprozess einfließen. Man kann dem entgegenhalten, dass der Ruf der Ratingagenturen auf politischer Ebene während der Krise erheblich gelitten hat. So könnte man argumentieren, sie haben durch ihre Abstufungen die ohnehin angespannte Situation während der Krise verschärft. Andererseits wird eingewandt, dass die schlechteren Bewertungen, selbst gepaart mit negativen Presseberichten, nicht die Renditedifferenzen erklären können.[1573] Diese Argumente sind grundsätzlich richtig, da der wesentliche Grund in der stärkeren Berücksichtigung der Fundamentaldaten liegt. Zudem wird den Ratingagenturen zumindest bei der Bewertung von Staatsanleihen eine gewisse Neutralität bescheinigt.[1574] Auch die internationalen Bestrebungen, die den Einfluss von Ratings zurückzufahren möchten, werden zumindest auf kurz- bis mittelfristige Sicht nicht verhindern, dass Länderratings weiterhin eine Signalwirkung zukommen und sie ein großer Teil des Kapitalmarkts berücksichtigen wird. Dementsprechend ist es wichtig, frühzeitig mögliche negative Reaktionen auf diese Ratings an den Staatsanleihemärkten zu erkennen und in dem vorliegenden Investitionsinstrument zu berücksichtigen.

Eine weitere wichtige Schnittstelle bei der Beurteilung des Risikogehalts des Investitionsgegenstands sind die Märkte für *credit default swaps* auf Staatsanleihen. Hierbei bilden die Prämien für diese Derivate in der Praxis ein „beliebtes Marktbarometer"[1575] für das Ausfallrisiko von Staaten. Beispielsweise basiert der Stressindikator der *Deutschen Bundesbank* für das Staatsrisiko auf diesen Prämien. Grundsätzlich weist die Entwicklung der Prämien dieser Derivate einen Zusammenhang mit der Entwicklung auf dem Anleihemarkt auf. Dies deckt sich mit den Erfahrungen der Staatsschuldenkrise, wonach die *credit spreads* für Kreditausfallderivate der Krisenländer stark anstiegen.[1576] Allerdings sollte die Prämienentwicklung allein nicht den Anknüpfungspunkt für eine Investitionsbeschränkung bilden, da ihr länderspezifischer Aussagegehalt begrenzt ist. So hängen die Prämien auch von der Marktliquidität für das Derivat, dem globalen Finanzmarktumfeld, Kontrahentenrisiken sowie dem Risikoappetit des Investors ab.[1577] Außerdem spiegle sich in der Prämie eine angenommene Verwertungsrate wider, die jedoch bei Staaten, im Gegensatz zu Unternehmen, nur schwer

1573 *Joebges/Grabau*, Renditedifferenzen bei Staatsanleihen im Euroraum, 505 (508).

1574 *Heun*, Finanzaufsicht im Wandel, JZ 2012, 235 (242).

1575 *Körner*, Was können uns CDS-Prämien tatsächlich über die Ausfallwahrscheinlichkeit von Staaten sagen?, S.1.

1576 *Sachverständigenrat*, Jahresgutachten 2012/2013, S.22.

1577 *Körner*, Was können uns CDS-Prämien tatsächlich über die Ausfallwahrscheinlichkeit von Staaten sagen?, S1.

einzuschätzen sei.[1578] Gleichwohl sollte die Entwicklung der jeweiligen Prämien in das Modell eines Investitionsinstruments einfließen, denn erstens kommt ihr, wie den Ratings, eine gewisse Signalwirkung zu, sodass der Kapitalmarkt die jeweiligen Staatsanleihen zumindest teilweise hiernach einschätzt. Zweitens gibt es Anzeichen, dass der *CDS*-Markt für Staatsanleihen früher auf negative Entwicklungen reagiert und diese sich erst danach in den Anleihemärkten widerspiegeln.[1579] Insofern könnte hier ein zusätzliches, hilfreiches und insbesondere präventives Werkzeug für eine angemessene Beurteilung einer Investitionsbeschränkung bestehen. Dies gilt umso mehr, als durch die jetzige internationale Regulierung der Markt außerbörslicher *CDS* durch Meldepflichten transparenter wird und somit eine effektivere Informationsauswertung stattfinden kann.

Außerdem sollte den Wechselwirkungen, die durch eine kritische Entwicklung mehrerer Fundamentalfaktoren auftreten können, mehr Aufmerksamkeit geschenkt werden. So gibt es nach Einschätzung der *Deutschen Bundesbank* Anzeichen, dass eine Kombination aus schwachen Fundamentaldaten zu einer kritischen Reaktion im Kapitalmarkt führe.[1580] Hier sind die Volkswirtschaftler besonders gefragt, derartige Zusammenhänge zu erarbeiten und zu bewerten.

III. Gewichtung und Flexibilität

Die oben dargelegten Entscheidungskriterien sollten untereinander und zueinander gewichtet werden, um einen klaren Entscheidungsprozess zu ermöglichen. Dabei bietet es sich nach den bereits angeführten Gründen an, der Gruppe der Fundamentalfaktoren das größte Gewicht zuzusprechen. Ratings und die Entwicklung der *CDS*-Prämien sollten dementsprechend weniger erheblich für eine Beurteilung sein. Auch sollte zwischen den Fundamentalfaktoren eine Staffelung vorgenommen werden, wobei der Schuldenstandquote und der Haushaltsquote besondere Bedeutung zukommen sollte. Für die genaue Gewichtung ist insbesondere die Expertise der Volkswirtschaftler gefragt.

Das Instrument sollte flexibel ausgestaltet sein und die Faktoren, mit denen das Risiko der jeweiligen Staatsanleihe ermittelt wird, sollten *veränderbar* sein. Somit könnte auf gegenwärtige oder zukünftige Ereignisse reagiert werden und das Instrument dauerhaft effektiv bleiben. Für den Fall, dass neue Erkenntnisse wissenschaftlicher oder tatsächlicher Art vorliegen, wonach weitere maßgebliche

---

1578 *Deutsche Bundesbank*, Informationsgehalt von CDS-Prämien, S.49.

1579 *Deutsche Bundesbank*, Credit Default Swaps, S.51.

1580 *Deutsche Bundesbank*, Renditedifferenzen von Staatsanleihen im Euro-Raum, S.43: Hier am Beispiel einer geringen preislichen Wettbewerbsfähigkeit und einem in Bedrängnis geratenen großen Finanzsektor.

Faktoren oder Wechselwirkungen bestehen, müssen diese in den Bewertungskatalog inkorporiert werden. Andererseits könnten Beurteilungsmerkmale wie zum Beispiel Ratings auf langfristige Sicht aus dem Katalog herausgenommen werden, sollte ihr Einfluss tatsächlich zurückgedrängt werden können. In gleicher Weise muss sichergestellt werden, dass die *Gewichtung* der Faktoren untereinander angepasst werden kann.

E. Wechselwirkungen

Auf der anderen Seite müssen Wechselwirkungen bei der Entscheidung berücksichtigt werden. Andere Eingriffsbefugnisse belegen in diesem Zusammenhang, dass *ESMA* die Auswirkungen einer Maßnahme in Verbindung mit der zu bekämpfenden Gefahrensituation beachten und weitergehende Folgen im Blick haben muss.[1581] Dies gilt für das hier zu betrachtende Investitionsinstrument gleichermaßen. Daher sollte bedacht werden, inwieweit die Festlegung von Konzentrationsgrenzen in bestimmte Schuldtitel der Eurozone zu einer signifikanten Verringerung der Risiken für eine zentrale Gegenpartei führt.

Zudem sollten die Konsequenzen für die Finanzmärkte gegen den Nutzen der Maßnahme abgewogen werden, beispielsweise, ob sie zu Unsicherheiten bei anderen Marktteilnehmern führt oder die Liquidität der betroffenen Titel beeinträchtigt. Hierbei ist zu betonen, dass durch die Festlegung von Konzentrationsgrenzen zentralen Gegenparteien nicht per se verboten wird, in die entsprechenden Staatsanleihen zu investieren. Eine etwaige Verringerung des Investitionsvolumens könnte insofern durch andere Marktteilnehmer abgefangen und die Liquidität insgesamt aufrechterhalten werden. Andererseits könnte eine Investitionsbeschränkung für zentrale Gegenparteien eine Signalwirkung im Kapitalmarkt entfalten und somit Zinssteigerungen für diese Titel zur Folge haben. Hierdurch könnte die Gefahr bestehen, dass Mitgliedsstaaten, die durchaus in der Läge wären, Haushaltsprobleme aus eigener Kraft zu bewältigen, den Marktzugang verlieren oder dieser erschwert wird. Im schlimmsten Fall könnten etwaige Konsolidierungsbemühungen abnehmen und die Risikoprämien weiter ansteigen, sodass die Gefahr einer „selbsterfüllenden Prophezeiung" besteht.[1582] Diese Umstände müssen für den konkreten Einzelfall bewertet und können nicht schematisch beantwortet werden.

1581 *Anmerkung*: Beispielsweise Art.28 Abs.3 Leerverkaufsverordnung.

1582 *Sachverständigenrat*, Jahresgutachten 2013/2014, S.163.

F. Temporäre Maßnahme

Das Investitionsinstrument muss gleichermaßen einem zeitlichen Korrektiv unterworfen werden. So sollte in regelmäßigen Abständen überprüft werden, ob die Konzentrationsgrenzen vom Umfang her weiterhin bestehen bleiben, aufgehoben oder verändert werden können bzw. müssen.

Grundsätzlich sollte diese Überprüfung in geeigneten Zeitabständen erfolgen. Bei einem Vergleich mit anderen Eingriffsbefugnissen[1583] ergibt sich jedoch das Bedürfnis nach einem Gegengewicht zu einer völlig freien Entscheidungsbefugnis. Daher sollte ein *Mindestrahmen* für den zeitlichen Überprüfungsabstand festgelegt werden. Mit der primären Anknüpfung an Fundamentaldaten sollte mindestens eine halbjährliche Überprüfung stattfinden. In einem solchen Zeitraum können positive oder negative Veränderungen der Beurteilungsfaktoren relativ sicher nachvollzogen werden. Sollte es jedoch möglich sein, solche Entwicklungen mit dem vorhandenen Datenmaterial kurzfristiger vorzunehmen, kann es geboten sein, einen engeren Überprüfungszeitraum festzulegen, beispielsweise von mindestens drei Monaten.

G. Mögliche Erweiterungen des Anwendungsgebiets

Nach den Vorüberlegungen soll das Instrument durch die Festlegung von Konzentrationsgrenzen die Investitionspolitik zentraler Gegenparteien in öffentliche Schuldtitel der Eurozone in Ausnahmesituationen steuern. Denkbar ist es, diesen Grundgedanken in sachlicher Hinsicht auf andere Gebiete zu erweitern. So könnten beispielsweise europäische Staatsanleihen außerhalb der Eurozone einem solchen Instrument unterworfen werden. Zudem wäre eine Berücksichtigung ausländischer Staatsanleihen sinnvoll. Aus regulatorischer Sicht könnte somit – zumindest vom Regelungsgegenstand her – eine Harmonisierung mit der US-amerikanischen Regulierung der *CFTC* erfolgen.

Ob der Ansatz hingegen auf das Sicherheitenmanagement einer zentralen Gegenpartei übertragen werden kann, ist fragwürdig. Zwar legen die zentralen Kontrahenten gem. Art. 42 Abs. 1 Delegierte Verordnung (EU) Nr. 153/2013 grundsätzlich selbst die Höhe der Konzentrationsgrenzen für akzeptierte Sicherheiten fest. Weiterhin werden insbesondere für Sicherheitsarten keine Höchstgrenzen vorgeschrieben[1584], sodass durch eine Übertragung eine einheitliche Handhabung gewährleistet werden könnte. Andererseits ist zu berücksichtigen,

1583 *Anmerkung*: Beispielsweise Art. 28 Abs. 10 Leerverkaufsverordnung.

1584 *Anmerkung*: Lediglich für Garantien von Kreditinstituten werden Höchstgrenzen vorgegeben (vgl. Art. 42 Abs. 4 Delegierte Verordnung (EU) Nr. 153/2013).

dass im Gegensatz zur Investitionspolitik Abschläge auf Sicherheiten vorzunehmen sind, sodass bereits hier Risiken berücksichtigt werden (vgl. Art.41 Delegierte Verordnung (EU) Nr.153/2013).

§3 Rechtliche Umsetzungsmöglichkeiten

Im Folgenden soll untersucht werden, inwiefern das vorgeschlagene Instrument in rechtlicher Hinsicht in der Praxis umgesetzt werden kann. Die Analyse fokussiert sich zunächst auf die Fragestellung, ob *ESMA* mit dem Investitionsinstrument betraut werden kann. Dabei soll in einem ersten Schritt geprüft werden, ob *ESMA* bereits über Eingriffsbefugnisse verfügt, die das Instrument beinhalten. Falls dies zu verneinen ist, muss der Frage nachgegangen werden, ob und wie der Behörde eine solche Befugnis übertragen werden kann. Die Untersuchung konzentriert sich aus dieser Perspektive insbesondere auf die Grundsätze, die von der europäischen Rechtsprechung zur Übertragung von Befugnissen auf Agenturen aufgestellt wurden sowie auf die Maßgaben des europäischen Primärrechts.

A. Existierende Eingriffsbefugnisse

In diesem Unterpunkt soll untersucht werden, ob das vorgeschlagene Instrument einer bereits existierenden Eingriffsbefugnis zugeordnet werden kann. Mögliche Vorschriften bilden dabei die Krisenfallregelung in der ESMA-Verordnung, die Interventionsbefugnis im Rahmen der Leerverkaufsverordnung sowie die neu geschaffenen Eingriffsbefugnisse im Rahmen der MiFIR bzw. MiFID-II.

I. Art.18 Abs.1 ESMA-Verordnung

Der in Art.18 Abs.1 ESMA-Verordnung geregelte Krisenfall könnte als Eingriffsbefugnis für das Investitionsinstrument herangezogen werden. Voraussetzung dieser Vorschrift ist, dass ungünstige Entwicklungen bestehen, die das ordnungsgemäße Funktionieren und die Integrität von Finanzmärkten oder die Stabilität des Finanzsystems in der Union als Ganzes oder in Teilen ernsthaft gefährdet könnten. Eine solche Gefahrensituation dürfte sich in der Regel ergeben, wenn aufgrund der objektiven Bewertungsmethodik geschlussfolgert wird, dass eine oder mehrere Staatsanleihen eines Emittenten der Eurozone ein signifikantes Risikopotential aufweisen und eine oder mehrere zentralen Gegenparteien in erheblichem Maße – im Rahmen der intern festgelegten Konzentrationsgrenzen – in diese investiert haben. Insoweit besteht das Risiko hoher finanzieller Verluste auf Seiten einer oder mehrerer *CCPs*, die die Stabilität des Finanzsystems zumindest in Teilen ernsthaft gefährden und die Funktionsfähigkeit der Derivatmärkte nachhaltig stören könnten.

Jedoch kommt *ESMA* nach dem Regelungsgefüge des Art.18 Abs.1 ESMA-Verordnung primär eine Unterstützungsfunktion zu, da sie die von den nationalen Aufsichtsbehörden ergriffenen Maßnahmen aktiv erleichtern und, sofern dies als notwendig erachtet wird, koordinieren soll. Direkte Beschlüsse kann *ESMA* hingegen gem. Art.18 Abs.3 ESMA-Verordnung nur bei *außergewöhnlichen* Umständen erlassen, die ein koordiniertes Vorgehen der nationalen Behörden erfordern, um den oben beschriebenen Gefahren zu begegnen. Weiterhin kann *ESMA* diese Beschlüsse nur im Einzelfall und gegenüber den nationalen Aufsichtsbehörden erlassen. Eine direkte Eingriffsbefugnis gegenüber Marktteilnehmern lässt sich dem Wortlaut nach somit nicht herleiten.

Darüber hinaus ergeben sich für die Implementierung eines Investitionsinstruments aufgrund dieser Rechtsgrundlage weitere Probleme durch politische Zustimmungserfordernisse. Bei der Regulierung der Investitionspolitik einer zentralen Gegenpartei ist es wünschenswert, wenn der politische Einfluss bei den Entscheidungen möglichst reduziert wird, um Interessenkonflikte zu vermeiden. Gem. Art.18 Abs.3 ESMA-Verordnung i.V.m. Art.18 Abs.2 ESMA-Verordnung muss der Rat zunächst einen Beschluss, insbesondere in Abstimmung mit der Europäischen Kommission erlassen, in dem der Krisenfall festgestellt wird. Insofern würde die Effektivität des Instruments von politischen Gegebenheiten abhängen, die im Zweifel eine hemmende Wirkung haben können.

Auch entspricht der Überprüfungsmechanismus der Krisenfallregelung nicht den gestellten Anforderungen an das vorgeschlagene Investitionsinstrument. Hiernach muss der Beschluss mindestens einmal pro Monat überprüft werden und verlängert sich danach nicht automatisch. Für ein Investitionsinstrument auf Basis von Fundamentaldaten ist diese Regelung indes nicht geeignet, da diese sich nicht wesentlich innerhalb dieser Zeitspanne verändern.

Zudem ist die in Art.38 Abs.1 ESMA-Verordnung enthaltene Schutzklausel zu beachten, wonach *ESMA* gewährleistet, dass kein Beschluss auf Grundlage eines Krisenfalles in die haushaltspolitische Zuständigkeit der Mitgliedsstaaten eingreift. Diese in den damaligen Verhandlungen sehr umstrittene Regelung[1585] sollte die haushaltspolitische Auswirkung von Entscheidungen der *ESMA* berücksichtigen. Insoweit könnte man argumentieren, dass eine Investitionsbeschränkung in staatliche Schuldtitel von Mitgliedern der Eurozone ihren Haushalt auf der Einnahmeseite hinsichtlich Fremdmittel tangiert und mithin unzulässig sei, denn zumindest könnten sich *mittelbar* die Refinanzierungsmöglichkeiten

1585 Siehe hierzu: *Pointner/Wolner-Rößlhuber*, Der lange Weg zur europäischen Aufsichtsreform, Geldpolitik & Wirtschaft 3/2011, 66 (72ff.).

eines Staates erschweren. Dahingehend könnte ein mittelbarer Eingriff in die haushaltspolitische Zuständigkeit der betroffenen Mitgliedsstaaten zumindest argumentativ vertretbar begründet werden. Andererseits ist das Ziel des Instruments, die Investitionspolitik von zentralen Gegenparteien zu steuern und in Ausnahmesituationen aufgrund ihrer systemischen Relevanz zu beschränken. Den betroffenen Mitgliedsstaaten bleibt es daher unbenommen, über den Umfang, den Zeitpunkt und die Konditionen ihrer Schuldtitel zu entscheiden. Vor diesem Hintergrund könnte auch Art.38 Abs.5 ESMA-Verordnung zum Zuge kommen, der einen Missbrauch der Schutzklausel verhindern möchte, was insbesondere dann der Fall ist, sofern der Beschluss von *ESMA* keine signifikanten oder wesentlichen haushaltspolitischen Auswirkungen hat. Nichtsdestotrotz birgt die Krisenfallregelung wegen der politischen Verflechtungen und nationalen Interessen ein erhebliches Unsicherheitspotential für die Anwendung des vorgeschlagenen Instruments.

Auch die Beschwerdemöglichkeit nach Art.38 Abs.3, Abs.4 ESMA-Verordung und die Abhängigkeit der Umsetzung des Beschlusses auf nationaler Ebene würden die Effektivität des Instruments in Frage stellen. All diese Argumente sprechen gegen eine Verankerung des Instruments in Art.18 Abs.1 ESMA-Verordnung.

II. Art.29 Leerverkaufsverordnung i.V.m. Artt.18, 38 ESMA-Verordnung

Eine weitere Eingriffsbefugnis für das Investitionsinstrument könnte in Art.29 Leerverkaufsverordnung i.V.m. Artt.18, 38 ESMA-Verordnung gesehen werden. Der Regelungsbereich von Art.29 Leerverkaufsverordnung bezieht sich auf öffentliche Schuldtitel, also einem Schuldinstrument, das von einem öffentlichen Emittenten ausgegeben wurde (vgl. Art.2 Abs.1 lit.f) Leerverkaufsverordnung) und diesbezügliche *CDS*. Daher könnte in dieser Norm der Wille des Verordnungsgebers zum Ausdruck kommen, öffentliche Schuldtitel in besonderen Situationen prinzipiell über Artt.18, 38 ESMA-Verordnung zu regeln. Zunächst ist hiergegen anzuführen, dass Art.29 Leerverkaufsverordnung in engem Zusammenhang mit der Regelung von Art.28 Leerverkaufsverordnung zu sehen ist, der konkrete Eingriffsbefugnisse der *ESMA* für andere Finanzinstrumente postuliert. Daher könnte man argumentieren, dass Art.29 Leerverkaufsverordnung lediglich eine *deklaratorische* Funktion zukommt, wonach bei öffentlichen Schuldtiteln und diesbezüglichen *CDS* auf die allgemeinen Regelungen der Artt.18, 38 ESMA-Verordnung zurückgegriffen werden soll. Auch muss berücksichtigt werden, dass sich die in Rede stehende Verordnung explizit auf Leerverkäufe und bestimmte Aspekte von *CDS* bezieht. Zwar soll ihr Anwendungsbereich nach dem Willen des Verordnungsgebers so weit wie möglich gefasst sein, damit ein präventiver Regelungsrahmen für Ausnahmesituationen geschaffen und sämtliche

Finanzinstrumente erfasst werden, dennoch soll eine verhältnismäßige Reaktion auf *Risiken*, die bei einem *Leerverkauf* bestimmter Instrumente *entstehen* können, ermöglicht werden.[1586] Mithin wird ersichtlich, dass der Regelungsgehalt der Vorschrift auf Ausnahmesituationen beschränkt ist, die im Zusammenhang mit Leerverkäufen in diese Titel stehen. Demzufolge drückt sich in dieser Regelung gerade nicht eine generelle Handhabung von Ausnahmesituationen bezüglich öffentlicher Schuldtitel aus. Im Übrigen wäre der Verweis auf Artt.18, 38 ESMA-Verordnung mit den oben angeführten Problemen behaftet, die die Effektivität des Instruments in erheblichem Maße beeinträchtigen würde. Daher scheiden Art.29 Leerverkaufsverordnung i.V.m. Artt.18, 38 ESMA-Verordnung als Implementierungsgrundlage für das Investitionsinstrument aus.

III. Art.40 Abs.1 MiFIR

Gem. Art.40 Abs.1 lit.a) MiFIR kann *ESMA* die Vermarktung, den Vertrieb oder den Verkauf von bestimmten Finanzinstrumenten oder Finanzinstrumenten mit bestimmten Merkmalen verbieten oder beschränken. Daneben besteht dieselbe Befugnis gem. Art.40 Abs.1 lit.b) MiFIR im Hinblick auf eine *bestimmte Form der Finanztätigkeit* bzw. *–praxis*. Diese Eingriffsbefugnis ist für das hier vorgeschlagene Investitionsinstrument dennoch ungeeignet.

Bereits fraglich ist, ob Art.40 Abs.1 MiFIR auf zentrale Gegenparteien anwendbar ist. Bei systematischer Betrachtung soll die Verordnung gem. Art.1 Abs.2 MiFIR grundsätzlich auf bestimmte Kreditinstitute und Wertpapierfirmen im Hinblick auf die Erbringung von Wertpapierdienstleistungen und/oder Anlagetätigkeiten sowie auf Marktbetreiber einschließlich der von ihnen betriebenen Handelsplätze Anwendung finden. Im Umkehrschluss bedeutet dies, dass zentrale Gegenparteien hiervon nicht betroffen sind. Unterstrichen wird dieser Aspekt dadurch, dass in Art.1 Abs.4 MiFIR zentrale Gegenparteien ausdrücklich erwähnt werden und für sie Titel VI der Verordnung für anwendbar erklärt wird. Insofern könnte die Vorschrift auf eine zentrale Gegenpartei gem. Art.1 Abs.2 MiFIR nur Anwendung finden, wenn es sich bei ihr gleichzeitig um ein nach Richtlinie 2013/36/EU zugelassenes Kreditinstitut handelt. Unter einer Zulassung versteht man gem. Art.3 Abs.1 Nr.38 Richtlinie 2013/36/EU i.V.m. Art.4 Abs.1 Nr.42 CRR einen Hoheitsakt gleich welcher Form, mit dem die Behörden das Recht zur Ausübung der Geschäftstätigkeit erteilen. Außerdem versteht man unter einem Kreditinstitut in diesem Sinne ein Unternehmen, dessen Tätigkeit darin besteht, Einlagen oder andere rückzahlbare Gelder des Publikums

---

1586 Erwägungsgrund Nr.4 Leerverkaufsverordnung.

entgegenzunehmen und Kredite für eigene Rechnung zu gewähren (vgl. Art.3 Abs.1 Nr.1 Richtlinie 2013/36/EU i.V.m. Art.4 Abs.1 Nr.1 CRR). Hiernach bestehen bereits Zweifel, ob eine zentrale Gegenpartei überhaupt als Kreditinstitut im materiellen Sinne angesehen werden kann, da beide Aktivitäten *kumulativ* vorliegen müssen.[1587] Aus deutscher Perspektive lässt sich insofern argumentieren, dass beispielsweise die *Eurex Clearing AG* als zentraler Kontrahent von der *BaFin* als Einlagenkreditinstitut angesehen wird und ihr sowohl eine Lizenz für Einlagegschäfte als auch für Kreditgeschäfte erteilt wurde.[1588] Aus rein *nationaler* Sicht handelt es sich daher bei der *Eurex Clearing AG* um ein Kreditinstitut nach dem KWG.

Ob jedoch deshalb alle zentralen Gegenparteien in der Europäischen Union in gleicher Weise nach Art.3 Abs.1 Nr.1 Richtlinie 2013/36/EU i.V.m. Art.4 Abs.1 Nr.1 CRR zwingend als Kreditinstitute angesehen werden müssen, ist fraglich. Zwar ist es richtig, dass ein zentraler Kontrahent Sicherheiten seiner Mitglieder und Kunden in der Regel als Einlagen entgegennimmt, andererseits verteilt eine zentrale Gegenpartei als Abwicklungseinheit und Verrechnungsstelle in der Marktinfrastruktur grundsätzlich keine Kredite für eigene Rechnung, sondern verhält sich nach außen finanzneutral. Darüber hinaus ist das Einlagengeschäft lediglich eine Begleiterscheinung ihrer eigentlichen Funktion als Abwicklungsstelle. Nach ihrem funktionellen Schwerpunkt unterliegt sie den Prinzipien für Finanzmarktinfrastruktur-Anbieter und nicht denen eines Kreditinstituts. Dies spiegelt sich auch in der internationalen Regulierungssystematik wider, die nach Finanzmarktinfrastrukturen und Kreditinstituten unterscheidet. Insgesamt sprechen überzeugende Argumente dafür, Art.40 Abs.1 MiFIR bereits nicht auf zentrale Gegenparteien anzuwenden.

Darüber hinaus ist die Eingriffsbefugnis des Art.40 Abs.1 MiFIR nicht in der Lage, das vorgeschlagene Investitionsinstrument in sachlicher Hinsicht zu verankern. Art.40 Abs.1 lit.a) MiFIR ermöglicht es, die Vermarktung, den Vertrieb oder den Verkauf von Finanzinstrumenten zu beschränken oder zu verbieten. Insoweit soll *ESMA* die Möglichkeit eingeräumt werden, bestimmte Finanzinstrumente von der Angebotsseite her zu regulieren und den Markt vor solchen Produkten zu schützen. Unter Finanzinstrumenten versteht man insbesondere übertragbare Wertpapiere (vgl. Art.4 Abs.1 Nr.15 MiFID-II i.V.m. Anhang I Abschnitt C Nr.1 MiFID-II). Mithin könnten öffentliche Schuldtitel hiervon

---

1587 *Schäfer/Tollmann*, in: Boos/Fischer/Schulte-Mattler, KWG, §1, Rn.10.

1588 *BaFin*, Daten und Dokumente, arufbar unter https://portal.mvp.bafin.de/database/InstInfo/institutDetails.do?cmd=loadInstitutAction&institutId=119203.

erfasst sein. Diese Richtung verfolgt das vorgeschlagene Investitionsinstrument gerade nicht, da es die Nachfrageseite auf Ebene der zentralen Gegenparteien regulieren möchte und die grundsätzliche Vermarktung, den Vertrieb oder den Verkauf dieser Titel nicht in Frage stellt.

Andererseits ermöglicht Art.40 Abs.1 lit.a) MiFIR eine Form der Finanztätigkeit und -praxis zu beschränken oder zu verbieten. Hierunter wäre das Investitionsinstrument zu subsumieren, wollte man die Anlagetätigkeit der zentralen Gegenpartei als Finanztätigkeit oder –praxis verstehen. Allerdings ist diese Eingriffsbefugnis bereits auf heftige Kritik in der Literatur gestoßen. So weisen *Cahn* und *Müchler* zu Recht darauf hin, dass diese Formulierung zu unbestimmt und weitreichend sei. In diesem Zusammenhang zeigen die Autoren richtigerweise auf, dass die Befugnis im Widerspruch zu Art.9 Abs.5 ESMA-Verordnung steht[1589], der es *ESMA* nur erlaubt, „Finanztätigkeiten" zu beschränken oder zu verbieten. Eine weitergehende Befugnis zur Reglementierung von Formen einer Finanzpraxis wird gerade nicht postuliert. Der *Gerichtshof der Europäischen Union* betont zudem in diesem Zusammenhang, dass ein Eingriffsrecht im rechtlichen Rahmen des Art.9 Abs.5 ESMA-Verordnung verankert sein muss, um keine darüber hinausgehenden, eigenständigen Zuständigkeiten der *ESMA* zu begründen.[1590] Da Art.9 Abs.5 ESMA-Verordnung bereits die Beschränkung oder das Verbot von *Finanztätigkeiten* erlaubt, besteht insofern kein Bedürfnis, eine *neue* Eingriffsbefugnis mit demselben Regelungsgehalt zu erlassen.

Weiterhin kann der Wille des Unionsgesetzgebers angeführt werden, der sich lediglich auf die Vermarktung, den Vertrieb oder den Verkauf von Finanzinstrumenten bezieht und nicht auf eine Form von Finanztätigkeit oder -praxis eingeht.[1591] Insofern spricht vieles dafür, dass Art.40 Abs.1 lit.b) MiFIR deklaratorisch zu verstehen ist und *ESMA* keine weitereichenden Befugnisse erteilen soll. Nach alledem eignet sich Art.40 Abs.1 MiFIR nicht als Befugnis für das vorgeschlagene Investitionsinstrument.

IV. Art.45 Abs.1 lit.b) MiFIR

Es kann zudem nicht unterstellt werden, dass das Investitionsinstrument über Art.45 Abs.1 lit.b) MiFIR durchgesetzt werden könnte. Die Vorschrift räumt

---

1589 *Cahn/Müchler*, Produktintervention nach MiFID II, S.12.

1590 *EuGH*, Urteil vom 22.01.2014, Rs.C-270/12, Rn.44 (Vereinigtes Königreich/Rat und Parlament), noch nicht in der allgemeinen Sammlung veröffentlicht (= NJW 2014, 1359 (1360)).

1591 Erwägungsgrund Nr.29 MiFIR.

ESMA die Befugnis ein, *Positionsbeschränkungen* im Hinblick auf Derivatgeschäfte erlassen zu können. Beispielsweise soll *ESMA* Maßnahmen zur Minderung des Volumens oder Beseitigung einer Derivatposition ergreifen können. Zwar könnten diese Positionsbeschränkungen mit den im Rahmen des Investitionsinstruments festzulegenden Konzentrationsgrenzen von ihrer Wirkung her verglichen werden, andererseits bestehen bei Art.45 Abs.1 lit.b) MiFIR grundsätzlich dieselben Zweifel im Hinblick auf die Anwendung auf zentrale Gegenparteien fort wie bei Art.40 Abs.1 MiFIR. Auch umfasst die Vorschrift von ihrem sachlichen Anwendungsbereich und dem Willen des Verordnungsgebers[1592] derivative Positionen, wohingegen sich das Investitionsinstrument auf öffentliche Schuldtitel von Emittenten der Eurozone bezieht. Daher eignet sich Art.45 Abs.1 lit.b) MiFIR ebenfalls nicht als Grundlage für Eingriffe im Rahmen des Investitionsinstruments.

V. Sonstige Eingriffsbefugnisse

Art.69 Abs.2 lit.o) MiFID-II ermöglicht es, von jeder Person verlangen zu können, dass sie Schritte zur Verringerung der Größe einer Position oder offenen Forderung unternimmt. Jedoch ist bereits fraglich, ob die Vorschrift überhaupt Anwendung finden kann. Gem. Art.1 Abs.1 MiFID-II gilt die Richtlinie nur gegenüber Wertpapierfirmen, Marktbetreibern, Datenbereitstellungsdiensten und Drittlandfirmen, die in der Union durch die Einrichtung einer Zweigniederlassung Wertpapierdienstleistungen erbringen oder Anlagetätigkeiten ausüben. Zentrale Gegenparteien werden hingegen nicht angeführt. Nur wenn man trotz der angeführten Bedenken der Ansicht ist, eine zentrale Gegenpartei stelle per se ein nach Richtlinie 2013/36/EU zugelassenes Kreditinstitut dar, ist die Eingriffsbefugnis gem. Art.1 Abs.1 Nr.3 lit.d) MiFID-II anwendbar, sofern sie eine oder mehrere Wertpapierdienstleistungen erbringt und/oder Anlagetätigkeiten ausübt. Jedenfalls besteht die Befugnis für national zuständige Aufsichtsbehörden und nicht für *ESMA*, sodass sie keine Grundlage für das vorgeschlagene Investitionsinstrument sein kann.

Aus dem gleichen Grund scheitert Art.42 Abs.1 MiFIR, der sich ebenfalls an die national zuständigen Aufsichtsbehörden richtet. Art.41 Abs.1 MiFIR bezieht sich auf strukturierte Einlagen und gewährt nicht *ESMA*, sondern *EBA* Eingriffsbefugnisse. Zusammenfassend sind diese weiteren Eingriffsbefugnisse ebenfalls ungeeignet, das zu betrachtende Instrument zu umfassen.

1592 Erwägungsgrund Nr.30 MiFIR.

B. Entwicklung einer neuen Eingriffsbefugnis

Da die derzeitige Rechtslage keine Eingriffsbefugnis bietet, unter die das Investitionsinstrument zu subsumieren ist, ist die Schaffung einer neuen Eingriffsbefugnis zu diskutieren. In diesem Zusammenhang darf nicht außer Acht gelassen werden, dass die Aufsicht zentraler Gegenparteien durch den europäischen Verordnungsgeber grundsätzlich auf nationaler Ebene angesiedelt wurde und somit nur restriktiv von Eingriffen durch *ESMA* Gebrauch gemacht werden darf.

Insoweit ist zu prüfen, welche Voraussetzungen die ESMA-Verordnung selbst aufstellt. Daraufhin wird die Entwicklung einer neuen Rechtsgrundlage zu untersuchen sein. Aus dieser Perspektive stellt sich die Frage, ob der Unionsgesetzgeber eine solche Befugnis auf *ESMA* übertragen kann, welche Maßstäbe anzusetzen sind und welche Grenzen bestehen. Zudem muss eine unionsrechtliche Kompetenznorm ausfindig gemacht werden, die das Investitionsinstrument beinhalten kann. Letztlich stellen sich weitere unionsrechtliche Grenzen.

I. Voraussetzungen des Art.9 Abs.5 ESMA-Verordnung

Anknüpfungspunkt für die Untersuchung ist Art.9 Abs.5 ESMA-Verordnung, der den rechtlichen „Rahmen für Interventionsmaßnahmen“[1593] bildet. Hiernach kann *ESMA* bestimmte Finanztätigkeiten, durch die das ordnungsgemäße Funktionieren und die Integrität der Finanzmärkte oder die Stabilität des Finanzsystems in der Union als Ganzes oder in Teilen gefährdet wird, in den Fällen und unter den Bedingungen, die in den in Art.1 Abs.2 ESMA-Verordnung genannten Gesetzgebungsakten festgelegt sind, vorübergehend verbieten oder beschränken.[1594]

Fraglich ist zunächst, ob es sich bei der Investitionspolitik einer zentralen Gegenpartei um eine Finanztätigkeit i.S.d. Art.9 Abs.5 ESMA-Verordnung handelt. Zieht man den Wortlaut des Begriffs „Finanztätigkeiten“ heran, könnten hierunter nur Geschäfte zur Geldmittelbeschaffung bzw. –vergabe verstanden werden. Andererseits zeichnen sich solche Tätigkeiten allgemein durch ihren geldlichen Charakter aus, sodass man davon ausgehen kann, dass die Geldmittel*verwendung* mitumfasst sein müsste. Für diese Beurteilung spricht im vorliegenden Fall ebenfalls, dass eine zentrale Gegenpartei ihre Investitionsmittel zu einem Großteil von ihren Mitgliedern im Rahmen der Einschusszahlungen erlangt und

---

1593 *Cahn/Müchler*, Produktintervention nach MiFID II, S.5.

1594 *Anmerkung*: Die zweite Alternative, die auf den Krisenfall gem. Art.18 ESMA-Verordnung abstellt ist wegen den oben beschriebenen politischen Hürden und rechtlichen Ausgestaltungsspielräumen wenig zielführend (siehe Kapitel 3, Abschnitt 4, §3, Unterpunkt A).

die Investitionspolitik somit in einem engen Zusammenhang zur Mittelbeschaffung steht. Es kann demzufolge von einer Finanztätigkeit der *CCP* ausgegangen werden.

Da das Instrument so konzipiert sein soll, dass es nur ein *temporäres* Verbot postuliert, handelt es sich nicht um ein dauerhaftes Mittel. Somit erfüllt es die Voraussetzung einer vorübergehenden Maßnahme i.S.d. Art.9 Abs.5 ESMA-Verordnung.

Weiterhin ist es vor dem Hintergrund von Art.9 Abs.5 ESMA-Verordnung erforderlich, dass es sich um eine Finanztätigkeit handelt, durch die das ordnungsgemäße Funktionieren und die Integrität der Finanzmärkte oder die Stabilität des Finanzsystems in der Union als Ganzes oder in Teilen gefährdet wird. Im vorliegenden Fall müsste daher die Gefährdung einer zentralen Gegenpartei überhaupt ein solches Gefährdungspotential aufweisen können. Wie bereits oben dargelegt[1595], kommt der zentralen Gegenpartei eine enorme finanz- und volkswirtschaftliche Bedeutung zu. Zum einen ist sie unter Marktinfrastrukturgesichtspunkten ein bedeutender Knotenpunkt, der die Abwicklung von Derivatgeschäften und anderen Finanzgeschäften ermöglichen soll und mithin zum ordnungsgemäßen Funktionieren der Finanzmärkte beiträgt. Weiterhin ist sie mit zahlreichen Clearingmitgliedern und Kunden in vielfacher Weise auf nationaler, europäischer und internationaler Ebene verflochten, denen außerdem selbst aufgrund ihrer Größe und Verflechtung systemische Relevanz zukommen kann. Betrachtet man daneben die in der Regel meist erhebliche Größe eines zentralen Kontrahenten wird deutlich, dass er insgesamt systemrelevant ist und eine Störung somit nicht nur das ordnungsgemäße Funktionieren der Finanzmärkte, sondern ebenso die Stabilität des Finanzsystems in der Union zumindest in Teilen gefährden kann. Insoweit kann eine zentrale Gegenpartei grundsätzlich die in Art.9 Abs.5 ESMA-Verordnung dargelegten Auswirkungen entfalten.

Für den Einsatz des Investitionsinstruments ist zudem erforderlich, dass das ordnungsgemäße Funktionieren und die Integrität der Finanzmärkte oder die Stabilität des Finanzsystems in der Union als Ganzes oder in Teilen gefährdet wird. Dies ist der Fall, wenn für eine zentrale Gegenpartei die Gefahr besteht, dass es wegen ihrer Anlagepolitik zu finanziellen Instabilitäten kommen kann. Dabei ist es grundsätzlich bereits ausreichend, wenn nur eine zentrale Gegenpartei gefährdet wird. Es ist jedoch nicht ausgeschlossen, dass in der vorliegenden Ausgangslage mehrere zentrale Gegenparteien zugleich einem solchen Risiko unterliegen, wenn sie in ein gleiches Produkt oder gleiche Produkte investieren.

1595 Siehe Kapitel 3, Abschnitt 1, §5, Unterpunkt A.

Für die Beurteilung einer drohenden finanziellen Instabilität einer oder mehrerer *CCPs* sollten nicht zu strenge Maßstäbe angelegt werden, da das Investitionsinstrument präventiv wirken soll. Daher wäre es zu hoch gegriffen, würde man eine finanzielle Instabilität erst in einer Situation bejahen, die eine Insolvenz der zentralen Gegenpartei mit hoher Wahrscheinlichkeit zur Folge hätte. Vielmehr sollte es ausreichen, wenn sie durch ihre Anlagepolitik hohe finanzielle Verluste erleiden könnte.

Vor dem Hintergrund der obigen Ausführungen[1596] kann eine zentrale Gegenpartei unter zwei Voraussetzungen solche Verluste erleiden. Erstens muss das Anlageobjekt – oder auch die Anlageobjekte – ein gewisses Risikopotential aufweisen. Beispielsweise könnte zu befürchten sein, dass sich die Bonität des betreffenden Emittenten bzw. seine Schuldentragfähigkeit verschlechtern oder eine solche Entwicklung bereits eingetreten ist. Dann besteht die Gefahr, dass sich der Wert der Anlage am Kapitalmarkt negativ entwickeln und ihre Liquidität abnehmen wird, sodass sie nur mit signifikanten Verlusten verkauft werden könnte. Sollte der Titel gehalten werden, sei es aus investitionstaktischen Gründen oder weil sogar der Handel zukünftig nicht mehr stattfindet, könnten enorme finanzielle Verluste im Rahmen von Schuldenschnitten oder, im schlimmsten Fall, Komplettausfälle drohen. Für das vorgeschlagene Investitionsinstrument bedeutet dies, dass zu beurteilen ist, wann eine Staatsanleihe der Eurozone ein erhebliches Risikopotential aufweist. Dies sollte durch den Unionsgesetzgeber möglichst detailliert und objektiv festgelegt werden. Zwar kommt ihm hierbei grundsätzlich ein weiter Ermessensspielraum zu, jedoch sollten die oben charakterisierten Entscheidungskriterien und insbesondere die beschriebenen Fundamentalfaktoren angeführt werden.[1597] Außerdem sollte die Gewichtung vorgeschrieben werden, wobei dem Unionsgesetzgeber ebenfalls ein entsprechendes Ermessen zugestanden werden muss. Zweitens muss eine zentrale Gegenpartei in erheblichem Maße in den oder die betroffenen Werte investiert haben. Auch hier sollte der Unionsgesetzgeber festlegen, wann eine solche Situation vorliegt. Beispielsweise könnte er im Rahmen seines Ermessens das Investitionsvolumen des betreffenden Anlagegegenstands in das Verhältnis zum Gesamtinvestitionsvolumen setzen und einen Grenzwert festlegen.

Letztlich muss sich das Investitionsinstrument gem. Art.9 Abs.5 ESMA-Verordnung im Aufgabenbereich der *ESMA* befinden. Da keiner der in Art.1 Abs.2 ESMA-Verordnung aufgelisteten Gesetzgebungsakte den Aufgabenbereich für eine

---

1596 Siehe Kapitel 3, Abschnitt 4, §2, Unterpunkt C.

1597 Siehe Kapitel 3, Abschnitt 3, §1, Unterpunkt B II.

solche Investitionsbeschränkung umfasst, müsste vorliegend ein neuer verbindlicher Rechtsakt geschaffen werden, der der Behörde in diesem Zusammenhang Aufgaben überträgt (vgl. Art.1 Abs.2 letzter Halbsatz ESMA-Verordnung).

II. Erlass eines neuen Rechtsakts

Im Folgenden soll der Erlass eines neuen Rechtsakts diskutiert werden, der das vorgeschlagene Investitionsinstrument beinhaltet. Dabei stellt sich zunächst die Frage, ob die mit dem Investitionsinstrument verbundene Befugnis *ESMA* im Rahmen eines neu vom Unionsgesetzgeber zu erlassenden Rechtsakts in rechtlicher Hinsicht übertragen werden kann. Anschließend werden unionsrechtliche Schranken einer Befugnisübertragung untersucht. Daraufhin muss eine entsprechende Rechtsgrundlage ausfindig gemacht werden. Letztlich sind weitere unionsrechtliche Grenzen zu beachten wie das Subsidiaritätsprinzip und der Grundsatz der Verhältnismäßigkeit.

1. Befugnisübertragung auf ESMA

Die mit dem Investitionsinstrument verbundene Befugnis muss in rechtlich zulässiger Weise vom Unionsgesetzgeber auf *ESMA* übertragen werden. Eine ausdrückliche Regelung findet sich im europäischen Primärrecht nicht. Daher stellt sich die Frage, welcher Maßstab und welche Voraussetzungen an eine solche Befugnisübertragung zu stellen sind. Danach ist zu untersuchen, ob das Instrument diese Vorgaben erfüllt.

a) Maßstab und Voraussetzungen

Ruffert spricht sich dafür aus, die Möglichkeit und Grenzen einer Befugnisübertragung an Agenturen aus den unionsrechtlichen Prinzipien des Lissaboner Vertrags, namentlich dem Prinzip der repräsentativen Demokratie gem. Art.10 Abs.2 EUV, dem Prinzip der parlamentarischen Verantwortung der Kommission gem. Art.17 Abs.1 S.2 AEUV und dem Unabhängigkeitsprinzip des Art.298 AEUV zu entwickeln.[1598] Andererseits hat der *Gerichtshof der Europäischen Union* in der Rechtssache *Meroni/Hohe Behörde* Grundsätze für die Reichweite einer Befugnisübertragung entwickelt.[1599] Diese Leitlinien bilden ungeschriebenes Verfassungsrecht für den Bereich der horizontalen Gewaltenteilung im Hinblick auf das institutionelle Gleichgewicht.[1600] In dem Urteil aus dem Jahr 1958 hat der

---

1598 *Ruffert*, in: FS Scheuing, Die neue Unabhängigkeit: Zur demokratischen Legitimation von Agenturen im europäischen Verwaltungsrecht, 399 (403).

1599 *EuGH*, Urteil vom 13.06.1958, Rs.9–56, Slg. 1958, 11 (Meroni/Hohe Behörde).

1600 *Ohler*, Anmerkung zum Urteil des EuGH, Rs.C-270/12, JZ 2014, 249 (249).

Europäische Gerichtshof festgehalten, dass eine Übertragung von Befugnissen auf Organe außerhalb des primärrechtlichen institutionellen Rahmens zu keiner tatsächlichen Verlagerung der Verantwortung führen dürfe, weil dann an die Stelle des Ermessens der übertragenden Behörde das Ermessen der beauftragten Stelle trete.[1601] Dies sei insbesondere dann der Fall, wenn eine Ermessensfreiheit eingeräumt werde, die „weitreichende Ermessensentscheidungen ermögliche". Daher dürften nur genau umgrenzte Ausführungsbefugnisse übertragen werden, wobei die Ausübung beaufsichtigt werden muss.[1602]

Ob dieser Maßstab auf das vorliegende Investitionsinstrument sinnvollerweise anzuwenden ist, kann bezweifelt werden. So befasste sich das Urteil mit der Problematik, ob die damalige *Hohe Behörde* die ihr aus dem EGKS-Vertrag zugewiesenen Befugnisse auf privatrechtliche Verbände übertragen konnte. Heutzutage ist *ESMA* durch den Unionsgesetzgeber gerade geschaffen worden, um Befugnisse im Bereich der Kapitalmärkte auszuüben. Außerdem können Beschlüsse der *ESMA* durch den Beschwerdeausschuss gem. Art.60 ESMA-Verordnung bzw. durch eine Klage vor dem Gerichtshof der Europäischen Union gem. Art.61 ESMA-Verordnung i.V.m. Art.263 AEUV überprüft werden. Die europäische Integration ist bislang weit fortgeschritten, sodass zumindest die durch das Urteil ausgedrückten Bedenken einer mangelnden Kontrolle für eine Entscheidung über die Befugnisübertragung auf Agenturen heutzutage relativiert sind. Daher wird bezweifelt, ob die Grundsätze der *Meroni*-Rechtsprechung noch zeitgemäß sind und auf Agenturen übertragen werden können.[1603] Außerdem könnten vorliegend Zweifel an der Anwendung der *Meroni*-Doktrin bestehen, da hier *ESMA* keine übertragenen Befugnisse einer Behörde weiterübertragen werden sollen, sondern direkt vom Unionsgesetzgeber eingeräumt werden.[1604]

Dennoch kommt der *Meroni*-Doktrin weiterhin Relevanz zu, da der *Gerichtshof der Europäischen Union* sie auch für die Frage einer Befugnisübertragung

---

1601 *EuGH*, Urteil vom 13.06.1958, Rs.9–56, Slg. 1958, 11, S.44 (Meroni/Hohe Behörde).

1602 *EuGH*, Urteil vom 13.06.1958, Rs.9–56, Slg. 1958, 11, S.47 (Meroni/Hohe Behörde).

1603 *Ruffert*, Rechtsgrundlagen und Rechtssetzungsbefugnisse von Agenturen, JuS 2014, 279 (280); *Ruffert*, in: FS Scheuing, Die neue Unabhängigkeit: Zur demokratischen Legitimation von Agenturen im europäischen Verwaltungsrecht, 399 (403); *Ohler*, Anmerkung zum Urteil des EuGH, Rs.C-270/12, JZ 2014, 249 (250); kritisch auch *Ludwigs*, Das veränderte Machtgefüge der Institutionen nach dem Dritten EU-Binnenmarktpaket, DVBl. 2011, 61 (65).

1604 *Orator*, Die unionsrechtliche Zulässigkeit von Eingriffsbefugnissen der ESMA im Bereich von Leerverkäufen, EuZW 2013, 852 (854); *Jääskinen*, Schlussanträge zu Rs.C-270/12, Rn.90f.

auf *ESMA* anwendet.[1605] Generalanwalt *Jääskinen* hat in diesem Verfahren im Rahmen seiner Schlussanträge Leitbilder für den Umfang der Befugnisübertragung herauskristallisiert, die auch für das vorliegende Investitionsinstrument herangezogen werden können. Die Übertragung auf *ESMA* darf nicht zu übermäßig weitreichenden oder willkürlichen Durchführungsbefugnissen führen. Die Befugnisse müssen daher hinreichend bestimmt und ihre Grenzen klar definiert sein, sodass das institutionelle Gleichgewicht gewahrt und eine gerichtliche Überprüfung möglich ist. Zudem gebietet der Vorrang des demokratischen Gesetzgebers, dass die Rechtsetzung nicht so unbestimmt sein darf, dass wesentliche politische Entscheidungen oder Wertentscheidungen erst auf Durchführungsebene getroffen werden.[1606]

b) Übertragung auf das vorgeschlagene Investitionsinstrument

Vorliegend soll *ESMA* im Rahmen des Investitionsinstruments die Möglichkeit eingeräumt werden, Konzentrationsgrenzen gegenüber zentralen Gegenparteien für Staatsanleihen der Eurozone zu erlassen. Die Ausübung dieser Befugnisse wird in mehrfacher Hinsicht konkretisiert und definiert.

Eine solche Maßnahme soll nur in eng umgrenzten Ausnahmefällen möglich sein, wenn das ordnungsgemäße Funktionieren und die Integrität der Finanzmärkte oder die Stabilität des Finanzsystems in der Union als Ganzes oder in Teilen gefährdet wird. Diese allgemeinen Voraussetzungen sollen durch den Unionsgesetzgeber insoweit präzisiert werden, als die finanzielle Stabilität einer zentralen Gegenpartei gefährdet sein soll. Dies soll vorliegen, wenn ihre Anlagepolitik zu erheblichen finanziellen Verlusten führen kann, sie also in ein oder mehrere Staatsanleihen der Eurozone mit einem signifikanten Risikopotential in erheblichem Maße investiert hat. Bereits diese Ausgestaltung dürfte nach den Maßgaben des Gerichtshofs der Europäischen Union mit den Grundsätzen *Meroni/Hohe Behörde* in Einklang stehen.

Diese Voraussetzungen sollen abermals durch den Unionsgesetzgeber anhand objektiver Tatbestandsmerkmale spezifiziert werden, um die Befugnisübertragung weiter einzugrenzen. Für die Ermittlung des Risikogehalts der Anlage soll der Unionsgesetzgeber genaue Entscheidungskriterien, insbesondere die dargestellten Fundamentalfaktoren, vorgeben und gewichten, sodass *ESMA* insoweit für

1605 *EuGH*, Urteil vom 22.01.2014, Rs.C-270/12, Rn.41ff. (Vereinigtes Königreich/Rat und Parlament), noch nicht in der allgemeinen Sammlung veröffentlicht (= NJW 2014, 1359 (1360)).

1606 *Jääskinen*, Schlussanträge zu Rs.C-270/12, Rn.92,93; vgl. auch *Ohler*, Anmerkung zum Urteil des EuGH, Rs.C-270/12, JZ 2014, 249 (250).

die Bildung der Entscheidungsgrundlage kein wesentlicher Spielraum zukommt. Gerade durch den Rückgriff auf und durch die Gewichtung der Fundamentalfaktoren werden zudem objektive Maßstäbe zugrunde gelegt, die im Zweifel gerichtlich überprüft werden können. Weiterhin soll die Ermittlung des erheblichen Investitionsvolumens durch den Unionsgesetzgeber festgelegt werden. Durch all diese Faktoren wird der Beurteilungsspielraum der Behörde eingegrenzt.

Trotz dieser Begrenzungen kommt *ESMA* ein gewisser Spielraum zu, indem sie die vorgegebenen Entscheidungskriterien in tatsächlicher Art einer Bewertung zuführen muss und eine konkrete Grenze festlegen kann. Dieser Freiraum knüpft jedoch nicht an ein durch das Investitionsinstrument eingeräumtes Ermessen an, sondern bezieht sich auf Tatsachenbeurteilungen, für die spezielle technische und fachliche Kompetenzen erforderlich sind. Insofern wäre die Festlegung von genauen Grenzwerten für die Fundamentalfaktoren oder Konzentrationsgrenzen aus regulatorischer Sicht nicht in angemessener Weise festzulegen, sondern muss nach einer Beurteilung der Gesamtumstände erfolgen. In diesem Zusammenhang weist Generalanwalt *Jääskinen* in einem ähnlichen Fall zu Recht darauf hin, dass *ESMA* gerade zum Zweck der Beurteilung komplexer Tatsachenbeurteilungen geschaffen wurde.[1607] Auch die europäische Judikatur spricht *ESMA* die Möglichkeit zu, komplexe Tatsachenbeurteilungen technischer oder fachlicher Art vornehmen zu können.[1608] Die technischen und fachlichen Kompetenzen von *ESMA*, gepaart mit der vorherigen Konsultation des *ESRB*, erlauben es somit eine fundierte, von politischen Einflüssen freie, objektiv nachprüfbare Entscheidung zu treffen, die keinem Ermessen obliegt.

Weiterhin muss *ESMA* berücksichtigen, ob eine oder mehrere Behörden Maßnahmen ergriffen haben, die der Bedrohung nicht in angemessener Weise gerecht werden und ob die Maßnahme die Effizienz der Finanzmärkte im Vergleich zum Nutzen der Maßnahme nicht unverhältnismäßig beeinträchtigt. Zwar räumen diese beiden Vorgaben *ESMA* einen gewissen Spielraum ein. Hieraus kann aber nicht mit *Skowron*[1609] geschlussfolgert werden, dass ein Verstoß gegen die *Meroni*-Kriterien vorliegt. Die in der Rechtssache *Meroni/Hohe Behörde* aufgestellten Grundsätze verbieten gerade nicht die Übertragung jeglichen Ermessens,

---

1607 *Jääskinen*, Schlussanträge zu Rs.C-270/12, Rn.99.

1608 *EuGH*, Urteil vom 22.01.2014, Rs.C-270/12, Vereinigtes Königreich/Rat und Parlament, Rn.52, noch nicht in der allgemeinen Sammlung veröffentlicht (= NJW 2014, 1359 (1360)); *Ohler*, Anmerkung zum Urteil des EuGH, Rs.C-270/12, JZ 2014, 249 (250), der im konkreten Fall die Entscheidung als „noch vertretbar“ bezeichnet.

1609 *Skowron*, Rechtmäßigkeit der Eingriffsbefugnisse der ESMA nach Art.28 Leerverkaufsverordnung, EuZW 2014, 349 (351).

sondern fordern vielmehr, dass keine weitreichenden Ermessensentscheidungen übertragen werden dürfen. Außerdem sollen die beiden Vorgaben gerade den Handlungsspielraum der Behörde im Hinblick auf das Investitionsinstrument beschränken.[1610] Zudem muss *ESMA* bereits wegen des primärrechtlich verankerten Subsidiaritätsprinzips beachten, ob auf nationaler Ebene ausreichende Maßnahmen getroffen wurden. Letztlich wäre es schlechthin nicht erträglich, wenn *ESMA* sehenden Auges eine Entscheidung treffen müsste, die mit erheblichen negativen Konsequenzen für den Kapitalmarkt verbunden wäre.

In der Rechtsfolge kommt *ESMA* kein Entschließungsermessen zu. Liegen die Voraussetzungen des Investitionsinstruments vor, kann die Behörde nicht mehr entscheiden, ob sie handelt oder nicht. Daneben ist sie auf die Festlegung von Konzentrationsgrenzen beschränkt, sodass ihr insoweit kein Auswahlermessen für die Form des Mittels zukommt. Diese Befugnis steht außerdem im Einklang mit Art.9 Abs.5 EMSA-Verordnung, der explizit die Beschränkung einer Finanztätigkeit vorsieht. Auch kommt ihr kein Auswahlermessen bezüglich der zentralen Gegenparteien zu. Denn sollte sie nach ihrer Tatsachenbeurteilung zu dem Ergebnis kommen, dass eine zentrale Gegenpartei in dem vom Unionsgesetzgeber festgelegten Umfang in risikoreiche öffentliche Schuldtitel investiert hat, kann sie insofern keine Abweichungen vornehmen.

Darüber hinaus werden *ESMA* durch das Investitionsinstrument keine politischen Entscheidungsbefugnisse übertragen. Zwar könnte man mit *Ohler*[1611] argumentieren, dass Finanzkrisen solch komplexe Sachverhalte darstellen, dass die Frage, wie sie angemessen zu bewältigen seien, nur durch schwierige und überwiegend politische Bewertungen getroffen werden müssen. Dem kann jedoch entgegengehalten werden, dass die zu erlassende Verordnung keine umfassende Bewertungsbefugnis über politische Handlungsstrategien zur Lösung von Finanzkrisen, insbesondere im Zusammenhang mit öffentlichen Schuldtiteln, einräumt. Vielmehr wird durch den Unionsgesetzgeber die politische Bewertung getroffen, dass die Anlage in Staatsanleihen der Eurozone, trotz ihrer grundsätzlich wichtigen und positiven Funktion, in Ausnahmefällen negative Folgen für die Kapitalerhaltung einer zentralen Gegenpartei haben kann. *ESMA* wird lediglich die Befugnis erteilt, in solchen Fällen Konzentrationsgrenzen festzulegen. Hierdurch wird erkennbar, dass die politische Entscheidung, wie auf eine solche Gefahrensituation angemessen zu reagieren ist, bereits durch den Unionsgesetzgeber

---

1610 So auch für den Fall des Art.28 Leerverkaufsverordnung: *EuGH*, Urteil vom 22.01.2014, Rs.C-270/12, Rn.47 (Vereinigtes Königreich/Rat und Parlament), noch nicht in der allgemeinen Sammlung veröffentlicht (= NJW 2014, 1359 (1360)).

1611 *Ohler*, Anmerkung zum Urteil des EuGH, Rs.C-270/12, JZ 2014, 249 (250).

getroffen wurde. *Ruffert*[1612] zeigt richtigerweise ein gewisses Konfliktpotential auf, wonach auch technischen Normen politische Entscheidungen innewohnen, wie beispielsweise über das akzeptierte Risiko. Für das vorgeschlagene Investitionsinstrument kann dieser Gedanke jedoch nicht überzeugen, da das akzeptierte Risiko durch objektive Entscheidungskriterien gelenkt wird, die auf politischer Basis getroffen werden. Folglich wird das Instrument von politischen Entscheidungen freigestellt und auf objektiv nachprüfbare Faktoren beschränkt.

Daneben ergibt sich kein „Zuständigkeitsproblem"[1613], weil grundsätzlich der Rat gem. Art.18 ESMA-Verordnung einen Krisenfall feststellen soll. Wie sich aus Art.9 Abs.5 ESMA-Verordnung ergibt, kann *ESMA* eine bestimmte gefährliche Finanztätigkeit, auch in den Fällen und unter den Bedingungen eines Gesetzgebungsaktes, beschränken oder verbieten. Demnach wird der Behörde eine alternative Befugnis eingeräumt, Maßnahmen zu ergreifen, soweit der Unionsgesetzgeber im Voraus bestimmte Finanztätigkeiten als mit einem erheblichen Gefahrpotential verbunden ansieht und entsprechende Festlegungen getroffen hat. Dies ist bei dem hier vorgeschlagenen Investitionsinstrument zu bejahen.

Schließlich wird das Investitionsinstrument durch mehrere verfahrensrechtliche Vorkehrungen flankiert. So darf *ESMA* Konzentrationsgrenzen nur zeitlich beschränkt festlegen und muss die Maßnahme regelmäßig, mindestens jedoch alle sechs Monate überprüfen. Außerdem muss sie vor einer Entscheidung *ESRB* konsultieren, wodurch eine breitere Entscheidungsgrundlage geschaffen wird. Letztlich müssen die betroffenen nationalen Aufsichtsbehörden unterrichtet werden. Diese Maßgaben knüpfen zwar richtigerweise nicht an ein etwaiges Ermessen an[1614], bilden jedoch weitere Umgrenzungen der Ausführungsbefugnis und steigern dadurch ihre Legitimation. Nach diesen Ausführungen ist die vorliegende Befugnisübertragung mit den Grundsätzen der *Meroni*-Doktrin vereinbar.

2. Unionsrechtliche Schranken der Befugnisübertragung

Die Artt.290, 291 Abs.2 AEUV könnten einer Übertragung der Befugnisse des vorgeschlagenen Investitionsinstruments auf *ESMA* entgegenstehen. Diese Normen sind im Zusammenhang mit normativen Rechtsakten zu sehen.

1612 *Ruffert*, Rechtsgrundlagen und Rechtsetzungsbefugnisse von Agenturen, JuS 2014, 279 (281).

1613 *Ohler*, Anmerkung zum Urteil des EuGH, Rs.C-270/12, JZ 2014, 249 (250).

1614 *Skowron*, Rechtmäßigkeit der Eingriffsbefugnisse der ESMA nach Art.28 Leerverkaufsverordnung, EuZW 2014, 349 (351).

a) Art.290 AEUV: Delegation von Rechtsetzungsbefugnissen

Art.290 AEUV konzentriert sich vor dem Hintergrund der demokratischen Rechenschaftspflicht auf die Frage, in welchem Umfang legislative Befugnisse übertragen werden dürfen und wie deren Ausübung kontrolliert werden kann.[1615] So ist die Übertragung von Befugnissen im Rahmen des Art.290 AEUV mit der Ergänzung oder Änderung bestimmter, nicht wesentlicher Vorschriften eines Gesetzgebungsaktes zu sehen, womit ausschließlich die Europäische Kommission betraut werden kann. Unter Ergänzungen werden alle Maßnahmen verstanden, die der inhaltlichen Ausfüllung und Konkretisierung der Vorgaben des Basisrechtsakts dienen oder in weitere Bereiche hineingehen.[1616] Unter einer Änderung werden alle Rechtsakte verstanden, die den normativen Gehalt des Basisrechtsakts ändern, indem sie den bisherigen Regelungsinhalt aktualisieren oder an neuere Entwicklungen anpassen.[1617] Somit soll die Rolle der Europäischen Kommission als primäres Gubernativorgan gestärkt, die Funktion des Rats im Rechtssetzungsprozess deutlicher abgegrenzt und die Umgehung parlamentarischer Kontrolle verhindert werden.[1618] Eine Delegation kommt nur unter engen Voraussetzungen, wie unter Beachtung des Wesentlichkeitsvorbehalts in Frage und unterliegt der parlamentarischen Kontrolle.[1619] Daher ist fragwürdig, ob Art.290 AEUV einer Übertragung der Befugnisse des Investitionsinstruments auf *ESMA* entgegensteht.[1620]

Das vorgeschlagene Investitionsinstrument steht allerdings aus mehreren Gründen nicht im Konflikt zu dieser Schranke. Zunächst wird *ESMA* durch das Investitionsinstrument nicht zur materiellen Gesetzgebung ermächtigt. Insofern weisen die Beschlüsse, die auf Grundlage des Instruments getroffen werden können, wenn überhaupt, nur einen begrenzt normativen Charakter auf. Der Adressatenkreis ist auf zentrale Gegenparteien mit Sitz in der Europäischen Union eingegrenzt. Daneben ist der sachliche Bereich auf Staatsanleihen der Eurozone beschränkt und

---

1615 *Jääskinen*, Schlussanträge zu Rs.C-270/12, Rn.83.

1616 *Nettesheim,* in: Grabitz/Hilf/ders., Art.290 AEUV, Rn.34.

1617 *Gellermann,* in: Streinz, EUV/AEUV, Art.290 AEUV, Rn.6.

1618 *Nettesheim,* in: Grabitz/Hilf/ders., Art.290 AEUV, Rn.30.

1619 *Ohler*, Anmerkung zum Urteil des EuGH, Rs.C-270/12, JZ 2014, 249 (251).

1620 Siehe hierzu: *EuGH*, Urteil vom 22.01.2014, Rs.C-270/12, Rn.78ff. (Vereinigtes Königreich/Rat und Parlament), noch nicht in der allgemeinen Sammlung veröffentlicht (= NJW 2014, 1359 (1361)); kritisch: *Skowron,* Rechtmäßigkeit der Eingriffsbefugnisse der ESMA nach Art.28 Leerverkaufsverordnung, EuZW 2014, 349 (353); *Ohler*, Anmerkung zum Urteil des EuGH, Rs.C-270/12, JZ 2014, 249 (251); *Ruffert*, Rechtsgrundlagen und Rechtsetzungsbefugnisse von Agenturen, JuS 2014, 279 (281).

unterliegt zudem einer zeitlichen Komponente. Zwar soll das Instrument an künftige Entwicklungen angepasst und insbesondere die Entscheidungskriterien im Zuge eines flexiblen Ansatzes überarbeitet werden können, diese Änderung soll aber dem Unionsgesetzgeber obliegen und nicht *ESMA* überlassen werden, sodass Art.290 AEUV unter diesem Gesichtspunkt nicht tangiert wird. Zudem wird *ESMA* nicht zur Ergänzung eines Rechtsakts i.S.d. Art.290 AEUV ermächtigt. Der Inhalt des Investitionsinstruments soll allein durch den Unionsgesetzgeber ausgestaltet werden, der zudem die Möglichkeit hat, Anpassungen vorzunehmen. Aus diesen Gründen liegt kein Fall delegierter Rechtssetzungsbefugnisse vor, sondern die Übertragung exekutiver Durchführungsbefugnisse.

b) Art.291 AEUV: Durchführungsrechtsakte

Grundsätzlich obliegt es den Mitgliedsstaaten, die Rechtsakte der Europäischen Union durchzuführen (vgl. Art.291 Abs.1 AEUV; Art.5 EUV). Vom Sinn und Zweck knüpft Art.291 AEUV mithin an die originäre Zuständigkeit der Mitgliedsstaaten für die Umsetzung des Unionsrechts und an das institutionelle Gleichgewicht zwischen Rat und Kommission an.[1621] Demnach können der Europäischen Kommission oder dem Rat nur ausnahmsweise Durchführungsbefugnisse übertragen werden, wenn es einheitlicher Bedingungen für die Durchführung verbindlicher Rechtsakte der Union bedarf (vgl. Art.291 Abs.2 AEUV). Insofern ermöglicht Art.291 Abs.2 AEUV die Übertragung konkretisierender Durchführungsrechtsakte, wozu insbesondere Durchführungsverordnungen und Durchführungsbeschlüsse zählen.[1622]

Agenturen werden als Rechtsträger von Durchführungsbefugnissen nicht ausdrücklich erwähnt. Insofern stellt sich die Frage, ob *ESMA* im Rahmen des Investitionsinstruments die Befugnis übertragen werden kann, Beschlüsse i.S.d. Art.288 AEUV zu erlassen. *Ludwigs* möchte in diesem Zusammenhang Art.291 AEUV dahingehend auslegen, dass der Verfassungsgeber bereits der Gründung von Agenturen restriktiv gegenüber stehe[1623], sodass dies erst Recht für die Übertragung von Durchführungsbefugnissen gelten müsse.[1624] Andererseits geht der

1621 *Jääskinen*, Schlussanträge zu Rs.C-270/12, Rn.83.

1622 *Ruffert*, in: Calliess/Ruffert, EUV/AEUV, Art.291 AEUV, Rn.11.

1623 *Ludwigs*, Das veränderte Machtgefüge der Institutionen nach dem Dritten EU-Binnenmarktpaket, DVBl. 2011, 61 (65).

1624 *Anmerkung*: *Skowron* möchte bereits die Aufgabenübertragung auf Agenturen mangels Ermächtigungsgrundlage im AEUV für nichtig erachten (vgl. *Skowron*, Rechtmäßigkeit der Eingriffsbefugnisse der ESMA nach Art.28 Leerverkaufsverordnung, EuZW 2014, 349 (353)).

Vertrag von Lissabon an verschiedenen Stellen von der Existenz von Agenturen aus. So obliegt die Rechtmäßigkeit der Handlungen von Agenturen gem. Art.263 Abs.1 S.2 AEUV der Kontrolle durch den Gerichtshof der Europäischen Union und sie können im Rahmen der Untätigkeitsklage zu Maßnahmen verpflichtet werden (vgl. Art.265 Abs.1 S.2 i.V.m. Art.266 Abs.1 AEUV). Weiterhin können Fragen im Hinblick auf die Gültigkeit oder Auslegung von Handlungen dieser Stellen von nationalen Gerichten dem Gerichtshof der Europäischen Union gem. Art.267 Abs.1 lit.b) AEUV zur Vorabentscheidung vorgelegt werden. Dem kann zwar in systematischer Hinsicht entgegengehalten werden, dass diese Vorschriften im Zusammenhang mit dem Gerichtshof der Europäischen Union stehen und keine institutionellen Bestimmungen beinhalten.[1625] Dennoch zeigt dieses Regelungsgefüge, dass indirekt von Durchführungsbefugnissen von Agenturen ausgegangen wird. Daher betont der *Gerichtshof der Europäischen Union*, dass aus den Artt.290, 291 AEUV nicht die Wertung zu entnehmen sei, dass nur die Europäische Kommission und der Rat abschließend mit Befugnissen betraut werden können.[1626]

Generalanwalt *Jääskinen* argumentiert zudem, dass Durchführungsbefugnisse nicht auf eine Änderung oder Ergänzung legislativer Akte abzielen, weshalb aus Art.291 AEUV nicht gefolgert werden kann, dass Durchführungsbefugnisse nicht grundsätzlich auf Agenturen übertragen werden können.[1627] Auch in der Literatur wird insoweit die Ansicht vertreten, dass Agenturen mit der rechtlichen Durchführungssteuerung betraut werden können, worunter die ausfüllende oder konkretisierende Normsetzung verstanden wird.[1628] Gleichwohl soll die Befugnis nicht zum Erlass von Gesetzgebungsrechtsakten ermächtigen, sondern insbesondere auf Beschlüsse begrenzt sein.[1629] Der *Gerichtshof der Europäischen Union* hat in der Rechtssache *Romano* in diesem Zusammenhang entschieden, dass sekundärrechtlich geschaffene Einrichtungen der Union keine Rechtsakte

1625 *Skowron*, Rechtmäßigkeit der Eingriffsbefugnisse der ESMA nach Art.28 Leerverkaufsverordnung, EuZW 2014, 349 (353).

1626 *EuGH*, Urteil vom 22.01.2014, Rs.C-270/12, Rn.78, 86 (Vereinigtes Königreich/Rat und Parlament), noch nicht in der allgemeinen Sammlung veröffentlicht (= NJW 2014, 1359 (1361f.)).

1627 *EuGH*, Urteil vom 22.01.2014, Rs.C-270/12, Rn.85 (Vereinigtes Königreich/Rat und Parlament), noch nicht in der allgemeinen Sammlung veröffentlicht (= NJW 2014, 1359 (1362)); *Jääskinen*, Schlussanträge zu Rs.C-270/12, Rn.86.

1628 *Nettesheim*, in: Grabitz/Hilf/ders., Art.291 AEUV, Rn.27.

1629 *Nettesheim*, in: Grabitz/Hilf/ders., Art.291 AEUV, Rn.38.

mit normativem Charakter erlassen dürfen.[1630] Obwohl diese Rechtsprechung in der Literatur als partiell aufgegeben angesehen wird, da nunmehr auch abstrakt-generelle Entscheidungen von Agenturen möglich sein sollen[1631], betrifft dies nicht den vorliegenden Fall. Im Rahmen des Investitionsinstruments wird *ESMA* nämlich die Möglichkeit eingeräumt, Beschlüsse gegenüber bestimmten zentralen Gegenparteien zu erlassen, um im konkreten Fall eine risikoreiche Anlagepolitik zu begrenzen. Obwohl es auch denkbar ist, dass mehrere zentrale Kontrahenten von einer solchen Entscheidung betroffen sein können, zeichnen sich die jeweiligen Beschlüsse letztlich durch ihren konkret-individuellen Charakter aus.[1632]

Fälle der sogenannten Subdelegation von Durchführungsbefugnissen werden von Art.291 Abs.2 AEUV nicht vorgesehen.[1633] Allerdings liegt hier kein Vestoß gegen diese Vorschrift vor, da durch das angedachte Investitionsinstrument keine Befugnisse von der Europäischen Kommission oder dem Rat im Rahmen eines von ihnen erlassenen Durchführungsrechtsaktes auf *ESMA* übertragen werden. Vielmehr soll das Investitionsinstrument direkt durch den Unionsgesetzgeber in Form eines Gesetzgebungsakts etabliert werden (vgl. Artt.288 Abs.1 S.1, 289 Abs.3 AEUV). Eine solche Vorgehensweise steht richtigerweise nicht im Widerspruch zu Art.291 Abs.2 AEUV.[1634] Somit stehen die Artt.290, 291 AEUV einer Übertragung des Investitionsinstruments auf *ESMA* nicht im Wege.

3. *Rechtsgrundlage*

In diesem Unterpunkt sollen die möglichen primärrechtlichen Anknüpfungspunkte für das zu schaffende Investitionsinstrument untersucht werden. Hierbei wird zunächst Art.114 AEUV analysiert und die rechtlichen Problemstellungen seiner Anwendung auf den vorliegenden Fall aufgezeigt. Anschließend wird die alternative Norm des Art.352 AEUV untersucht.

1630 *EuGH*, Urteil vom 14.05.1981, Rs.98/80, Slg.1981, 1241, Rn.20 (Romano).

1631 *Ruffert*, Rechtsgrundlagen und Rechtssetzungsbefugnisse von Agenturen, JuS 2014, 279 (280,281).

1632 *Anmerkung*: Daher ergeben sich für den vorliegenden Fall auch keine Abgrenzungsschwierigkeiten zu adressatenlosen Beschlüssen und Verordnungen gem. Art.288 AEUV (siehe hierzu: *Ohler*, Anmerkung zum Urteil des EuGH, Rs.C-270/12, JZ 2014, 249 (251)).

1633 *Nettesheim*, in: Grabitz/Hilf/ders., Art.291 AEUV, Rn.34.

1634 *EuGH*, Urteil vom 22.01.2014, Rs.C-270/12, Rn.83 (Vereinigtes Königreich/Rat und Parlament), noch nicht in der allgemeinen Sammlung veröffentlicht (= NJW 2014, 1359 (1361)); *Jääskinen*, Schlussanträge zu Rs.C-270/12, Rn.90.

a) Art.114 AEUV: Rechtsangleichung im Binnenmarkt

Zunächst könnte die allgemeine binnenmarktrechtliche Harmonisierungskompetenz gem. Art. 114 AEUV als unionsrechtliche Grundlage für den zu erlassenden Rechtsakt in Form der Verordnung in Betracht kommen, um das Investitionsinstrument zu installieren. Art.114 AEUV gestattet es, Maßnahmen zur Angleichung der Rechts- und Verwaltungsvorschriften der Mitgliedsstaaten der Europäischen Union zu erlassen, die die Errichtung und das Funktionieren des Binnenmarktes zum Gegenstand haben.

(1) Maßnahmen zur Rechtsangleichung

Gem. Art.114 AEUV bedarf es einer Harmonisierungsmaßnahme, worunter Maßnahmen zur Angleichung der Rechts- und Verwaltungsvorschriften der Mitgliedsstaaten zu verstehen sind (vgl. Art.114 Abs.1 S.2 AEUV). Für das vorliegende Instrument stellen sich insoweit mehrere rechtliche Fragen. Da derzeit keine Maßnahmen auf nationaler Ebene erkennbar sind, die auf ein vergleichbares Investitionsinstrument abzielen, ist zu erörtern, ob eine Rechtsangleichung in diesem Fall auch präventiv vollzogen werden kann. Außerdem ist fraglich, ob die Schaffung des Investitionsinstruments und die damit verbundene Befugnis für *ESMA* grundsätzlich im Rahmen einer Harmonisierungsmaßnahme möglich sind. Auch ist zu untersuchen, ob die Investitionspolitik zentraler Gegenparteien im Hinblick auf Staatsanleihen der Eurozone unter eine Maßnahme zur Harmonisierung der Rechts- und Verwaltungsvorschriften der Mitgliedsstaaten fällt. Schließlich könnte es rechtlich problematisch sein, wenn *ESMA* verbindliche Anweisungen gegenüber den zentralen Gegenparteien im Rahmen des Instruments erlassen kann.

(a) Präventive Rechtsangleichung

Nach den getroffenen Vorüberlegungen sollte das Aufsichtsinstrument auf europäischer Ebene anknüpfen, um eine einheitliche Handhabung zu gewährleisten. *ESMA* könnte, gestützt auf diese Befugnis, verbindliche Maßnahmen treffen und eine einheitliche Handhabung in der Europäischen Union sicherstellen. Für den gegenständlichen Bereich ist jedoch nicht ersichtlich, dass derzeit regulatorische Unterschiede auf Ebene der Mitgliedsstaaten bestehen. EMIR enthält keine speziellen Vorgaben für die Investition zentraler Gegenparteien in öffentliche Schuldtitel der Eurozone. Die Delegierte Verordnung (EU) Nr.153/2013 regelt, dass zentrale Kontrahenten selbst nachweisen müssen, dass die Anlage ein geringes Markt- und Kreditrisiko aufweist und überlässt ihnen die konkrete Ausgestaltung und Festlegung von Konzentrationsgrenzen. Daher können sich durch die Rahmenbedingungen von EMIR Differenzen in der Festlegung von Konzentrationsgrenzen derzeit nur auf Ebene der *CCPs* ergeben.

(aa) Rechtliche Zulässigkeit

Zunächst stellt sich die Frage, ob eine Rechtsangleichung überhaupt präventiv erfolgen kann, um der Entstehung neuer Hindernisse entgegenzuwirken, die sich aus der unterschiedlichen Entwicklung nationaler Rechtsvorschriften ergeben können. Hierfür ist es nicht erforderlich, dass in *allen* Mitgliedsstaaten einschlägige Rechts- oder Verwaltungsvorschriften existieren.[1635] Einer präventiven Vorgehensweise könnte man mit *Schachtschneider* und *Streinz* entgegenhalten, dass der Wortlaut Rechts*angleichung* bereits voraussetze, dass ein Sachverhalt durch mindestens einen Mitgliedsstaat durch Rechts- oder Verwaltungsvorschrift geregelt oder eine solche Regelung geplant sei.[1636] Die herrschende Meinung in der Literatur spricht sich hingegen für die Möglichkeit einer präventiven Rechtsangleichung aus.[1637] Ebenso geht der *Gerichtshof der Europäischen Union* in einem weiten Verständnis davon aus, dass ein Rechtsakt auf Grundlage des Art.114 AEUV erlassen werden könne, um heterogenen Entwicklungen der nationalen Rechtsvorschriften vorzubeugen.[1638] Insofern überzeugt eine teleologische Betrachtungsweise für die Möglichkeit eines präventiven Vorgehens. In diesem Zusammenhang ist *Kahl* beizupflichten, wonach eine unionsweite Regelungslücke das ordnungsgemäße

---

1635 *Kahl*, in: Calliess/Ruffert, EUV/AEUV, Art.114 AEUV, Rn.18.

1636 *Schachtschneider*, Verfassungsrecht der Europäischen Union, Teil 2, S.58; kritisch auch *Seidel*, Präventive Rechtsangleichung im Bereich des Gemeinsamen Marktes, EuR 2006, 26 (42).

1637 *Fischer*, in: Lenz/Borchardt, EU-Verträge, Art.114 AEUV, Rn.10; *Kahl*, in: Calliess/Ruffert, EUV/AEUV, Art.114 AEUV, Rn.18; *Bock*, Rechtangleichung und Regulierung im Binnenmarkt, S.137; *Gundel*, EWS Kommentar, EWS 2010, 386 (387); *Herrnfeld*, in: Schwarze, EU-Kommentar, Art.114 AEUV, Rn.8; *Von Danwitz*, in: Dauses, Hd.EUWirtR, B.II, Rn.123; *Leible/Schröder*, in: Streinz, EUV/AEUV, Art.114 AEUV, Rn.22.

1638 *EuGH*, Urteil vom 13.07.1995, Rs.C-350/92, Slg.1995, I-1985, Rn.35 (Spanien/Rat); *EuGH*, Urteil vom 05.10.2000, Rs.C-376/98, Slg.2000, I-8419, Rn.86 (Deutschland/Parlament und Rat); *EuGH*, Urteil vom 09.10.2001, Rs.C-377/98, Slg.2001, I-7079, Rn.15 (Niederlande/Parlament und Rat); *EuGH*, Urteil vom 10.12.2002, Rs.C-491/01, Slg.2002, I-11453, Rn.61 (British American Tobacco (Investments) and Imperial Tobacco); *EuGH*, Urteil vom 12.07.2005, Rs.C-154/04 und C-155/04, Slg.2005, I-6451, Rn.29 (Alliance for Natural Health u. a.); *EuGH*, Urteil vom 02.05.2006, Rs.C-217/04, Slg.2006, I-3771, Rn.61ff. (Vereinigtes Königreich/Parlament und Rat); *EuGH*, Urteil vom 08.06.2010, Rs.C-58/08, Slg.2010, I-4999, Rn.34 (Vodafone u.a.).

Funktionieren des Binnenmarktes mindestens so beeinträchtigen könne, wie eine positive Regelung.[1639] Auch betont *Bock* zu Recht, dass bei neuen wirtschaftlichen Entwicklungen eine präventive Befugnis notwendig ist, um ein unabgestimmtes Verhalten Einzelner mit negativen Auswirkungen für den Binnenmarkt zu vermeiden.[1640] Folglich sprechen die besseren Argumente dafür, dass eine Harmonisierung im Wege der präventiven Rechtsangleichung grundsätzlich möglich ist.

(bb) Erhöhter Maßstab

An eine „rechtsschöpferische Tätigkeit"[1641] im Rahmen der präventiven Rechtsangleichung müssen gleichwohl strengere Anforderungen gestellt werden. So ist vor dem Hintergrund der Erforderlichkeit eine bloße abstrakte Gefahr von Beeinträchtigungen des Binnenmarktes nicht ausreichend.[1642] Daher wird von Literatur[1643] und Rechtsprechung[1644] verlangt, dass unterschiedliche Rechtsentwicklungen wahrscheinlich entstehen können und die Maßnahme ihre Vermeidung bezwecken soll. Insofern sei von einer konkreten Sachlage auszugehen, die auf Grund anerkannter Erfahrungssätze den Eintritt von Handelshemmnissen bzw. Wettbewerbsverzerrungen wahrscheinlich mache.[1645] Dementsprechend werden an die Begründungspflicht im Rahmen des Art.296 AEUV erhöhte Anforderungen gestellt.[1646]

Welche genauen Bedingungen an den Grad der Wahrscheinlichkeit zu stellen sind, wurde vom *Gerichtshof der Europäischen Union* nicht klar umschrieben. Auf eine rein formalistische Betrachtung in Form einer „Manifestation unterschiedlicher Rechtsvorschriften"[1647], beispielsweise durch die Einleitung eines nationalen Gesetzgebungsverfahrens, darf nicht abgestellt werden, um den Zweck der

---

1639 *Kahl*, in: Calliess/Ruffert, EUV/AEUV, Art.114 AEUV, Rn.18.

1640 *Bock*, Rechtangleichung und Regulierung im Binnenmarkt, S.137.

1641 *Herrnfeld*, in: Schwarze, EU-Kommentar, Art.114 AEUV, Rn.31.

1642 *EuGH*, Urteil vom 05.10.2000, Rs.C-376/98, Slg.2000, I-8419, Rn.84,86 (Deutschland/Parlament und Rat).

1643 *Leible/Schröder*, in: Streinz, EUV/AEUV, Art.114 AEUV, Rn.22; *Kahl*, in: FS Spellenberg, Kooperative Rechtsangleichung, 697 (709).

1644 *EuGH*, Urteil vom 12.07.2005, Rs.C-154/04 und C-155/04, Slg. 2005, I-6451, Rn.29 (Alliance for Natural Health u. a.); *EuGH*, Urteil vom 10.02.2009, Slg.2009, I-593, Rn.65 (Irland/Parlament und Rat); *EuGH*, Urteil vom 08.06.2010, Rs.C-58/08, Slg.2010, I-4999, Rn.34 (Vodafone u.a.).

1645 *Von Danwitz*, in: Dauses, Hd.EUWirtR, B.II, Rn.123.

1646 *Leible/Schröder*, in: Streinz, EUV/AEUV, Art.114 AEUV, Rn.22; *Von Danwitz*, in: Dauses, Hd.EUWirtR, B.II, Rn.123.

1647 *Bock*, Rechtangleichung und Regulierung im Binnenmarkt, S.139.

präventiven Rechtsangleichung nicht zu konterkarieren. Andererseits dürfte der Maßstab, wonach ein Tätigwerden aufgrund neuerer Entwicklungen „auf der Hand liegt"[1648] eine zu hohe Hürde bilden und das Kriterium der Wahrscheinlichkeit hin zur Sicherheit verschieben. Dem Unionsgesetzgeber muss insoweit ein gewisser Beurteilungsspielraum verbleiben. Insbesondere sollten, wenn möglich, vergangene Entwicklungen herangezogen werden, um die Wahrscheinlichkeit einer unterschiedlichen Rechtslage zu untermauern.

Für die Wahrscheinlichkeit einer heterogenen Entwicklung nationaler Rechtsvorschriften im vorliegenden Fall sprechen mehrere Gründe, die sich aus der Struktur des Instruments ergeben. Zunächst knüpft das Investitionsinstrument an risikoreiche öffentliche Schuldtitel der Eurozone an. Hierbei können sich bereits Unterschiede in der Bewertung des Risikogehalts durch die jeweiligen Mitgliedsstaaten ergeben. Insbesondere wenn ein Staat unter objektiven Gesichtspunkten in diese Kategorie fallen würde, wäre seine Motivation gering, Maßnahmen zu treffen, um die Investition nationaler zentraler Gegenparteien in diese Werte zu beschränken. Eine ähnliche Interessenlage besteht für die nationale Aufsichtsbehörde, die sicherlich eine höhere Hemmschwelle hätte, die Investition in öffentliche Schuldtitel des eigenen Landes bei zentralen Gegenparteien zu beschränken. Daher ist bereits fraglich, ob einzelne Mitgliedsstaaten überhaupt tätig würden. Hieraus können sich Wettbewerbsnachteile für nationale zentrale Gegenparteien ergeben. Selbst wenn Mitgliedsstaaten die Investitionspolitik zentraler Gegenparteiein in diesem Bereich beschränken würden, ergeben sich mehrere Punkte, die eine unterschiedliche Entwicklung wahrscheinlich machen. In einem Konfliktfall stehen mehrere Instrumente zur Wahl, sodass neben der Einführung von Konzentrationsgrenzen auch Investitionsverbote denkbar sind. Bei der Festlegung von Konzentrationsgrenzen könnten sich außerdem Unterschiede in der Höhe der Grenzwerte ergeben, sodass zentrale Gegenparteien unionsweit in unterschiedlichem Umfang in betroffene Werte investieren könnten. Ein weiterer Umstand ist die Bewertung, ob eine zentrale Gegenpartei in erheblichem Umfang in solche Titel investiert hat. Insoweit könnten die Mitgliedsstaaten divergierende Maßstäbe ansetzen, die zu einer heterogenen Entwicklung führen würden.

Betrachtet man die bisherigen Entwicklungen, sind gewisse Gemeinsamkeiten im Bereich der Handhabung von Leerverkäufen erkennbar, für den es ebenfalls keinen einheitlichen Regelungsrahmen gab. Als es zu Spannungen auf dem Markt für öffentliche Schuldtitel der Eurozone kam, fielen die Maßnahmen der Mitgliedsstaaten unterschiedlich aus. In Deutschland verbot die *BaFin* vorübergehend

1648 *Bock*, Rechtangleichung und Regulierung im Binnenmarkt, S.139.

ungedeckte Leerverkäufe in Schuldtitel von Mitgliedsstaaten der Eurozone und diesbezügliche *CDS*, soweit sie insbesondere nicht der Absicherung von Ausfallrisiken dienten.[1649] Sie begründete diesen Schritt ausdrücklich mit der „außergewöhnlichen Volatilität bei Schuldtiteln von Staaten der Eurozone".[1650] Gerade weil die Mitgliedsstaaten während dieser Gefahrsituation nicht einheitlich und abgestimmt vorgingen, erließ der Unionsgesetzgeber die Leerverkaufsverordnung.[1651]

Aus diesen Gründen ist eine heterogene Entwicklung für das vorgeschlagene Investitionsinstrument wahrscheinlich. Die Ansiedlung des Instruments auf europäischer Ebene im Rahmen der präventiven Rechtsangleichung möchte solche Geschehnisse verhindern, sodass zentrale Gegenparteien in der Europäischen Union im Hinblick auf ihre Investitionspolitik einheitlich behandelt werden.

(b) Produktbezogene Maßnahme gegenüber Dritten

Vom Wortlaut her spricht Art.114 AEUV von Angleichungsmaßnahmen für *Rechts- und Verwaltungsvorschriften.* Der erste Terminus „Rechtsvorschriften" umfasst sowohl förmliche Gesetze bzw. staatliche Gesetze im materiellen Sinne als auch Normativakte öffentlich-rechtlicher Körperschaften und Anstalten kraft Satzungsautonomie sowie Gewohnheitsrecht und Präjudizrechtsprechung.[1652] Unter dem Begriff „Verwaltungsvorschriften" versteht man hingegen Anweisungen abstrakt-genereller Art, die von vorgesetzten an nachgeordnete Behörden erteilt werden, worunter auch eine ständige Verwaltungspraxis zu subsumieren ist.[1653]

Mit Hilfe des entwickelten Instruments können Konzentrationsgrenzen hinsichtlich bestimmter Euro-Staatsanleihen festgeschrieben werden. Somit ist fraglich, ob der Unionsgesetzgeber die gewählte Maßnahme durch Art.114 Abs.1 S.2 AEUV legitimieren kann. Der *Gerichtshof der Europäischen Union* hatte bereits in einem früheren Urteil entschieden, dass die Vorschrift ebenso die Befugnis des Unionsgesetzgebers umfasse, Maßnahmen hinsichtlich eines bestimmten

---

1649 *BaFin*, Allgemeinverfügung zum Verbot ungedeckter Leerverkäufe, abrufbar unter http://www.bafin.de/SharedDocs/Aufsichtsrecht/DE/Verfuegung/vf_100518_leerverkauf_schuldtitel.html; *dies.*, Allgemeinverfügung Kreditderivate, abrufbar unter http://www.bafin.de/SharedDocs/Aufsichtsrecht/DE/Verfuegung/vf_100518_kreditderivate.html.

1650 *BaFin*, BaFin untersagt ungedeckte Leerverkäufe und ungedeckte CDS auf Staatsanleihen der Eurozone, Pressemitteilung vom 18.05.2010, abrufbar unter http://www.bafin.de/SharedDocs/Veroeffentlichungen/DE/Pressemitteilung/2010/pm_100518_cds_leerverkauf_allgemeinverfuegungen.html.

1651 Erwägungsgrund Nr.1 Leerverkaufsverordnung.

1652 *Fischer*, in: Lenz/Borchardt, EU-Verträge, Art.114 AEUV, Rn.8.

1653 *Kahl*, in: Calliess/Ruffert, EUV/AEUV, Art.114 AEUV, Rn.17.

Produkts oder Produktkategorie und diesbezüglicher Einzelmaßnahmen vorzuschreiben.[1654] Dieser Fall betraf den damaligen Art.9 Richtlinie 92/59/EWG über die allgemeine Produktsicherheit, die auf den früheren Art.100a EWG gestützt wurde.[1655] Vor diesem Hintergrund könnte man der Ansicht sein, dass sich solche Maßnahmen lediglich auf die Entwicklung spezifischer und detaillierter Regelungen für bestimmte Finanzprodukte oder –dienstleistungen erstrecken.[1656] Mit Hilfe des Investitionsinstruments könnte *ESMA* gezielte Regelungen gegenüber zentralen Gegenparteien festlegen, deren Beaufsichtigung grundsätzlich auf nationaler Ebene angesiedelt ist. Insoweit könnten die Maßnahmen einen Eingriff in die Wettbewerbsbedingungen nationaler zentraler Kontrahenten darstellen, der von dem Begriff „Maßnahmen hinsichtlich eines bestimmten Produkts oder Produktkategorie" nicht umfasst ist.[1657] Auf der anderen Seite gestattete Art.9 Richtlinie 92/59/EWG der Kommission, insbesondere wenn von einem bestimmten Produkt ernste oder unmittelbare Gefahren für die Gesundheit oder Sicherheit von Verbrauchern ausgingen, einen Beschluss zu fassen, mit dem die Mitgliedsstaaten verpflichtet werden konnten Schutzmaßnahmen zu treffen, wozu auch die Rücknahme eines auf dem Markt befindlichen Produkts gehörte (Art.6 Abs.1 lit.h) Richtlinie 92/59/EWG). Daher überzeugt es nicht, dass ein Eingriff in die Wettbewerbsbedingungen eines Mitgliedsstaates in Ausnahmesituationen und unter engen Voraussetzungen unzulässig sein sollte. Der wesentliche Unterschied zum angedachten Investitionsinstrument liegt jedoch darin, dass der Kommission diese Befugnis erteilt wurde und die Umsetzung der Maßnahmen auf Ebene der Mitgliedsstaaten verblieb. Trotz dieser Differenzen hat der *Gerichtshof der Europäischen Union* die Eingriffsbefugnis des Art.28 Abs.1 lit.a) Leerverkaufsverordnung für zulässig erachtet, die *ESMA* die Befugnis erteilt, ein Verbot von Leerverkäufen im Einzelfall festzulegen.[1658] Insofern ist die Festlegung von Konzentrationsgrenzen hinsichtlich bestimmter Staatsanleihen der Eurozone grundsätzlich möglich.

1654 *EuGH*, Urteil vom 09.08.1994, Rs.C-359/92, Slg.1994, I-3681, Rn.37 (Deutschland/ Rat).

1655 Richtlinie 92/59/EWG des Rates vom 29.06.1992 über die allgemeine Produktsicherheit, Abl.EU vom 11.08.1992, Nr.L 228/24.

1656 So beispielsweise *Jääskinen* für Art.13 Richtlinie 2001/95/EG über die allgemeine Produktsicherheit (vgl. *Jääskinen*, Schlussanträge zu Rs.C-270/12, Rn.45).

1657 *Jääskinen*, Schlussanträge zu Rs.C-270/12, Rn.45.

1658 *EuGH*, Urteil vom 22.01.2014, Rs.C-270/12, Rn.106 (Vereinigtes Königreich/Rat und Parlament), noch nicht in der allgemeinen Sammlung veröffentlicht (= NJW 2014, 1359 (1362)).

Das gegenständliche Instrument ist weiterhin dazu bestimmt, Eingriffe gegenüber zentralen Gegenparteien mit Sitz in der Europäischen Union vorzunehmen. Aus dieser Perspektive ist zu untersuchen, ob auch der Erlass von Maßnahmen gegenüber Dritten durch Art.114 AEUV gedeckt ist. Zunächst könnte man mit dem Wortlaut von Art.114 Abs.1 S.2 AEUV anführen, dass der Begriff „Maßnahmen zur Angleichung" in Verbindung mit den Rechts- und Verwaltungsvorschriften der Mitgliedsstaaten steht, sodass andere Maßnahmen nicht in Frage kommen. Andererseits geht die europäische Rechtsprechung davon aus, dass es auf bestimmten Gebieten für die Gewährleistung des einheitlichen Marktes nicht ausreiche, lediglich die allgemeinen Vorschriften anzugleichen.[1659] In diesem Zusammenhang hat der *Gerichtshof der Europäischen Union* klargestellt, dass der Wortlaut des Art.114 AEUV nicht den Schluss nahelegen dürfe, dass Maßnahmen auf dieser Grundlage nur an die Mitgliedsstaaten gerichtet sein müssen.[1660] Auch Generalanwalt *Jääskinen* ist der Auffassung, dass Art.114 AEUV als Grundlage für die Ermächtigung von Agenturen zum Erlass rechtsverbindlicher Entscheidungen gegenüber Dritten herangezogen werden könne.[1661] Obwohl man durchaus die Frage aufwerfen kann, ob eine solche Auslegung nicht über den Anwendungsbereich des Art.114 AEUV hinausgeht[1662], wären die mit dem Investitionsinstrument vorgeschlagenen Maßnahmen nach der europäischen Rechtsprechung mit Art.114 AEUV vereinbar, denn sie beschränken die Investitionspolitik zentraler Gegenparteien im Hinblick auf bestimmte risikoreiche Staatsanleihen der Eurozone.

(c) Verbindlichkeit der Maßnahme und Ersetzungscharakter als Angleichung

ESMA soll im Rahmen des zu betrachtenden Instruments die Möglichkeit eingeräumt werden, zentralen Gegenparteien in Ausnahmefällen Konzentrationsgrenzen für Euro-Staatsanleihen vorschreiben zu können. Insoweit ist fragwürdig, ob es sich dabei noch um eine auf Art.114 AEUV zu stützende Harmonisierungsmaßnahme in Form einer *Angleichung* handelt. Für die Vorgängernorm des Art.114 AEUV hat der *Gerichtshof der Europäischen Union* in der Rechtssache

---

1659 *EuGH*, Urteil vom 09.08.1994, Rs.C-359/92, Slg.1994, I-3681, Rn.37 (Deutschland/Rat).

1660 *EuGH*, Urteil vom 22.01.2014, Rs.C-270/12, Rn.106 (Vereinigtes Königreich/Rat und Parlament), noch nicht in der allgemeinen Sammlung veröffentlicht (= NJW 2014, 1359 (1362)).

1661 *Jääskinen*, Schlussanträge zu Rs.C-270/12, Rn.36.

1662 *Ruffert*, Rechtsgrundlagen und Rechtsetzungsbefugnisse von Agenturen, JuS 2014, 279 (281).

ENISA entschieden, dass Gemeinschaftseinrichtungen mit nicht zwingenden Begleit- und Rahmenmaßnahmen zur Erleichterung der einheitlichen Durchführung und Anwendung von Rechtsakten gem. Art.95 EG geschaffen werden können.[1663] Vor diesem Hintergrund bestehen Zweifel, ob die Befugnisse des vorgeschlagenen Investitionsinstruments diesen Maßstäben gerecht werden. Zunächst soll *ESMA* Konzentrationsgrenzen verbindlich festlegen können, sodass das Merkmal der nicht zwingenden Begleit- und Rahmenmaßnahmen nicht vorliegt. Andererseits passt die Vorgabe, dass eine einheitliche Durchführung und Anwendung des Rechtsakts – also des Investitionsinstruments – auf nationaler Ebene erleichtert werden solle nicht. *ESMA* wird nämlich die Befugnis eingeräumt, selbst verbindliche Konzentrationsgrenzen gegenüber nationalen zentralen Gegenparteien festzulegen, sodass die Durchführung des Instruments auf Ebene der Agentur angesiedelt ist.

Grundsätzlich wird der Begriff „Maßnahmen zur Angleichung" von der Literatur und Rechtsprechung weit ausgelegt.[1664] Der *Gerichtshof der Europäischen Union* räumt dem Unionsgesetzgeber hierbei einen weiten Ermessensspielraum bei der Angleichungstechnik ein.[1665] *Orator* hebt hervor, dass insbesondere abstrakt-generelle Entscheidungsbefugnisse mit Vorrangwirkung auf europäischer Ebene eine Angleichungsfunktion innerhalb der Mitgliedsstaaten beinhalten können.[1666] Generalanwalt *Jääskinen* vertrat hingegen im Fall des Art.28 Leerverkaufsverordnung die Auffassung, dass in einer Ersetzung nationaler Entscheidungen durch *ESMA* keine Harmonisierungsmaßnahme oder Festlegung einheitlicher Vorgehensweisen im Rahmen des Art.114 AEUV zu sehen sei.[1667]

1663 *EuGH*, Urteil vom 02.05.2006, Rs.C-217–04, Slg. 2006, I-3771, Rn.44f. (Vereinigtes Königreich/Parlament und Rat). Mit den weiteren Voraussetzungen, dass der Unionsgesetzgeber dies für notwendig erachtet und dass die einer solchen Einrichtung übertragenen Aufgaben in engem Zusammenhang mit den Bereichen stehen müssen, auf die sich die Rechtsakte zur Angleichung der Rechts- und Verwaltungsvorschriften der Mitgliedsstaaten beziehen.

1664 *Fischer*, in: Lenz/Borchardt, EU-Verträge, Art.114 AEUV, Rn.8; *EuGH*, Urteil vom 22.01.2014, Rs.C-270/12, Rn.106 (Vereinigtes Königreich/Rat und Parlament), noch nicht in der allgemeinen Sammlung veröffentlicht (= NJW 2014, 1359 (1362)).

1665 *EuGH*, Urteil vom 22.01.2014, Rs.C-270/12, Rn.102,105 (Vereinigtes Königreich/Rat und Parlament), noch nicht in der allgemeinen Sammlung veröffentlicht (= NJW 2014, 1359 (1362)).

1666 *Orator*, Die unionsrechtliche Zulässigkeit von Eingriffsbefugnissen der ESMA im Bereich von Leerverkäufen, EuZW 2013, 852 (853).

1667 *Jääskinen*, Schlussanträge zu Rs.C-270/12, Rn.37,52; kritisch auch *Ohler*, Anmerkung zum Urteil des EuGH, Rs.C-270/12, JZ 2014, 249 (252); *Rötting/Lang*, Das

Prägend für das angedachte Instrument ist die Tatsache, dass es sich potentiell an alle zentralen Gegenparteien in der Europäischen Union richtet. Auf den beschränkt normativen Charakter des vorgeschlagenen Investitionsinstruments wurde in diesem Zusammenhang bereits hingewiesen.[1668] Die eigentliche Maßnahme zeichnet sich hingegen durch einen individuellen Charakter aus, da das Investitionsvolumen und der Risikogehalt des jeweiligen Anlagegegenstandes geprüft werden müssen. Insoweit ist ein abstrakt-genereller Charakter der Maßnahme nicht auszumachen, sodass die Argumentation von *Orator* nicht ohne Weiteres für den vorliegenden Fall übernommen werden kann. Es ist allerdings denkbar, dass sich die faktische Wirkung des Instruments einer insoweit abstrakt-generellen Wirkung annähert, je mehr zentrale Gegenparteien von der Festlegung von Konzentrationsgrenzen betroffen sind.

Dennoch wird die Zuständigkeit nationaler Aufsichtsbehörden auf Ebene der *ESMA* verlagert. Ob ein solcher „Notfall-Entscheidungsmechanismus auf Unionsebene"[1669] mit Ersetzungsbefugnissen gegenüber nationalen Behörden noch unter den Begriff der „Angleichung" bzw. unter eine Harmonisierung des Binnenmarktes zu subsumieren ist, kann mithin durchaus bezweifelt werden.[1670] Der *Gerichtshof der Europäischen Union* bejaht für den Fall des Art.28 Leerverkaufsverordnung eine Angleichungsmaßnahme, ohne sich jedoch mit den vorgebrachten Argumenten auseinanderzusetzen.[1671] *Saurer* bekräftigt diese Vorgehensweise, die eine „konzeptionsgerechte Gestaltungsentscheidung im Organisationsermessen des Unionsgesetzgebers" darstelle.[1672] Zudem ist zu beachten, dass *ESMA* nur Höchstgrenzen festlegen soll, sodass eine nationale Behörde weiterhin in der Lage wäre eigene Grenzwerte im Rahmen ihrer rechtlichen Möglichkeiten zu erlassen. Nur in den Fällen, in denen auf nationaler Ebene keine Entscheidung getroffen wurde bzw. bereits festgelegte Konzentrationsgrenzen niedriger ausfallen, wäre mithin eine Ersetzung gegeben. Ist aber eine vollständige Ersetzung nationaler Entscheidungen durch Agenturen im Rahmen des Art.114 AEUV durch den

---

Lamfalussy-Verfahren im Umfeld der Neuordnung der europäischen Finanzaufsichtsstrukturen, EuZW 2012, 8 (13).

1668 Siehe Kapitel 3, Abschnitt 4, §3, Unterpunkt B II 2 a).

1669 *Jääskinen*, Schlussanträge zu Rs.C-270/12, Rn.51.

1670 *Jääskinen*, Schlussanträge zu Rs.C-270/12, Rn.51; *Ruffert*, Rechtsgrundlagen und Rechtsetzungsbefugnisse von Agenturen, JuS 2014, 279 (281).

1671 *EuGH*, Urteil vom 22.01.2014, Rs.C-270/12, Rn.102, 105 (Vereinigtes Königreich/Rat und Parlament), noch nicht in der allgemeinen Sammlung veröffentlicht (= NJW 2014, 1359 (1362)).

1672 *Saurer*, Die Errichtung von Europäischen Agenturen, DÖV 2014, 549 (554).

Gerichtshof der Europäischen Union bereits anerkannt worden, dürfte eine partielle Ersetzung in der Praxis erst Recht umzusetzen sein. Die Gegenauffassung bringt jedoch gewichtige Argumente vor, die eine Anwendung des Art.114 AEUV unter dogmatischen Gesichtspunkten auf den vorliegenden Fall kritisch erscheinen lassen. Folglich muss die verbleibende Rechtsunsicherheit für die Umsetzung des Instruments in diesem Bereich beachtet werden.

(2) Errichtung oder Funktionieren des Binnenmarkts

Des Weiteren müsste das angedachte Instrument gem. Art.114 Abs.1 S.2 AEUV die Errichtung oder das Funktionieren des Binnenmarktes zum Gegenstand haben.

(a) Verbesserung der Voraussetzungen für das Funktionieren des Binnenmarktes

Der Anwendungsbereich wird dabei nicht sachlich bestimmt, sondern muss in *funktionaler* Hinsicht gesehen werden, um die Ziele des Art.26 AEUV zu gewährleisten.[1673] Obwohl durch diese funktionale Auslegung grundsätzlich jede Sachmaterie angeglichen werden kann, ist zu beachten, dass das Prinzip der begrenzten Einzelermächtigung gem. Art.5 Abs.1 S.1 EUV als Korrektiv fungiert.[1674] Daher besteht keine allgemeine Kompetenz zur uneingeschränkten Angleichung der Binnenmarktverhältnisse.[1675] Insoweit verlangt die europäische Judikatur, dass aus dem Rechtsakt *objektiv* und *tatsächlich* hervorgehen muss, dass er den Zweck hat, die Voraussetzungen für die Errichtung und das Funktionieren des Binnenmarktes zu *verbessern*.[1676]

Der primäre Zweck des Instruments liegt darin, in Ausnahmesituationen zentrale Gegenparteien unter Kapitalerhaltungsgesichtspunkten zu stärken, um die Funktionsweise des europäischen Finanzmarkts insgesamt robuster zu gestalten. In Ausnahmesituationen kann durch die einheitliche Festlegung von Konzentrationsgrenzen Gefahren vorgebeugt werden, die mit der Investition in risikoreiche öffentliche Schuldtitel verbunden sind und zu potentiellen Verlusten einer zentralen Gegenpartei führen können. Folglich wird das Systemrisiko insgesamt verringert, da das Ausfallrisiko eines zentralen Kontrahenten gemindert und die

---

1673 *Kahl*, in: Calliess/Ruffert, EUV/AEUV, Art.114 AEUV, Rn.18; *Tietje*, in: Grabitz/Hilf/Nettesheim, Art.114 AEUV, Rn.1; *Herrnfeld*, in: Schwarze, EU-Kommentar, Art.114 AEUV, Rn.8.

1674 *Remien*, in: Schulze/Zuleeg/Kadelbach, Europarecht, §14, Rn.7.

1675 *Fischer*, in: Lenz/Borchardt, EU-Verträge, Art.114 AEUV, Rn.9.

1676 *EuGH*, Urteil vom 06.12.2005, Rs.C-66/04, Slg.2005, I-0000, Rn.44 (Vereinigtes Königreich/Parlament und Rat); *EuGH*, Urteil vom 02.05.2006, Rs.C-217/04, Slg.2006, I-3771, Rn.42 (Vereinigtes Königreich/Parlament und Rat).

Abwicklung einer Vielzahl derivativer Instrumente auf eine solidere Basis gestellt wird. Ziel des Instruments ist es mithin, die Infrastruktur des europäischen Finanzmarkts – insbesondere im Nachhandelsbereich – vor den Risiken zu schützen, die durch erhebliche finanzielle Verluste einer risikoreichen Anlagepolitik entsprechender *CCPs* entstehen können. Hierdurch wird die Funktionsweise des Binnenmarktes und insbesondere die der Finanzmärkte in zweifacher Hinsicht objektiv und tatsächlich verbessert.

(b) Vorbeugung spürbarer Wettbewerbsverfälschungen zwischen zentralen Gegenparteien

Aus der historisch funktionalen Perspektive soll Art.114 AEUV die Errichtung und Funktionsweise des Binnenmarkets ermöglichen und der Verwirklichung größtmöglicher Freiheit dienen, indem er im Wege der Rechtsangleichung bestehende Hindernisse in den innerstaatlichen Rechtsvorschriften für den Handel oder den Wettbewerb zwischen den europäischen Marktteilnehmer abbaut. Demzufolge sollen Unterschiede in den Rechtsordnungen einzelner Mitgliedsstaaten auf Grundlage des Art.114 AEUV angeglichen werden, um sich daraus ergebende Hemmnisse für die Ausübung der Grundfreiheiten zu beseitigen bzw. zum Abbau von Wettbewerbsverzerrungen im Binnenmarkt beizutragen.[1677] Nach der herrschenden Meinung[1678] und Rechtsprechung[1679] reicht es insoweit aus, wenn der Rechtsakt eine der beiden Bereiche verbessern möchte.

Auf den ersten Blick könnte man dem Argument verfallen, dass durch das vorgeschlagene Instrument gerade keine Hemmnisse für die Ausübung der

---

1677 *Fischer*, in: Lenz/Borchardt, EU-Verträge, Art.114 AEUV, Rn.9; *Herrnfeld*, in: Schwarze, EU-Kommentar, Art.114 AEUV, Rn.10.

1678 *Von Danwitz*, in: Dauses, Hd.EUWirtR, B.II, Rn.119; *Herr*, Grenzen der Rechtsangleichung nach Art. EGV Artikel 95 EG, EuZW 2005, 171 (172); *Kamann*, Viel Rauch um nichts?, ZEuS 2001, 23 (36); *Kahl*, in: Calliess/Ruffert, EUV/AEUV, Art.114 AEUV, Rn.22; *Koenig/Kühling*, Der Streit um die neue Tabakproduktrichtlinie, EWS 2002, 12 (17); *Leible/Schröder*, in: Streinz, EUV/AEUV, Art.114 AEUV, Rn.43; *Herrnfeld*, in: Schwarze, EU-Kommentar, Art.114 AEUV, Rn.8; Differenzierend *Selmayr/Kamann/Ahlers*, Die Binnenmarktkompetenz der Europäischen Gemeinschaft, EWS 2003, 49 (56).

1679 *EuGH*, Urteil vom 12.12.2006, Rs.C-380/03, Slg. 2006, I-11573, Rn.67 (Deutschland/ Parlament und Rat); *EuGH*, Urteil vom 10.12.2002, Rs.C-491/01, Slg.2002, I-11453, Rn.60 (British American Tabacco (Investments) and Imperial Tobacco); *EuGH*, Urteil vom 08.06.2010, Rs.C-58/08, Slg.2010, I-4999, Rn.32 (Vodafone u.a.); Für ein kumulatives Verhältnis dagegen *EuGH*, Urteil vom 05.10.2000, Rs.C-376/98, Slg. 2000, I-8419, Rn.95 (Deutschland/Parlament und Rat).

Grundfreiheiten zentraler Gegenparteien abgebaut werden, da sie in ihrer Investitionspolitik beschränkt werden. Dies könnte die freie Ausübung der Kapitalverkehrsfreiheit erschweren. Andererseits kann nicht bestritten werden, dass das angedachte Instrument die Investitionspolitik zentraler Gegenparteien in Ausnahmesituationen einheitlich steuern und stärken möchte. Gerade weil die Gefahr unterschiedlicher Maßnahmen auf Ebene der Mitgliedsstaaten besteht, werden somit potentielle Wettbewerbsverzerrungen zwischen zentralen Gegenparteien beseitigt.

Allerdings wird in Literatur[1680] und Rechtsprechung[1681] gefordert, dass diese potentiellen Wettbewerbsverfälschungen *spürbar* sein müssen, da anderenfalls der Zuständigkeit des Unionsgesetzgebers praktisch keine Grenzen gesetzt wären, was dem Grundsatz der begrenzten Einzelermächtigung zuwiderläuft. Insoweit dürfen bloße geringfügige Wettbewerbsverzerrungen nicht Anlass zu einer Harmonisierung sein. Die Maßstäbe für die Auslegung dieses Begriffs sind nicht eindeutig geklärt. Unterschiedliche Herstellungskosten wurden von der europäischen Rechtsprechung als spürbarer Wettbewerbsnachteil anerkannt.[1682] Nicht ausreichend sollen hingegen Vorteile sein, die sich nur entfernt und mittelbar auf den Wettbewerb auswirken.[1683]

Für den Fall des vorgeschlagenen Investitionsinstruments können Zweifel bestehen, ob es spürbaren Wettbewerbsverzerrungen zwischen *CCPs* vorbeugen möchte. Unter Renditegesichtspunkten würde sich die Anwendung eines entsprechenden Instruments nicht spürbar auswirken. Insofern würde es sich lediglich um eine Investitionsbeschränkung handeln, wobei die betroffene *CCP* nach wie vor in andere Werte investieren könnte und in ihrer eigentlichen Geschäftstätigkeit nicht eingeschränkt wäre. Unter Kapitalerhaltungsgesichtspunkten würde die nationale Behörde die Investitionspolitik einer *CCP* allerdings robuster

---

1680 *Selmayr/Kamann/Ahlers*, Die Binnenmarktkompetenz der Europäischen Gemeinschaft, EWS 2003, 49 (54); *Kahl*, in: Calliess/Ruffert, EUV/AEUV, Art.114 AEUV, Rn.23; *Leible/Schröder*, in: Streinz, EUV/AEUV, Art.114 AEUV, Rn.54; *Fischer*, in: Lenz/Borchardt, EU-Verträge, Art.114 AEUV, Rn.14.

1681 *EuGH*, Urteil vom 05.10.2000, Rs.C-376/98, Slg.2000, I-8419, Rn.106f. (Deutschland/Parlament und Rat; *EuGH*, Urteil vom 08.06.2010, Rs.C-58/08, Slg.2010, I-4999, Rn.32 (Vodafone u.a.).

1682 *EuGH*, Urteil vom 11.06.1991, Rs.C-300/89, Slg.1991, I-2867, Rn.23 (Kommission/Rat).

1683 *EuGH*, Urteil vom 05.10.2000, Rs.C-376/98, Slg.2000, I-8419, Rn.109 (Deutschland/Parlament und Rat); *Selmayr/Kamann/Ahlers*, Die Binnenmarktkompetenz der Europäischen Gemeinschaft, EWS 2003, 49 (54).

ausgestalten und vor finanziellen Verlusten schützen, sodass sie gegenüber andere zentralen Gegenparteien in untätigen Mitgliedststaaten einen spürbaren und nicht bloß mittelbaren Wettbewerbsvorteil hätte. Demzufolge sprechen gute Argumente dafür, dass mit Hilfe des Instruments spürbaren Wettbewerbsverfälschungen zwischen europäischen *CCPs* vorgebeugt werden soll.

(c) *Harmonisierung der Marktbedingungen zentraler Gegenparteien als Nebenzweck*

Außerdem ist nach ständiger europäischer Rechtsprechung ein Rückgriff auf Art.114 AEUV allein aus dem Umstand, dass das Funktionieren des Binnenmarktes betroffen ist, nicht erforderlich. Folglich ist die Anwendung des Art.114 AEUV nicht gerechtfertigt, wenn der zu erlassende Rechtsakt nur nebenbei eine Harmonisierung der Marktbedingungen innerhalb der Gemeinschaft bewirkt und primär andere Zwecke verfolgt.[1684]

Überträgt man diese Grundsätze auf das vorliegende Instrument, so ist es fragwürdig, ob mit seiner Hilfe primär die Harmonisierung der Marktbedingungen zentraler Gegenparteien bewirkt werden soll. Zwar sollen auf den ersten Blick die Rahmenbedingungen für die Anlagepolitik betroffener zentraler Gegenparteien durch das Investitionsinstrument vereinheitlicht werden. Der primäre Zweck des Instruments besteht jedoch darin, Risiken für den *Bestand* des Finanzmarkts zu verringern, die von der Anlagepolitik systemisch bedeutender Marktteilnehmer ausgehen. Die Herstellung einheitlicher Markt- bzw. Wettbewerbsbedingungen betroffener *CCPs* könnte mithin lediglich eine *Begleiterscheinung* der Festlegung einheitlicher Konzentrationsgrenzen darstellen. Andererseits räumt das Tatbestandsmerkmal „Funktionieren" dem Unionsgesetzgeber eine Befugnis zur Sicherung des fortdauernden Bestands des Binnenmarktes ein. Hierunter werden insbesondere Fälle verstanden, in denen die Rechtslage an neue Verhältnisse angepasst werden soll oder neue Anforderungen im Bereich des Umweltschutzes oder des Gesundheitsschutzes bestehen.[1685] Hierdurch wird erkennbar, dass die eigentliche Rechtsangleichungsnotwendigkeit für die Herstellung des Binnenmarktes in den Hintergrund rückt und die negativen Folgen des einheitlichen Marktes durch Schutzkonzepte korrigiert werden sollen.[1686] Insoweit scheint auch

---

1684 *EuGH*, Urteil vom 17.03.1993, Rs.C-155/91, Slg.1993, I-939, Rn.19 (Kommission/Rat); *EuGH*, Urteil vom 26.03.1996, Rs.C-271/94, Slg.1996, I-1689, Rn.32 (Parlament/Rat).

1685 *Herrnfeld*, in: Schwarze, EU-Kommentar, Art.114 AEUV, Rn.10.

1686 *Tietje*, in: Grabitz/Hilf/Nettesheim, Art.114 AEUV, Rn.24.

die Abwehr systemischer Gefahren dem Gedanken der Bestandssicherung des Binnenmarktes zu entsprechen und mithin von Art.114 AEUV gedeckt zu sein.

Seit Ausbruch der Finanzkrise und der einhergehenden systemischen Gefahren für den Finanzmarkt, spiegelt sich dieser Aspekt in der Rechtsetzungspraxis im Bereich der Finanzmarktregulierung wider. So erließ der Unionsgesetzgeber beispielsweise die ESMA-Verordnung, die Leerverkaufsverordnung sowie MiFID-II bzw. MiFIR auf Grundlage dieser Norm. Zwar weist der Unionsgesetzgeber zum Beispiel in Erwägungsgrund Nr.3 MiFIR darauf hin, dass durch die Maßnahmen insbesondere signifikanten Wettbewerbsverzerrungen vorgebeugt werden soll. Wie aber beispielsweise aus Art.40 Abs.2 lit.a) MiFIR erkennbar wird, liegt dort der Zweck in der Verringerung der Gefahren für das ordnungsgemäße Funktionieren der Finanzmärkte. Auch der *Gerichtshof der Europäischen Union* scheint Art.114 AEUV den Gedanken zu entnehmen, Maßnahmen im Wege der Harmonisierung erlassen werden können, die eine Bedrohung für die „Lebensfähigkeit"[1687] bedeutender Marktteilnehmer und mithin systemische Risiken verringern sollen. Obwohl das vorgeschlagene Investitionsinstrument daher nicht primär die Herstellung einheitlicher Wettbewerbsbedingungen zentraler Gegenparteien bezweckt, spricht Vieles dafür, dass es dem Gedanken des Art.114 AEUV entspricht. Folglich sprechen die besseren Argumente dafür, dass das angedachte Instrument das Funktionieren des Binnemarktes i.S.d. Art.114 Abs.1 S.2 AEUV zum Gegenstand hat.

(3) Zwischenergebnis

Die Rechtsgrundlage des Art.114 AEUV wirft für das angedachte Investitionsinstrument in mehrfacher Hinsicht rechtliche Problemfelder auf. Insbesondere ist fraglich, ob es sich bei der Maßnahme noch um eine Angleichung der Rechts- und Verwaltungsvorschriften der Mitgliedsstaaten handelt. Wegen dieses rechtlichen Unsicherheitspotentials sollten andere Rechtsgrundlagen nicht außer Acht gelassen werden. Insofern stellt sich die Frage, ob auf die Flexibilitätsklausel des Art.352 AEUV zurückgegriffen werden kann.[1688] Für das vorliegende Instrument bestehen insoweit keine Harmonisierungsverbote i.S.d. Art.352 Abs.3 AEUV bzw. gem. Art.179 Abs.3 AEUV, sodass ein Rückgriff auf diese Norm jedenfalls nicht ausgeschlossen ist.

1687 *EuGH*, Urteil vom 22.01.2014, Rs.C-270/12, Rn.109 (Vereinigtes Königreich/Rat und Parlament), noch nicht in der allgemeinen Sammlung veröffentlicht (= NJW 2014, 1359 (1362)).

1688 *Anmerkung*: Im Fall des Art.28 Leerverkaufsverordnung hat sich Generalanwalt *Jääskinen* für die Anwendung des Art.352 AEUV ausgesprochen (vgl. *Jääskinen*, Schlussanträge zu Rs.C-270/12, Rn.54).

b) Art.352 AEUV: Flexibilitätsklausel

Voraussetzung der Flexibilitätsklausel ist gem. Art.352 Abs.1 AEUV, dass ein Tätigwerden der Union im Rahmen der in den Verträgen festgelegten Politikbereiche erforderlich erscheint, um eines der Ziele der Verträge zu verwirklichen und in den Verträgen die hierfür erforderlichen Befugnisse nicht vorgesehen sind.

(1) Ziele der Verträge

Die Ziele der Verträge ergeben sich in erster Linie aus Art.3 EUV. Obwohl in der Literatur den einzelnen Elementen durchaus eine tendenziell hierarchische Stellung zugesprochen wird, reicht für die Eröffnung der Kompetenznorm der Rückgriff auf eines der Ziele aus.[1689] In Art.3 Abs.3 S.1 EUV wird die Errichtung eines Binnenmarktes als konkretes Ziel formuliert, wobei anerkannt ist, dass hierunter kein punktuelles Ereignis zu verstehen ist, sondern eine Daueraufgabe[1690], die ein schrittweises Vorgehen gestattet[1691].

Da das Investitionsinstrument an die Marktinfrastruktur im Bereich des Kapital- und Finanzmarktes anknüpft, dient es der Errichtung des Binnenmarktes und mithin einem Ziel des Art.3 EUV. Zudem ist festzuhalten, dass der *Gerichtshof der Europäischen* Union anerkannt hat, dass Art.352 AEUV für Maßnahmen hinsichtlich Einzelpersonen herangezogen werden kann, wenn die Maßnahme zu den Zielen der Union i.S.d. Art.352 AEUV gehört.[1692]

(2) Im Rahmen der in den Verträgen festgelegten Politikbereiche

Weiterhin muss das Tätigwerden im Rahmen der in den Verträgen festgelegten Politikbereichen stattfinden. Dieser Bedingung kommt eine kompetenzbegrenzende Funktion zu, weil sie einen Gebrauch der Flexibilitätsklausel außerhalb dieser Politikbereiche verbietet.[1693] Grundsätzlich kommen alle in den Verträgen festgelegten Politikbereiche in Frage, also insbesondere auch solche des dritten

---

1689 *Rossi*, in: Calliess/Ruffert, EUV/AEUV, Art.352 AEUV, Rn.30.

1690 *Müller-Graff*, Binnenmarktauftrag und Subsidiaritätsprinzip, ZHR 159 (1995), 34 (38); *Terhechte*, in: Grabitz/Hilf/Nettesheim, Art.3 EUV, Rn.38.

1691 *EuGH*, Urteil vom 29.02.1996, Rs.C-193/94, Slg.1996, I-929, Rn.27 (Skanavi und Chryssanthakopoulos); *EuGH*, Urteil vom 13.05.1997, Rs.C-233/94, Slg.1997, I-2405, Rn.43 (Deutschland/Parlament und Rat).

1692 *EuGH*, Urteil vom 03.09.2008, verbundene Rs.C-402/05 P und C-415/05 P, Slg.2008, I-6351, Rn.235 (Kadi und Al Barakaat International Foundation/Rat und Kommission); *Jääskinen*, Schlussanträge zu Rs.C-270/12, Rn.57.

1693 *Rossi*, in: Calliess/Ruffert, EUV/AEUV, Art.352 AEUV, Rn.38; *Streinz*, in: Streinz, EUV/AEUV, Art.352 AEUV, Rn.32; a.A wohl *Winkler*, in: Grabitz/Hilf/Nettesheim, Art.352 AEUV, Rn.58.

Teils des AEUV[1694], wozu die Verwirklichung und die Gewährleistung des Funktionierens des Binnenmarktes zählen (vgl. Art.26 AEUV). Neben der Vollendung geht es auch um die Fortentwicklung und Verwaltung des bisher Erreichten.[1695]

Mit Hilfe des beabsichtigten Instruments sollen europäische zentrale Gegenparteien unter Kapitalerhaltungsgesichtspunkten auf eine solidere Basis gestellt werden und insbesondere vor erheblichen Verlusten im Rahmen der Anlagepolitik geschützt werden. Da ihnen eine wesentliche Rolle innerhalb der europäischen Marktinfrastruktur bzw. Finanzmarktes zukommt, soll mithin das Funktionieren des Binnenmarktes gewährleistet werden. Der Binnenmarkt und vor allem die Marktinfrastruktur sollen durch das vorgeschlagene Instrument weiterentwickelt werden, sodass es letztlich in einem in den Verträgen festgelegten Politikbereich verankert ist.

(3) Erforderlichkeit

Gem. Art.352 AEUV müsste der Erlass des Investitionsinstruments zudem erforderlich erscheinen. Hierbei ist umstritten, welcher Maßstab an die Erforderlichkeit zu stellen ist.[1696] So möchten Stimmen in der Literatur Art.5 AEUV bei der Auslegung der Erforderlichkeit maßgebliche Bedeutung zukommen lassen.[1697] Insofern spricht sich beispielsweise *Khan* dafür aus, dass die Kompetenz auf das zur Zielverwirklichung unbedingt notwendige Maß zu beschränken sei.[1698] Andererseits ist die Flexibilitätsklausel vom ihrem Wortlaut her weit gefasst. Auch wenn der Norm keine „Kompetenz-Kompetenz" zukommt, soll sie bestehende Lücken in den Verträgen ausfüllen.[1699] Aus dieser Perspektive sprechen teleologische Gesichtspunkte gegen eine zu enge Auslegung der Erforderlichkeit. Gleichwohl verhindert eine Erforderlichkeitsprüfung auf Kompetenzausübungsebene anhand primärrechtlicher Vorgaben eine uferlose Anwendung.[1700] Gewichtige Stimmen in der Literatur bejahen die Erforderlichkeit, wenn eine Diskrepanz

---

1694 *Booß*, in: Lenz/Borchardt, EU-Verträge, Art.352 AUEV, Rn.5.

1695 *Kahl*, in: Calliess/Ruffert, EUV/AEUV. Art.26 AEUV, Rn.33.

1696 *Anmerkung*: Außerdem ist umstritten, welche Funktion diesem Tatbestandsmerkmal zukomme. So herrscht Streit ob das Merkmale eine kompetenzbegründende oder kompetenzbeschränkende Funktion hat (siehe hierzu: *Streinz*, in: Streinz, EUV/AEUV, Art.352 AEUV, Rn.37 m.w.N.).

1697 *Streinz*, in: Streinz, EUV/AEUV, Art.352 AEUV, Rn.37.

1698 *Khan*, in: Geiger/Khan/Kotzur, EUV/AEUV, Art.352 AEUV, Rn.10.

1699 *Booß*, in: Lenz/Borchardt, EU-Verträge, Art.352 AUEV, Rn.2.

1700 *Rossi*, in: Calliess/Ruffert, EUV/AEUV, Art.352 AEUV, Rn.47.

zwischen einem Ziel der Union und seiner Verwirklichung besteht.[1701] Hieran kritisiert *Rossi*, dass eine solche Diskrepanz immer vorliege, da es einem Ziel immanent sei, dass es niemals vollständig verwirklicht werden könne und es sonst seinen Zielcharakter verliere.[1702] Deshalb möchte *Rossi* einen relativen Maßstab heranziehen, wonach ein Tätigwerden umso erforderlicher sei, je größer die Diskrepanz zwischen einem Ziel und seiner Verwirklichung sei und je länger diese Diskrepanz andauere.[1703] Dem hält *Winkler* allerdings zutreffend entgegen, dass eine solche Auslegung weder praktikabel noch von dem weiten Wortlaut der Norm gedeckt sei.[1704] Vermittelnd möchte sie die Erforderlichkeit danach beurteilen, ob die Diskrepanz zwischen Ziel und Verwirklichung zumindest möglicherweise durch Unionsorgane zu beheben sei und nicht ebenso gut oder besser durch die Organe der Mitgliedsstaaten beseitigt werden könne.[1705] Dieser Maßstab verwischt freilich die Grenzen zum in Art.5 Abs.3 EUV verankerten Subsidiaritätsgrundsatz und steht im Gegensatz zum Wortlaut und Telos des Art.352 Abs.1 AEUV. Daher muss es für die Erforderlichkeit ausreichen, wenn eine Diskrepanz zwischen den Zielen der Union und seiner Verwirklichung besteht.

Bei der Einschätzung der Erforderlichkeit kommt den Unionsorganen ein sehr weiter, wenngleich nicht grenzenloser, Beurteilungsspielraum in Form politischen Gestaltungsermessens zu.[1706] Dieser Umstand wird mit der allgemeinen Formulierung der Ziele begründet, die der konkretisierenden Auslegung in besonderem Maße zugänglich sei und dem Wortlaut der Norm, wonach ein Tätigkeitwerden lediglich erforderlich erscheinen muss.[1707]

1701 *Streinz*, in: Streinz, EUV/AEUV, Art.352 AEUV, Rn.37; *Winkler*, in: Grabitz/Hilf/Nettesheim, Art.352 AEUV, Rn.66; *Geiss*, in: Schwarze, EU-Kommentar, Art.352 AEUV, Rn.17; *Booß*, in: Lenz/Borchardt, EU-Verträge, Art.352 AEUV, Rn.6; *Vedder*, in: Vedder/Heintschel von Heinegg, Europäisches Unionsrecht, Art.352 AEUV, Rn.12.

1702 *Rossi*, in: Calliess/Ruffert, EUV/AEUV, Art.352 AEUV, Rn.44.

1703 *Rossi*, in: Calliess/Ruffert, EUV/AEUV, Art.352 AEUV, Rn.44.

1704 *Winkler*, in: Grabitz/Hilf/Nettesheim, Art.352 AEUV, Rn.66.

1705 *Winkler*, in: Grabitz/Hilf/Nettesheim, Art.352 AEUV, Rn.68.

1706 *Rossi*, in: Calliess/Ruffert, EUV/AEUV, Art.352 AEUV, Rn.46; *Khan*, in: Geiger/Khan/Kotzur, EUV/AEUV, Art.352 AEUV, Rn.10; *Winkler*, in: Grabitz/Hilf/Nettesheim, Art.352 AEUV, Rn.72; *Streinz*, in: Streinz, EUV/AEUV, Art.352 AEUV, Rn.34; etwas enger: *Vedder*, in: Vedder/Heintschel von Heinegg, Europäisches Unionsrecht, Art.352 AEUV, Rn.12; *Geiss*, in: Schwarze, EU-Kommentar, Art.352 AEUV, Rn.17, der von gebundenem Ermessen spricht.

1707 *Rossi*, in: Calliess/Ruffert, EUV/AEUV, Art.352 AEUV, Rn.46.

Vor diesem Hintergrund erscheint ein Tätigwerden der Union erforderlich. Die Errichtung des Binnenmarktes bzw. die Gewährleistung seines Funktionierens wird durch die derzeitige Regulierung der zentralen Gegenparteien erschwert. Die Anlagepolitik der *CCPs* könnte unter den jetzigen Regelungen und volkswirtschaftlichen Rahmenbedingungen zu erheblichen finanziellen Verlusten führen, die im Zweifel das ordnungsgemäße Funktionieren der Finanzmärkte und die Marktinfrastruktur gefährden können. Im Rahmen des weiten Ermessensspielraums soll diese Diskrepanz daher durch das vorgeschlagene Instrument mit Hilfe von festgelegten Konzentrationsgrenzen verringert werden.

(4) Innensubsidiarität

Die Flexibilitätsklausel ist subsidiär gegenüber den in Verträgen ausdrücklich oder implizit enthaltenen Befugnissen. Insoweit betont der *Gerichtshof der Europäischen Union*, dass der Rückgriff auf diese Rechtsgrundlage nur dann gerechtfertigt sei, wenn keine andere Bestimmung der Verträge die erforderliche Befugnis verleiht.[1708] Art.114 AEUV genießt dabei grundsätzlich Vorrang vor Art.352 AEUV.[1709]

Sofern die obigen Argumente überzeugen, wonach Art.114 AEUV für den vorliegenden Fall nicht einschlägig ist, stellt sich die Frage, ob auf Art.352 AEUV zurückgegriffen werden kann. Problematisch ist insofern, ob Art.352 AEUV auch neben bestehenden aber unzureichenden Befugnisnormen anwendbar ist. In diesem Zusammenhang spricht sich sowohl eine Ansicht in der Literatur[1710] als auch die Rechtsprechung[1711] dafür aus, die Flexibilitätsklausel neben einer bestehenden

---

1708 *EuGH*, Urteil vom 26.03.1987, Rs.45/86, Slg.1987, 1493, Rn.13 (Kommission/Rat); *EuGH*, Urteil vom 02.05.2006, Rs.C-436/03, Slg.2006, I-3733, Rn.36 (Parlament/Rat); *EuGH*, Urteil vom 03.09.2008, verbundene Rs.C-402/05 P und C-415/05 P, Slg.2008, I-6351, Rn.216 (Kadi und Al Barakaat International Foundation/Rat und Kommission).

1709 *Winkler,* in: Grabitz/Hilf/Nettesheim, Art.352 AEUV, Rn.75.

1710 *Winkler,* in: Grabitz/Hilf/Nettesheim, Art.352 AEUV, Rn.82; *Khan*, in: Geiger/Khan/Kotzur, EUV/AEUV, Art. 352 AEUV, Rn.12; *Rossi*, in: Calliess/Ruffert, EUV/AEUV, Art.352 AEUV, Rn.67; *Geiss*, in: Schwarze, EU-Kommentar, Art.352 AEUV, Rn.21; *Vedder,* in: Vedder/Heintschel von Heinegg, Europäisches Unionsrecht, Art.352 AEUV, Rn.15; *Streinz*, in: Streinz, EUV/AEUV, Art.352 AEUV, Rn.41, der nach abschließenden formellen oder materiellen Limitierungen differenziert (z.B. Harmonisierungsverbote wie Art.166 Abs.4 AEUV).

1711 *EuGH*, Urteil vom 03.09.2008, verbundene Rs.C-402/05 P und C-415/05 P, Slg.2008, I-6351, Rn.216 (Kadi und Al Barakaat International Foundation/Rat und Kommission).

Ermächtigungsgrundlage anzuwenden, die zur Zielverwirklichung materiell oder instrumental unzureichend ist. Insbesondere, wenn Art.114 AEUV mangels Harmonisierungsmaßnahme ausscheidet, wird sich für einen Rückgriff auf Art.352 AEUV ausgesprochen.[1712] Für diese Ansicht lässt sich zunächst der Wortlaut der Norm anführen, der von „erforderlichen“ Befugnissen und nicht von „keinen“ Befugnissen spricht.[1713] Weiterhin könnte nur durch die Einbeziehung solcher Befugnisse die von der Flexibilitätsklausel angestrebte Zielverwirklichung erreicht werden, sodass auch teleologische Gesichtspunkte diese Meinung stützen.[1714] Letztlich ist es nicht zu erklären, weshalb der Europäischen Union in Fällen bestehender, aber unzureichender Befugnisse, weniger Kompetenzen zukommen sollen als ohne diese Vorschriften.[1715] Daher sprechen die besseren Argumente für die Möglichkeit eines Rückgriffs auf Art.352 Abs.1 AEUV.

(5) Verfahrensrechtliche Fragestellungen

Im Zusammenhang mit Art.352 AEUV sind mehrere verfahrensrechtliche Aspekte zu beachten, die die Umsetzung des vorgeschlagenen Instruments beeinflussen. Stellt man auf Art.352 AEUV ab, greifen grundsätzlich gesteigerte Anforderungen, da sich der Rat einstimmig für das Investitionsinstrument aussprechen und zusätzlich das Europäische Parlament zustimmen müsste. Zudem werden die nationalen Parlamente im Vorfeld gem. Art.352 Abs.2 AEUV i.V.m. Art.5 Abs.3 EUV im Rahmen des sogenannten Frühwarnsystems[1716] beteiligt, sodass ein erhöhter politischer Diskurs zu erwarten wäre.

(a) Bindung des Unionsgesetzgebers zum Erlass geeigneter Vorschriften

Jedoch stellt sich die Frage, ob bei Vorliegen der Tatbestandsvoraussetzungen des Art.352 AEUV die beteiligten Unionsorgane verpflichtet – und nicht bloß berechtigt – sind, geeignete Vorschriften zu erlassen. Für diese Meinung könnte der Wortlaut des Art.352 Abs.1 AEUV streiten, der in imperativer Form von „erlässt“ spricht und insoweit keinen Handlungsspielraum einräumt. Dies wird durch ein historisches Argument zu den Verhandlungen des EWG-Vertrags unterstützt.[1717] Andererseits rekurriert *Khan*[1718] auf die Entscheidung in der Rechtssache *AETR*,

1712 So auch: *Winkler*, in: Grabitz/Hilf/Nettesheim, Art.352 AEUV, Rn.82.

1713 *Winkler*, in: Grabitz/Hilf/Nettesheim, Art.352 AEUV, Rn.82.

1714 *Rossi*, in: Calliess/Ruffert, EUV/AEUV, Art.352 AEUV, Rn.65.

1715 *Geiss*, in: Schwarze, EU-Kommentar, Art.352 AEUV, Rn.21.

1716 *Calliess*, in: Calliess/Ruffert, EUV/AEUV, Art.5 EUV, Rn.65.

1717 *Hallstein*: „*Er [der Rat] erlässt – das ist der juristische Imperativ: er hat zu erlassen*“, zitiert in: *Rossi*, in: Calliess/Ruffert, EUV/AEUV, Art.352 AEUV, Rn.85.

1718 *Khan*, in: Geiger/Khan/Kotzur, EUV/AEUV, Art. 352 AEUV, Rn.15.

wonach der ehemalige Art.235 EWG-Vertrag keine Verpflichtung begründe.[1719] Zudem ist *Rossi*[1720] beizupflichten, der die Frage aufwirft, wie der Rat zu einer einstimmigen Entscheidung gezwungen werden solle und weist zu Recht darauf hin, dass eine etwaige Verpflichtung wegen dem Zustimmungserfordernisses des Parlaments nunmehr ins Leere laufen würde. Demzufolge sprechen die besseren Argumente gegen eine Bindung des Unionsgesetzgebers.

(b) Kumulative Heranziehung von Rechtsgrundlagen

Möchte man auf Art.352 AEUV zurückgreifen, weil die allgemeine binnenmarktrechtliche Kompetenz materiell unzureichend ist, ist umstritten, auf welche Rechtsgrundlage das zu erlassende Investitionsinstrument zu stellen ist. Insofern kann entweder Art.352 Abs.1 AEUV alleine oder kumulativ mit Art.114 Abs.1 AEUV in Betracht kommen. Die Rechtsprechung[1721] sowie gewichtige Stimmen in der Literatur[1722] sprechen sich für eine kumulative Heranziehung der Rechtsgrundlagen aus. Mit einer anderen Ansicht[1723] könnte dagegen auf Art.352 Abs.1 AEUV abgestellt werden. Gegen eine kumulative Anwendung wird von *Rossi*[1724] vorgetragen, dass hiermit unterschiedliche Verfahren verbunden seien und damit Auswirkungen auf die Organkompetenz einhergingen. Auch wird mit Hilfe des Schlussberichts der *Gruppe V „Ergänzende Zuständigkeiten"* – einer Arbeitsgruppe des Europäischen Konvents – argumentiert, wonach ein Rechtsakt immer auf diejenige Rechtsgrundlage gestellt werden solle, bei der ihr „Gravitationszentrum" liege.[1725] Dem wird andererseits von *Geiss*[1726] entgegnet, dass es notwendig sei,

---

1719 *EuGH*, Urteil vom 31.03.1971, Rs.22/79, Slg.1971, 263, Rn.95 (AETR).

1720 *Rossi*, in: Calliess/Ruffert, EUV/AEUV, Art.352 AEUV, Rn.85.

1721 *EuGH*, Urteil vom 03.09.2008, verbundene Rs.C-402/05 P und C-415/05 P, Slg.2008, I-6351, Rn.212f. (Kadi und Al Barakaat International Foundation/Rat und Kommission).

1722 *Winkler*, in: Grabitz/Hilf/Nettesheim, Art.352 AEUV, Rn.88; *Vedder*, in: Vedder/Heintschel von Heinegg, Europäisches Unionsrecht, Art.352 AEUV, Rn.16; *Streinz*, in: Streinz, EUV/AEUV, Art.352 AEUV, Rn.42; *Geiss*, in: Schwarze, EU-Kommentar, Art.352 AEUV, Rn.23.

1723 *Rossi*, in: Calliess/Ruffert, EUV/AEUV, Art.352 AEUV, Rn.69f.

1724 *Rossi*, in: Calliess/Ruffert, EUV/AEUV, Art.352 AEUV, Rn.69, letztlich könnten auch Fragen der Verbandskompetenz betroffen sein.

1725 *Rossi*, in: Calliess/Ruffert, EUV/AEUV, Art.352 AEUV, Rn.69 in Bezug auf Koventdokument 375/1/02-REV 1 vom 04.11.2002, S.12, abrufbar unter http://european-convention.europa.eu/pdf/reg/de/02/cv00/cv00375-re01.de02.pdf.

1726 *Geiss*, in: Schwarze, EU-Kommentar, Art.352 AEUV, Rn.24.

beide Einzelermächtigungen im Rechtsakt anzugeben, um ihre jeweilige Reichweite beurteilen zu können.

Für den vorliegenden Fall würde dies bedeuten, dass das ordentliche Gesetzgebungsverfahren gem. Art.294 AEUV, das auf Art.114 AEUV Anwendung findet, mit dem Verfahren des Art.352 AEUV kombiniert werden müsste. Ob in einem solchen Fall die Kumulation jedenfalls ausscheiden sollte, wird ebenfalls nicht einheitlich beantwortet. So spricht sich *Streinz* für eine additive Anwendung aus, wonach das ordentliche Gesetzgebungsverfahren mit dem Einstimmigkeitserfordernis im Rat kombiniert werden solle, wobei das Zustimmungserfordernis des Europäischen Parlaments im ordentlichen Gesetzgebungsverfahren aufginge, da eine stärkeren Beteiligung vorliege.[1727] Dies begründet er mit der Kompetenzordnung des AEUV und der Tatsache, dass der ehemalige Art.151 Abs.5 EGV eine solche Kombinationslösung vorsah.[1728] Andererseits scheint der *Gerichtshof der Europäischen Union* der Auffassung zu sein, dass Art.114 AEUV nicht mit einem Verfahren gem. Art.294 AEUV und einem Verfahren, das Einstimmigkeit voraussetzt, kombiniert werden könne.[1729] *Vedder*[1730] betont zudem richtigerweise, dass dem Europäischen Parlament auch unter Art.352 AEUV eine Mitentscheidungsbefugnis zukommt. Von daher sprechen überzeugende Argumente dafür, den komplizierten Weg der Kumulation von Rechtssetzungsverfahren nicht zu beschreiten.

c) Zwischenergebnis

Nach der Untersuchung kommen für das Investitionsinstrument potentiell zwei Rechtsgrundlagen in Frage. Vertritt man trotz gewichtiger Gegenargumente die Auffassung, dass die Festlegung verbindlicher Konzentrationsgrenzen gegenüber zentralen Gegenparteien durch *ESMA* im Rahmen des Investitionsinstruments eine Maßnahme zur Rechtsangleichung darstellt, die das Funktionieren des Binnemarktes zum Gegenstand hat, ist Art.114 AEUV die maßgebliche Vorschrift. Andernfalls kann Art.352 AEUV als subsidiäre Rechtsgrundlage für das Instrument dienen.

1727 *Streinz*, in: Streinz, EUV/AEUV, Art.352 AEUV, Rn.43.

1728 *Streinz*, in: Streinz, EUV/AEUV, Art.352 AEUV, Rn.43.

1729 *EuGH*, Urteil vom 29.04.2004, Rs.C-338/01, Slg.2004, I-4829, Rn.57f. (Kommission/Rat): Kumulation von Art.93 EGV (Art.113 AEUV) und Art.94 EGV (Art.115 AEUV) [Einstimmigkeit] mit Art.95 EGV (Art.114 AEUV) [qualifizierte Mehrheit].

1730 *Vedder*, in: Vedder/Heintschel von Heinegg, Europäisches Unionsrecht, Art.352 AEUV, Rn.16.

4. *Art.5 Abs.3 EUV: Subsidiaritätsprinzip*

Dem Unionsgesetzgeber kommt vor dem Hintergrund des Art.4 Abs.2 lit.a) AEUV nur eine geteilte Zuständigkeit zur Rechtsangleichung im Binnenmarkt zu. Daher muss das in Art.5 Abs.3 EUV verankerte Subsidiaritätsprinzip beachtet werden.[1731]

a) Verstoß im Falle der präventiven Rechtsangleichung gem. Art.114 AEUV

Präferiert man Art.114 AEUV als Rechtsgrundlage, stellt sich die Frage, ob eine präventive Rechtsangleichung dem Subsidiaritätsprinzip nicht zuwiderläuft. So sieht *Seidel* die präventive Rechtsangleichung als mit diesem Prinzip unvereinbar an, da sie zu einer „Überantwortung staatlicher Aufgaben und umfassender Gesetzgebungszuständigkeit auf die Europäische Union" führe.[1732] Demgegenüber sieht *Tietje* die Anwendung des Subsidiaritätsprinzips allgemein kritisch, da eine auf den Binnenmarkt insgesamt bezogene Rechtsangleichung nur durch die Europäische Union zu realisieren sei.[1733] Gewichtige Stimmen sprechen sich für eine vermittelnde Lösung aus, wonach in der Regel kein Verstoß gegeben sei, wenn die Tatbestandsvoraussetzungen der Kompetenznorm vorliegen.[1734] Insofern ist *Leible* und *Schröder* zuzustimmen, wonach es einleuchtend sei, dass ein Ziel nicht durch Handeln auf Ebene der Mitgliedsstaaten erreicht werden könne, wenn man eine Harmonisierung zur Verbesserung der Voraussetzungen für den Binnenmarkt bejaht.[1735] Folglich schließt das Subsidiaritätsprinzip eine präventive Rechtsangleichung nicht aus.

b) Prüfungsmaßstab

Vor dem Hintergrund des Art.5 Abs.3 EUV ist zu fragen, ob die Maßnahme nicht ausreichend auf Ebene der Mitgliedsstaaten verwirklicht werden kann und zu prüfen, ob das verfolgte Ziel aufgrund des Umfangs oder der Wirkung besser auf Gemeinschaftsebene zu erreichen ist.[1736] Der Unionsgesetzgeber hat

---

1731 *EuGH*, Urteil vom 12.07.2005, Rs.C-154/04 und C-155/04, Slg.2005, I-6451, Rn.103 (Alliance for Natural Health u. a).

1732 *Seidel*, Präventive Rechtsangleichung im Bereich des Gemeinsamen Marktes, EuR 2006, 26 (42).

1733 *Tietje*, in: Grabitz/Hilf/Nettesheim, Art.114 AEUV, Rn.59.

1734 *Kahl*, in: Calliess/Ruffert, EUV/AEUV, Art.114 AEUV, Rn.27; *Leible/Schröder*, in: Streinz, EUV/AEUV, Art.114 AEUV, Rn.67; *Tietje*, in: Grabitz/Hilf/Nettesheim, Art.114 AEUV, Rn.59; *Bock*, Rechtangleichung und Regulierung im Binnenmarkt, S.191; *Epiney*, Neuere Rechtsprechung des EuGH, NVwZ 2002, 1429 (1430); so wohl auch *EuGH*, Urteil vom 09.10.2001, Rs.C-377/98, Slg.2001, I-7079, Rn.32 (Niederlande/Parlament und Rat).

1735 *Leible/Schröder*, in: Streinz, EUV/AEUV, Art.114, Rn.67.

1736 *Bock*, Rechtangleichung und Regulierung im Binnenmarkt, S.191.

hierbei im Rahmen seiner Einschätzungsprärogative eine Prognoseentscheidung zu treffen.[1737]

(1) Negativkriterium

Anhand des Negativkriteriums[1738] bzw. Effizienztests[1739] ist es erforderlich, dass die mit der Maßnahme verfolgten Ziele auf Ebene der Mitgliedsstaaten zunächst nicht ausreichend erreicht werden können. Auf welcher nationalen Ebene innerhalb der Mitgliedsstaaten das Ziel erreicht wird, ist unerheblich.[1740] Auch genügt es, wenn die Mitgliedsstaaten den Erfolg oder Zustand herbeiführen können, er muss nicht bereits vorhanden sein.[1741]

Bereits an dem letzten Kriterium bestehen Zweifel. Betrachtet man die deutsche Rechtslage, wurde die *BaFin* durch das EMIR-Ausführungsgesetz mit neuen Befugnissen ausgestattet, die ein Investitionsinstrument grundsätzlich umfassen könnten. So kann die Behörde insbesondere gem. §53 Abs.3 S.1 Nr.4 KWG anordnen, dass die zentrale Gegenpartei Maßnahmen zur Reduzierung von Risiken ergreift, soweit sich diese aus bestimmten Arten von Geschäften und Produkten ergeben. Allerdings knüpft diese Befugnis daran an, dass die Anlagepolitik einer *CCP* entgegen Art.47 Abs.1 EMIR und den technischen Regulierungsstandards erfolgt. Insofern ist die Befugnis für das hier vorgeschlagene Investitionsinstrument wenig zielführend, da der Nachweis des geringen Kreditrisikos der *CCP* obliegt und öffentliche Emittenten oder Garanten grundsätzlich mit einem minimalem Kreditrisiko angesehen werden.

Unabhängig von dieser Frage bestehen aber begründete Zweifel, ob im Falle einer risikohaften Investitionslage zentraler Gegenparteien die Mitgliedsstaaten überhaupt tätig werden. Insofern ist zu beachten, dass die jeweiligen staatlichen Interessen einer Investitionsbeschränkung entgegenstehen könnten.[1742] Wenn Mitgliedsstaaten es allerdings unterlassen, ein Vertragsziel auf nationaler Ebene zu verfolgen, darf die Union richtigerweise tätig werden, da sie an der Ausübung an sich bestehender Kompetenzen nicht durch bloße Untätigkeit auf nationaler Ebene gehindert werden darf.[1743] Mithin ist das Negativkriterium erfüllt.

1737 *Streinz*, in: Streinz, EUV/AEUV, Art.5 EUV, Rn.31.

1738 *Calliess*, in: Calliess/Ruffert, EUV/AEUV, Art.5 EUV, Rn.5.

1739 *Langguth*, in: Lenz/Borchardt, EU-Verträge, Art.5 EUV, Rn.30.

1740 *Streinz*, in: Streinz, EUV/AEUV, Art.5 EUV, Rn.28.

1741 *Langguth*, in: Lenz/Borchardt, EU-Verträge, Art.5 EUV, Rn.30.

1742 Siehe Kapitel 3, Abschnitt 4, §3, Unterpunkt B II 3 a) (1) (a) (bb).

1743 *Langguth*, in: Lenz/Borchardt, EU-Verträge, Art.5 EUV, Rn.31; *Streinz*, in: Streinz, EUV/AEUV, Art.5 EUV, Rn.28.

(2) Positivkriterium

Außerdem ist es erforderlich, dass die Ziele der Maßnahmen wegen ihres Umfangs oder wegen ihrer Wirkung besser auf Unionsebene erreicht werden können. Die Literatur nimmt im Rahmen dieses Merkmals eine Abwägung vor, wobei kein einheitlicher Maßstab existiert.[1744] Nach Ansicht der Europäischen Kommission muss sich ein Mehrwert für ein europäisches Handeln ergeben.[1745] Dabei soll die Bewertung auf qualitativen und soweit möglich quantitativen Kriterien beruhen.[1746] Anhaltspunkte bieten zum Beispiel der Umfang der Maßnahme oder eine grenzüberschreitende Problematik.[1747] Diese Bewertung muss dann positiv ergeben, dass eine Maßnahme auf EU-Ebene wegen ihrer breiteren allgemeinen Wirkung dem angestrebten Ziel näher kommt als ein individuelles Handeln auf nationaler Ebene.[1748]

Zunächst weist das vorliegende Investitionsinstrument einen *transnationalen Bezug* auf, da es an die Investitionspolitik zentraler Gegenparteien in der Europäischen Union angeknüpft. Hiervon können mehrere Mitgliedsstaaten betroffen sein, da die bisher zugelassenen zentralen Kontrahenten ihren Sitz in unterschiedlichen Ländern haben. Bisher sind bereits 14 zentrale Gegenparteien unter EMIR zugelassen worden. Hierbei darf nicht außer Acht gelassen werden, dass die ersten Zulassungen im März 2014 erfolgten. Seither hat sich die Zahl unter EMIR zugelassener zentraler Gegenparteien kontinuierlich vergrößert. Es ist zu erwarten, dass weitere Zulassungen erfolgen werden, sodass auch der *Umfang* der Maßnahme zunehmen wird. Zudem sind im Rahmen des Instruments komplexe technische und fachliche Tatsachenbeurteilungen zu treffen, da beispielsweise die Entwicklung des Investitionsgegenstands und das Investitionsvolumen des zentralen Kontrahenten bewertet werden müssen. Aus dieser Perspektive ist es sinnvoll, das Instrument in die europäische Aufsichtsstruktur zu integrieren, um die bereits bestehenden kompetenten Ressourcen zu nutzen. Zudem ergeben sich Synergieeffekte durch die Kooperation mit dem *ESRB*.

Mit Hilfe des Investitionsinstruments sollen einheitliche Konzentrationsgrenzen für die Investitionspolitik betroffener zentraler Gegenparteien festgelegt werden. Insoweit kommt dem Instrument eine transnationale *Wirkung* zu. Die

---

1744 Siehe hierzu: *Calliess*, in: Calliess/Ruffert, EUV/AEUV, Art.5 EUV, Rn.41.

1745 *Streinz*, in: Streinz, EUV/AEUV, Art.5 EUV, Rn.29.

1746 Art.5 Abs.3 UAbs.2 S.1 EUV i.V.m. Art.5 Protokoll (Nr.2) über die Anwendung der Grundsätze der Subsidiarität und der Verhältnismäßigkeit der Hohen Vertragsparteien.

1747 *Europäische Kommission*, The Principle of Subsidiarity, S.10.

1748 *Streinz*, in: Streinz, EUV/AEUV, Art.5 EUV, Rn.29.

einheitliche, übergreifende Festlegung dieser Grenzwerte auf europäischer Ebene kann wegen ihrer breiten allgemeinen Wirkung effizienter erfolgen, als es auf nationaler Ebene möglich wäre. Auch vor diesem Hintergrund ist bereits fraglich, ob im Ernstfall alle entsprechenden nationalen Behörden überhaupt Maßnahmen ergreifen würden. Durch das Instrument kann die Kapitalerhaltung dieser wichtigen Knotenpunkte gestärkt werden. Andererseits könnten die Effekte einer „Nulloption"[1749] mitunter signifikante Folgen für die europäische Finanzwirtschaft und Marktinfrastruktur haben. Insofern ergibt sich aus der Maßnahme ein europäischer Mehrwert. Insgesamt können die Ziele des Investitionsinstruments mithin besser auf europäischer Ebene erreicht werden. Demzufolge liegen die Voraussetzungen des Subsidiaritätsprinzips gem. Art.5 Abs.3 EUV vor.

5. Art.5 Abs.4 EUV: Grundsatz der Verhältnismäßigkeit

Eine weitere Grenze bildet der in Art.5 Abs.4 EUV verankerte Grundsatz der Verhältnismäßigkeit. Dieser wirkt sich als kompetenzielles Verhältnismäßigkeitsprinzip zugunsten der Mitgliedsstaaten aus.[1750] Hiernach sollen die Maßnahmen der Union inhaltlich wie formal nicht über das zur Erreichung der Ziele erforderliche Maß hinausgehen. Prüfungsmaßstab sind die Eignung und die Erforderlichkeit der fraglichen Maßnahme im Hinblick auf die mit ihr verfolgten Ziele.[1751]

Die Europäische Kommission[1752] und die überwiegende Literatur[1753] beziehen sich dabei auf eine „Mittelhierarchie", wonach das mildeste Mittel zu wählen sei, wobei die Bindungswirkung und Regelungsdichte der Maßnahme unterschieden werden kann.[1754] So kann beispielsweise eine Mindestharmonisierung den

---

1749 *Calliess*, in: Calliess/Ruffert, EUV/AEUV, Art.5 EUV, Rn.42.

1750 *Vedder*, in: Vedder/Heintschel von Heinegg, Europäisches Unionsrecht, Art.5 EUV, Rn.35.

1751 *Bast*, in: Grabitz/Hilf/Nettesheim, Art.5 EUV, Rn.70; *EuGH*, Urteil vom 18.11.1987, Rs.C-137/85, Slg.1987, I-4587, Rn.15 (Maizena u.a./BALM); *EuGH*, Urteil vom 07.12.1993, Rs.C-339/92, Slg.2003, I-6473, Rn.15 (ADM Ölmühlen/BALM); *EuGH*, Urteil vom 08.06.2010, Rs.C-58/08, Slg.2010, I-4999, Rn.51 (Vodafone u.a).

1752 *Europäische Kommission*, The Principle of Subsidiarity, S.13ff.

1753 *Streinz*, in: Streinz, EUV/AEUV, Art.5 EUV, Rn.46; *Geiger*, in: Geiger/Khan/Kotzur, EUV/AEUV, Art.5 EUV, Rn.18; *Vedder*, in: Vedder/Heintschel von Heinegg, Europäisches Unionsrecht, Art.5 EUV, Rn.37; *Bast*, in: Grabitz/Hilf/Nettesheim, Art.5 EUV, Rn.70; *Calliess*, in: Calliess/Ruffert, EUV/AEUV, Art.5 EUV, Rn.54; *Pieper*, Subsidiaritätsprinzip, DVBl.1993, 705 (709); kritisch: *Pescatore*, in: FS Everling, Mit der Subsidiarität leben, 1071 (1079).

1754 *Geiger*, in: Geiger/Khan/Kotzur, EUV/AEUV, Art.5 EUV, Rn.18; *Streinz*, in: Streinz, EUV/AEUV, Art.5 EUV, Rn.46; *Lienbacher*, in: Schwarze, EU-Kommentar, Art.5

Mitgliedsstaaten die Möglichkeit einräumen, weitergehende nationale Regelungen zu treffen.[1755] Zudem darf die Maßnahme das zur Erreichung des anstrebten Ziels erforderliche Maß im Hinblick auf den Verwaltungs- und Kostenaufwand nicht überschreiten (vgl. Art.5 S.5 Subsidiaritätsprotokoll).

Legt man diese Maßstäbe zugrunde, so lässt sich argumentieren, dass das vorgeschlagene Instrument für die Erreichung der angestrebten Ziele prinzipiell geeignet ist. In formaler Hinsicht soll das Instrument in Form einer Verordnung erlassen werden, sodass es sich durch eine hohe Bindungswirkung auszeichnet. Insoweit könnte man entgegnen, dass der Erlass einer Richtlinie gegenüber einer Verordnung vorzugswürdig sei.[1756] Allerdings ist bereits umstritten, ob einer Richtlinie generell eine schonendere Wirkung zukommt als einer Verordnung.[1757] Außerdem kann die Wirkung des Instruments nicht in gleicher Weise durch eine Richtlinie oder gar Empfehlung erzielt werden. Da das Instrument nur einen Höchstwert an Konzentrationsgrenzen vorgibt, ist es den Mitgliedsstaaten weiterhin möglich, strengere Regelungen zu erlassen, sodass sie insoweit nicht in ihrer Souveränität beschnitten werden.

Ebenso ist das Ziel durch eine Kooperation oder Koordinierung zwischen den Mitgliedsstaaten aus den oben dargelegten Gründen nicht in gleicher Weise zu erreichen. Von daher ist seine Regelungsdichte erforderlich. Indem das Instrument bei *ESMA* verankert wird, entstehen keine zusätzlichen Kosten für die Schaffung neuer Strukturen. Insoweit dürfte das Instrument auch kostentechnisch nicht unverhältnismäßig zu seinem Nutzen sein. Letztlich wird dem Unionsgesetzgeber von der europäischen Rechtsprechung ein sehr weiter Ermessensspielraum eingeräumt. Der Gerichtshof der Europäischen Union beschränkt sich auf eine Evidenzkontrolle, sodass die Maßnahme nur dann rechtswidrig ist, wenn sie zur Erreichung des Ziels offensichtlich ungeeignet ist.[1758] Dies kann jedoch für

---

EUV, Rn.37; *Calliess*, in: Calliess/Ruffert, EUV/AEUV, Art.5 EUV, Rn.55; *Vedder*, in: Vedder/Heintschel von Heinegg, Europäisches Unionsrecht, Art.5 EUV, Rn.37; *Langguth*, in: Lenz/Borchardt, EU-Verträge, Art.5 EUV, Rn.36.

1755 *Streinz*, in: Streinz, EUV/AEUV, Art.5 EUV, Rn.46; *Calliess*, in: Calliess/Ruffert, EUV/AEUV, Art.5 EUV, Rn.55.

1756 *Von Danwitz*, in: Dauses, Hd.EUWirtR, B.II, Rn.105.

1757 Siehe hierzu: *Bast*, in: Grabitz/Hilf/Nettesheim, Art.5 EUV, Rn.72.

1758 *EuGH*, Rs.C-84/94, Slg.1996, I-5755, Rn.58 (Vereinigtes Königreich/Rat); *EuGH*, Rs.C-233/94, Slg. 1997, I-2405, Rn.55f. (Deutschland/Parlament und Rat); *EuGH*, Rs.C-157/96, Slg. 1998, I-2211, Rn.61 (National Farmers' Union u. a); *EuGH*, Rs.C-491/01, Slg.2002 I-11453, Rn.122f. (British American Tobacco (Investments) and Imperial Tobacco).

das vorgeschlagene Instrument nicht konstatiert werden. Folglich ist das Instrument auch mit dem Grundsatz der Verhältnismäßigkeit gem. Art.5 Abs.4 EUV vereinbar.

§4 Politische Umsetzungsmöglichkeit

Für die Umsetzung des Investitionsinstruments bestehen neben den dargestellten rechtlichen Problemstellungen auch politische Hürden. Obwohl das Instrument Gefahren für die Funktionsfähigkeit der europäischen Finanzmärkte verringern und die Marktinfrastruktur stärken möchte, wird es mit erheblichen Anstrengungen verbunden sein, einen politischen Konsens innerhalb der Europäischen Union zu finden. Greift man auf Art.114 AEUV zurück, könnte die politische Umsetzung einfacher gelingen, da das ordentliche Gesetzgebungsverfahren gem. Art.294 AEUV durchzuführen ist. Daher wäre kein einstimmiger Beschluss im Rat, wie es bei Art.352 AEUV der Fall wäre, notwendig.

Grundsätzlich gilt es aber zu bedenken, dass das vorliegende Instrument im sensiblen Bereich der zentralen Kontrahenten und an das Anlageobjekt europäischer Staatsanleihen anknüpft. Von daher wäre eine breite politische Legitimation wünschenswert. Der Rückgriff auf Art.352 AEUV würde eine „erhöhte demokratische Mitwirkung“[1759] bieten und die Akzeptanz des Instruments innerhalb der Europäischen Union steigern. Neben den rechtlichen Aspekten wäre daher auch unter politischen Gesichtspunkten ein Rückgriff auf Art.352 AEUV begrüßenswert.

Unabhängig von diesen Fragestellungen muss sich das Instrument an der politischen Realität innerhalb der Europäischen Union messen. Auch wenn es hieran scheitern könnte, ist seine wirtschaftliche Sinnhaftigkeit und rechtliche Legitimität nicht anzuzweifeln.

§5 Zusammenfassung

Der rechtsvergleichende Befund fungiert als Anknüpfungspunkt, um auf Normdurchsetzungsebene Optimierungspotentiale für die Kapitalerhaltung einer zentralen Gegenpartei zu erarbeiten. Das in den US-amerikanischen Regelungen verankerte Investitionsverbot für zentrale Gegenparteien in ausländische öffentliche Schuldtitel muss jedoch für die europäische Ebene *modifiziert* und *konkretisiert*

1759 *Jääskinen*, Schlussanträge zu Rs.C-270/12, Rn.58. Kritisch *Orator*, der bezweifelt, dass erhöhte Zustimmungsquoren grundsätzlich zur Optimierung demokratischer Grundsätze beitragen (vgl. *Orator*, Die unionsrechtliche Zulässigkeit von Eingriffsbefugnissen der ESMA im Bereich von Leerverkäufen, EuZW 2013, 852 (854)).

werden. Im Kern soll das vorgeschlagene Investitionsinstrument vor erheblichen finanziellen Verlusten schützen, die eine *CCP* im Rahmen ihrer Anlagepolitik erleiden kann. Dies ist insofern sinnvoll, als ihr in der Finanzmarktinfrastruktur und unter volkswirtschaftlichen Gesichtspunkten eine systemisch relevante Stellung zukommt. Vor diesem Hintergrund soll *ESMA* die Möglichkeit eingeräumt werden, in Ausnahmesituationen *zeitlich begrenzte Konzentrationshöchstgrenzen* für die Investitionen europäischer zentraler Gegenparteien in *Staatsanleihen der Eurozone* festzulegen. Voraussetzung ist, dass *ein oder mehrere Titel* ein *signifikantes Risikopotential* aufweisen, und *eine oder mehrere CCPs* in *erheblichem Maße* in diese Werte investiert haben. Als Kriterien für die Beurteilung des *Risikogehalts* öffentlicher Schuldtitel der Eurozone sollten insbesondere die bereits im vorherigen Abschnitt thematisierten *Fundamentalfaktoren* herangezogen werden. Gleichzeitig belegen empirische Studien, dass einer Schuldenstandquote über 90% des BIP besondere Bedeutung zukommt, sodass dieser Grenzwert bei der Bewertung angemessen berücksichtigt werden sollte. Weitere Einflussfaktoren sollten *Länderratings* und die *Prämienentwicklung am CDS-Markt* bilden. Diese Elemente sollten zueinander und untereinander *gewichtet* werden. Daneben sollte das Instrument *flexibel* auf zukünftige Entwicklungen reagieren können und somit der Katalog der Entscheidungskriterien veränderbar sein.

Bevor Konzentrationsgrenzen für Investitionen festgelegt werden, sollten die *Wechselwirkungen* der Entscheidung auf anderen Gebieten betrachtet werden. Aus diesem Grund sollte beispielsweise erwogen werden, ob die Maßnahme zu Unsicherheit im Finanzsektor führen kann. Gleichsam sollte das *ESRB* vor einer Entscheidung *konsultiert* und die betroffenen nationalen Aufsichtsbehörden *informiert* werden. Durch die *zeitliche Begrenzung* von angedachten sechs Monaten wird der Ausnahmecharakter des Instruments unterstrichen, eine Überprüfung innerhalb eines *Mindestzeitraums* gewährleistet und dem Charakter des Investitionsgegenstands Rechnung getragen. Schließlich könnte das Anwendungsgebiet des Investitionsinstruments insbesondere auf Staatsanleihen anderer europäischer Staaten oder auf ausländische öffentliche Schuldtitel *erweitert* werden.

Die *Umsetzungsmöglichkeit* eines solchen Instruments wirft verschiedene *rechtliche Fragen* auf. Zunächst ist festzuhalten, dass keine der bisherigen Eingriffsbefugnisse das vorgeschlagene Investitionsinstrument in adäquater Weise beinhalten kann. Dies trifft insbesondere auf Art.18 Abs.1 ESMA-Verordnung, Art.29 Leerverkaufsverordnung i.V.m. Artt.18, 38 ESMA-Verordnung, Art.40 Abs.1 MiFIR und Art.45 Abs.1 lit.b) MiFIR zu.

Eine *neue Eingriffsbefugnis* muss daher in rechtlich zulässiger Weise bei *ESMA* angesiedelt werden, wobei ebenso rechtliche Grenzen der Übertragung zu beachten sind. Grundsätzlich erfüllt das vorgeschlagene Investitionsinstrument die

Voraussetzungen des Interventionsrahmens des Art.9 Abs.5 ESMA-Verordnung, allerdings müsste ein neuer verbindlicher Rechtsakt durch den Unionsgesetzgeber geschaffen werden. Die von der europäischen Judikatur aufgestellten Grundsätze stehen einer grundsätzlichen *Übertragung* der mit dem Investitionsinstrument einhergehenden Befugnisse auf *ESMA* nicht entgegen. Insbesondere werden die *Maßstäbe der maßgeblichen Meroni-Doktrin* eingehalten, da insoweit keine weitreichenden Ermessensentscheidungen übertragen werden. Mag *ESMA* zwar ein gewisser Spielraum in der Tatsachenbeurteilung zukommen, würden ihr insbesondere keine politischen Entscheidungsbefugnisse übertragen, sondern eng umgrenzte, auf objektiv nachprüfbaren Tatbestandsmerkmalen beruhende Durchführungsbefugnisse. Zudem ergibt sich *kein Widerspruch* zu den Artt.290, 291 AEUV.

Für das zu erlassende Investitionsinstrument kommen weiterhin *zwei potentielle Rechtsgrundlagen* in Frage. Zunächst kann die allgemeine binnenmarktrechtliche Harmonisierungskompetenz des Art.114 AEUV herangezogen werden, die allerdings mit zahlreichen rechtlichen Fragestellungen verbunden ist. Im Rahmen des Art.114 AEUV ist nach den überzeugenden Argumenten eine *präventive Rechtsangleichung* möglich. Für den vorliegenden Fall wäre diese zulässig, da heterogene Entwicklungen der innerstaatlichen Rechtsvorschriften wahrscheinlich sind. Zudem umfasst Art.114 AEUV die Möglichkeit, *produktbezogene Maßnahmen gegenüber Dritten* zu erlassen, was im Falle des Investitionsinstruments einschlägig ist. Andererseits bestehen für den vorliegenden Fall im Rahmen des Art.114 AEUV Rechtsunsicherheiten. Besonders zweifelhaft ist, ob es sich bei dem vorgeschlagenen Investitionsinstrument noch um eine *Maßnahme zur Angleichung* von Rechts- und Verwaltungsvorschriften der Mitgliedsstaaten handelt, da es *ESMA* verbindliche Entscheidungen mit Ersetzungscharakter ermöglicht. Zudem ist fragwürdig, ob das angedachte Instrument das *Funktionieren des Binnenmarktes zum Gegenstand* hat. Zwar werden die Voraussetzungen des Binnenmarktes *objektiv* und *tatsächlich verbessert* und der *Gefahr spürbarer Wettbewerbsverzerrungen vorgebeugt*. Sofern man nicht bloß auf den Wortlaut der Norm abstellt, sondern auch deren ursprüngliche Funktion berücksichtigt, bedarf es jedoch eines gesteigerten Begründungsaufwands, ob das Instrument einheitliche Marktbedingungen nicht nur als *Begleiterscheinung* bewirkt.

Bei der subsidiären Flexibilitätsklausel des Art.352 AEUV sind neben materiell-rechtlichen Gesichtspunkten wie der *Erforderlichkeit* und der *Innensubsidiarität* insbesondere *verfahrensrechtliche Fragestellungen* zu beachten. In diesem Zusammenhang ist es überzeugend, bei Vorliegen der Tatbestandsvoraussetzungen keine Bindung der Unionsorgane zum Erlass der notwendigen Maßnahmen anzunehmen. Andererseits sprechen überzeugende Argumente dafür, bei einer materiell unzureichenden Norm diese nicht kumulativ zum Art.352 AEUV für das Gesetzgebungsverfahren heranzuziehen. Insgesamt ist die Heranziehung des Art.352 AEUV für den vorliegenden Fall aber mit weniger Rechtsunsicherheiten verbunden.

Das vorgeschlagene Instrument würde nicht gegen das in Art.5 Abs.3 EUV verankerte *Subsidiaritätsprinzip* verstoßen und den in Art.5 Abs.4 EUV niedergelegten Grundsatz der *Verhältnismäßigkeit* achten. Zwar dürfte das angedachte Instrument unter *politischen* Gesichtspunkten mit *erheblichen Umsetzungsschwierigkeiten* verbunden sein. Durch den insoweit beschwerlicheren Weg des Art.352 AEUV könnte gleichsam eine gesteigerte politische *Legitimation und Akzeptanz* erreicht werden, da der Rat einen einstimmigen Beschluss erlassen müsste.

Synthese und Ausblick

Die Regulierung derivativer Finanzinstrumente unterliegt seit den folgenschweren Auswirkungen der weltweiten Finanzkrise im Jahr 2008 einem enormen Wandel. Seitdem erwächst ein neuer internationaler Rechtsrahmen, der dem volkswirtschaftlichen Nutzen und der Notwendigkeit derivativer Instrumente gerecht zu werden versucht und gleichzeitig die mit ihnen verbundenen Risiken für das globale Finanzsystem verringern soll. Auch der kontinuierliche technische Fortschritt auf dem Gebiet der Finanzmärkte unterstreicht die Erforderlichkeit neuer rechtlicher Sichtweisen.

Zu Beginn der Ausarbeitung stellte sich heraus, dass die bisherigen rechtlichen Konstruktionen für den *Vertragsschluss zwischen zentraler Gegenpartei (Eurex Clearing AG) und Clearingmitglied* hinsichtlich *außerbörslicher Zinssatzswaps* nicht überzeugen konnten, sodass ein neuer Ansatz entwickelt wurde. Weiterhin fokussierte sich die Untersuchung auf ausgewählte Elemente der neuen Marktinfrastruktur, wobei neben dem *Anwendungsbereich* und der *Clearingpflicht* besonderes Augenmerk auf die *Regulierung der zentralen Gegenpartei* gelegt wurde. Mit Hilfe rechtsvergleichender Methodik wurde eine *Bestandsaufnahme* des komplexen und vielschichtigen Regulierungsrahmens für die Europäische Union, die Vereinigten Staaten von Amerika und Singapur erarbeitet. Darüber hinaus konnten zahlreiche *Gemeinsamkeiten* aber auch *Differenzen* sowie *Besonderheiten* zwischen den Vergleichsjurisdiktionen in unterschiedlichen Bereichen herauskristallisiert und einer *rechtlichen Bewertung* zugeführt werden. Letztlich offenbarte die Analyse außereuropäischer Vorschriften *Optimierungspotentiale* für die *Kapitalerhaltung* europäischer zentraler Gegenparteien. Insoweit konnten *konkrete Reformvorschläge* auf *Normsetzungsebene* herausgebildet werden. Diese Erwägungen wurden durch *Instrumente auf Normdurchsetzungsebene* flankiert, wobei neben volkswirtschaftlichen Parametern insbesondere die rechtlichen Umsetzungsmöglichkeiten und ihre Grenzen analysiert wurden.

Insgesamt konnten im Rahmen dieser Untersuchung zahlreiche neue Erkenntnisse gewonnen werden, die den derzeitigen juristischen Diskurs befruchten können. Die internationale Regulierung derivativer Instrumente und die Entwicklung der Marktinfrastruktur werden jedenfalls voranschreiten, da nach wie vor regulatorischer Handlungsbedarf besteht. Ob die Ideen und aufgezeigten Vorschläge dieser Analyse dann in der Praxis Beachtung finden und aufgegriffen werden, bleibt mit Spannung abzuwarten.

Thesen

Abschnitt 1 – Zivilrechtliche Analyse des Vertragsschlusses

Vor dem Hintergrund technischer Weiterentwicklungen stellt sich der Vertragsschluss zwischen der *Eurex Clearing AG* und ihren Clearingmitgliedern für einen außerbörslich geschlossenen Zinssatzswap wie folgt dar:

- Das Angebot des Clearingmitglieds wird der *Eurex Clearing AG* zunächst mit Hilfe eines Erklärungsboten übermittelt.
- Im Rahmen des *Incremental Risk Check* wird durch die *Eurex Clearing AG* geprüft, ob eine ausreichende Besicherung für das anzunehmende Geschäft vorhanden ist.
- Die Annahme erfolgt danach aktiv durch einen *elektronischen Agenten*, der einen *OTC-Novation Report* ausstellt.
- Der elektronische Agent gibt hierbei keine eigene Willenserklärung ab.
- Die Annahmeerklärung ist der *Eurex Clearing AG* nach den für diesen Fall einschlägigen Zurechnungsgrundsätzen der Computererklärung *zuzurechnen*. In diesem Zusammenhang liegen der generelle Handlungswille und das allgemeine Erklärungsbewusstsein der *Eurex Clearing AG* vor.
- Die *Abgabe* der Annahmeerklärung erfolgt nach der Konkretisierung durch den elektronischen Agenten.
- Die Erklärung geht dem jeweiligen Clearingmitglied zu, indem der *OTC-Novation Report* über die *Common Report Engine* zur Verfügung gestellt wird. Der Zugang der Erklärung ist hierbei nicht abbedungen worden.
- Sollte sich herausstellen, dass die in den Clearing-Bedingungen aufgeführten Novationskriterien für Zinssatzswaps nicht vorgelegen haben, steht der *Eurex Clearing AG* – bei Vorliegen der weiteren Voraussetzungen der Clearing-Bedingungen – ein *Beendigungsrecht* in Form der Kündigung zu.

Abschnitt 2 – Rechtsvergleichende Analyse und Bewertung

§1 Allgemeines

- Zwischen den betrachteten Jurisdiktionen bestehen viele Gemeinsamkeiten in der Umsetzung des G20-Beschlusses von *Pittsburgh*.
- Im Detail ergeben sich allerdings übergreifend zahlreiche *Unterschiede* und *Besonderheiten* für den *Anwendungsbereich* der jeweiligen Vorschriften und die Ausgestaltung der *Clearingverpflichtung*.

- Hinsichtlich der *zentralen Gegenpartei* kristallisieren sich in den Vergleichsjurisdiktionen Differenzen und Eigenarten, insbesondere bei der *Kategorisierung*, den *finanziellen Anforderungen*, dem *Sicherheitenmanagement* und der *Investitionspolitik*, heraus.
- Für die Einzelheiten wird auf die Zusammenfassungen am Ende des jeweiligen Abschnitts in Kapitel 2 dieser Untersuchung verwiesen.
- Die Vergleichsjurisdiktionen weisen zudem *Differenzen in ihrer behördlichen Aufsichts- und Regulierungsstruktur* auf. In Singapur besteht eine Aufsichts- und Regulierungskonzentration bei *MAS*, wohingegen in der Europäischen Union eine vertikale Teilung zwischen *ESMA* und den jeweiligen nationalen Behörden der Mitgliedsstaaten auszumachen ist. In den Vereinigten Staaten von Amerika wiederum liegt eine horizontale Struktur zwischen *CFTC* und *SEC* vor.
- Weiterhin besteht ein *Gefälle in der Regulierungsdichte*, das von den Vereinigten Staaten von Amerika, über die Europäische Union hin zu Singapur verläuft.

§2 Verpflichtung zur zentralisierten Abwicklung

- Im Kontext der internationalen Reformziele ist es begrüßenswert, dass die *Clearingpflicht* für standardisierte außerbörsliche Derivate in allen Vergleichsjurisdiktionen *grundsätzlich weit ausgestaltet* ist.
- In *sachlicher Hinsicht* wenden die betrachteten Jurisdiktionen für die *Ermittlung der clearingpflichtigen standardisierten Derivatkategorien* überwiegend vergleichbare Parameter an. Allerdings werden in den Vereinigten Staaten von Amerika und Singapur Faktoren hinzugezogen, die bei enger Auslegung das *Wettbewerbsverhältnis* zur Europäischen Union tangieren können.
- Positiv hervorzuheben ist, dass die Verpflichtung zur zentralisierten Abwicklung in *persönlicher Hinsicht* übergreifend Marktteilnehmer erfasst, die in professioneller Weise und erheblichem Umfang Derivatgeschäfte abschließen.
- *Nichtfinanzielle Gegenparteien* werden in den Vereinigten Staaten von Amerika und in der Europäischen Union mit Hilfe *unterschiedlicher Konzepte* der Clearingpflicht unterworfen. Derivative Geschäfte unterliegen hierdurch einer *unterschiedlichen Anreizstruktur*. Diese Divergenzen sind zudem unter *Wettbewerbsgesichtspunkten* nicht unproblematisch.
- In allen Vergleichsjurisdiktionen existieren *zahlreiche Ausnahmen und Befreiungen*, die die Reichweite der *Clearingpflicht* insoweit beschneiden. Für deren Bewertung ergibt sich jedoch ein differenziertes Bild:
  - Die in allen Rechtsordnungen enthaltene *Ausnahme für gruppeninterne Geschäfte* und die privilegierte Behandlung *derivativer Absicherungsgeschäfte* ist vor dem Hintergrund ihres volkswirtschaftlichen Nutzens unter wirtschaftlichen Gesichtspunkten verständlich.

- Die Befreiung von *Zentralbanken* und *multilateralen Entwicklungsbanken* ist unter Ausfallgesichtspunkten nachzuvollziehen.
- Die Privilegierung von *Altersvorsorgesystemen* in der Europäischen Union wird sich wegen ihrer zeitlichen Befristung *relativieren.*
- Kritisch muss hingegen die *Befreiungsmöglichkeit für kleinere Banken* in den Vereinigten Staaten von Amerika bewertet werden, die im Gegensatz zu den europäischen und singapurischen Regelungen steht und zu internationalen *Wettbewerbsverzerrungen* führen kann.

§3 Regulierung der zentralen Gegenpartei

- Zwischen den einzelnen Jurisdiktionen bestehen Unterschiede in der *Kategorisierung zentraler Gegenparteien.* Vor allem die Differenzierung in den Vereinigten Staaten von Amerika kann im Vergleich zur Europäischen Union und Singapur zu *Wettbewerbsverfälschungen* führen.
- Singapur orientiert sich für zentrale Gegenparteien grundsätzlich an den *CPSS/IOSCO* Prinzipien für Finanzmarktinfrastrukturen. Im Gegensatz zur Europäischen Union und den Vereinigten Staaten obliegt die konkrete *Umsetzung* den jeweiligen zentralen Gegenparteien selbst. Dies führt zu einem flexiblen und individuellen Ansatz, der die Eigenverantwortung der Marktteilnehmer stärkt und die Regulierungskomplexität abbaut, gleichzeitig aber hohe Anforderungen an die Aufsichtsbehörde *MAS* stellt.
- Die *finanzielle Ausstattung* eines zentralen Kontrahenten ist ein wesentlicher Faktor zur Vorbeugung neuer systemischer Krisen.
  - Zwischen den Vereinigten Staaten von Amerika, der Europäischen Union und der *SGX-DC* auf singapurischer Ebene ergeben sich in diesem Zusammenhang *unterschiedliche Anforderungen* für die *Höhe* der Finanzmittel, die ein zentraler Kontrahent für den *Ausfall seiner Clearingmitglieder* bereithalten muss. Diese können unter Wettbewerbsgesichtspunkten relevant sein.
  - Obwohl alle gewählten Ansätze internationalen Standards entsprechen, müssen sie unter *systemischen Gesichtspunkten* im Kontext *historischer Erfahrungen* kritisch hinterfragt werden.

Abschnitt 3 – Optimierungspotentiale auf europäischer Ebene

§1 Allgemeines

- Der Rechtsvergleich offenbart, dass die US-amerikanischen Regelungen der *CFTC* einer zentralen Gegenpartei die Investition in ausländische öffentliche Schuldtitel verbieten.

- Überträgt man die Erkenntnisse dieses rechtsvergleichenden Befundes auf die Europäische Union und analysiert die derzeitigen rechtlichen und volkswirtschaftlichen Rahmenbedingungen, ergibt sich ein regulatorischer *Handlungsbedarf* hinsichtlich der *Investitionspolitik* europäischer zentraler Gegenparteien in *öffentliche Schuldtitel der Eurozone.*
- Insofern bestehen *Optimierungspotentiale* auf *Normsetzungs-* und *Normdurchsetzungsebene,* die zu einer *verbesserten Kapitalerhaltung* europäischer zentraler Gegenparteien führen können.

§2 Normsetzungsebene

Auf Normsetzungsebene sollte Anhang II Delegierte Verordnung (EU) Nr.153/2013 wie folgt reformiert werden:

- Der Unionsgesetzgeber sollte in Anhang II Ziff.1 lit.a) Delegierte Verordnung (EU) Nr.153/2013 einen *Mindestrahmen an Fundamentalfaktoren* vorgeben, den eine zentrale Gegenpartei zur *Differenzierung von Emittenten* öffentlicher Schuldtitel der Eurozone heranziehen muss.
- Der *Maßstab* zur Differenzierung sollte sich danach richten, ob und wie die öffentlichen Schulden des jeweiligen Staates geschultert werden können, sodass insbesondere die öffentliche Schuldenstandquote und das jährliche Haushaltsdefizit Berücksichtigung finden sollten. Ebenso sinnvoll ist es, zukünftig wichtiger werdende Faktoren, wie beispielsweise Projektionen für die Verpflichtungen der Renten- und Pensionsausgaben, anzuführen.
- Zudem sollte die *Qualität der Nachweispflicht in methodischer Hinsicht erhöht* werden.
- In Anhang II Ziff.1 lit.c) Delegierte Verordnung (EU) Nr.153/2013 sollte die *durchschnittliche Restlaufzeit eines Portfolios* für öffentliche Schuldtitel der Eurozone *herabgesetzt* werden.

§3 Normdurchsetzungsebene

Die aus dem rechtsvergleichen Befund erarbeiteten regulatorischen Reformvorschläge sollten durch instrumentelle Neuerungen auf Normdurchsetzungsebene flankiert werden.

A. Allgemeines

Das Instrument sollte auf den folgenden Erwägungen und Grundelementen beruhen:

- *Ziel* des angedachten Instruments ist es, europäische zentrale Gegenparteien – vor dem Hintergrund ihrer systemischen Relevanz – vor erheblichen finanziellen Verlusten zu schützen, die im Rahmen ihrer Anlagepolitik entstehen können.
- Daher sollte der *Unionsgesetzgeber* im Rahmen einer zu erlassenden Verordnung *ESMA* die Möglichkeit einräumen, *Konzentrationshöchstgrenzen* für die Investitionen europäischer zentraler Gegenparteien in *Staatsanleihen der Eurozone festzulegen.*
- Das Instrument sollte jedoch nur in *Ausnahmesituationen* zum Einsatz kommen, in denen eine oder mehrere *CCPs in erheblichem Maße* in einen oder mehrere öffentliche Schuldtitel der Eurozone investiert haben, die ein *signifikantes Risikopotential* aufweisen.
- Der Unionsgesetzgeber sollte *ESMA* für die *Beurteilung des Risikogehalts* öffentlicher Schuldtitel der Eurozone *objektiv nachprüfbare Kriterien* vorschreiben. Dabei sollte er *Fundamentalfaktoren* wie die Schuldenstandquote oder das Haushaltsdefizit anführen, aber auch die Berücksichtigung weiterer Faktoren wie *Länderratings* und die Prämienentwicklung dieser Titel am *CDS*-Markt, festlegen.
- Diese Kriterien sollten durch den Unionsgesetzgeber im Rahmen seines weiten Beurteilungs- und Gestaltungsspielraums zueinander und untereinander *gewichtet* werden. Dabei ist es empfehlenswert, den Fundamentalfaktoren wesentliche Bedeutung zukommen zu lassen. Außerdem sollte er ebenso bestimmen, wann ein *erhebliches Investitionsvolumen* gegeben ist.
- Daneben sollte das Instrument *flexibel* auf zukünftige Entwicklungen reagieren können, weshalb die Entscheidungskriterien durch den Unionsgesetzgeber veränderbar sein sollten.
- Bevor *ESMA* Konzentrationshöchstgrenzen festlegt, sollten die *Wechselwirkungen* der Entscheidung auf anderen Gebieten berücksichtigt werden. So sollte beispielsweise erwogen werden, ob die Maßnahme zu Unsicherheit im Finanzsektor führen kann. Gleichsam sollte das *ESRB* vor einer Entscheidung *konsultiert* und die betroffenen *nationalen Aufsichtsbehörden informiert* werden.
- Außerdem sollte das Instrument *zeitlich begrenzt* werden, um seinen Ausnahmecharakter zu unterstreichen und eine *Überprüfung* innerhalb eines *Mindestzeitraums* zu ermöglichen. Aufgrund des Investitionsgegenstands ist es denkbar den Zeitraum mit sechs Monaten anzusetzen.
- Darüber hinaus besteht die Möglichkeit, das vorgeschlagene Instrument in seinem *Anwendungsbereich* auf Staatsanleihen anderer europäischer Staaten außerhalb der Eurozone oder auf ausländische öffentliche Schuldtitel zu *erweitern.*

- Die derzeitige Rechtslage kann die dargelegten Erwägungen und Grundelemente des vorgeschlagenen Instruments nicht in adäquater Weise widerspiegeln. Dies trifft insbesondere auf Art.18 Abs.1 Verordnung (EU) Nr.1095/2010, Art.29 Verordnung (EU) Nr.236/2012 i.V.m. Artt.18, 38 Verordnung (EU) Nr.1095/2010, Art.40 Abs.1 Verordnung (EU) Nr.600/2014 und Art.45 Abs.1 lit.b) Verordnung (EU) Nr.600/2014 zu.
- In rechtlicher Hinsicht kann das vorgeschlagene Investitionsinstrument in die europäische Rechtsordnung implementiert werden.
  - Grundsätzlich steht das Instrument im Einklang mit Art.9 Abs.5 Verordnung (EU) Nr.1095/2010; der Unionsgesetzgeber müsste jedoch einen neuen verbindlichen Rechtsakt erlassen.
  - Die von der europäischen Judikatur aufgestellten Grundsätze stehen einer *Übertragung* der mit dem Investitionsinstrument einhergehenden *Befugnisse* auf *ESMA* nicht entgegen. Insbesondere werden die Anforderungen der maßgeblichen *Meroni*-Doktrin eingehalten, da insoweit *keine weitreichenden Ermessensentscheidungen*, sondern *eng umgrenzte*, auf *objektiv nachprüfbaren Tatbestandsmerkmalen* beruhende, *Durchführungsbefugnisse* auf *ESMA* übertragen werden sollen.
  - Zudem ergibt sich kein Widerspruch zu den Artt.290, 291 AEUV.
  - Für das Investitionsinstrument kommen mit Art.114 AEUV und Art.352 AEUV potentiell zwei Rechtsgrundlagen in Frage.
  - Der Weg über die allgemeine binnenmarktrechtliche Harmonisierungskompetenz des Art.114 AEUV ist mit *zahlreichen rechtlichen Fragestellungen* und *Rechtsunsicherheit* verbunden.
    - Obwohl die Mitgliedsstaaten noch keine Maßnahmen getroffen haben, ist der Weg über die *präventive Rechtsangleichung* im Rahmen des Art.114 AEUV zulässig, da eine heterogene Entwicklung der innerstaatlichen Rechtsvorschriften im vorliegenden Fall wahrscheinlich ist.
    - Zudem ist es zulässig, Konzentrationshöchstgrenzen für Investitionsgegenstände gegenüber europäischen zentralen Gegenparteien festzulegen, da *produktbezogene Maßnahmen gegenüber Dritten* im Rahmen des Art.114 AEUV erlassen werden können.
    - Zweifelhaft ist, ob es sich bei dem vorgeschlagenen Investitionsinstrument um eine Maßnahme zur *Angleichung* von Rechts- und Verwaltungsvorschriften der Mitgliedsstaaten handelt, weil in der Festlegung von Konzentrationsgrenzen durch *ESMA* eine verbindliche Entscheidung mit Ersetzungscharakter zu sehen ist.

    - Zudem ist fragwürdig, ob das angedachte Instrument das Funktionieren des Binnenmarktes *im Sinne des Art.114 AEUV* zum Gegenstand hat. Zwar werden die Voraussetzungen des Binnenmarktes objektiv und tatsächlich verbessert sowie der Gefahr spürbarer Wettbewerbsverzerrungen vorgebeugt. Allerdings hat das Instrument primär eine *systemische Stabilisierungsfunktion*, weshalb einheitliche Marktbedingungen zwischen betroffenen zentralen Gegenparteien nur als Begleiterscheinung bewirkt werden.
  - Bei der insofern subsidiären Flexibilitätsklausel des Art.352 AEUV stellen sich für die Umsetzung des Instruments weniger materiell-rechtliche, denn *verfahrensrechtliche Fragestellungen.*
    - Das angedachte Instrument erfüllt die tatbestandlichen Voraussetzungen und erscheint im Sinne des Art.352 AEUV insbesondere erforderlich, da eine Diskrepanz zwischen den Zielen der Union und ihrer Verwirklichung besteht.
    - Auf der anderen Seite sind die Unionsorgane bei Vorliegen der Tatbestandsvoraussetzungen des Art.352 AEUV nicht verpflichtet, das Instrument zu erlassen.
    - Eine kumulative Heranziehung von Art.114 AEUV und Art.352 AEUV für das Rechtssetzungsverfahren ist für das angedachte Instrument jedenfalls nicht notwendig.
  - Weiterhin verstößt das vorgeschlagene Instrument nicht gegen das in Art.5 Abs.3 EUV verankerte *Subsidiaritätsprinzip* und achtet den in Art.5 Abs.4 EUV niedergelegten *Grundsatz der Verhältnismäßigkeit.*
- Unter *politischen Gesichtspunkten* dürfte das angedachte Instrument mit erheblichen Umsetzungsschwierigkeiten verbunden sein. Durch den aus dieser Perspektive beschwerlicheren Weg des Art.352 AEUV könnte gleichsam die *politische Legitimation und Akzeptanz des Instruments gesteigert* werden, da der Rat einen einstimmigen Beschluss fassen müsste.

Literaturverzeichnis

Sammelwerke wie Festschriften und Kommentare sind – soweit nicht anders gekennzeichnet – über ihre Herausgeber aufgelistet. Sollten mehr als vier Autoren oder Herausgeber an einem Werk beteiligt sein, werden diese mit der Abkürzung „u.a." benannt. Einzelne Beiträge in diesen Werken sind in diesem Verzeichnis nicht aufgeführt. Nicht fachspezifische Periodika, Pressemitteilungen, Vorträge, Statistiken oder Stellungnahmen zu legislativen Vorhaben werden in der jeweiligen Fußnote der Untersuchung mit vollständiger Fundstelle und – soweit vorhanden – mit Webadresse angegeben. Legislative Quellen wie beispielsweise Gesetzesentwürfe sowie Judikatur sind ebenfalls nicht Teil dieses Verzeichnisses.

Alle in dieser Auflistung und in den Fußnoten angeführten Webfundstellen wurden – soweit nicht anders bezeichnet – zuletzt am 23.06.2014 abgerufen.

Alfes, André, Central Counterparty – Zentraler Kontrahent – Zentrale Gegenpartei, Duncker & Humblot, Berlin 2005 (zitiert: *Alfes*, Central Counterparty, S.)

Allen, Tom / *Widdison,* Robin, Can Computers Make Contracts?, Harvard Journal of Law & Technology, Vol.9, No.1, 1996, S.26–50 (zitiert: *Allen/Widdison,* Can Computers Make Contracts?, Harv.J.L. & Tech, S.)

Assies, Paul / *Beule,* Dirk / *Heise,* Julia / *Strube,* Hartmut, Handbuch des Fachanwalts Bank- und Kapitalmarktrecht, 3. Aufl., Carl Heymanns Verlag, Köln 2012 (zitiert: *Bearbeiter*, in: Assies/Beule/Heise/Strube, Handbuch des Fachanwalts Bank- und Kapitalmarktrecht, S., Rn.)

Assmann, Heinz-Dieter / Schneider, Uwe, Wertpapierhandelsgesetz, Kommentar, 6. Aufl., Verlag Dr. Otto Schmidt, Köln 2012 (zitiert: *Bearbeiter*, in: Assmann/ Schneider, WpHG, §, Rn.)

Backhaus, Richard, Aktuelle Entwicklungen im Wirtschaftsrecht, Neue Zeitschrift für Gesellschaftsrecht 2011, S.416–423 (zitiert: *Backaus*, Aktuelle Entwicklungen im Wirtschaftsrecht, NZG 2011, S.)

Bächstädt, Karl-Heinz / *Pietrzak,* Michael, Portabilität und Separation von Sicherheiten und Derivatepositionen für börsliche und OTC-Derivategeschäfte, Kreditwesen 2014, S.236–237 (zitiert: *Bächstädt/Pietrzak*, Portabilität und Separation von Sicherheiten und Derivatepositionen für börsliche und OTC-Derivategeschäfte, Kreditwesen 2014, S.)

Bamberger, Heinz Georg / *Roth,* Herbert, Beck'scher Online-Kommentar, BGB, Edition 33, Stand: 01.11.2014, Verlag C.H. Beck, München 2014, abrufbar unter http://www.beck-online.de (zitiert: *Bearbeiter*, in: Bamberger/Roth, BeckOK BGB, §, Rn.)

–, Kommentar zum Bürgerlichen Gesetzbuch, Band 1, 3. Aufl., Verlag C.H. Beck, München 2012 (zitiert: *Bearbeiter*, in: Bamberger/Roth, BGB, §, Rn.)

Bank of England, Quarterly Bulletin Q2/2013, abrufbar unter http://www.bankofengland.co.uk/publications/Documents/quarterlybulletin/2013/qb1302ccpsbs.pdf (zitiert: *Bank of England*, Quaterly Bulletin, S.)

Bank-Verlag, Basisinformationen über Finanzderivate, Köln 2008 (zitiert: *Bank-Verlag*, Basisinformation über Finanzderivate, S.)

–, Basisinformationen über Termingeschäfte, Grundlagen, wirtschaftliche Zusammenhänge und Risiken, Köln 2012 (zitiert: *Bank-Verlag*, Basisinformationen über Termingeschäfte, S.)

Bank für Internationalen Zahlungsausgleich, Statistical Release, OTC derivatives statistics at end-June 2014, November 2014, abrufbar unter http://www.bis.org/publ/otc_hy1305.pdf (zitiert: *BIZ*, OTC derivatives statistics at end-June 2014, S.)

–, Report and Netting Schemes, Februar 1989, abrufbar unter http://www.bis.org/publ/cpss02.pdf (zitiert: *BIZ*, Report and Netting Schemes, S.)

Bauer, Marc Christian, Elektronische Agenten in der virtuellen Welt, Verlag Dr. Kovač, Hamburg 2006 (zitiert: *Bauer*, Elektronische Agenten in der virtuellen Welt, S.)

Baum, Anja / *Checherita-Westphal*, Cristina / *Rother*, Philipp, Debt and Growth – New Evidence for the Euro Area, ECB Working Paper Series Juli 2012, abrufbar unter http://www.ecb.europa.eu/pub/pdf/scpwps/ecbwp1450.pdf (zitiert: *Baum/Checherita-Westphal/Rother*, Debt and Growth, S.)

Baumbach, Adolf (Begr.) / *Hopt*, Klaus (Bearb.), Handelsgesetzbuch, 36. Aufl., Verlag C.H. Beck, München 2014 (zitiert: *Bearbeiter*, in: Baumbach/Hopt, HGB, §, Rn.)

Baseler Ausschuss für Bankenaufsicht, Basel III: ein globaler Regulierungsrahmen für widerstandsfähigere Banken und Bankensysteme, Dezember 2010, abrufbar unter http://www.bundesbank.de/Redaktion/DE/Downloads/Kerngeschaeftsfelder/Bankenaufsicht/Basel/2010_12_basel3_ein_globaler_regulierungsrahmen_fuer_widerstandsfaehigere_banken_und_bankensysteme.pdf?__blob=publicationFile (zitiert: *Baseler Ausschuss für Bankenaufsicht*, Basel III, S.)

–, Capital Requirements for Bank Exposures to Central Counterparties, Juli 2012, abrufbar unter http://www.bis.org/publ/bcbs227.pdf (zitiert: *Baseler Ausschuss für Bankenaufsicht,* Capital Requirements for Bank Exposures to Central Counterparties, S.)

–, Report and Recommendations of the Cross-border Bank Resolution Group, März 2010, abrufbar unter http://www.bis.org/publ/bcbs169.pdf (zitiert: *Baseler Ausschuss für Bankenaufsicht,* Report and Recommendations of the Cross-border Bank Resolution Group, S.)

Bearing Point, Herausforderungen und strategische Entwicklungsperspektiven im Rahmen der neuen OTC-Derivat-Regulierung, abrufbar unter http://www.bearingpoint.com/de-de/download/0745_PoPl_DE_CCP_11_2012_final_web.pdf (zitiert: *Bearing Point,* OTC-Derivatregulierung, S.)

Bernanke, Ben, Clearing and Settlement during the Crash, The Review of Financial Studies, Vol.3, No.1, 1990, S.133–151 (zitiert: *Bernanke,* Clearing and Settlement, Rev. Financ. Stud. (1990), 3 (1), S.)

Berneuther, Jörn / *Freitag,* Robert / *Leible,* Stefan / *Sippel,* Harald, *u.a.* Festschrift für Ulrich Spellenberg, selier.european law publishers, München 2010 (zitiert: *Verf.*, in: FS Spellenberg, Titel, S.)

Bernoth, Kerstin / *Erdogan,* Burcu, Sovereign Bond Yield Spreads: A Time-Varying Coefficient Approach, Journal of International Money and Finance 31 (2012), S.639–656 (zitiert: *Bernoth/Erdogan,* Sovereign Bond Yield Spreads, J Int Money Financ. 31 (2012), S.)

Blaurock, Uwe, Regelbildung und Grenzen des Rechts – Das Beispiel der Finanzkrise, JuristenZeitung 2012, S.226–234 (zitiert: *Blaurock,* Regelbildung und Grenzen des Rechts, JZ 2012, S.)

Bock, Yves, Rechtangleichung und Regulierung im Binnenmarkt, Nomos Verlagsgesellschaft, Baden-Baden 2005 (zitiert: *Bock,* Rechtangleichung und Regulierung im Binnenmarkt, S.)

Book, Thomas, Eurex-OTC Clear: Services für die neue EMIR-Ära, Kreditwesen 2012, S.871–873 (*Book,* Eurex-OTC Clear, Kreditwesen 2012, S.)

Boos, Karl-Heinz / *Fischer,* Reinfried / *Schulte-Mattler,* Hermann, Kreditwesengesetz, 4. Aufl., Verlag C.H. Beck, München 2012 (zitiert: *Bearbeiter,* in: Boos/Fischer/Schulte-Mattler, KWG, §, Rn.)

Borchers, Jens, Swapgeschäfte in Zivil- und Steuerrecht, Peter Lang Verlag, Frankfurt am Main, Berlin, Bern, New York, Paris, Wien 1992 (zitiert: *Borchers,* Swapgeschäfte in Zivil- und Steuerrecht, S.)

Bosch, Robert / *Ertogrul,* Deniz, Regulierung von OTC-Derivaten und deren Liquiditätswirkung, Kreditwesen 2013, S.190–192 (zitiert: *Bosch/Ertogrul,*

Regulierung von OTC-Derivaten und deren Liquiditätswirkung, Kreditwesen 2013, S.)

Bosch, Ulrich, Finanztermingeschäfte in der Insolvenz – Zum „Netting“ im Insolvenzverfahren – Teil 1, Wertpapier-Mitteilungen 1995, S.365–375 (zitiert: *Bosch*, Finanztermingeschäfte in der Insolvenz, WM 1995, S.)

Böse, Martin / *Sternberg-Lieben,* Detlev, Grundlagen des Straf- und Strafverfahrensrechts, Festschrift für Knut Amelung zum 70. Geburtstag, Duncker & Humblot, Berlin 2009 (zitiert: *Verf.*, in: FS Amelung, Titel, S.)

Brandt, Sven, Kreditderivate – Zentrale Aspekte innovativer Kapitalmarktprodukte, Zeitschrift für Bank- und Kapitalmarktrecht 2002, S.243–254 (zitiert: *Brandt*, Kreditderivate, BKR 2002, S.)

Buck-Heeb, Petra, Kapitalmarktrecht, 7. Aufl., C.F. Müller, Heidelberg, München, Landsberg, Frechen, Hamburg 2014 (zitiert: *Buck-Heeb*, Kapitalmarktrecht, S., Rn.)

Bundesanstalt für Finanzdienstleistungsaufsicht, Allgemeinverfügung der Bundesanstalt für Finanzdienstleistungsaufsicht (BaFin) zum Verbot der Begründung oder des rechtsgeschäftlichen Eintritts in ein Kreditderivat, soweit keine nicht nur unwesentliche Risikoreduktion beim Sicherungsnehmer gegeben ist, vom 18. Mai 2010 (widerrufen mit Wirkung zum 27.07.2010), abrufbar unter http://www.bafin.de/SharedDocs/Aufsichtsrecht/DE/Verfuegung/vf_100518_kreditderivate.html (zitiert: *BaFin*, Allgemeinverfügung Kreditderivate)

–, Allgemeinverfügung der Bundesanstalt für Finanzdienstleistungsaufsicht (BaFin) zum Verbot ungedeckter Leerverkäufe in Schuldtiteln von Mitgliedsstaaten der EU, deren gesetzliche Währung der Euro ist, vom 18. Mai 2010 (widerrufen mit Wirkung zum 27.07.2010), abrufbar unter http://www.bafin.de/SharedDocs/Aufsichtsrecht/DE/Verfuegung/vf_100518_leerverkauf_schuldtitel.html (zitiert: *BaFin*, Allgemeinverfügung ungedeckte Leerverkäufe)

–, EMIR – Anforderungen an nichtfinanzielle Gegenparteien, 20.12.2013, abrufbar unter http://www.bafin.de/DE/Aufsicht/BoersenMaerkte/EMIR/NichtfinanzielleGegenparteien/nichtfinanzielle_gegenparteien_node.html#doc3710874bodyText1 (zitiert: *BaFin*, EMIR – Anforderungen an nichtfinanzielle Gegenparteien)

–, Merkblatt – Hinweise zum Tatbestand der Tätigkeit als zentrale Gegenpartei, 12.08.2013, abrufbar unter http://www.bafin.de/SharedDocs/Veroeffentlichungen/DE/Merkblatt/mb_130812_tatbestand_zentrale_gegenpartei.html (zitiert: *BaFin*, Merkblatt zentrale Gegenpartei)

–, Liste der zugelassenen Kreditinstitute, 01.01.2014, abrufbar unter http://www.bafin.de/SharedDocs/Downloads/DE/Liste/Unternehmensdatenbank/

dl_li_ki_gesamt.html?nn=2696482 (zitiert: *BaFin,* Liste der zugelassenen Kreditinstitute)

–, Merkblatt über die Erteilung einer Erlaubnis zum Betreiben von Bankgeschäften gemäß §32 Abs.1 KWG, 31.12.2007, abrufbar unter http://www.bafin.de/SharedDocs/Downloads/DE/Merkblatt/BA/dl_080609_bankerlaubnis_ba.pdf?__blob=publicationFile&v=8 (zitiert: *BaFin,* Merkblatt über die Erteilung einer Erlaubnis zum Betreiben von Bankgeschäften)

–, Umsetzung der CRD IV, 28.05.2013, abrufbar unter http://www.bafin.de/SharedDocs/Veroeffentlichungen/DE/Jahresbericht/2012/jb_2012_V_1.1_umsetzung_der_crd4.html (zitiert: *BaFin*, Umsetzung der CRD IV)

Bundesministerium der Finanzen, Europäische Finanzhilfen im Überblick, abrufbar unter http://www.bundesfinanzministerium.de/Content/DE/Standardartikel/Themen/Europa/Stabilisierung_des_Euro/Zahlen_und_Fakten/europaeische-finanzhilfen-im-ueberblick-pdf.pdf?__blob=publicationFile&v=44 (zitiert: *BMF*, Europäische Finanzhilfen im Überblick)

Burghof, Hans-Peter / *Henke,* Sabine / *Rudolph,* Bernd, Kreditderivate als Instrument eines aktiven Kreditrisikomanagements, Zeitschrift für Bankrecht und Bankwirtschaft 1998, S.277–286 (zitiert: *Burghof/Henke/Rudolph*, Kreditderivate als Instrument eines aktiven Kreditrisikomanagements, ZBB 1998, S.)

Cahn, Andreas / *Müchler,* Henny, Produktintervention nach MiFID II, Institute for Law and Finance, Working Paper Series Nr.134, abrufbar unter http://www.ilf-frankfurt.de/uploads/media/ILF_WP_134.pdf (zitiert: *Cahn/Müchler,* Produktintervention nach MiFID II, S.)

Calliess, Christian / *Ruffert,* Matthias, EUV/AEUV Kommentar, 4. Aufl., Verlag C.H. Beck, München 2011 (zitiert: *Bearbeiter*, in: Calliess/Ruffert, EUV/AEUV, Art., Rn.)

Casper, Matthias, Das neue Recht der Termingeschäfte, Wertpapier-Mitteilungen 2003, S.161–168 (zitiert: *Casper*, Das neue Recht der Termingeschäfte, WM 2003, S.)

Ceccetti, Stephen / *Gynetlberg,* Jacob / *Hollanders,* Marc, Central counterparties for over-the-counter derivatives, BIS Quarterly Review, September 2009, abrufbar unter http://www.bis.org/publ/qtrpdf/r_qt0909f.pdf (zitiert: *Ceccetti/Gynetlberg/Hollanders*, Central counterparties for over-the-counter derivatives, BIS Quaterly Review, S.)

Cecchetti, Stephen / *Mohanty,* Madhusudan / *Zampolli,* Fabrizio, The Real Effects of Debt, BIS Working Paper No.352, September 2011, abrufbar unter http://papers.ssrn.com/sol3/papers.cfm?abstract_id=1946170 (zitiert: *Cecchetti/Mohanty/Zampolli,* The Real Effects of Debt, BIS Working Paper No.352, S.)

Centrum für Europäische Politik, CEP-Monitor: OTC-Derivate, abrufbar unter http://www.cep.eu/fileadmin/user_upload/CEP-Monitor/KOM_2010_484_Derivate/KOM_2010-_484_Trilogverhandlungen_31.01.2012.pdf (zitiert: *CEP,* OTC-Derivate)

Chavagneux, Christian, Kleine Geschichte der Finanzkrisen, Spekulation und Crash von 1637 bis heute, Rotpunktverlag, Zürich 2013 (zitiert: *Chavagneux,* Kleine Geschichte der Finanzkrisen, S.)

Ciro, Tony, The Global Financial Crisis, Triggers, Responses and Aftermath, Ashgate 2012 (zitiert: *Ciro,* The Global Financial Crisis, S.)

Claussen, Carsten Peter, Bank- und Börsenrecht für Studium und Praxis, 4. Aufl., Verlag C.H. Beck, München 2008 (zitiert: *Bearbeiter,* in: Claussen, Bank- und Börsenrecht, S., Rn.)

Clemens, Rudolf, Die elektronische Willenserklärung – Chanecn und Gefahren, Neue Juristische Wochenschrift 1985, S.1998–2005 (zitiert: *Clemens,* Die elektronische Willenserklärung, NJW 1995, S.)

Clouth, Peter, Rechtsfragen der außerbörslichen Finanz-Derivate, Produktstrukturen und Verlustrisiken. Beratung und Information durch Kreditinstitute, Verlag C.H. Beck, München 2001 (zitiert: *Clouth,* Rechtsfragen der außerbörslichen Finanz-Derivate, S.)

Committee on Payment and Settlement Systems, History, abrufbar unter http://www.bis.org/cpss/cpssinfo01.htm (zitiert: *CPSS,* History)

–, *Technical Committee of the International Organization of Securities Commission,* Principles for Financial Market Infrastructures (PFMI), April 2012, abrufbar unter http://www.bis.org/publ/cpss101a.pdf (zitiert: *CPSS/IOSCO,* Principles for financial market infrastructures, Principle)

–, *Technical Committee of the International Organization of Securities Commission,* Recovery and resolution of financial market infrastructure, Final Report, Oktober 2014, abrufbar unter http://www.bis.org/cpmi/publ/d121.pdf (zitiert: *CPSS/IOSCO,* Recovery and resolution of financial market infrastructure)

Commodity Futures Trading Commission, CFTC Grants Order to ICE Clear Credit Permitting Portfolio Margining of Swaps and Security-Based Swaps in a Cleared Swaps Customer Account, 14.01.2013, abrufbar unter http://www.cftc.gov/PressRoom/PressReleases/pr6495–13 (zitiert: *CFTC,* CFTC Grants Order to ICE Clear Credit Permitting Portfolio Margining of Swaps and Security-Based Swaps in a Cleared Swaps Customer Account)

–, FAQ – Division of Swap Dealer and Intermediary Oversight Responds to FAQ about Swap Entities, abrufbar unter http://www.cftc.gov/ucm/groups/

public/@newsroom/documents/file/swapentities_faq_final.pdf (zitiert: *CFTC*, FAQ, S.)

–, Final Rules and Interpretations i) Further Defining „Swap", "Security-Based Swap", and "Security-Based Swap Agreement"; ii) Regarding "Mixed Swaps"; and iii) Governing Books and Records for "Security-Based Swap Agreements", Fact Sheet, abrufbar unter http://www.cftc.gov/ucm/groups/public/@newsroom/documents/file/fd_factsheet_final.pdf (zitiert: *CFTC*, Final Rules and Interpretations i) Further Defining „Swap", "Security-Based Swap", and "Security-Based Swap Agreement"; ii) Regarding "Mixed Swaps"; and iii) Governing Books and Records for "Security-Based Swap Agreements", Fact Sheet, S.)

–, Final Rules Regarding Further Defining „Swap Dealer", „Major Swap Participant" and „Eligible Contract Participant", Fact Sheet, abrufbar unter http://www.cftc.gov/ucm/groups/public/@newsroom/documents/file/msp_ecp_factsheet_final.pdf (zitiert: *CFTC*, Final Rules Regarding Further Defining „Swap Dealer", „Major Swap Participant" and „Eligible Contract Participant", Fact Sheet, S.)

–, History of the CFTC, abrufbar unter http://www.cftc.gov/About/HistoryoftheCFTC/history_1970s (zitiert: *CFTC*, History)

–, No-Action Relief for Swaps Between Affiliated Counterparties That Are Neither Swap Dealers Nor Major Swap Participants from Certain Swap Data Reporting Requirements Under Parts 45, 46, and Regulation 50.50(b) of the Commission's Regulations, 05.04.2013, abrufbar unter http://www.cftc.gov/ucm/groups/public/@lrlettergeneral/documents/letter/13-09.pdf (zitiert: *CFTC*, No-Action Relief, S.)

–, Order, 14.01.2013, abrufbar unter http://www.cftc.gov/ucm/groups/public/@newsroom/documents/file/icecreditclearorder011413.pdf (zitiert: *CFTC*, Order)

–, Q&A – Final Rules and Interpretations i) Further Defining "Swap", "Security-Based Swap" and "Security-Based Swap Agreement", ii) Regarding "Mixed Swaps", and iii) Governing Books and Records for "Security-Based Swaps", abrufbar unter http://www.cftc.gov/ucm/groups/public/@newsroom/documents/file/fd_qa_final.pdf (zitiert: *CFTC*, Q&A – Final Rules and Interpretations i) Further Defining "Swap", "Security-Based Swap" and "Security-Based Swap Agreement", ii) Regarding "Mixed Swaps", and iii) Governing Books and Records for "Security-Based Swaps", S.)

–, Q&A – Final Rule on the Protection of Cleared Swaps Customer Contracts and Collateral, Conforming Amendments to the Commodity Broker Bankruptcy

Provisions, abrufbar unter http://www.cftc.gov/ucm/groups/public/@newsroom/documents/file/sb_qa_final.pdf (zitiert: *CFTC*, Q&A – Final Rule on the Protection of Cleared Swaps Customer Contracts and Collateral, Conforming Amendments to the Commodity Broker Bankruptcy Provisions, S.)

–, Q&A – Regulation 1.25, abrufbar unter http://www.cftc.gov/ucm/groups/public/@newsroom/documents/file/125_qa_final.pdf (zitiert: *CFTC*, Q&A – Regulation 1.25)

Conrad, Christian, Reformen zur Stabilisierung der Finanzmärkte, Orientierungen zur Wirtschafts- und Gesellschaftspolitik 2013, S.52–58 (zitiert: *Conrad*, Reformen zur Stabilisierung der Finanzmärkte, Orientierungen 2013, S.)

Cornelius, Kai, Vertragsabschluss durch autonome elektronische Agenten, MultiMedia und Recht 2002, S.353–358 (zitiert: *Cornelius*, Vertragsabschluss durch autonome elektronische Agenten, MMR 2002, S.)

Dauses, Manfred, Handbuch des EU-Wirtschaftsrecht, Band I-II, Loseblattsammlung, 35. Ergänzungslieferung, Verlag C.H. Beck, München 2014 (zitiert: *Bearbeiter*, in: Dauses, Hd.EUWirtR, B., Rn.)

Davison, Ian Hay, The Operation and Regulation of the Hong Kong Securities Industry, Reports of the Securities Review Committee, 27.05.1988, abrufbar unter http://www.fstb.gov.hk/fsb/ppr/report/doc/DAVISON_E.PDF (zitiert: *Davison,* The Operation and Regulation of the Hong Kong Securities Industry, S.)

Decker, Ernst, Zinssatz- und Währungsswaps unter rechtlichen Aspekten, dargestellt anhand des Muster-Rahmenvertrages für Swapgeschäfte, Wertpapier-Mitteilungen 1990, S.1001–1015 (zitiert: *Decker*, Zinssatz- und Währungsswaps unter rechtlichen Aspekten, WM 1990, S.)

Derleder, Peter / *Knops,* Kai-Oliver / *Bamberger,* Heinz Georg, Handbuch zum deutschen und europäischen Bankrecht, 2. Aufl., Springer-Verlag, Berlin, Heidelberg 2009 (zitiert: *Bearbeiter*, in: Derleder/Knops/Bamberger, Handbuch zum deutschen und europäischen Bankrecht, S., Rn.)

Deutsche Bank Research, Solvency II und Basel III, 24.08.2011, abrufbar unter http://www.dbresearch.de/PROD/DBR_INTERNET_DE-PROD/PROD0000000000277345.PDF (zitiert: *DB-Research*, Solcency II und Basel III, S.)

Deutsche Börse, Start von Eurex Credit Clear, der europäischen OTC-Clearing-Lösung für Credit Default Swaps, am 30. Juli 2009, Pressemitteilung, 24.07.2009, abrufbar unter http://deutsche-boerse.com/dbg/dispatch/de/notescontent/dbg_nav/press/10_Latest_Press_Releases/33_Eurex_Clearing/INTEGRATE/mr_pressreleases?notesDoc=20BFA166CE2E228FC12575FD0

04CA03E&newstitle=startvoneurexcreditclear,dereu&location=press (zitiert: *Deutsche Börse*, Pressemitteilung)

Deutsche Bundesbank, Außerbörsliche Derivatmärkte: systemische Risiken begrenzen, Finanzstabilitätsbericht 2013, S.91–101, abrufbar unter http://www.bundesbank.de/Redaktion/DE/Downloads/Veroeffentlichungen/Finanzstabilitaetsberichte/2013_finanzstabilitaetsbericht.pdf?__blob=publicationFile (zitiert: *Deutsche Bundesbank*, Außerbörsliche Derivatmärkte: systemische Risiken begrenzen, S.)

–, Credit Default Swaps – Funktionen, Bedeutung und Informationsgehalt, Monatsbericht Dezember 2004, S.43–58, abrufbar unter http://www.stendal.hs-magdeburg.de/project/konjunktur/Fiwi/literatur+links/artikel/Bundesbank/200412mba_cds.pdf (zitiert: *Deutsche Bundesbank*, Credit Default Swaps, S.)

–, Die neuen CPSS-IOSCO-Prinzipien für Finanzmarktinfrastrukturen, Monatsbericht Juli 2012, S.39–51, abrufbar unter http://www.bundesbank.de/Redaktion/DE/Downloads/Veroeffentlichungen/Monatsberichte/2012/2012_07_monatsbericht.pdf?__blob=publicationFile (zitiert: *Deutsche Bundesbank*, Die neuen CPSS-IOSCO-Prinzipien für Finanzmarktinfrastrukturen, S.)

–, Der Europäische Ausschuss für Systemrisiken: vom institutionellen Fundament zur glaubwürdigen makroprudenziellen Überwachung, Monatsbericht April 2012, S.29–40 abrufbar unter http://www.bundesbank.de/Redaktion/DE/Downloads/Veroeffentlichungen/Monatsberichte/2012/2012_04_monatsbericht.pdf?__blob=publicationFile (zitiert: *Deutsche Bundesbank*, Der Europäische Ausschuss für Systemrisiken, S.)

–, Informationsgehalt von CDS-Prämien, Monatsbericht Dezember 2010, S.49–51, abrufbar unter http://www.bundesbank.de/Redaktion/DE/Downloads/Veroeffentlichungen/Monatsberichte/2010/2010_12_monatsbericht.pdf?__blob=publicationFile (zitiert: *Deutsche Bundesbank*, Informationsgehalt von CDS-Prämien, S.)

–, Renditedifferenzen von Staatsanleihen im Euro-Raum, Monatsbericht Juni 2011, S.29–49, abrufbar unter http://www.bundesbank.de/Redaktion/DE/Downloads/Veroeffentlichungen/Monatsberichte/2011/2011_06_monatsbericht.pdf?__blob=publicationFile (zitiert: *Deutsche Bundesbank*, Renditedifferenzen von Staatsanleihen im Euro-Raum, S.)

Diekmann, Hans / *Fleischmann* Dermot, Der Verordnungsentwurf der Europäischen Kommission für den OTC-Derivatemarkt, Wertpapier-Mitteilungen 2011, S.1105–1109 (zitiert: *Diekmann/Fleischmann*, Der Verordnungsentwurf der Europäischen Kommission für den OTC-Derivatemarkt, WM 2011, S.)

Dietl, Clara / *Lorenz,* Egon, Wörterbuch für Recht, Wirtschaft und Politik, Teil 1, Englisch-Deutsch, C.H. Beck'sche Verlagsbuchhandlung, München 2000 (zitiert: *Dietl/Lorenz,* Wörterbuch für Recht, Wirtschaft und Politik, „Begriff")

Dötsch, Claudio-Alberto / *Kellner,* Matthias, Aufklärungs- und Beratungspflichten der Kreditinstitute beim Vertrieb von Aktienanleihen, Wertpapier-Mitteilungen 2001, S.1194–1999 (zitiert: *Dötsch/Kellner,* Aufklärungs- und Beratungspflichten der Kreditinstitute beim Vertrieb von Aktienanleihen, WM 2001, S.)

Due, Ole / *Lutter,* Marcus / *Schwarze,* Jürgen, Festschrift für Ulrich Everling, Band 2, Nomos Verlagsgesellschaft, Baden-Baden 1995 (zitiert: *Verf.*, in: FS Everling, Titel, S.)

Duff, Arthur / *Zaring,* David, New Paradigms and Familiar Tools in the New Derivatives Regulation, The George Washington Law Review, Vol.81, 2013, S.677–706, abrufbar unter http://www.gwlr.org/wp-content/uploads/2013/04/Zaring.pdf (zitiert: *Duff/Zaring,* New Paradigms and Familiar Tools in the New Derivatives Regulation, 81 Geo. Wash. L. Rev. (2013), S.)

Ebenroth, Carsten Thomas / *Boujong,* Karlheinz / *Joost,* Detlev / *Strohn,* Lutz, Handelsgesetzbuch, Band 2, 2. Aufl., Verlag C.H. Beck, Verlag Franz Vahlen, München 2009 (zitiert: *Bearbeiter*, in: Ebenroth/Boujong/Joost/Strohn, HGB, §, Rn.)

Ebenroth, Carsten Thomas / *Benzler,* Marc, Close-out Netting nach der neuen Insolvenzordnung, Zeitschrift für Vergleichende Rechtswissenschaft 95 (1996), S.335–385 (zitiert: *Ebenroth/Benzler,* Marc, Close-out Netting nach der neuen Insolvenzordnung, ZVglRWiss 95 (1996), S.)

Economic and Financial Committee, Sub-Committee on EU Sovereign Debt Markets, Collective Action Clauses, Explanatory Note, 26.07.2011, abrufbar unter http://europa.eu/efc/sub_committee/pdf/explanatory_note_draft_on_the_model_cac_-_26_july.pdf (zitiert: *EFC,* Collective Action Clauses, S.)

Egert, Balázs, The 90% Public Debt Treshold – The Rise and Fall of a Stylised Fact, OECD Economics Department Working Papers No.1055, 2013, abrufbar unter http://www.oecd-ilibrary.org/docserver/download/5k452kln1s6l.pdf?expires=1391849942&id=id&accname=guest&checksum=92A5F8111E23329E3045F65B7330321B (zitiert: *Egert,* The 90% Public Debt Treshold, OECD Economics Department Working Papers No.1055, S.)

Egner, Thomas / *Henselmann,* Klaus /*Schmidt,* Lutz, Steuern und Rechnungslegung: Festschrift zum 65. Geburtstag von Professor Dr. Jochen Sigloch, Shaker Verlag, Aachen 2009 (zitiert: *Verf.*, in: FS Sigloch, Titel, S.)

Eilenberger, Guido, Bankbetriebswirtschaftslehre, 8. Aufl., Oldenbourg Verlag, München 2012 (zitiert: *Eilenberger,* Bankbetriebswirtschaftslehre, S.)

Ellenberger, Jürgen / *Schäfer,* Holger / *Clouth,* Peter / *Lang,* Volker, Praktikerhandbuch Wertpapier- und Derivatgeschäft, 4. Aufl., Finanz Colloquium, Heidelberg 2011 (zitiert: *Bearbeiter,* in: Ellenbeger/Schäfer/Clouth/Lang, Praktikerhandbuch Wertpapier- und Derivatgeschäf, S., Rn.)

Eller, Roland / *Heinrich,* Markus / *Perrot,* René / *Reif,* Markus, Handbuch Derivativer Instrumente, 3. Aufl., Schäfer-Poeschel Verlag, Stuttgart 2005 (zitiert: *Bearbeiter,* in: Eller/Heinrich/Perrot/Reif, Handbuch Derivativer Instrumente, S.)

Epiney, Astrid, Neuere Rechtsprechung des EuGH in den Bereichen institutionelles Recht, allgemeines Verwaltungsrecht, Grundfreiheiten, Umwelt- und Gleichstellungsrecht, Neue Zeitschrift für Verwaltungsrecht 2002, S.1429–1440 (zitiert: *Epiney,* Neuere Rechtsprechung des EuGH, NVwZ 2002, S.)

Erman, Walter (Begr.), Bürgerliches Gesetzbuch, Band 1, 14. Aufl., Verlag Dr. Otto Schmidt, Köln 2014 (zitiert: *Bearbeiter,* Erman (Begr.), BGB, §, Rn.)

Eurex Clearing AG, Anlagepolitik, abrufbar unter http://www.eurexclearing.com/clearing-de/sicherheitenmanagement/anlagepolitik/ (zitiert: *Eurex Clearing AG,* Anlagepolitik)

–, Clearing Services, EurexOTC Clear for IRS – EMIR, October 2014, abrufbar unter http://www.eurexclearing.com/blob/305764/5913f4c9d5a51ed47e59d3a63f21c62b/data/eurex-otc-clear-services.pdf (zitiert: *Eurex Clearing AG,* Eurex OTC Clear for IRS, S.)

–, Common Report Engine, abrufbar unter http://www.eurexclearing.com/clearing-de/transaktionsmanagement/reporting/common-report-engine/ (zitiert: *Eurex Clearing AG,* Common Report Enginge)

–, Eurex Clearing Prisma – Portfolio-based risk management, Mai 2014, abrufbar unter http://www.eurexclearing.com/blob/clearing-de/47058/294792/9/data/eurex_clearing_prisma_brochure.pdf (zitiert: *Eurex Clearing AG,* Eurex Clearing Prisma, S.)

–, Fact Sheet, April 2014, abrufbar unter http://deutsche-boerse.com/INTERNET/MR/mr_presse.nsf/0/EEC8A47E5C6D1204C1257CB70035A2B5/$File/1404%20ECAG_Factsheet_d.pdf?OpenElement (zitiert: *Eurex Clearing AG,* Fact Sheet, S.)

–, Glossar – Clearing, abrufbar unter http://www.eurexclearing.com/action/clearing-de/262146-267554/267554/search.do?query=&dateFrom=&dateTo=&sort=sTitle+asc&hitsPerPage=-1&resultView=&firstLetter=C (zitiert: *Eurex Clearing AG,* Glossar)

–, Interest Rate Swaps, abrufbar unter http://www.eurexclearing.com/clearing-de/unsere-maerkte/eurex-otc/eurex-otc-clear/interest-rate-swaps/ (zitiert: *Eurex Clearing AG,* Interest Rate Swaps)

–, Rundschreiben Nr.066/13, abrufbar unter https://www.eurexclearing.com/blob/clearing-de/262124-267572/522026/2/data/ec13066d.pdf (zitiert: *Eurex Clearing AG,* Rundschreiben Nr.066/13, S.)

Europäische Kommission, EMIR: Frequently Asked Questions, 10.07.2014, abrufbar unter http://ec.europa.eu/internal_market/financial-markets/docs/derivatives/emir-faqs_en.pdf (zitiert: *Europäische Kommission,* EMIR: Frequently Asked Questions, Ziff.)

–, The Principle of Subsidiarity, 27.10.1992, SEC(92) 1990 final, abrufbar unter http://aei.pitt.edu/920/1/principle_of_subsidiarity_SEC_92_1990.pdf (zitiert: *Europäische Kommission,* The Principle of Subsidiarity, S.)

–, QIS 5 Technical Specifications, 05.07.2010, SCR.588, abrufbar unter http://ec.europa.eu/internal_market/insurance/docs/solvency/qis5/201007/technical_specifications_en.pdf (zitiert: *Europäische Kommission*, QIS 5 Technical Specifications, SCR.Nr)

Europäische Zentralbank, Decision of the ECB, identifying the credit institutions that are subject to the comprehensive assessment 04.02.2014, abrufbar unter https://www.ecb.europa.eu/pub/pdf/other/en_dec_2014_03_fen.pdf?21d953cb19106056a509a22888c646a8 (zitiert: *EZB,* Decision of the ECB)

–, Technical features of Outright Monetary Transactions, 06.09.2012, abrufbar unter http://www.ecb.europa.eu/press/pr/date/2012/html/pr120906_1.en.html (zitiert: *EZB,* Technical features of Outright Monetary Transactions)

European Securities and Markets Authority, Draft regulatory technical standards on risk-mitigation techniques for OTC-derivative contracts not cleared by a CCP under Article 11(15) of Regulation (EU) No.648/2012, Consultation Paper, 14.04.2014, abrufbar unter http://www.esma.europa.eu/system/files/jc_cp_2014_03_cp_on_risk_mitigation_for_otc_derivatives.pdf (zitiert: *ESMA,* Draft regulatory technical standards on risk-mitigation techniques for OTC-derivative contracts not cleared by a CCP under Article 11(15) of Regulation (EU) No.648/2012)

–, Draft Technical Standards for the Regulation on OTC Derivatives, CCPs and Trade Repositories, Consultation Paper, 25.06.2012, abrufbar unter http://www.esma.europa.eu/system/files/2012-379.pdf (zitiert: *ESMA*, Consultation Paper, 25.06.2012, S.)

–, Draft Technical Standards for the Regulation on OTC Derivatives, CCPs and Trade Repositories, Discussion Paper, 16.02.2012, abrufbar unter http://www.esma.europa.eu/system/files/2012-95.pdf (zitiert: *ESMA*, Discussion Paper, 16.02.2012, S.)

–, Draft Technical Standards under the Regulation (EU) No 648/2012 of the European Parliament and of the Council of 4 July 2012 on OTC Derivatives, CCPs and Trade Repositories, Final Report, 27.09.2012, abrufbar unter http://www.esma.europa.eu/system/files/2012-600_0.pdf (zitiert: *ESMA*, Final Report, Ziff.)

–, Leitlinien und Empfehlungen zur Umsetzung der CPSS-IOSCO-Prinzipien für Finanzmarktinfrastrukturen in Bezug auf zentrale Gegenparteien, 04.09.2014, abrufbar unter http://www.esma.europa.eu/system/files/2014-1133_de.pdf (zitiert: *ESMA*, Leitlinien und Empfehlungen, S.)

–, List of Central Counterparties authorised to offer services and activities in the Union, 03.11.2014, abrufbar unter http://www.esma.europa.eu/system/files/ccps_authorised_under_emir.pdf (zitiert: *ESMA*, List of Central Counterparties authorised to offer services and activities in the Union)

–, List of Central Counterparties (CCPs) established in non-EEA countries which have applied for recognition under Article 25 of Regulation (EU) No 648/2012 of the European Parliament and of the Council of 4 July 2012 on OTC derivatives, CCPs and trade repositories (TRs) (EMIR), 11.08.2014, abrufbar unter http://www.esma.europa.eu/de/system/files/list_of_applicants_tc-ccps_version_11_august_2014.pdf (zitiert: *ESMA*, List of central counterparties (CCPs) established in non-EEA countries)

–, Notification of non-financial counterparties no longer exceeding the clearing treshold, abrufbar unter www.emsa.europa.eu (zitiert: *ESMA*, Notification)

–, Technical advice on third country regulatory equivalence under EMIR – Singapore, Final Report, 01.09.2013, abrufbar unter http://www.esma.europa.eu/system/files/2013-1161technical_advice_on_third_country_regulatory_equivalence_under_emir_singapore.pdf (zitiert: *ESMA*, Technical advice – Singapore, S.)

–, Technical advice on third country regulatory equivalence under EMIR – US, Final Report, 01.09.2013, abrufbar unter http://www.esma.europa.eu/system/files/2013-1157_technical_advice_on_third_country_regulatory_equivalence_under_emir_us.pdf (zitiert: *EMSA*, Technical advice – US, S.)

–, The Clearing Obligation under EMIR, Discussion Paper, 12.07.2013, abrufbar unter http://www.esma.europa.eu/system/files/2013-925_discussion_paper_-_the_clearing_obligation_under_emir_0.pdf (zitiert: *ESMA*, Discussion Paper, 12.07.2013, S.)

–, The Clearing Obligation under EMIR, Consultation Paper No.1, IRS, 17.07.2014, abrufbar unter http://www.esma.europa.eu/system/files/esma-2014-799_irs_-_consultation_paper_on_the_clearing_obligation_no__1____.pdf (zitiert: *ESMA*, Consultation Paper IRS, 17.07.2014, S.)

–, The Clearing Obligation under EMIR, Consultation Paper No.2, CDS, 11.07.2014, abrufbar unter http://www.esma.europa.eu/system/files/2014-800.pdf (zitiert: *ESMA*, Consultation Paper CDS, 11.07.2014, S.)

–, The Clearing Obligation under EMIR, Consultation Paper No.3, 10.10.2014, abrufbar unter http://www.esma.europa.eu/system/files/esma-2014-1185.pdf (zitiert: *ESMA*, Consultation Paper FX, 10.10.2014, S.)

–, Questions and Answers, Implementation of the Regulation (EU) No 648/2012 on OTC derivatives, central counterparties and trade repositories (EMIR), 24.10.2014, abrufbar unter http://www.esma.europa.eu/system/files/2014-1300_qa_xi_on_emir_implementation_october_2014.pdf (zitiert: *ESMA*, Questions and Answers, S.)

Fabozzi, Frank, Handbook of Finance, Financial Markets and Instruments, Volume 1, John Wiley & Sons, Hoboken, New Jersey 2008 (zitiert: *Fabozzi*, Handbook of Finance, S.)

Fichtner, Andreas / *Hartlieb,* Jan, Unterschiede zwischen Swaps und Zertifikaten, Der Betrieb 2013, S.2519- 2523 (zitiert: *Fichtner/Hartlieb*, Unterschiede zwischen Swaps und Zertifikaten, DB 2013, S.)

Financial Accounting Standards Board, Accounting Standards Update – Derivatives and Hedging (Topic 815), Financial Accounting Series, März 2010, abrufbar unter http://www.fasb.org/ (zitiert: *FASB*, Accounting Standards Update)

Financial Stability Board, OTC Derivatives Market Reforms, Eighth Progress Report on Implementation, 07.11.2014, abrufbar unter http://www.financialstabilityboard.org/wp-content/uploads/r_141107.pdf (zitiert: *FSB*, Eighth Progress Report on Implementation, S.)

–, Principles for Reducing Reliance on CRA Ratings, 27.10.2010, abrufbar unter http://www.financialstabilityboard.org/publications/r_101027.pdf (zitiert: *FSB,* Principles for Reducing Reliance on CRA Ratings)

Financial Stability Oversight Council, Designations, abrufbar unter http://www.treasury.gov/initiatives/fsoc/designations/Pages/default.aspx (zitiert: *FSOC*, Designations)

Fleckner, Andreas, Finanztermingeschäfte in Devisen, Zeitschrift für Bankrecht und Bankwirtschaft 2005, S.96–111 (zitiert: *Fleckner*, Finanztermingeschäfte in Devisen, ZBB 2005, S.)

Förderkreis für die Versicherungslehre an der J.W. Goethe-Universität Frankfurt am Main e.V., Wandt Manfred, Gründl Helmut, Die Umsetzung der Solvency II-Richtlinie durch die 10. VAG-Novelle, Verlag Versicherungswirtschaft, Frankfurt am Main 2013 (zitiert: *Bearbeiter*, in: Förderkreis für die

Versicherungslehre an der J.W. Goethe-Universität Frankfurt am Main e.V/ Wandt/Gründl, Die Umsetzung der Solvency II-Richtlinie durch die 10. VAG-Novelle, S.)

Franken, Paul, Dauerschulden durch Swaps, Betriebs-Berater 1989, S.2301–2306 (zitiert: *Franken*, Dauerschulden durch Swaps, BB 1989, S.)

Fritzsche, Jörg / *Malzer,* Hans, Ausgewählte zivilrechtliche Probleme elektronisch signierter Willenserklärungen, Deutsche Notar-Zeitschrift 1995, S.3–26 (zitiert: *Fritzsche/Malzer*, Ausgewählte zivilrechtliche Probleme elektronisch signierter Willenserklärungen, DNotZ 1995, S.)

Fuchs, Florian, Close-out Netting, Collateral und systemisches Risiko, Rechtsansätze zur Minderung der Systemgefahr im außerbörslichen Derivatehandel, Mohr Siebeck, Tübingen 2013 (zitiert: *F. Fuchs*, Close-out Netting, Collateral und systemisches Risiko, S.)

Fuchs, Philipp, EMIR – Die neue Marktinfrastruktur für OTC-Derivate, Österreichisches Bank-Archiv 2012, S.520–528 (zitiert: *P. Fuchs*, EMIR, ÖBA 2012, S.)

Fülbier, Andreas, Zivirlechtliche Einordnung von Zins- und Währungsswaps, Zeitschrift für Wirtschaftsrecht 1990, S.544–547 (zitiert: *Fülbier*, Zivirlechtliche Einordnung von Zins- und Währungsswaps, ZIP 1990, S.)

Funke, Susann, Reaktion auf die Finanzmarktkrise Teil2: MiFID und MiFIR machen das Frühwarnsystem perfekt!, Corporate Compliance Zeitschrift 2012, S.54–58 (zitiert: *Funke*, Reaktion auf die Finanzmarktkrise Teil2, CCZ 2012, S.)

– / *Neubauer* Maik, Reaktionen auf die Finanzmarktkrise: REMIT und EMIR als neue Frühwarnsysteme für den Europäischen Energiemarkt, Corporate Compliance Zeitschrift 2012, S.6–13 (zitiert: *Funke/Neubauer*, Reaktionen auf die Finanzmarktkrise, CCZ 2012, S.)

Gaillard, Norbert, What Is the Value of Sovereign Ratings?, German Economic Review, Vol.15, No.1, 2014, S.208–224 (zitiert: *Gaillard*, What Is the Value of Sovereign Ratings?, GER 15 (1), S.)

Geier, Bernd / *Mirtschink,* Daniel, OTC-Derivate-Regulierung aus sicht der Buy- und Sell-Side (EMIR und MiFID II/MiFIR), Corporate Finance biz 2013, S.102–116 (zitiert: *Geier/Mirtschink*, OTC-Derivate-Regulierung aus sicht der Buy- und Sell-Side, CF biz 2013, S.)

Geiger, Rudolf / *Khan,* Daniel-Erasmus / *Kotzur,* Markus, EUV/AEUV Kommentar, 5. Aufl., Verlag C.H. Beck, München 2010 (zitiert: *Bearbeiter*, in: Geiger/Khan/Kotzur, EUV/AEUV, Art., Rn.)

Geis, Ivo, Die digitale Signatur, Neue Juristische Wochenschrift 1997, S.3000–3004 (zitiert: *Geis*, Die digitale Signatur, NJW 1997, S.)

Georg, Co-Pierre / *Meinert,* Philipp, Globale Finanzmarktaufsicht, Aus Politik und Zeitgeschichte 2012, S.35–40 (zitiert: *Georg/Meinert*, Globale Finanzmarktaufsicht, APuZ 2012, S.)

Geyer, Christoph / *Uttner,* Volker, Praxishandbuch Börsentermingeschäfte, Betriebswirtschaftlicher Verlag Dr. Th. Gabler, Wiesbaden 2007 (zitiert: *Geyer/Uttner*, Praxishandbuch Börsentermingeschäfte, S.)

Glass, Adam, The regulatory drive towards central counterparty clearing of OTC credit derivatives and the necessary limits on this, Capital Markets Law Journal, Vol.4, 2009, S.79–98 (zitiert: *Glass*, The regulatory drive towards central counterparty clearing of OTC credit derivatives and the necessary limits on this, CMLJ 2009 (4), S.)

Gomber, Peter / *Chlistalla* Michael / *Groth* Sven, Neue Börsenlandschaft in Europa? Die Umsetzung der MiFID aus Sicht europäischer Marktplatzbetreiber, Zeitschrift für Bankrecht und Bankwirtschaft 2008, S.2–11 (zitiert: *Gomber/Chlistalla/Groth,* Neue Börsenlandschaft in Europa?, ZBB 2008, S.)

Grabitz, Eberhard / *Hilf* Meinhard / *Nettesheim* Martin, Das Recht der Europäischen Union, Band I-III, Loseblattsammlung, 52. Ergänzungslieferung, Verlag C.H. Beck, München 2014 (zitiert: *Bearbeiter*, in: Grabitz/Hilf/Nettesheim, Art., Rn.)

Griffith, Sean, Clearinghouse Hope or Hype? Why Mandatory Clearing May Fail to Contain Systemic Risk, Harvard Business Law Review Online, Vol.3, 2013, S.160–168, abrufbar unter http://www.hblr.org/wp-content/uploads/2013/04/Griffith_Clearinghouse-Hope-or-Hype.pdf (zitiert: *Griffith*, Clearinghouse Hope or Hype?, HBLR 2013 (3), S.)

Gräfer, Horst / *Schiller,* Bettina / *Rösner* Sabrina, Finanzierung, Grundlagen, Institutionen, Instrumente und Kapitalmarkttheorie, 6. Aufl., Erich Schmidt Verlag, Berlin 2008 (zitiert: *Gräfer/Schiller/Rösner*, Finanzierung, S.)

Grunewald, Barbara / *Schlitt,* Michael, Einführung in das Kapitalmarktrecht, Verlag C.H. Beck, München 2009 (zitiert: *Grunewald/Schlitt*, Einführung in das Kapitalmarktrecht, S.)

Gstädtner, Thomas, Regulierung der Märkte für OTC-Derivate – ein Überblick über die Regelungen in MiFID II, EMIR und CRD IV, Recht der Finanzinstrumente 2012, S.145–155 (zitiert: *Gstädtner*, Regulierung der Märkte für OTC-Derivate, RdF 2012, S.)

Gundel, Jörg, EWS Kommentar, Europäisches Wirtschafts- und Steuerrecht 2010, S.386–387 (zitiert: *Gundel*, EWS Kommentar, EWS 2010, S.)

Haisch, Martin / *Helios,* Marcus, Rechtshandbuch Finanzinstrumente, Verlag C.H. Beck, München 2011 (zitiert: *Bearbeiter*, in: Haisch/Helios, Rechtshandbuch Finanzinstrumente, S., Rn.)

Hartenfels, Holger, Die Verordnung (EU) Nr.648/2012 über OTC-Derivate, zentrale Gegenparteien und Transaktionsregister (EMIR), Zeitschrift für das gesamte Handels- und Wirtschaftsrecht (178) 2014, S.173–212 (zitiert: *Hartenfels*, EMIR, ZHR (178) 2014, S.)

Hartig, Helge, Die Befugnisse von EZB und ESRB auf dem Gebiet der Finanzsystemstabilität, Europäische Zeitschrift für Wirtschaftsrecht 2012, S.775–779 (zitiert: *Hartig*, Die Befugnisse von EZB und ESRB auf dem Gebiet der Finanzsystemstabilität, EuZW 2012, S.)

Hartmann, Ullrich / *Syring,* Johanna, Das Jahr 2014 – Zeitenwende für die europäische Aufsichtspraxis, Kreditwesen 2014, S.121–124 (zitiert: *Hartmann/Syring*, Das Jahr 2014 – Zeitenwende für die europäische Aufsichtspraxis, Kreditwesen 2014, S.)

Heidel, Thomas / *Schall,* Alexander, Handelsgesetzbuch, Handkommentar, Nomos Verlagsgesellschaft, Bade-Baden 2011 (zitiert: *Bearbeiter*, in: Heidel/Schall, HGB, §, Rn.)

Hellner, Thorwald / *Steuer,* Stephan, Bankrecht und Bankpraxis, Loseblattsammlung, 108. Ergänzungslieferung, Bank-Verlag, Köln 2014 (zitiert: *Bearbeiter*, in: Hellner/Steuer, BuB, Rn.)

Henkelmann, Stefan / *Geier,* Bernd, EMIR – Auswirkungen auf Verbriefungstransaktionen, Risikomanager 9/2013, S.11–13 (zitiert: *Henkelmann/Geier*, EMIR, Risikomanager 9/2013, S.)

Heppe, Hansjörg / *Tielmann,* Jörgen, Die Neuerungen des Dodd-Frank Wall Street Reform and Consumer Protection Act, Wertpapier-Mitteilungen 2011, S.1883–1893 (zitiert: *Heppe/Tielmann*, Die Neuerungen des Dodd-Frank Wall Street Reform and Consumer Protection Act, WM 2011, S.)

Herr, Gunther, Grenzen der Rechtsangleichung nach Art. EGV Artikel 95 EG, Europäische Zeitschrift für Wirtschaftsrecht 2005, S.171–173 (zitiert: *Herr*, Grenzen der Rechtsangleichung nach Art. EGV Artikel 95 EG, EuZW 2005, S.)

Herwig, Volker, Zugang und Zustellung in elektronischen Medien, MultiMedia und Recht 2001, S.145–149 (zitiert: *Herwig*, Zugang und Zustellung in elektronischen Medien, MMR 2001, S.)

Hess, Martin, Die zentrale Gegenpartei im Effektenhandel, Aktuelle juristische Praxis/Pratique juridique Actuelle 2004, S.687–703 (zitiert: *Hess*, Die zentrale Gegenpartei im Effektenhandel, AJP/PJA 2004, S.)

Heun, Werner, Eine verfassungswidrige Verfassungsgerichtsentscheidung – der Vorlagebeschluss des BVerfG vom 14.1.2014, JuristenZeitung 2014, S.331–337 (zitiert: *Heun*, Eine verfassungswidrige Verfassungsgerichtsentscheidung, JZ 2014, S.)

–, Finanzaufsicht im Wandel, JuristenZeitung 2012, S.235–242 (zitiert: *Heun*, Finanzaufsicht im Wandel, JZ 2012, S.)

Hills, Bob / *Rule,* David / *Parkinson,* Sarah / *Young,* Chris, Central counterparty clearing houses and financial stability, Financial Stability Review 1999, S.122–134 (zitiert: *Hills/Rule/Parkinson/Young,* Central counterparty clearing houses and financial stability, Financial Stability Review 1999, S.)

Hoeren, Thomas / *Sieber,* Ulrich / *Holznagel,* Bernd, Handbuch Multimedia-Recht, 39. Ergänzungslieferung, Verlag C.H. Beck, München 2014 (zitiert: *Bearbeiter*, in: Hoeren/Sieber/Holznagel, Handbuch Multimedia-Recht, Teil, Rn.)

Holzer, Johannes, Die Insolvenz von Clearingmitgliedern, Der Betrieb 2013, S.443–446 (zitiert: *Holzer*, Die Insolvenz von Clearingmitgliedern, DB 2013, S.)

Hueck, Götz, Bote – Stellvertreter im Willen – Stellvertreter in der Erklärung, Archiv für die civilistische Praxis 152 (1953), S.432–444 (zitiert: *Hueck*, Bote – Stellvertreter im Willen – Stellvertreter in der Erklärung, AcP 152 (1953), S.)

International Swaps and Derivatives Association, Glossar der Derivatives Consulting Group – Settlement, abrufbar unter http://www.isda.org/c_and_a/oper_commit-dcg-glossary.html (zitiert: *ISDA*, Glossar)

–, OTC Derivatives Market Analysis Year-end 2011, Juni 2012, abrufbar unter http://www.isda2.org (zitiert: *ISDA,* Derivatives Market Analysis Year-end 2011, S.)

Jääskinen, Niilo, Schlussanträge des Generalanwalts, Rs.C-270/12, 12.09.2013, abrufbar unter http://curia.europa.eu/juris/document/document.jsf;jsessionid=9ea7d2dc30d58bd9d6e9273c40f09926aae68c23c418.e34KaxiLc3qMb40Rch0SaxuNbN10?text=&docid=140965&pageIndex=0&doclang=de&mode=lst&dir=&occ=first&part=1&cid=524241 (zitiert: *Jääskinen,* Schlussanträge zu Rs.C-270/12, Rn.)

Jahn, Uwe, Die Finanzkrise und ihre rechtlichen Auswirkungen auf Rahmenverträge über OTC-Derivategeschäfte, Zeitschrift für Bank- und Kapitalmarktrecht 2009, S.25–28 (zitiert: *Jahn*, Die Finanzkrise und ihre rechtlichen Auswirkungen auf Rahmenverträge über OTC-Derivategeschäfte, BKR 2009, S.)

Jayme, Erik / *Laufs,* Adolf / *Misera,* Karlheinz / *Reinhart,* Gert, *u.a.*, Festschrift für Hubert Niederländer, Carl Winter Universitätsverlag, Heidelberg 1991 (zitiert: *Verf.*, in: FS Niederländer, Titel, S.)

Jobst, Stefan, Börslicher und außerbörslicher Derivathandel mittels zentraler Gegenpartei, Zeitschrift für Bankrecht und Bankwirtschaft 2010, S.384–400 (zitiert: *Jobst*, Börslicher und außerbörslicher Derivathandel mittels zentraler Gegenpartei, ZBB 2010, S.)

–, Börslicher und außerbörslicher Derivatehandel mittels zentraler Gegenpartei, ILF Working Paper Series No.120, September 2010, abrufbar unter http://www.ilf-frankfurt.de/uploads/media/ILF_WP_120.pdf (zitiert: *Jobst*, Börslicher und außerbörslicher Derivatehandel mittels zentraler Gegenpartei, ILF Working Paper Series No.120, S.)

Joebges, Heike / *Grabau*, Maik, Renditedifferenzen bei Staatsanleihen im Euroraum: Grund zur Besorgnis?, Wirtschafts- und Sozialwissenschaftliches Institut, Mitteilungen 9/2009, S.505–512, abrufbar unter http://hbs3.boeckler.de/wsimit_2009_09_joebges.pdf (zitiert: *Joebges/Grabau*, Renditedifferenzen bei Staatsanleihen im Euroraum, S.)

Kamann, Hans-Georg, Viel Rauch um nichts? – Gesundheitsschutz im Rahmen der Binnenmarktharmonisierung gemäß Artikel 95 EGV nach dem „Tabakwerbeurteil" des EuGH, Zeitschrift für Europarechtliche Studien 2001, S.23–41 (zitiert: *Kamann*, Viel Rauch um nichts?, ZEuS 2001, S.)

Kämmerer, Jörn Axel, Bahn frei für die Bankenunion?, Neue Zeitschrift für Verwaltungsrecht 2013, S.830–836 (zitiert: *Kämmerer*, Bahn frei für die Bankenunion?, NVwZ 2013, S.)

–, Der Staatsbankrott aus völkerrechtlicher Sicht, Zeitschrift für ausländisches öffentliches Recht und Völkerrecht 2005, S.651–676 (zitiert: *Kämmerer*, Der Staatsbankrott aus völkerrechtlicher Sicht, ZaöRV 2005, S.)

Kaya, Orcun, Reform der OTC-Derivatmärkte, DB-Research, 18.09.2013, abrufbar unter https://www.dbresearch.de/PROD/DBR_INTERNET_DE-PROD/PROD0000000000320442.pdf (zitiert: *Kaya*, Reform der OTC-Derivatmärkte, S.)

Kerstin, Christian, Combating the Financial Crisis: European and German Corporate and Securities Law and the Case for Abolishing Sovereign Debtors' Privileges, Texas International Law Journal 2013, Vol.48, No.2, S.270–322 (zitiert: *Kerstin*, Combating the Financial Crisis, Tex. Int'l L.J. 48:2 2013, S.)

Kewenig, Wilhelm / *Schneider*, Hannes, Swap-Geschäfte der öffentlichen Hand in Deutschland, Wertpapier-Mitteilungen 1992, Sonderbeilage 2, S.1–18 (zitiert: *Kewenig/Schneider*, Swap-Geschäfte der öffentlichen Hand in Deutschland, WM 1992, S.)

Kiehling, Hartmut, Eine Einführung in die Kapitalmarkttheorie, Deutsches Steuerrecht 1992, S.476–482 (zitiert: *Kiehling*, Eine Einführung in die Kapitalmarkttheorie, DStR 1992, S.)

Kieper, Daniel, Abwicklungssysteme in der Insolvenz, Dargestellt am Beispiel der Eurex Deutschland, Verlag C.H. Beck, München 2004 (zitiert: *Kieper*, Abwicklungssysteme in der Insolvenz, S.)

Kilgus, Stefan / *Busching*, Thomas, Finanz- und Kapitalmarktrecht in Singapur, Recht der internationalen Wirtschaft 1999, S.681- 693 (zitiert: *Kilgus/Busching*, Finanz- und Kapitalmarktrecht in Singapur, RIW 1999, S.)

Kirchof, Hans-Peter / *Eidenmüller*, Horst / *Stürner*, Rolf, Münchener Kommentar zur Insolvenzordnung, Band 2, 3. Aufl., Verlag C.H. Beck, München 2013 (zitiert: *Bearbeiter*, in: Kirchof/Eidenmüller/Stürner, MüKo-InsO, §, Rn.)

Kirn Stefan / *Müller-Hengstenberg* Claus D., Intelligente (Software-)Agenten: Von der Automatisierung zur Autonomie? Verselbständigung technischer Systeme, MultiMedia und Recht 2014, S.225–232 (zitiert: *Kirn/Müller-Hengstenberg*, Intelligente (Software-) Agenten Teil 1, MMR 2014, S.)

–, Intelligente (Software-)Agenten: Eine neue Herausforderung unseres Rechtssystems, Rechtliche Konsequenzen der „Verselbständigung" technischer Systeme, MultiMedia und Recht 2014, S.307–313 (zitiert: *Kirn/Müller-Hengstenberg*, Intelligente (Software-) Agenten Teil 2, MMR 2014, S.)

Koenig, Christian / *Kühling*, Jürgen, Der Streit um die neue Tabakproduktrichtlinie, Europäisches Wirtschafts- und Steuerrecht 2002, S.12–21 (zitiert: *Koenig/Kühling*, Der Streit um die neue Tabakproduktrichtlinie, EWS 2002, S.)

Köhler, Christian, Die Zulässigkeit derivativer Instrumente in Unternehmen, Banken und Kommunen, Eine ökonomische und rechtliche Analyse, Mohr Siebeck, Tübingen 2012 (zitiert: *Köhler*, Die Zulässigkeit derivativer Instrumente in Unternehmen, Banken und Kommunen, S.)

Köhling, Lambert, Die Clearing-Rahmenvereinbarung – deutsche Vertragsdokumentation für das Kundenclearing, Zeitschrift für Bank- und Kapitalmarktrecht 2013, S.491–500 (zitiert: *Köhling*, Die Clearing-Rahmenvereinbarung, BKR 2013, S.)

– / *Adler*, Dominik, Der neue europäische Regulierungsrahmen für OTC-Derivate, Teil I, Wertpapier-Mitteilungen 2012, S.2125–2133 (zitiert: *Köhling/Adler*, Der neue europäische Regulierungsrahmen für OTC-Derivate, WM 2012, S.)

Körner, Kevin, Was können uns CDS-Prämien tatsächlich über die Ausfallwahrscheinlichkeit von Staaten sagen?, Deutsche Bank Research, 12.08.2011, abrufbar unter https://www.dbresearch.de/PROD/DBR_INTERNET_DE-PROD/PROD0000000000276602/Was+k%C3%B6nnen+uns+CDS-Pr%C3%A4mien

+tats%C3%A4chlich+%C3%BCber+die+Ausfallwahrscheinlichkeit+von+Staaten+sagen%3F.PDF (zitiert: *Körner*, Was können uns CDS-Prämien tatsächlich über die Ausfallwahrscheinlichkeit von Staaten sagen?, S.)

Kumpan, Christoph, Die Regulierung außerbörslicher Handelssysteme im deutschen, europäischen und US-amerikanischen Recht, De Gruyter Recht, Berlin 2006 (zitiert: *Kumpan,* Die Regulierung außerbörslicher Handelssysteme im deutschen, europäischen und US-amerikanischen Recht, S.)

Kümpel, Siegfried / *Wittig,* Arne, Bank- und Kapitalmarktrecht, 4. Aufl., Verlag Dr. Otto Schmidt, Köln 2011 (zitiert: *Bearbeiter*, in: Kümpel/Wittig, Bank- und Kapitalmarktrecht, S., Rn.)

Kümpel, Siegfried, Börsennovelle 1989 – Teil I, Wertpapier-Mitteilungen 1989, S.1313–1321 (zitiert: *Kümpel*, Börsennovelle 1989, WM 1989, S.)

–, Die neuen AGB für Börsentermingeschäfte, Wertpapier-Mitteilungen 1990, S.449–460 (zitiert: *Kümpel*, Die neuen AGB für Börsentermingeschäfte, WM 1990, S.)

–, Zur Abgrenzung des Börsentermingeschäfts vom Zeitgeschäft am Beispiel der Effektenkommission für Auslandsbörsen, Wertpapier-Mitteilungen 1982, Sonderbeilage Nr.6, S.1–26 (zitiert: *Kümpel*, Zur Abgrenzung des Börsentermingeschäfts vom Zeitgeschäft am Beispiel der Effektenkommission für Auslandsbörsen, WM 1982, S.)

Kunz, Jens, Ausgewählte Rechtsprobleme des Zentralen Kontrahenten, Unter besonderer Berücksichtigung des Clearing-Systems an der Frankfurter Wertpapierbörse, Peter Lang Verlag, Frankfurt am Main 2009 (zitiert: *Kunz*, Ausgewählte Rechtsprobleme des Zentralen Kontrahenten, S.)

Landesbank Baden-Württemberg, Solvency II – Credit Spread Modul, 15.04.2010, abrufbar unter http://www.forum-kapitalmarkt.de/kmf2010/SolvencyII_Kapforum_2010.pdf (zitiert: *LBBW*, Solvency II, S.)

Langheid, Theo / *Wandt,* Manfred, Münchener Kommentar zum Versicherungsvertragsgesetz, Band 1, Verlag C.H. Beck, München 2010 (zitiert: *Bearbeiter*, in: Langheid/Wandt, MüKo-VVG, §, Rn.)

Laser, Johannes, Geld, Kredit und Währung, Oldenbourg Verlag, München 2013 (zitiert: *Laser*, Geld, Kredit und Währung, S.)

Lastra, Rosa María, Systemic Risk, SIFIs and financial stability, Capital Markets Law Journal, Vol.6, 2011, S.197–213 (zitiert: *Lastra*, Systemic Risk, SIFIs and financial stability, CMLJ 2011 (6), S.)

Lehmann, Matthias, Finanzinstrumente, Mohr Siebeck, Tübingen 2009 (zitiert: *Lehmann*, Finanzinstrumente, S.)

– / *Manger-Nestler*, Cornelia, Die Vorschläge zur neuen Architektur der europäischen Finanzaufsicht, Europäische Zeitschrift für Wirtschaftsrecht 2010, S.87–92 (zitiert: *Lehmann/Manger-Nestler*, Die Vorschläge zur neuen Architektur der europäischen Finanzaufsicht, EuZW 2010, S.)

Lenenbach, Markus, Kapitalmarktrecht, 2. Aufl., RWS Verlag Kommunikationsforum GmbH, Köln 2010 (zitiert: *Lenenbach*, Kapitalmarktrecht, S., Rn.)

Lenz, Carl Otto / *Borchardt*, Klaus-Dieter, EU-Verträge Kommentar, 6. Aufl., Bundesanzeiger Verlag Köln, Linde Verlag Wien, 2012 (zitiert: *Bearbeiter*, in: Lenz/Borchardt, EU-Verträge, Art., Rn.)

Litten, Rüdiger / *Schwenk*, Alexander, EMIR – Auswirkungen der OTC-Derivatregulierung auf Unternehmen der Realwirtschaft (Teil 1), Der Betrieb 2013, S.857–863 (zitiert: *Litten/Schwenk*, EMIR (Teil 1), DB 2013, S.)

–, EMIR – Auswirkungen der OTC-Derivatregulierung auf Unternehmen der Realwirtschaft (Teil 2), Der Betrieb 2013, S.918–922 (zitiert: *Litten/Schwenk*, EMIR (Teil 2), DB 2013, S.)

Loan Market Association, A Guide to Syndicated Loans & Leverage Finance Transations, abrufbar unter http://www.lma.eu.com/uploads/files/LMA%20Guide%20to%20Syndicated%20Loans%20144801-3-3472%20v0%203%20_2_.pdf (zitiert: *LMA*, A Guide to Syndicated Loans & Leverage Finance Transations, S.)

London Bullion Market Association, Good Delivery Rules for Gold and Silver Bars, Specifications for Good Delivery Bars and Application Procedures for Listing, Juli 2013, abrufbar unter http://www.lbma.org.uk/assets/GD_Rules_12.pdf (zitiert: *LBMA*, Good Delivery Rules for Gold and Silver Bars)

Ludwigs, Markus, Das veränderte Machtgefüge der Institutionen nach dem Dritten EU-Binnenmarktpaket, Deutsches Verwaltungsblatt. 2011, S.61–69 (zitiert: *Ludwigs*, Das veränderte Machtgefüge der Institutionen nach dem Dritten EU-Binnenmarktpaket, DVBl. 2011, S.)

Lüttringhaus, Jan, Die risikolose Welt der Staatsanleihen unter Solvency II und Basel III, Europäische Zeitschrift für Wirtschaftsrecht 2012, S.321–322 (zitiert: *Lüttringshaus*, Die risikolose Welt der Staatsanleihen unter Solvency II und Basel III, EuZW 2012, S.)

–, Regulating Over-The-Counter Derivatives in the European Union, The Columbia Journal of European Law Online, 18/2012, S.19–32, abrufbar unter http://www.cjel.net/wp-content/uploads/2012/09/Luettringhaus_19-32.pdf (zitiert: *Lüttringhaus*, Regulating Over-The-Counter Derivatives in the European Union, Colum. J. Eur. L. 2012(18), S.)

Maulshagen, Almut / *Maulshagen,* Olaf, Rechtliche und bilanzielle Behandlung von Swapgeschäften, Betriebs-Berater 2000, S.243–250 (zitiert: *Maulshagen/ Maulshagen*, Rechtliche und bilanzielle Behandlung von Swapgeschäften, BB 2000, S.)

Menninger, Jutta, Börsen- und zivilrechtlicher Charakter von Financial Futures, Wertpapier-Mitteilungen 1994, S.970–974 (zitiert: *Menninger*, Börsen- und zivilrechtlicher Charakter von Financial Futures, WM 1994, S.)

Meyer, Karsten / *Rieger,* Simone, Umsetzungsprozess in der heißen Phase, Die Bank, April 2012, S.16–19 (zitiert: *Meyer/Rieger*, Umsetzungsprozess in der heißen Phase, Die Bank 4/2012, S.)

Moles, Peter, The Handbook of International Financial Terms, Oxford University Press, New York 2002 (zitiert: *Moles*, The Handbook of International Financial Terms, S.)

Monetary Authority of Singapore, Consultation Paper II on Proposed Amendments to the Securities and Futures Act on Regulation of OTC Derivatives, August 2012, abrufbar unter http://www.mas.gov.sg/~/media/resource/publications/consult_papers/2012/3%20August%202012%20Proposed%20Amendments%20to%20the%20Securities%20and%20Futures%20Act%20on%20Regulation%20of%20OTC%20Derivatives.pdf (zitiert: *MAS*, Consultation Paper II, August 2012, S.)

–, FAQ, Compliance with Principles for Financial Market Infrastructures, abrufbar unter http://www.mas.gov.sg/~/media/MAS/Regulations%20and%20Financial%20Stability/Regulations%20Guidance%20and%20Licensing/Securities%20Futures%20and%20Fund%20Management/IID%20FAQs/FAQs%20on%20Compliance%20with%20PFMI.pdf (zitiert: *MAS*, FAQ, S.)

–, Overview of MAS, abrufbar unter http://www.mas.gov.sg/About-MAS/Overview-of-MAS.aspx (zitiert: *MAS*, Overview)

–, Proposed Regulation of OTC-Derivatives, Consultation Paper, Februar 2012, abrufbar unter http://www.mas.gov.sg/~/media/resource/publications/consult_papers/2012/13%20February%202012%20Proposed%20Regulation%20of%20OTC%20Derivatives.pdf (zitiert: *MAS*, Consultation Paper, Februar 2012, S.)

–, Supervision of Financial Market Infrastructure in Singapore, Januar 2013, abrufbar unter http://www.mas.gov.sg/~/media/MAS/About%20MAS/Monographs%20and%20information%20papers/MASMonograph_Supervision_of_Financial_Market_Infrastructures_in_Singapore.pdf (zitiert: *MAS,* Supervision of Financial Market Infrastructure in Singapore, S.)

–, Number of Financial Institutions and Relevant Organisations in Singapore, 14.06.2014, abrufbar unter https://secure.mas.gov.sg/FID/ (zitiert: *MAS*, Number of Financial Institutions and Relevant Organisations in Singapore)

Mülbert, Peter / *Böhmer*, Jörg, Ereignisbezogene Finanzprodukte – Teil II, Wertpapier-Mitteilungen 2006, S.985–998 (zitiert: *Mülbert/Böhmer*, Ereignisbezogene Finanzprodukte, WM 2006, S.)

Müller-Graff, Peter-Christian, Binnenmarktauftrag und Subsidiaritätsprinzip, Zeitschrift für das gesamte Handels- und Wirtschaftsrecht 159 (1995), S.34–76 (zitiert: *Müller-Graff*, Binnenmarktauftrag und Subsidiaritätsprinzip, ZHR 159 (1995), S.)

– / *Schmahl*, Stefanie / *Skouris*, Vassilios, Europäisches Recht zwischen Bewährung und Wandel, Festschrift für Dieter H. Scheuing, Nomos Verlagsgesellschaft, Baden-Baden 2011 (zitiert: *Verf.*, in: FS Scheuing, Titel, S.)

Nickel, Christiane / *Tudyka*, Andreas, Fiscal Stimulus in Time of High Debt, ECB Working Paper Series No.1513, 2013, abrufbar unter http://www.ecb.europa.eu/pub/pdf/scpwps/ecbwp1513.pdf (zitiert: *Nickel/Tudyka*, Fiscal Stimulus in Time of High Debt, ECB Working Paper Series No.1513, S.)

Nietsch, Michael / *Graef*, Andreas, Regulierung der europäischen Märkte für außerbörsliche OTC-Derivate, Betriebs-Berater 2010, S.1361–1364 (zitiert: *Nietsch/Graef*, Regulierung der europäischen Märkte für außerbörsliche OTC-Derivate, BB 2010, S.)

Nordhues, Hans-Günther / *Benzler*, Marc, Risikosteuerung durch Kreditderivate, Wertpapier-Mitteilungen 1999, S.461–473 (zitiert: *Nordhues/Benzler*, Risikosteuerung durch Kreditderivate, WM 1999, S.)

o.V., ZBB-Dokumentation, Finanzwirtschaftliches Risikomanagement in Industrie- und Handelsunternehmen, Zeitschrift für Bankrecht und Bankwirtschaft 2000, S.74–88 (zitiert: *o.V.*, ZBB-Dokumentation, ZBB 2000, S.)

Ohler, Christoph, Anmerkung zum Urteil des EuGH, Rs.C-270/12, Juristen-Zeitung 2014, S.249–252 (zitiert: *Ohler*, Anmerkung zum Urteil des EuGH, Rs.C-270/12, JZ 2014, S.)

Orator, Andreas, Die unionsrechtliche Zulässigkeit von Eingriffsbefugnissen der ESMA im Bereich von Leerverkäufen, Europäische Zeitschrift für Wirtschaftsrecht 2013, S.852–856 (zitiert: *Orator*, Die unionsrechtliche Zulässigkeit von Eingriffsbefugnissen der ESMA im Bereich von Leerverkäufen, EuZW 2013, S.)

Palandt, Otto (Begr.), Bürgerliches Gesetzbuch, Kommentar, 73. Aufl., Verlag C.H.Beck, München 2014 (zitiert: *Bearbeiter*, in: Palandt (Begr.), BGB, §, Rn.)

Parmentier, Miriam, Die Entwicklung des europäischen Kapitalmarktrechts 2012–2013, Europäische Zeitschrift für Wirtschaftsrecht 2014, S.50–57 (zitiert: *Parmentier*, Die Entwicklung des europäischen Kapitalmarktrechts 2012–2013, EuZW 2014, S.)

Pieper, Stefan Ulrich, Subsidiaritätsprinzip – Strukturprinzip der Europäischen Union, Deutsches Verwaltungsblatt 1993, S.705–712 (zitiert: *Pieper*, Subsidiaritätsprinzip, DVBl.1993, S.)

Pirrong, Craig, The Economics of Central Clearing: Theory and Practice, ISDA Discussion Papers Series No.1, May 2011, abrufbar unter http://www2.isda.org/news/isda-publishes-the-economics-of-central-clearing-theory-and-practice-a-discussion-paper-on-clearing-issues (zitiert: *Pirrong*, The Economics of Central Clearing, ISDA Discussion Papers Series 2011 No.1, S.)

–, The Clearinghouse Cure, Regulation Winter 2008–2009, S.44–51 (zitiert: *Pirrong*, The Clearinghouse Cure, Regulation Winter 2008–2009, S.)

Pockrandt, Johannes / *Radde,* Sören, Reformbedarf in der EU-Bankenregulierung: Solvenz von Banken und Staaten entkoppeln, Deutsches Institut für Wirtschaftsforschung, Wochenbericht Nr.42/2012, S.3–10 (zitiert: *Pockrandt/Radde*, Reformbedarf in der EU-Bankenregulierung, DIW Wochenbericht Nr.42/2012, S.)

Pohl, Wolfgang, Innovative Finanzinstrumente im gemeinsamen Europäischen Bankenmarkt, Europäisches und deutsches Bankenaufsichtsrecht, Nomos Verlagsgesellschaft, Baden-Baden 1994 (zitiert: *Pohl*, Innovative Finanzinstrumente im gemeinsamen Europäischen Bankenmarkt, Europäisches und deutsches Bankenaufsichtsrecht, S.)

–, Neue Generation derivativer Finanzinstrumente – Anlaß zu juristischer Nachstellung?, Wertpapier-Mitteilungen 1995, S.957–964 (zitiert: *Pohl*, Neue Generation derivativer Finanzinstrumente, WM 1995, S.)

Pointner Wolfgang / *Wolner-Rößlhuber*, Katharina Der lange Weg zur europäischen Aufsichtsreform, Geldpolitik & Wirtschaft 3/2011, S.66–88, abrufbar unter http://www.oenb.at/Publikationen/Volkswirtschaft/Monetary-Policy-and-the-Economy/2011/Geldpolitik-und-Wirtschaft-Q3-11.html (zitiert: *Pointner/Wolner-Rößlhuber,* Der lange Weg zur europäischen Aufsichtsreform, Geldpolitik & Wirtschaft 3/2011, S.)

Prölss, Jürgen / *Martin,* Anton, Versicherungsvertragsgesetz, 28. Aufl., Verlag C.H.Beck, München 2010 (zitiert: *Bearbeiter*, in: Prölss/Martin, VVG, §, Rn.)

Prütting, Hanns / *Wegen,* Gerhard / *Weinreich,* Gerd, BGB Kommentar, 9. Aufl., Luchterland Verlag, Köln 2014 (zitiert: *Bearbeiter*, in: Prütting/Wegen/Weinreich, BGB, §, Rn.)

Rajarshi, Aroskar, OTC Derivatives: A Comparative Analysis of Regulation in the United States, European Union and Singapore, in: Review of Futures Markets, Vol.21, March 2013, S.31–56 (zitiert: *Rajarshi*, OTC Derivatives, RFM 2013 (21), S.)

REGIS-TR, REGIS-TR – the first European Trade Repository for Derivatives, April 2013, abrufbar unter http://www.clearstream.com/ci/dispatch/en/binary/ci_content_pool/attachements/003_events/Shaping_the_future/regis-tr.pdf (zitiert: *REGIS-TR*, REGIS-TR, S.)

Reiner, Günter, Derivative Finanzinstrumente im Recht, Nomos Verlagsgesellschaft, Baden-Baden 2002 (zitiert: *Reiner*, Derivative Finanzinstrumente im Recht, S.)

–, ISDA Master Agreement, Kommentar, Verlag C.H. Beck, München 2013 (zitiert: *Reiner*, ISDA Master Agreement, S.)

– / *Schacht,* Johann, Credit Default Swaps und verbriefte Kreditforderungen in der Finanzmarktkrise – Bemerkungen zum Wesen verbindlicher und unverbindlicher Risikoverträge, Teil II, Wertpapier-Mitteilungen 2010, S.385–394 (zitiert: *Reiner/Schacht*, Credit Default Swaps und verbriefte Kreditforderungen in der Finanzmarktkrise, WM 2010, S.)

Reinhart, Carmen / *Reinhart,* Vincent / *Rogoff,* Kenneth, Public Debt Overhangs: Advanced-Economy Episodes Since 1800, Journal of Economic Perspectives Vol.26, No.3, 2012, S.69–86, abrufbar unter http://www.tau.ac.il/~yashiv/Reinhart%20Reinhart%20Rogoff%202012.pdf (zitiert: *Reinhart/Reinhart/Rogoff,* Public Debt Overhangs, JEP 26 (2), S.)

– / *Rogoff,* Kenneth, Growth in a time of debt, National Bureau of Economic Research, Working Paper Series, Working Paper No.15639, abrufbar unter http://www.nber.org/papers/w15639 (zitiert: *Reinhart/Rogoff,* Growth in a time of debt, NBER Working Paper No.15639, S.)

Rinker, Mike, Vertragsschluss im börslichen elektronischen Handelssystem, Erich Schmidt Verlag, Berlin 2003 (zitiert: *Rinker*, Vertragsschluss im börslichen elektronischen Handelssystem, S.)

Roberts, Julian, Vertragliche Grundlagen von Finanzderivaten – Ein Beitrag zur Aufarbeitung der Krise?, Neue Juristische Online-Zeitschrift 2010, S.1717–1723 (zitiert: *Roberts*, Vertragliche Grundlagen von Finanzderivaten, NJOZ 2010, S.)

Rötting, Michael / *Lang,* Christina, Das Lamfalussy-Verfahren im Umfeld der Neuordnung der europäischen Finanzaufsichtsstrukturen, Europäische Zeitschrift für Wirtschaftsrech 2012, S.8–14 (zitiert: *Rötting/Lang*, Das

Lamfalussy-Verfahren im Umfeld der Neuordnung der europäischen Finanzaufsichtsstrukturen, EuZW 2012, S.)

Rudolph, Bernd, Derivative Finanzinstrumente, Schäffer-Poeschel Verlag, Stuttgart 1995 (zitiert: *Rudolph*, Derivative Finanzinstrumente, S.)

– / *Schäfer,* Klaus, Derivative Finanzmarktinstrumente, Eine anwendungsbezogene Einführung in Märkte, Strategie und Bewertung, 2. Aufl., Springer-Verlag, Berlin, Heidelberg 2010 (zitiert: *Rudolph/Schäfer*, Derivative Finanzmarktinstrumente, S.)

–, Vergebliche Regulierungsmüh?, Betriebs-Berater 2011, S.I (zitiert: *Rudolph*, Vergebliche Regulierungsmüh?, BB 2011, S.)

Ruffert, Matthias, Europarecht: Rechtsgrundlagen und Rechtssetzungsbefugnisse von Agenturen, Juristische Schulung 2014, S.279–281 (zitiert: *Ruffert*, Rechtsgrundlagen und Rechtssetzungsbefugnisse von Agenturen, JuS 2014, S.)

Sachverständigenrat zur Begutachtung der gesamtwirtschaftlichen Entwicklung, Jahresgutachten 2014/2015, abrufbar unter h http://www.sachverstaendigenrat-wirtschaft.de/fileadmin/dateiablage/gutachten/jg201415/JG14_ges.pdf (zitiert: *Sachverständigenrat,* Jahresgutachten 2014/2015, S.)

–, Jahresgutachten 2013/2014, abrufbar unter http://www.sachverstaendigenrat-wirtschaft.de/fileadmin/dateiablage/gutachten/jg201314/JG13_Ges.pdf (zitiert: *Sachverständigenrat,* Jahresgutachten 2013/2014, S.)

–, Jahresgutachten 2012/2013, abrufbar unter http://www.sachverstaendigenrat-wirtschaft.de/fileadmin/dateiablage/gutachten/ga201213/ga12_ges.pdf (zitiert: *Sachverständigenrat,* Jahresgutachten 2012/2013, S.)

Säcker, Franz Jürgen / *Rixecker,* Roland, Münchener Kommentar zum Bürgerlichen Gesetzbuch, Band 1, 6. Aufl., Verlag C.H. Beck, München 2012; Band 2, 6. Aufl., Verlag C.H. Beck, München 2012; Band 3, 6. Aufl., Verlag C.H. Beck, München 2012 (zitiert: *Bearbeiter*, in: Säcker/Rixecker, MüKo-BGB, §, Rn.)

Salmon, Felix, The IMF revisits sovereign bankruptcy, Capital Markets Law Journal, Vol.9, No.1, 2014, S.10–17 (zitiert: *Salmon*, The IMF revisits sovereign bankruptcy, CMLJ 2014 (9), S.)

Saurer, Johannes, Die Errichtung von Europäischen Agenturen auf Grundlage der Binnenmarktharmonisierungskompetenz des Art.114 AEUV, Die Öffentliche Verwaltung 2014, S.549–555 (zitiert: *Saurer*, Die Errichtung von Europäischen Agenturen, DÖV 2014, S.)

Schachtschneider, Karl Albrecht, Verfassungsrecht der Europäischen Union, Teil 2, Duncker & Humblot, Berlin 2010 (zitiert: *Schachtschneider,* Verfassungsrecht der Europäischen Union, Teil 2, S.)

Schäfer, Frank, Zinsswaps und Zinscaps als Differenzgeschäfte gem. §§762, 764 BGB, Zeitschrift für Wirtschaftsrecht 1986, S.1304–1307 (zitiert: *Schäfer,* Zinsswaps und Zinscaps als Differenzgeschäfte gem. §§762, 764 BGB, ZIP 1986, S.)

Schäfer, Klaus / *Burghof,* Hans-Peter / *Johanning,* Lutz / *Wagner,* Hannes, *u.a,* Risikomanagement und kapitalmarktorientierte Finanzierung, Festschrift zum 65. Geburtstag von Bernd Rudolph, Fritz Knapp Verlag, Frankfurt a.M. 2009 (zitiert: *Verf.*, in: FS Rudolph, Titel, S.)

Schimansky, Herbert / *Bunte,* Hermann-Josef / *Lwowski,* Hans Jürgen, Bankrechts-Handbuch, 4. Aufl., Verlag C.H. Beck, München 2011 (zitiert: *Bearbeiter*, in: Schimansky/Bunte/Lwowski, Bankrechts-Handbuch, §, Rn.)

Schindler, Klaus, Derivative Finanzinstrumente, 2013/2014, abrufbar unter http://www.mathe.wiwi.uni-sb.de/skripte/defi/Skript_WS13_14.pdf (zitiert: *Schindler*, Derivative Finanzinstrumente, S.)

Schmidt, Karsten, Münchener Kommentar zum Handelsgesetzbuch, Band 1, 3. Aufl., Verlag C.H. Beck, Verlag Franz Vahlen, München 2010; Band 5, 3. Aufl., Verlag C.H. Beck, Verlag Franz Vahlen, München 2013 (zitiert: *Bearbeiter*, in: Schmidt, MüKo-HGB, §, Rn.)

Schulze, Reiner / *Dörner,* Heinrich / *Ebert,* Ina / *Eckert,* Jörn, *u.a.,* Bürgerliches Gesetzbuch, Handkommentar, 8. Aufl., Nomos Verlagsgesellschaft, Baden-Baden 2012 (zitiert: *Bearbeiter*, in: Schulze/Dörner/Ebert/Eckert, BGB, §, Rn.)

– / *Zuleeg,* Manfred / *Kadelbach,* Stefan, Europarecht, 2. Aufl., Nomos Verlagsgesellschaft, Baden-Baden 2010 (zitiert: *Bearbeiter*, in: Schulze/Zuleeg/Kadelbach, Europarecht, §, Rn.)

Schuster, Gunnar / *Ruschkowski,* Alexander, EMIR – Überblick und ausgewählte Aspekte, Zeitschrift für Bankrecht und Bankwirtschaft 2014, S.123–134 (zitiert: *Schuster/Ruschkowski*, EMIR, ZBB 2014, S.)

Schütze, Rolf / *Hirth,* René-Alexander, Einführung in das Recht Singapurs, Verlag C.H. Beck, München 2007 (zitiert: *Schütze/Hirth*, Einführung in das Recht Singapurs, S.)

Schwark, Eberhard / *Zimmer,* Daniel, Kapitalmarktrechts-Kommentar, 4. Aufl., Verlag C.H. Beck, München 2010 (zitiert: *Bearbeiter*, in: Schwark/Zimmer, Kapitalmarktrechts-Kommentar, §, Rn.)

Schwarze, Jürgen / *Becker,* Ulrich / *Hatje,* Armin / *Schoo,* Johann, EU-Kommentar, 3. Aufl., Nomos Verlagsgesellschaft Baden-Baden, Helbing Luchterland Verlag Basel, facultas.wuv Verlag Wien, 2012 (zitiert: *Bearbeiter*, in: Schwarze, EU-Kommentar, Art., Rn.)

Schwenk, Alexander, European Market Infrastructure Regulation – „EMIR": Das neue Aufsichtsrecht der Derivate, juris PraxisReport Bank- und Kapitalmarktrecht 11/2012, Anmerkung 1 (zitiert: *Schwenk*, European Market Infrastructure Regulation, jurisPR-BKR 11/2012)

Schwintowski Hans-Peter, Bankrecht, 4. Aufl., Carl Heymanns Verlag, Köln 2014 (zitiert: *Bearbeiter*, in: Schwintowski, Bankrecht, §, Rn.)

Scott, Hal, The Reduction of Systemtic Risk in The United States Financial System, Harvard Journal of Law & Public Policy, Vol.33 No.2, S.671–734 (zitiert: *Scott*, The Reduction of Systemtic Risk in The United States Financial System, Harv. J.L. & Pub. Pol'y 33 (2), S.)

Securities and Exchange Commission, The Investor's Advocate: How the SEC Protects Investors, Maintains Market Integrity, and Facilitates Capital Formation, abrufbar unter http://www.sec.gov/about/whatwedo.shtml (zitiert: *SEC*, The Investor's Advocate)

Seidel, Martin, Präventive Rechtsangleichung im Bereich des Gemeinsamen Marktes, Zeitschrift Europarecht 2006, S.26–45 (zitiert: *Seidel,* Präventive Rechtsangleichung im Bereich des Gemeinsamen Marktes, EuR 2006, S.)

Selmayr, Martin / *Kamann,* Hans-Georg / *Ahlers,* Sabine, Die Binnenmarktkompetenz der Europäischen Gemeinschaft, Europäisches Wirtschafts- und Steuerrecht 2003, S.49–61 (zitiert: *Selmayr/Kamann/Ahlers*, Die Binnenmarktkompetenz der Europäischen Gemeinschaft, EWS 2003, S.)

Sester, Peter, Beteiligung von privaten Investoren an der Umschuldung von Staatsanleihen im Rahmen des European Stability Mechanism (ESM), Wertpapier-Mitteilungen 2011, S.1057–1066 (zitiert: *Sester*, Beteiligung von privaten Investoren an der Umschuldung von Staatsanleihen im Rahmen des European Stability Mechanism (ESM), WM 2011, S.)

– / *Nitschke,* Tanja, Software-Agent mit Lizenz zum…?, Computer und Recht 2004, S.548–554 (zitiert: *Sester/Nitschke,* Software-Agent mit Lizenz zum…?, CR 2004, S.)

Shadab, Houman, Guilty by Association? Regulating Credit Default Swaps, Entrepreneurial Business Law Journal 2010, Vol. 4:2, S.407–466 (zitiert: *Shadab*, Guilty by Association?, Entrepreneurial Bus. L.J. (2010) 4:2, S.)

Sidanius, Che / *Wetherilt,* Anne, Thoughts on determining central clearing eligibility of OTC-derivatives, Financial Stability Paper No.14, März 2012, abrufbar unter http://www.bankofengland.co.uk/publications/Documents/fsr/fs_paper14.pdf (zitiert: *Sidanius/Wetherilt*, Thoughts on determining central clearing eligibility of OTC-derivatives, Financial Stability Paper 2012 No.14, S.)

Sievers, Maren, Kreditderivate – Gestaltungsmöglichkeiten, bankenaufsichtsrechtliche Behandlug und der Handel mittelständischer Kreditrisiken, Nomos Verlagsgesellschaft, Baden-Baden 2009 (zitiert: *Sievers*, Kreditderivate, S.)

Simpson, Carney, Do End-Users Get the Best of Both worlds?—Title VII of Dodd–Frank and the End-User Exception, Washington and Lee Law Review, Vol.69, 2012, S.1759–1795 (zitiert: *Simpson*, Do End-Users Get the Best of Both worlds?, 69 Wash. & Lee L. Rev. (2012), S.)

Singapore Exchange Derivatives Clearing, Making SGX-Derivatives Clearing Transparent for Market Participants, 09.07.2013, abrufbar unter http://www.sgx.com/wps/wcm/connect/b5eb250040469f579ca9fd08c81da5fb/SGXDC+PFMI+Disclosure+Document_final+080713.pdf?MOD=AJPERES (zitiert: *SGX-DC*, Making SGX-Derivatives Clearing Transparent for Market Participants, S.)

Skadden, Arps, Slate, Meagher & Flom LLP, „CFTC and SEC Adopt Rules Defining ‚Swap' and ‚Security-Based Swap'", abrufbar unter http://www.skadden.com/insights/cftc-and-sec-adopt-rules-defining-swap-and-security-based-swap (zitiert: *Skadden, Arps, Slate, Meagher & Flom LLP,* „CFTC and SEC Adopt Rules Defining ‚Swap' and ‚Security-Based Swap'")

Skowron, Magdalena, Kapitalmarktrecht: Rechtmäßigkeit der Eingriffsbefugnisse der ESMA nach Art.28 Leerverkaufsverordnung, Europäische Zeitschrift für Wirtschaftsrecht 2014, S.349–356 (zitiert: *Skowron*, Rechtmäßigkeit der Eingriffsbefugnisse der ESMA nach Art.28 Leerverkaufsverordnung, EuZW 2014, S.)

Soergel, Hans Theodor (Begr.) / *Siebert* Wolfgang (Hrsg.), Bürgerliches Gesetzbuch, Allgemeiner Teil 2, 13. Aufl., Verlag W. Kohlhammer, Stuttgart 1999 (zitiert: *Bearbeiter*, in: Soergel (Begr.)/Siebert (Hrsg.), BGB, §, Rn.)

Sorge, Christoph, Softwareagenten, Vertragsschluss, Vertragsstrafe, Reugeld, Universitätsverlag Karlsruhe, Karlsruhe 2006 (zitiert: *Sorge*, Softwareagenten, S.)

Spindler Gerald / *Schuster,* Fabian, Recht der elektronischen Medien, Kommentar, 2. Aufl., Verlag C.H. Beck, München 2011 (zitiert: *Bearbeiter*, in: Spindler/Schuster, Recht der elektronischen Medien, §, Rn.)

Spremann, Klaus / *Gantenbein,* Pascal, Finanzmärkte, Grundlagen, Instrumente und Zusammenhänge, UVK Verlagsgesellschaft, Konstanz, München 2013 (zitiert: *Spremann/Gantenbein*, Finanzmärkte, S.)

Standard & Poors, Debt Recovery For Creditors And The Law Of Insolvency In Singapore, 08.10.2007, abrufbar unter http://www.standardandpoors.com/ratings/articles/en/us/?assetID=1245173573897 (zitiert: *Standard&Poors,* Debt Recovery For Creditors And The Law Of Insolvency In Singapore)

Staub, Hermann (Begr.) Handelsgesetzbuch Großkommentar, Band 4, 4. Aufl., De Gruyter Recht, Berlin 2004 (zitiert: *Bearbeiter,* in: Staub (Begr.), HGB, §, Rn.)

Streinz, Rudolf, EUV/AEUV, 2. Aufl., Verlag C.H. Beck, München 2012 (zitiert: *Bearbeiter,* in: Streinz, EUV/AEUV, Art., Rn.)

Susat, Werner / *Stolzenburg, G.*, Gedanken zur Automation, Monatsschrift für Deutsches Recht 1957, S.146–147 (zitiert: *Susat/Stolzenburg,* Gedanken zur Automation, MDR 1957, S.)

Tan, Chwee Huat, Financial Services in Singapore, Singapore University Press, Singapore 2004 (zitiert: *Tan,* Financial Services in Singapore, S.)

Technical Committee of the International Organization of Securities Commission, General Information, abrufbar unter http://www.iosco.org/about/ (zitiert: *IOSCO,* General Information)

Teuber, Hanno / *Schöpp,* Oliver, Derivate-Regulierung EMIR: Auswirkungen auf Unternehmen in Deutschland, Recht der Finanzinstrumente 2013, S.209–213 (zitiert: *Teuber/Schöpp,* Derivate-Regulierung EMIR, RdF 2013, S.)

The Giovannini Group, Cross-Border Clearing and Settlement Arrangements in the European Union, 2001, abrufbar unter http://ec.europa.eu/internal_market/financial-markets/docs/clearing/first_giovannini_report_en.pdf (zitiert: *The Giovannini Group,* Cross-Border Clearing and Settlement Arrangements in the European Union, S.)

The Group of Twenty, G20 Leaders' Communiqué, November 2014, abrufbar unter hhttps://www.g20.org/sites/default/files/g20_resources/library/brisbane_g20_leaders_summit_communique.pdf (zitiert: *The Group of Twenty,* G20 Leaders' Communiqué, S.)

–, Leaders' Statement – The Pittsburgh Summit, abrufbar unter https://www.g20.org/sites/default/files/g20_resources/library/Pittsburgh_Declaration_0.pdf (zitiert: *The Group of Twenty,* Leaders' Statement, S.)

Thießen, Friedrich / *Zeranski,* Stefan, Damoklesschwert der Staatsverschuldung und die Folgen für die Bankensteuerung, Kreditwesen 2011, S.120–126 (zitiert: *Thießen/Zeranski,* Damoklesschwert der Staatsverschuldung und die Folgen für die Bankensteuerung, Kreditwesen 2011, S.)

Tiedemann, Thomas, Die Stellung des zentralen Kontrahenten im deutschen und englischen Effektenhandel, Books on Demand, Norderstedt 2011 (zitiert: *Tiedemann,* Die Stellung des zentralen Kontrahenten im deutschen und englischen Effektenhandel, S.)

Traeger, Heather / *Xistris,* Demetrios / *May,* Bronwen / *Voskanyan,* Lilit, The End-User Exception to the Mandatory Clearing of Swaps, 05.10.2012, abrufbar unter http://www.omm.com/fcwsite/abc.aspx?url=newsroom%2fpenPDF.aspx%3fpub%3d1309 (zitiert: *Traeger/Xistris/May/Voskanyan,* The End-User Exception to the Mandatory Clearing of Swaps, S.)

Turner, Nicholas, Dodd-Frank and International Regulatory Convergence: The Case for Mutual Recognition, New York Law School Review, Vol. 57, 2012/2013, S.391–422, abrufbar unter http://www.nylslawreview.com/wordpress/wp-content/uploads/2012/11/NYLS_Law_Review_Volume-57-2.Turner.pdf (zitiert: *Turner*, Dodd-Frank and International Regulatory Convergence, 57 N.Y.L. Sch. L. Rev. (2013), S.)

Union Investment, Solvency II – Auswirkungen auf Kapitalanlagepolitik und Risikomanagement von Versicherungsunternehmen, Juni 2011, abrufbar unter http://institutional.union-investment.de/docme/risikomanagement/risikomanagementordner/7ad460da7618c28d1225e442c2fcf640.0.0/4-2_Solvency_II.pdf (zitiert: *Union Investment*, Solvency II, S.)

Vedder, Christoph / *Heintschel von Heinegg,* Wolff, Europäisches Unionsrecht, Handkommentar, Nomos Verlagsgesellschaft Baden-Baden, Dike Verlag Zürich, facultas.wuv Verlag Wien, 2012 (zitiert: *Bearbeiter*, in: Vedder/Heintschel von Heinegg, Europäisches Unionsrecht, Art., Rn.)

Von Staudinger (Begr.), J. von Staudingers Kommentar zum Bürgerlichen Gesetzbuch mit Einführungsgesetz und Nebengesetzen, Buch 1, §§139–169, Neubearbeitung 2010; Buch 2, §§311–312a-I, Neubearbeitung 2012; Buch 2, §§433–480, Neubearbeitung 2014, Sellier – de Gruyter, Berlin (zitiert: *Bearbeiter*, in: Staudinger (Begr.), BGB, §, Rn.)

Waldburger, Robert / *Baer,* Charlotte / *Nobel,* Ursula / *Bernet,* Benno, Wirtschaftsrecht zu Beginn des 21. Jahrhunderts, Festschrift für Peter Nobel zum 60. Geburtstag, Stämpfli Verlag AG Bern, Bern 2005 (zitiert: *Verf*, in: FS Nobel, Titel, S.)

Wallin, James / *Clingan,* Camille, An overview of Dodd-Frank as it relates to OTC derivatives reform, Journal of Securities Operations & Custody, Vol.5 Nr.4, S.312–316 (zitiert: *Wallin/Clingan*, An overview of Dodd-Frank as it relates to OTC derivatives reform, Journal of Securities Operations & Custody (2012/2013)5:4, S.)

Weber, Axel, Konsequenzen einer (zu) hohen Staatsverschuldung, Kreditwesen 2009, S.1195–1998 (zitiert: *Weber*, Konsequenzen einer (zu) hohen Staatsverschuldung, Kreditwesen 2009, S.)

Wieland, Andreas / *Weiß,* Simon, EMIR – Die Regulierung des europäischen OTC-Derivatmarkts, Corporate Finance law 2013, S.73–91 (zitiert: *Wieland/Weiß*, EMIR, CF law 2013, S.)

Wieland, Joachim, Die Zukunft Europas – Krise als Chance, JuristenZeitung 2012, S.213–219 (zitiert: *Wieland,* Die Zukunft Europas – Krise als Chance, JZ 2012, S.)

Wolf, Manfred / *Neuner,* Jörg, Allgemeiner Teil des Bürgerlichen Rechts, 13. Aufl., Verlag C.H. Beck, München 2012 (zitiert: *Wolf/Neuner*, BGB AT, §, Rn.)

Zamour, Romain, NML v. Argentina and the Ratable Payment Interpretation of the Pari Passu Clause, The Yale Journal of International Law Online, Vol.38, Spring 2013, S.55–66, abrufbar unter http://www.yjil.org/docs/pub/o-38-zamour-nml-v-argentina.pdf (zitiert: *Zamour*, NML v. Argentina and the Ratable Payment Interpretation of the Pari Passu Clause, 38 Yale J. Int'l L. 2013, S.)

Zebregs, Bas, Mandatory clearing of OTC derivatives in Europe, Journal of Securities Operations & Custody, Vol.4 No.1 (2011/2012), S.50–71 (zitiert: *Zebregs*, Mandatory clearing of OTC derivatives in Europe, Journal of Securities Operations & Custody (2011/2012)4:1, S.)

Zerey, Jean-Claude, Außerbörsliche (OTC) Derivate, Nomos Verlagsgesellschaft, Baden-Baden 2008 (zitiert: *Bearbeiter*, in: Zerey, Außerbörsliche (OTC) Derivate, S., Rn.)

–, Finanzderivate, Rechtshandbuch, 3. Aufl., Nomos Verlagsgesellschaft, Baden-Baden 2013 (zitiert: *Bearbeiter*, in: Zerey, Finanzderivate, S., Rn.)

Zeitler, Franz-Christoph, Vergessene Ursachen der Banken- und Finanzkrise, Wertpapier-Mitteilungen 2012, S.673–678 (zitiert: *Zeitler*, Vergessene Ursachen der Banken- und Finanzkrise, WM 2012, S.)

Zimmer, Daniel / *Fuchs,* Florian, Die Bank in Krise und Insolvenz, Zeitschrift für Unternehmens- und Gesellschaftsrecht 2010, S.597–661 (zitiert: *Zimmer/ Fuchs*, Die Bank in Krise und Insolvenz, ZGR 2010, S.)

Zweigert, Konrad / *Kötz,* Hein, Einführung in die Rechtsvergleichung, 3. Aufl., Mohr Siebeck, Tübingen 1996 (zitiert: *Zweigert/Kötz*, Einführung in die Rechtsvergleichung, S.)

Anhang – Abbildung

Abbildung: Struktur der Aufsicht über zentrale Gegenparteien in den Vergleichsjurisdiktionen

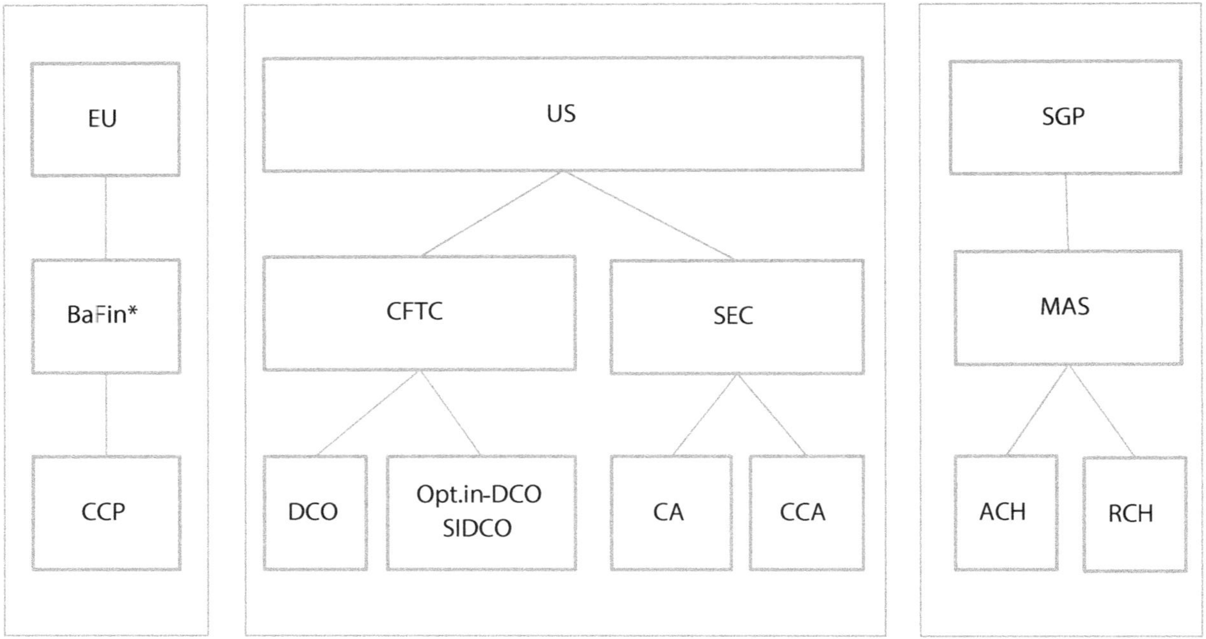

*In der Europäischen Union ist die jeweils nationale Behörde für die Aufsicht der zentralen Gegenpartei zuständig. In Deutschland ist hiermit die BaFin betraut.

Quelle: Eigene Darstellung

Saarbrücker Studien zum Privat- und Wirtschaftsrecht

herausgegeben von
Prof. em. Dr. Johann Paul Bauer
Prof. Dr. Dr. Dr. h.c. mult. Michael Martinek
Prof. Dr. Dr. h.c. Helmut Rüßmann

Die Schriftenreihe "Saarbrücker Studien zum Privat- und Wirtschaftsrecht" bildet in erster Linie ein Forum für rechtswissenschaftliche Doktorarbeiten der Universität des Saarlandes auf zwei juristischen Schwerpunktgebieten. Zum einen sollen Dissertationen im klassischen Privatrecht, vor allem im bürgerlichen Vermögensrecht der ersten drei Bücher des BGB und ihrer Nebengesetze vorgestellt werden. Zum anderen findet das Wirtschaftsrecht im Sinne des Wirtschaftsprivatrechts besondere Berücksichtigung, womit namentlich die Gebiete des Handelsrechts einschließlich des Bilanzrechts, des Personen- und Kapitalgesellschaftsrechts einschließlich des Konzernrechts, des Gewerblichen Rechtsschutzes sowie des Wettbewerbs- und Kartellrechts bezeichnet sind. Es versteht sich, dass nicht nur rechtsdogmatische Studien, sondern auch rechtstatsächlich, rechtspolitisch oder interdisziplinär angelegte Arbeiten in die Schriftenreihe Aufnahme finden. Denn die Rechts- und Wirtschaftswissenschaftliche Fakultät der Universität des Saarlandes vereinigt unter *einem* Dach die Fachbereiche Rechtswissenschaft und Wirtschaftswissenschaft und regt damit Studenten und Hochschullehrer in besonderer Weise zu fachübergreifender Lehre und Forschung an. Die Schriftenreihe steht aber nicht nur sehr guten und ausgezeichneten Dissertationen, sondern auch anderen "Studien" zu privat- und wirtschaftsrechtlichen Themen offen, bis hin zu Materialien und Skripten des akademischen Unterrichts. Die drei Herausgeber, die zugleich stellvertretend für ihre anderen Saarbrücker Fakultätskollegen des Privat- und Wirtschaftsrechts handeln, verbinden mit den "Saarbrücker Studien zum Privat- und Wirtschaftsrecht" den Wunsch, dass die hier veröffentlichten Arbeiten die verdiente Resonanz in der breiteren juristischen Fachöffentlichkeit finden.

Saarbrücker Studien zum Privat- und Wirtschaftsrecht

Herausgeber:
Johann Paul Bauer, Michael Martinek und Helmut Rüßmann

Band 1 Susanne Jaschinski: Die Haftung von Schwestergesellschaften im GmbH-Unterordnungskonzern. Ein Beitrag zum Konzernverfassungsrecht. 1997.

Band 2 Roman Sascha Ahnert: Die *actio individualis*. Ein Beitrag zur verfassungsrechtlichen Fundierung der Aktionärsklage bei sogenannten Aktien-Interessenverbänden. 1997.

Band 3 Torsten Peters: Der Cateringvertrag. Rechtstatsachen, Rechtsnatur und Rechtsprobleme eines modernen Dienstleistungsvertrags. 1998.

Band 4 Michael Meissner: Persönlichkeitsschutz juristischer Personen im deutschen und US-amerikanischen Recht. Eine rechtsvergleichende Untersuchung des allgemeinen Persönlichkeitsrechts juristischer Personen. 1998.

Band 5 Thomas Tegen: Joint Venture-Vertrag und Projektträgergesellschaft im amerikanischen und deutschen Recht. 1998.

Band 6 Gerhard Wolter: Treuhandrecht im Umbruch? Ein Blick nach Frankreich, Luxemburg, in die Schweiz und in den Libanon sowie auf das Haager Trust-Übereinkommen. 1999.

Band 7 Thomas Dehlfing: Das Recht der irreführenden Werbung in Deutschland, Großbritannien und Frankreich. 1999.

Band 8 Hanno Dornseifer: Börsentermingeschäfte und Börsentermingeschäftsfähigkeit. Zur börsengesetzlichen Behandlung von finanzwirtschaftlichen Festgeschäften, Options- und Optionsscheingeschäften. 1999.

Band 9 Patrick Lenz: Absatzförderung durch *zinssubventionierte* Darlehen. Eine wettbewerbs- und kartellrechtliche Studie zur Zulässigkeit von Niedrigzins-Kreditangeboten unter besonderer Berücksichtigung des Automobilmarktes. 1999.

Band 10 Mansur Pour Rafsendjani: Der Goodwill-Ausgleichsanspruch des Franchisenehmers. Ein Vergleich des deutschen, französischen und US-amerikanischen Franchiserechts. 1999.

Band 11 Jörg Hartmann: Juristische und ökonomische Regelungsprobleme des Insiderhandels. Eine rechtsvergleichende Darstellung USA – Deutschland. 1999.

Band 12 David Altmeier: Rückstellungsbilanzierung in Deutschland und Frankreich. Eine vergleichende Untersuchung der französischen Rückstellungsbilanzierung aus der Perspektive des deutschen Bilanzrechts. 1999.

Band 13 Barbara Günther: Aktivische Bilanzierungshilfen im deutschen und französischen Bilanzrecht. 1999.

Band 14 Bernhard Glasow: Vertikale Preisbindung, Wettbewerbstheorie und Wettbewerbsrecht in den USA, Deutschland und Europa. Bestandsaufnahmen, Kritik und Zukunftsperspektiven. 2000.

Band 15 Dorota Nowak-James: Der Börsenzugang für Anleger in Deutschland und Polen. Eine rechtsvergleichende Untersuchung zum deutschen Finanzkommissionsgeschäft und zum polnischen Brokerauftragsvertrag. 2000.

Band 16 Mathias Queck: Der Nießbrauch am Anteil einer offenen Handelsgesellschaft. Eine Form der (un-)mittelbaren Unternehmensbeteiligung. 2000.

Band 17 Ina Roth: Umweltbezogene Unternehmenskommunikation im deutschen und europäischen Wettbewerbsrecht. 2000.

Band 18 Jörg Preiss: Die Anwendung des markenrechtlichen Erschöpfungsgrundsatzes auf Dienstleistungsmarken. 2000.

Band 19 Kevin M. McDonald: Der Begriff der Dienstleistung im europäischen Binnenmarkt und WTO-System (GATS). 2001.

Band 20 Carolin Opgenhoff: Die europäische Fusionskontrolle zwischen Wettbewerbsrecht und Industriepolitik. 2001.

Band 21 Susanne Schäfer: Die Deliktsfähigkeit juristischer Personen. Eine rechtsvergleichende Untersuchung zur Übertragbarkeit des englischen Modells. 2001.

Band 22 Kay Diedrich: Die Interventionswirkung – Ausprägung eines einheitlichen Konzepts zivilprozessualer Bindungswirkung. 2001.

Band 23 Michael Fröhlich: Zentrale Institutionen des deutschen Urheberrechts und des französischen Droit d'auteur auf dem Prüfstand der elektronischen Netzwerke. 2001.

Band 24 Joël Benjamin Münch: Abtretungsverbote im deutschen und französischen Recht. Rechtsvergleichende Untersuchung der Übertragungshindernisse im deutschen und französischen Forderungsverkehr als Beitrag zu einer weiteren Schuldrechtsvereinheitlichung in Europa. 2001.

Band 25 Monika Prieß: Der Begriff des Sachmangels im deutschen und englischen Kaufrecht. Reformbedarf aufgrund der Verbrauchsgüterkauf-Richtlinie 1999/44/EG. 2001.

Band 26 Katharina Siegel: Produkthaftung im polnischen, tschechischen und slowenischen Recht. 2001.

Band 27 Carolin Kühne: Die gesetzliche Form der Rechtsgeschäfte im deutschen und italienischen Recht. Eine rechtsvergleichende Untersuchung. 2002.

Band 28 Nina Scherf: Die Nachschußpflicht im Gesellschaftsrecht. Eine rechtsformübergreifende Bestandsaufnahme, Analyse und Kritik. 2002.

Band 29 Marc Laukemann: Fernsehwerbung im Programm. Die zunehmende Kommerzialisierung des Fernsehprogramms im Zeitalter einer Ökonomisierung der Aufmerksamkeit als verfassungs-, wettbewerbs- und rundfunkrechtliches Problem. 2002.

Band 30 Michael Bo Jaspers: Nachträgliche Rechtswahl im internationalen Schuldvertragsrecht. Unter besonderer Berücksichtigung der Rechtspraxis in England, Frankreich, Dänemark und Deutschland. 2002.

Band 31 Christina Pernice: Die Insolvenzverschleppung durch das Geschäftsführungsorgan der kleinen Kapitalgesellschaft im deutschen, französischen und englischen Recht. Eine rechtsvergleichende Untersuchung zur Entwicklung eines europäischen Lösungsansatzes. 2002.

Band 32 Anne Christine Janert: Der sachliche und persönliche Anwendungsbereich des deutschen Verbraucherkreditrechts und des britischen Consumer Credit Act 1974. Ein Beitrag zu den Möglichkeiten und Grenzen verbraucherrechtlicher Harmonisierung in Europa. 2002.

Band 33 Annette Trost: Faktische Sitzverlegung unter Sitz- und Gründungstheorie im Vergleich. Unter besonderer Berücksichtigung ihrer gesellschafts- und zivilrechtlichen Folgewirkungen. 2003.

Band 34 Esther Cordula Hilpert: Die Gründerhaftung in der Gesellschaft mit beschränkter Haftung in Deutschland, Frankreich und England. 2003.

Band 35 Wei-ming Liao: Die Schiedsgerichtsbarkeit in Taiwan. Unter besonderer Berücksichtigung der internationalen Handelsschiedsgerichtsbarkeit und mit Hinweisen zu der Entwicklung in Deutschland. 2003.

Band 36 Stefan Stork: Sitzverlegung von Kapitalgesellschaften in der Europäischen Union. Zur Reichweite der Niederlassungsfreiheit unter Berücksichtigung der positiven und der negativen Integration. 2003.

Band 37 Marc Pfeffer: Interbrand-Kartellverbot und Intrabrand-Vereinbarungen. Die Ablösung horizontaler und vertikaler Eingriffsmerkmale im GWB zu Gunsten einer Betrachtung produktexterner und -interner Wettbewerbsfaktoren. 2003.

Band 38 Nicole Burkardt: Der arbeitsrechtliche Aufhebungsvertrag. Einvernehmliche Beendigung von Arbeitsverhältnissen unter Berücksichtigung der Rechtslage nach der Schuldrechtsreform. 2004.

Band 39 Christian Schmeling: Die Entlastung von Mitgliedern geschäftsführender Organe im Recht der Kapitalgesellschaften. Eine rechtsvergleichende Studie zum deutschen, schweizerischen und französischen Recht. 2004.

Band 40 Andreas Wolf: Wege zur virtuellen Haupt- und Gesellschafterversammlung. Eine vergleichende Untersuchung über die Einbeziehung elektronischer Medien in die Hauptversammlung einer Aktiengesellschaft und die Gesellschafterversammlung einer GmbH. 2004.

Band 41 Bianca Natalie Baldus: Der elektronisch geschlossene Vertrag mit Schiedsabrede. Zulässigkeit und anwendbares Recht in nationalen und internationalen Schiedsverfahren. 2004.

Band 42 Vania Dilek: Der Wettbewerbsschutz in Bulgarien und in der Russischen Föderation während des Übergangs vom Dirigismus zur Privatautonomie. 2004.

Band 43 Rudolf Lenders: Treuhand am Gesellschaftsanteil. Die Einbindung des Treugebers in das gesellschaftsrechtliche Organisationsgefüge. 2004.

Band 44 Weizuo Chen: Rück- und Weiterverweisung (Renvoi) in staatsvertraglichen Kollisionsnormen. 2004.

Band 45 Stefan Hahn: Neue Ansätze im Anlegerschutz durch die Ad-hoc-Publizität des § 15 WpHG. 2004.

Band 46 Pietro Graf Fringuelli: Internet TV. Filmurheberrecht im Internet. 2004.

Band 47 Caspar Frhr. v. Schnurbein: Missbrauch von Minderheitsrechten im deutschen und italienischen Aktienrecht. 2005.

Band 48 David Kereselidze: Der allgemeine Teil des Georgischen Zivilgesetzbuches von 1997. Eine rechtsvergleichende Untersuchung. 2005.

Band 49 Miguel A. García Mateos: Das neue Recht der Namensaktie. Bestandsaufnahme, Analyse und Kritik. 2005.

Band 50 Christine Eckstein-Puhl: Prozessbetrug im Schiedsverfahren. Eine Studie zu den vom erschlichenen Schiedsspruch aufgeworfenen Fragen des Aufhebungsverfahrens gemäß § 1059 ZPO. 2005.

Band 51 Steffen Paulmann: Wirksamkeit von Haftungsausschlüssen und -begrenzungen im deutsch-französischen Warengeschäftsverkehr. Unter besonderer Berücksichtigung der UNIDROIT-Principles und der Principles of European Contract Law. 2005.

Band 52 Ina Krischek: Wirtschaftsmediation als alternatives Streitbeilegungsverfahren. Gerichtsverfahren, Schiedsverfahren und Mediation im Vergleich. 2005.

Band 53 Olaf Pick: Verkehrspflichten und Handlungsfreiheit des „Schädigers". 2005.

Band 54 Thomas Paul: Die Gesellschafterfähigkeit von Gesamthandsgemeinschaften. 2005.

Band 55 Dieter Friedrich Unger: Das Recht der Kapitalaufbringung und -erhaltung bei der Aktiengesellschaft im Rechtsvergleich Deutschland, Österreich und Schweiz. Eine Analyse des Kapitalsicherungsrechts in Deutschland, Österreich und der Schweiz. 2006.

Band 56 Nicole Schröder: Perspektiven der Europäisierung des GmbH-Rechts und der Europäischen Privatgesellschaft vor dem Hintergrund der Europäischen Aktiengesellschaft. 2007.

Band 57 Ivo du Mont: Die Kombination von Rücktritt und Schadensersatz im neuen Schuldrecht. Eine ökonomische und rechtsvergleichende Analyse am Beispiel des Kaufvertrags. 2007.

Band 58 Matthias Kühn: Umweltschutz durch Privatrecht. Eine Studie zur ökologischen Analyse der privatrechtlichen Schutzrechte und des Vertragsrechts in Deutschland und England. 2007.

Band 59 Komninos Komnios: Die elektronische Signatur im deutschen und griechischen Recht. 2007.

Band 60 Matthias Kühl: Die Gewinnzusage nach § 661a BGB. Dogmatische Einordnung und rechtsvergleichende Untersuchung. 2007.

Band 61 Barbara Jeanne Attinger: Der Mittelpunkt der hauptsächlichen Interessen nach der EuInsVO – erfolgreiches Konzept oder Quelle der Rechtsunsicherheit? Eine Auseinandersetzung mit dem Zuständigkeitskriterium der Europäischen Insolvenzverordnung unter Heranziehung der Erkenntnisse der ökonomischen Analyse des Rechts. 2008.

Band 62 Dorothee Stober: Der deutsch-schweizerische Erbfall. Eine rechtsvergleichende und international-privatrechtliche Analyse. 2009.

Band 63 Daniel Marc Protz: Das zivilrechtliche Anforderungsprofil mezzaniner Strukturen der Unternehmensfinanzierung. 2009.

Band 64 Manuela Schäfer: Die Verträge zur Durchführung des Schiedsverfahrens. Analyse und Vergleich zweier Lösungsmodelle am Beispiel des deutschen und US-amerikanischen Rechtsraums. Teil I und Teil II. 2010.

Band 65 Ionut Raduletu: Der Schutz von Minderheitsaktionären nach rumänischem und deutschem Aktienrecht unter Berücksichtigung des EU-Acquis. 2010.

Band 66 Christoph Köhler: Lastschriftverfahren in der Insolvenz des Schuldners. Im Lichte der neuen BGH-Rechtsprechung. 2010.

Band 67 Stefan Weiland: *Par condicio creditorum*. Der insolvenzrechtliche Gleichbehandlungsgrundsatz und seine Durchbrechungen zugunsten öffentlich-rechtlicher Gläubiger. 2010.

Band 68 Philipp Ehring: Die Due Diligence im Spannungsverhältnis zwischen kaufrechtlichem Haftungssystem und vertraglicher Gestaltung. 2010.

Band 69 Jochen Hell: GmbH-Mantelverwendung. Haftung und Verantwortlichkeit jenseits der „wirtschaftlichen Neugründung". 2010.

Band 70 Ge Jiang: Das GmbH-Recht in China aus rechtsvergleichender Sicht. Analyse, Kritik und Verbesserungsvorschläge. 2011.

Band 71 Michael Helmut Wildscheck: Das Recht des Unternehmenskaufs in Deutschland und Frankreich unter besonderer Berücksichtigung von Garantieklauseln. Eine rechtsvergleichende Studie zur deutschen und französischen Kautelarpraxis. 2011.

Band 72 Britta Wagner: Haftungsrisiken aus Liquiditätszusagen und Patronatserklärungen in der Unternehmenskrise. 2011.

Band 73 Manuel Karb: Energiepreiskontrolle. Eine Untersuchung der Entgeltkontrolle auf den verschiedenen Energiemärkten nach Energiewirtschaftsrecht, deutschem und europäischem Wettbewerbsbeschränkungsrecht und allgemeinem Zivilrecht. 2011.

Band 74 Bernd Steffen Bertelmann: Das BGB-Zahlungsdiensterecht im Kontext der Single Euro Payments Area. Leitlinien zur richtlinionkonformen Auslegung unter vergleichender Berücksichtigung des britischen und französischen Rechts. 2011.

Band 75 Susanne Niesse: Die leistungsstörungsrechtlichen Grundstrukturen des deutschen, französischen und englischen Unternehmenskaufrechts im Vergleich. 2012.

Band 76 Zhong Ren: Wahrheitspflicht und Kooperationsmaxime im Zivilprozess in Deutschland, Japan und China. 2013.

Band 77 Giga Gabrichidze: Der Prozess der Angleichung des georgischen Wettbewerbsrechts an das Recht der Europäischen Union. 2013.

Band 78 Stephan Wachs: Flucht aus der kartellrechtlichen Bußgeldverantwortung? Unternehmensrestrukturierung und Haftungsnachfolge im deutschen und europäischen Bußgeldrecht. 2013.

Band 79 Max Jakob Rösch: Gesellschafterfremdfinanzierung, Gläubigerschutz und Gläubigerrisikoverantwortung. Die insolvenzrechtliche Sonderbehandlung der Gesellschafterfremdfinanzierung als Ausdruck von Gläubigerschutz und Gläubigerrisikoverantwortung der Gesellschafter. 2013.

Band 80 Sinan Okur: Eine kritische Untersuchung zu den Rechtsbehelfen des Käufers im alten und im neuen türkischen Warenkaufrecht. Zugleich ein Beitrag zu der Harmonisierung des türkischen Warenkaufrechts im Lichte des CISG, BGB und der europäischen Vertragsrechtsharmonisierung. 2013.

Band 81 Dagmar Julia Mathieu: Der Kampf des Rechts gegen erpresserische Aktionäre. Bestandsaufnahme, Kritik und Perspektiven. 2014.

Band 82 Matthias Michael Kappel: Der Grundschuldsicherungsvertrag als Wandlung eines Treuhandverhältnisses. Ein Beitrag zur Überwindung der Dichotomie von Sicherung und Treuhand. 2014.

Band 83 Norman Konecny: Der Verordnungsentwurf über ein Gemeinsames Europäisches Kaufrecht. Meilenstein der europäischen Integration oder Irrlicht der europäischen Politik? 2014.

Band 84 Anna Feilen: Verträge über die Lieferung herzustellender beweglicher Sachen und deren rechtliche Einordnung – eine rechtsvergleichende Untersuchung. 2015.

Band 85 Zeynep Dönmez: Das Widerrufsrecht bei Fernabsatzverträgen. Online-Verträge im türkischen und deutschen Recht. 2015.

Band 86 Martin Kienzler: Die Partnerschaftsgesellschaft mit beschränkter Berufshaftung (PartG mbB) als gesetzgeberische Zwischenstation der Liberalisierung des Gesellschaftsrechts Freier Berufe. 2015.

Band 87 Philipp J. Gergen: Rechtsfragen der Regulierung außerbörslicher derivativer Finanzinstrumente. Zur neuen Marktinfrastruktur in der Europäischen Union, den Vereinigten Staaten von Amerika und Singapur. 2015.

www.peterlang.com

www.ingramcontent.com/pod-product-compliance
Ingram Content Group UK Ltd.
Pitfield, Milton Keynes, MK11 3LW, UK
UKHW021827290926
8980IPUK00004B/310

9 783631 660829